2017—2018 中国连锁经营年鉴

China Chain Store Almanac 2017-2018

中国连锁经营协会　编

中国商业出版社

图书在版编目（CIP）数据

2017—2018 中国连锁经营年鉴/中国连锁经营协会编.—北京：中国商业出版社，2019.9
ISBN 978-7-5208-0898-9

Ⅰ.①2…　Ⅱ.①中…　Ⅲ.①连锁经营—中国—2017—2018—年鉴　Ⅳ.①F721.7-54

中国版本图书馆 CIP 数据核字(2019)第 193847 号

责任编辑：唐伟荣

中国商业出版社出版发行
010-63180647　www.c-cbook.com
（100053　北京广安门内报国寺 1 号）
新华书店经销
北京京丰印刷厂印刷
*
787 毫米×1092 毫米　16 开　31.5 印张　750 千字
2019 年 9 月第 1 版　2019 年 9 月第 1 次印刷
定价：360.00 元
*　*　*　*
（如有印装质量问题可更换）

编辑委员会名单

前　言

2016年是“十三五”的开局之年，是连锁行业在中国经济面临复杂多变的国际环境和国内改革发展驶入繁重艰巨攻坚关键时段的大背景下，快速进入以服务消费为主导的产业变革时期。“互联网+”“便利店+”“实体店+”风起云涌，搅动着零售业，使其变革不断。2017年，我们一同见证了中国和全球经济的消费升级。体验激发服务的升级，消费触达娱乐的所有。而2018年，新技术应用与数字化建设等方面已成连锁行业诸领域、各系统、多层面乃至细微环节的必要投入。中国连锁零售的新消费时代已然到来。

中国连锁经营协会调查显示，2016年连锁百强销售总体增长3.5%，不仅自2011年以来连续六年慢于社会消费品零售总额的增长，同时销售增速降至连锁百强调查统计以来的最低值。连锁零售企业销售增长乏力仍在持续，销售负增长的企业数还在增多。百强各业态销售增幅差异明显，这是国内外经济大环境走低、企业内在经营压力持续增大、电商平台及网络零售新模式向零售全领域大幅渗透扩张，以及消费渠道多样、消费层级提升、消费需求多元等多重因素影响的结果。2017年，百强企业强势反弹，销售规模增长达8.0%，特别是龙头企业普遍实施全渠道经营，多种方式布局线下零售成为新常态，经营状况得到明显改善。而2018年，百强近两成的企业以7.7%的同比销售增幅展现着连锁零售行业的持续较快增长。

从业态看，2016年便利店销售增长最高，增幅达16.7%；专业店和专卖店为6.5%；而购物中心、超市和大型超市不足2%；百货店更是以2.5%的负增长加速下滑。2017年，便利店的增长虽有所减缓，但增速仍居各业态之首；社区超市、百货店和购物中心也分别呈现3.8%、4.5%和3.4%的可喜增长；而大型超市的销售出现负增长。2018年，便利店以销售增幅21.1%、门店数增幅18.0%的增速高歌猛进，遥遥领先于其他业态；大型超市、百货店盈利能力依旧趋弱、增长乏力，但通过管理优化、减员增效，寻求在艰难破局中逆势增长。

从门店及其运营看，2016年主要是便利店和专业店的门店呈现净增长，百强中超过三分之一企业的门店数量较上年减少。企业通过关闭低效门店，强化提升商品经营和创新服务质量，特别是通过创新开发自有品牌、跨境购直采、拓展移动支付、更加关注会员服务体系建设等实效性举措，努力改善运营困难局面。同时，2016年全面落实的“营改增”政策，使60%百强企业的税负不同程度地有所减轻，企业减负增效的政策利好更趋正向。2017年，百强门店构成发生新变化，百货店、购物中心开店明显减少，而占百强新增门店总数八成的小规模门店数量以近8%的增速相对较快增长。值得关注的是，苏宁易购和盒马鲜生的线上销售占到其销售总额的52%和50%，部分连锁百强企业线上业务的增长和占比显著提升，已经演化为真正的全渠道零售商；线上零售企业的引流成本攀升，线上业务的各项成本持续呈现较大的上升压力，正在力求向线下融合延伸。2018年，百强门店的发展与上年基本持平。百强区域龙头企业通过多业态发展，已在当地市场拥有较高的市场份额或主导地位，其中省域龙头企业的运营状况明显不如地县龙头。得益于企业全渠道业务的积极拓展和管理优化，不仅百强线上销售增长55.5%，超过全国线上商品零售增幅一倍以上，而且企业运营效率进一步提升。这些都折射出连锁百强乃至整个零售市场的新格局和新趋势。

此外，资本运作也在加速改变连锁百强的格局。阿里巴巴通过投资控股构建“新零售”的板块可跃居 2017 年连锁百强的高位；高鑫与阿里巴巴、家乐福与腾讯、永辉与百佳、利群与乐天的合作，以及麦德龙的引资计划，都显现出近两年是外资零售与本土资本运作最为活跃的阶段。而零售生态圈的破坏性重构行为愈演愈烈，价格补贴形成的过度竞争、商业地产的过度开发、频繁且无序的线上促销对零售相对平稳经营活动的强势挤压等已经引起业内的高度关注。

综观 2016—2018 年的中国特许经营市场，其仍处于较快发展时期。中国连锁经营协会调查显示，三年来特许连锁百强企业销售规模和门店数量均以两位数的幅度增长。但在喜人数据的背后，特许企业单店销售同比增长仅维持在个位数的低端，有近四成的企业单店销售出现负增长，反映出加盟店经营质量不高，企业规模的提高更多依赖于门店数量的增加。同时，特许百强企业积极投身数字化创新浪潮，特别是经济型酒店，线上营销、线上加盟商招募、线上培训、线上管理和服务等也成企业标配，是特许百强数字化应用水平最高的行业之一。

中国连锁经营协会特许经营发展指数（2015 年 = 100）显示，2016 年特许百强的特许指数为 114，其中体系规模系数为 121，加盟人气系数为 122，单店业绩系数为 102；而 2017 年的特许指数中，体系规模系数为 113，加盟人气系数为 112，单店业绩系数为 102。由此可知，2017 年中国特许经营发展虽有反复，但特许加盟市场总体发展良好，加盟投资热情持续高涨；与此同时，加盟企业单店销售增长相对滞后，门店盈利能力有待提升。特许指数还显现出 2016 年的汽车后市场服务、便利店、快餐、连锁酒店，以及 2017 年的食品专卖、便利店和健身等业态成为当年度特许市场的领跑者；而快餐和汽车后市场两大行业特许指数的先扬后抑，说明其面临着较大的增长压力，需要在不断升级的消费市场和多元需求的复杂变化中持续提高规范化水平和各项服务品质，在不断创新突破中赢得未来市场的更大空间。同时，部分特许百强企业积极发展海外加盟业务，特别是通过“一带一路”建设布局海外市场，为企业持续稳定拓展提供了更加广阔的国际发展空间。

2018—2020 年是我国全面建成小康社会的关键时期，也是实现党的十九大明确的“新三步走”的第一个战略目标的决胜阶段。以此为基点，中国连锁经营需要把牢创新、协调、绿色、开放、共享这一核心发展理念，在以服务业为主导的产业变革过程中，实施好以服务消费为中心的消费升级和产品布局，引领连锁零售行业持续健康稳定发展，更有力地拉动国民经济稳定前行。

随着大数据、区块链、云技术、人工智能等各种新技术应用以更快的速度向连锁零售领域渗透、扩张、延伸，更多新理念、新思维、新模式正以更新奇、更独到、更人本的态势受到业界的关注。而行业态势、相关数字信息已经成为业内人士进行科学决策和分析的重要依据。《2017—2018 中国连锁经营年鉴》在继续秉持以调研为主体，内容严谨、数据翔实、论述客观的基础上，在整体结构上进行了调整，包括统计篇、研究报告篇、政策法规篇和附录四个部分，力求详尽反映 2016—2018 年中国连锁经营市场的发展状况，直观描述行业的运行环境，为业内人士经营、管理及决策提供高价值的参考和帮助。

在此，谨向参加本书编写的专家、学者、业内人士和编委会工作人员表示衷心的感谢！

中国连锁经营协会理事会主席　高书林　　中国连锁经营协会会长　裴　亮

目　录

第一部分　统计篇

第二部分　研究报告篇

第三部分　政策法规篇

第四部分　附　录

第一部分

统计篇

2016 年中国连锁百强基本情况

根据中国连锁经营协会（CCFA）“2016 年行业基本情况及连锁百强调查”，“2016 年中国连锁百强”名单于 2017 年 5 月 16 日发布。

2016 年连锁百强销售规模 2.1 万亿元，同比增长 3.5%。门店总数 11.4 万余个，同比增长 5.9%。百强企业销售规模占社会消费品零售总额的 6.4%。

百强企业共经营超市和大型超市 1.1 万余个，便利店 7.1 万余个，百货店及购物中心 1200 余个，专业店和专卖店 2.2 万余个，餐饮等其他门店 9000 余个。

2016 年百强企业呈现以下几个特点：

一、销售增幅持续下降，小型店铺销售、门店双增长，国有企业面临较大压力

2016 年，百强企业销售规模同比增长 3.5%，为有统计以来最低的一年。其中销售负增长企业有 34 家，比上一年增加 3 家。

各业态销售增幅差异明显：便利店增幅最高，达到 16.7%；专业店和专卖店为 6.5%；购物中心为 1.6%；超市和大型超市为 1.5%；百货店为-2.5%。

2016 年，百强企业门店总数增长近 6400 个，其中门店数量净增长过百的企业有 15 家，主要是便利店和专业店，门店净增长 6900 余个。百货、大型超市新开门店整体减少，存量门店调整加快。

百强企业中，国有控股、民营和外资分别为 29 家、55 家和 16 家。其中国有企业 2016 年销售同比增长-0.5%，15 家企业出现负增长，门店同比增长 1.0%。民营企业销售和门店增长分别为 5.1%和 11.4%。外资企业销售和门店增长分别为 6.3%和 10.6%。

二、通过关闭低效门店，减员增效，改进商品经营，创新服务，百强企业运营质量逐步改善

2016 年，有 36 家百强企业门店数量比上一年有所减少，通过关闭低效门店，企业经营质量得到改善。其中，租金支出总额同比下降 0.5%；租金占销售额比重为 2.4%，下降了 0.1 个百分点。

2016 年，百强企业总用工人数下降 5%，70%的企业单店平均用工人数有所下降，其中一半的企业减少用工 10%以上。

2016 年，开发自有品牌的百强企业超过 80 家，自有品牌单品数平均 1200 个，销售占比接近 5%。同时，通过跨境购直接采购进口产品的百强企业有 28 家，比上一年增加了 10 家。

2016 年，移动支付金额平均占到门店总销售额的 16.0%。百强企业更加关注会员服务体系的建设，会员销售额占总销售的比重由上一年的 51.8%增加到 54.5%。

三、继续开展网络营销，为顾客提供全渠道服务

2016 年，百强企业网上销售额接近 1200 亿元，比上年增长 69%，占到企业销售总额的 5.7%。其中，移动端的销售额占到网上销售的 56.7%，比上年提高了 16.1 个百分点。百强企业网上零售的客单价平均为 280 余元，其中快消品企业的网上零售客单价约为 80 元。网上零售商品中，生鲜食品占比普遍低于 20%。

百强企业的网上销售以自营商品为主，平台销售为辅。有近一半的企业，其网上销售额全部来源于自营。负责线上营运的员工人数普遍在 50 以下。

四、政策利好显现，企业利润改善

2016 年，“营改增”政策全面落实，企业税负有所减轻。调查显示，近 60%百强企业的税负有不同程度的下降，40%的企业没有变化或略有增加。

2016 年，通过优化管理，创新经营，并受益于政策的不断改善，百强企业净利润率约为 2.4%，比上年提高 0.5 个百分点。

附：

中国连锁百强排名

（CCFA 2017年5月16日发布）

序号	企业名称	2016年销售（含税万元）	销售增长率（%）	2016年门店总数（个）	门店增长率（%）	备注	
1	苏宁云商集团股份有限公司	* 17350000	9.4	1510	-4.2	①	★
2	国美电器有限公司	16469254	7.2	1628	-9.4		★
3	华润万家有限公司	10349462	-5.4	3224	-5.1	②	★
4	康成投资（中国）有限公司（大润发）	9329000	4.0	368	9.9	③	★
5	沃尔玛（中国）投资有限公司	7669751	4.3	439	1.6		★
6	山东省商业集团有限公司	6338857	-0.5	755	2.0		☆
7	联华超市股份有限公司	5978485	-1.1	3648	-6.7	④	★
8	重庆商社（集团）有限公司	5611359	-5.6	324	-4.7		★
9	百胜中国	5445000	5.3	7500	7.1	⑤	★
10	永辉超市股份有限公司	5440757	10.3	487	25.5		★
11	家乐福中国	5047523	25.9	319	36.3	⑥	★
12	长春欧亚集团股份有限公司	3908359	8.0	119	22.7		★
13	武汉武商集团股份有限公司	3555274	2.7	89	-6.3		★
14	中石化易捷销售有限公司	3510000	41.0	25000	3.3		★
15	大商股份有限公司	* 3286000	-8.9	167	-2.3		
16	步步高集团	3214532	3.6	590	2.3		★
17	宏图三胞高科技术有限公司	3213299	0.3	575	-2.4	⑦	★
18	中百控股集团股份有限公司	3151829	-10.0	1026	-6.4		★
19	北京物美商业集团股份有限公司	2990307	13.9	566	2.5		★
20	农工商超市（集团）有限公司	2765593	-3.0	2317	-7.1		★
21	王府井集团股份有限公司	2759062	0.1	52	15.6	⑧	★
22	石家庄北国人百集团有限责任公司	* 2583000	3.3	63	10.5		
23	天虹商场股份有限公司	2515060	2.3	228	-1.3		★
24	烟台振华集团	2388000	-1.9	127	2.4		☆
25	家家悦控股集团股份有限公司	2382499	3.7	644	3.4		★
26	麦当劳（中国）有限公司	* 2100000	5.0	2400	4.3		★

续表

序号	企业名称	2016 年销售（含税万元）	销售增长率（%）	2016 年门店总数（个）	门店增长率（%）	备注	
27	郑州丹尼斯百货有限公司	2080000	15.6	411	39.3		
28	文峰大世界连锁发展股份有限公司	2069584	-3.9	817	-6.1		★
29	银泰商业（集团）有限公司	1973234	5.8	49	8.9		★
30	锦江麦德龙现购自运有限公司	1930000	1.0	87	6.1		★
31	屈臣氏中国	* 1852980	2.3	2929	18.0		★
32	欧尚（中国）投资有限公司	1806748	-0.4	78	5.4	⑨	★
33	利群集团股份有限公司	1804105	-4.0	82	3.8		★
34	北京迪信通商贸股份有限公司	1778361	-4.4	1688	5.2		★
35	山东潍坊百货集团股份有限公司	1712000	2.4	688	6.5		★
36	金鹰国际商贸集团（中国）有限公司	1701868	-1.2	31	6.9		★
37	百盛商业集团有限公司	* 1659850	-8.3	53	-8.6		☆
38	乐语通讯	1586280	0.6	2011	-3.4		★
39	兴隆大家庭商业集团	1584510	0.2	39	0		★
40	茂业国际控股有限公司	* 1527704	42.6	66	61.0	⑩	
41	宜家（中国）投资有限公司	1514095	15.8	21	16.7		★
42	合肥百货大楼集团股份有限公司	1513000	-1.2	183	5.8		★
43	江苏五星电器有限公司	1504245	4.1	341	62.4		★
44	新华都购物广场股份有限公司	1480678	3.4	149	7.2		★
45	北京京客隆商业集团股份有限公司	1473348	3.8	248	-5.0		★
46	中国石油销售公司（昆仑好客）	1450000	16.0	17000	3.0		★
47	北京华联综合超市股份有限公司	* 1445900	-7.9	169	-6.1		★
48	武汉中商集团股份有限公司	1413501	-3.7	45	-2.2		★
49	北京菜市口百货股份有限公司	1348022	0.1	22	10.0		★
50	江苏华地国际控股集团有限公司	1323342	2.7	71	36.5		★
51	卜蜂莲花	1300000	-3.7	82	0		★
52	北京首商集团股份有限公司	1192391	-5.4	17	-5.6		
53	成都红旗连锁股份有限公司	1160992	14.1	2704	18.9		★
54	新世界百货投资（中国）集团有限公司	* 1150000	-10.2	42	-2.3		★
55	供销大集集团股份有限公司	1145472	2.8	247	-20.3		
56	永旺（中国）投资有限公司	1117145	4.9	56	3.7		★
57	人人乐连锁商业集团股份有限公司	1046338	-11.3	121	6.1		★
58	广州市广百股份有限公司	1010349	-8.2	25	-7.4		★
59	东莞市糖酒集团美宜佳便利店有限公司	941600	13.1	9300	25.7		★
60	安徽商之都股份有限公司	914756	-10.7	82	-4.7		★
61	济南华联商厦集团股份有限公司	879764	4.8	69	27.8		☆

续表

序号	企业名称	2016 年销售（含税万元）	销售增长率（%）	2016 年门店总数（个）	门店增长率（%）	备注
62	山东新星集团有限公司	839410	-5.0	548	-4.7	★
63	信誉楼百货集团有限公司	804762	11.5	26	30.0	★
64	山西美特好连锁超市股份有限公司	755528	5.3	117	-9.3	★
65	南京中央商场（集团）股份有限公司	* 752340	-3.2	12	-20.0	
66	大参林医药集团股份有限公司	726497	20.1	2409	25.4	★
67	山东全福元商业集团有限责任公司	700365	7.5	222	-7.1	★
68	湖南友谊阿波罗股份有限公司	674629	-1.6	15	15.4	★
69	中国全家 FamilyMart	657500	26.5	1810	20.6	★
70	河北叁陆伍网络科技集团有限公司	640000	11.3	1300	29.2	△
71	阜阳华联集团股份有限公司	616849	1.5	787	0	★
72	家乐园商贸股份有限公司	607444	10.1	50	13.6	★
73	青岛利客来集团股份有限公司	606000	2.3	43	0	★
74	湖北良品铺子食品有限公司	600000	30.4	2050	18.4	★
	伊藤洋华堂（中国）	600000	-7.7	8	-27.3	★
76	北京翠微大厦股份有限公司	598058	-6.3	7	0	★
77	北京华冠商业科技发展有限公司	588509	5.8	64	1.6	★
78	维客集团股份有限公司	581618	3.8	13	18.2	★
79	广东嘉荣超市有限公司	573304	6.6	96	7.9	★
80	邯郸市阳光百货集团总公司	530086	-7.5	115	-14.2	★
81	孩子王儿童用品股份有限公司	521013	60.2	174	59.6	★
82	雄风集团有限公司	520619	10.5	106	-13.8	★
83	浙江人本超市有限公司	506682	2.1	2002	13.3	★
84	湖南佳惠百货有限责任公司	506070	3.1	83	2.5	★
85	百安居（中国）投资有限公司	475904	14.6	38	0	★
86	三江购物俱乐部股份有限公司	447443	-6.0	158	-3.7	★
87	长沙通程控股股份有限公司	446357	-9.8	80	1.3	★
88	北京超市发连锁股份有限公司	445000	2.0	152	-1.9	★
89	十堰市新合作超市有限公司	424700	5.6	363	9.3	△
90	江苏新合作常客隆连锁超市有限公司	415000	2.4	1013	-1.0	★
91	深圳百果园实业发展有限公司	412082	26.9	1711	31.6	★
92	太原唐久超市有限公司	390588	2.2	1420	2.2	★
93	上海来伊份股份有限公司	378711	3.5	2262	-0.8	★
94	河南大张实业有限公司	360000	2.9	56	0	★
95	湖北黄商集团股份有限公司	335719	1.5	129	6.6	★
96	中国全聚德（集团）股份有限公司	330761	0.3	105	7.1	★

续表

序号	企业名称	2016 年销售（含税万元）	销售增长率（%）	2016 年门店总数（个）	门店增长率（%）	备注	
97	河北惠友商业连锁有限公司	326192	2.0	62	-3.1		★
98	话机世界通信集团股份有限公司	322272	-5.3	372	7.5		★
99	百佳超市（中国）	321086	-17.3	54	-15.6		★
100	广州友谊集团有限公司	313942	-3.8	4	-20.0		★
	合计	211397464	3.5	114224	5.9		

注：

1. ★ 表示其为中国连锁经营协会会员企业，☆ 表示其下属公司为中国连锁经营协会会员企业，△ 表示其母公司为中国连锁经营协会会员企业。

2. 数字前面带 * 为估计值。

3. 百强统计采用销售规模口径，包括门店含税销售额和企业批发含税销售额，其中门店包括直营店、加盟店和以公司品牌输出管理的连锁店。销售规模的统计不包括内部交易、企业的批发市场交易、汽车、加油站及农资等生产资料销售额。

4. 部分企业数据说明：

① 苏宁云商集团股份有限公司为苏宁控股集团下属公司。苏宁控股集团 2016 年含税销售规模为 3973.35 亿元。

② 其中，苏果超市有限公司 2016 年销售额为 308 亿元。

③ 康成投资（中国）有限公司（大润发）2016 年销售数据中不包含飞牛网的数据。

④ 联华超市股份有限公司 2016 年销售额中包含家乐福上海地区门店的销售额。

⑤ 百胜中国 2016 年销售额为 544.5 亿元，基于年报公布的 82 亿美元，按汇率 6.64 换算得出。

⑥ 家乐福中国统计口径发生变化，2016 年销售额及门店数为家乐福大中华区销售额及门店数。

⑦ 作为宏图高科、乐语、南京新百的母公司，三胞集团 2016 年大陆商品零售业务销售额约为 530.4 亿元。

⑧ 王府井集团股份有限公司 2016 年销售额包括春天百货的销售额。

⑨ 作为欧尚、大润发和飞牛网等的投资母公司，高鑫零售 2016 年销售额为 1135.2 亿元。

⑩ 茂业国际控股有限公司 2016 年销售数据中包含收购的成都仁和春天两间百货店和内蒙古维多利连锁企业的数据。

中国快速消费品连锁零售百强排名

（CCFA 2017 年 5 月 16 日发布）

序号	企业名称	2016 年销售（含税万元）	销售增长率（%）	2016 年门店总数（个）	门店增长率（%）	备注	
1	华润万家有限公司	10349462	-5.4	3224	-5.1	①	★
2	康成投资（中国）有限公司（大润发）	9329000	4.0	368	9.9	②	★
3	沃尔玛（中国）投资有限公司	7669751	4.3	439	1.6		★
4	联华超市股份有限公司	5978485	-1.1	3648	-6.7	③	★
5	永辉超市股份有限公司	5440757	10.3	487	25.5		★
6	家乐福中国	5047523	25.9	319	36.3	④	★
7	中石化易捷销售有限公司	3510000	41.0	25000	3.3		★
8	步步高集团	3214532	3.6	590	2.3		★
9	北京物美商业集团股份有限公司	2990307	13.9	566	2.5		★
10	农工商超市（集团）有限公司	2765593	-3.0	2317	-7.1		★
11	家家悦控股集团股份有限公司	2382499	3.7	644	3.4		★
12	中百仓储超市有限公司	2110000	1.7	184	-25.8		★
13	文峰大世界连锁发展股份有限公司	2069584	-3.9	817	-6.1		★
14	锦江麦德龙现购自运有限公司	1930000	1.0	87	6.1		★
15	屈臣氏中国	* 1852980	2.3	2929	18.0		★
16	欧尚（中国）投资有限公司	1806748	-0.4	78	5.4	⑤	★
17	世纪华联超市连锁（江苏）有限公司	1491121	11.1	3681	6.2		★
18	新华都购物广场股份有限公司	1480678	3.4	149	7.2		★
19	北京京客隆商业集团股份有限公司	1473348	3.8	248	-5.0		★
20	中国石油销售公司（昆仑好客）	1450000	16.0	17000	3.0		★
21	北京华联综合超市股份有限公司	* 1445900	-7.9	169	-6.1		★
22	卜蜂莲花	1300000	-3.7	82	0		★
23	武汉武商量贩连锁有限公司	1251127	-8.7	78	-7.1		★
24	成都红旗连锁股份有限公司	1160992	14.1	2704	18.9		★
25	供销大集集团股份有限公司	1145472	2.8	247	-20.3		
26	永旺（中国）投资有限公司	1117145	4.9	56	3.7		★
27	重庆百货大楼股份有限公司（超市部分）	1087000	0.8	184	-3.2		★

续表

序号	企业名称	2016 年销售（含税万元）	销售增长率（%）	2016 年门店总数（个）	门店增长率（%）	备注
28	人人乐连锁商业集团股份有限公司	1046338	-11.3	121	6.1	★
29	东莞市糖酒集团美宜佳便利店有限公司	941600	13.1	9300	25.7	★
30	济南华联商厦集团股份有限公司	879764	4.8	69	27.8	☆
31	银座集团（超市部分）	842589	-4.7	150	7.1	★
32	山东新星集团有限公司	839410	-5.0	548	-4.7	★
33	石家庄北国人百集团有限责任公司（超市部分）	806751	3.1	42	2.4	
34	山西美特好连锁超市股份有限公司	755528	5.3	117	-9.3	★
35	山东潍坊百货集团股份有限公司超市事业部	735142	2.7	663	6.6	△
36	山东全福元商业集团有限责任公司	700365	7.5	222	-7.1	★
37	大商股份有限公司（超市部分）	* 668070	-6.2	47	-9.6	
38	中国全家 FamilyMart	657500	26.5	1810	20.6	★
39	河北叁陆伍网络科技集团有限公司	640000	11.3	1300	29.2	△
40	阜阳华联集团股份有限公司	616849	1.5	787	0	★
41	青岛利客来集团股份有限公司	606000	2.3	43	0	★
42	伊藤洋华堂（中国）	600000	-7.7	8	-27.3	★
43	北京华冠商业科技发展有限公司	588509	5.8	64	1.6	★
44	广东嘉荣超市有限公司	573304	6.6	96	7.9	★
45	济南华联超市有限公司	554159	6.5	25	4.2	★
46	中百超市有限公司	545000	1.5	812	2.0	★
47	浙江人本超市有限公司	506682	2.1	2002	13.3	★
48	湖南佳惠百货有限责任公司	506070	3.1	83	2.5	★
49	三江购物俱乐部股份有限公司	447443	-6.0	158	-3.7	★
50	北京超市发连锁股份有限公司	445000	2.0	152	-1.9	★
51	长春欧亚超市连锁经营有限公司	425477	56.4	87	27.9	△
52	十堰市新合作超市有限公司	424700	5.6	363	9.3	△
53	江苏新合作常客隆连锁超市有限公司	415000	2.4	1013	-1.0	★
54	银川新华百货商业集团股份有限公司（超市部分）	* 402675	7.0	140	27.3	★
55	太原唐久超市有限公司	390588	2.2	1420	2.2	★
56	河南大张实业有限公司	360000	2.9	56	0	★
57	湖北黄商集团股份有限公司	335719	1.5	129	6.6	★
58	河北惠友商业连锁有限公司	326192	2.0	62	-3.1	★
59	百佳超市（中国）	321086	-17.3	54	-15.6	★
60	加贝物流股份有限公司	315000	3.3	346	1.2	★
61	烟台振华量贩超市有限公司	309719	0.3	93	4.5	★

续表

序号	企业名称	2016年销售（含税万元）	销售增长率（%）	2016年门店总数（个）	门店增长率（%）	备注
62	安徽百大合家福连锁超市股份有限公司	309700	5.9	133	1.5	△
63	浙江华联商厦有限公司	301050	-2.0	84	-1.2	
64	中山市壹加壹商业连锁有限公司	258601	-1.1	58	0	★
65	广东天福连锁商业集团有限公司	256109	15.0	3311	17.0	★
66	云南健之佳健康连锁店股份有限公司	250000	13.6	1200	-2.4	★
67	四川舞东风超市连锁股份有限公司	239433	15.2	1056	16.4	★
68	贵州合力购物有限责任公司	230503	9.8	48	-22.6	★
69	乐友（中国）超市连锁有限公司	230000	4.5	518	38.9	★
70	廊坊市明珠商业企业集团有限公司	228000	3.6	14	7.7	★
71	承德宽广超市集团有限公司	224956	12.6	36	9.1	★
72	浙江凯虹集团有限公司	221580	10.3	19	5.6	★
73	九江联盛实业集团有限公司	217373	4.5	36	9.1	★
74	济宁市兖州区新合作百意商贸有限公司	210000	23.5	471	14.3	△
75	青岛维客集团股份有限公司（超市部分）	209738	3.8	9	28.6	★
76	福建冠业投资发展有限公司	199625	18.1	34	17.2	★
77	大同市华林有限责任公司	195000	0.5	12	9.1	★
78	安徽安德利百货股份有限公司	180250	5.7	44	2.3	★
79	江西省绿滋肴实业有限公司	180034	19.8	97	9.0	★
80	包头市永盛成百货有限责任公司	176000	-2.2	95	28.4	★
81	罗森（中国）投资有限公司	172900	127.0	1003	79.5	★
82	上海良友金伴便利连锁有限公司	162100	-9.6	381	-16.8	★
83	家乐园商贸有限公司（超市部分）	152311	10.4	18	12.5	★
84	秦皇岛兴龙广缘商业连锁有限公司	151695	4.7	39	0	★
85	哈尔滨中央红集团	150000	3.0	310	-0.6	★
86	安徽省徽商红府超市有限责任公司	149978	0.3	31	-13.9	★
87	山东圣豪商业有限公司	139829	6.9	14	-17.6	
88	绥化市华辰商贸有限公司	133889	8.9	32	10.3	★
89	新疆好家乡超市股份有限公司	125222	-28.2	17	0	★
90	北京首航国力商贸有限公司	122649	1.7	47	6.8	★
91	江苏欢乐买商贸	122464	-2.0	20	-4.8	★
92	胜利油田胜大超市	121324	7.6	103	-5.5	★
93	山西金虎便利连锁股份有限公司	113240	12.5	943	3.9	★
94	四川德惠商业股份有限公司	111552	0.3	46	-8.0	★
95	厦门见福连锁管理有限公司	101000	55.4	803	46.0	★
96	湖南佳宜企业管理有限公司	99540	13.8	830	18.6	★

续表

序号	企业名称	2016 年销售（含税万元）	销售增长率（%）	2016 年门店总数（个）	门店增长率（%）	备注	
97	邯郸市阳光百货集团总公司（超市部分）	93732	-14.9	19	-9.5		★
98	台州市三和连锁超市有限公司	84403	6.4	755	65.2		★
99	上海捷强烟草糖酒（集团）连锁有限公司	84110	-9.0	261	-2.6		
100	佛山市顺客隆商业有限公司	81329	-12.1	65	-22.6		★
	合计	109169452	4.2	101689	6.9		

注：

1. ★ 表示其为中国连锁经营协会会员企业，☆ 表示其下属公司为中国连锁经营协会会员企业，△ 表示其母公司为中国连锁经营协会会员企业。

2. 数字前面带＊为估计值。

3. 百强统计采用销售规模口径，包括门店含税销售额和企业批发含税销售额，其中门店包括直营店、加盟店和以公司品牌输出管理的连锁店。销售规模的统计不包括内部交易、企业的批发市场交易、汽车、加油站及农资等生产资料销售额。

4. 以特许加盟为主的企业（销售规模或门店数量）不列入本表。

5. 部分企业数据说明：

① 其中，苏果超市有限公司 2016 年销售额为 308 亿元。

② 康成投资（中国）有限公司（大润发）2016 年销售数据中不包含飞牛网的数据。

③ 联华超市股份有限公司 2016 年销售额中包含家乐福上海地区门店的销售额。

④ 家乐福中国统计口径发生变化，2016 年销售额及门店数为家乐福大中华区销售额及门店数。

⑤ 作为欧尚、大润发和飞牛网等的投资母公司，高鑫零售 2016 年销售额为 1135.2 亿元。

中国主要连锁百货企业排名

（CCFA 2017 年 5 月 16 日发布）

序号	企业名称	2016 年销售（含税万元）	销售增长率（%）	2016 年百货及购物中心门店数（个）	门店增长率（%）	备注	
1	王府井集团股份有限公司	2759062	0.1	52	15.6	①	★
2	天虹商场股份有限公司（百货购物中心）	2482486	1.1	67	3.1		★
3	武汉武商集团股份有限公司（百货购物中心）	2304147	10.2	11	0		★
4	烟台市振华百货集团股份有限公司（百货部分）	2078281	-2.3	35	2.9		
5	银泰商业（集团）有限公司	1973234	5.8	49	8.9		★
6	大商股份有限公司（百货部分）	* 1920000	-10.5	93	1.1		
7	上海百联集团股份有限公司（百货购物中心）	* 1870000	-8.0	46	4.5		☆
8	利群集团股份有限公司	1804105	-4.0	82	3.8		★
9	金鹰国际商贸集团（中国）有限公司	1701868	-1.2	31	6.9		★
10	银座集团（百货）	1675862	-0.3	99	6.5		★
11	百盛商业集团有限公司	* 1659850	-8.3	53	-8.6		☆
12	兴隆大家庭商业集团	1584510	0.2	39	0		★
13	茂业国际控股有限公司	* 1527704	42.6	66	61.0	②	
14	重庆百货大楼股份有限公司（购物中心部分）	1481000	-5.5	53	-5.4		★
15	北京菜市口百货股份有限公司	1348022	0.1	22	10.0		★
16	欧亚卖场有限责任公司	1330000	10.8	1	0		△
17	江苏华地国际控股集团有限公司	1323342	2.7	71	36.5		★
18	石家庄北国人百集团有限责任公司（百货部分）	1274757	7.6	20	11.1		
19	北京首商集团股份有限公司	1192391	-5.4	17	-5.6		
20	新世界百货投资（中国）集团有限公司	* 1150000	-10.2	42	-2.3		★
21	合肥百货大楼集团股份有限公司（百货部分）	1048734	-3.8	24	9.1		★
22	广州市广百股份有限公司	1010349	-8.2	25	-7.4		★
23	安徽商之都股份有限公司	914756	-10.7	82	-4.7		★
24	文峰大世界连锁发展股份有限公司（百货部分）	900000	-5.8	13	0		★
25	信誉楼百货集团有限公司	804762	11.5	26	30.0		★
26	南京中央商场（集团）股份有限公司	* 752340	-3.2	12	-20.0		
27	湖南友谊阿波罗股份有限公司	674629	-1.6	15	15.4		★
28	北京翠微大厦股份有限公司	598058	-6.3	7	0		★

续表

序号	企业名称	2016 年销售（含税万元）	销售增长率（%）	2016 年百货及购物中心门店数（个）	门店增长率（%）	备注
29	邯郸市阳光百货集团总公司（百货部分）	436354	-5.7	9	-18.2	★
30	家乐园商贸股份有限公司（百货购物中心部分）	394449	11.6	27	28.6	★
31	广州友谊集团有限公司	313942	-3.8	4	-20.0	★
32	武汉中百百货有限公司	301000	-3.6	11	0	△
33	中兴—沈阳商业大厦（集团）股份有限公司	* 285655	-11.8	3	0	
34	南宁百货大楼股份有限公司	* 258237	-6.7	22	0	
35	上海徐家汇商城股份有限公司	* 245769	5.3		-100.0	
36	深圳岁宝百货有限公司	245433	-5.5	20	5.3	★
37	青岛维客集团股份有限公司（白货部分）	236514	3.8	4	33.3	★
38	银川新华百货商业集团股份有限公司（百货部分）	* 233325	-22.4	9	-10.0	☆
39	唐山百货大楼集团八方购物广场有限责任公司	217725	-1.4	9	0	★
40	北京城乡商业（集团）股份有限公司（商品销售部分）	* 179000	-22.1	12	-20.0	
41	山东潍坊百货集团股份有限公司中百大厦	171329	-15.1	12	0	★
42	大连友谊（集团）股份有限公司（商品零售）	* 167660	-13.6	3	-50.0	
43	福建东百集团股份有限公司（百货零售部分）	* 142913	-12.6	7	0	
44	兰州民百（集团）股份有限公司	* 120000	-8.4	1	0	
45	宁波中百股份有限公司	* 106006	-16.0	3	0	
46	武汉市汉商集团股份有限公司	* 104000	-9.6	3	0	
47	昆明百货大楼（集团）股份有限公司（商品销售部分）	* 103000	-9.8	10	0	★
	合计	45406560	-1.1	1322	4.5	

注：

1. ★ 表示其为中国连锁经营协会会员企业，☆ 表示其下属公司为中国连锁经营协会会员企业，△ 表示其母公司为中国连锁经营协会会员企业。

2. 数字前面带 * 为估计值。

3. 百强统计采用销售规模口径，包括门店含税销售额和企业批发含税销售额，其中门店包括直营店、加盟店和以公司品牌输出管理的连锁店。销售规模的统计不包括内部交易、企业的批发市场交易、汽车、加油站及农资等生产资料销售额。

4. 本表是以百货经营为主的企业排名，购物中心被归入百货部分。本表数据尽量将百货和购物中心部分的销售额从总额中拆分出来，此部分的销售额和门店数有直接取自企业填报的数据，也有从年报中按照主营业务分类获取的相应数据。

5. 部分企业数据说明：

① 王府井集团股份有限公司 2016 年销售额包括春天百货的销售额。

② 茂业国际控股有限公司 2016 年销售数据中包含收购的成都仁和春天两间百货店和内蒙古维多利连锁企业的数据。

中国主要连锁便利店企业排名

（CCFA 2017年5月16日发布）

序号	企业名称	品牌	2016年便利店数量（个）	便利店增长率（%）	备注
1	中石化易捷销售有限公司	易捷	25000	3.3%	★
2	中国石油销售公司（昆仑好客）	昆仑好客	17000	3.0	★
3	东莞市糖酒集团美宜佳便利店有限公司	美宜佳	9300	25.7	★
4	广东天福连锁商业集团有限公司	天福	3311	17.0	★
5	成都红旗连锁股份有限公司	红旗连锁	2704	18.9	★
6	十足集团股份有限公司	十足、之上	1936	18.6	△
7	中国全家 FamilyMart	全家	1810	20.6	★
8	上海联华快客便利有限公司	快客	1551	-3.3	★
9	农工商超市（集团）有限公司	可的、好德	* 1400	-6.7	★
10	太原唐久超市有限公司	唐久便利	1420	2.2	★
11	柒—拾壹（中国）	7-Eleven	1371	242.8	★
12	四川舞东风超市连锁股份有限公司	舞东风	1056	16.4	★
13	苏果超市有限公司	苏果、好的	1030	-8.3	★
14	罗森（中国）投资有限公司	LAWSON	1003	79.5	★
15	山西金虎便利连锁股份有限公司	金虎便利、早早便利、语果生鲜便利	943	3.9	★
16	湖南佳宜企业管理有限公司	新佳宜	830	18.6	★
17	中百超市有限公司	中百	812	2.0	★
18	厦门见福连锁管理有限公司	FOOK 见福便利	803	46.0	★
19	河北国大连锁商业有限公司	36524	800	33.3	★
20	文峰大世界连锁发展股份有限公司	文峰超市	758	-6.0	★
21	深圳市中业爱民便利店管理有限公司	中业爱民	700	16.7	★
22	西安每一天便利超市连锁有限公司	everyday	625	65.3	★
23	山东潍坊百货集团股份有限公司	中百	600	11.9	★
24	中山市及时便利连锁有限公司	及时	580	16.0	★
25	山东新星集团有限公司（便利店部分）	新星	530	-4.8	★

续表

序号	企业名称	品　牌	2016年便利店数量（个）	便利店增长率（%）	备注
26	美食林时刻便利连锁有限公司	时刻	410	7.9	
27	上海良友金伴便利连锁有限公司	良友金伴 LIANGYOU	381	-16.8	★
28	郑州丹尼斯百货有限公司	丹尼斯 全日鲜	340	21.4	
	内蒙古利客商业有限责任公司	利客	340	13.3	★
30	哈尔滨中央红集团	中央红小月亮	310	-0.6	★
31	湖南千惠商贸连锁有限公司	千惠	300	14.1	★
32	全时叁陆伍	全时	290	45.0	★
33	北京港佳好邻居连锁便利店有限责任公司	Hi-24 好邻居	280	7.7	★
	四川哦哦超市连锁管理有限公司	WOWO	280	0	★
35	江苏新合作常客隆连锁超市有限公司	常客隆	264	0	★
36	青岛友客便利连锁管理有限公司	友客	222	9.9	★
37	云南之佳便利店有限公司	之佳便利	220	-7.9	★
38	加贝物流股份有限公司	加贝	211	2.4	★
39	新疆早晚八点半贸易有限公司	八点半	206	28.0	★
40	福建省易太商业运营管理有限公司	易太便利	200	18.3	★
41	山东统一银座商业有限公司	统一银座	198	-1.0	△
	湖南汇米巴商业管理有限公司	汇米巴	198	-21.7	△
43	阜阳华联集团股份有限公司	阜阳华联	186	0	★
44	怀化市好伴便利店连锁有限公司	好伴	172	70.3	★
	临汾乐客便利超市连锁有限公司	乐客	172	0	
46	北京京客隆商业集团股份有限公司	京客隆	171	13.2	★
47	武汉今天梦想商贸有限公司	TODAY	169	70.7	★
48	乌鲁木齐市好幸福超市有限公司	每日每夜	167	25.6	★
49	惠州市快迪便利店管理有限公司	快迪	164	-5.7	★
50	天虹商场股份有限公司	微喔	161	-3.0	★
51	山东全福元商业集团有限责任公司	全福元	159	-5.4	★
52	青岛利群百货集团股份有限公司	利群	157	22.7	★
53	北京物美便利超市有限公司	物美便利	156	11.4	★
54	家家悦控股集团股份有限公司	家家悦	146	5.8	★
55	徐州悦客企业管理有限公司	悦客便利	140	33.3	△
56	哈尔滨融惠微利连锁超市有限责任公司	微利	136	25.9	★
57	十堰市新合作超市有限公司	新合作、酷铺	133	10.8	△
58	江西省晋利嘉实业有限责任公司	乐豆家	126	200.0	★
59	大连太阳系便利店连锁经营有限公司	太阳系	120	7.1	★

续表

序号	企业名称	品 牌	2016年便利店数量（个）	便利店增长率（%）	备注
60	宜昌市北山超市有限责任公司	北山便利	110	0	★
	福建百汇万宁超市有限公司	百汇万宁	110	42.9	★
62	内蒙古悦生活商贸有限公司	安达	100	566.7	★
	合计		85478	10.1	

注：

1. ★ 表示其为中国连锁经营协会会员企业，☆ 表示其下属公司为中国连锁经营协会会员企业，△ 表示其母公司为中国连锁经营协会会员企业。

2. 数字前面带 * 为估计值。

3. 本表中包含了部分与便利店业态相近的其他小型零售店，如小型社区超市。

4. 本表数据来源于企业自报。

中国主要外资连锁企业排名

（CCFA 2017 年 5 月 16 日发布）

序号	企业名称	2016 年销售（含税万元）	销售增长率（%）	2016 年门店总数（个）	门店增长率（%）	备注	
1	康成投资（中国）有限公司（大润发）	9329000	4.0	368	9.9	①	★
2	沃尔玛（中国）投资有限公司	7669751	4.3	439	1.6		★
3	百胜中国	5445000	5.3	7500	7.1	②	★
4	家乐福中国	5047523	25.9	319	36.3	③	★
5	麦当劳（中国）有限公司	* 2100000	5.0	2400	4.3		★
6	郑州丹尼斯百货有限公司	2080000	15.6	411	39.3		
7	锦江麦德龙现购自运有限公司	1930000	1.0	87	6.1		★
8	屈臣氏中国	* 1852980	2.3	2929	18.0		★
9	欧尚（中国）投资有限公司	1806748	-0.4	78	5.4	④	★
10	百盛商业集团有限公司	* 1659850	-8.3	53	-8.6		☆
11	宜家（中国）投资有限公司	1514095	15.8	21	16.7		★
12	卜蜂莲花	1300000	-3.7	82	0		★
13	新世界百货投资（中国）集团有限公司	* 1150000	-10.2	42	-2.3		★
14	永旺（中国）投资有限公司	1117145	4.9	56	3.7		★
15	中国全家 FamilyMart	657500	26.5	1810	20.6		★
16	伊藤洋华堂（中国）	600000	-7.7	8	-27.3		★
17	柒—拾壹（中国）	* 576000	13.4	1371	242.8		★
18	百安居（中国）投资有限公司	475904	14.6	38	0		★
19	百佳超市（中国）	321086	-17.3	54	-15.6		★
20	罗森（中国）投资有限公司	172900	127.0	1003	79.5		★
	合计	46805482	5.9	19069	18.7		

注：

1. ★ 表示其为中国连锁经营协会会员企业，☆ 表示其下属公司为中国连锁经营协会会员企业，△ 表示其母公司为中国连锁经营协会会员企业。

2. 数字前面带 * 为估计值。

3. 百强统计采用销售规模口径，包括门店含税销售额和企业批发含税销售额，其中门店包括直营店、加盟店和以公司品牌输出管理的连锁店。销售规模的统计不包括内部交易、企业的批发市场交易、汽车、加油站及农资等生产资料销售额。

4. 部分企业数据说明：

① 康成投资（中国）有限公司（大润发）2016 年销售数据中不包含飞牛网的数据。

② 百胜中国 2016 年销售额为 544.5 亿元，基于年报公布的 82 亿美元，按汇率 6.64 换算得出。

③ 家乐福中国统计口径发生变化，2016 年销售额及门店数为大中华区销售额及门店数。

④ 作为欧尚、大润发和飞牛网等的投资母公司，高鑫零售 2016 年销售额为 1135.2 亿元。

中国网络零售百强排名

（CCFA 2017 年 5 月 16 日发布）

序号	企业名称	商品交易总额（万元）
1	北京京东世纪贸易有限公司	93920000
2	苏宁云商集团股份有限公司	* 6187000
3	广州唯品会信息科技有限公司	5659100
4	苹果电子产品商贸（北京）有限公司	* 5353517
5	小米科技有限责任公司	* 2830300
6	国美电器有限公司	2456264
7	美的集团股份有限公司	2300000
8	北京当当网信息技术有限公司	* 2000000
9	纽海电子商务（上海）有限公司（1 号店）	* 1800000
10	亚马逊卓越有限公司（亚马逊中国）	* 1600000
11	安踏体育用品集团有限公司	1334800
12	大商股份有限公司（天狗网）	1154449
13	百联全渠道电子商务有限公司（上海百联集团股份有限公司）	812334
14	北京创锐文化传媒有限公司（聚美优品）	* 800000
15	广州网易计算机系统有限公司（考拉海购）	* 600000
	杭州时趣信息技术有限公司（蘑菇街）	* 600000
17	耐克商业（中国）有限公司	* 574563
18	天津楚楚网络科技中心（有限合伙）	* 500000
	北京寺库商贸有限公司	* 500000
	中粮集团有限公司（中粮我买网）	* 500000
21	乐视电子商务（北京）有限公司	489869
22	杭州贝购科技有限公司（贝贝网）	* 400000
	北京本来工坊科技有限公司（本来生活网）	* 400000
	上海易迅电子商务发展有限公司	* 400000
	行吟信息科技（上海）有限公司（小红书）	* 400000
	美丽说（北京）网络科技有限公司	* 400000
27	北京众鸣世纪科技有限公司（宝宝树）	* 390000

续表

序号	企业名称	商品交易总额（万元）
28	上海易果电子商务公司（易果生鲜）	* 365000
29	浙江森马服饰股份有限公司	320000
30	上海洋码头网络技术有限公司	* 300000
31	北京花旺在线商贸有限公司（蜜芽宝贝）	* 250000
32	宏图三胞高科技术有限公司	220500
33	高鑫零售有限公司	216300
34	湖北良品铺子食品有限公司	210000
35	中国黄金集团黄金珠宝有限公司	200000
	顺丰速运（集团）有限公司（顺丰优选有限公司）	* 200000
37	上海天天鲜果电子商务有限公司（天天果园）	* 160000
38	太平鸟集团有限公司	159800
39	酒仙网电子商务股份有限公司	* 152200
40	北京普缇客科技有限公司（达令）	* 150000
	广东健客医药有限公司	* 150000
	顺丰速运（集团）有限公司（丰趣海淘）	* 150000
43	北京乐语世纪科技集团有限公司	143351
44	广东康爱多连锁药店有限公司	133043
45	北京迪信通商贸股份有限公司	131775
46	广州尚品宅配家居股份有限公司	127714
47	上海跨境通国际贸易有限公司	* 120000
	北京每日优鲜电子商务有限公司	* 120000
	广州市万表科技股份有限公司	* 120000
	广东壹号大药房连锁有限公司（壹药网）	* 120000
51	阿迪达斯（中国）有限公司	117024
52	李宁体育（上海）有限公司	110950
53	北京好药师大药房连锁有限公司	106000
54	上海拉夏贝尔服饰股份有限公司	100364
55	魅力惠（上海）贸易有限公司	* 100000
	武汉奇米网络科技有限公司（卷皮网）	* 100000
57	上海美特斯邦威服饰股份有限公司	90300
58	福建七匹狼集团有限公司	90000
59	供销大集集团股份有限公司	87426
60	海澜之家股份有限公司	85400
61	银座集团股份有限公司	81039
62	上海可得光学科技有限公司	65454

续表

序号	企业名称	商品交易总额（万元）
63	特步（中国）有限公司	53997
64	银泰商业（集团）有限公司	52242
65	步步高电子商务有限责任公司（云猴网）	51076
66	凡客诚品（北京）科技有限公司	* 50000
67	北京物美商业集团股份有限公司	46824
68	新华都购物广场股份有限公司	42320
69	成都泉源堂大药房连锁股份有限公司	41940
70	石家庄北国人百集团有限责任公司	40268
71	北京天天美尚信息科技股份有限公司	* 40000
72	上海伊邦医药信息科技有限公司（药房网）	39459
73	布丁酒店浙江股份有限公司	35000
74	莎莎化妆品（中国）有限公司	* 33634
75	上海来伊份电子商务有限公司	32171
76	百安居（中国）投资有限公司	30000
	达芙妮投资（集团）有限公司	30000
	上海健一网大药房连锁经营有限公司	* 30000
79	北京超市发连锁股份有限公司	28052
80	上海婴启电子商务有限公司（乐友孕婴童）	27000
81	周黑鸭食品股份有限公司	26390
82	星期六股份有限公司	24500
83	天虹商场股份有限公司	24338
84	深圳市品尚汇电子商务股份有限公司	23486
85	长沙通程控股股份有限公司	23369
86	呷哺呷哺餐饮管理有限公司	22041
87	九牧王股份有限公司	22000
	武汉武商集团股份有限公司	20314
89	上海世好餐饮管理有限公司	20000
	上海好丽家电子商务有限公司（母婴之家）	20000
91	厦门山国饮艺茶业有限公司	19964
92	广东康之家云健康医药股份有限公司	19424
	周大生珠宝股份有限公司	19100
94	利群集团股份有限公司	16723
95	北京王府井百货（集团）股份有限公司	16377
96	济宁市兖州区新合作百意商贸有限公司	15000
	新蛋商贸（上海）有限公司	* 15000

续表

序号	企业名称	商品交易总额（万元）
98	宝贝格子（北京）科技有限公司	14000
99	北京市上品商业发展有限责任公司（上品折扣）	* 13680
100	广州友谊集团股份有限公司	13500
	合 计	140809025

注：

1. 2016 年中国网络零售百强排名依据网络零售平台 2016 年商品交易总额（GMV）。数据主要来源于中国连锁经营协会调查问卷、上市公司年报（实际公布数据）、网络公开信息等，部分数据是专家根据市场规模、市场份额、市场增速以及其他重要指标估算而得。

2. 参与本次排名的 B2C 网络零售企业以自营为主，因此平台型网络企业浙江天猫网络有限公司并不在此榜单中。

3. 数字前面带 * 为估计值。

免责声明：中国连锁经营协会力求此信息内容的客观公正，但不保证其内容的准确性、完整性，也不保证未来内容不会发生变更。此信息仅供参考之用，中国连锁经营协会对企业信息不承担任何保证责任。

2017 年中国连锁百强基本情况

2017 年，零售市场被“新零售”“智慧零售”“无界零售”等新词所包裹，从一个侧面反映了过去一年零售市场的格局与变化，也孕育了 2016 年年底至 2017 年年初的资本投资热潮。

实体零售与线上平台的全方位合作成为 2017 年零售行业的突显和重要趋势，而新业态的井喷式发展和资本重新定义零售竞争格局则构成 2017 年行业两大热点。前者突出表现为无人值守商店（货架）的潮汐式起落和以盒马鲜生为代表的新实体店热潮，后者则因阿里、腾讯大面积投资线下零售头部企业而形成了零售“阵营”。

异常活跃的技术应用和线上巨头的资本“加持”，对零售业以及产业链产生何种影响？在纷扰的外部环境下行业发展状况如何？围绕消费升级零售业实现了哪些突破和创新？

中国连锁经营协会的年度调查显示，2017 年，实体零售的龙头企业规模增长有所回升，经营状况有所改善，全渠道经营也普遍实施，多种方式布局线下零售成为新常态。

一、百强基本情况

2017 年，连锁百强企业销售规模达到 2.2 万亿元，同比增长 8.0%，占社会消费品零售总额的 6.0%。百强连锁门店总数为 10.98 万家，同比增长 9.1%。百强便利店企业 2017 年销售增长率达到 16.9%，门店数量增长 18.1%，成为实体零售企业中增长最快的业态。

作为实体零售的行业龙头企业，连锁百强销售规模的增长连续多年低于社会消费品零售总额的增长，产业集中度处于相对停滞状态。与此同时，网上零售快速增长。国家统计局公布的数据显示，2017 年全国网上零售额比上年增长 32.2%，增速比上年加快 6.0 个百分点。本次调查显示，京东集团营业收入达到 3623 亿元，全年交易总额（GMV）近 1.3 万亿元，已成为国内销售额最大的零售商。

值得关注的是，部分连锁百强企业线上业务的增长和占比显著提升，正在演化为真正的全渠道零售商。调查显示，苏宁易购、孩子王、盒马鲜生、尚品宅配的线上销售额分别占到企业销售总额的 52.1%、30.0%、50.0%、30.0%。其他一些百强企业的线上销售规模也达到较高水平。全渠道零售商的兴起折射出连锁百强乃至整个零售市场的新格局和新趋势。

此外，资本的进入也在加速改变百强的格局。阿里巴巴通过投资控股构建的所谓

“新零售”板块（注：板块包含银泰商业、三江购物和大润发），其销售规模已达到1224亿元，可以排进百强三甲的位置。

二、线上业务提速，成效有待考量

2017年，百强企业线上销售增幅78.9%，高于往年69%的水平，也远高于全国网上零售32.2%和百强线下销售8.0%的增幅。但线上销售规模相对较小，平均占到实体零售企业总销售的10.3%。其中，家电数码类企业占比为38.2%，超市仅为0.7%。除了家电数码专业店，线上销售还未形成促进实体零售可持续增长的新引擎。同时，快消品零售企业的线上业务难以盈利。2017年，百强中的超市类企业，线上交易的平均客单价为68.6元，全国主要便利店品牌线上交易的平均客单价为46.2元。如何覆盖引流与送货成本有待观察。

同时，实体零售商线上业务增长也面临一些挑战。调查显示，在开展线上业务时，实体零售企业普遍存在三个方面的不足：一是数字化投入有限。百强中的超市企业2017年在信息和数字化方面的投资规模约占其销售额的0.9%。二是人员配备有限。上述企业线上业务人员数量平均在40人左右。三是供应链能力有限。仓储配送过程中的关键管理指标依然需要提升。

与第三方合作已经成为实体零售企业开展线上业务的主要途径。调查显示，目前实体零售企业的主要合作方包括美团、阿里、腾讯、京东到家、百度、多点等，且企业会选择2~3个伙伴同时合作。

三、业态加速调整，运营持续优化

2017年，百强零售企业的门店构成发生新变化：百货店、购物中心开店数量明显减少，而小型门店数量增长相对较快，达到7.7%。2017年，百强企业新增门店9197个，小型门店约占新增门店总数的八成。大型超市和超市门店数量仅分别增长3.7%和1.0%。

调查显示，百强企业的实体店坪效平均上升幅度为1.2%。可比门店销售额平均上升3.3个百分点。超市业态租赁面积比上年提高16%，大型超市门店形态呈现小型化趋势，单店营业面积平均减缩12.7%，减缩营业面积在一定程度上提升了坪效。

从各业态单店销售增长情况看，平均增长率较高的为便利店门店，为6.0%。社区超市、百货店和购物中心单店平均销售增长分别为3.8%、4.5%和3.4%，大型综合超市单店平均销售出现负增长，为-2.3%。

实体零售企业商品经营能力稳步提升。百强企业中，超市企业库存周转速度提高3个百分点，平均周转天数为37.8天，自有品牌SKU数量平均由435个增加到633个，进口商品销售占比由2016年的7.6%提高到8.9%。百强中的实体零售企业综合毛利率由15.6%上升为16.5%。

在支付方式和物流改善等方面，对百强企业超市业态的调查显示，移动支付的渗透率进一步提高，移动支付占交易额和交易笔数的比率分别为27.2%和29.7%，分别比上一年提高12.8个百分点和10.8个百分点。其中，支付宝和微信支付占交易额和交易笔数的比率，分别为 13.8%、15.9%和 15.0%、18.0%，同比增长分别为 4.6%、6.0%和 4.3%、7.0%。

在物流环节，除个别企业的绝大部分供应商带板运输外，大部分企业带板运输的供应商数量不到10%，超市生鲜周转筐的普及率要高一些，已经达到60%以上。

四、经营成本继续上涨，过度竞争有增无减

零售企业经营成本继续上涨。调查显示，百强企业用电支出上涨 4.6%，员工薪酬支出上涨 8.0%，房租上涨 5.6%。上述三项费用的行业平均上涨幅度更高，分别达到 8.5%、8.9%和 7.7%。

线上零售企业引流成本持续攀升，送货成本有所降低。根据对部分百强企业的调查了解，目前线上引流的成本上升较快，个别企业的成本已接近 200 元/客，送货成本为 7~8 元/单。从发展趋势看，线上业务的各项成本依然存在较大的上升压力。

零售生态的破坏性重构行为愈演愈烈，主要表现为通过价格补贴形成过度竞争、商业地产过度开发、频繁无序的线上促销活动对之前相对平稳的零售经营活动的强势挤压。调查显示，商圈内高度重叠开设的同类型店铺，利用价格补贴从线上引流争夺对手线下客流等现象时有发生。相关数据还显示，2017 年商业地产销售面积达 1.3 亿平方米，新开工面积 2.0 亿平方米，继续保持较高水平。持续多年的商业网点过度供应也是引发零售业过度竞争的重要原因。

五、国企整体水平处于劣势，改革迫在眉睫

国有企业经营状况差强人意，推动机制改革有望成为国企可持续发展的突破口。2017 年国有控股类百强企业的主要经营指标与百强平均水平相比明显处于劣势：销售增幅为 6.9%，低于百强平均增幅 1.1 个百分点；线上销售占比为 0.5%，低于百强线上平均销售占比 9.8 个百分点；综合毛利率为 14.3%，低于百强平均水平 2.2 个百分点。国有控股百强企业超市业态库存周转天数为 39 天，高于百强平均水平 1.2 天；统一配送比为 36.9%，低于百强平均水平 18.5 个百分点；自有品牌销售占比为 2.8%，低于百强平均水平 0.7 个百分点。

六、夯实零售基础，关注技术变革

展望 2018 年的发展，行业领先企业的战略重点主要集中于以下几个方面：

门店经营和服务优化，包括开设新型门店、提升顾客体验，是行业领先企业的优先目标和战略重点。

进一步强化商品经营，包括加快自有品牌商品的开发和供应链管理的优化，是百强企业关注的又一重点。

在技术应用和数字化建设方面，2018 年，企业数字化投入预计与 2017 年持平，约占销售额的 0.8%。资金投向主要集中在多点获客与精准营销、会员体系建立、系统层面上

的线下线上融合等几个领域，同时，消费者分析与洞察、客户体验提升、商品管理也是企业数字化应用比较关注的领域。

调查显示，对于各种新兴技术，零售企业会更多地关注大数据、人工智能、无人零售门店，此外，区块链与云技术也比较受关注。

附：

中国连锁百强排名

（CCFA 2018 年 5 月 10 日发布）

序号	企业名称	2017 年销售（含税万元）	销售增长率（%）	2017 年门店总数（个）	门店增长率（%）	备注	
1	苏宁易购集团股份有限公司	24334300	29.2	3799	10.9		★
2	国美零售控股有限公司	15369108	-6.7	1604	-1.5		★
3	华润万家有限公司	10364573	0.1	3162	-1.9	①	★
4	康成投资（中国）有限公司（大润发）	9540000	2.3	383	4.6	②	★
5	沃尔玛（中国）投资有限公司	8027818	4.7	441	0.5		★
6	永辉超市股份有限公司	6539986	20.2	806	65.5		★
7	重庆商社（集团）有限公司	5828076	3.9	322	-0.6		★
8	联华超市股份有限公司	5645987	-5.6	3451	-5.4	③	★
9	中石化易捷销售有限公司	5195000	48.0	25775	0.7		★
10	家乐福（中国）管理咨询服务有限公司	4979594	-1.3	321	0.6	④	★
11	物美控股集团有限公司	4745218	5.1	978	72.8	⑤	★
12	长春欧亚集团股份有限公司	4244648	8.6	133	24.3		★
13	武汉武商集团股份有限公司	3751337	5.5	88	-1.1		★
14	步步高集团	3709413	15.4	645	9.3		★
15	王府井集团股份有限公司	3372063	21.7	56	5.7		★
16	中百控股集团股份有限公司	3319477	5.3	1130	10.1		★
17	宏图三胞高科技术有限公司	3222296	0.3	560	-2.6		★
18	大商股份有限公司	* 3128991	-4.8	148	-11.4		
19	石家庄北国人百集团有限责任公司	3000845	5.9	68	4.6		
20	天虹商场股份有限公司	2648196	5.3	76	7.0		★
21	利群集团股份有限公司	2491708	4.2	585	0.7		★
22	家家悦控股集团股份有限公司	2490040	4.5	681	5.7		★
23	供销大集集团股份有限公司	2454154	92.7	266	15.2		△
24	烟台振华商业集团	2447575	2.5	130	2.4		☆
25	银泰商业（集团）有限公司	2291282	7.5	51	6.3		★
26	郑州丹尼斯百货有限公司	2186620	5.6	430	4.6		
27	锦江麦德龙现购自运有限公司	2130000	10.4	92	5.7		★

续表

序号	企业名称	2017 年销售（含税万元）		销售增长率（%）	2017 年门店总数（个）	门店增长率（%）	备注	
28	文峰大世界连锁发展股份有限公司		2054476	-0.7	748	-8.4		★
29	红星美凯龙控股集团有限公司		2004437	24.1	—	—	⑥	★
30	中国石油销售公司（昆仑好客）		1900000	31.0	19000	11.8		★
31	北京迪信通商贸股份有限公司		1872405	5.3	1728	2.4		★
32	屈臣氏中国	*	1814088	4.2	3271	11.7	⑦	★
33	山东潍坊百货集团股份有限公司		1808000	5.6	680	-1.0		★
34	江苏五星电器有限公司		1800000	19.7	482	41.3		★
35	金鹰国际商贸集团（中国）有限公司		1797663	5.6	32	3.2		★
36	宜家（中国）投资有限公司		1768326	16.8	24	14.3		★
37	茂业国际控股有限公司	*	1748759	14.5	60	-9.1		
38	北京乐语世纪科技集团有限公司		1620526	2.2	2032	1.0		★
39	兴隆大家庭商业集团有限公司		1596237	0.7	37	12.1		★
40	百盛商业集团有限公司	*	1595380	-3.9	47	-11.3		★
41	合肥百货大楼集团股份有限公司		1590000	5.1	228	23.2		★
42	欧尚（中国）投资有限公司		1569728	-13.1	77	-1.3	⑧	★
43	新华都购物广场股份有限公司		1539461	4.0	145	-2.7		★
44	银座集团股份有限公司	*	1521644	1.2	100	4.2		★
45	武汉中商集团股份有限公司		1421260	0.5	45	-10.0		★
46	北京京客隆商业集团股份有限公司		1420297	-3.6	220	-8.7		★
47	永旺（中国）投资有限公司		1409300	20.0	91	16.7		★
48	北京华联综合超市股份有限公司	*	1375822	-4.8	156	-7.7		△
49	北京菜市口百货股份有限公司		1346009	3.1	27	22.7		★
50	江苏华地国际控股集团有限公司		1341710	2.3	79	12.9		★
51	卜蜂莲花		1270000	-2.3	95	18.8		★
52	成都红旗连锁股份有限公司		1257649	8.3	2730	1.0	⑨	★
53	新世界百货中国有限公司	*	1234000	7.3	38	-9.5		★
54	东莞市糖酒集团美宜佳便利店有限公司		1224080	30.0	11659	25.4		★
55	北京首商集团股份有限公司		1207674	1.3	17	0		
56	迪卡侬（中国）		1054000	14.6	255	24.4		★
57	广州市广百股份有限公司		1034431	2.4	27	8.0		★
58	信誉楼百货集团有限公司		1015091	26.1	29	16.0		★
59	人人乐连锁商业集团股份有限公司		1002752	-1.3	125	3.3		★
60	济南华联商厦集团股份有限公司		885628	3.6	88	27.5		☆
61	大参林医药集团股份有限公司		868000	19.1	2952	22.5		★
62	孩子王儿童用品股份有限公司		830000	60.1	215	23.6		★

续表

序号	企业名称	2017年销售（含税万元）	销售增长率（%）	2017年门店总数（个）	门店增长率（%）	备注	
63	山东新星集团有限公司	814228	-3.0	546	-0.4		★
64	上海福满家便利有限公司（全家便利）	802580	24.1	2181	20.5		★
65	山西美特好连锁超市股份有限公司	780143	3.3	111	-5.1		★
66	湖南友谊阿波罗商业股份有限公司	744349	7.9	16	6.7		★
67	山东全福元商业集团	734584	4.9	223	0.5		★
68	南京中央商场（集团）股份有限公司（百货零售部分）	* 722855	-13.1	14	16.7		★
69	山东德百集团	700000	12.9	25	4.2		★
70	深圳百果园实业发展有限公司	678862	64.7	2645	54.6		★
71	杭州解百集团股份有限公司	* 676274	10.3	4	0		
72	阜阳华联集团股份有限公司	666813	8.1	781	-0.8		★
73	北京华冠商业科技发展有限公司	639924	8.7	74	10.4		★
74	新疆友好（集团）股份有限公司（商业部分）	* 628802	-3.9	33	-13.2		
75	广东嘉荣超市有限公司	618022	7.8	108	12.5		★
76	青岛维客集团股份有限公司	603631	3.8	13	8.3		★
77	广州尚品宅配家居股份有限公司	596532	36.8	897	33.5		★
78	邯郸市阳光百货集团总公司	593827	13.9	180	5.9		★
79	北京翠微大厦股份有限公司	565849	-5.4	14	-12.5		★
80	雄风集团有限公司	546808	5.0	100	-5.7		★
81	湖南佳惠百货有限责任公司	532234	5.2	99	19.3		★
82	浙江人本超市有限公司	513862	1.4	2064	3.1		★
83	成都伊藤洋华堂有限公司	512000	7.8	7	16.7		★
84	北京超市发连锁股份有限公司	478300	7.5	145	-4.6		★
85	长沙通程控股股份有限公司	469749	5.2	81	1.3		★
86	江苏新合作常客隆连锁超市有限公司	458508	10.5	1016	0.3		★
87	十堰市新合作超市有限公司	432900	1.9	373	2.8		△
88	山西省太原唐久超市有限公司	429646	10.0	1435	1.1		★
89	三江购物俱乐部股份有限公司	409007	-8.6	169	7.0		★
90	湖北黄商集团股份有限公司	378312	12.7	112	-5.1		★
91	河南大张实业有限公司	377672	4.9	60	7.1		★
92	新疆汇嘉时代百货股份有限公司	* 354193	14.1	9	12.5		
93	河北惠友商业连锁发展有限公司	350714	7.5	75	0		★
94	甘肃国芳工贸（集团）股份有限公司	* 339573	2.2	12	0		
95	深圳岁宝百货有限公司	317466	-3.8	35	2.9		★
96	罗森（中国）投资有限公司	310959	49.8	1399	45.9		★

续表

序号	企业名称	2017 年销售（含税万元）	销售增长率（%）	2017 年门店总数（个）	门店增长率（%）	备注	
97	加贝物流股份有限公司	310000	-1.6	340	-1.7		★
98	广州友谊集团有限公司	305607	-2.7	4	0		★
99	话机世界通信集团股份有限公司	300810	-10.4	639	71.8		★
100	广州百佳超级市场有限公司	294259	-8.4	55	1.9		★
	合计	218246992	8.0	109814	9.1		

注：

1. ★表示其为中国连锁经营协会会员企业，☆表示其下属公司为中国连锁经营协会会员企业，△表示其母公司为中国连锁经营协会会员企业。

2. 数字前面带＊为估计值。

3. 百强统计采用销售规模（或营业收入）口径，包括线上及线下含税销售额（或营业收入）。线下包含门店含税销售额（或营业收入）、企业批发含税销售额（或营业收入）和商品网络销售额（或营业收入，含自营和平台）。其中，门店范围包括直营店、加盟店和以公司品牌输出管理的连锁店。销售规模统计不包括内部交易、企业的批发市场交易、汽车、加油站及农资等生产资料销售额。

4. 部分企业数据说明：

① 其中，苏果超市有限公司 2017 年销售额为 280 亿元。

② 康成投资（中国）有限公司（大润发）2017 年销售数据中不包含飞牛网的数据。

③ 联华超市股份有限公司 2017 年销售额中包含家乐福上海地区门店的销售额。其中，杭州联华华商集团有限公司 2017 年销售额是 152.6 亿元。

④ 家乐福（中国）管理咨询服务有限公司统计口径为其大中华区销售额及门店数。

⑤ 物美控股集团有限公司 2017 年销售数据中包含百安居（中国）投资有限公司及银川新华百货商业集团股份有限公司的数据，2016 年以北京物美商业集团股份有限公司上榜。

⑥ 红星美凯龙控股集团有限公司 2017 年销售数据为合并营业收入。

⑦ 屈臣氏中国 2017 年销售数据未含税。

⑧ 作为欧尚的投资母公司，高鑫零售 2017 年销售额为 1023.2 亿元。

⑨ 成都红旗连锁股份有限公司 2017 年销售数据为含税、含关联销售数据。

中国快速消费品连锁零售百强排名

（CCFA 2018年5月10日发布）

序号	企业名称	2017年销售（含税万元）	销售增长率（%）	2017年门店总数（个）	门店增长率（%）	备注	
1	华润万家有限公司	10364573	0.1	3162	-1.9	①	★
2	康成投资（中国）有限公司（大润发）	9540000	2.3	383	4.6	②	★
3	沃尔玛（中国）投资有限公司	8027818	4.7	441	0.5		★
4	永辉超市股份有限公司	6539986	20.2	806	65.5		★
5	联华超市股份有限公司	5645987	-5.6	3451	-5.4	③	★
6	中石化易捷销售有限公司	5195000	48.0	25775	0.7		★
7	家乐福（中国）管理咨询服务有限公司	4979594	-1.3	321	0.6	④	★
8	物美控股集团有限公司	3704051	5.8	752	32.9	⑤	★
9	供销大集集团股份有限公司	2454154	114.2	266	7.7		△
10	中百仓储超市有限公司	2203041	4.4	174	-5.4		★
11	家家悦控股集团股份有限公司（快消部分）	2199639	4.5	534	6.4		★
12	锦江麦德龙现购自运有限公司	2130000	10.4	92	5.7		★
13	步步高集团（快消部分）	2094764	5.9	538	9.8		★
14	中国石油销售公司（昆仑好客）	1900000	31.0	19000	11.8		★
15	屈臣氏中国	* 1814088	4.2	3271	11.7	⑥	★
16	欧尚（中国）投资有限公司	1569728	-13.1	77	-1.3	⑦	★
17	世纪华联超市连锁（江苏）有限公司（快消部分）	1459129	8.5	836	55.1		★
18	北京京客隆商业集团股份有限公司	1420297	-3.6	220	-8.7		★
19	北京华联综合超市股份有限公司	* 1375822	-4.8	156	-7.7		△
20	新华都购物广场股份有限公司（超市事业部）	1289183	2.5	126	0		★
21	卜蜂莲花	1270000	-2.3	95	18.8		★
22	成都红旗连锁股份有限公司	1257649	8.3	2730	1.0	⑧	★
23	永旺（中国）投资有限公司（快消部分）	1239570	5.9	67	19.6		★
24	东莞市糖酒集团美宜佳便利店有限公司	1224080	30.0	11659	25.4		★
25	武汉武商超市管理有限公司	1218692	-2.6	77	-1.3		★
26	重庆百货大楼股份有限公司（快消部分）	1054423	-3.0	181	-1.6		★

续表

序号	企业名称	2017年销售（含税万元）	销售增长率（%）	2017年门店总数（个）	门店增长率（%）	备注
27	人人乐连锁商业集团股份有限公司	1002752	-1.3	125	3.3	★
28	石家庄北国人百集团有限责任公司	846775	5.0	44	4.8	
29	上海福满家便利有限公司（全家便利）	802580	24.1	2181	20.5	★
30	山西美特好连锁超市股份有限公司	780143	3.3	111	-5.1	★
31	潍坊百货集团超市事业部	760282	6.8	706	2.9	★
32	大商股份有限公司（超市部分）	* 630445	-5.7	49	4.3	
33	山东新星集团有限公司（快消部分）	625025	-3.3	537	-0.4	★
34	河北叁陆伍网络科技集团有限公司	600025	9.6	15714	1.2	★
35	济南华联超市有限公司	594350	3.6	85	28.8	★
36	中百超市有限公司	556577	2.1	734	-3.7	★
37	浙江人本超市有限公司	513862	1.4	2064	3.1	★
38	广东嘉荣超市有限公司（快消部分）	479635	6.9	87	10.1	★
39	北京超市发连锁股份有限公司	478300	7.5	145	-4.6	★
40	湖南佳惠百货有限责任公司（快消部分）	471041	5.2	90	20.0	★
41	江苏新合作常客隆连锁超市有限公司	458508	10.5	1016	0.3	★
42	长春欧亚超市连锁经营有限公司	448422	5.4	112	28.7	△
43	银川新华百货商业集团股份有限公司（超市部分）	* 446996	11.0	150	7.1	△
44	山西省太原唐久超市有限公司	429646	10.0	1435	1.1	★
45	三江购物俱乐部股份有限公司	409007	-8.6	169	7.0	★
46	银座集团股份有限公司（超市部分）	* 408656	0.8	56	9.8	★
47	青岛维客商业连锁有限公司	382958	4.5	9	12.5	★
48	河南大张实业有限公司	377672	4.9	60	7.1	★
49	安徽百大合家福连锁超市股份有限公司	374063	20.8	166	24.8	△
50	十堰市新合作超市有限公司（快消部分）	355000	1.5	321	2.6	△
51	上海盒马网络科技有限公司（盒马鲜生）	* 350000	—	30	—	★
52	文峰大世界连锁发展股份有限公司（快消部分）	336731	-12.9	697	-8.9	★
53	江苏华地国际控股集团有限公司（快消部分）	332949	3.9	60	17.6	★
54	烟台振华量贩超市有限公司	331399	7.0	98	5.4	★
55	罗森（中国）投资有限公司	310959	49.8	1399	45.9	★
56	加贝物流股份有限公司	310000	-1.6	340	-1.7	★
57	广东天福连锁商业集团有限公司	307358	20.0	3820	15.4	★
58	北京华冠商业科技发展有限公司（快消部分）	303384	12.5	70	11.1	★
59	广州百佳超级市场有限公司	292712	-8.8	55	1.9	★
60	南通文峰超市加盟管理有限公司	287175	-16.4	689	-9.1	★

续表

序号	企业名称	2017 年销售（含税万元）	销售增长率（%）	2017 年门店总数（个）	门店增长率（%）	备注	
61	天津劝宝超市有限责任公司	269544	11.5	546	0		★
62	四川舞东风超市连锁股份有限公司	267207	11.6	1187	12.4		★
63	山东全福元商业集团（快消部分）	265204	10.7	220	0.5		★
64	湖北黄商集团股份有限公司（综合超市事业部）	260000	16.5	97	-5.8		★
65	廊坊市明珠商业企业集团有限公司	259000	10.2	14	7.7		★
66	广东壹加壹商业连锁有限公司	257228	0.4	61	5.2		★
67	乐友国际商业集团有限公司（快消部分）	256727	11.8	571	8.3		★
68	阜阳华联集团股份有限公司（快消部分）	247624	10.8	199	-2.0		★
69	浙江凯虹集团有限公司	245000	10.6	16	-15.8		★
70	贵州合力商业投资集团（快消部分）	239576	-16.7	52	4.0		★
71	河北惠友商业连锁发展有限公司（快消部分）	235125	1.5	61	-1.6		★
72	承德宽广超市集团有限公司（快消部分）	195721	14.3	42	31.3		★
73	江西省绿滋肴实业有限公司	193078	7.2	110	13.4		★
74	杭州群丰果品连锁有限公司（鲜丰水果）	187775	75.0	1076	85.5		★
75	福建冠业投资发展有限公司	187362	9.7	34	0		★
76	包头市永盛成百货有限责任公司	184000	4.5	103	8.4		★
77	柒一拾壹（北京）有限公司	173482	15.5	247	12.8		★
78	上海良友金伴便利连锁有限公司	172614	-13.3	328	-13.9		★
79	安徽省徽商红府连锁超市有限责任公司	156311	-0.9	75	-6.3		★
80	秦皇岛兴龙广缘商业连锁有限公司	155983	7.9	39	2.6		★
81	哈尔滨中央红小月亮有限责任公司	152081	3.5	355	12.7		★
82	绥化市华辰商贸有限公司	149460	11.6	38	18.8		★
83	江苏欢乐买商贸股份有限公司	128587	5.0	16	-5.9		★
84	山西金虎便利连锁股份有限公司	124564	10.0	1003	6.4		★
85	北京首航国力商贸有限公司	122930	7.4	44	-6.4		★
86	佛山市顺客隆商业有限公司	122574	-7.8	67	-2.9		★
87	九江联盛超市连锁股份有限公司	119295	3.2	37	5.7		★
88	湖南佳宜企业管理有限公司	116508	17.0	1140	3.1		★
89	西安每一天便利超市连锁有限公司	115065	52.7	1012	61.9		★
90	厦门见福连锁管理有限公司	112405	58.1	1237	54.0		★
91	胜利油田胜大超市	111716	-3.8	113	-0.9		★
92	四川德惠商业股份有限公司	109500	-1.9	37	-14.0		★
93	唐山百货大楼集团八方购物广场有限责任公司（快消部分）	109305	-3.7	9	0		★
94	上海捷强烟草糖酒（集团）连锁有限公司	103024	4.7	194	-7.2		

续表

序号	企业名称	2017 年销售（含税万元）	销售增长率（%）	2017 年门店总数（个）	门店增长率（%）	备注	
95	邯郸市阳光超市有限公司	97508	4.0	158	6.8		★
96	深圳市中业爱民便利店管理有限公司	96944	345.1	850	21.4		★
97	台州市三和连锁超市有限公司	88556	4.9	58	7.4		★
98	邯郸市美食林时刻便利连锁有限公司	88000	14.3	430	6.4		△
	北京港佳好邻居连锁便利店有限责任公司	88000	35.4	340	25.9		★
100	宜昌北山商业连锁有限责任公司	83411	7.7	116	9.4		★
	合计	106214649	7.3	120946	8.1		

注：

1. ★表示其为中国连锁经营协会会员企业，☆表示其下属公司为中国连锁经营协会会员企业，△表示其母公司为中国连锁经营协会会员企业。

2. 数字前面带＊为估计值。

3. 百强统计采用销售规模（或营业收入）口径，包括线上及线下含税销售额（或营业收入）。线下包含门店含税销售额（或营业收入）、企业批发含税销售额（或营业收入）和商品网络销售额（或营业收入，含自营和平台）。其中，门店范围包括直营店、加盟店和以公司品牌输出管理的连锁店。销售规模统计不包括内部交易、企业的批发市场交易、汽车、加油站及农资等生产资料销售额。

4. 部分企业数据说明：

① 其中，苏果超市有限公司 2017 年销售额为 280 亿元。

② 康成投资（中国）有限公司（大润发）2017 年销售数据中不包含飞牛网的数据。

③ 联华超市股份有限公司 2017 年销售额中包含家乐福上海地区门店的销售额。其中，杭州联华华商集团有限公司销售额是 152.6 亿元。

④ 家乐福（中国）管理咨询服务有限公司统计口径为其大中华区销售额及门店数。

⑤ 物美控股集团有限公司 2017 年销售数据中包含百安居（中国）投资有限公司及银川新华百货商业集团股份有限公司的数据，2016 年以北京物美商业集团股份有限公司上榜。

⑥ 屈臣氏中国 2017 年销售数据未含税。

⑦ 作为欧尚的投资母公司，高鑫零售 2017 年销售额为 1023.2 亿元。

⑧ 成都红旗连锁股份有限公司 2017 年销售数据为含税、含关联销售数据。

2018 年中国连锁百强基本情况

根据中国连锁经营协会“2018 年行业基本情况及连锁百强调查”，“2018 年中国连锁百强”名单于 2019 年 5 月 9 日发布。

一、基本情况

2018 年连锁百强销售规模为 2.4 万亿元，同比增长 7.7%，占社会消费品零售总额的 6.3%，比上年增长 0.3 个百分点。连锁百强门店总数为 13.8 万个，同比增长 16.0%。去除便利店门店因素（含苏宁小店），百强门店增速为 9.1%，与上年持平。

2018 年，苏宁、永辉、居然之家、银泰、红星美凯龙、屈臣氏、美宜佳、盒马鲜生、信誉楼、孩子王、大参林、全家、百果园、柒—拾壹（中国）、大张、罗森、汇嘉和健之佳 18 家企业实现了销售和门店两位数的同步增长。同时，有 30 家企业的销售额和（或）门店数与上年相比出现不同程度的下降。

连锁百强销售额的增长部分得益于全渠道业务的积极拓展。2018 年，百强线上销售业务增长 55.5%，增幅超过全国线上商品零售增幅一倍以上。超市发、卜蜂莲花、五星电器、永辉、美宜佳、百果园、中石化易捷等企业更是实现了三位数的增长。去除线上销售占比较高的苏宁、国美、盒马鲜生等企业，百强企业线上销售额平均占比达到 2.6%，比上年提高 0.8 个百分点，其中超市业态占比为 1.9%，比上年提高 0.6 个百分点。

在发展线上业务的同时，百强企业通过管理优化，运营效率进一步提升。2018 年，百强企业平均人效 198 万元，比上年提高了 3.0%。百强平均毛利率由上年的 17.9%提高到 18.3%，中位数 18.1%，与上年持平。

二、区域龙头喜忧参半，低线市场发展稳健

百强企业中的区域龙头包括两类：立足一、二线或省会城市布局周边市场的省域龙头企业；立足地（县）布局周边市场的地县龙头企业。区域龙头企业往往多业态发展，在当地市场拥有较高的市场份额和领导地位。

2018 年，省域龙头企业销售额和门店数增长分别为 4.2%和 5.5%，地县龙头企业销售额和门店数增长分别为 4.9%和-0.7%，均低于百强平均增幅。

从运行情况看，省域龙头企业坪效下降 5.6%，人效下降 3.4%。毛利率为 19.2%，比上年略有下降。地县龙头企业运营状况明显优于省域龙头企业，坪效、人效双双向好，

分别提高 2.2%和 7.5%，毛利率为 15.2%，比上年提高了 0.3 个百分点。

省域龙头企业多有国资背景，主力业态以百货店居多，近几年既有外资和跨区域零售商的竞争，又有线上零售的分流，在市场转入低速发展的过程中，机制创新和业态转型重组显得更为迫切。

地县龙头企业机制灵活，契合消费，线上线下竞争尚不激烈，但市场相对狭小，消费人口和购买力有限，一些管理基础好、实力较强的企业正在探索外延性扩张。

三、大型超市增长趋弱，国际品牌创新求变

作为快消品零售的主力业态，大型超市普遍面临坪效下降、盈利能力趋弱的困局，增长乏力。

2018 年，以经营大型超市为主的百强企业，销售额平均增长 2.5%，门店数平均增长 3.6%，均显著低于百强平均增速。同时，大型超市营运成本继续上涨，员工薪酬总额上涨 13.0%，房租上涨 10.6%，成本占销售比重在各业态中居于较高水平。

2018 年，大型超市坪效平均下降 8.0%，但人效提高 4.9%，毛利率提高 0.5 个百分点，达到 21.5%。通过管理优化，减员增效，大型超市正在寻求逆势增长。

百强中的国际零售品牌以经营大型超市为主。部分国际品牌统计数据显示，2018 年，外资大型超市的坪效平均下降 4.0%，人效提高 5.5%，毛利率达到 23.2%，好于百强大型超市的平均水平。

国际零售品牌在导入全渠道零售方面不遗余力。2018 年，外资百强线上零售额增长 61.4%，比百强平均水平高出 5.9 个百分点。沃尔玛将京东到家扩展到 250 多家门店，其某日促销的线上销售额比上年同日线上销售额增长 5 倍；家乐福与腾讯合作开展线上业务；永旺在中国设立零售数字化研发机构；伊藤洋华堂上线伊藤商城；宜家与微信合作推出“宜家家居快闪店”，线上业务覆盖到 149 个城市；高鑫零售引入阿里淘鲜达项目，线上订单累计超过 4500 万单。

在资本合作方面，国际零售品牌也表现出积极姿态。高鑫引入阿里巴巴，家乐福引入腾讯，麦德龙提出引资计划。永辉购入百佳，利群收购乐天。近两年是外资零售企业与本土企业资本合作最活跃的阶段。

四、百货店艰难破局，便利店高歌猛进

2018 年销售额和门店数出现下降的百强企业中，以百货店为主营业务的企业占到一半。2018 年，百强百货店总销售额同比增长 3.5%，门店数同比增长 3.9%，线上销售增长 46.1%，均低于百强平均水平。毛利率为 17.4%，比上年下降 0.2 个百分点。虽然整体业绩平平，但部分百货店企业依然表现出较好的发展势头。以信誉楼为例，2018 年，该公司销售额和门店数分别增长 17.3%和 13.8%，为立足三、四线以下市场和采取买断经营的百货店企业树立了标杆。

在连锁百强各业态中，便利店增速遥遥领先。2018 年，便利店百强企业销售规模同比增长 21.1%，门店数量增长 18.0%，新增门店 11944 个，占百强新增门店总数的

62.5%。

加盟是便利店门店拓展扩张的主要方式。2018 年百强新增门店的加盟店占比超过 2/3,加盟店的平均投资回报期为 23.3 个月，比上年略有缩短。移动互联技术为便利店的日常管理提供了有效工具。2018 年，门店运营和员工在移动端的管理工具正在得到广泛使用。

附：

中国连锁百强排名

（CCFA 2019 年 5 月 9 日发布）

序号	企业名称	2018 年销售（含税万元）	销售增长率（%）	2018 年门店总数（个）	门店增长率（%）	备注	
1	苏宁易购集团股份有限公司	33675700	38.4	11064	183.3		★
2	国美零售控股有限公司	13818365	-10.1	2122	32.3		★
3	华润万家有限公司	10125379	-2.3	3192	0.9	①	★
4	康成投资（中国）有限公司（大润发）	9590000	0.5	407	6.3		★
5	沃尔玛（中国）投资有限公司	8048950	0.3	441	0	②	★
6	永辉超市股份有限公司	* 7676773	17.4	1275	58.2		★
7	北京居然之家家居新零售连锁集团有限公司	7100000	13.1	303	35.9		★
8	重庆商社（集团）有限公司	6748882	13.3	413	-2.4		★
9	中石化易捷销售有限公司	6200000	19.0	27259	5.8		★
10	联华超市股份有限公司	4922938	-2.9	3371	-1.5		★
11	物美科技集团有限公司	4834371	1.9	1055	11.8	③	★
12	家乐福（中国）管理咨询服务有限公司	4746375	-4.7	302	-5.9	④	★
13	长春欧亚集团股份有限公司	4536925	6.9	140	5.3		★
14	步步高集团	3901253	5.2	686	6.4		★
15	武汉武商集团股份有限公司	3830546	2.1	88	0		★
16	银座集团	3744251	5.1	377	2.7		★
17	王府井集团股份有限公司	3404203	1.0	53	-5.4		★
18	中百控股集团股份有限公司	3324353	0.1	1255	11.1		★
19	石家庄北国人百集团有限责任公司	3054528	1.8	69	1.5		
20	银泰商业（集团）有限公司	2990907	30.5	63	23.5		★
21	大商股份有限公司	* 2792470	-10.8	144	-2.7		
22	天虹商场股份有限公司	2767135	4.5	250	11.6		★
23	利群集团股份有限公司	2653669	6.5	533	9.9		★
24	家家悦控股集团股份有限公司	2592670	7.9	738	8.4		★
25	烟台振华商业集团	2512229	2.6	151	16.2		☆
26	红星美凯龙控股集团有限公司	2481753	23.8	325	22.6	⑤	★
27	中国石油销售公司（昆仑好客）	2450000	28.9	19700	3.7		★

续表

序号	企业名称	2018 年销售（含税万元）	销售增长率（%）	2018 年门店总数（个）	门店增长率（%）	备注	
28	郑州丹尼斯百货有限公司	2383801	9.0	450	4.7		
29	金鹰国际商贸集团（中国）有限公司	2353474	13.6	32	0		★
30	屈臣氏中国	2341500	10.3	3608	10.3		★
31	锦江麦德龙现购自运有限公司	2130000	4.9	94	2.2		★
32	文峰大世界连锁发展股份有限公司	1939602	-5.6	587	-22.0		★
33	江苏五星电器有限公司	1915000	6.4	607	25.9		★
34	山东潍坊百货集团股份有限公司	1893000	4.7	670	-1.5		★
35	茂业国际控股有限公司	* 1847168	5.6	57	-5.0		
36	宜家（中国）投资有限公司	1836007	3.8	26	8.3		★
37	世纪华联超市连锁（江苏）有限公司	1798001	15.0	4269	7.2		★
38	北京迪信通商贸股份	1764172	-5.8	1639	-5.2		★
39	东莞市糖酒集团美宜佳便利店有限公司	1680912	37.3	15559	33.5		★
40	新华都购物广场股份有限公司	1557935	1.2	143	-1.4		★
41	供销大集集团股份有限公司	* 1534346	-46.6	235	-11.7		★
42	百盛商业集团有限公司	* 1519461	-4.8	46	-2.1		
43	永旺（中国）投资有限公司	1493246	6.0	104	14.3		★
44	合肥百货大楼集团股份有限公司	1487300	-6.5	255	11.8		★
45	武汉中商集团股份有限公司	1423263	0.1	61	22.0		★
46	北京京客隆商业集团股份有限公司	1414484	-0.4	206	-4.2		★
47	上海盒马网络科技有限公司（盒马鲜生）	* 1400000	300.0	149	396.7		★
48	卜蜂莲花	1373452	7.9	116	19.6		★
49	北京华联综合超市股份有限公司	* 1356654	-1.5	160	2.6		△
50	江苏华地国际控股集团有限公司	1353280	3.9	89	12.7		★
51	成都红旗连锁股份有限公司	1305192	3.8	2817	3.2	⑥	★
52	新世界百货中国有限公司	* 1230494	-0.3	34	-10.5		★
53	北京乐语世纪科技集团有限公司	1205408	-25.6	1322	-34.9		★
54	信誉楼百货集团有限公司	1190465	17.3	33	13.8		★
55	北京首商集团股份有限公司	* 1178349	-1.4	16	-5.9		☆
56	广州市广百股份有限公司	1133483	9.6	28	3.7		★
57	迪卡侬中国	1083500	2.8	295	15.7		★
58	孩子王儿童用品股份有限公司	1054001	47.2	270	25.6		★
59	大参林医药集团股份有限公司	1027000	18.3	3880	23.3		★
60	上海福满家便利有限公司（全家）	949077	18.3	2571	17.9		★
61	济南华联商厦集团股份有限公司	929378	4.9	106	20.5		★
62	深圳百果园实业发展有限公司	903266	33.1	3497	32.2		★

续表

序号	企业名称	2018 年销售（含税万元）		销售增长率（%）	2018 年门店总数（个）	门店增长率（%）	备注	
63	北京菜市口百货股份有限公司		849359	8.5	35	29.6		★
64	人人乐连锁商业集团股份有限公司		812527	-8.2	138	10.4		★
65	山西美特好连锁超市股份有限公司		809457	3.8	160	44.1		★
66	山东全福元商业集团		802190	9.2	241	8.1		★
67	南京中央商场（集团）股份有限公司（百货零售部分）	*	769400	6.4	14	0		★
68	山东新星集团有限公司		749366	-8.0	528	-2.2		★
69	湖南友谊阿波罗商业股份有限公司		732930	0.6	17	6.3		★
70	河北叁陆伍网络科技集团有限公司		717598	19.6	1900	8.8		★
71	阜阳华联集团股份有限公司		705488	5.8	785	0.5		★
72	青岛利客来集团股份有限公司		702972	6.3	50	8.7		★
73	杭州解百集团股份有限公司	*	691335	2.2	3	-25.0		
74	新疆友好（集团）股份有限公司（商业部分）	*	659604	-4.1	31	-6.1		
75	广州尚品宅配家居股份有限公司		654438	9.7	2201	34.0	⑦	★
76	广东嘉荣超市有限公司		646402	4.6	121	12.0		★
77	青岛维客集团股份有限公司		615832	2.0	13	0	⑧	★
78	湖南佳惠百货有限责任公司		612069	15.0	102	3.0		★
79	柒—拾壹（中国）投资有限公司		584731	25.3	1806	12.0	⑨	★
80	邯郸阳光百货有限责任公司		562876	5.0	174	-2.8		★
81	雄风集团有限公司		560628	2.5	102	2.0		★
82	北京华冠商业科技发展有限公司		553597	-13.5	81	9.5		★
83	成都伊藤洋华堂有限公司		552977	8.0	8	14.3		★
84	浙江人本超市有限公司		522116	1.6	2183	5.8		★
85	河南大张实业有限公司		516700	36.8	70	16.7		★
86	北京超市发连锁股份有限公司		515236	7.7	164	13.1		★
87	北京翠微大厦股份有限公司		500730	-1.4	14	0		
88	江苏新合作常客隆连锁超市有限公司		475265	3.7	1009	-0.7		★
89	山西省太原唐久超市有限公司		455424	6.0	1500	4.5		★
90	长沙通程控股股份有限公司		455040	-3.1	82	1.2		★
91	三江购物俱乐部股份有限公司		441878	8.0	202	19.5		★
92	湖北黄商集团股份有限公司		440323	16.4	117	4.5		★
93	十堰市新合作超市有限公司		438179	1.2	380	4.7		△
94	罗森（中国）投资有限公司		429103	38.0	1973	41.0		★
95	新疆汇嘉时代百货股份有限公司	*	424059	19.7	22	144.4		
96	安徽商之都股份有限公司		419178	-16.6	88	6.0		★

续表

序号	企业名称	2018年销售（含税万元）	销售增长率（%）	2018年门店总数（个）	门店增长率（%）	备注	
97	河北惠友商业连锁发展有限公司	394868	12.6	74	0		★
98	甘肃国芳工贸（集团）股份有限公司	* 342487	0.9	12	0		
99	云南健之佳健康连锁店股份有限公司	330000	17.9	1530	16.3		★
100	话机世界通信集团股份有限公司	326051	8.4	588	21.5		★
	合计	239282709	7.7	138325	16.0		

注：

1. ★表示其为中国连锁经营协会会员企业，☆表示其下属公司为中国连锁经营协会会员企业，△表示其母公司为中国连锁经营协会会员企业。

2. 数字前面带*为估计值。

3. 百强统计采用销售规模（或营业收入）口径，包括线上及线下含税销售额（或营业收入）。线下包含门店含税销售额（或营业收入）、企业批发含税销售额（或营业收入）和商品网络销售额（或营业收入，含自营和平台）。其中，门店范围包括直营店、加盟店和以公司品牌输出管理的连锁店。销售规模统计不包括内部交易、企业的批发市场交易、汽车、加油站及农资等生产资料销售额。

4. 部分企业数据说明：

① 其中，苏果超市有限公司2018年销售额为275.5亿元。

② 沃尔玛（中国）投资有限公司2018年销售数据为估计值，是用未税销售额乘以综合税率得出的含税销售额。

③ 2017年以物美控股集团有限公司上榜，2018年销售数据中包含百安居（中国）投资有限公司及银川新华百货商业集团股份有限公司的数据。

④ 家乐福（中国）的数据统计口径为其大中华区销售额及门店数。

⑤ 红星美凯龙的销售数据口径为营业收入。

⑥ 成都红旗的销售数据含关联销售。

⑦ 广州尚品宅配家居股份有限公司的销售数据口径为税后收入。

⑧ 青岛维客的销售数据包含青岛地区超市门店销售。

⑨ 柒—拾壹（中国）的统计口径为其大陆地区的销售额及门店数（不包含港澳台），销售数据不含税及服务性收入。

中国快速消费品（超市/便利店）连锁百强排名

（CCFA 2019 年 5 月 9 日发布）

序号	企业名称	2018 年销售（含税万元）	销售增长率（%）	2018 年门店总数（个）	门店增长率（%）	备注	
1	华润万家有限公司	10125379	-2.3	3192	0.9	①	★
2	康成投资（中国）有限公司（大润发）	9590000	0.5	407	6.3		★
3	沃尔玛（中国）投资有限公司	8048950	0.3	441	0	②	★
4	永辉超市股份有限公司	* 7676773	17.4	1275	58.2		★
5	中石化易捷销售有限公司	6200000	19.0	27259	5.8		★
6	联华超市股份有限公司	4922938	-2.9	3371	-1.5		★
7	家乐福（中国）管理咨询服务有限公司	4746375	-4.7	302	-5.9	③	★
8	物美科技集团有限公司（快消部分）	3764512	1.7	876	10.9		★
9	中国石油销售公司（昆仑好客）	2450000	28.9	19700	3.7		★
10	屈臣氏中国	2341500	10.3	3608	10.3		★
11	家家悦控股集团股份有限公司（快消部分）	2278457	3.6	584	9.4		★
12	步步高集团（快消部分）	2250765	7.4	576	7.1		★
13	中百仓储超市有限公司	2204936	0.1	183	5.2		★
14	锦江麦德龙现购自运有限公司	2130000	4.9	94	2.2		★
15	世纪华联超市连锁（江苏）有限公司	1798001	15.0	4269	7.2		★
16	东莞市糖酒集团美宜佳便利店有限公司	1680912	37.3	15559	33.5		★
17	供销大集集团股份有限公司	* 1534346	-46.6	235	-11.7		★
18	上海盒马网络科技有限公司（盒马鲜生）	* 1400000	300.0	149	396.7		★
19	卜蜂莲花	1373452	7.9	116	19.6		★
20	北京华联综合超市股份有限公司	* 1356654	-1.5	160	2.6		△
21	成都红旗连锁股份有限公司	1305192	3.8	2817	3.2	④	★
22	新华都购物广场股份有限公司（超市部分）	1304653	1.2	127	0.8		★
23	永旺（中国）投资有限公司	1257985	1.5	78	16.4		★
24	武汉武商超市管理有限公司	1190042	-2.4	77	0		★
25	重庆百货大楼股份有限公司超市事业部	1047248	-0.7	173	-4.4		★
26	上海福满家便利有限公司（全家）	949077	18.3	2571	17.9		★

续表

序号	企业名称	2018年销售（含税万元）	销售增长率（%）	2018年门店总数（个）	门店增长率（%）	备注
27	石家庄北国人百集团有限责任公司（快消部分）	860378	1.6	44	0	
28	人人乐连锁商业集团股份有限公司	812527	-8.2	138	10.4	★
29	山西美特好连锁超市股份有限公司	809457	3.8	160	44.1	★
30	天虹商场股份有限公司（快消部分）	759820	13.2	240	11.1	★
31	潍坊百货集团超市事业部	725949	3.3	88	0	★
32	河北叁陆伍网络科技集团有限公司	717598	19.6	1900	8.8	★
33	济南华联超市有限公司	565034	3.1	22	-8.3	★
34	中百超市有限公司	559124	0.5	748	1.9	★
35	山东新星集团有限公司（快消部分）	550183	-12.0	525	-2.2	★
36	湖南佳惠百货有限责任公司（快消部分）	545045	15.7	93	3.3	★
37	武汉中商超市连锁有限公司	530010	2.4	51	27.5	△
38	大商股份有限公司（超市部分）	* 527390	-16.3	39	-20.4	
39	浙江人本超市有限公司	522116	1.6	2183	5.8	★
40	河南大张实业有限公司	516700	36.8	70	16.7	★
41	北京超市发连锁股份有限公司	515236	7.7	164	13.1	★
42	广东嘉荣超市有限公司（快消部分）	499780	4.2	92	5.7	★
43	江苏新合作常客隆连锁超市有限公司	475265	3.7	1009	-0.7	★
44	长春欧亚超市连锁经营有限公司	469698	4.7	115	2.7	△
45	银川新华百货商业集团股份有限公司（超市部分）	* 458073	2.5	146	-2.7	
46	山西省太原唐久超市有限公司	455424	6.0	1500	4.5	★
47	北京京客隆商业集团股份有限公司（快消部分）	454002	-3.9	205	-3.8	★
48	三江购物俱乐部股份有限公司	441878	8.0	202	19.5	★
49	十堰市新合作超市有限公司	438179	1.2	380	4.7	△
50	银座集团（快消部分）	433170	-6.1	264	1.1	★
51	罗森（中国）投资有限公司	429103	38.0	1973	41.0	★
52	青岛利客来集团股份有限公司（超市部分）	400000	2.6	42	10.5	★
53	青岛维客商业连锁有限公司（超市部分）	387874	1.3	9	0	★
54	安徽百大合家福连锁超市股份有限公司	383031	2.4	180	7.1	△
55	广东天福连锁商业集团有限公司	363881	18.4	4212	10.3	★
56	烟台振华量贩超市有限公司	350911	5.9	106	8.2	★
57	江苏华地国际控股集团有限公司大统华超市事业部	345561	-0.5	70	16.7	★
58	贵州合力购物有限责任公司	321948	40.2	85	44.1	★

续表

序号	企业名称	2018 年销售（含税万元）	销售增长率（%）	2018 年门店总数（个）	门店增长率（%）	备注
59	文峰大世界连锁发展股份有限公司（快消部分）	318401	-5.4	530	-24.0	★
60	河北美食林商贸集团有限公司（快消部分）	318000	12.4	493	7.6	★
61	北京华冠商业科技发展有限公司（快消部分）	314413	3.6	75	7.1	★
62	湖北黄商集团股份有限公司综合超市事业部	303167	16.6	101	4.1	★
63	承德宽广超市集团有限公司	287551	11.7	65	41.3	★
64	山东全福元商业集团（快消部分）	286954	8.2	241	9.5	★
65	联盛商业连锁股份有限公司	273945	14.3	49	14.0	★
66	广东壹加壹商业连锁有限公司	253196	0.5	64	4.9	★
67	浙江凯虹集团	249000	1.6	16	0	★
68	河北惠友商业连锁发展有限公司（快消部分）	244872	1.0	60	-1.6	★
69	江西省绿滋肴实业有限公司	221137	14.5	96	10.3	★
70	福建冠业投资发展有限公司	207907	11.0	40	17.6	★
71	上海良友金伴便利连锁有限公司	203291	0.3	567	1.3	★
72	包头市永盛成百货有限责任公司	197600	7.4	112	8.7	★
73	柒—拾壹（北京）有限公司	189021	9.0	266	7.7	★
74	阜阳华联集团股份有限公司（快消部分）	174722	5.8	205	3.0	★
75	秦皇岛兴龙广缘商业连锁有限公司	162444	4.1	37	-7.5	★
76	绥化市华辰商贸有限公司	160022	7.1	42	10.5	★
77	武汉今天梦想商贸有限公司	154875	111.0	418	27.1	★
78	联盛商业连锁股份有限公司	153263	9.2	44	15.8	★
79	安徽省徽商红府连锁超市有限责任公司	150240	-0.3	54	5.9	★
80	山西金虎便利连锁股份有限公司	145325	16.7	1213	20.9	★
81	湖南佳宜企业管理有限公司	143801	23.4	1200	5.3	★
82	西安每一天便利超市连锁有限公司	136917	19.0	1239	22.4	★
83	厦门见福连锁管理有限公司	133275	20.9	1455	17.6	★
84	北京首航国力商贸有限公司	128142	4.2	43	-2.3	★
85	唐山百货大楼集团八方购物广场有限责任公司（快消部分）	120869	10.6	9	0	★
86	深圳市中业爱民便利店管理有限公司	117960	21.7	983	15.6	★
87	哈尔滨中央红小月亮超市有限责任公司	116471	10.6	377	1.6	△
88	大同市华林有限责任公司	114818	-17.3	11	0	★
89	山东东营市胜利油田胜大超市	109078	-2.4	95	-15.9	★
90	四川德惠商业股份有限公司	107266	-2.0	36	-2.7	★
91	邯郸市阳光超市有限公司	100355	2.9	20	5.3	△

续表

序号	企业名称	2018 年销售（含税万元）	销售增长率（%）	2018 年门店总数（个）	门店增长率（%）	备注	
92	江苏欢乐买商贸股份有限公司	96156	4.4	190	11.8		★
93	北京港佳好邻居连锁便利店有限责任公司	96000	9.1	380	11.8		★
94	深圳市怡亚通供应链股份有限公司	95388	20.3	4456	25.2		★
95	宜昌北山商业连锁有限责任公司	94171	12.9	120	-4.0		★
96	台州市三和连锁超市有限公司	91962	3.8	56	-3.4		★
97	北京全时叁陆伍连锁便利店有限公司	90000	34.3	400	33.3		★
98	安徽壹度品牌运营股份有限公司	84544	149.4	432	60.6		★
99	山东德百集团超市有限公司	79323	9.3	10	11.1		△
100	青岛友客便利连锁管理有限公司	78410	22.0	310	26.0		★
	合计	108656745	4.6	121864	10.6		

注：

1. ★表示其为中国连锁经营协会会员企业，☆表示其下属公司为中国连锁经营协会会员企业，△表示其母公司为中国连锁经营协会会员企业。

2. 数字前面带 * 为估计值。

3. 百强统计采用销售规模（或营业收入）口径，包括线上及线下含税销售额（或营业收入）。线下包含门店含税销售额（或营业收入）、企业批发含税销售额（或营业收入）和商品网络销售额（或营业收入，含自营和平台）。其中，门店范围包括直营店、加盟店和以公司品牌输出管理的连锁店。销售规模统计不包括内部交易、企业的批发市场交易、汽车、加油站及农资等生产资料销售额。

4. 部分企业数据说明：

① 其中，苏果超市有限公司 2018 年销售额为 275.5 亿元。

② 沃尔玛（中国）投资有限公司 2018 年销售数据为估计值，是用未税销售额乘以综合税率得出的含税销售额。

③ 家乐福（中国）的数据统计口径为其大中华区销售额及门店数。

④ 成都红旗的销售数据含关联销售。

2016 年中国特许百强基本情况

2017 年 6 月 6 日，中国连锁经营协会发布 2016 年中国特许百强名单，并首次推出 Top100 特许经营发展指数。

数据显示，中国特许加盟市场发展活跃，成为实体连锁活力纷呈的板块。2016 年，特许百强企业新增加盟网点 2 万余个，比上年增长 22%，相当于平均每家企业新开了 200 个加盟店。

2016 年，特许百强企业经营连锁店近 14 万个，其中加盟店 11 余万个，同比分别增长 17%和 22%。特许百强企业销售规模近 3600 亿元，比上年增长 21%。有近 50%的企业销售规模或门店数量实现了两位数增长。

虽然特许百强企业经营规模增长较快，但单店销售额同比增长仅为 2%，单店平均销售增长率超过 10%的企业仅有 21 家，有近 40%的企业单店平均销售额出现负增长，反映出加盟店经营质量不高，销售业绩差强人意，企业销售规模的提高更多依赖于门店数量的增加。

中国连锁经营协会以特许百强的经营数据为依托，首次推出 Top100 特许经营发展指数，简称特许指数，该指数由体系规模系数、加盟人气系数和单店业绩系数三部分构成。体系规模系数以特许体系的销售额增长率为依据，通过特许企业销售规模的增长变化，反映特许产业的集约化发展水平。加盟人气系数的计算依据为本年度加盟店的增长率，反映投资人开设加盟店的积极性。单店业绩系数是加盟店销售额的增长情况，是反映加盟盈利能力的核心指标。

以 2015 年特许百强数据为基准 100 计算，2016 年特许指数为 114。其中，体系规模系数为 121，加盟人气系数为 122，单店业绩系数为 102。这几个系数值说明，与上一年相比，2016 年特许经营总体发展良好，企业规模持续扩大，加盟投资热情持续高涨。同时我们也可以看到，企业单店销售增长相对滞后，盈利能力有待提升。

分业态的特许经营发展指数包括便利店、汽车服务、快餐和经济型酒店等业态。其中，汽车服务业的特许经营发展指数为 178，便利店为 119，快餐为 108，连锁酒店为 104。

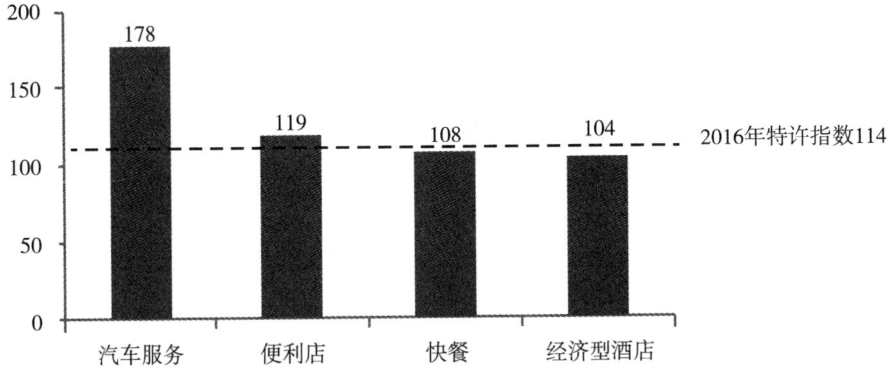

分业态特许经营发展指数

本年度特许经营发展指数只覆盖了四个业态，今后将不断完善特许百强的业态构成企业，并推出其他业态的发展指数，供特许企业、投资人和相关人士参考。

附：

中国特许百强排名

（CCFA 2017 年 6 月 6 日发布）

序号	业态	企业名称	2016 年销售总计（含税万元）	2016 年总门店个数（个）	2016 年加盟店总数（个）	备注	
1	中式正餐	中国全聚德（集团）股份有限公司	330761	105	70	★	☆
2	中式正餐	北京便宜坊烤鸭集团有限公司	40111	64	29	★	☆
3	火锅	北京黄记煌餐饮管理有限责任公司	365571	643	638	★	☆
4	火锅	重庆朝天门餐饮控股集团有限公司	328659	596	513	★	☆
5	火锅	浙江凯旋门澳门豆捞控股集团有限公司	193410	211	43		☆
6	火锅	北京东来顺集团有限责任公司	128500	161	136	★	☆
7	火锅	重庆佳永小天鹅餐饮有限公司	119518	300	273	★	☆
8	西式快餐	百胜中国控股有限公司	5445000	7500	499	★	☆
9	西式快餐	麦当劳（中国）有限公司	* 2100000	2400	—	★	☆
10	西式快餐	天津顶巧餐饮咨询服务有限公司	1070000	2428	2160	★	
11	西式快餐	汉堡王（上海）餐饮有限公司	200849	652	141	★	☆
12	西式快餐	迪欧餐饮管理有限公司	118611	573	550	★	☆
13	西式快餐	北京比格餐饮管理有限责任公司	73777	144	104	★	☆
14	西式快餐	北京好伦哥餐饮有限公司	26012	195	160	★	☆
15	西式快餐	上海棒约翰餐饮管理有限公司	13055	175	61	★	☆
16	中式快餐	永和大王餐饮集团	184173	314	45	★	☆
17	中式快餐	上海弘奇永和餐饮管理有限公司	145000	500	454	★	☆
18	中式快餐	上海世好餐饮管理有限公司	136516	3084	2720	★	☆
19	中式快餐	北京庆丰包子铺有限公司	130000	335	325	★	☆
20	中式快餐	四平李连贵饮食服务股份有限公司	73069	307	289	★	☆
21	中式快餐	北京嘉和一品餐饮管理有限公司	56300	127	85	★	☆
22	中式快餐	马兰拉面快餐连锁有限责任公司	25440	100	35	★	☆
23	休闲饮品	沈阳碰碰凉连锁企业管理有限公司	83151	777	722	★	☆
24	休闲饮品	上海快乐柠檬餐饮管理有限公司	61132	651	523	★	☆
25	休闲饮品	许留山餐饮管理（深圳）有限公司	30065	201	79		
26	休闲饮品	迪乎时代（北京）国际商业连锁有限公司	24342	602	580	★	☆
27	休闲食品	湖北良品铺子食品有限公司	600000	2050	1308	★	☆

续表

序号	业态	企业名称	2016 年销售总计（含税万元）	2016 年总门店个数（个）	2016 年加盟店总数（个）	备注	
28	休闲食品	上海来伊份股份有限公司	378711	2262	171	★	☆
29	休闲食品	绝味食品股份有限公司	327414	7924	7808	★	☆
30	休闲食品	上海紫燕食品有限公司	256997	1956	1886	★	☆
31	休闲食品	江西煌上煌集团食品股份有限公司	142485	2090	1925	★	☆
32	休闲食品	上海摩提工房食品有限公司	33998	1305	908	★	☆
33	休闲食品	南京桂花鸭（集团）有限公司	31745	92	90	★	
34	便利店	东莞市糖酒集团美宜佳便利店有限公司	941600	9300	9283	★	☆
35	便利店	中国全家 FamilyMart	657500	1810	1267	★	☆
36	便利店	太原唐久超市有限公司	390588	1420	1349	★	☆
37	便利店	广东天福连锁商业集团有限公司	256109	3311	3291	★	☆
38	便利店	上海联华快客便利有限公司	239989	1511	707	★	☆
39	便利店	罗森（中国）投资有限公司	172900	1003	481	★	☆
40	便利店	山西金虎便利连锁股份有限公司	113240	943	762	★	☆
41	便利店	厦门见福连锁管理有限公司	101000	803	500	★	☆
42	便利店	湖南佳宜企业管理有限公司	99540	830	795	★	☆
43	食品专卖	北大荒营销股份有限公司	776620	1152	1142	★	
44	食品专卖	深圳百果园实业发展有限公司	412082	1672	1670	★	☆
45	食品专卖	中国茶叶有限公司	185000	848	548	★	☆
46	食品专卖	广州市富隆酒窖酒业有限公司	43163	213	163	★	☆
47	食品专卖	厦门山国饮艺茶业有限公司	38603	608	597	★	☆
48	食品专卖	北京百花蜂业科技发展股份公司	2600	132	130	★	☆
49	非食品专卖	中国黄金集团黄金珠宝有限公司	5154000	2031	1962	★	☆
50	非食品专卖	北京迪信通商贸股份有限公司	1778361	1688	761	★	
51	非食品专卖	广东葆扬投资管理有限公司	985632	1815	1186	★	☆
52	非食品专卖	上海晨光文具股份有限公司	852600	7512	7412	★	☆
53	非食品专卖	广州尚品宅配家居股份有限公司	471042	1157	1081	★	☆
54	非食品专卖	安徽徽商农家福有限公司	280904	1889	1689	★	
55	非食品专卖	重庆谭木匠工艺品有限公司	* 263783	1287	1284	★	
56	非食品专卖	特百惠（中国）有限公司	230620	5507	5500	★	☆
57	非食品专卖	乐友（中国）超市连锁有限公司	230000	518	121	★	☆
58	非食品专卖	北京明弘科贸有限责任公司	152000	2458	1983		☆
59	非食品专卖	广州乐欣母婴用品有限公司	89053	1455	1453	★	☆
60	非食品专卖	琪雅集团有限公司	71300	5193	5153	★	☆
61	非食品专卖	美克国际家居用品股份有限公司	50000	84	78	★	☆
62	非食品专卖	北京欧美雅洁美容科技有限公司	* 23562	411	409	★	☆

续表

序号	业态	企业名称	2016年销售总计（含税万元）	2016年总门店个数（个）	2016年加盟店总数（个）	备注	
63	非食品专卖	广州汇美舍天然用品连锁有限公司	15260	510	500	★	☆
64	家政服务	上海爱君家庭服务有限公司	16446	580	532	★	☆
65	家政服务	北京华夏中青家政服务有限公司	16444	349	337	★	☆
66	家政服务	大连好月嫂家庭服务有限公司	13279	271	261	★	☆
67	洗涤护理	北京福奈特洗衣服务有限公司	90000	1379	1213	★	☆
68	洗涤护理	四川布兰奇洗业有限公司	57828	1251	1244	★	☆
69	洗涤护理	北京翰皇伟业皮革清洁养护连锁服务有限公司	55801	2981	2932	★	☆
70	洗涤护理	上海象王洗衣有限公司	26250	625	590	★	☆
71	洗涤护理	北京伊尔萨洗染有限公司	23265	423	408	★	☆
72	美甲服务	上海汉甲美甲艺术有限公司	18432	1082	1080	★	☆
73	美容美体	深圳唯美度生物科技有限公司	200000	5698	5693	★	☆
74	美容美体	青岛植秀堂养生养颜连锁有限公司	21396	254	249	★	☆
75	足部护理	南京足生堂企业管理有限公司	207348	668	645	★	
76	健身服务	青岛英派斯健康管理有限公司	151200	252	240	★	☆
77	经济型酒店	上海锦江都城酒店管理有限公司	739833	1392	1080	★	☆
78	经济型酒店	上海如家酒店管理有限公司	677354	3247	2288	★	☆
79	经济型酒店	华住酒店集团	665500	3269	2645		
80	经济型酒店	速伯艾特（北京）国际酒店管理有限公司	300000	1061	1056	★	☆
81	经济型酒店	布丁酒店浙江股份有限公司	113885	473	448	★	☆
82	经济型酒店	石家庄国大酒店经营有限公司	35000	221	208	★	☆
83	汽车后市场	驰加（上海）汽车用品贸易有限公司	580000	1387	1382	★	☆
84	汽车后市场	广州华胜企业管理服务有限公司	123000	143	48	★	☆
85	汽车后市场	杭州小拇指汽车维修科技股份有限公司	95823	730	723	★	☆
86	汽车后市场	杭州中策车空间汽车服务有限公司	47615	264	257	★	
87	汽车后市场	博世汽车技术服务（北京）有限公司	40673	213	210	★	☆
88	宠物服务	北京派多格宠物用品有限公司	100782	2877	2875	★	☆
89	电影院	中国电影股份有限公司（电影院业务）	* 1273100	2087	1967		
90	电影院	上海电影股份有限公司（电影院业务）	* 361000	381	322		
91	摄影摄像	湖南盘子女人坊文化科技有限公司	47239	674	634	★	☆
92	休闲娱乐	南京米乐星文化发展股份有限公司	26926	25	3		☆
93	教育培训	北京红黄蓝儿童教育科技发展有限公司	312606	1468	1370	★	☆
94	教育培训	北京阿博泰克北大青鸟信息技术有限公司	213465	192	190	★	☆
95	教育培训	北京市东方爱婴咨询有限公司	57966	690	678	★	☆
96	教育培训	六艺星空（北京）文化传播有限公司	26000	52	20	★	

续表

序号	业态	企业名称	2016年销售总计（含税万元）	2016年总门店个数（个）	2016年加盟店总数（个）	备注	
97	房地产中介	北京埃菲特国际特许经营咨询服务有限公司	151763	1395	1052	★	☆
98	家装服务	东易日盛家居装饰集团股份有限公司	299891	245	93	★	☆
99	家装服务	北京业之峰诺华装饰股份有限公司	153550	298	168	★	☆
100	家装服务	北京元洲装饰有限责任公司	132600	253	175	★	☆

注：

1. ★表示其为中国连锁经营协会会员企业，☆表示其为已通过中国连锁经营协会商业特许体系等级评定企业。
2. 数字前带＊表示为估计值。

2017 年中国特许百强基本情况

2017 年，特许百强销售规模约 3300 亿元，同比增长 13%。门店总数超过 16 万个，同比增长 11%。其中加盟店数量超过 12 万个，同比增长 12%。

虽然特许百强的销售规模与门店总数均保持了两位数增长，但增长幅度与上一年相比略有下降。根据统计，2017 年百强企业特许发展指数（简称特许指数）为 108，比 2016 年下降 5 个百分点。特许指数所包含的三个系数，体系规模系数为 113，比上一年下降 7%；加盟人气系数为 112，比上一年下降 8%；单店业绩系数为 102，与上一年持平。

一、数字化应用成为行业创新热点

特许百强企业积极投身数字化创新浪潮，在营销、加盟商招募与管理等方面的应用较为普遍。

经济型酒店是特许百强中数字化水平最高的行业。参加调研的企业全面导入微信服务号和微信小程序，线上培训和线上招募加盟商也成为标配，线上招募加盟商占比平均达到 60%。快餐和食品专卖也是数字化应用水平较高的业态，线上招募加盟商的占比分别达到 25%和 50%。在数字化实施过程中，特许百强主要采取与第三方专业机构和平台合作的方式。

二、食品专卖、便利店和健身成为行业业绩领跑者

食品专卖和便利店特许指数分别为 116 和 114，体系规模系数分别为 125 和 123，加盟人气系数分别为 116 和 113，单店业绩系数分别为 110 和 109，表现稳健。从加盟店到期续约率及加盟费缴纳率等加盟关键指标看，食品专卖在各个行业中最高，分别达到 93%和 98%；便利店分别为 89%和 90%。

健身是 2017 年特许百强中增速最快的行业，门店增幅和单店营业额增幅分别达到 96%和 106%，多店率达到 48%，成为百强企业中最引人注目的板块。

三、快餐与汽车后市场面临增长压力，正在寻求突破

2017 年快餐与汽车后市场特许百强销售增长分别为 2%和 1%，快餐企业门店总数和加盟店总数分别下降 4%和 9%，汽车后市场单店营业额下降 14%。这两个行业的发展指

数均低于特许指数 7 个百分点，作为特许经营的两个主要行业，随着消费升级和市场规范化水平的不断提高，未来市场空间仍被看好。

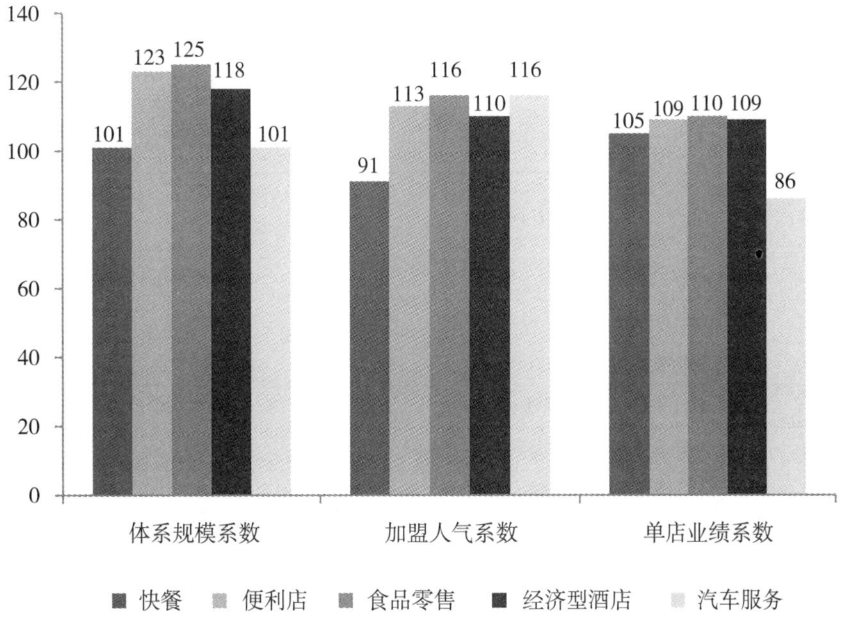

各细分行业特许经营发展指数构成情况

附：

中国特许百强排名

（CCFA2018 年 5 月 31 日发布）

序号	业态	企业名称	销售规模（含税万元）	门店总数（个）	加盟店总数（个）
1	快餐	百胜中国控股有限公司	* 4520000	7900	790
2	快餐	金拱门（中国）有限公司（麦当劳）	* 2205000	2520	—
3	快餐	天津顶巧餐饮服务咨询有限公司	1080000	2443	2147
4	快餐	快乐蜂（中国）餐饮管理有限公司	258226	352	57
5	快餐	上海世好餐饮管理有限公司	86918	2016	1881
6	快餐	四平李连贵饮食服务股份有限公司	78924	326	307
7	快餐	北京比格餐饮管理有限责任公司	77369	149	101
8	快餐	北京和合谷餐饮管理有限公司	57892	141	21
9	快餐	上海棒约翰餐饮管理有限公司	54062	140	65
10	快餐	北京嘉和一品餐饮管理有限公司	45589	143	77
11	快餐	长沙市香他她餐饮管理有限公司	42073	323	317
12	快餐	马兰拉面快餐连锁有限责任公司	26087	100	35
13	快餐	北京好伦哥餐饮有限公司	21280	110	75
14	快餐	北京庆丰餐饮管理有限公司	16109	345	321
15	火锅	重庆朝天门餐饮控股集团有限公司	433014	634	565
16	火锅	北京黄记煌餐饮管理有限责任公司	272469	703	699
17	火锅	浙江凯旋门澳门豆捞控股集团有限公司	266918	178	33
18	火锅	北京东来顺集团有限责任公司	142700	171	138
19	中式正餐	中国全聚德（集团）股份有限公司	288714	110	68
20	中式正餐	陕西阿瓦山寨品牌投资有限公司	166308	222	219
21	中式正餐	北京便宜坊烤鸭集团有限公司	47575	59	28
22	休闲饮品	沈阳碰碰凉连锁企业管理有限公司	84815	780	725
23	休闲饮品	上海快乐柠檬餐饮管理有限公司	54062	753	661
24	休闲饮品	华润太平洋餐饮管理（北京）有限公司	48098	299	34
25	水果专卖	深圳百果园实业发展有限公司	678862	2707	2705
26	休闲食品	良品铺子股份有限公司	720000	2064	1345
27	休闲食品	绝味股份有限公司	451019	9053	8942
28	休闲食品	上海来伊份股份有限公司	425453	2460	208
29	休闲食品	上海紫燕食品有限公司	286707	2050	2006

续表

序号	业态	企业名称	销售规模（含税万元）	门店总数（个）	加盟店总数（个）
30	休闲食品	江西煌上煌集团食品股份有限公司	180000	2601	2401
31	休闲食品	上海摩提工房食品有限公司	22283	1200	960
32	休闲食品	北京百花蜂业科技发展股份公司	19800	125	123
33	茶叶专卖	中国茶叶有限公司	161254	700	619
34	茶叶专卖	厦门山国饮艺茶业有限公司	47358	703	690
35	茶叶专卖	北京吴裕泰茶业股份有限公司	45319	452	410
36	酒品专卖	广州市富隆酒窖酒业有限公司	47048	200	149
37	母婴专卖	乐友国际商业集团有限公司	256727	571	167
38	非食品专卖	中国黄金集团黄金珠宝有限公司	4055619	2031	1462
39	非食品专卖	名创优品股份有限公司	1263588	2630	1958
40	非食品专卖	上海晨光文具股份有限公司	1075769	8187	8087
41	非食品专卖	重庆谭木匠工艺品有限公司	* 301616	1279	1275
42	非食品专卖	博克斯通电子有限公司（brookstone）	251080	500	26
43	非食品专卖	北京明弘科贸有限责任公司（植物医生）	219148	2595	1557
44	非食品专卖	特百惠（中国）有限公司	210000	6433	6426
45	非食品专卖	琪雅集团有限公司	58432	5221	5173
46	非食品专卖	美克国际家居用品股份有限公司	33836	111	103
47	宠物服务	北京派多格宠物用品有限公司	138900	4105	4103
48	房产中介	北京埃菲特国际特许经营咨询服务有限公司（21世纪中国不动产）	300000	2647	2635
49	家政服务	湖南金领玮业现代家庭服务产业联盟管理有限公司	175500	372	320
50	家政服务	北京华夏中青家政服务有限公司	25090	343	331
51	家政服务	大连好月嫂家庭服务有限公司	17661	347	339
52	家政服务	上海爱君家庭服务有限公司	17477	655	607
53	洗涤护理	北京福奈特洗衣服务有限公司	104000	1492	1316
54	洗涤护理	四川布兰奇洗业有限公司	61735	1310	1303
55	洗涤护理	北京翰皇伟业品牌管理有限公司	61500	3075	2972
56	洗涤护理	上海象王洗衣有限公司	31623	685	645
57	洗涤护理	北京伊尔萨洗染有限公司	23730	412	402
58	美容美体	深圳唯美度生物科技有限公司	82080	6831	6824
59	美容美体	克丽缇娜（中国）贸易有限公司	77253	3585	3583
60	美容美体	上海汉甲美甲艺术有限公司	19129	1357	1355
61	美容美体	青岛植秀堂养生养颜连锁有限公司	16658	198	193
62	足部护理	南京足生堂企业管理有限公司	226042	667	658

续表

序号	业态	企业名称	销售规模（含税万元）	门店总数（个）	加盟店总数（个）
63	健身服务	青岛英派斯健康管理有限公司	13356	304	282
64	健身服务	杭州乐刻网络技术有限公司	13000	350	—
65	健身服务	快快乐动（北京）网络科技有限公司	11666	148	14
66	健身服务	光猪体育（北京）有限公司	11539	126	110
67	健身服务	山东英睿健康管理有限公司	8500	42	12
68	经济型酒店	上海如家酒店管理有限公司	841665	3712	2749
69	经济型酒店	华住酒店集团	817020	3746	3075
70	经济型酒店	锦江之星旅馆有限公司	788394	1329	1055
71	经济型酒店	速伯艾特（北京）国际酒店管理有限公司	343255	1085	1080
72	经济型酒店	布丁酒店浙江股份有限公司	135775	563	470
73	经济型酒店	石家庄国大酒店经营有限公司	28000	151	138
74	汽车后市场	驰加（上海）汽车贸易用品有限公司	500000	1405	1400
75	汽车后市场	江苏康众汽配有限公司	180000	530	120
76	汽车后市场	广州华胜企业管理服务有限公司	131000	191	54
77	汽车后市场	博世汽车技术服务（北京）有限公司	120000	303	301
78	汽车后市场	上海车享家汽车科技服务有限公司	* 120000	1400	—
79	汽车后市场	杭州小拇指汽车维修科技股份有限公司	115700	890	884
80	汽车后市场	杭州中策车空间汽车服务有限公司	81161	380	372
81	汽车后市场	北京爱义行汽车服务有限责任公司	44426	267	—
82	汽车后市场	杭州快点汽车维修技术开发有限公司	35265	339	312
83	汽车后市场	四川精典汽车服务连锁股份有限公司（维修业务）	29300	150	101
84	家装服务	东易日盛家居装饰集团股份有限公司	364671	91	58
85	家装服务	北京业之峰装饰连锁有限公司	81000	218	168
86	教育培训	北京红黄蓝儿童教育科技发展有限公司	620236	1820	1721
87	教育培训	北京阿博泰克北大青鸟信息技术有限公司	226273	207	205
88	教育培训	北京市东方爱婴咨询有限公司	114772	812	799
89	便利店	东莞市糖酒集团美宜佳便利店有限公司	1224080	11659	11657
90	便利店	上海福满家便利有限公司（全家）	802580	2181	1496
91	便利店	柒—拾壹（中国）	* 480000	1644	483
92	便利店	山西省太原唐久超市有限公司	429646	1435	1364
93	便利店	罗森（中国）投资有限公司	310959	1399	663
94	便利店	广东天福连锁商业集团有限公司	307358	3820	3771
95	便利店	河北叁陆伍网络科技集团有限公司	240750	15714	14950
96	便利店	上海联华快客便利有限公司	225645	3421	1911

续表

序号	业态	企业名称	销售规模（万元含税）	门店总数（个）	加盟店总数（个）
97	便利店	山西金虎便利连锁股份有限公司	124564	1003	993
98	便利店	湖南佳宜企业管理有限公司	116508	1140	1100
99	便利店	厦门见福连锁管理有限公司	112405	1237	1227
100	便利店	西安每一天便利超市连锁有限公司	110065	980	466

注：

1. 百胜销售规模是根据百胜财报 71 亿美元折算为人民币。
2. 加＊数据来自企业年报或行业估值。

2018 年中国特许百强基本情况

2019 年 3 月 20 日，中国连锁经营协会发布了 2018 年中国特许百强榜单。

统计显示，2018 年，中国特许百强销售规模约 4300 亿元，同比增长 14.8%，增幅比上一年提高了 1.8 个百分点。门店总数为 17.7 万个，同比增长 15.1%，增幅比上一年提高了 4.1 个百分点；其中加盟店为 16.5 万个，同比增长 16.1%，加盟比率为 93.2%。

2018 年中国特许百强呈现以下几个特点：

一、作为特许经营头部企业，特许百强显示出更为强劲的扩张势头

在宏观经济增速放缓的市场条件下，特许百强企业依托成熟的管理体系和规模化、专业化优势，开店提速。2018 年，特许百强净增门店超过或接近千店的有 9 家，年净增门店超过百家的达到 40 家。美宜佳净增门店 3900 个，21 世纪中国不动产净增门店 2700 余个。

二、汽车服务连锁和便利店的发展在百强各业态中居于优势地位

2018 年，百强企业中汽车服务连锁企业平均营业收入达 24.4 亿元，增长 11.7%；平均拥有门店数 750 余个，比上一年增加 33.4%，其中加盟店 498 个，增长 146.8%。便利店平均销售规模 50.6 亿元，增长 35.4%，门店 3171 个，增长 27.6%。

三、“一带一路”为特许百强企业提供了新的市场拓展空间

截至 2018 年年底，有 19 家特许百强企业在中国大陆地区以外市场发展加盟业务：一类是通过并购当地企业和品牌，以当地企业为盟主开展加盟；另一类是直接进行品牌授权。中国香港及东南亚是市场拓展的首选地，欧、美、日、澳及中亚也有所涉足。服务类企业在拓展中国大陆地区以外市场中更为主动。19 家企业中，服务类企业有 10 家，餐饮企业有 4 家，零售企业有 5 家。调查显示，2019 年，还将有 13 家百强企业布局中国大陆地区以外市场。“一带一路”为特许百强企业提供了更加广阔的发展空间。

四、特许经营会成为服务业供给侧改革的重要抓手

中国整个服务业市场总量是非常大的，但是连锁化的程度非常低。特许经营提供了一个非常好的整合存量化的方法。通过加盟的赋能，特许经营市场可以快速形成一个集约化的规模。百强企业在未来这个更要靠效率的市场，会凸显规模优势和管理优势，获得更多市场拓展的空间和快速发展的机会。

附：

中国特许百强排名

（CCFA 2019 年 3 月 20 日发布）

序号	企业名称	行业/业态	2018 年销售规模（或营业收入）总计（含税万元）	2018 年门店总数（个）	2018 年加盟店总数（个）
1	百胜中国控股有限公司	多业态餐饮集团	5785733 ①	8400	800
2	金拱门（中国）有限公司（麦当劳）	快餐	* 2300000	3193	—
3	天津顶巧餐饮服务咨询有限公司	快餐	1041000	2506	2100
4	快乐蜂（中国）餐饮管理有限公司	快餐	260271	377	60
5	北京庆丰餐饮管理有限公司	快餐	153000	350	325
6	北京比格餐饮管理有限责任公司	快餐	92007	163	104
7	上海世好餐饮管理有限公司	快餐	91200	2117	1975
8	嘉和一品餐饮管理有限公司	快餐	87128	152	74
9	四平李连贵饮食服务股份有限公司	快餐	84933	338	322
10	北京和合谷餐饮管理有限公司	快餐	56450	145	28
11	长沙市香他她餐饮管理有限公司	快餐	51754	469	467
12	上海棒约翰餐饮管理有限公司	快餐	41217	161	83
13	中国全聚德（集团）股份有限公司	正餐	272865	110	66
14	陕西阿瓦山寨品牌投资有限公司	正餐	107440	201	198
15	北京便宜坊烤鸭集团有限公司	正餐	44200	62	32
16	重庆朝天门餐饮控股集团有限公司	火锅	472326	691	610
17	北京黄记煌餐饮管理有限责任公司	火锅	267488	620	616
18	北京东来顺集团有限责任公司	火锅	157000	184	146
19	上海快乐柠檬餐饮管理有限公司	休闲饮品	107217	920	831
20	上海适达餐饮管理有限公司（DQ）	休闲饮品	90653	735	290
21	沈阳碰碰凉连锁企业管理有限公司	休闲饮品	84876	785	730
22	帕瑟菲克投资有限公司（太平洋咖啡）	休闲饮品	52137	332	61
23	深圳百果园实业发展有限公司	水果专卖	903266	3497	3494
24	良品铺子股份有限公司	休闲食品	643187	2162	1388
25	绝味食品股份有限公司	休闲食品	506733	9915	9798
26	上海来伊份股份有限公司	休闲食品	452242 ②	2697	316
27	上海紫燕食品有限公司	休闲食品	333748	2885	2850

续表

序号	企业名称	行业/业态	2018年销售规模（或营业收入）总计（含税万元）	2018年门店总数（个）	2018年加盟店总数（个）
28	江西煌上煌集团食品股份有限公司	休闲食品	199800	2995	2785
29	中国茶叶有限公司	茶叶专卖	172540	744	675
30	北京吴裕泰茶业股份有限公司	茶叶专卖	78301	482	441
31	厦门山国饮艺茶业有限公司	茶叶专卖	48305	725	710
32	广州市富隆酒窖酒业有限公司	酒品专卖	51188	193	143
33	乐友国际商业集团有限公司	母婴专卖	276236	685	200
34	上海华氏大药房有限公司	药品专卖	412440	732	261
35	中国黄金集团黄金珠宝股份有限公司	非食品专卖	* 4900000	1000	1000
36	名创优品（广州）有限责任公司	非食品专卖	1733863	3550	2643
37	上海晨光文具股份有限公司	非食品专卖	1303677	8541	8426
38	特百惠（中国）有限公司	非食品专卖	240000	6630	6623
39	美克国际家居用品股份有限公司	非食品专卖	136000	204	195
40	山东世纪缘珠宝首饰有限公司	非食品专卖	102000	211	28
41	北京派多格科技发展有限公司	宠物服务	161291	4730	4728
42	北京旺时代宠物用品有限公司	宠物服务	136620	1800	1800
43	北京埃菲特国际特许经营咨询服务有限公司（21世纪中国不动产）	房屋中介	315000 ③	5353	5345
44	湖南金领玮业现代家庭服务产业联盟管理有限公司	家政服务	143910	420	417
45	北京华夏中青家政服务有限公司	家政服务	28952	342	332
46	大连好月嫂家庭服务有限公司	家政服务	21193	358	347
47	上海爱君家庭服务有限公司	家政服务	18875	707	659
48	北京福奈特洗衣服务有限公司	洗染	120000	1641	1449
49	四川布兰奇洗业有限公司	洗染	66447	1395	1395
50	北京翰皇伟业品牌管理有限公司	洗染	61780	3089	3083
51	上海象王洗衣有限公司	洗染	33204	712	670
52	北京伊尔萨洗染有限公司	洗染	23960	416	416
53	北京明弘科贸有限责任公司（植物医生）	美容美体	246000	2744	1646
54	克丽缇娜（中国）贸易有限公司	美容美体	107108	4137	4135
55	深圳唯美度生物科技有限公司	美容美体	98496	8196	8189
56	琪雅集团有限公司	美容美体	56527	4875	4819
57	上海汉甲美甲艺术有限公司	美容美体	18000	1600	1600
58	青岛植秀堂养生养颜连锁有限公司	中医养生	14160	170	167
59	南京足生堂企业管理有限公司	足部护理	244642	698	680

续表

序号	企业名称	行业/业态	2018 年销售规模（或营业收入）总计（含税万元）	2018 年门店总数（个）	2018 年加盟店总数（个）
60	苏州银吉姆投资发展有限公司	健身	100000	120	3
61	杭州乐刻网络技术有限公司	健身	50000	460	51
62	青岛英派斯健康管理有限公司	健身	13267	325	301
63	北京光猪体育管理有限公司	健身	12633 ④	170	163
64	山东英睿健康管理有限公司	健身	15620	52	18
65	华住酒店管理有限公司	酒店住宿	2970200 ⑤	4230	3532
66	上海如家酒店管理有限公司	酒店住宿	* 850000	3858	2918
67	锦江之星旅馆有限公司	酒店住宿	769335	1347	1079
68	速伯艾特（北京）国际酒店管理有限公司	酒店住宿	400000	1163	1159
69	布丁酒店浙江股份有限公司	酒店住宿	146475	644	551
70	石家庄国大酒店经营有限公司	酒店住宿	42368	241	228
71	神州租车有限公司	汽车租赁	772000	898	239
72	上海阑途信息技术有限公司	汽车养护维修	500000	800	650
73	驰加（上海）汽车用品贸易有限公司	汽车养护维修	500000	1403	1400
74	统一石油化工有限公司	汽车养护维修	* 240000	1192	1192
75	江苏康众汽配有限公司	汽车养护维修	200000	650	130
76	上海车享家汽车科技服务有限公司	汽车养护维修	* 150000	1500	300
77	广州华胜企业管理服务有限公司	汽车养护维修	136900	223	61
78	博世汽车技术服务（北京）有限公司	汽车养护维修	130000	305	303
79	杭州小拇指汽车维修科技股份有限公司	汽车养护维修	128000	985	981
80	杭州中策车空间汽车服务有限公司	汽车养护维修	94050	495	486
81	北京爱义行汽车服务有限责任公司	汽车养护维修	50000	300	—
82	四川精典汽车服务连锁股份有限公司（维修业务）	汽车养护维修	* 29300	289	237
83	东易日盛家居装饰集团股份有限公司	家装	422171	100	70
84	北京业之峰诺华装饰股份有限公司	家装	222164	120	70
85	北京红黄蓝儿童教育科技发展有限公司	儿童教育	647018	1867	1757
86	北京市东方爱婴咨询有限公司	儿童教育	108276	869	856
87	北京阿博泰克北大青鸟信息技术有限公司	教育培训	239849	214	212
88	上海乂学教育科技有限公司（松鼠 AI 智适应教育）	教育培训	100000	1742	1739
89	恒晟图文（杭州）有限公司	商务服务	13606	101	79
90	东莞市糖酒集团美宜佳便利店有限公司	便利店	1680912	15559	15557
91	上海福满家便利有限公司（全家）	便利店	949077	2571	2056

续表

序号	企业名称	行业/业态	2018年销售规模（或营业收入）总计（含税万元）	2018年门店总数（个）	2018年加盟店总数（个）
92	柒—拾壹（中国）	便利店	346952　⑥	782	402
93	山西省太原唐久超市有限公司	便利店	455424	1500	1432
94	罗森（中国）投资有限公司	便利店	429103	1973	1006
95	广东天福连锁商业集团有限公司	便利店	363881	4212	4095
96	365生活通网络科技河北有限公司	便利店	310569	1850	675
97	上海联华快客便利有限公司	便利店	225385	1322	565
98	武汉今天梦想商贸有限公司	便利店	154875	418	231
99	山西金虎便利连锁股份有限公司	便利店	145323	1213	1204
100	世纪华联超市连锁（江苏）有限公司	超市	1798001	4269	4100
	合计		43023319	176574	164783

注：

1. 数字前面带 * 为估计值。

2. 销售规模（或营业收入），包括线下及线上含税销售额（或营业收入，仅限自营）。线下包含门店含税销售额（或营业收入）、企业批发含税销售额（或营业收入）和商品网络销售额（或营业收入，含自营和借助第三方平台的销售额）。其中，门店范围包括直营店、加盟店和以公司品牌输出管理的连锁店。销售规模统计不包括内部交易、企业的批发市场交易、汽车、加油站及农资等生产资料销售额。

3. 部分企业数据与上一年度差距较大，是调整统计口径所致。

4. 部分企业数据说明：

① 百胜销售规模为84.15亿美元，按照2018年12月31日1美元兑6.8755元人民币计算，得出以人民币计价的销售规模。

② 来伊份的销售规模数据根据快报数据估算得出。

③ 21世纪中国不动产的统计口径为净营收。

④ 光猪体育数据仅为线上销售数据，不包含实体门店销售数据。

⑤ 华住酒店数据为酒店总营业额。

⑥ 此数据为柒—拾壹（中国）在8个地区的销售额，不包含广东地区数据。

2017 年中国便利店 70 强基本情况

中国连锁经营协会发布的 2017 年中国连锁百强数据显示，2017 年，连锁百强企业销售规模达到 2.2 万亿元，同比增长 8.0%，占社会消费品零售总额的 6.0%。百强连锁门店总数 10.98 万家，同比增长 9.1%。百强便利店企业 2017 年销售增长率达到 16.9%，门店数量增长 18.1%，成为实体零售企业中增长最快的业态。

附：

中国便利店 70 强排名

序号	公司名称	便利店品牌	2017 年门店数（个）
1	中石化易捷销售有限公司	易捷	25775
2	中国石油销售公司	昆仑好客	19000
3	东莞市糖酒集团美宜佳便利店有限公司	美宜佳	11659
4	广东天福连锁商业集团有限公司	天福	3820
5	成都红旗连锁股份有限公司	红旗	2730
6	中国全家	全家	2181
7	浙江人本超市有限公司	十足、之上	2003
8	河北叁陆伍网络科技集团有限公司	365	1700
9	柒—拾壹（中国）	7-Eleven	1644
10	上海联华快客便利有限公司	联华快客	1474
11	山西省太原唐久超市有限公司	唐久	1435
12	罗森（中国）投资有限公司	罗森	1399
13	上海好德可的便利连锁有限公司	可的、好德	* 1300
14	厦门见福连锁管理有限公司	见福	1237
15	四川舞东风超市连锁股份有限公司	舞东风	1187
16	湖南佳宜企业管理有限公司	新佳宜	1140
17	华润苏果超市有限公司	苏果、好的	1044
18	山西金虎便利连锁股份有限公司	金虎、早早	1003
19	西安每一天便利超市连锁有限公司	每一天	980
20	深圳市中业爱民便利店管理有限公司	中业爱民	850
21	文峰大世界连锁发展股份有限公司	文峰	689
22	山东潍坊百货集团股份有限公司	中百便利	618
23	北京全时叁陆伍连锁便利有限公司	全时	600
24	上海良友金伴便利连锁有限公司	良友金伴，光明，光明里	548
25	山东新星集团有限公司	新星	528
26	中山市及时便利连锁有限公司	及时便利	450
27	郑州丹尼斯百货有限公司	丹尼斯	430
28	美食林时刻便利连锁有限公司	时刻便利	430
29	百世店加科技（中国）有限公司	WOWO	376
30	武汉今天梦想商贸有限公司	TODAY	376
31	北京港佳好邻居连锁便利店有限责任公司	好邻居	340
32	加贝物流股份有限公司	加贝	340

续表

序号	公司名称	便利店品牌	2017 年门店数（个）
33	内蒙古一团火商业管理有限公司	一团火	340
34	新疆早晚八点半贸易有限公司	早晚八点半	322
35	哈尔滨中央红集团	小月亮	319
36	莆田市文献便民服务有限公司	文献	266
37	江苏新合作常客隆连锁超市有限公司	常客隆	264
38	惠州市快迪便利店管理有限公司	快迪	251
39	湖南汇米巴商业管理有限公司	汇米巴	248
40	青岛友客便利连锁管理有限公司	青岛友客	246
41	福建省易太便利连锁有限公司	易太	220
42	湖南千惠商贸连锁有限公司	千惠	212
43	云南之佳便利店有限公司	之佳	210
44	怀化市好伴便利店连锁有限公司	好伴	203
45	山东统一银座商业有限公司	统一银座	* 198
46	北京物美便利超市有限公司	物美	183
47	阜阳华联集团股份有限公司	阜阳华联	180
48	青岛利群百货集团股份有限公司	利群便利	170
49	临汾乐客便利超市连锁有限公司	乐客	170
50	哈尔滨市融惠微利连锁超市有限责任公司	微利	168
51	新疆每日集团有限公司	每日每夜	165
52	江苏欢乐买商贸股份有限公司	欢乐买	165
53	家家悦控股集团股份有限公司	家家悦	160
54	山东全福元商业集团有限责任公司	全福元	160
55	江西省晋利嘉实业有限责任公司	乐豆家	150
56	内蒙古利客商业有限责任公司	利客	150
57	天虹商场股份有限公司	天虹	148
58	福建百汇万宁超市有限公司	汇宁	145
59	邯郸市阳光百货集团总公司	阳光	138
60	十堰市新合作超市有限公司	新合作	135
61	邻里家（北京）商贸有限公司	邻家	133
62	内蒙古悦生活商贸有限公司	安达	125
63	北京梦想蜂连锁商业有限公司	便利蜂	120
64	贵州凯辉天源企业管理咨询有限公司	凯辉	120
65	哈尔滨乐买连锁超市有限责任公司	乐买	111
66	北京京客隆商业集团股份有限公司	京客隆	107
67	山东一间铺子连锁便利店有限公司	孚惠	107

续表

序号	公司名称	便利店品牌	2017 年门店数（个）
68	合肥邻几便利店有限公司	邻几	107
69	宜昌市北山超市有限责任公司	宜昌北山	105
70	大连太阳系便利店有限公司	太阳系	100

注：

1. 数字前面带 * 为估计值；
2. 本表中包含了部分与便利店业态相近的其他小型零售店；
3. 本表数据来源于企业自报；
4. 罗森（中国）的店铺数中包括了区域合作企业的门店数，区域企业不再另行排列。

2018 年中国便利店百强基本情况

2019 年 5 月 14 日，中国连锁经营协会发布了 2018 年中国便利店百强榜单。

2018 年中国便利店百强榜单是中国连锁经营协会首次发布便利店的前 100 强。2018 年，中国便利店百强呈现出以下几个特点：

第一，以深耕当地市场为主。100 家便利店企业中，跨区域发展的品牌不超过 20 家，80%以上的便利店企业都是以深耕当地市场为主。

第二，百强便利店企业的经营规模差距大，以中小规模的便利店企业为主。超过 1000 家门店以上的百强有 20 家，有 30%的企业门店数在 100 家到 200 家，总体来看，便利店企业还处于起步阶段，规模普遍不大。

第三，百强便利店市场的主战场在省会城市以及省会以上城市，只有大约 30%的企业来自地县级市场。

第四，百强便利店企业单一业态经营的企业占主体。在 2018 年便利店百强榜单中，有 20 家企业是商业集团下属的便利店业态的规模发展，80 家企业都是专注于便利店这个单一业态的经营。

附：

中国便利店百强排名

序号	公司名称	便利店品牌	2018 年门店数（个）
1	中石化易捷销售有限公司	易捷	27259
2	中国石油销售公司	昆仑好客	19700
3	东莞市糖酒集团美宜佳便利店有限公司	美宜佳	15559
4	苏宁小店	苏宁小店	4508
5	广东天福连锁商业集团有限公司	天福	4212
6	成都红旗连锁股份有限公司	红旗	2817
7	中国全家	全家	2571
8	浙江人本超市有限公司	十足、之上	2141
9	罗森（中国）投资有限公司	罗森	1973
10	河北叁陆伍网络科技集团有限公司	365	1850
11	柒—拾壹（中国）	7-Eleven	1802
12	山西省太原唐久超市有限公司	唐久	1500
13	厦门见福连锁管理有限公司	见福	1455
14	上海联华快客便利有限公司	联华快客	1322
15	西安每一天便利超市连锁有限公司	每一天	1219
16	山西金虎便利连锁股份有限公司	金虎、早早	1213
17	湖南佳宜企业管理有限公司	新佳宜	1200
18	四川舞东风超市连锁股份有限公司	舞东风	*1187
19	上海好德可的便利连锁有限公司	可的、好德	*1150
20	华润苏果超市有限公司	苏果、好的	1085
21	深圳市中业爱民便利店管理有限公司	中业爱民	983
22	上海喜士多便利连锁有限公司	喜士多	980
23	吉林省新天地超市连锁经营有限公司	新天地	950
24	广东维客佳便利店有限公司	维客佳	827
25	世纪华联超市连锁（江苏）有限公司	世纪华联	725
26	福建百年万嘉超市管理有限公司	万嘉	668
27	山东潍坊百货集团股份有限公司	中百便利	625
28	北京便利蜂连锁商业有限公司	便利蜂	602
29	重庆可购商贸有限公司	可购	600

续表

序号	公司名称	便利店品牌	2018 年门店数（个）
30	广东合家欢便利店有限公司	合家欢	*600
31	上海良友金伴便利连锁有限公司	良友金伴，光明，光明里	566
32	文峰大世界连锁发展股份有限公司	文峰	*522
33	山东新星集团有限公司	新星	*516
34	内蒙古利客商业有限责任公司	利客	500
35	安徽壹度品牌运营股份有限公司	壹度便利	485
36	新疆早晚八点半贸易有限公司	早晚八点半	476
37	美食林时刻便利连锁有限公司	时刻便利	464
38	百世店加科技（中国）有限公司	WOWO	435
39	湖南家边购实业集团有限公司	家边购	*420
40	中山市及时便利连锁有限公司	及时便利	418
41	武汉今天梦想商贸有限公司	TODAY	418
42	有家实业有限公司	有家	407
43	北京全时叁陆伍连锁便利有限公司	全时	400
44	武汉市德盛丰商贸有限公司	可多	400
45	重庆市一站商贸有限公司	一站	*400
46	北京港佳好邻居连锁便利店有限责任公司	好邻居	380
47	深圳市友琪便利店有限公司	友琪	373
48	郑州丹尼斯百货有限公司	丹尼斯	*371
49	内蒙古一团火商业管理有限公司	一团火	364
50	哈尔滨中央红集团	小月亮	362
51	深圳市家乐通商贸有限公司	家乐通	*350
52	加贝物流股份有限公司	加贝	*340
53	莆田市文献便民服务有限公司	文献	326
54	湖南汇米巴商业管理有限公司	汇米巴	310
55	青岛友客便利连锁管理有限公司	青岛友客	310
56	福建省易太便利连锁有限公司	易太	310
57	河北天天智慧商业连锁股份有限公司	天天便利	302
58	北京物美便利超市有限公司	物美	290
59	湖南千惠商贸连锁有限公司	千惠	282
60	合肥邻儿便利店有限公司	邻儿	280
61	惠州市星链快迪零售服务有限公司	快迪	265
62	江苏新合作常客隆连锁超市有限公司	常客隆	264
63	新疆每日集团有限公司	每日每夜	260
64	山东一间铺子连锁便利店有限公司	孚惠	227

续表

序号	公司名称	便利店品牌	2018 年门店数（个）
65	怀化市好伴便利店连锁有限公司	好伴	225
66	福建百汇万宁超市有限公司	汇宁	223
67	江西省晋利嘉实业有限责任公司	乐豆家	220
68	明喆商业咨询管理有限公司	明喆便利	220
69	云南之佳便利店有限公司	之佳	210
70	福州六意企业管理有限公司	六意	192
71	山东统一银座商业有限公司	统一银座	192
72	哈尔滨市融惠微利连锁超市有限责任公司	微利	191
73	家家悦控股集团股份有限公司	家家悦	186
74	阜阳华联集团股份有限公司	阜阳华联	185
75	内蒙古悦生活商贸有限公司	安达	185
76	云南万逸之家电子商务有限公司	万逸之家	185
77	武汉慕臣便利店连锁有限公司	慕臣	183
78	青岛利群百货集团股份有限公司	利群便利	182
79	山东全福元商业集团有限责任公司	全福元	176
80	青岛可好便利店管理有限公司	可好	173
81	临汾乐客便利超市连锁有限公司	乐客	170
82	贵州凯辉天源企业管理咨询有限公司	凯辉	170
83	徐州悦客企业管理有限公司	悦客	*170
84	漳州新南丰商业连锁有限公司	新南丰	*169
85	天虹商场股份有限公司	微喔	167
86	河南正道思达连锁商业有限公司	正道思达	*150
87	十堰市新合作超市有限公司	新合作	138
88	大连三寰商业管理有限公司	会有	137
89	北京京客隆商业集团股份有限公司	京客隆	133
90	邯郸市阳光百货集团总公司	阳光	132
91	本溪市金凯达便利连锁有限公司	金凯达	132
92	长沙凯源珊珊商贸连锁管理有限公司	珊珊	125
93	海口易买商贸有限公司	易买、易佳	*122
94	河南悦来悦喜商贸有限公司	悦来悦喜	*120
95	哈尔滨乐买连锁超市有限责任公司	乐买	118
96	宜昌市北山超市有限责任公司	宜昌北山	106
97	洛阳易客来商贸有限公司	易客来	*103
98	保定市新杰出商贸有限公司	杰出	*100
99	转森科技（武汉）有限责任公司	转森	*100

续表

序号	公司名称	便利店品牌	2018 年门店数（个）
100	甘肃新乐连锁超市有限责任公司	新乐	100

注：

1. 数字前面带 * 为估计值；如与企业实际数字有出入，请联系中国连锁经营协会相关负责人进行核实修正，联系方式：010-68784995。

2. 本表中包含了部分与便利店业态相近的其他小型零售店。

3. 本表数据来源于企业自报及公开资料整理。

4. 罗森（中国）的店铺数中包括了中百、超市发等区域合作企业的门店数，区域企业不再另行排列。

2016年城市便利店发展指数报告

从总体情况看，2016年便利店业态的发展明显好于其他业态，全年呈现高开高走态势。随着消费者对便利的偏好和对价格敏感度的降低，便利店正迎来良好的发展契机，经营项目和服务内容也逐渐扩充和完善。随着大型门店的饱和，传统大卖场遇到增长瓶颈，业态小型化已经成为一种新的发展趋势，国内资本同时也逐渐将目光投向便利店业态和社区型超市。另外，随着线上获客成本逐年上升，电商的人口红利在逐渐消失，其对线下零售的冲击也在逐步减弱，“新零售”概念的提出加快了线上与线下企业的融合。便利店作为线下实体的一个客流接口，其应用场景的多样性让其成为继共享单车后的新风口。

一、总体情况

2016年，“城市便利店发展指数”调查的城市共计36个，涵盖除拉萨市以外的30个省会城市、直辖市，4个计划单列市和东莞、温州2个其他城市。指数的核心数据为连锁品牌化的便利店数量、便利店数量的增速、24小时便利店的比例及政策支持力度，在此基础上，统计计算出了各城市的便利店指数。

总得分
=增长率得分×30%+饱和度得分×40%+24小时比例得分×10%+政策支持得分×20%

其中：

$$增长率=\frac{2016年门店总量}{2015年门店总量-1}\times100\%$$

$$饱和度=\frac{2016年该城市总人口数}{2016年该城市门店总量}$$

$$24小时比例=\frac{该城市24小时总量}{该城市门店总量}\times100\%$$

总排名

城市	总得分	排名
深圳市	89	1
太原市	89	2
长沙市	87	3
东莞市	85	4
厦门市	83	5
郑州市	82	6
上海市	82	7
北京市	81	8
广州市	80	9
乌鲁木齐市	80	10
成都市	78	11
武汉市	77	12
杭州市	77	13
银川市	77	14
南昌市	77	15
南京市	76	16
沈阳市	76	17
长春市	76	18
温州市	75	19
西安市	75	20
贵阳市	74	21
福州市	74	22
石家庄市	73	23
海口市	73	24
哈尔滨市	72	25
呼和浩特市	70	26
青岛市	70	27
兰州市	69	28
合肥市	69	29
南宁市	67	30
济南市	67	31
西宁市	66	32
大连市	66	33
重庆市	63	34
天津市	60	35
昆明市	58	36

增长率（30%）

城市	比率（%）
郑州市	33.3
贵阳市	30.0
南宁市	29.5
北京市	25.0
福州市	25.0
哈尔滨市	25.0
西安市	23.1
武汉市	22.0
济南市	16.7
深圳市	15.8
东莞市	15.7
乌鲁木齐市	15.4
合肥市	15.4
银川市	15.2
南昌市	14.3
重庆市	14.3
太原市	13.3
长沙市	11.1
长春市	10.9
上海市	10.8
青岛市	10.0
沈阳市	9.2
厦门市	9.1
石家庄市	8.3
兰州市	8.3
杭州市	7.1
温州市	6.3
成都市	5.3
广州市	5.0
西宁市	2.6
南京市	2.0
天津市	-5.9
昆明市	-6.4
大连市	-8.3
海口市	-8.6
呼和浩特市	-9.1

饱和度（40%）

城市	人数
东莞市	1015
长沙市	1761
深圳市	2354
太原市	2472
广州市	3076
上海市	3369
成都市	3512
乌鲁木齐市	5184
银川市	5245
沈阳市	5709
呼和浩特市	5733
厦门市	5886
海口市	6394
郑州市	7189
石家庄市	7818
南京市	8005
长春市	8655
武汉市	9785
西安市	10585
哈尔滨市	10636
温州市	10732
贵阳市	11089
西宁市	11327
大连市	12164
兰州市	12600
南昌市	12607
福州市	14231
北京市	14467
杭州市	14501
青岛市	15846
天津市	16173
合肥市	19007
济南市	19469
南宁市	27080
昆明市	31223
重庆市	36058

24 小时比例（10%）

城市	比例（%）
重庆市	90.0
海口市	87.5
厦门市	83.3
杭州市	80.0
南宁市	69.9
广州市	66.7
大连市	63.6
昆明市	63.1
上海市	62.5
西安市	56.3
北京市	53.3
青岛市	52.5
贵阳市	51.3
乌鲁木齐市	50.0
东莞市	49.4
太原市	47.1
深圳市	45.5
南昌市	37.5
温州市	35.3
石家庄市	34.6
合肥市	33.3
南京市	30.0
福州市	30.0
郑州市	25.0
天津市	25.0
武汉市	23.0
成都市	20.0
沈阳市	19.7
长春市	19.1
呼和浩特市	10.0
兰州市	9.8
长沙市	7.5
济南市	4.3
西宁市	3.1
哈尔滨市	3.0
银川市	1.3

政策支持（20%）

城市	力度
厦门市	好
杭州市	好
北京市	好
太原市	好
深圳市	好
南昌市	好
温州市	好
南京市	好
长沙市	好
海口市	一般
南宁市	一般
广州市	一般
大连市	一般
昆明市	一般
上海市	一般
西安市	一般
青岛市	一般
乌鲁木齐市	一般
东莞市	一般
合肥市	一般
福州市	一般
郑州市	一般
天津市	一般
武汉市	一般
成都市	一般
沈阳市	一般
长春市	一般
呼和浩特市	一般
兰州市	一般
济南市	一般
西宁市	一般
哈尔滨市	一般
银川市	一般
重庆市	没有
贵阳市	没有
石家庄市	没有

二、主要特点

（一）总体规模保持两位数增长

2016 年，中国便利店在门店数量与销售规模两个方面依旧保持较快的发展速度。便利店增长率超过 10%的城市占到所调查城市总数的 52.8%。郑州、南宁、北京、福州、哈尔滨是增长速度最快的 5 个城市。其中，郑州的增长率达到了 33.3%。

（二）中西部城市便利店发展速度高于南部沿海

上海、深圳等一线城市的便利店仍然保持着较高的发展水平，但是发展速度有所减缓；部分城市已出现市场饱和。而中西部城市的便利店发展水平虽然与东部沿海城市仍存在一定的差距，但是发展速度明显加快，如郑州、西安、武汉等城市都保持在 20%以上的增长速度。总体看来，中西部城市便利店发展提速，而东南沿海城市稳步增长。

（三）业态转型、资本引入搅动便利店市场，竞争进一步加剧

2016 年，业态小型化逐渐成为零售发展新趋势，便利店也成为社会各方关注的焦点。2016 年的便利店品牌已达到 295 个，同比增长 14.3%。其中不仅包括资本引入催生的新兴品牌，同时还有其他零售业态的再造转型。数据显示，便利店品牌超过 10 个的城市已达到 9 个。区域品牌的扩张、新进企业的兴起，使得便利店在保持高速发展的同时，竞争也进一步加剧，便利店发展空间在进一步被释放的同时，竞争压力也在进一步增大。

（四）地域因素对 24 小时便利店发展的影响降低

虽然 2016 年南方地区城市的 24 小时便利店比例仍然高于北方地区，但同 2015 年相比，这一差距被进一步拉近。北方地区城市 24 小时便利店的比例有了进一步提升。其中 24 小时便利店覆盖率超过 50%的 14 个城市中，北方城市占到了 35.2%，体现出 24 小时便利店受地域限制以及气候环境等因素的影响在逐渐降低。

（五）政府的配套政策支持有待进一步改善

便利店行业的发展速度与政府的政策支持力度呈现出了不匹配，其中对便利店政策支持较好的城市仅占总体的 25.0%。便利店在发展过程中受到各城市政府的重视度仍然较低。便利店作为最接近消费者生活的一种业态，是改善民生、提高居民生活品质的一种很好的载体，而便利店行业的健康可持续发展需要政府提供更加宽松的营商环境以及配套的政策支持。

2017年中国城市便利店景气指数报告

一、总体指数

2017年连锁百强企业销售规模达到2.2万亿元，同比增长8.0%，占社会消费品零售总额的6.0%。百强连锁门店总数为10.98万家，同比增长9.1%。其中百强便利店企业2017年销售增长率达到16.9%，门店数量增长18.1%，成为实体零售企业中增长最快的业态。便利店行业的快速发展也在客观上促使景气指数维持在较高的水平。

从统计结果的总体来看，2017年中国便利店季度景气指数始终保持在较高的水平，分别为第一季度72.22、第二季度73.95、第三季度69.25、第四季度71.28，平均高于景气荣枯线21.68，且波幅震荡较小，体现出便利店行业从业者对2017年行业的发展始终保持着较高的信心。

随着“新零售”“智慧零售”“无界零售”等新概念的提出，实体零售与线上平台的全方位合作成为2017年零售行业的突显和重要趋势。作为最接近消费者的一种零售业态，新概念的不断提出促使中国便利店行业迅速做出反应，在技术创新、运营模式方面不断地调整，从而保证了便利店年度整体市场规模保持稳定而快速的增长。

另外，2017年零售市场上出现无人店、无人货架等新模式，新技术系统不断迭代升级，再加上资本不断加持便利店市场，为2017年便利店行业的发展不断增加新助力。

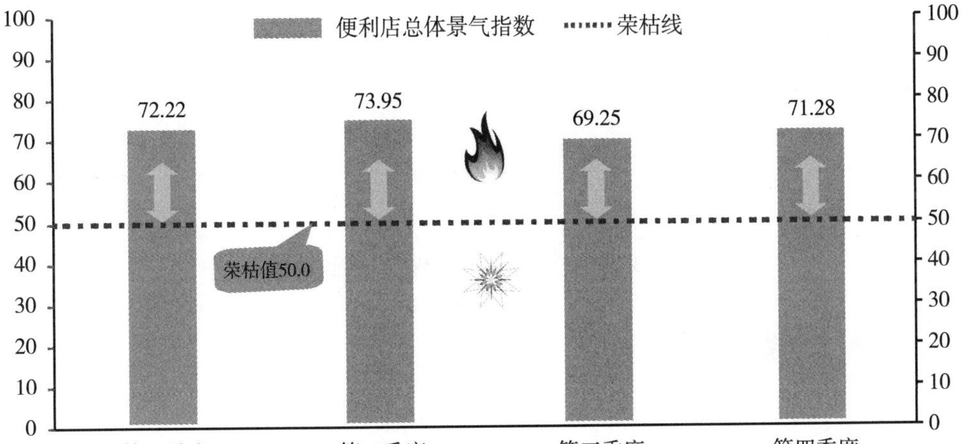

图1　2017年各季度便利店总体景气指数

从分项指数来看，2017年四个季度便利店行业平均景气指数为80.2，高于荣枯线

30.2，门店景气指数为66.1，高于荣枯线16.1。其中，第二季度的指数值为整年度的波峰，第三季度的为波谷，便利店行业管理者与基层门店经营者对于行业与门店的经营预期趋同。

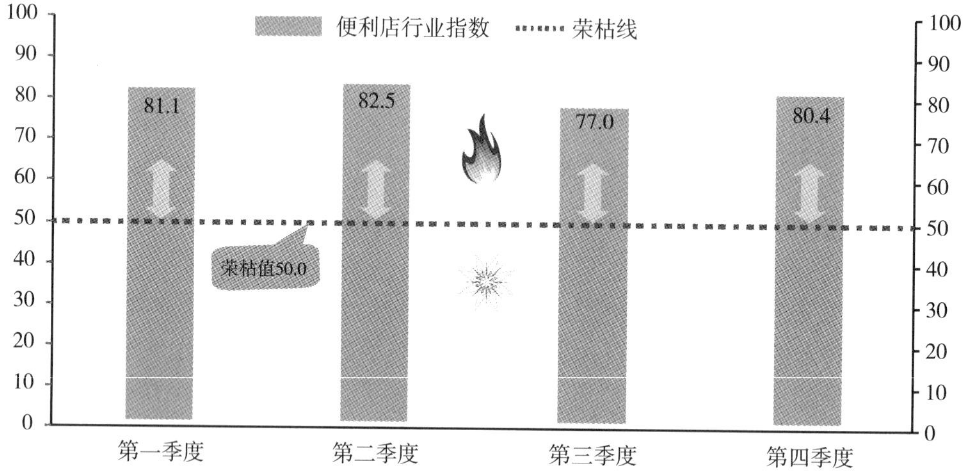

图 2　2017 年各季度便利店行业指数

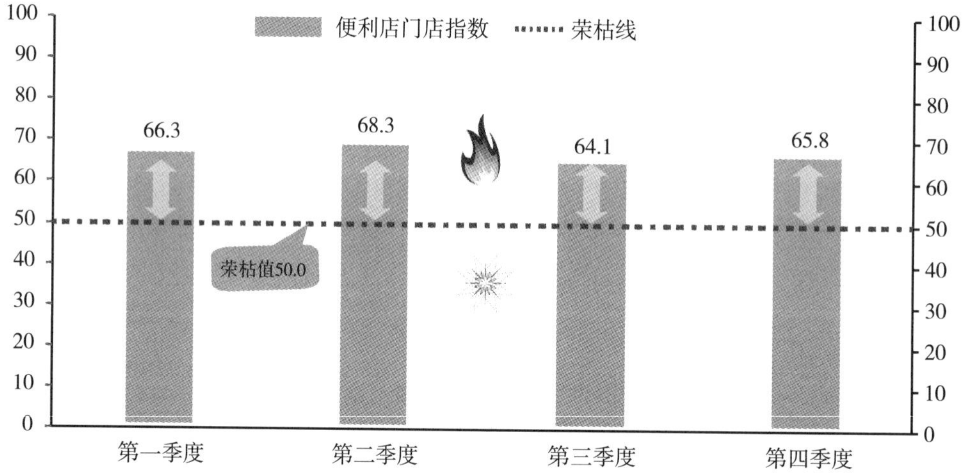

图 3　2017 年各季度便利店门店指数

二、分项指数

（一）行业分项指数

数据显示，除了总体费用与主营业务成本指数外，便利店行业管理者对于2017年整个行业销售额增长、自身企业销售额增长、门店增长、总体费用指数、主营业务成本以及营商环境等始终保持着较高的信心指数。而总体费用与主营业务成本始终是全年关心的问题，且面临着较大的压力。其主要原因在于持续攀高的店租与人力成本是便利店行业始终面临的严峻考验。

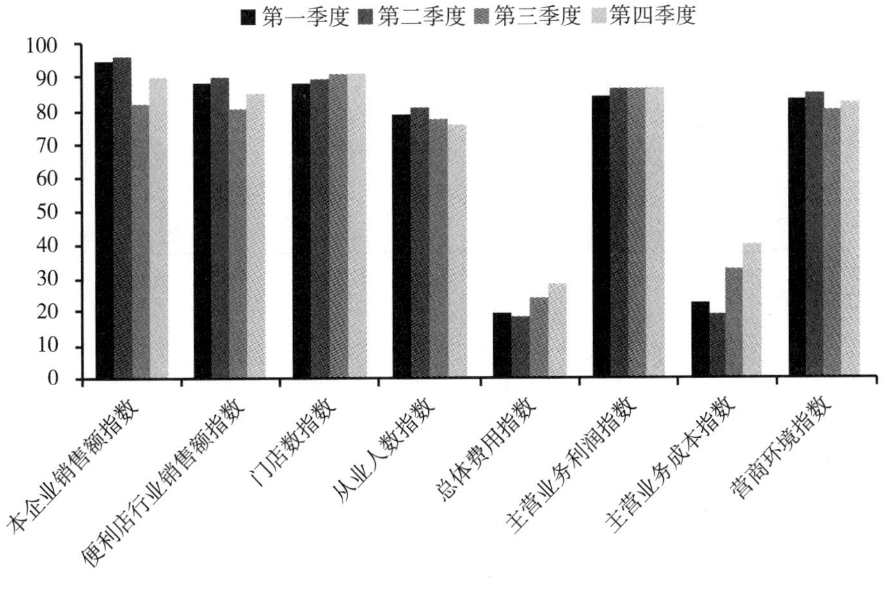

图 4　2017 年各季度便利店行业各分项指数

另外，2017 年从业人数指数的持续走低，也反映出整个行业面临着人才流失与短缺的问题。随着便利店行业规模的不断扩大，门店数量不断增加，作为劳动密集型行业，便利店人才短缺的压力将会逐渐加大。这也体现在了便利店管理者对于未来自身企业在人才缺口与利润摊薄方面的担忧。

（二）门店分项指数

数据显示，2017 年便利店门店指数平稳维持在 66.1 的水平，略低于行业指数。从各分项指数来看，基层运营管理者对于门店运营管理各指标的关注与企业高层的关注点有所不同。

从全年来看，便利店门店运营者对于保持单店日商水平方面保持着较高信心，但受季节因素的影响较大。同时对于销售额、来客数、服务项目、营业利润等也保持着较高的信心。而对于门店店租、人工费用等方面，便利店门店运营者表现出了担忧，说明随着城市地产热推升店租的不断上涨，以及人工成本的不断提升，店租与人工成本始终是影响门店可持续运营的两大最重要因素。

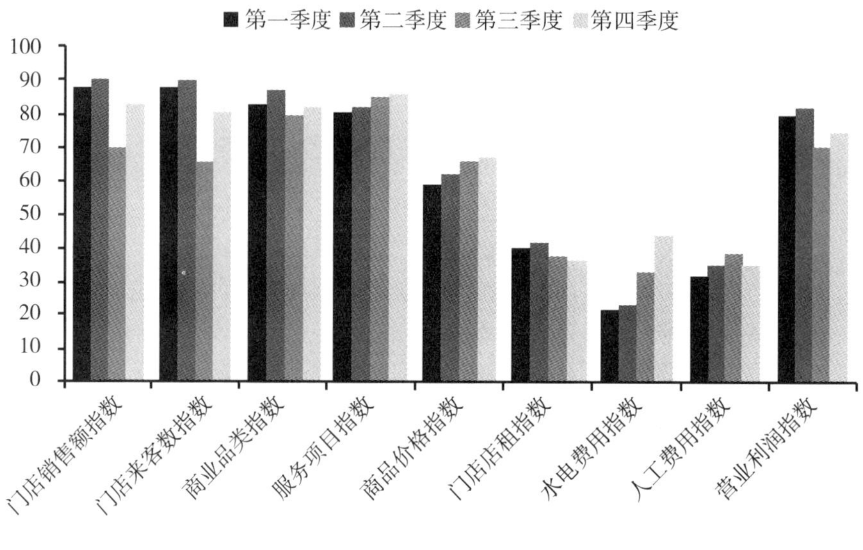

图 5 2017 年各季度便利店门店各分项指数

三、总体分析

（一）便利店景气指数整体保持较高水平，各季度波动较小

从整体来看，2017 年中国便利店景气指数整体波动较小。从行业和门店两个维度来看各分项指标，各个季度的走势与整体指数趋势基本吻合。数据显示，无论便利店行业的管理者还是基层运营者，看好便利店行业发展趋势与未来的巨大市场潜力是景气指数表现优异的有力支撑。

（二）指数的波动具有一定的规律性，季节性因素变化导致便利店在商品结构上进行对策性调整是其主要原因

从全国范围来看，北方地区的企业受气候因素的影响较大，因此在商品结构上的应对性调整也更明显。商品结构的调整必然会对销售产生一定的影响，因此对于便利店行业的从业者更需要在商品开发、技术选择、会员管理等方面拓展新思路，从而降低季节性因素对销售运营带来的客观影响。

（三）便利店行业人才短缺问题凸显，这已经成为便利店行业能否可持续健康发展的潜在威胁

便利店作为零售业态之一，属于劳动密集型行业。从全年来看，从业人数指数连续三个季度出现下降，体现出便利店行业管理者对于未来行业发展中人才流失与引进的担忧。未来，便利店行业管理者不仅要从人才引进方面加大力度，而且还需要通过内部培训积极地培养行业专业人才，为行业的可持续发展提供强有力的保证。

（四）资本搅动便利店市场资源整合，新概念、新技术为便利店行业发展注入新活力

2017 年，新零售、智慧零售等新概念成为讨论的热点，而无人便利店也成为该年度社会关注的热点，继而各项资本开始关注和投入无人便利店的开发。尽管各项资本投入无人便利店的运营思路、技术选择和商业计划各有不同，但是总体方向都是期望将传统线下便利店全面升级为无须人工值守的门店，以降低人工成本。这种新的技术应用与运营思路，对于便利店行业的持续发展起到了积极的推动作用。

（五）未来便利店的可持续健康发展需要更加完善的政府配套政策支持

便利店作为最接近消费者生活的一种业态，是改善民生、提高居民生活品质的一种很好的载体，在店租与人力成本持续高企、竞争压力不断增加的环境下，便利店行业的发展仍然靠的是市场需求的自发驱动。行业的发展在一定程度上受政府的关注度比较低，便利店行业的可持续健康发展需要政府相关配套政策的支持，这对于改善居民服务质量具有十分重要的意义。

2018 年中国城市便利店景气指数报告（一至三季度）

一、总体指数

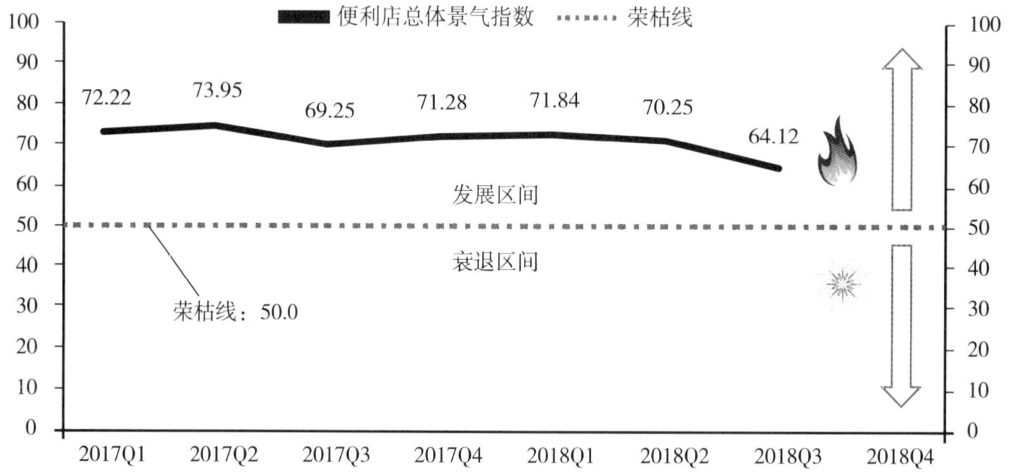

图 1　2018 年一至三季度便利店总体景气指数

第一季度，便利店行业总体景气指数为 71. 84，高于荣枯线 21. 84，环比 2017 年第四季度景气指数提高 0. 56。从整体来看，在 2018 年开局的第一个季度，中国便利店行业保持了 2017 年稳定发展的趋势。

从第一季度便利店景气指数的表现来看，无论是行业管理者还是门店运营者对于该年度的发展保持了较高的信心。但同时也面临着诸多的挑战与威胁。

第二季度，便利店总体景气指数为 70. 25，高于荣枯线 20. 25，环比下降 1. 59，同比 2017 年下降 3. 70。从整体趋势来看，波幅振动较小，行业整体表现较为稳定，处于健康发展区间。

总体上看，在新技术不断更新迭代、资本持续加持的背景下，2018 年第二季度便利店市场在总体规模方面保持着较为稳定的发展，企业单店运营能力明显提升，但在选址拓店方面面临着较大的压力。同时，店租、人力、水电等生产要素成本持续上升，并没有得到有效改善。2018 年下半年，便利店市场仍然面临多种挑战。

第三季度，便利店总体景气指数为 64. 12，高于荣枯线 14. 12，环比下降 6. 10，同比 2017 年下降 5. 13。从整体来看，第三季度行业增长趋势放缓，行业整体发展出现小幅波动，但仍处于健康发展区间。

一方面，由于国内互联网融资平台 P2P 不断出现爆雷，受此影响，一些便利店企业在发展过程中出现资金链断裂，从而引发了关店潮；另一方面，无人店及无人货架在发展过程中的局限性也日益凸显，其面临的发展困境在逐步加大。再加上受季节周期性因素影响，店租、人力、水电等生产要素成本也未得到有效改善。2018 年第三季度，便利店行业的发展遇到了较大的挑战。

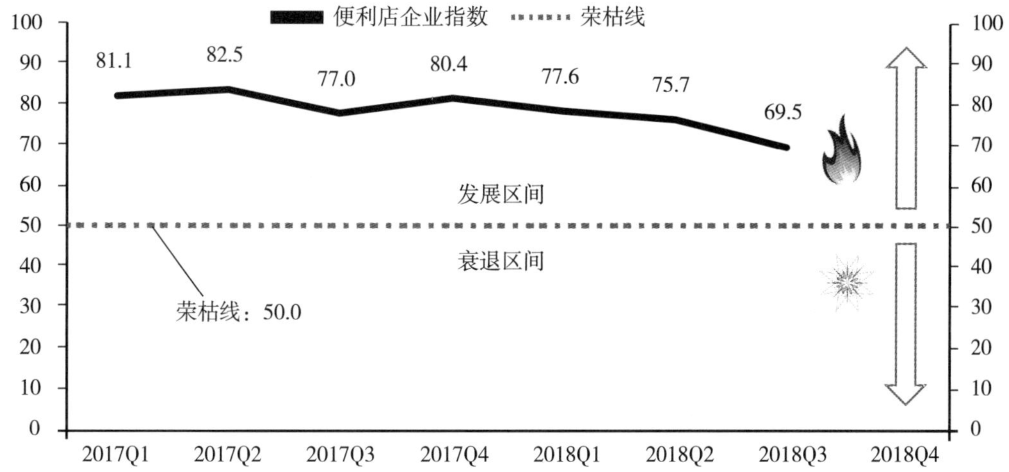

图 2　2018 年一至三季度便利店企业指数

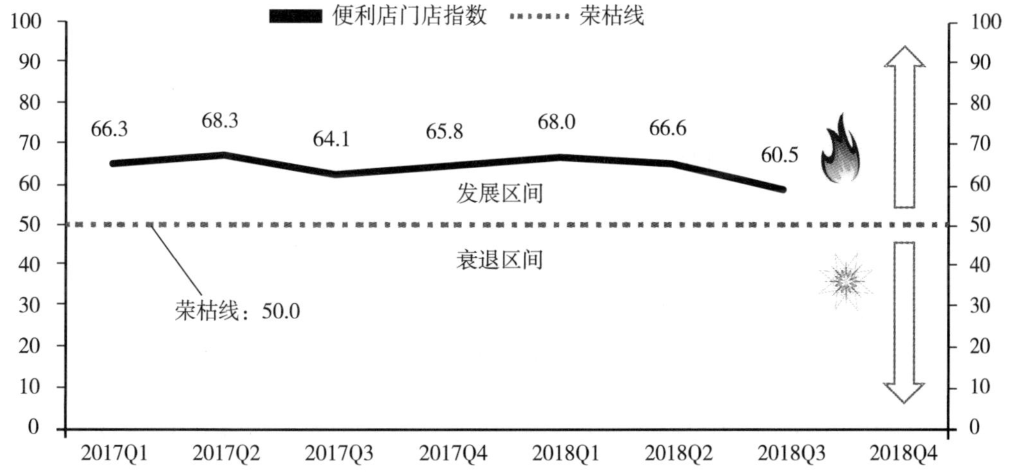

图 3　2018 年一至三季度便利店门店指数

表 1　　2018 年一至三季度便利店企业与门店指数

指数指标	权重	第一季度	第二季度	第三季度
便利店企业指数	40%	77.6	75.7	69.5
便利店门店指数	60%	68.0	66.6	60.5
便利店景气指数		71.84	70.25	64.12
荣枯线		50.0	50.0	50.0

从分项指数来看：

第一季度，便利店企业景气指数①为 77.6，高于荣枯线 27.6，环比 2017 年第四季度下降 2.8；门店景气指数为 68.0，高于荣枯线 18.0，环比 2017 年第四季度提高 2.2。在经过 2017 年无人便利店等新运营模式以及 AI 技术应用的热潮后，便利店高层管理者对于未来行业的发展保持着更为理性的认识，整个行业的发展也实现了理性回归。但对于基层门店运营者来说，多样的运营模式对增加店内销售具有积极的推动作用。因此，在第一季度，企业指数与门店指数的走势出现了不同步。

第二季度，便利店企业景气指数为 75.7，高于荣枯线 25.7，环比下降 1.9，同比下降 6.8；门店景气指数为 66.6，高于荣枯线 16.6，环比下降 1.2，同比下降 1.7。企业与门店景气指数的同步小幅回落，反映了便利店企业管理者与基层门店经营者对于第二季度整体经营情况感到一定的压力。

第三季度，便利店企业景气指数为 69.5，高于荣枯线 19.5，环比下降 1.9，同比下降 6.8；门店景气指数为 66.6，高于荣枯线 16.6，环比下降 6.2，同比下降 7.5。企业与门店景气指数的同步小幅回落，体现了便利店企业管理者与基层门店经营者对于第三季度整体经营情况同时面临着较大的压力。

二、分项指数

（一）企业分项指数

第一季度，企业销售额指数为 86.1，环比 2017 年第四季度下降 47.1；门店数指数为 92.5，环比 2017 年第四季度提高 1.1。

第二季度，企业销售额指数为 93.4，环比第一季度提高 7.3，同比 2017 年第二季度下降 2.8；门店数指数为 81.1，环比第一季度下降 11.4，同比 2017 年第二季度下降 8.0。这反映出便利店企业在单店运营能力方面得到有效提升，但在选址拓店上面临着较大的压力。一方面，小面积店址成为稀缺资源，店租成本持续高企；另一方面，企业面临着盈利压力的考验，提升单店运营水平是保证企业可持续发展最基础的因素。

① 即原“行业景气指数”。考虑到企业景气指数更为具体、贴切，从本期开始，采用“企业景气指数”。

第三季度，企业销售额指数为 75.4，环比第二季度下降 18.0，同比 2017 年第三季度下降 7.0，降幅较为明显；同时门店数指数为 78.2，环比第二季度下降 2.9，同比 2017 年第三季度下降 13.0。这说明第三季度企业在销售目标和门店拓展方面都遇到了较大的阻力，便利店企业在提高自身应对外部不利风险因素能力方面还需要进一步加强。

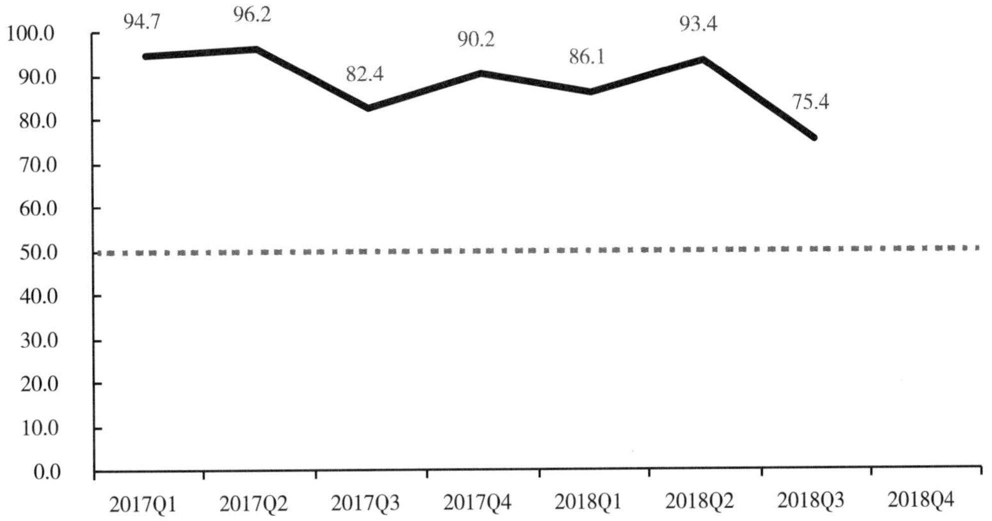

图 4　2018 年一至三季度便利店企业销售额指数

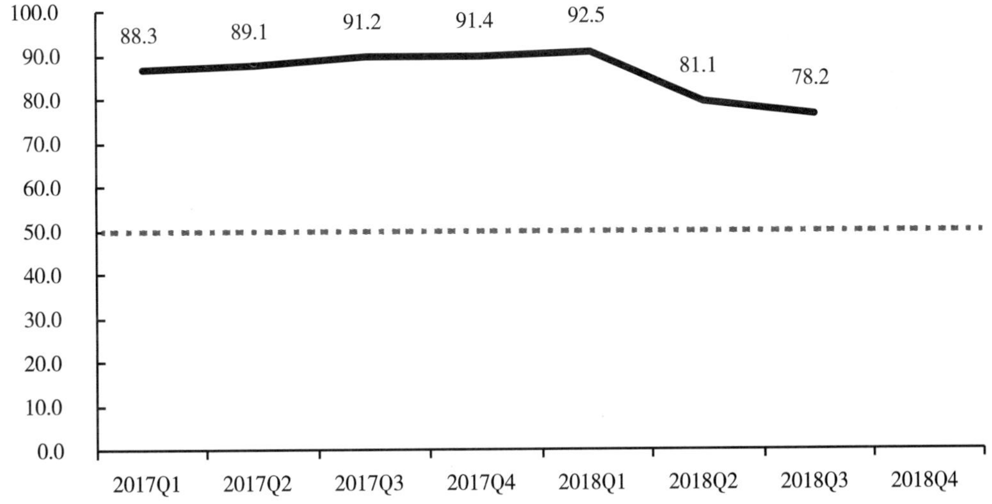

图 5　2018 年一至三季度便利店企业门店数指数

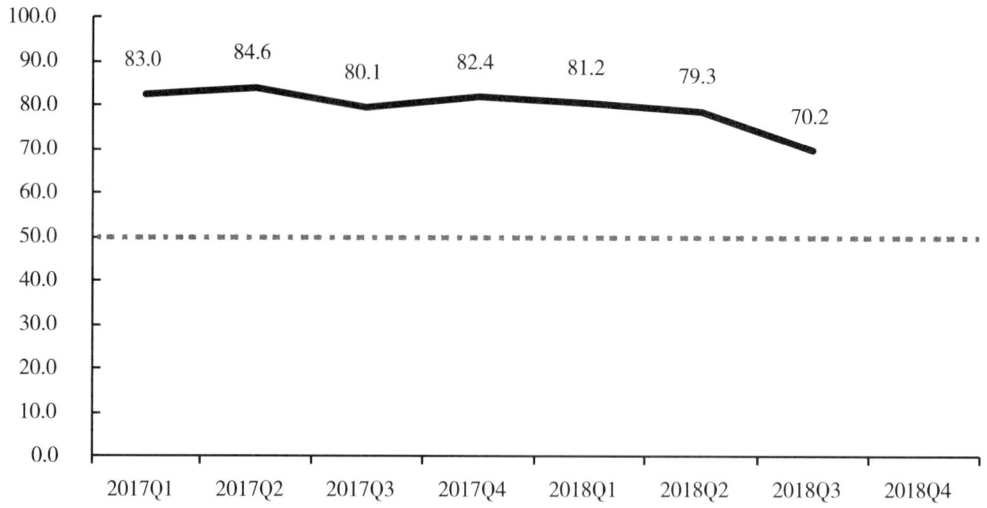

图 6　2018 年一至三季度便利店企业营商环境指数

第一季度和第二季度，整体营商环境保持着较为稳定的趋势，说明国家对于便利店行业相关政策所营造出的经营环境相对比较开放，便利店行业需要从自身因素着手，通过不断摸索实践，为行业相关支持政策的出台进行更多的创新和尝试。

第三季度，营商环境指数虽然因受到互联网金融 P2P 平台爆雷的影响出现小幅下降，但整体仍然保持着较为良好的外部营商环境。已经有部分省市出台扶持便利店发展的相关政策。这说明国家对于便利店行业健康发展的关注度在逐步提高，对于利民便民的行业，国家相关政策在逐步加大扶持力度。

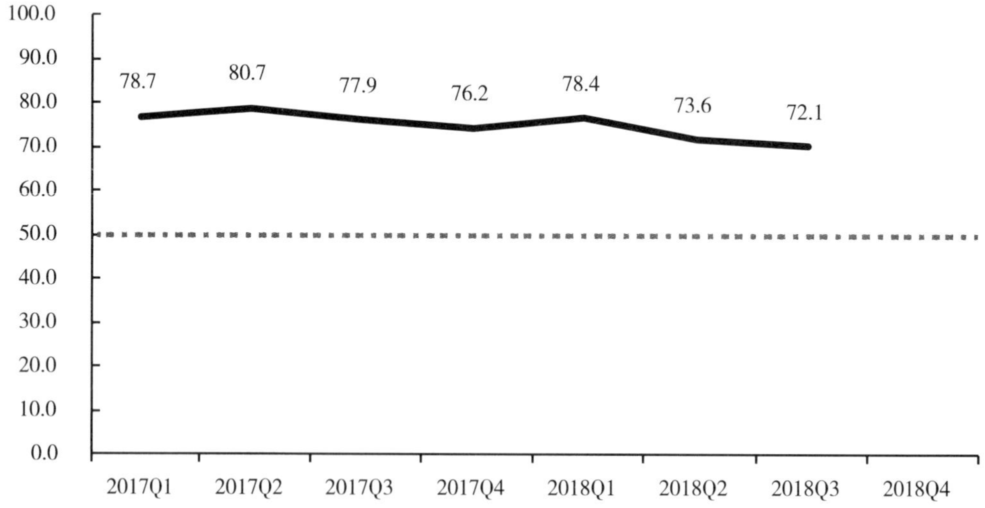

图 7　2018 年一至三季度便利店企业从业人数指数

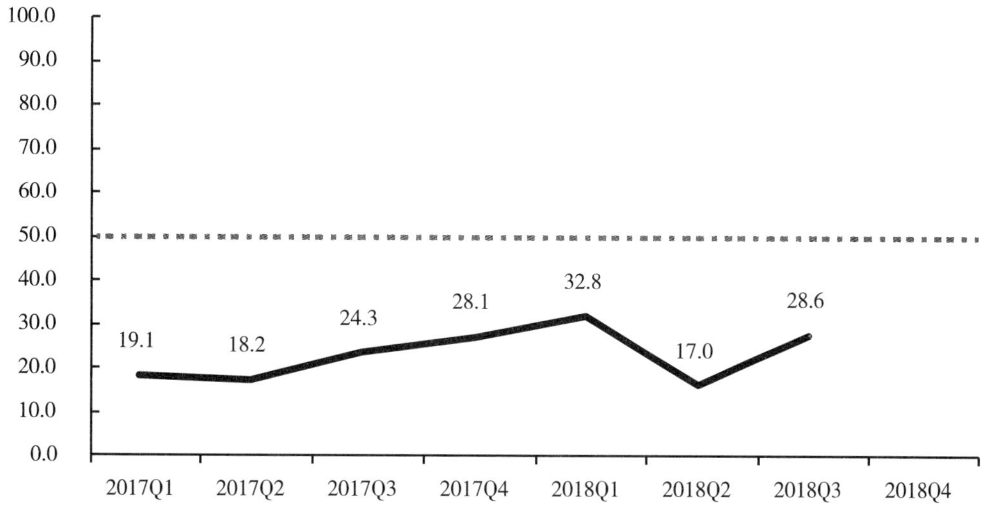

图 8　2018 年一至三季度便利店企业总体费用指数

第一季度，从业人数指数环比 2017 年第四季度提高 2.2，反映出便利店的市场规模在保持稳定的增长，并且从业人数也随之增加。但是在市场规模不断增长的同时，便利店企业需要更加关注单店运营能力的提升。

第二季度，便利店从业人数出现小幅下降。便利店行业作为劳动密集型行业，人才短缺一直以来是行业面临的问题。在人力成本不断上涨的情况下，如何提高对人才的吸引力是行业未来的一个重要挑战。同时，总体费用指数回落，也说明便利店行业在不断尝试通过新技术应用来减少用工数量，节约劳动力成本以及其他各种费用。

第三季度，便利店从业人数指数继续出现小幅下降，为 72.1，环比下降 1.5，同比下降 5.8。这是从业人数指数连续三个季度出现下滑。便利店行业在人才短缺方面面临的压力在逐步加大。而季节性的因素影响促使总体费用指数出现周期性上升，总体费用的上升也会进一步挤压便利店企业的利润空间。

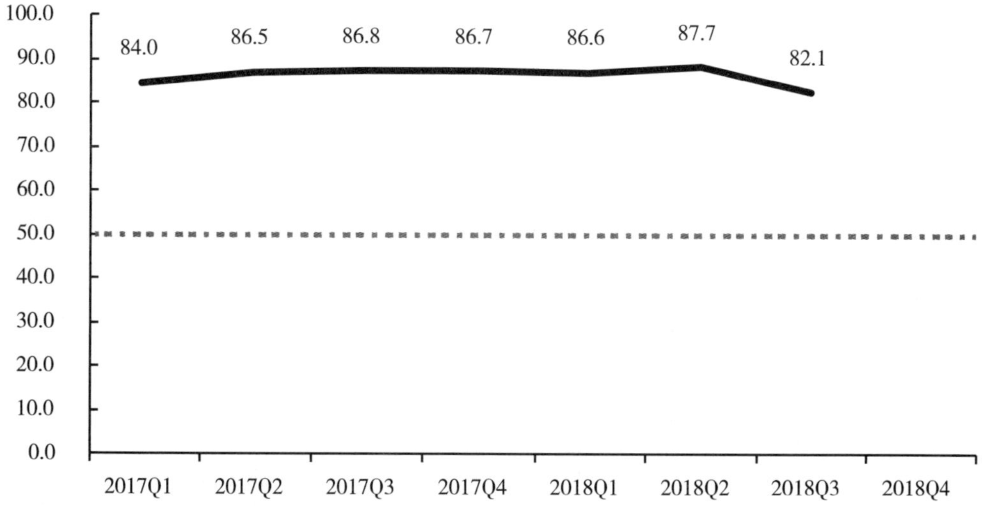

图 9　2018 年一至三季度便利店企业主营业务利润指数

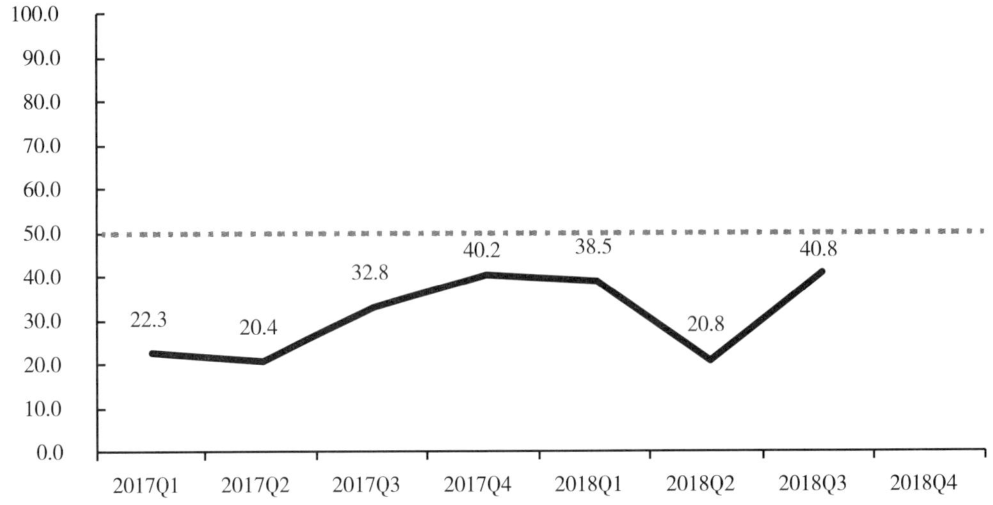

图 10　2018 年一至三季度便利店企业主营业务成本指数

第一季度，主营业务成本指数实现了小幅下降，但是总体费用指数环比 2017 年第四季度提高了 4.7，反映出便利店管理者对自身企业的成本实现了较为有效的控制，但在总体费用方面还有待加强管理。

第二季度，便利店主营业务利润指数为 87.7，环比第一季度小幅提升 1.1，同比 2017 年第二季度提升 1.2。从整体来看，便利店行业主营业务利润指数一直处于较为稳定的趋势，波幅整体变化较小。这说明目前便利店行业的整体利润空间趋于稳定，便利店管理者对自身企业的利润空间有较为客观的把握。而总体费用指数与主营业务成本指数的同步下降，对利润指数的提升具有一定的推动作用。

第三季度，便利店主营业务利润指数为 82.1，环比第二季度下降 5.6，同比 2017 年第三季度下降 4.7。第三季度总体费用指数与主营业务成本指数的同步上升，是主营业务利润指数出现小幅下降的主要原因。第三季度便利店企业面临着较大的运营压力，便利店管理者需要在第四季度通过有效的运营手段对营业成本和总体费用进一步控制，从而改善盈利状态。

表 2　　2018 年一至三季度便利店企业各分项指数

便利店企业景气指数		权重	第一季度	第二季度	第三季度
分项指数	企业销售额指数	30%	86.1	93.4	75.4
	企业门店数指数	10%	92.5	81.1	78.2
	企业从业人数指数	20%	78.4	73.6	72.1
	企业总体费用指数	5%	32.8	17.0	28.6
	企业主营业务利润指数	5%	86.6	87.7	82.1
	企业主营业务成本指数	5%	38.5	20.8	40.8
	企业营商环境指数	5%	81.2	79.3	70.2
便利店企业指数			77.6	75.7	69.5

（二）门店分项指数

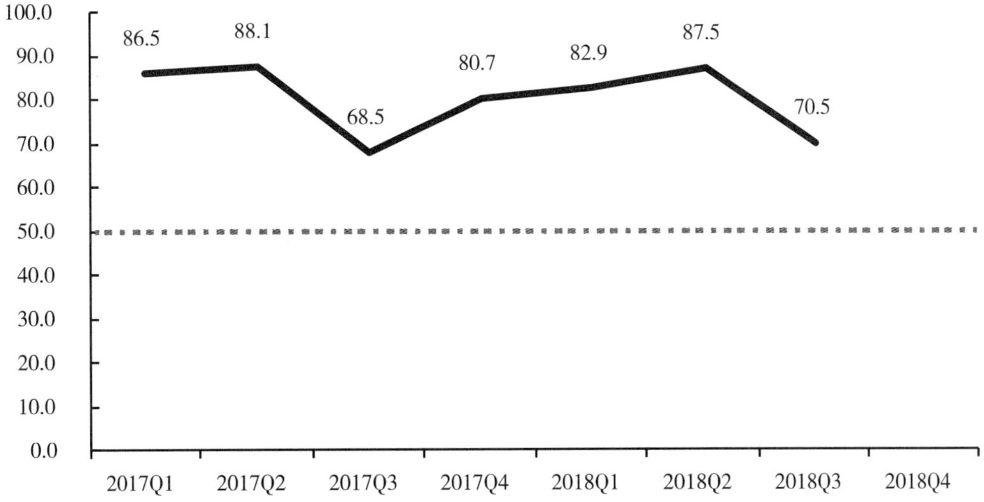

图 11　2018 年一至三季度便利店门店销售额指数

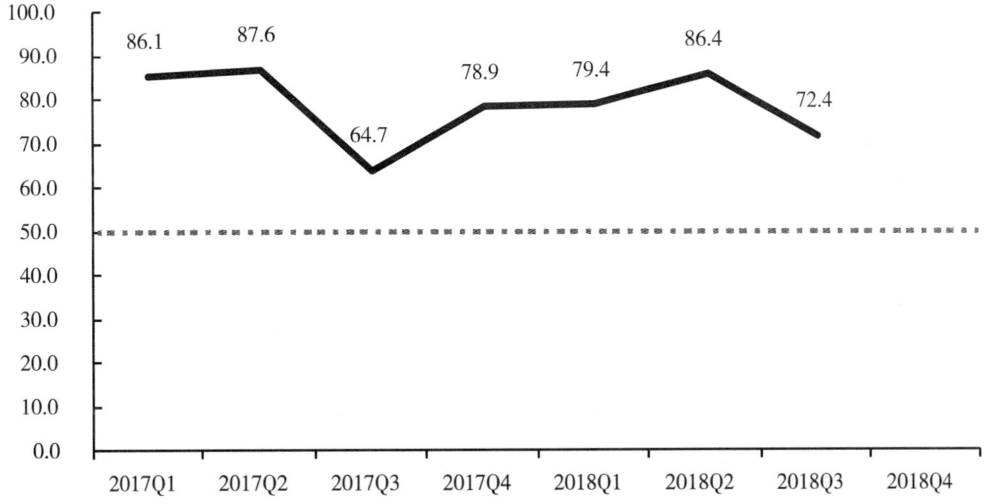

图 12　2018 年一至三季度便利店门店来客数指数

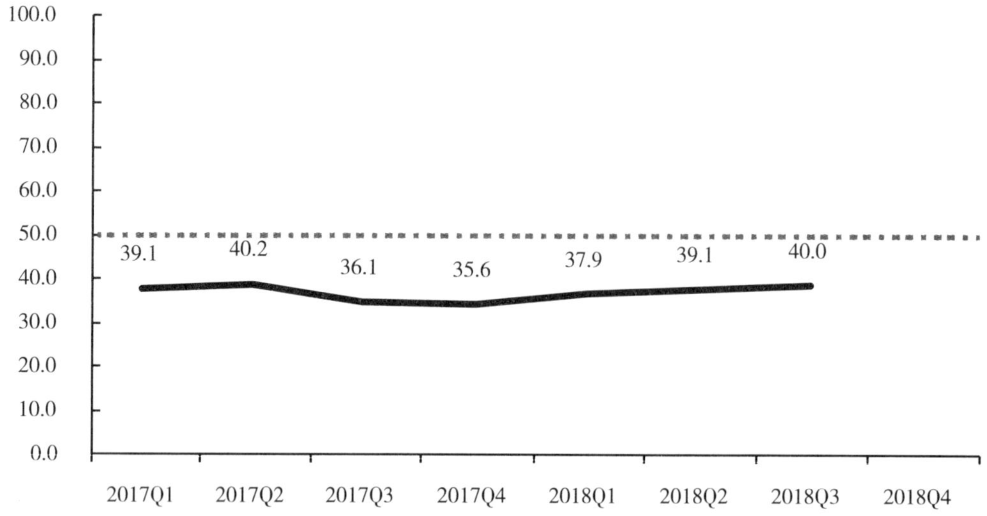

图 13　2018 年一至三季度便利店门店店租指数

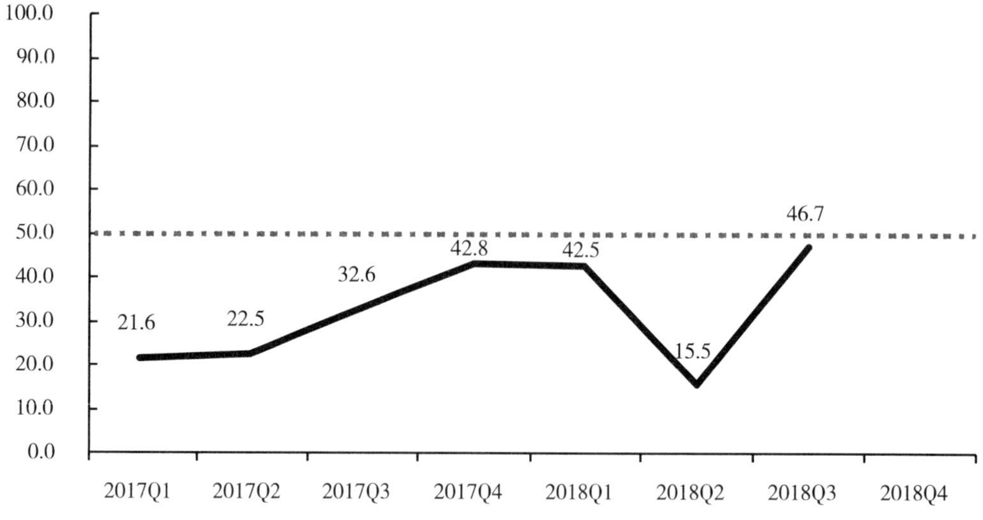

图 14　2018 年一至三季度便利店门店水电费用指数

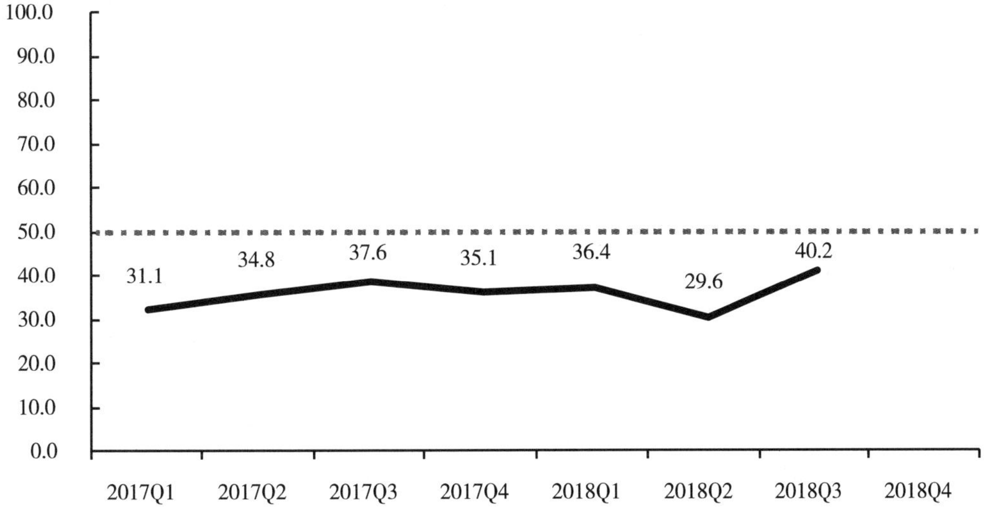

图 15　2018 年一至三季度便利店门店人工费用指数

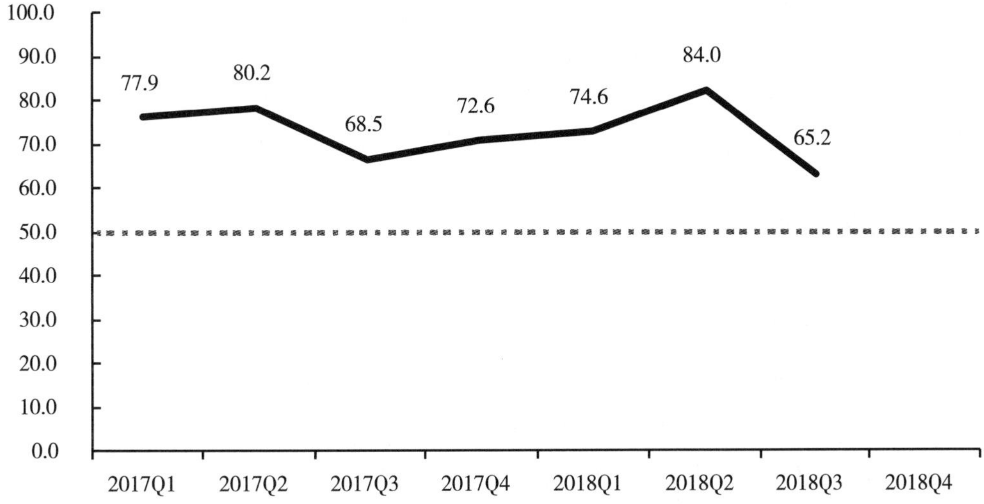

图 16　2018 年一至三季度便利店门店营业利润指数

表 3　　2018 年一至三季度便利店门店各分项指数

便利店门店景气指数		权重	第一季度	第二季度	第三季度
分项指数	门店销售额指数	30%	82.9	87.5	70.5
	门店来客数指数	10%	79.4	86.4	72.4
	门店店租指数	10%	37.9	39.1	40.0
	门店水电费用指数	10%	42.5	15.5	46.7
	门店人工费用指数	10%	36.4	29.6	40.2
	门店营业利润指数	15%	74.6	84.0	65.2
便利店门店指数			68.0	66.6	60.5

第一季度，便利店门店各分项指数环比 2017 年第四季度大多都有不同程度的回升，仅水电费用指数环比 2017 年第四季度微幅下降。销售额指数与来客数指数的同步上升反映了在提升单店日商水平及顾客引流方面实现了有效改善，但门店店租指数与人工费用指数的上升同样不容忽视，作为便利店基层门店运营者，除了制定营销策略提升引流与日商外，对于运营成本的控制同样不容忽视。

第二季度，便利店门店各分项指数中，门店销售额指数与来客数指数已经连续三个季度同步保持上升，反映出便利店门店运营者对于提高单店日商水平与持续改善来客引流保持着较高信心。门店营业利润指数同样连续三个季度保持提升，便利店门店在单店盈利方面的能力也在不断提高，这对于门店的可持续发展非常重要。而水电费用指数与人工费用指数的下降对单店运营来说也是一个积极的信号。随着国家对房地产市场调控力度进一步加大，门店店租指数虽持续高企，但走势趋于稳定。店租、人工成本及水电费用仍然是影响门店运营的三大重要因素。

第三季度，便利店门店各分项指数中，门店销售额指数与来客数指数均出现了不同程度的下降，反映出第三季度便利店门店运营者面临着来客数减少与销售额下滑的压力。门店营业利润指数结束了连续三个季度的增长趋势，出现了下滑。门店店租指数波幅较小，表现较为平稳。由于气候性周期因素，水电费用指数在第三季度有明显上升，且高于 2017 年同季度水平。同时，人工费用指数在第三季度也出现了小幅升高。店租、人工成本及水电费用的同步上升是门店营业利润指数出现下降的主要原因。

三、总体分析

（一）第一季度

经过 2017 年行业发展的热度后，2018 年第一季度的便利店景气指数仍然保持着较高的水平，整体波动较小，行业发展呈现出稳定且上升的趋势。但同时需要关注到，从企业和门店两个维度来看，相对于基层门店运营者，行业高层管理者对于该年度行业的发展保持着更为理性的态度。

随着云技术、大数据、AI 等新技术不断更新迭代，无人便利店、无人货架、智能售卖机等以及各种“便利店+其他业态”模式的出现为行业的发展提供了诸多机会，但作为重资产、低毛利的劳动密集型行业，便利店企业还需更加关注基础运营能力的建设，在商品开发、系统建设、会员服务、供应链等方面全面提升。

（二）第二季度

从整体来看，2018 年第二季度的中国便利店行业保持着稳定健康的发展，便利店景气指数整体波动较小，始终处于较为稳定的发展区间。从企业和门店两个维度来看各分项指标，各个季度分项指标的走势基本在合理区间范围波动。

对于整个便利店行业，单店运营能力的提升是保证行业稳定发展最基础的动力。2018 年第二季度，便利店行业在单店运营能力方面得到显著改善；同时，由于受较多外部因素的影响，便利店行业在选址拓店方面面临多重压力。

生产要素成本的持续高企始终是影响便利店行业可持续发展的潜在威胁，对于便利店行业的运营能力提出更大的挑战。这需要便利店行业不断创新，通过新技术的运用进一步提高运营效率，以对抗不断上升的运营成本。

（三）第三季度

2018 年第三季度，中国便利店行业的发展出现了阶段性放缓，但仍保持着较为健康的发展趋势。便利店景气指数虽然整体出现小幅波动，但仍处于较为稳定的发展区间。从企业和门店两个维度来看各分项指标，虽然受到互联网金融 P2P 平台爆雷的影响，但各个分项指标的走势基本在合理区间范围波动。

由于受较多外部因素的影响，该季度整体行业发展增速受阻。资本市场暴露的问题警示整个便利店行业的企业需要提高自身应对外部风险的综合能力。企业应更加关注基础运营能力的建设，这是企业健康长久稳定发展的保证。同时，企业还应关注自身创新能力的提升，包括商业模式、技术迭代、商品开发、供应链完善等方面。

作为便民利民的零售业态，政府相关部门对于便利店行业健康可持续发展的关注度在逐步提高。同时，国家相关的扶持政策也在逐步加大力度。因此，便利店企业需要更加关注消费者、关注民生，不断提高服务水平与商品质量来满足不断升级的消费需求。

2017 年中国购物中心发展指数报告

一、前言

（一）中国购物中心市场回顾

消费市场稳定增长，消费者信心高企。在经济回暖和消费升级的带动下，2017 年国内消费市场保持较快发展，对经济增长的拉动作用进一步提升。全国社会消费品零售总额同比上涨 10.2%至 36.6 万亿元，快于 GDP 增速 3.3 个百分点。与此同时，消费者普遍对市场前景充满乐观情绪。2017 年 10 月，消费者信心指数和预期指数同时创出历史新高。

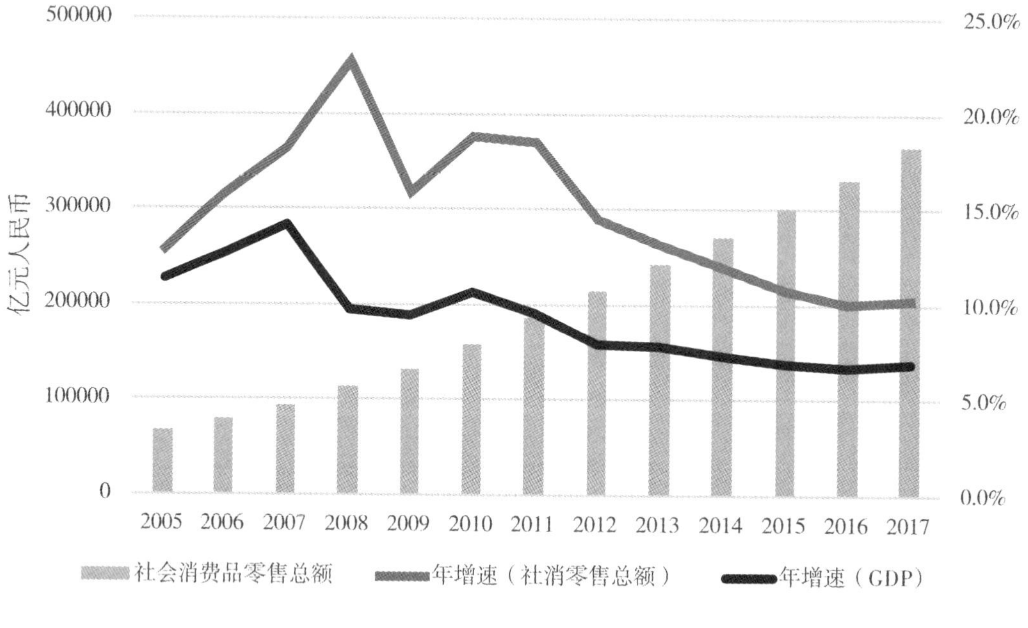

图 1　2005—2017 年 GDP 增速和社会消费品零售总额及其增速

来源：国家统计局，世邦魏理仕研究部，2018 年一季度。

与此同时，居民收入增长继续推进消费升级和结构优化，并呈现出以下趋势：（1）非生存型消费支出比重继续增大；（2）文化、娱乐、健康相关的服务型消费保持快速增长；（3）购买体验对购买决策的影响进一步加大；（4）年轻世代成为消费升级的主流人群。

实体商业持续复苏，全渠道零售崛起。2017 年实体商业回暖提速，限额以上单位实体零售业态零售额比上年增长 8.4%，增速同比提升 0.6 个百分点。其中，超市、百货店和专业店增速分别比上年提高 1.2、4.1 和 0.5 个百分点。与此同时，线上、线下的融合走向更为实质性的阶段，并催生更多的新概念、新模式的商业门店。移动支付、物联网、人脸识别等数字化新科技从各个环节推动零售业的转型和变革，全渠道零售蓬勃发展并利好实体商业。

购物中心供应压力犹存，多元化需求去化市场面积。相关统计数据显示，2017 年全国新增购物中心超过 500 家，年末全国大中型购物中心项目总数逾 4500 家。与此同时，中国连锁经营协会及相关专业机构发布的 2017 年第四季度《中国房地产市场报告》的统计数据显示，截至 2017 年年底，全国 17 个主要城市的优质商场平均出租率接近 93%，同比上升 0.8 个百分点。尽管整体市场出租率较好，但城市内不同商圈之间、商圈内不同项目之间出租情况和租金表现差异化程度进一步加大。沈阳、天津、无锡、重庆等城市部分商圈平均空置率超过 20%，另有少量城市的现有项目出现七成以上的空置面积，阶段性供应过剩风险不容忽视。

空置率较高直接影响了购物中心的租金收益。究其原因：购物中心项目的位置仍然是影响零售物业租赁的重要指标。同时，营运经验越来越多地作用于项目的租金表现。2017 年全国 17 个主要城市内录得租金同比下滑的购物中心中，有 64%的项目位于成熟度欠佳的非核心商圈，有 2/3 的项目由非专业和无经验的开发商营运和管理。与此相反，2017 年主要上市购物中心营运商可比项目平均租金增幅约为 15.4%，较 2016 年加快 4.7 个百分点。

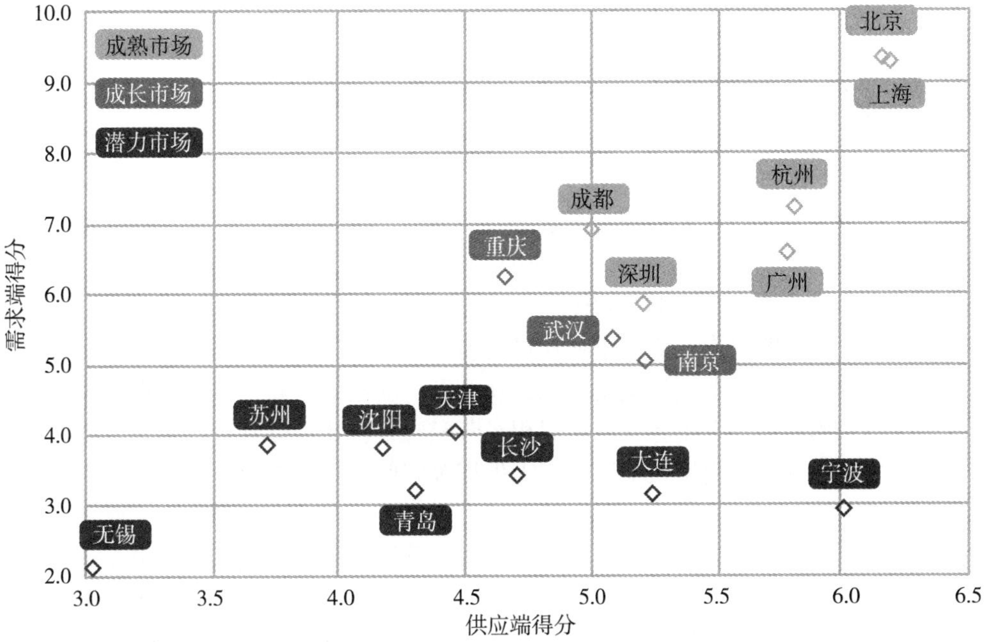

图 2 全国 17 个主要城市购物中心发展指数得分

来源：中国连锁经营协会，世邦魏理仕研究部，2018 年一季度。

根据中国连锁经营协会及相关机构的购物中心发展模型评测得出的结果显示，2017年17个中国主要零售物业市场发展可划分为以下三类：（1）成熟市场，包括北京、上海、广州、深圳、成都、杭州；（2）成长市场，包括武汉、南京、重庆；（3）潜力市场，包括大连、沈阳、宁波、天津、长沙、青岛、苏州、无锡。

尽管局部性的供应压力仍然存在，但不断丰富并日趋多元化的租赁需求给市场持续注入新的活力，亦更多地去化了存量和新增的零售面积。

我们看到：

1. 国内大众服饰品牌在资金及商品上累计并持续创新多年后，逆势进军一、二线城市的优质商业

数据显示，2017年国内主要上市连锁服饰品牌录得同比销售增速28.7%，较2016年加快15.8%，并明显优于国际快时尚品牌。然而，较多门店分布于三线及以下城市且单店销售额逊于一、二线城市的现状，使得越来越多的品牌急欲布局高级次市场。以部分品牌为例，2017年一、二线城市新开门店占比约46%，较2016年增长11%。与此同时，收购国际品牌亦不失为迅速打开一、二线市场的一条捷径。以歌力思为例，其2015年和2016年购入的Laurel和Ed Hardy品牌在2017年录得新开店14家和40家，大部分位于一、二线城市核心商圈的优质商场内。

2. 资本关注消费领域，体验业态站上风口

零售业的参与主体在数量上、类型上不断扩容，风险资本成为新生力量持续推进线上向线下融合和拓展。统计显示，2017年共录得285起零售娱乐领域的风投案例，其中有86笔资金将全部或部分用于铺设线下门店。由于顺应消费升级趋势且对线下体验依赖度高，餐饮、运动设施和生活方式等的业态最为资本所青睐，预计此类品牌将迎来线下铺店的密集期。

3. 互联网企业加快布局全渠道零售，生鲜电商超市发展迅速

2017年可称之为全渠道零售元年，线上布局线下蔚然成风。生鲜电商超市集互联网科技、生鲜食品、冷链物流、智能化库存管理、实体零售等为一体的新实体店模式异军突起，阿里、腾讯、京东等互联网领先企业纷纷入局。数据显示，2017年盒马鲜生、超级物种、7Fresh等共计录得新店51家，而2016年仅为4家。且它们的展店速度还在进一步提升，2018年前四个月已开新店35家。

综上所述，全国购物中心市场正处在机遇与挑战并存的阶段，一方面，经济持稳、收入增长、消费升级为零售业发展奠定基础，新业态、新模式、新主体的涌现又为市场持续注入新的活力，购物中心业主亦在逐步累积经营经验并优化运营管理；另一方面，快速的变革与发展亦会带来短期内增量加剧、供需失衡等问题，购物中心市场阶段性供应过剩的问题犹存。

有鉴于此，商务部流通发展司委托中国连锁经营协会组织连锁型购物中心运营商开展调查，持续邀约200个购物中心项目负责人直接参加在线问卷调查。在此基础上，中国连锁经营协会再度联合世邦魏理仕共同起草了《2017年中国购物中心发展指数报告》，以作为中国购物中心市场发展的阶段性指标，为各地政府和各市场参与主体在制定未来发展规划时提供参考性意见。

（二）中国购物中心发展指数介绍

1. 定义

中国购物中心发展指数，是衡量国内主要城市购物中心发展的宏观状况、购物中心租赁活跃度、运营表现、成本支出和未来预期五大方面的综合指数，由全国重点购物中心以调查问卷的形式针对上述五个方面的反馈数据编制而成。中国购物中心发展指数以季度为周期发布，并同步发布区域指数、城市能级指数、物业类型指数三大分项指数，是对购物中心建设运营和商业流通领域具有重要参考意义的先行指标。

此前已发布的报告包括 2016 年度购物中心发展指数，2017 年第一季度、第二季度、第三季度和第四季度指数，以及 2018 年第一季度指数。本次发布的为 2017 年度购物中心发展指数。

2. 样本范围

中国购物中心发展指数的样本主要来自中国连锁经营协会的购物中心会员企业、各地商务主管部门推荐的样本项目，我们从中甄选了 101 家购物中心单位的有效问卷，覆盖了中国大陆地区 31 个省、自治区、直辖市范围内的 61 个城市。

在区域分布上，分别为东北（10%）、华北（25%）、华东（31%）、华南（11%）、华中（10%）、西北（4%）和西南（9%）。在城市能级分布上，一线和二线城市占比分别为 13%和 45%，其余 42%的项目分布在三线及以下城市。按购物中心类型分类，都市型、地区型、社区型和奥特莱斯型购物中心占比分别为 42%、42%、12%和 4%。

3. 指数编制方法

中国购物中心发展指数是基于各项指标的一个综合性加权指数。指数区间为 0 至 100，以 50 为荣枯线，高于 50 时为景气区间，低于 50 时为衰退区间；数值越大，市场景气度越高。单项指标指数采用扩散指数法，并经由城市（2017 年社会商品零售总额）和区域（2017 年社会商品零售总额）两级加权计算所得。综合指数则由各单项指数按表 1 中设定的权重综合计算得出。

综合指数=宏观市场×5%+租赁活跃度×8%+运营表现×22%+
成本支出×25%+预期指数×40%

表 1　　2017 年中国购物中心发展指数分项权重表

指数指标	权重
全国综合指数	100%
▶ 现状指数	60%
◇ 宏观市场	5%
◇ 租赁活跃度	8%
◇ 运营表现	22%
◇ 成本控制	25%
▶ 预期指数	40%

来源：中国连锁经营协会，世邦魏理仕研究部，2018 年一季度。

二、2017 年中国购物中心发展指数基本情况

（一）总体指数和分项指标

1. 现状和预期持续向好

统计数据显示，2017 年全国综合指数录得 68.5，同比上升 1.3，且高于荣枯线 18.5，表明整体购物中心市场处于持续回暖和向好的通道内。其中，现状指数录得 65.1，同比上升 0.9，并高于荣枯线 15.1，购物中心业主的市场信心持续增强。预期指数录得 73.5，高出现状指数 8.4，较 2016 年同期进一步提升 1.8，说明大部分业主对市场发展和项目运营持乐观、向上的预期。

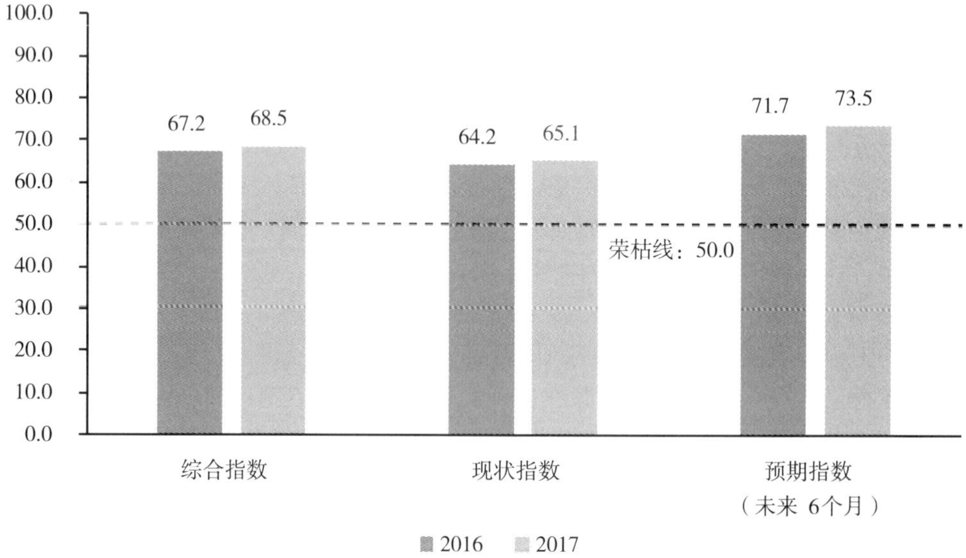

图 3 全国购物中心综合指数情况

来源：中国连锁经营协会，世邦魏理仕研究部，2018 年一季度。

2. 销售额、租金收入表现良好，成本压力犹存

从现状指数的分项指标来看，“宏观市场”指标录得 76.2，显著高于 2016 年同期值 11.1。观察期内，57%的业主表示旗下项目所在城市内的购物中心市场平均出租率有所提升，而 2016 年仅有 46%的业主如是表示。

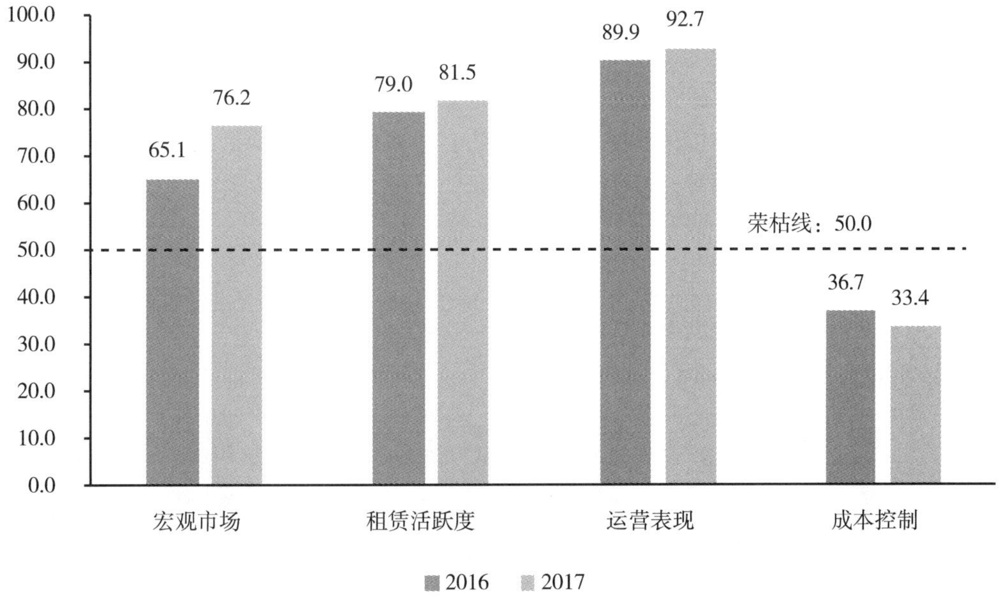

图 4　现状指数分项指标情况

来源：中国连锁经营协会，世邦魏理仕研究部，2018 年一季度。

“租赁活跃度”指数录得 81.5，同比提升 2.5，并高于荣枯线 31.5，说明 2017 年市场对购物中心的租赁需求进一步加大，实体零售品牌仍在寻址拓店；同时，全渠道零售催生的新业态和新品牌如生鲜电商超市、互联网健身房等亦在协同去化购物中心内的面积。

“运营表现”在所有分项指数中录得最高分值 92.7，较 2016 年同期进一步上升 2.8。2017 年有 93%的购物中心同时录得销售额年增幅和租金收入的增长，较 2016 年录得的 83%（销售额增幅）和 90%（租金收入）进一步提升。

“成本控制”指数录得 33.4，同比下跌 3.3，并低于荣枯线 16.6，表明购物中心企业在成本支出上仍有增加。在具体支出项中，对大数据和零售新科技的投入仍然是购物中心运营成本增加的主要原因之一。2017 年仅有 1 家受访企业减少了该项支出，其余 99%的企业均保持甚至追加了投入。在选取部分企业进行 2018 年零售新科技运用领域的调查中发现，配置智能停车系统（69%）和搭建大数据平台（67%）是购物中心业主最关注的新科技类目，亦有 23%的业主表示在 2018 年将引入室内导航/智能导购系统。此外，部分企业的雇佣成本有所上升也是“成本控制”指数下滑的原因之一。

（二）区域和城市能级指数解读

1. 华东保持领先，东北地区转好

从区域综合指数来看，7 个区域综合指数均位于荣枯线以上，说明全国购物中心市场大体上保持健康发展。各区域指数由高到低分别录得华东（71.0 / 同比上涨 1.7）、东北（69.7 / 同比上涨 14.3）、华中（69.2 / 同比上涨 0.4）、华南（68.3 / 同比上涨 2.2）、华北（68.1／同比下跌3.1）、西北（67.8／同比下跌1.3）和西南（62.1／同比下跌0.1）。具体来看，以上海为核心的长三角区域继续引领华东地区，华东地区购物中心保持领先地位。东北地区综合指数显著提升，主要受益于沈阳、哈尔滨一些优质项目在客流、销售额、租金收入等方面的转好，但区域内其他城市的发展进程仍然滞缓。华北地区录得3.1的同比跌幅，主要因为山东省、内蒙古自治区内的少量项目出现客流或出租率的下跌；但北京市场仍然保持快速发展和领先地位，各项指标均有提升。

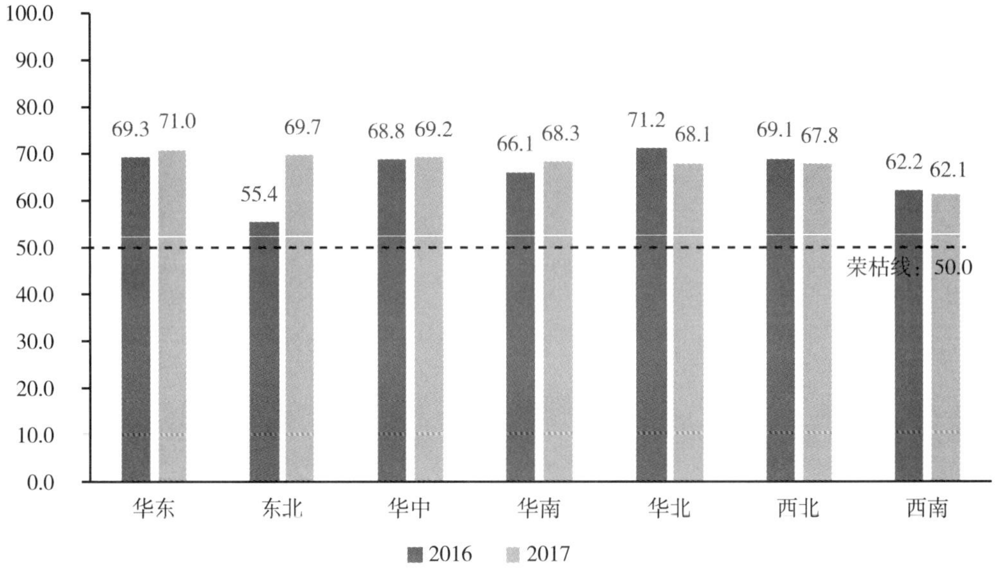

图5　区域综合指数情况

来源：中国连锁经营协会，世邦魏理仕研究部，2018年一季度。

2. 一线城市租赁活跃，市场优势显著

从城市能级指数来看，北、上、广、深四城继续保持优势地位，一线城市综合指数录得70.0，分别高出二线和三线及以下城市2.2和2.1，但较2016年同期小幅下降0.6，老旧物业的调改造成的出租率暂时下降是一线城市分值略有下滑的主要原因。然而，一线城市庞大的消费市场，尤其是京、沪两地万亿级的消费容量依旧是国内外零售品牌扎根的主战场。相关机构数据显示，2017年上海位列“全球国际品牌渗透率”榜单的第3位，领先纽约、香港、巴黎等城市，北京的排名由2016年的第12位上升至2017年的第9位。品牌的持续进驻和拓展意愿使得一线城市在“租赁活跃度”分项指标上明显高出二线和三线及以下城市6.5和8.6，录得86.0。

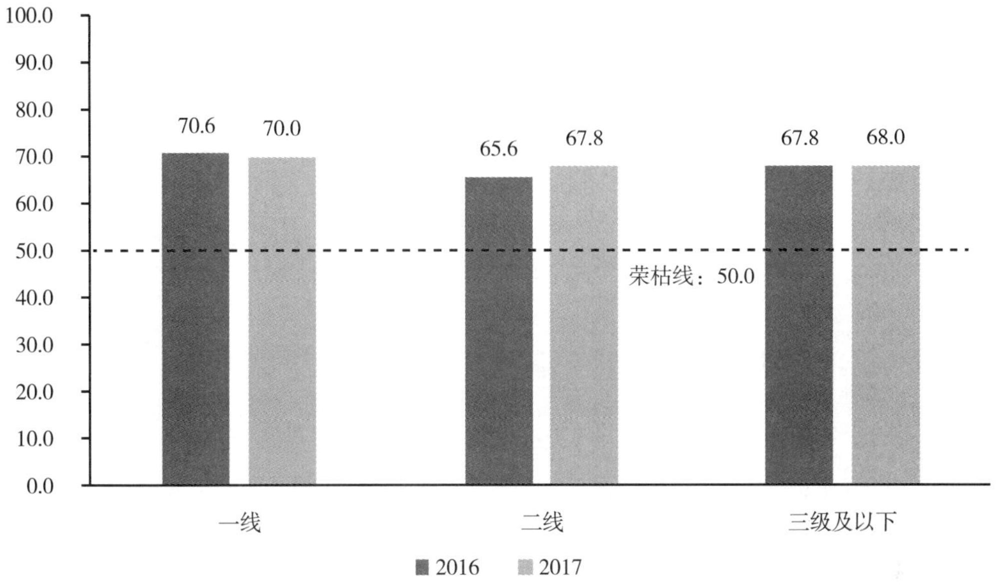

图 6　城市能级综合指数情况

来源：中国连锁经营协会，世邦魏理仕研究部，2018 年一季度。

3. 强二线城市表现突出，三线城市稳定发展

二线城市综合指数录得 67. 8，同比上升 2. 1。指数的上涨主要受益于成都、杭州、南京、重庆、西安等强二线城市的良好表现。2017 年，多条城际高铁如武九高铁、西成高铁贯成通车以及 2018 年开通在即的杭黄高铁、济青高铁等给核心型、枢纽型二线城市带来持续的人口增量，继而使得这些城市的零售市场在绝对量和增速上表现抢眼。此外，2017 年多个经验成熟的开发商打造的高品质购物中心入市给中高端品牌的进驻提供了物业选择。然而我们也看到，一些持续供应量较大但消费增速较缓的二线城市仍然面临空置面积去化的压力，新项目延期开业、存量项目空铺招租困难、入驻品牌质量下降等问题时有发生。

三线及以下城市全年表现基本稳定，综合指数录得 68. 0，同比微幅上涨 0. 2。国际品牌基于一、二线市场相对饱和而下沉至三线城市的趋势显现。相关数据显示，2017 年国际快时尚品牌有 49%的新店选址三线及以下城市，其中，经济发展提速，并在年内有优质购物中心入市的省会城市（如昆明、贵阳、太原）和紧邻一线的卫星都市（如佛山）颇受品牌青睐。

（三）不同物业类型指数解读

1. 奥特莱斯型物业继续走俏

从不同类型来看，奥特莱斯型综合指数录得 74. 1，同比上升 2. 9，并继续领先于都市型（67. 9）、地区型（66. 7）和社区型（70. 3）三类物业。相关统计显示，2017 年全国奥特莱斯前 20 强总计录得 408. 79 亿元的销售额，较 2016 年同期增长 19%，单个项目突破 20 亿元销售额的奥特莱斯数量也由 2016 年的 6 个增长至 2017 年的 10 个。百联、

RDM、首创、王府井、砂之船等国内外经验成熟的运营商继续领衔奥特莱斯市场。

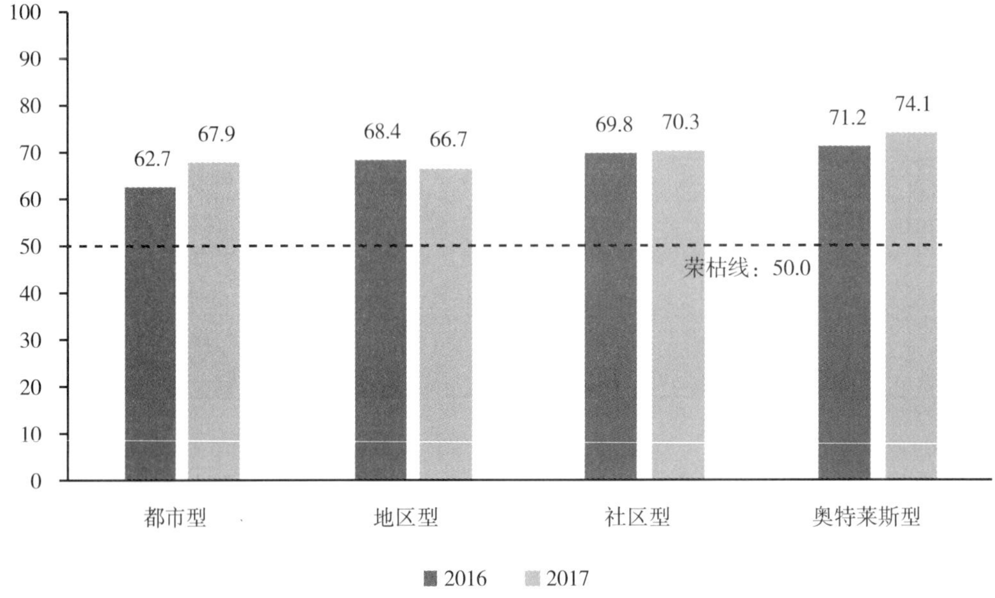

图 7　购物中心类型综合指数情况

来源：中国连锁经营协会，世邦魏理仕研究部，2018 年一季度。

2. 地区型购物中心租赁活跃度下降

地区型物业综合指数录得 66.7，同比下滑 1.7，并低于其他三个类型购物中心。该类型综合指数的下跌主要受“租赁活跃度”分项指数下降的影响。从物业体量上看，地区型购物中心物业拥有较大的出租面积，需要吸纳较多数量的租户入驻。然而，在区位上，地区型购物中心的辐射力不及都市型购物中心覆盖全市甚至全国的窗口效应。加之越来越多的社区型商业涌现，分流了区域内消费者一部分的日常消费需求，使得地区型购物中心物业处于较为尴尬的夹缝地带。

三、2018 年中国购物中心发展展望

（一）总体购物中心市场展望

2017 年中国购物中心发展指数显示，截至 2017 年年底，中国购物中心市场现状指数为 65.1，未来 6 个月预期指数上升 8.4 至 73.5，表明购物中心业主对市场发展持有较强的信心。具体来看，有超过七成的业主对项目的租金收入、销售额和盈利状况持增长的乐观预期。有 46%的业主认为未来项目的运营成本会有所增加，但低于 2016 年的 58%，说明业主对成本的把控能力已有提升。

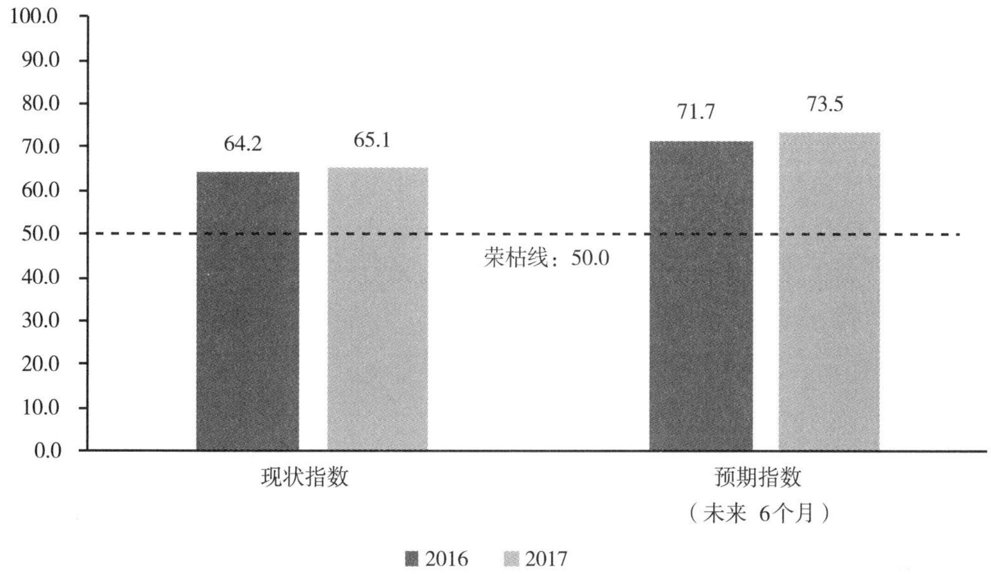

图 8 中国购物中心整体市场展望

来源：中国连锁经营协会，世邦魏理仕研究部，2018 年一季度。

（二）区域和城市能级市场展望

2017 年中国购物中心发展指数显示，全国 7 个主要区域未来 6 个月预期较现状均有提升，上升幅度在 4.0 至 17.5 之间。

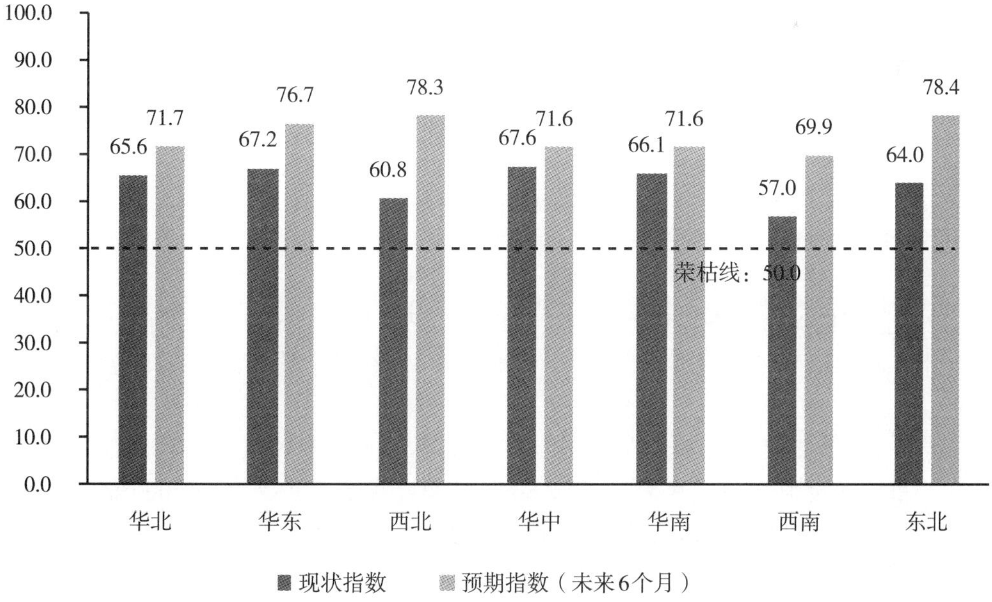

图 9 中国购物中心区域市场展望

来源：中国连锁经营协会，世邦魏理仕研究部，2018 年一季度。

现状指数较低的三大区域：西北、西南和东北，有望在 2018 年较多地提升市场景气度，未来 6 个月预期指数录得 78.3、69.9 和 78.4，分别高出现状指数 17.5、12.9 和 14.4，涨幅位列 7 个区域的前三位。西北和西南的向好态势将继续受惠于核心城市西安、成渝的快速崛起，高品质物业如西安 SKP 新光天地、西安大悦城、重庆新光天地、重庆国金中心、重庆来福士广场等集中入市给观望已久的国际中高端品牌提供了优质的零售场所和面积，亦拉升了整体商业物业市场水平。全渠道零售业态也在持续进驻的过程中，2018 年盒马鲜生在成都和西安分别开出西南和西北地区首店，并逐步拓展。

华北、华东、华南和华中地区的市场预期亦在上升通道内，未来 6 个月预期指数分别录得 71.7、76.7、71.6 和 71.6，较现状指数高出 6.0、9.5、5.5 和 4.0。

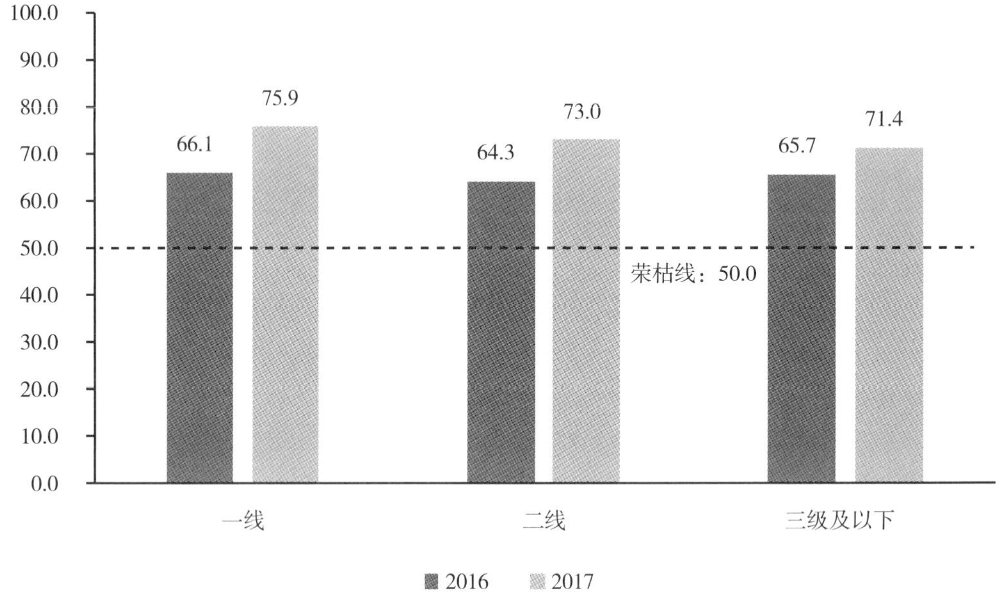

图 10　城市能级市场展望

来源：中国连锁经营协会，世邦魏理仕研究部，2018 年一季度。

在不同能级的城市发展趋势上，一线、二线、三线及以下城市的预期指数分别较现状指数上升 9.8、8.7 和 5.8，达 75.9、73.0 和 71.4。一线城市的市场领先地位有望进一步放大。

二线城市的预期指数亦有明显提升，主要受惠于消费市场快速扩容的强二线城市。2017 年，重庆社会消费品零售总额突破 8000 亿元，成都、武汉突破 6000 亿元，南京、杭州等城市均已超过 5500 亿元，同比增速均超过 10%，并有望在 2018 年继续保持两位数增长。然而，大量新增供应给二线城市带来的过剩隐忧，在中短期内仍将存在并影响市场供需。有 86%的业主表示，未来三年内项目所在的二线城市购物中心新增供应会持续增大从而加剧竞争，该比例超过了一线城市的 77%和三线及以下城市的 74%。

（三）不同购物中心类型市场展望

从不同购物中心类型的发展趋势上看，都市型、地区型、社区型以及奥特莱斯型购物中心预期指数分别录得 71.8、69.5、77.5 和 85.0，较现状指数提升 6.4、4.7、11.9 和 18.1。其中，社区型和奥特莱斯型上升潜力较大。社区型以更多地涉猎小件、高频、交互体验等目的性消费，从原先单一地满足项目周边居民日常购物、餐饮娱乐等需求逐步发展为提供全方位服务的实体商业，出现了更多的新兴业态，如生鲜电商超市、快递收发点、自助洗衣店、医疗康复中心等，与消费者日常生活相关的新业态对社区型物业需求旺盛，从而使得 100%的受访项目在 2017 年录得“租赁问询量”的提升，所有项目的业主表示在未来 6 个月项目的盈利能力有望进一步提升。奥特莱斯以保有较强的目的性消费特性依然保持强劲的增长势头，并呈现出往低能级城市拓展的势头。

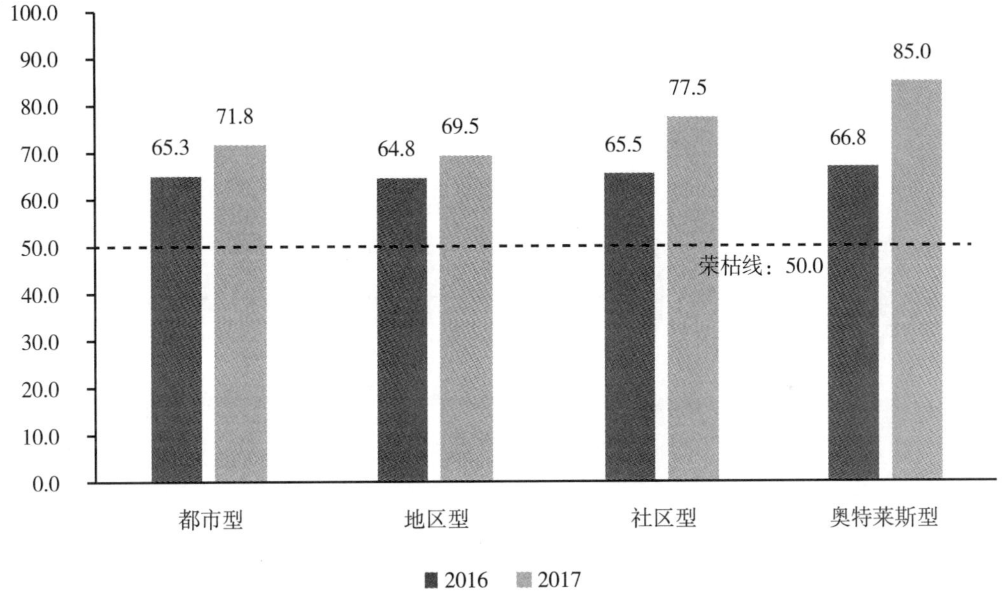

图 11　不同购物中心类型市场展望

来源：中国连锁经营协会，世邦魏理仕研究部，2018 年一季度。

总体而言，2018 年中国零售市场在整体经济稳定和消费升级的基础上持续向好。从需求来看，以服装服饰为主的国内品牌拓店意愿增强，“健康”和“体验”仍是生活方式类消费的主要诉求，资本推动线上电商向线下进行渠道融合和拓展将是 2018 年商铺需求的一股新势力。从供应来看，尽管中国仍是全球购物中心建设最为活跃的国家，更多的城市零售物业市场将迎来供需平衡修复的窗口期，供应过剩的风险将逐步减弱。与此同时，业主对于防范供应过剩、商场同质化、非良性招租竞争等方面的意识不断增强。因此，2018 年为实体商业企业迎来复苏和成长之年。

2018 年中国购物中心发展指数报告（一至三季度）

一、总体指数和分项指标

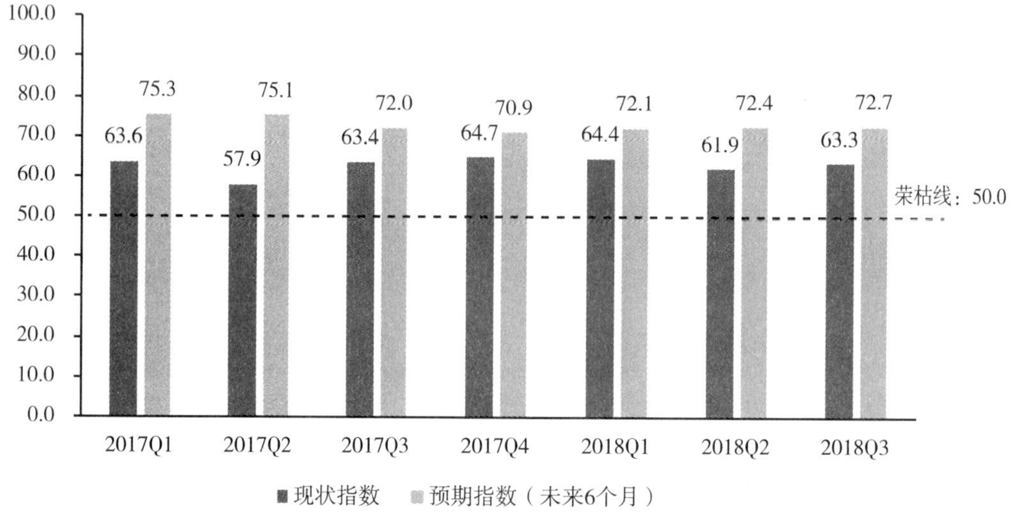

图 1　现状指数和预期指数

2018 年第一季度中国购物中心市场继续保持积极向上的发展势头，综合指数录得 67.5，环比上升 0.3，并高出荣枯线 17.5，较 2017 年同期小幅下降 0.8。

其中，现状指数为 64.4，环比小幅下降 0.3，但同比上升 0.8，并高出荣枯线 14.4。季度环比下，现状指数的轻微下调主要是受到“租赁活跃度”指数的影响，作为传统的租赁淡季，大部分业主已在 2017 年年底前完成租户调整或新店开业，以期获取年初双节销售旺季带来的红利。

整体购物中心市场对未来 6 个月的预期指数向好，录得 72.1，环比上升 1.2。其中，有 85%的业主表示出短期内企业的盈利状态会持续变好。

2018 年第二季度中国购物中心综合指数录得 66.1，环比下降 1.4，但仍高出荣枯线 16.1，且高于 2017 年同期指数 1.3。排除季节性波动因素，市场仍处在健康发展的通道内。

其中，现状指数为61.9，环比下降2.5，但同比上升4.0，并高出荣枯线11.9。季度环比下，现状指数的下滑主要是受到“宏观市场”和“运营表现”指标波动的影响。

整体购物中心市场对未来6个月的预期指数录得72.4，环比上升0.3，并高出荣枯线22.4。由此表明，业主对即将到来的下半年保持乐观的预期和信心。

2018年一至三季度中国购物中心发展指数

指数指标	权重	2018年第一季度指数	环比变化（%）	同比变化（%）
全国综合指数	100%	67.5	+0.3	-0.8
现状指数	60%	64.4	-0.3	+0.8
宏观市场	5%	77.9	+3.4	-4.7
租赁活跃度	8%	78.8	-6.8	-2.0
运营表现	22%	84.2	-3.7	+4.1
成本控制	25%	39.6	+3.6	-0.1
预期指数	40%	72.1	+1.2	-3.2

指数指标	权重	2018年第二季度指数	环比变化（%）	同比变化（%）
全国综合指数	100%	66.1	-1.4	+1.3
现状指数	60%	61.9	-2.5	+4.0
宏观市场	5%	69.7	-8.2	-9.6
租赁活跃度	8%	77.1	-1.7	-4.2
运营表现	22%	77.4	-6.7	+4.6
成本控制	25%	41.8	+2.2	+8.8
预期指数	40%	72.4	+0.3	-2.6

指数指标	权重	2018年第三季度指数	环比变化（%）	同比变化（%）
全国综合指数	100%	67.1	+1.0	+0.3
现状指数	60%	63.3	+1.4	-0.1
宏观市场	5%	75.3	+5.6	-3.9
租赁活跃度	8%	81.8	+4.7	+1.1
运营表现	22%	87.6	+10.2	+4.6
成本控制	25%	33.7	-8.1	-3.8
预期指数	40%	72.7	+0.3	+0.7

2018年第三季度中国购物中心综合指数录得67.1，环比上升1.0，同比上升0.3，且高出荣枯线17.1。整体市场保持健康向上的态势。

其中，现状指数为63.3，环比上升1.4，同比微跌0.1，但高出荣枯线13.3。季度环比下，现状指数出现明显回升，受益于整体消费市场的平稳增长。第三季度，社会消费品零售总额月度增速在 9.0%上下波动，较第二季度波幅逐渐收窄，并呈现稳步回升的趋势；但与 2017 年同期增速相比，仍然减缓 1.1 个百分点，使得现状指数同比轻微下滑。

整体购物中心市场对未来 6 个月的预期指数录得 72.7，环比上升 0.3，同比上升 0.7，并高出荣枯线 22.7。由此表明，业主对即将到来的年末和新年消费市场颇具信心。

从分项指标来看：

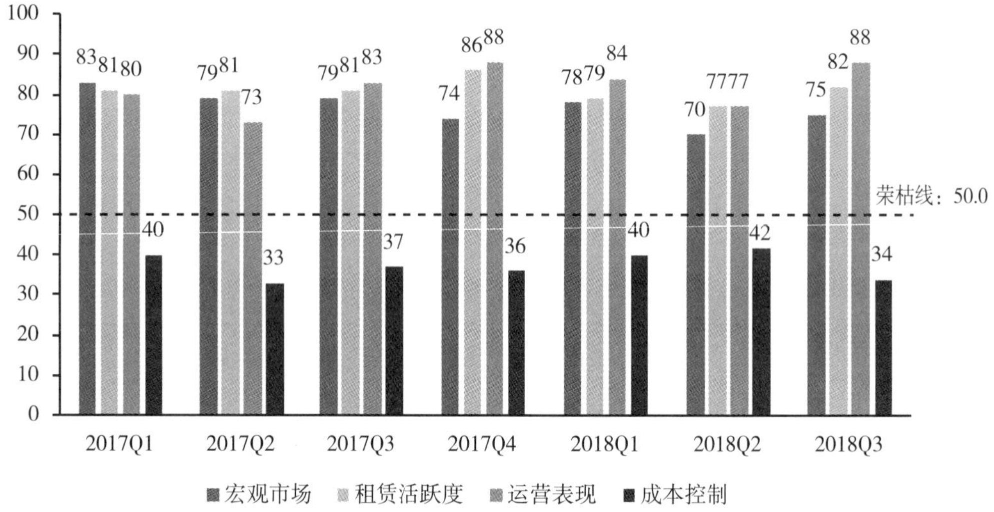

图 2　现状指数分项指标

2018 年第一季度，反映购物中心宏观基本面的指数“宏观市场”出现显著提升，环比上升 3.4 达 77.9，表明业主对整体市场趋好的信心进一步增强。“租赁活跃度”指数环比下降 6.8，主要是由于大部分购物中心业主均已在 2017 年第三、第四季度陆续完成品牌调整或新店开业，以期获得新年、春节销售旺季带来的红利。主要反映销售情况和租金收入的“运营表现”指数录得 84.2，环比 2017 年第四季度下滑 3.7，但同比增长 4.1，并高出荣枯线 34.2。其中，76%的项目获得销售额的环比提升，所有项目在租金收入上都与上季度持平或呈现增长。在成本控制方面，大部分业主对营销或新技术投入的把控力提升，使得“成本控制”指数环比上升 3.6，达 39.6。

2018 年第二季度，反映购物中心宏观基本面的指数“宏观市场”明显下跌，环比下降 8.2 达 69.7，下跌的境况主要受到多个消费力较弱的二、三线城市整体出租率下降的影响，如长春、兰州、宜昌和嘉兴等。“租赁活跃度”指数环比下降 1.7 至 77.1，指数的下跌主要受到少量位于华东、华南和华中的购物中心进行了租户调整而导致空置率短期上升的影响，但整体购物中心市场租赁问询量仍保持向上趋势，有 69%的项目录得租赁问询量的环比增长，另有 26%的项目所获问询量与上季度持平。由此表明，零售品牌对实体商业的租赁需求持续升温。“运营表现”指数录得 77.4，环比下跌 6.7，但同比仍有 4.6 的上升。环比下跌主要源自部分样本项目（17.6%）客流量环比出现小幅下跌。客流量下降的项目主要集中在一线城市的地区型物业，以及人口和消费市场容量相对较小的

二、三线城市，后者以大面积购物中心为多。但是，整体市场在租金收入上仍表现不凡，98%的项目的租金收入同比持稳或增长，仅有2%的项目录得租金收入的同比下跌。“成本控制”指数环比上升2.2达41.8。该项指标的好转主要是因为：一方面，企业在雇佣成本上日趋稳定；另一方面，零售新科技的运用为商场营销提高了效能，从而节省了营销成本。

2018年第三季度，反映购物中心宏观基本面的指数“宏观市场”环比上升5.6达75.3，93.5%的业主认为项目所在城市的整体出租率与上季度持平或上升。“租赁活跃度”指数环比上升4.7，同比上升1.1至81.8，指数的上升主要受到租赁问询量和租户品牌质量两个指标的推动，有71%的项目录得租赁问询量的环比增长，另有76%的项目表示租户品牌质量有所提升，市场上持续涌现的新品牌给业主带来更多的需求和选择。“运营表现”指数录得87.6，环比上升10.2，同比上升4.6。两个主要指标“销售同比增速”和“租金收入”仍然表现较好，84%的项目的销售同比增速上升，同时，78%的项目租金收入实现增长，客流量的增长是促成销售表现保持健康向上的重要推动力。第三季度，有82%的业主表示项目的客流量实现增长。“成本控制”指数出现环比8.1的下跌，同比亦下降3.8。第三季度，迎来暑期旅游的高峰期，以奥特莱斯和都市型物业为主的购物中心加大了营销推广的投入，从而获取更多的旅游消费收入，使得成本有所上升。大数据和零售新科技的投入依然是促使业主成本上升的主要原因之一。

二、分城市能级指数

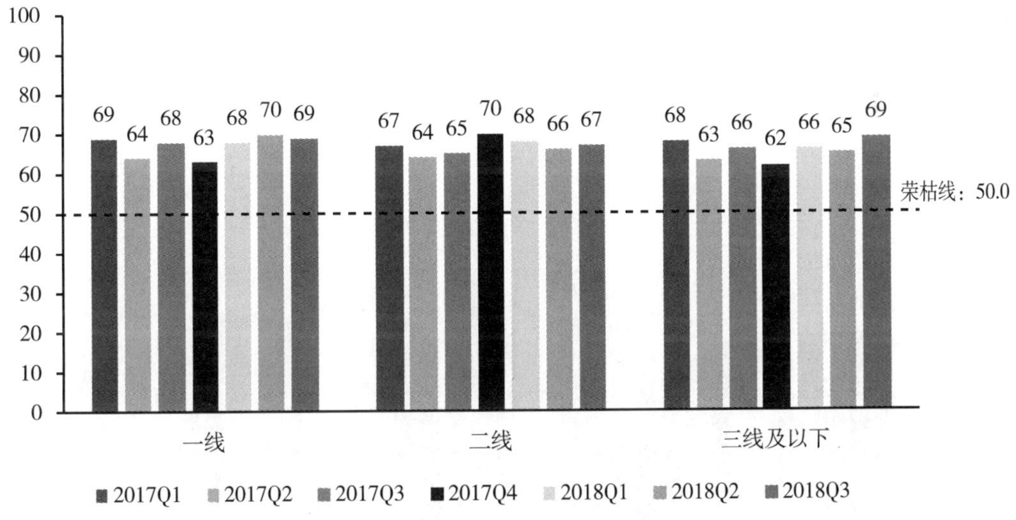

图3 城市能级综合指数情况

2018年第一季度，分城市能级指数呈现出不同的发展趋势。其中，一线城市指数为67.6，同比小幅下滑1.0，但环比上升4.3，位于一线城市成熟商圈的优质购物中心项目是推进市场发展的主要动力，尤其是定位年轻时尚或一站式家庭消费的商场。二线城市指数为 67.9，环比 2017 年第四季度下降 1.9。2017 年新项目大体量投放市场给现有项目的招租和空置面积去化产生持续的压力，并延续至 2018 年年初，但同比 2017 年同期指数出现 0.9 的轻微增幅，说明前序新入市项目中的空置面积正在逐步被市场吸纳。三线及以下城市为 66.3，环比上升 3.9，部分三线及以下城市由于优质购物中心开发商的进驻而提升了整体的市场水平。

2018 年第二季度，分城市能级指数表现略显差异。其中，一线城市零售市场发展势能不减，综合指数为 69.5，环比上升 1.9，同比上升 5.0，北、上、广、深四城的购物中心市场平均出租率均与上季度持平或进一步提升。都市型物业显现的辐射全市乃至全国的优势依旧持续吸引着品牌的入驻，100%的一线城市都市型物业录得租赁问询量的增长，且有 73%的项目入驻品牌质量获得提升。二线城市指数为 65.8，环比下降 2.1，但同比上升 1.5。新项目大量入市仍是二线城市购物中心业主面临的主要挑战。相关数据显示，13 个中国主要二线城市前序 12 月（2017 年 7 月至 2018 年 6 月）迎来逾 660 万平方米的新增供应量，对租赁招商产生压力，亦有部分项目因招商率较低而推迟开业。但是，诸如成都、南京、杭州、西安等强二线城市购物中心市场仍表现不俗。三线及以下城市为 65.2，环比下降 1.1，同比上升 1.8。

2018 年第三季度，分城市能级指数表现略有不同。其中，一线城市综合指数为 69.1，环比下降 0.4，但同比上升 1.4。成本的上升是使得一线城市指数下降的原因。但一线城市在运营能力指标上仍表现突出：100%的一线城市录得租金收入的增长，且有 88%的项目实现销售同比增速的提升。二线城市指数为 67.2，环比上升 1.3，同比上升 2.3。二线城市中，有 94%的项目实现客流量的环比增长。三线及以下城市为 69.1，环比上升 3.9，同比上升 2.7。

三、分不同类型物业指数

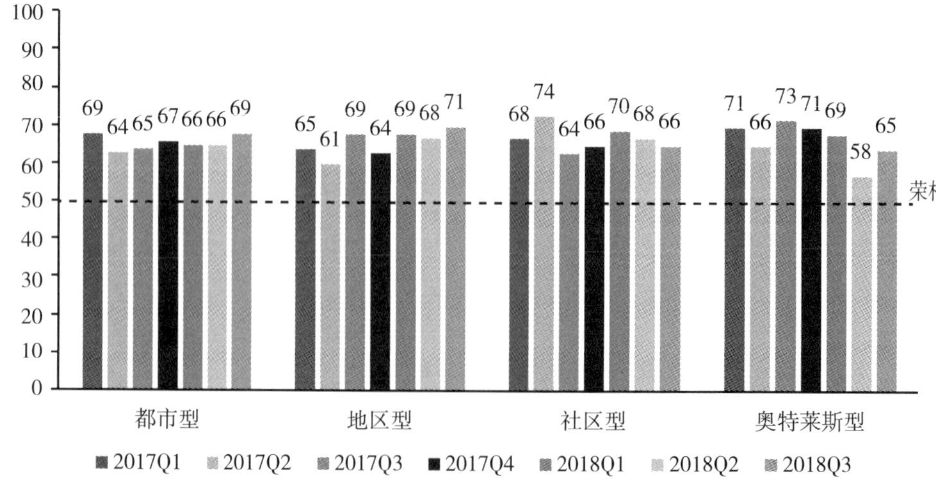

图 4 购物中心类型综合指数情况

2018 年第一季度，都市型物业指数为 65.9，环比下降 1.0，同比下降 3.4。指数下降主要是由于一些位于成熟地段的老旧物业开始进行调整或改造，影响了项目整体的客流量和销售情况。地区型和社区型物业指数分别为 69.4 和 69.6，环比提升 5.3 和 3.9，同比上升 4.5 和 2.0。交通设施不断完善，居住人口向城市副中心、新兴区外溢等因素利好了地区型物业。而社区型物业继续受惠于稳定的周边消费人群。

总体而言，2018 年整体购物中心市场迎来良好的开局。第一季度，全国消费市场继续保持平稳较快增长，社会消费品零售总额增长 9.8%。据商务部监测，第一季度全国 5000 家重点零售企业销售额同比增长 4.5%，增速比 2017 年同期加快 0.4 个百分点，其中，购物中心业态销售额同比增长 6.3%。

随着年轻一代消费者的不断成长，购物中心在业态上继续呈现更丰富、更多元的租户类型和创新模式，线上和线下的融合也将持续发生，整体消费和购物中心市场持续向好的趋势不变。

2018 年第二季度，都市型物业指数为 66.3，环比上升 0.4，同比上升 2.3。市场对都市型物业的租赁需求，尤其是一线城市和强二线城市保持旺盛。地区型和社区型物业指数都录得了 1.8 的环比下跌，分别达 67.6 和 67.8。三线城市，尤其是非省会型三线城市购物中心客流量下降、租户品牌较难提升是影响三线城市指数下跌的重要原因。而位于二、三线城市新兴区域有待更多居住人口迁入的社区型物业，在客流、销售额上面临较大的挑战。由于第二季度缺乏长假消费，以目的性消费为主，并更多地关联旅游消费的奥特莱斯型物业综合指数出现较大跌幅，环比下降 11.3 至 58.1，但从中长期来看，奥特莱斯型物业的成长潜力仍不容小觑，品牌入驻意愿强。

综上所述，全国购物中心市场大体保持健康稳健的发展趋势。尽管受汽车类商品进口关税政策调整等因素的影响，第二季度社会消费品零售总额增速比第一季度回落 0.8 个百分点，但整体上仍保持较快增长，国内消费已然成为经济增长的第一驱动力。

更值得关注的是，在大数据、人工智能、物联网、智慧物流体系等推动下，实体商业与电商平台融合度不断提升，越来越多的电商领军企业布局线下门店，刷脸支付、电子标签、智能云货架、AR 试衣/试妆等新科技给消费者带来全新的消费体验。我们预期，更多元、更智慧、更高效的商业模式将持续为实体商业注入活力，实体商业亦将为零售商连接消费者、嫁接新科技提供全方位的服务平台。

2018 年第三季度，都市型物业指数为 68.6，环比上升 2.2，同比上升 3.5。都市型物业辐射全市甚至全国的窗口效应依然吸引着众多国际和国内品牌的入驻，而核心商圈老旧物业改造后以新面貌、新品牌重新开业，也给市场带来了新的活力。社区型物业指数录得 65.7，环比下降 2.1，部分三线城市的社区型物业出租率有所下滑，但指数同比仍有 1.4 的上升。

综上所述，2018 年第三季度，全国零售市场基本持稳，社会消费品零售总额同比增长 9.3%，但增速仍然低于 2017 年同期 1.1 个百分点。然而，从全国居民人均消费支出来看，前三季度全国居民人均消费支出同比增长了 8.5%，比上年同期加快了 1.0 个百分点，居民消费力仍有较大的增长潜力。前三季度最终消费支出对经济增长的贡献率是 78%，比上年同期提高了 14 个百分点，消费市场仍处于扩大的通道内。

展望未来，全国消费市场将逐步受惠于国家鼓励消费的各项措施。个税起征点上调的政策于 2018 年 10 月施行，与此同时，个税抵扣细则也向社会公开征求意见，并于 2019 年 1 月 1 日起实施，住房贷款利息、住房租金、子女教育费用等支出在个税中进行不同程度的抵扣，提升居民的消费力和现金自由度，也为整体消费市场带来更广阔的前景和乐观的预期。

2016—2017年中国零售供应链KPI[①]报告

近年来，我国零售销售增幅持续下降，根据中国连锁经营协会发布的“2016年中国连锁百强”显示，百强企业销售规模同比增长3.5%，为有统计以来最低的一年。销售负增长企业34家，比上一年增加3家。

目前，零售企业普遍进入转型升级的关键时期，企业更加关注如何提高供应链效率，降低物流成本。但从行业整体来看，我国连锁零售业物流供应链整体水平较低，缺少供应链标杆指引。中国连锁经营协会供应链专业委员会针对零供企业普遍关注的供应链节点和关键环节展开调查分析，涉及在超市（不含便利店）销售的4类商品［包括饮料（含酒精类商品）、清洁用品、常温乳制品和2℃~6℃乳制品］的5项信息。

相关数据定义/计算规则如下：

- 供应商订单满足率 = 实际收货量/有效订货量（在规定送货时间内）
- 配送中心库存周转天数（单位：天）
- EDI完成订货的供应商比率（%） = 采用EDI的供应商/整体供应商
- 供应商收货预约ASN比率（%） = 采用ASN的供应商/整体供应商
- 应用信息系统预约比率（%） = 零供双方通过系统对接，直接完成订货或收货预约ASN的供应商/整体供应商

除上述信息外，本次调研也联合凯度消费者指数，收集并分析了饮料、清洁用品、乳制品、常温牛奶在部分参与调研企业的消费者转化率，并且邀请到了来自甲骨文全球零售事业部的咨询顾问结合实际案例对调研结果进行深入解读，为零售企业提升供应链管理提供更多的思路和方法。

本次调研涉及近百家连锁零售企业，并从中提取了39家有代表性的样本企业，得出行业KPI指标。该指标将作为行业特定品类的供应链运作基准（Benchmark），帮助连锁零售企业和快速消费品企业了解目前行业整体水平，锁定企业自身供应链薄弱环节，开展有针对性的提升。

一、订单满足率

供应商订单满足率=实际收货量/有效订货量（在规定送货时间内）

① KPI，即Key Performance Indicator，中文意指关键绩效指标。

通过图 1~图 4 数据可以发现，饮料和清洁用品订单满足率相对较高，其中，饮料订单满足率最高接近 100%，最低为 65%，而行业平均值为 86.78%。清洁用品订单满足率也在相同区间游走，行业平均值为 86.75%。相较饮料和清洁用品，常温乳制品行业平均订单满足率为 82.93%，2℃~6℃乳制品供应商订单满足率为 83.44%。从图 3 和图 4 中可以看到，乳制品订单满足率良莠不齐，部分零售企业订单满足率较低。

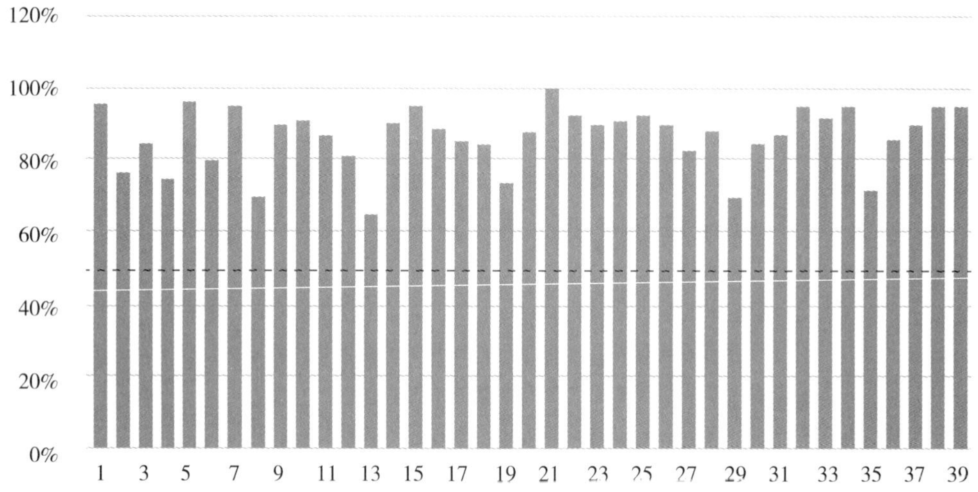

图 1　饮料（含酒精类商品）供应商订单满足率

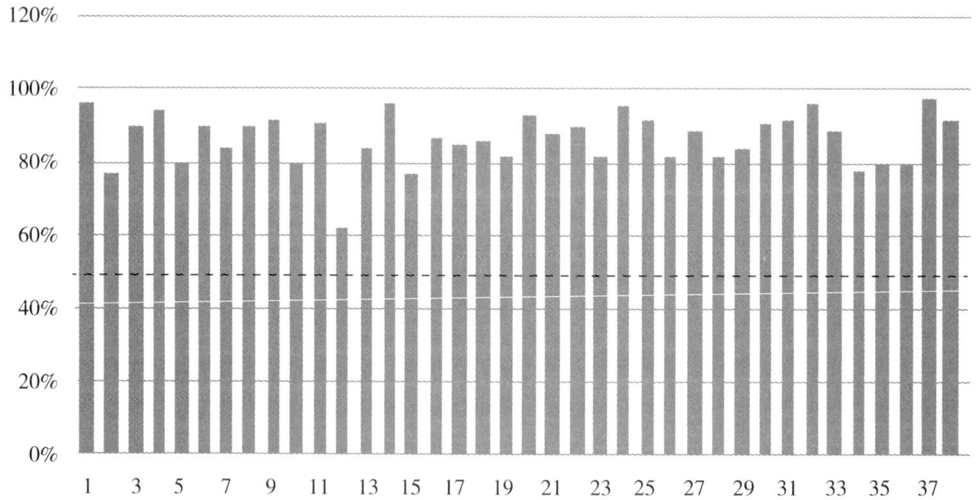

图 2　清洁用品供应商订单满足率

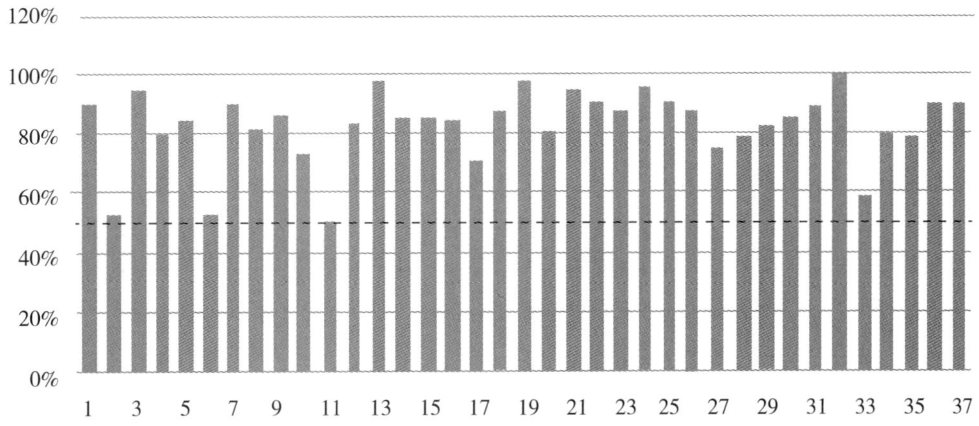

图 3　常温乳制品供应商订单满足率

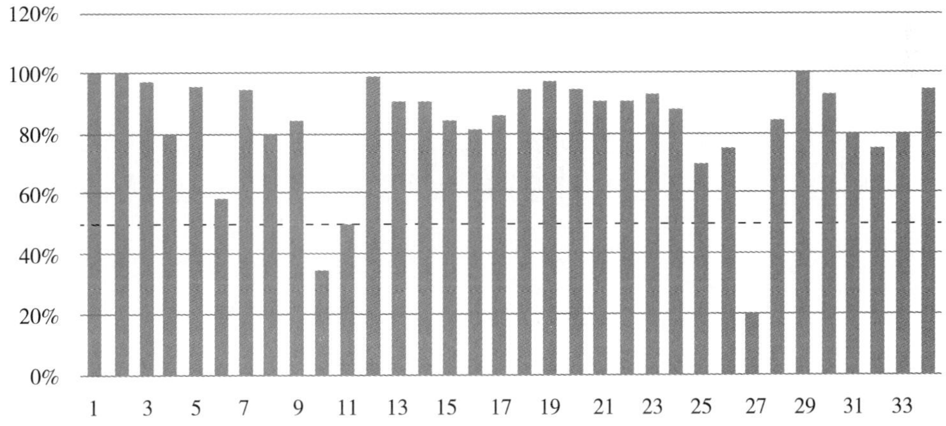

图 4　2℃~6℃乳制品供应商订单满足率

零售行业专家点评：

商品供应链服务水平是衡量供应链运营的重要指标之一。周期服务水平（或简称服务水平）在供应链中定义为“下一个补货周期内不发生缺货的预期概率”，也就是“不错过销售”的概率。服务水平与订单满足率虽然并不是同一个概念，但这两者紧密关联。服务水平同时受如供应商能力（订单满足率）、库存准确率、订货准确率、企业物流配送能力与布局等众多因素的影响。我们在想方设法通过提升服务水平去赢得更多销售机会的同时，也在面对库存不断上升的压力。要管理和应对这些问题，平衡服务水平与库存的关系，降低供应链环节中的不确定性，首先就需要有专业的标准来衡量它们，反映其真实的情况，借助成熟的端到端的供应链系统对各项指标进行自动显性化、结构化分析处理，就能快速定位短板加以解决，获取最具性价比的回报。

二、配送中心库存周转天数

根据图 5~图 7 数据显示，饮料配送中心库存周转天数大多小于 20 天。但由于参与调研的企业中包括仓储式零售企业，因此，行业的平均时间为 29. 36 天。同样，零售企业清洁用品配送中心库存天数大多在 20 天左右，但行业平均天数为 31. 99 天。相比饮料和清洁用品，常温乳制品配送中心库存周转天数为 17. 30 天，而且大多数零售企业采用的是供应商直配的模式，即不经过配送中心，直接到门店。

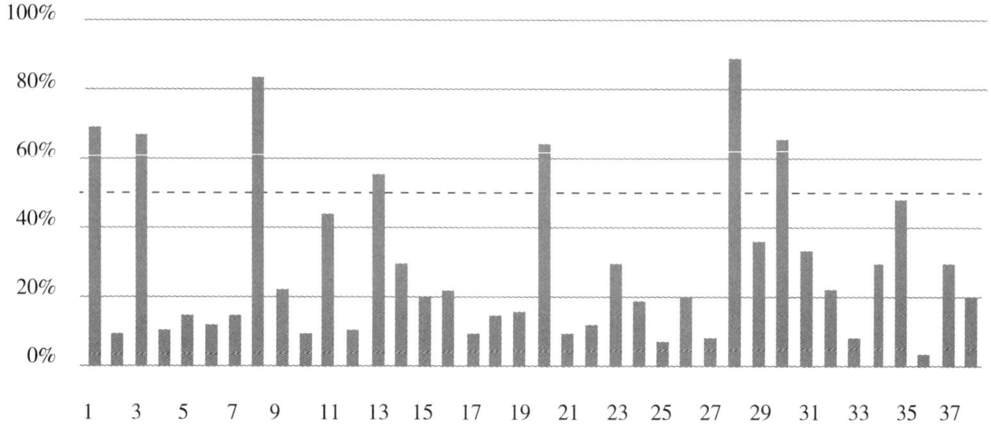

图 5　饮料（含酒精类商品）配送中心库存周转天数

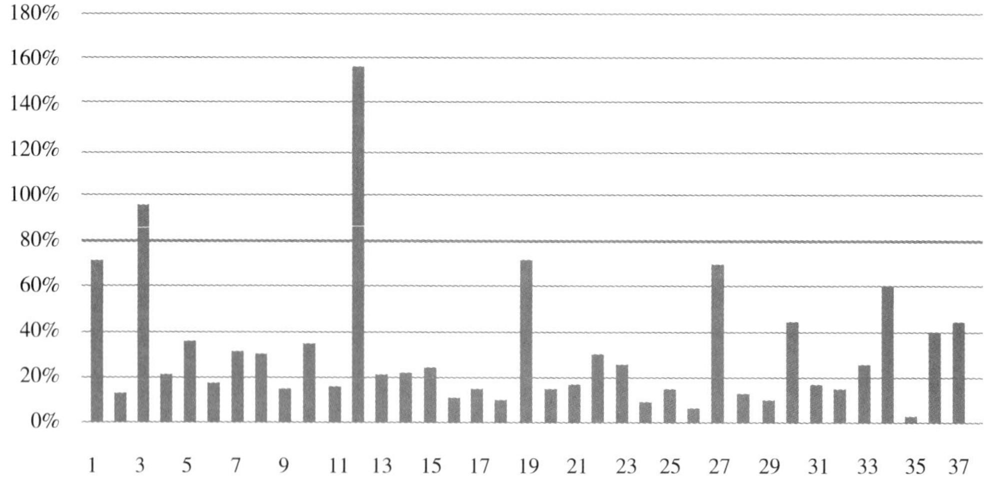

图 6　清洁用品配送中心库存周转天数

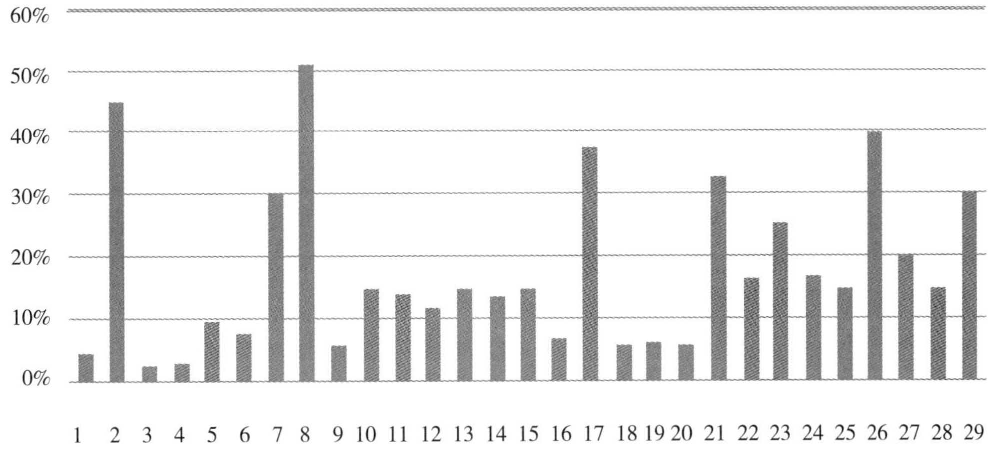

图 7　常温乳制品配送中心库存周转天数

零售行业专家点评：

国外主要零售商对于商品经物流中心集中配送的比例普遍较高。其好处是显而易见的：不仅能从供应商那里获得更具优惠的商品采购价格、减少门店直接面对多个供应商时的接受验货成本，而且更重要的是物流中心的库存扮演着一个“缓冲池”的作用，当商品在各网点销售不均、需求波动较大时，可以起到一个很好的“削峰填谷”的作用，在降低整个供应链中的库存持有水平的同时缩短供应链响应时间（提前期）。零售商的商品质检中心也大都设立在其物流中心内，从单一源头防止合规风险。

目前，国内不论线上线下零售商都非常重视供应链的建设和效能提升，发展以物流中心为基点的多级供应链网络体系（如全国仓、区域仓、城市仓、前置仓等），同时运用各种现代化的仓库管理设备（如全自动拣货机器人、一体式存储传输系统等）。

在仓库规模和库内运营效率不断提升的情况下，如何更科学地决定仓库库存水平，是当下不少零售商所面临的挑战。我们曾经成功帮助一家俄罗斯零售商将配送中心库存周转天数从 4 个月降至 3~4 周，而这一转变的关键是利用针对所有购物渠道的“顾客需求预测”，指导企业为供应链网络中的所有层级制订一个受约束的、分时间阶段的库存订购、分配、补货和交付计划。通过协调需求预测以及对供应链操作和约束因素的理解，能够创建各种可实现的计划，在正确的时间、正确的地点投放正确的库存量，从供应商到仓库，再到门店和客户。

按商品和地点层级来创建最优的库存目标，在满足客户需求的同时还要满足业务和财务目标。在考虑现状和约束因素的情况下规划在供应链中流通商品，这些因素包括库存可用性、包装大小、配送能力和店内空间。因此，对于预计的库存短缺或库存过量等状态的潜在原因和影响，业务用户都可以通过各种具备操作性的洞察进行及时的干预。通过优化库存控制和订单管理操作，零售商提高了收入和利润，同时减少了库存，降低了人工和运输开支。比如，美国的一家零售商客户正是采用这些优化措施将库存周转率提高了 20%，每年实现 4560 万美元的库存持有成本的节省，这相当于今天价值 3.04 亿美元的库存改善。

三、EDI 应用

EDI（Electronic Data Interchange，电子数据交换）是从计算机到计算机的电子传输方法。目前，EDI 在零售领域应用于订单、发货通知单、收货确认单、电子对账单、电子发票等业务方面。

通过本次调研发现，EDI 目前有以下几大特点：

首先，EDI 已经成为普遍现象，但比重各不相同。

整体而言，以采用 EDI 完成订货为例，饮料为 64.64%，清洁用品为 66.71%，常温乳制品为 63.67%，详见图 8~图 10。

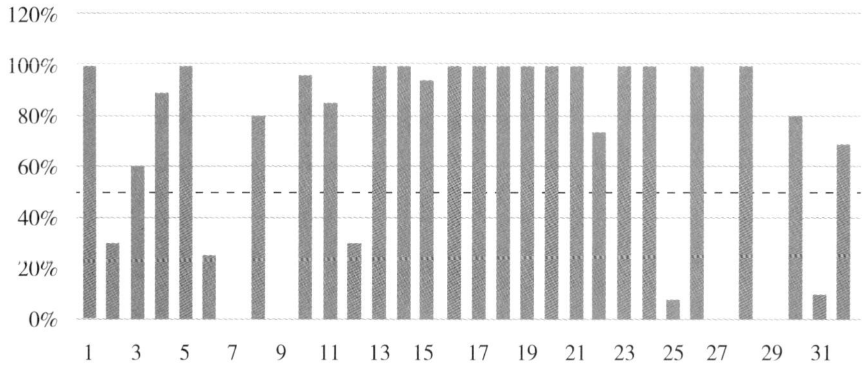

图 8　饮料（含酒精类商品）EDI 完成订货的供应商比率

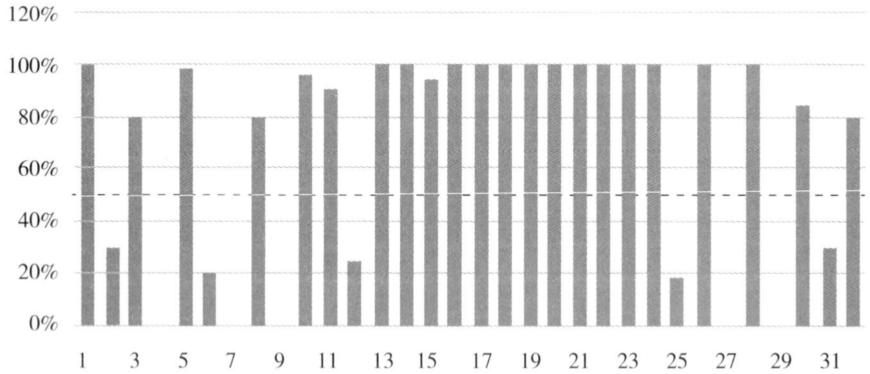

图 9　清洁用品 EDI 完成订货的供应商比率

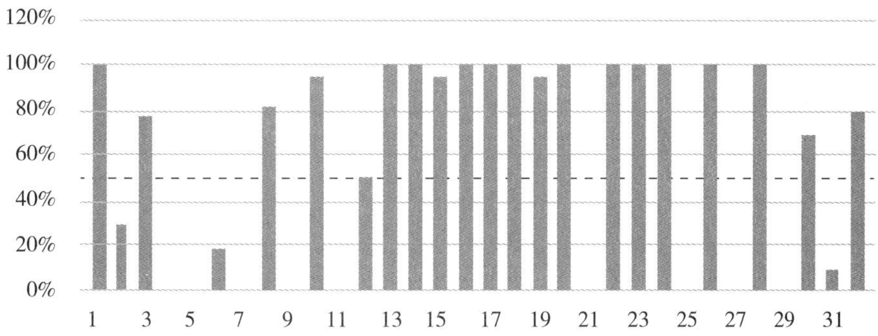

图 10　常温乳制品 EDI 完成订货的供应商比率

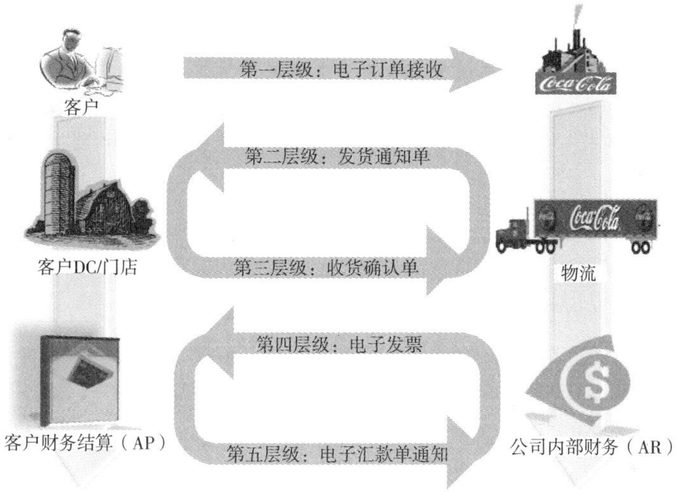

图 11　EDI 流程图

但数据同时显示，各个零售企业通过 EDI 完成订货的程度各不相同，大致分为三个梯队。第一梯队是已经全面普及 EDI 的（大于 75%的），占 63.33%；第二梯队是正在开始尝试使用 EDI 的（比例小于 75%的），占整体的 16.67%；第三梯队是目前尚未使用 EDI 的（比例为零的），占整体的 20%左右。

其次，ASN（Advanced Shipping Notice，发货通知单）和 GRN（Goods Receiving Note，货物接收单）已经成为行业关注重点。

数据显示，虽然 ASN 和 GRN 在国内都还处于初级阶段（比例大多低于 30%），但超过一半的零售企业已经启动了 ASN 和/或 GRN 项目。

最后，零供系统对接目前遥遥无期。

在本次调研中，仅有几家零售企业和极少数的快速消费品企业实现了系统对接，但均属于个案。

零售行业专家点评：

零售行业是最早采用 EDI 的行业之一，通过电子文档取代纸张文件工作流程，这极大地降低了零售企业的成本，并且提升了企业的运营效率。这当中的关键就在于预先发货通知（ASN）。针对美国杂货制造商的调查显示，电子 ASN 可将收货时间减少多达 60%。

即使只有 1/4 的送货采用自动 ASN，一家拥有 250 间商店的企业每年便可节省 65000 小时的收货时间。ASN 可确保在供应链的每一个步骤都能完全了解货物的状况，而且可在货板级别检查货物，就如按个别货品进行检查一样。甲骨文零售仓库管理系统能够生成出库 ASN 数据，然后上传到 ERP、门店和订单管理系统，并且可以通过已知购买订单数量的预约日程安排，提前发送送货通知（ASN），灵活地接收商品带板运输、收货和盲收（支持箱入数可变或未知箱的商品）。

四、消费者转化率

供应链的核心是确保消费者能够在合适的时间、合适的地点，用合适的价格买到合适的商品。因此，通过有效的品类管理，提高消费者转化率，提升消费者的“用户体验”也是供应链的一项重要工作。

消费者转化率是衡量单一品类促成门店消费者在店内达成购买的指标，是对该品类在店内产品供应、货架安排、促销机制有效性的综合反映，能够帮助零售商衡量其店内品类将需求转化成实际销售的能力，同样可以帮助企业分析消费者没有购买的原因，如货架缺货等。而因缺货造成的销售损失对零售企业、品牌商都将造成致命影响，相关数据显示，每降低 3%的缺货率，可以直接提升 1%的销售额。

消费者转化率=门店消费者（户数）在该门店购买品类 / 门店消费者（户数）在任何地方购买该品类。如图 12 所示，假设 A 超市拥有 600 万顾客，其中有 100 万的顾客没有在任何地方购买过品类甲，其余的 500 万买过品类甲（从 A 超市或者任何地方）的顾客是该品类的需求者，我们观察到有 200 万顾客在 A 超市购买过品类甲，意味着 A 超市在 500 万品类甲需求者中成功转化了 200 万，转化率为 40%。

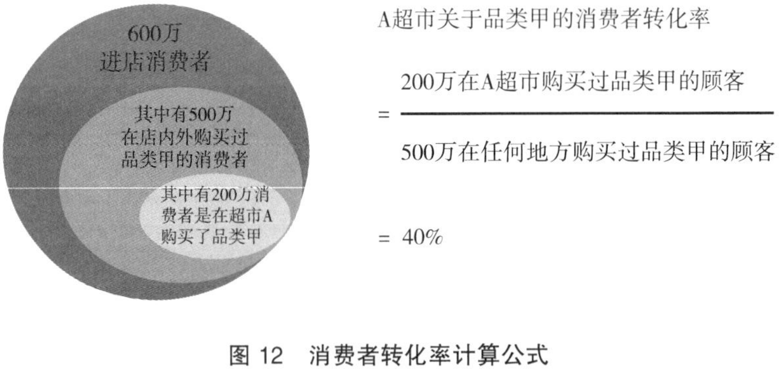

图 12　消费者转化率计算公式

来源：凯度消费者指数，4 万户中国城市消费者样本。

图 13~图 16 分别给出了饮料、乳制品、常温牛奶和清洁用品在部分零售企业的消费者转化率。零售企业品类覆盖的产品类型越广，消费者的购买频次越高，转化率普遍都比较高，因为零售商有更多的机会在店内转化消费者，比如饮料和奶制品，转换率基本都在 60% 以上。当缩小品类范畴，比如常温牛奶品类，很少有零售商的转化率超过 60%。家用清洁品类由于购买频次比较低，消费者转化率也普遍低于 60%。

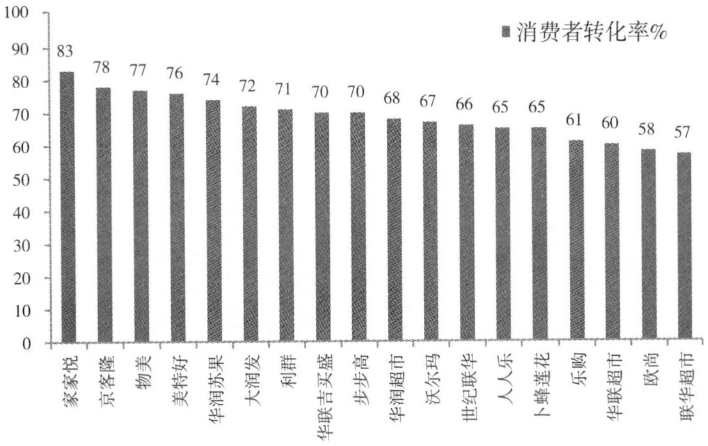

图 13　饮料（包括含酒精饮料）的转化率

来源：凯度消费者指数，4 万户中国城市消费者样本，MAT16P9 超市+大卖场。

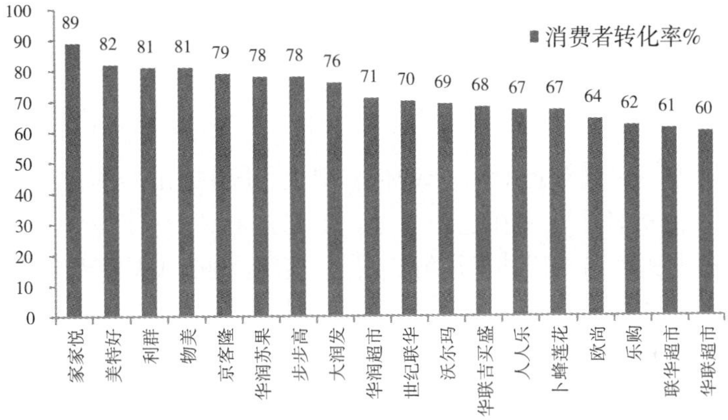

图 14　乳制品的转化率

来源：凯度消费者指数，4 万户中国城市消费者样本，MAT16P9 超市+大卖场。

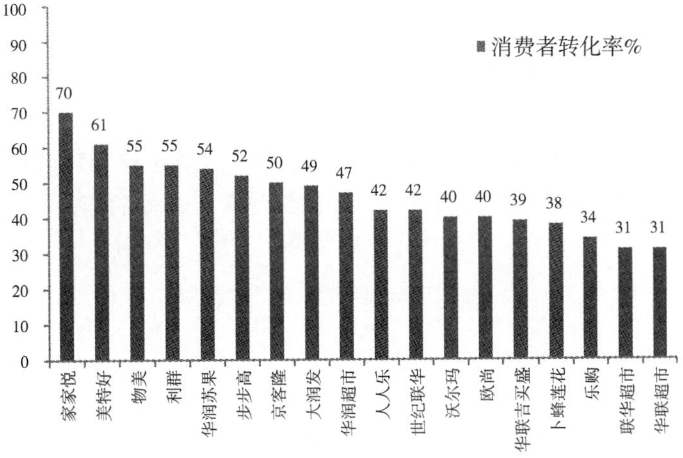

图 15　常温牛奶的转化率

来源：凯度消费者指数，4 万户中国城市消费者样本，MAT16P9 超市+大卖场。

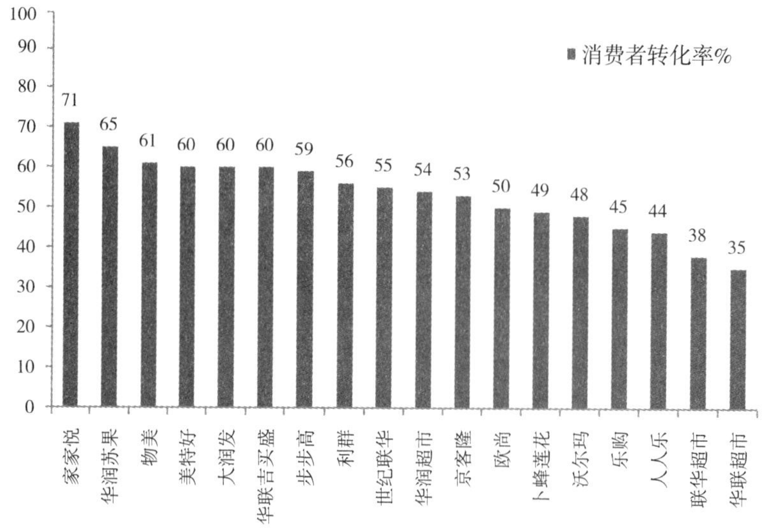

图 16　清洁用品的转化率

家用清洁用品：家用清洁剂+家用清洁用品+杀虫剂

来源：凯度消费者指数，4 万户中国城市消费者样本，MAT16P9 超市+大卖场。

另外，不同类型的零售商面对的竞争环境不同，会呈现出不同程度的消费者转化率。比如山东家家悦，消费者转化率在这四个品类里都是最高的；即便如此，家家悦仍然有30%的顾客在别处购买常温牛奶和家用清洁用品。大润发的消费者转化率要高于其他的全国性零售商，同时，大润发在家用清洁品的转化率排名高于奶制品和常温牛奶。

零售行业专家点评：

商品的缺货会极大地影响消费者转化率，甲骨文的全球消费者研究《新零售主义》的结果表明，高达 92% 的消费者表示，当缺货时，他们不会等待商品重新补货。88%的消费者会转为网络购物或尝试去其他零售商处购买。所以，在“合适的时间将合适的产品提供到合适的地点”，是当前零售商维系客户忠诚度的关键。

提升“消费者转化率”的重点是做好“品类管理”。而品类管理的诀窍是，在门店有限的可用空间内，配置最广泛的品类来吸引目标客户，同时去平衡 SKU 个数与物理库存量，以确保保持适当的库存水平。先进的零售系统可以自动基于客户数据显示决策树，就每个子类别应有多少 SKU 提供最准确的洞察，并结合需求转移和预测科学，预测商品的销量，调整供应链中的实际库存数和订单，确保深受客户喜爱的商品“随时有货”。

第二部分

研究报告篇

2016 年度中国便利店发展报告

2017 年 5 月 10 日，在 2017 中国便利店大会期间，中国连锁经营协会与波士顿咨询公司联合发布了《2016 年度中国便利店发展报告》（以下简称报告）。报告指出，中国连锁品牌化便利店门店数接近 10 万家，销售额超过 1300 亿元。

报告通过对全国 36 个城市便利店发展情况的调研，结合核心便利店品牌样本企业的精准数据提取分析，辅助 50 多家便利店企业管理者对中国便利店行业的发展情况进行了从数据到特点，从现状到趋势的全面梳理、分析、总结和提炼。

一、现状综述

报告指出，中国便利店发展与现状呈现八大特点。

1. 2016 年便利店行业增速达 13%，市场规模超过 1300 亿元，开店数量及同店销售双双增长

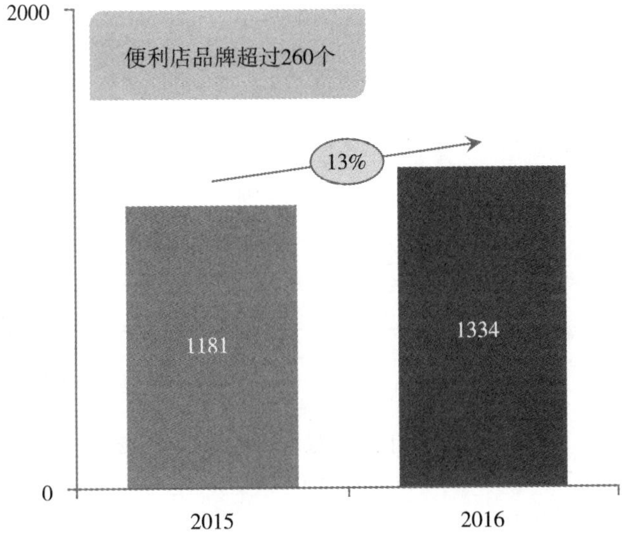

图 1 中国便利店行业销售额（含石油系，亿元人民币）

资料来源：Euromonitor，BCG 分析。

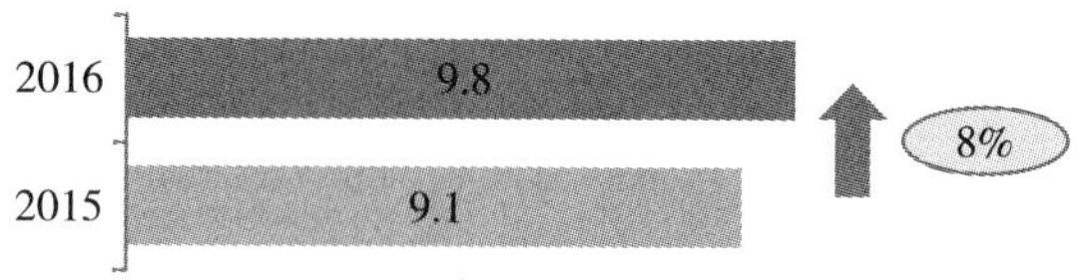

图 2 便利店门店数量（含石油系，万家）

资料来源：Euromonitor，BCG 分析。

图 3 便利店日均销售额［含石油系，元人民币/（店·日）］

资料来源：Euromonitor，BCG 分析。

2. 市场空间大，一、二线城市继续是增长热点

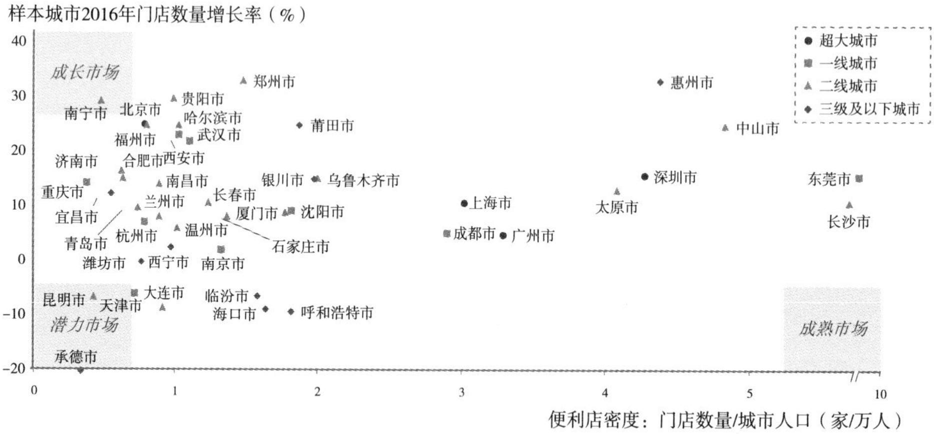

图 4 样本城市门店数量增长率及便利店密度

资料来源：CCFA2016—2017 年中国城市便利店指数，BCG 分析。

除石油系便利店，大多为区域集中型企业。

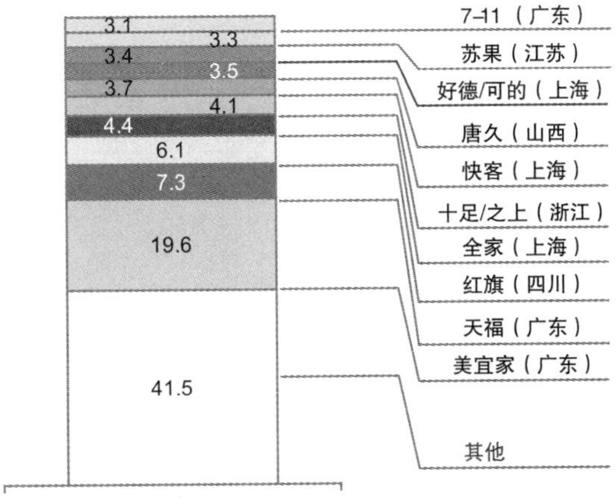

图 5　2016 年便利店门店数量占比（不包含石油系便利店，%）

资料来源：Euromonitor，文件检索，分析师报告，BCG 分析。

3. 我们对 40 家便利店企业经营现状进行了调研，样本企业平均单店日销售额不到 5000 元，存在较大提升空间

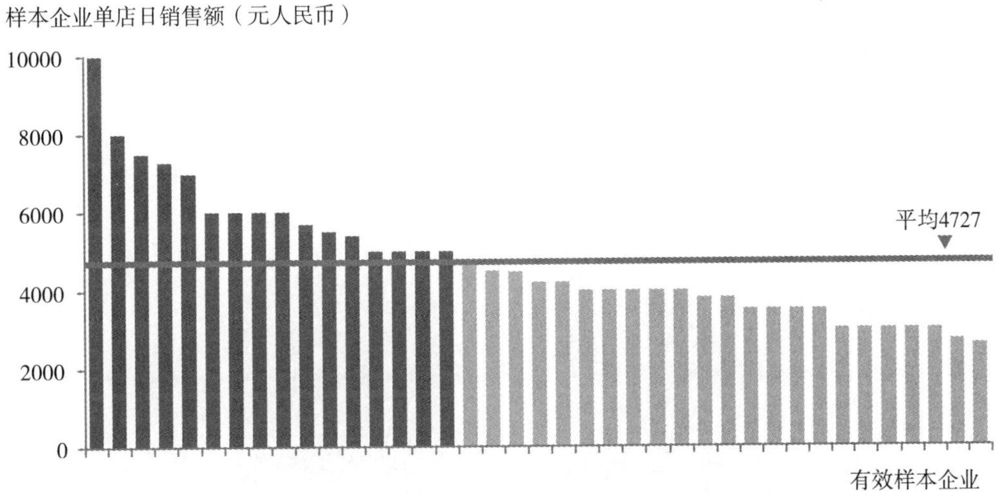

图 6　样本企业单店日销售额

资料来源：2017 年 CCFA 便利店调研，BCG 分析。

2016 年利润水平略有改善，但与国际领先企业差距仍然较大。高毛利（≥30%）企业的数量占比增加，直营净利润差异收窄，主要落于 0~4%区间。58%的样本企业毛利有所提高，50%的样本企业净利有所提高。

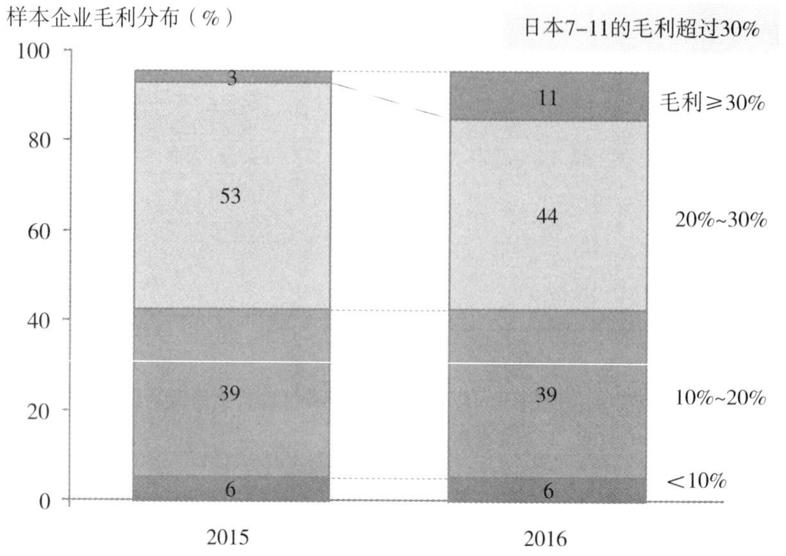

图 7　样本企业毛利分布

资料来源：2017 年 CCFA 便利店调研，BCG 分析。

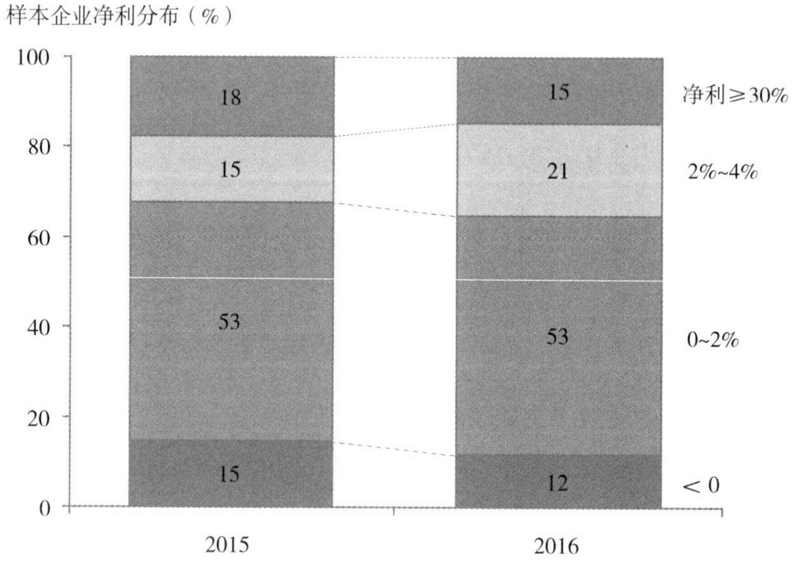

图 8　样本企业净利分布

资料来源：2017 年 CCFA 便利店调研，BCG 分析。

4. 2016 年便利店运营成本快速上升

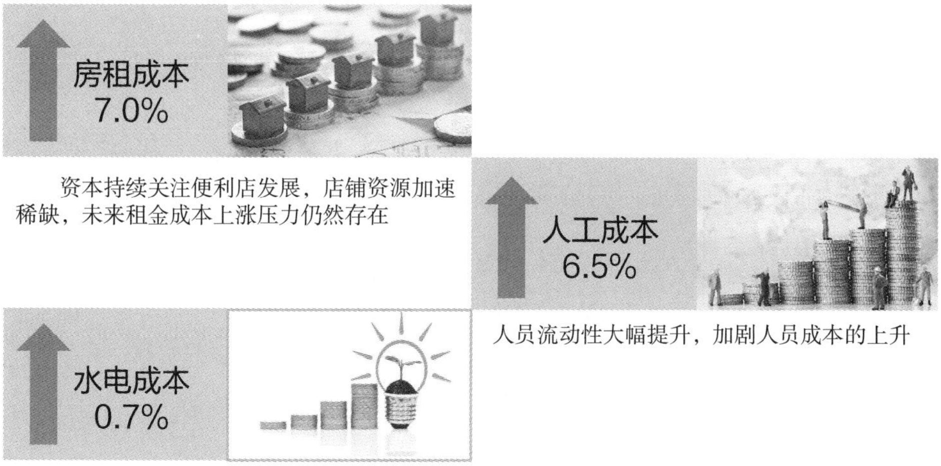

图 9 便利店企业亟待提升管理精益性以对抗成本上升

资料来源：2017 年 CCFA 便利店调研，BCG 分析。

5. 商品结构亟待提升，生鲜及半加工食品、自有品牌占比仍较低

仍有近一半样本企业的生鲜及半成品销售占比小于 10%，样本均值约为 15%；85%的企业有自有品牌，但平均自有品牌 SKU 占比仅有 8%。参考领先企业，商品研发创新，生鲜半成品供应链打造是便利店提升重点。

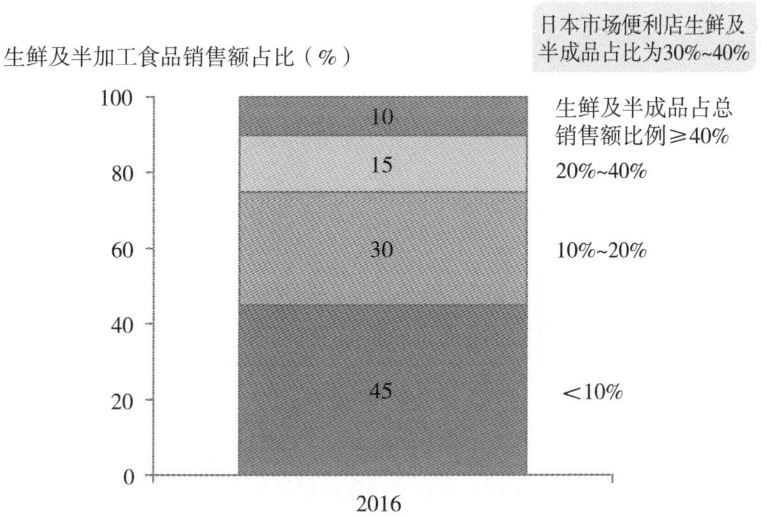

图 10 生鲜及半加工食品销售额占比

资料来源：2017 年 CCFA 便利店调研，BCG 分析。

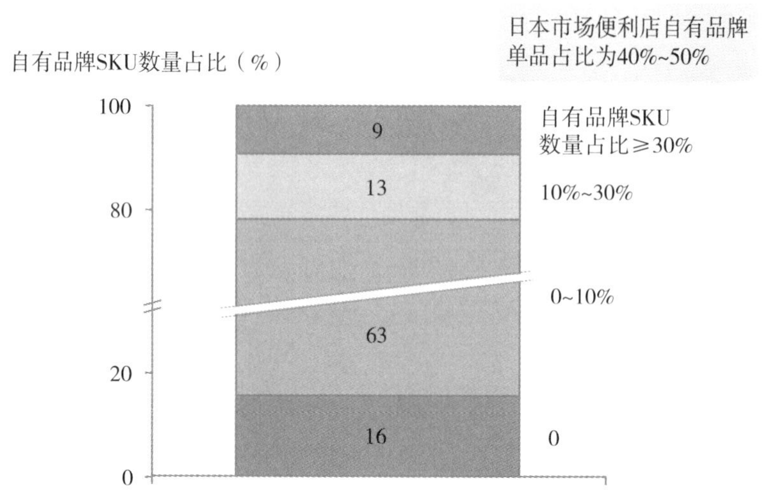

图 11　自有品牌 SKU 数量占比

资料来源：2017 年 CCFA 便利店调研，BCG 分析。

6. 加盟占比较低

样本企业 30%尚无加盟，25%企业加盟占比超过 50%。中国便利加盟比例较发达市场（日本）有较大差距。加盟是拓展门店的有效方式和必然趋势，但加盟机制与管理模式是决定加盟店能否成功的关键因素。

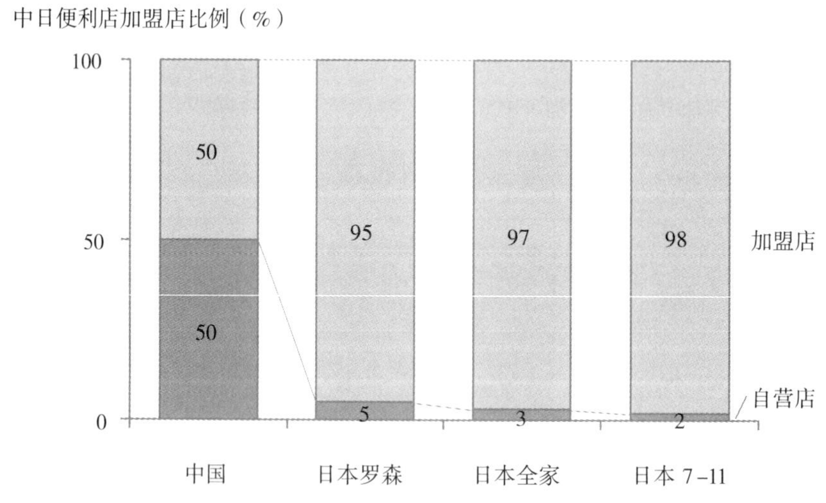

图 12　中日便利店加盟店比例

资料来源：2017 年 CCFA 便利店调研，BCG 分析。

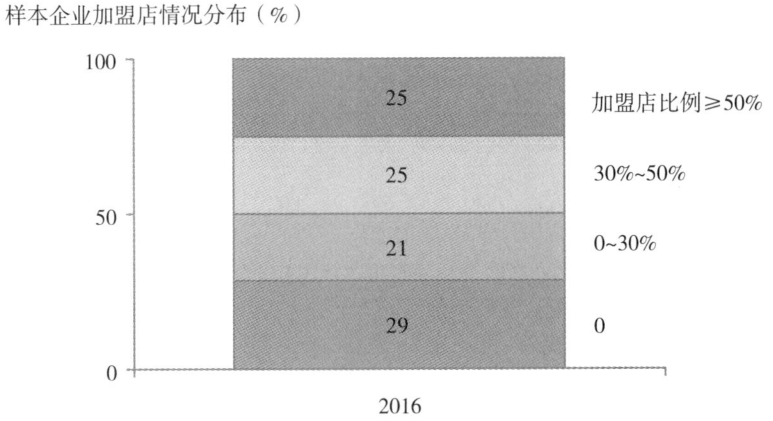

图 13　样本企业加盟店情况分布

资料来源：2017 年 CCFA 便利店调研，BCG 分析。

7. 45%的样本便利店企业引入网络零售，这部分企业的网络销售占比约为一成

样本企业网络零售的销售占比一年内提升了近 3 倍，线上（网络）渠道已成为销售增量的主要驱动力。

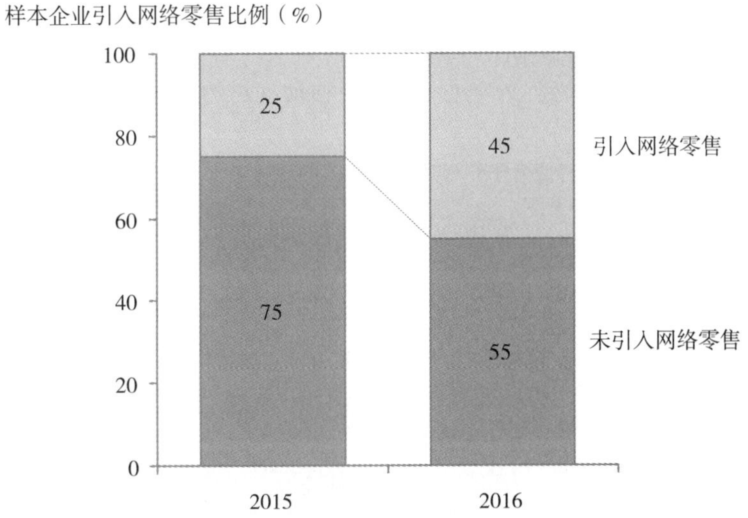

图 14　样本企业引入网络零售比例

资料来源：2017 年 CCFA 便利店调研，文件检索，BCG 分析。

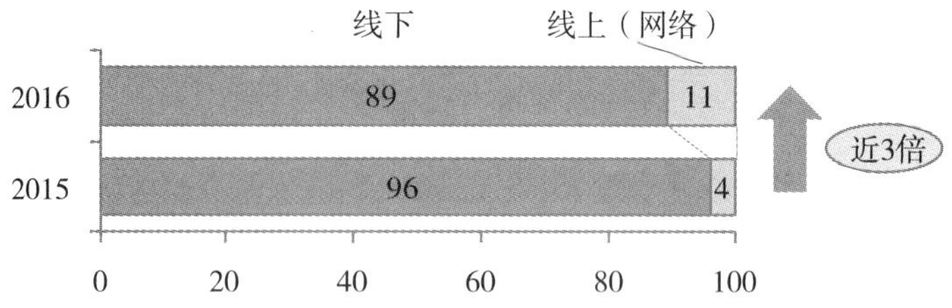

图 15 已引入网络零售样本企业线上线下销售贡献（%）

资料来源：2017 年 CCFA 便利店调研，BCG 分析。

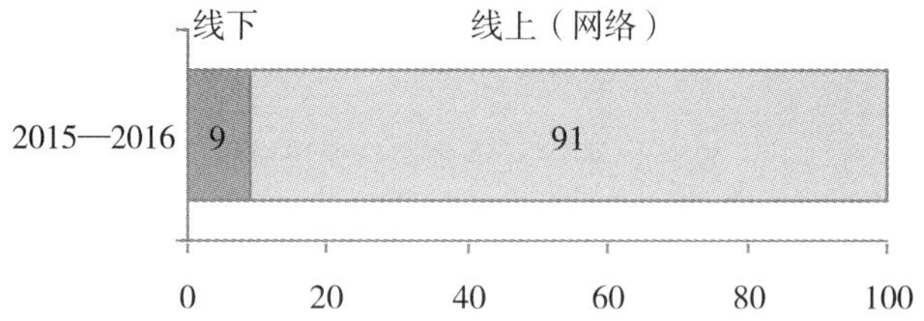

图 16 线上线下对销售增量的贡献（%）

资料来源：2017 年 CCFA 便利店调研，BCG 分析。

移动支付技术在便利店已普及，但移动支付使用价值有待进一步挖掘。37 家样本企业中，仅 1 家（3%）未引入移动支付，移动支付占支付总金额样本平均值为 17%。在技术渗透已达到较高水平的基础上，应进一步激活移动支付的应用场景，发挥其价值。

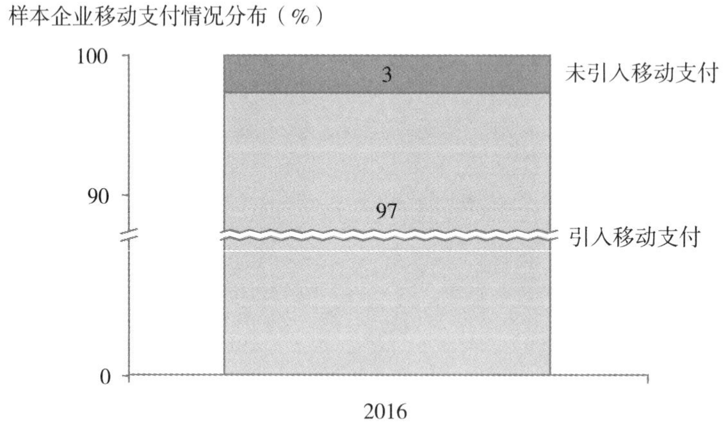

图 17 样本企业移动支付情况分布

资料来源：2017 年 CCFA 便利店调研，BCG 分析。

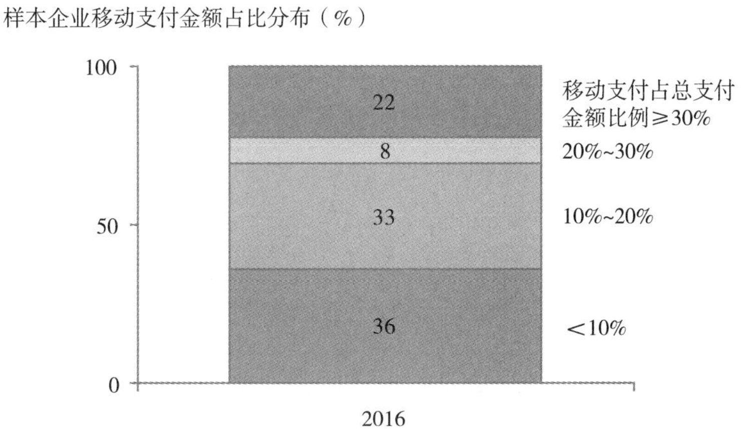

图 18 样本企业移动支付金额占比分布

资料来源：2017 年 CCFA 便利店调研，BCG 分析。

8. 55%样本企业有会员体系，其会员消费占比均有提升

有会员体系企业从 2015 年的 38%上升至 2016 年的 55%，会员消费占比从 2015 年的 50%上升至 2016 年的 55%。会员体系在便利店的应用还处于初级阶段。

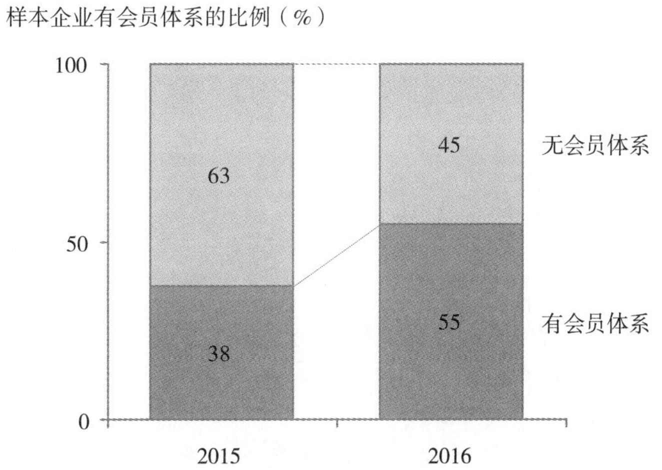

图 19 样本企业有会员体系的比例

资料来源：2017 年 CCFA 便利店调研，BCG 分析。

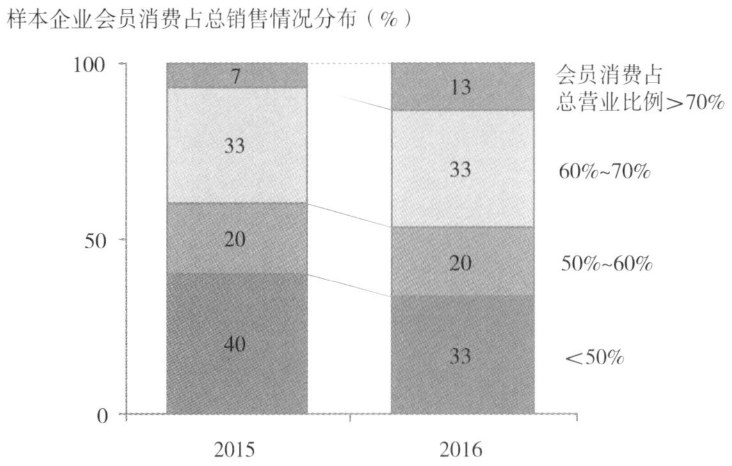

图 20 样本企业会员消费占总销售情况分布

资料来源：2017 年 CCFA 便利店调研，BCG 分析。

二、趋势展望

下一个五年，中国便利店行业展望如下所述。

图 21 宏观环境与便利店行业趋势

资料来源：2017 年 CCFA 便利店调研，文件检索，BCG 分析。

（一）宏观环境驱动力

人群和需求结构在加速分化。

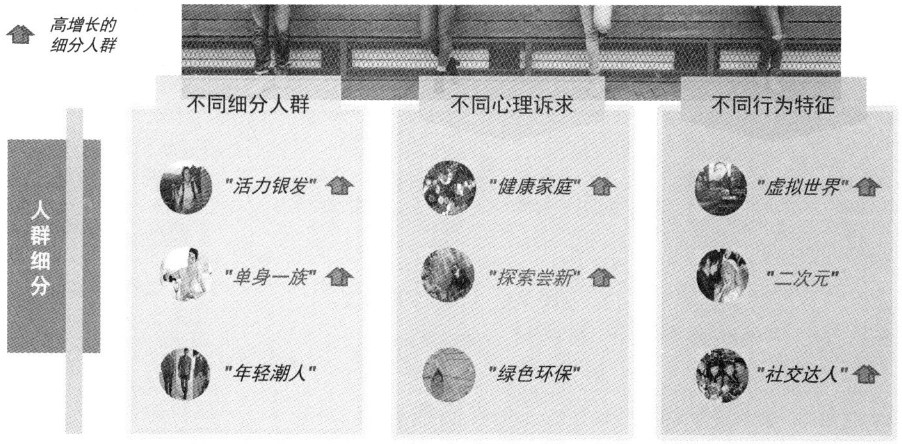

图 22　人群和需求结构变化

资料来源：BCG 分析。

便利店需要紧密围绕新的生活方式和新兴人群，创造新的价值诉求。“一刀切”的定位与业务模式，在复杂多变的中国市场很难奏效。

图 23　新兴人群价值诉求

资料来源：2017 年 CCFA 便利店调研，BCG 分析。

不同竞争对手入场，各出奇招，不断提高消费者的期望；同时资本持续关注、各方（政府、供应商）资源倾斜，加速行业发展，竞争逐步加剧。

图 24　消费者的期望

资料来源：2017 年 CCFA 便利店调研，BCG 分析。

零售运营成本一直持续上升，尤其是在高线城市。

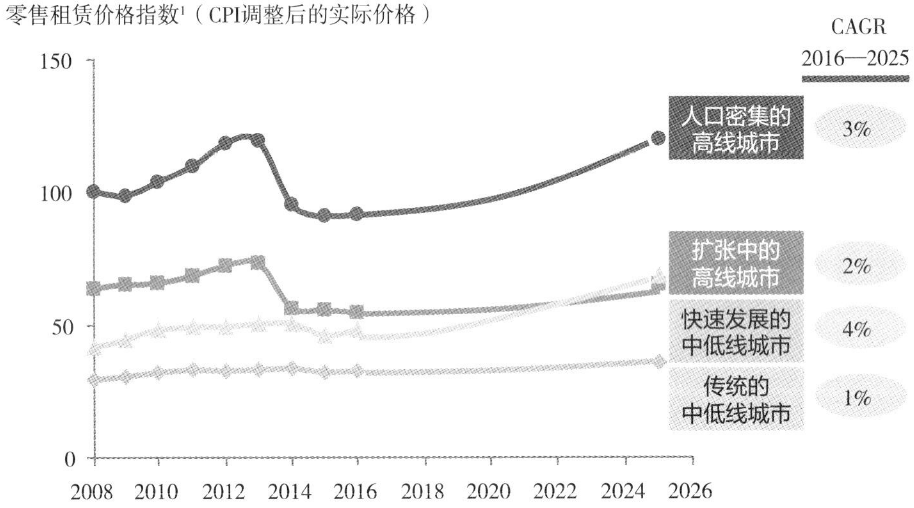

图 25　零售租赁价格指数[1]（CPI 调整后的实际价格）

注：1. 100＝2008 年平均零售租赁价格指数（人口密集的高线城市），价格为城市黄金地段的首层租赁价格。

2. ●中包括上海、广州、深圳、厦门。

3. ■中包括北京、天津、沈阳、大连、南京、杭州、青岛、武汉、重庆。

4. ▲中包括嘉兴、湖州。

资料来源：Colliers，CBRE，BCG 分析。

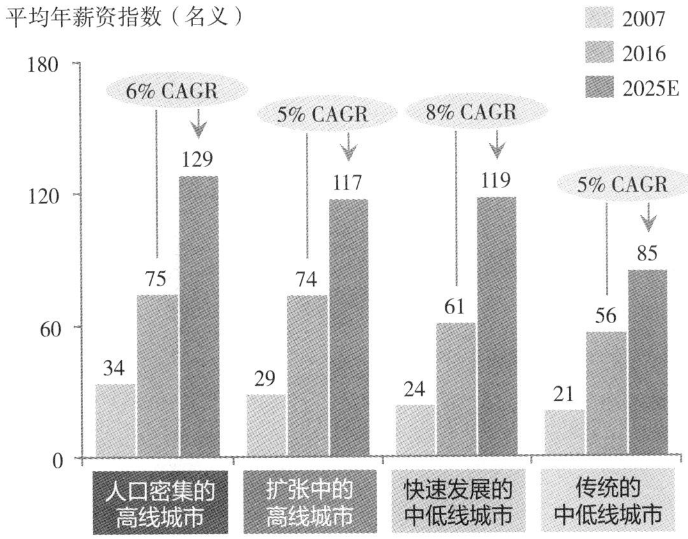

图 26　平均年薪资指数（名义）

资料来源：2017 年 CCFA 便利店调研，BCG 分析。

（二）便利店行业趋势

基于外部趋势，参考国际标杆，便利店行业的发展趋势如图 27 所示。即“未来赢家”的六大要素。

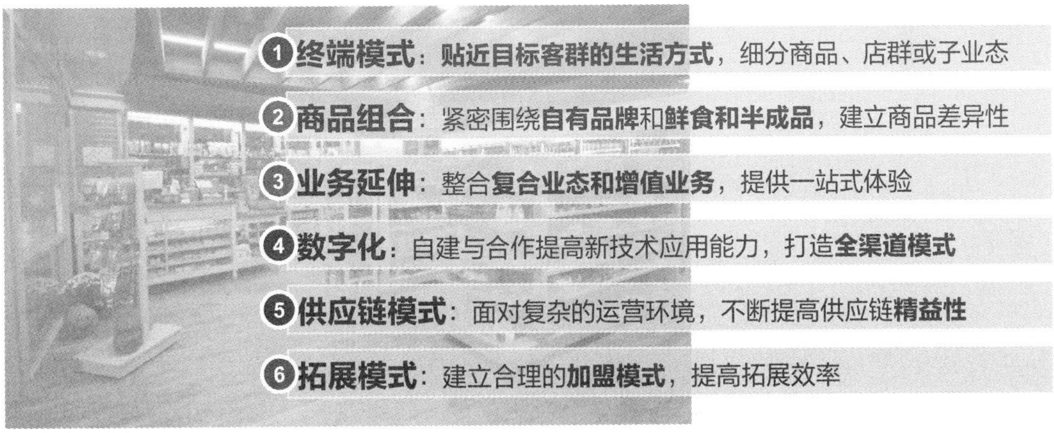

图 27　“未来赢家”的六大要素

资料来源：2017 年 CCFA 便利店调研，BCG 分析。

贴近目标客群的生活方式，细分商品、店群或子业态。

图 28 便利店行业模式

资料来源：2017 年 CCFA 便利店调研，BCG 分析。

增加自有品牌占比，提供差异性，提高毛利水平。

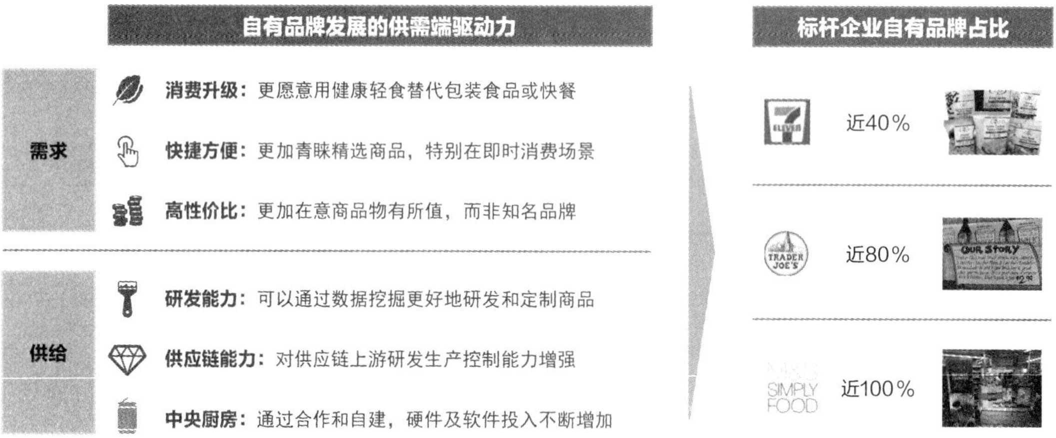

图 29 自有品牌发展驱动力及标杆企业自有品牌占比

资料来源：2017 年 CCFA 便利店调研，BCG 分析。

使用新技术手段与合作模式，提供便利的全渠道服务，提升体验。数字化举措、新信息技术将更加普遍，但这些尝试的经济性均需要进行仔细考量。

图 30　使用新技术手段与合作模式

资料来源：2017 年 CCFA 便利店调研，BCG 分析。

运营复杂性越来越高，需要不断提升供应链精益性。

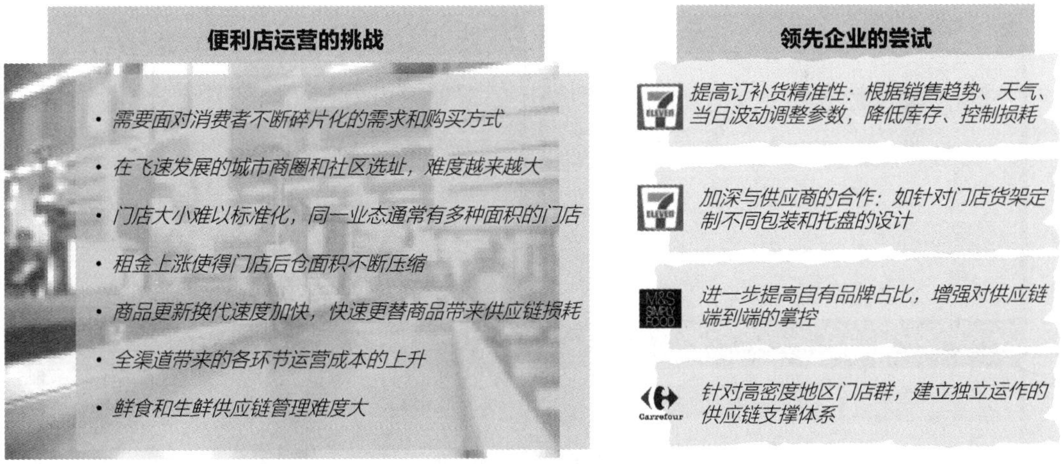

图 31　便利店运营的挑战和应对之策

资料来源：BCG 分析。

关键是要具有供应链全局观，并关注精益运营的主要抓手。

图 32　精益运营的主要抓手

资料来源：BCG 分析。

便利店赢家需根据不同发展阶段要求，逐步实现全面能力提升。

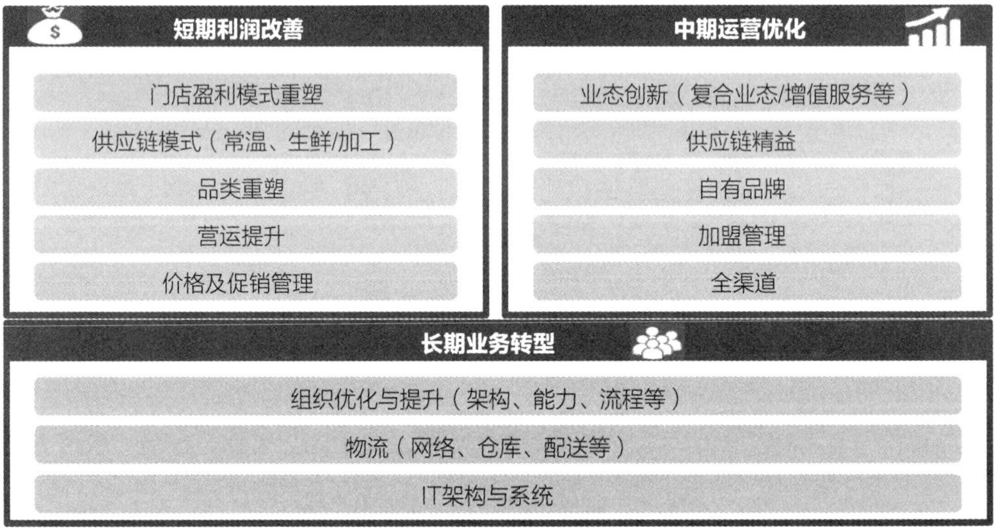

图 33　全面能力提升

资料来源：BCG 分析。

2017 年度中国便利店发展报告①

2018 年 5 月 24 日，在 2018 中国便利店大会上，中国连锁经营协会与波士顿咨询公司联合发布了《2017 年度中国便利店发展报告》（以下简称报告）。报告从多个角度详细阐述了便利店行业发展现状，在报告中我们发现，便利店行业有增速快（2017 年增速为 23%）、市场规模大（规模超 1900 亿元）、营利性提升空间大等利好趋势，但同时也存在运营成本快速上升、商品结构不合理、会员体系弱、数字化普及率低等制约便利店行业更快发展的问题。针对这些问题，便利店行业进行了多方探索和深刻变革，其中由中国人工智能先锋企业旷视科技 Face++与便利店数字新零售赋能商鲜生活携手打造的新零售智能方案给出了清晰落地的标准答案。

一、现状综述

1. 2017 年便利店行业增速为 23%，市场超过 10 万家门店，市场规模超过 1900 亿元，开店数及同店销售双增长

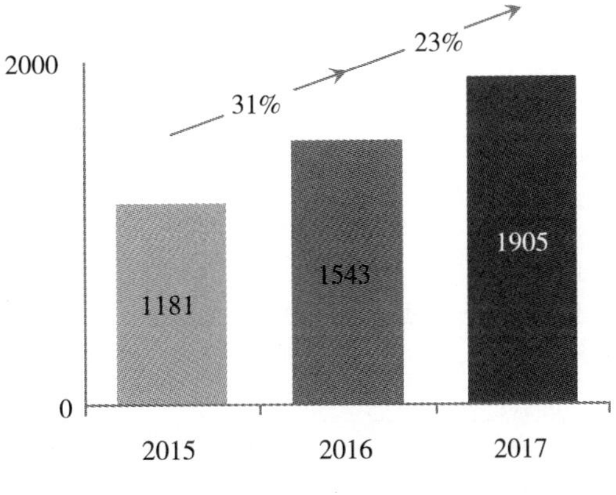

图 1　中国便利店行业销售额（含石油系，亿元人民币）

资料来源：2018 年 CCFA 便利店调研。

① 本报告与 2016 年度中国便利店发展报告相比，样本企业数量增多，由此导致这两篇报告中的 2016 年数据不一致。

图 2　便利店门店数量（含石油系，万家）

资料来源：2018 年 CCFA 便利店调研。

图 3　便利店日均销售额［含石油系，元人民币/（店·日）］

资料来源：2018 年 CCFA 便利店调研。

2. 市场空间大，一、二线城市继续是增长热点

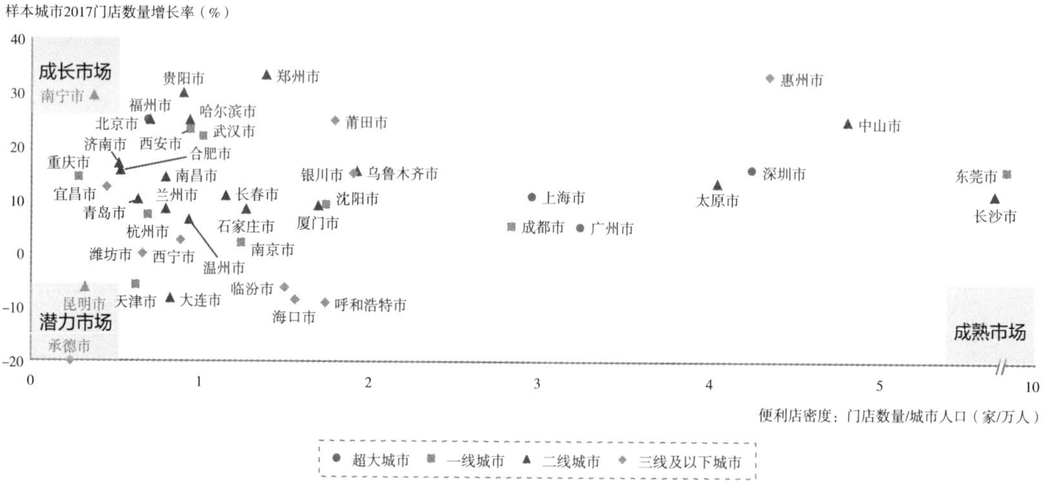

图 4　样本城市 2017 年门店数量增长率及便利店密度

资料来源：CCFA2017—2018 年中国城市便利店指数。

除石油系便利店，大多为区域集中型企业。

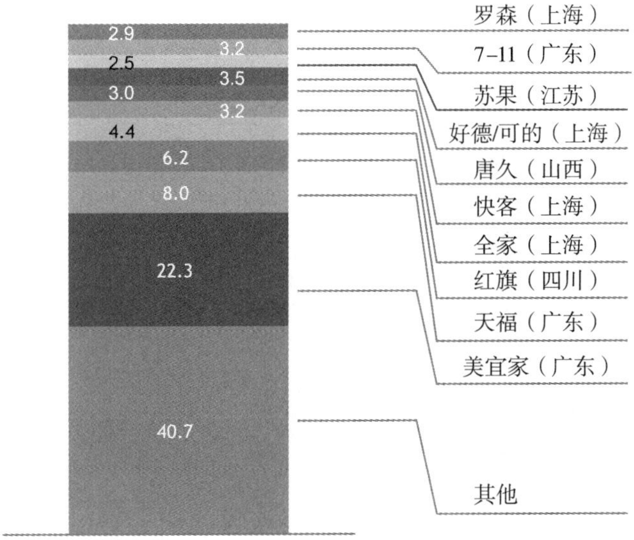

图 5　2017 年便利店门店数量占比（不包含石油系便利店，%）

资料来源：欧睿，文件检索，分析师报告。

3. 我们对 55 家便利店企业经营现状进行了调研，样本企业平均单店日销售额大约为 5000 元，存在较大提升空间

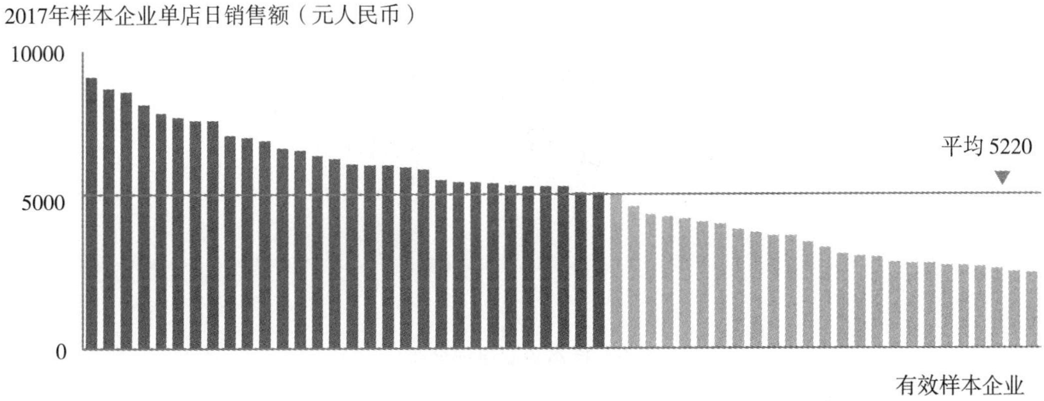

图 6　2017 年样本企业单店日销售额

资料来源：2018 年 CCFA 便利店调研。

2017 年利润水平略有改善，但与国际领先企业差距仍然较大。高毛利（≥20%）企业的数量占比增加，直营净利润率主要落于 0~4%区间。

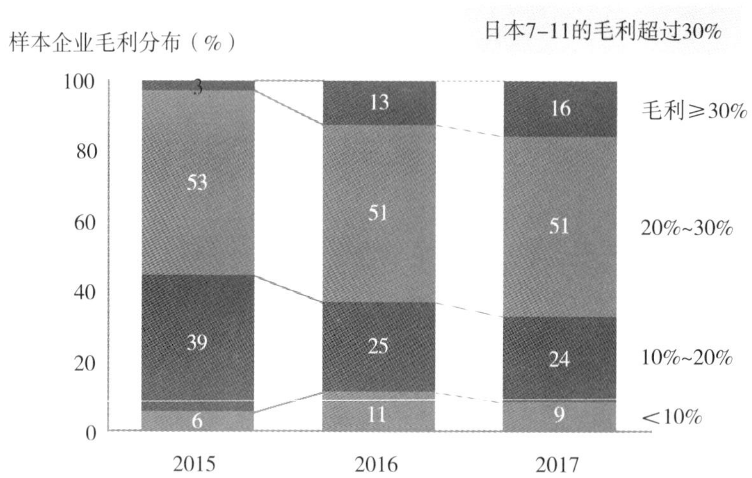

图 7　样本企业毛利分布

资料来源：2018 年 CCFA 便利店调研，文件检索。

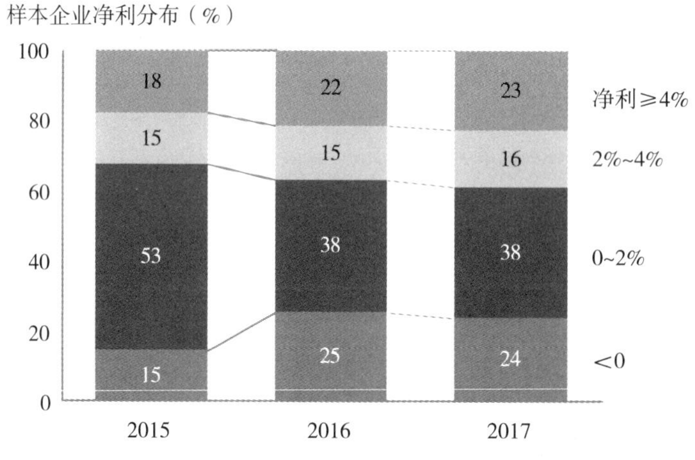

图 8　样本企业净利分布

资料来源：2018 年 CCFA 便利店调研，文件检索。

4. 便利店运营成本快速上升，特别是租金和人工成本

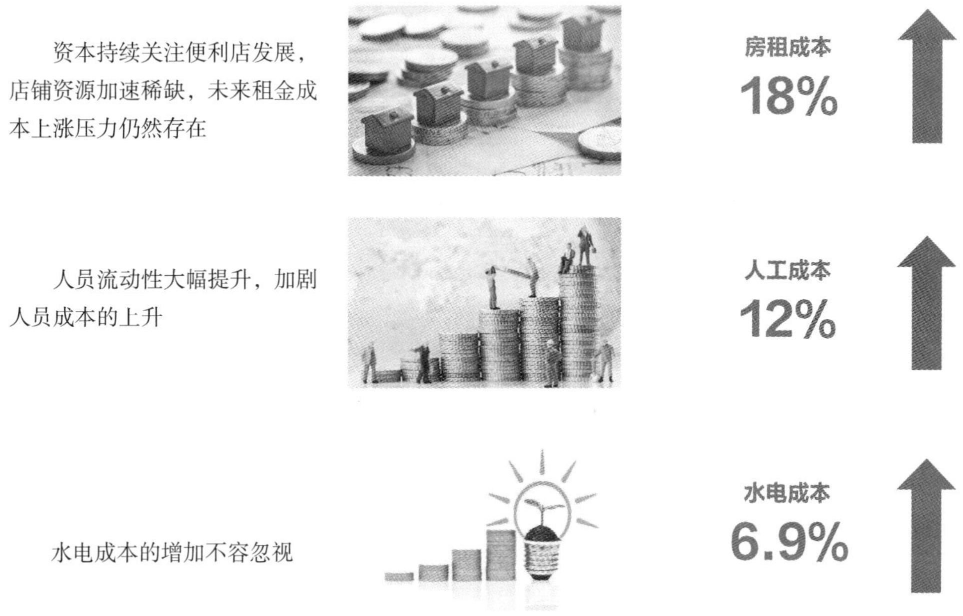

图 9　便利店企业亟待提升管理精益性以对抗成本上升

资料来源：2018 年 CCFA 便利店调研，文件检索。

5. 即食品和自有品牌占比逐步上升，但商品结构仍有较大提升空间，仍有 40%样本企业的即食销售占比小于 10%，有 80%样本企业的自有品牌销售占比小于 10%

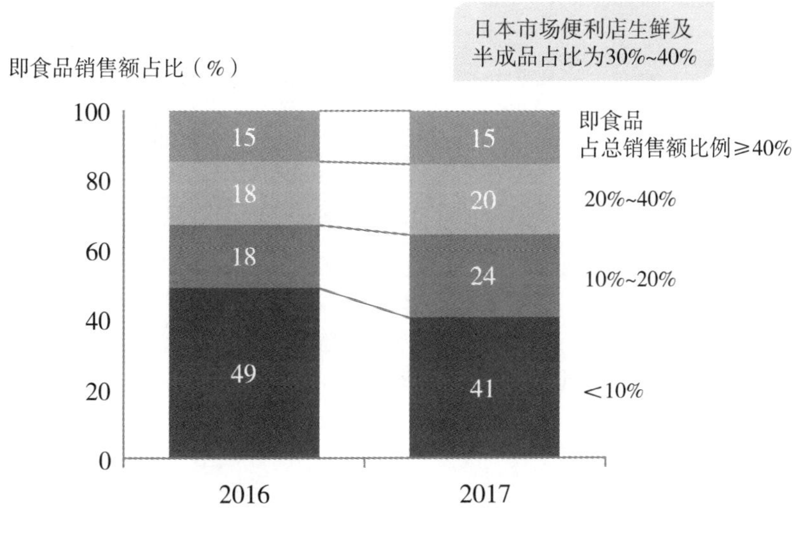

图 10　即食品销售额占比

资料来源：2018 年 CCFA 便利店调研，文件检索，分析师报告。

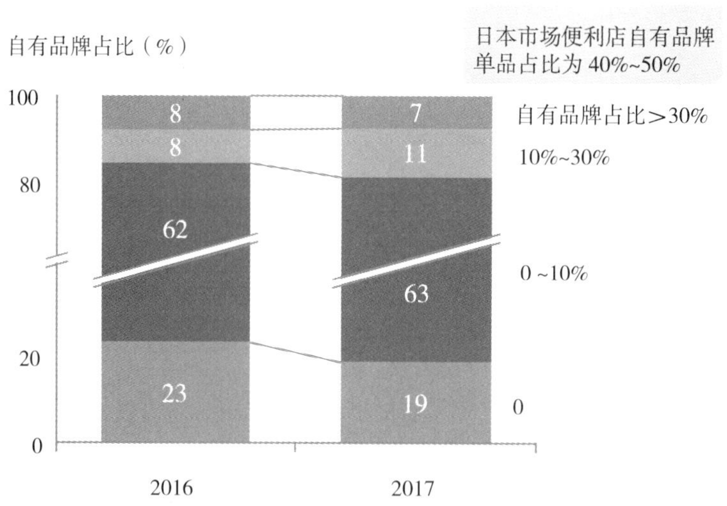

图 11　自有品牌占比

资料来源：2018 年 CCFA 便利店调研，文件检索，分析师报告。

6. 加盟占比增加，但比较成熟的日本便利店加盟占比还有长足发展空间

中国便利店加盟比例较发达市场（日本）有较大差距。样本企业中有 34%还未发展加盟模式。

图 12　中日便利店加盟店比例

资料来源：2018 年 CCFA 便利店调研，文件检索，分析师报告。

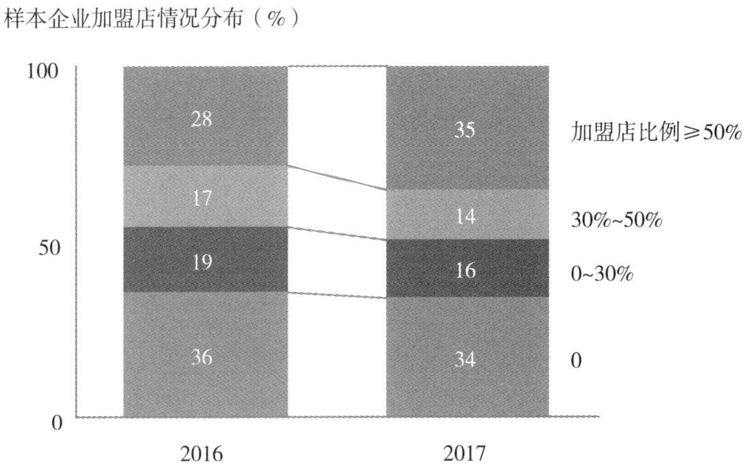

图 13　样本企业加盟店情况分布

资料来源：2018 年 CCFA 便利店调研，文件检索，分析师报告。

7. 36%便利店引入网络零售，这部分企业网络销售占比约一成，网络零售势在必行

样本企业网络零售的销售占比一年内提升了近 1.5 倍，线上（网络）渠道已成为销售增量的重要驱动之一。

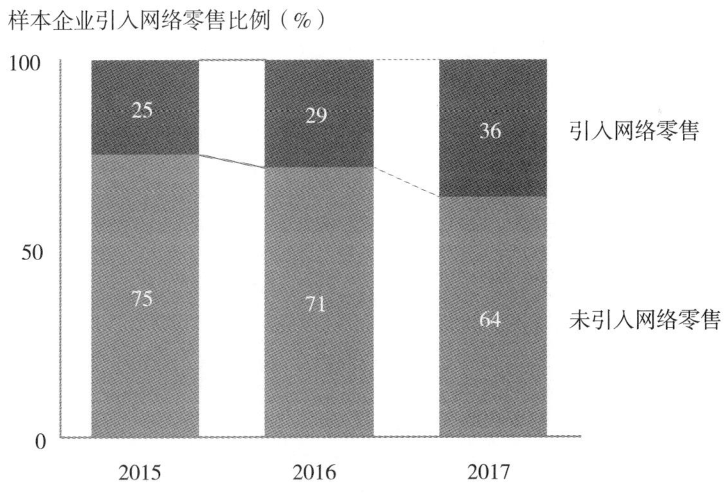

图 14　样本企业引入网络零售比例

资料来源：2018 年 CCFA 便利店调研，文件检索，分析师报告。

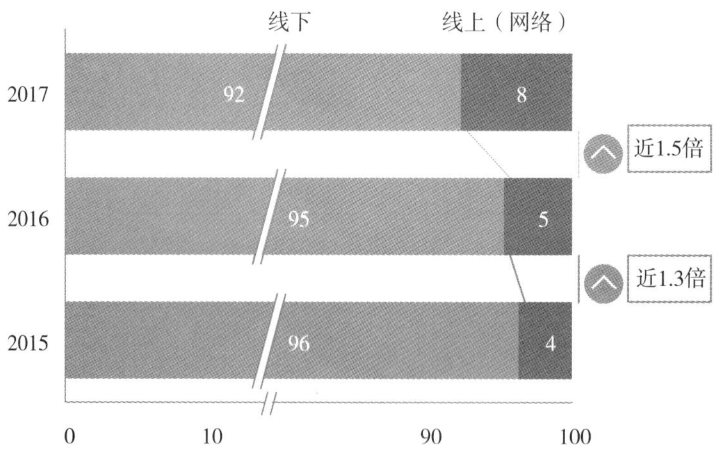

图 15　已引入网络零售样本企业线上线下销售贡献（%）

资料来源：2018 年 CCFA 便利店调研，文件检索。

移动支付技术在便利店已普及；微信支付占比略高于支付宝。超 50%样本企业的移动支付占比大于 30%。在技术渗透已达到较高水平的基础上，应进一步激活移动支付的应用场景，发挥价值。

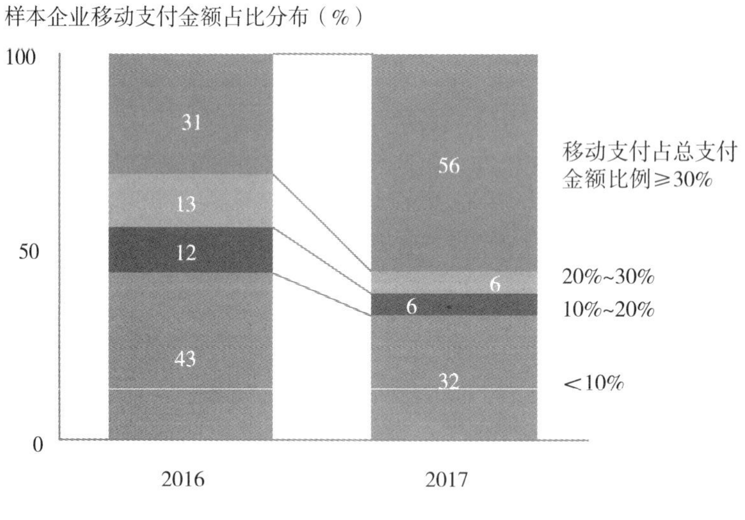

图 16　移动支付金额占比分布

资料来源：2018 年 CCFA 便利店调研，文件检索。

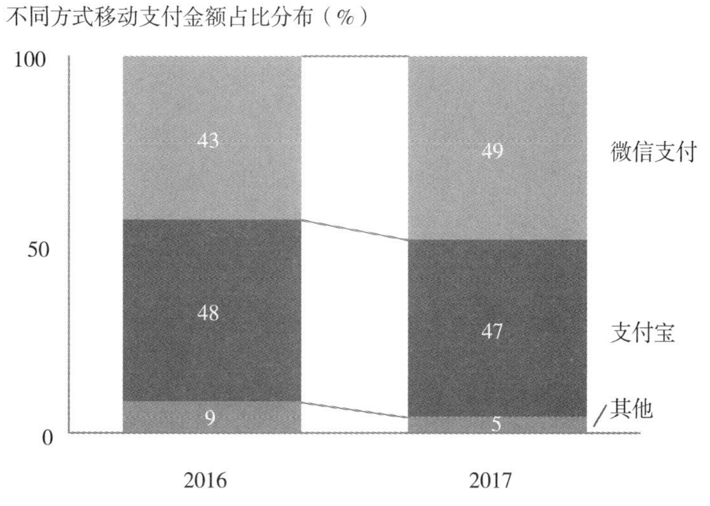

图 17　不同方式移动支付金额占比分布

资料来源：2018 年 CCFA 便利店调研，文件检索。

8. 会员体系在便利店的应用还处于初级阶段

40%样本企业有会员体系，其会员消费占比近 35%。有会员体系企业从 2015 年的 38%上升至 2018 年的 40%。

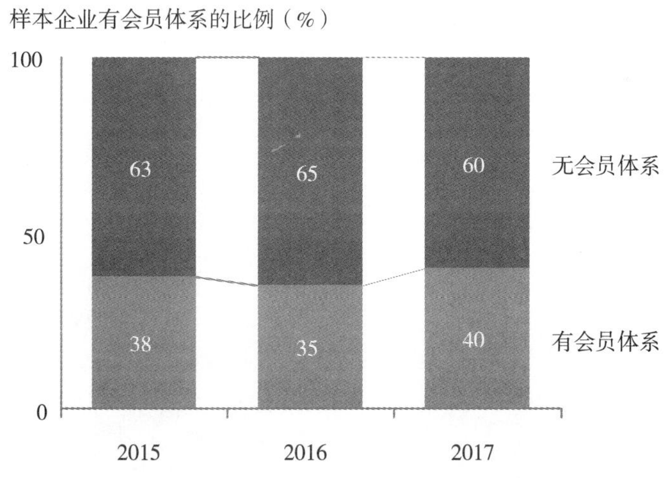

图 18　样本企业有会员体系的比例

资料来源：2018 年 CCFA 便利店调研，文件检索。

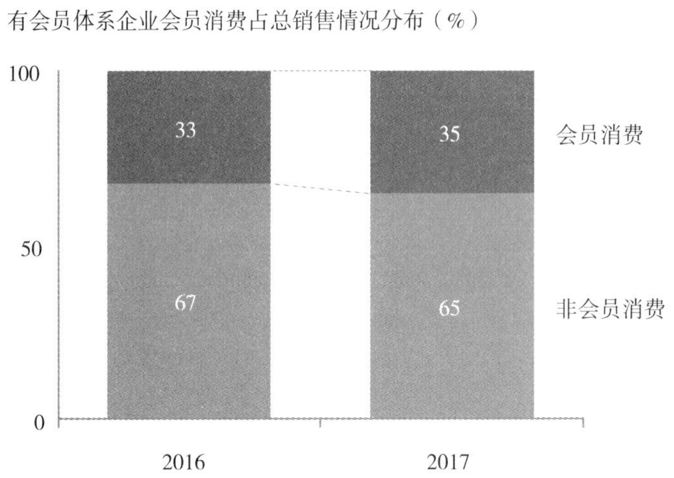

图 19　有会员体系企业会员消费占总销售情况分布

资料来源：2018 年 CCFA 便利店调研，文件检索。

9. 面对不断高涨的运营成本，便利店企业增加新技术投入以探索解决方案

2017 年，便利店企业对新技术的投资大幅上升，技术关注重点是无人店、物流升级。

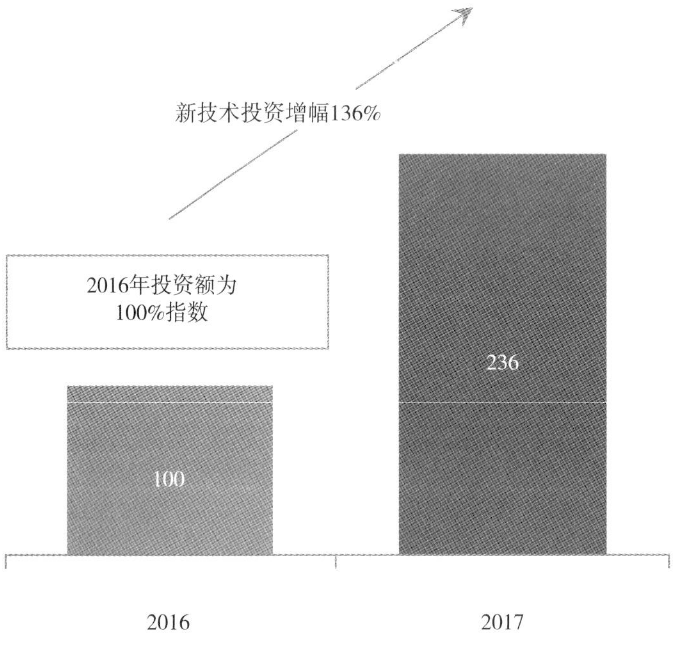

图 20　新技术投资情况

资料来源：2018 年 CCFA 便利店调研，文件检索。

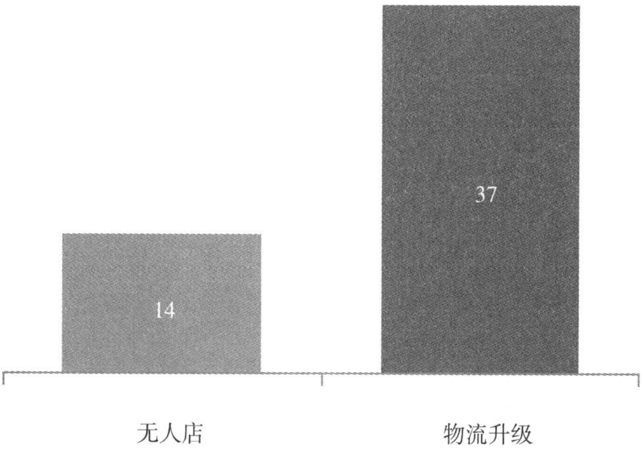

图 21　对新技术关注的样本企业数

资料来源：2018 年 CCFA 便利店调研，文件检索。

二、趋势展望

过去一年，便利店行业在数字化变革方面突飞猛进。

三方面因素促成了数字化变革的发展：一是中国消费者的全面数字化；二是互联网巨头进场建立数字化生态体系；三是传统便利店深入进行数字化变革。

2017 年，便利店的智能化探索发展迅速。

图 22　部分 2017 年新兴无人及智能便利店示例

资料来源：2018 年 CCFA 便利店调研，BCG 分析。

高度数字化的消费者，精通移动设备、电子商务、数字支付和社交媒体。

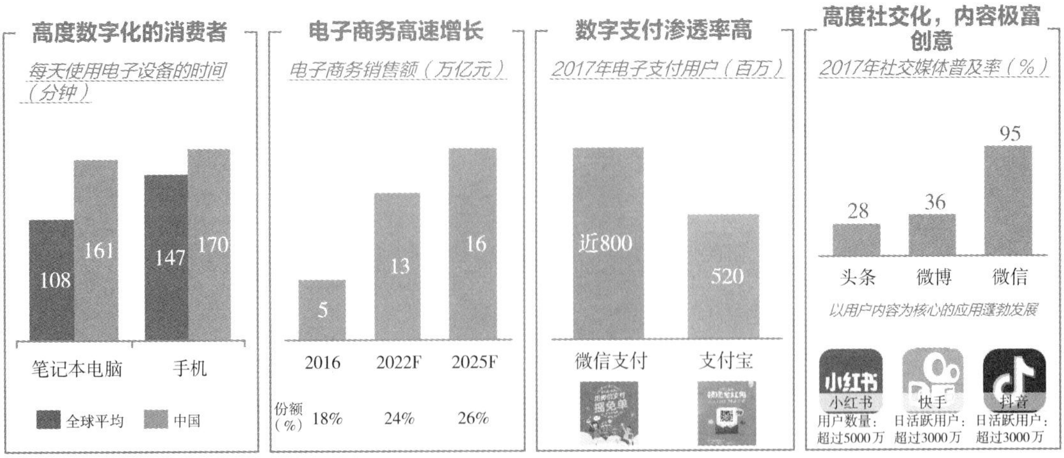

图 23 高度数字化的消费者

资料来源：2018 年 CCFA 便利店调研，BCG 分析。

同时，也带动了便利店智能化的快速发展。

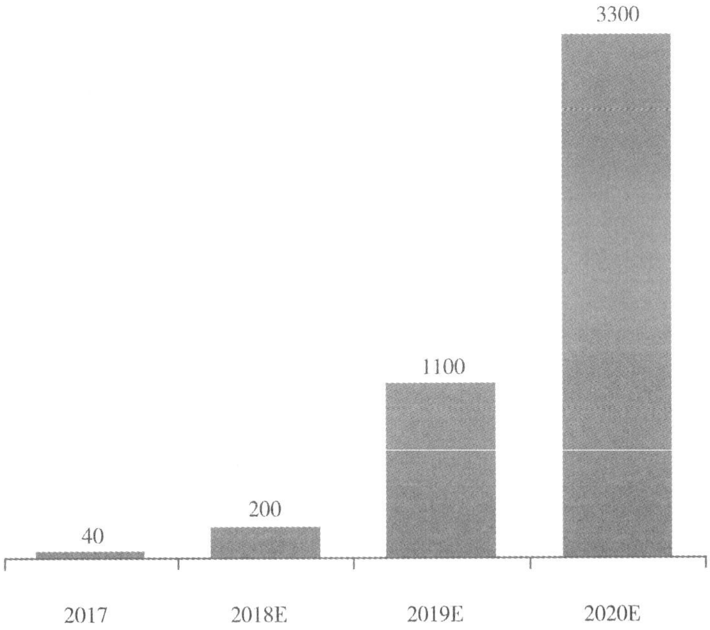

图 24 中国无人便利店市场规模（百万元）

资料来源：2018 年 CCFA 便利店调研，BCG 分析。

	模式	营业面积	代表企业
开架式	• 购物者可触摸商品，店内陈设与传统实体便利店并无二致	• 新兴智能便利店 • 20~200平方米	ELEVEn TAOCAFE 淘宝会员店 小麦公社 XIAOMAI BingoBox 缤果盒子 LAWSON
闭架式	• 购物者通过人机交互界面选购商品，相当于在店内集中摆放了多个柜台	• 设计 精致 • 10~60 平方米	神奇屋 Magic house F5未来商店 24爱购 www.24iGo.com

图 25　中国无人便利店模式

资料来源：2018 年 CCFA 便利店调研，BCG 分析。

互联网巨头纷纷介入线下零售业务。

图 26　聚焦互联互通和内容

资料来源：2018 年 CCFA 便利店调研，BCG 分析。

图 27 聚焦电商

资料来源：2018 年 CCFA 便利店调研，BCG 分析。

京东智能门店试点于 2017 年年末正式推出，涵盖超市和便利店两个类别。

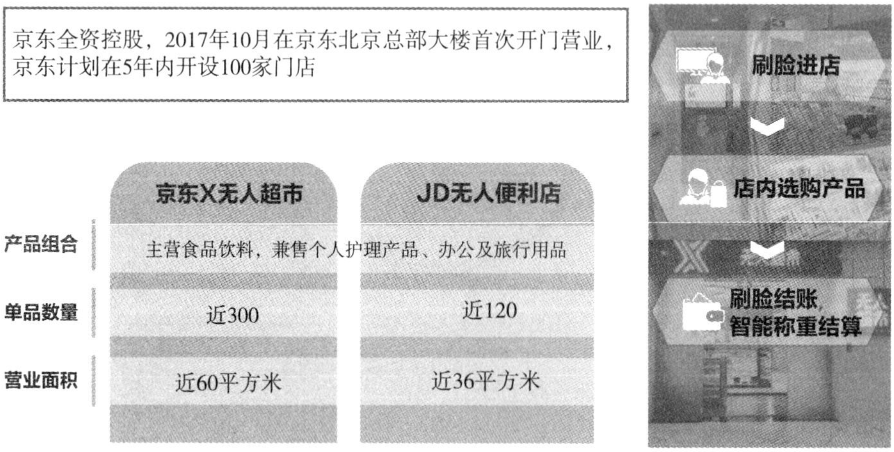

图 28 京东智能门店模式

资料来源：2018 年 CCFA 便利店调研，BCG 分析。

淘宝会员店成为阿里巴巴推出的新的便利店概念试点。

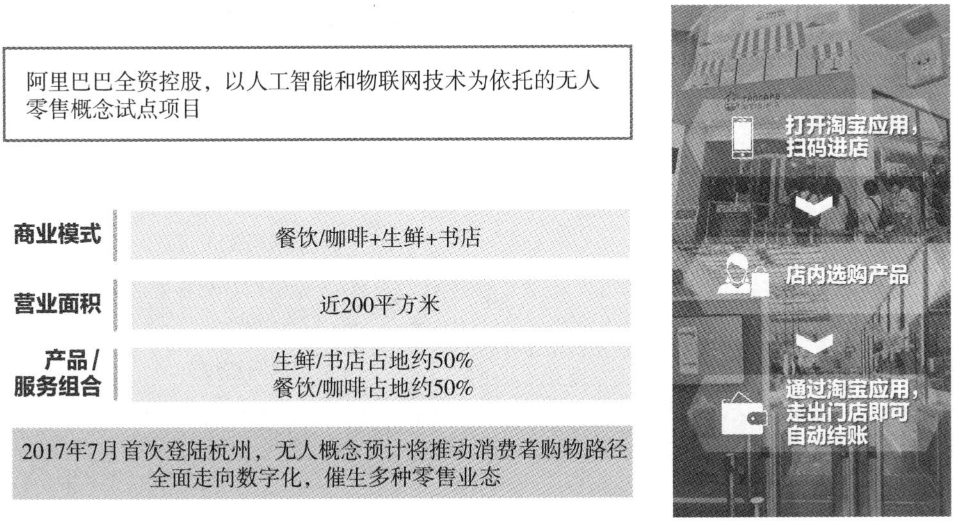

图 29　淘宝会员店模式

资料来源：2018 年 CCFA 便利店调研，BCG 分析。

传统便利店也在供应链、客户管理和智能门店等方面积极探索数字化变革。

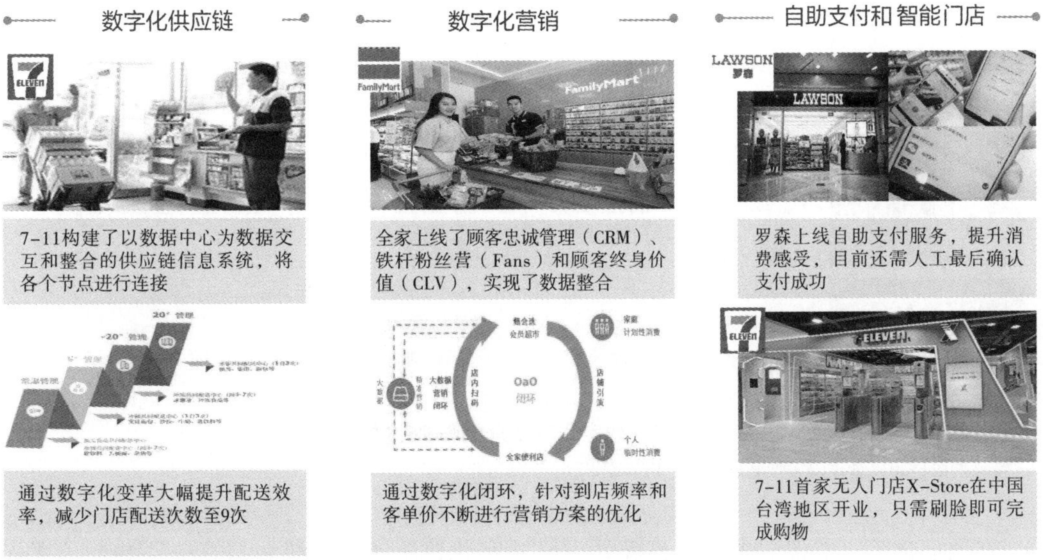

图 30　全方位的数字化变革

资料来源：2018 年 CCFA 便利店调研，BCG 分析。

中国便利店在智能门店的数字化技术应用方面发展迅速，处于世界领先水平。

亚马逊首家无人便利店2018年1月正式营业

- 亚马逊经过近1年的内测后，首家无人店于2018年1月在美国西雅图正式开业

- 国内在2017年即有数十家企业投身无人便利店业务，目前全国已有超过百家店投入运营

国内无人店技术路线多样，部分参与者在AI路线上与亚马逊处于同一水平

AI路线
通过传感器、机器视觉、深度学习等进行识别，技术难度较高，亚马逊、阿里等选择此路线

物联网路线
通过RFID标签进行识别，成本较高，易受气温等外部环境影响

互联网路线
以二维码扫描完成识别，客户体验较差

图 31 智能门店的数字化技术应用

资料来源：2018 年 CCFA 便利店调研，BCG 分析。

数字化是大势所趋，便利店行业应积极应对。

数字化是大势所趋，给传统零售商带来了实实在在的冲击

- 数字化和生态系统企业正逐渐重塑零售的未来
- 在数字化和日益显著的规模效应的冲击下，只有少数杂货商可以免遭淘汰
- 无法与时俱进的杂货商势必会被淘汰。很多市场将会被毫无二致的区域性企业所主导

为了免遭淘汰，传统便利店需要增强核心零售实力……

不管是否进行数字化转型，便利店行业都需要改造核心零售业务

- 谨慎选择产品组合
- 显著提升对客户的关注度
- 整合采购能力，利用规模效应与供应商谈判
- 投资改造门店、基础设施、流程和工具
- 打造优质自有品牌和全新的E2E能力

传统便利店还应积极巧妙地开展数字化转型

- 数字化转型危机和机遇并存，或许可以带来大幅新增长
- 与其单枪匹马地进行数字化转型，更为明智高效的做法是与生态系统公司强强联手，合作共赢

图 32 数字化转型危机和机遇并存

资料来源：2018 年 CCFA 便利店调研，BCG 分析。

在数字化变革的浪潮中，要正确处理好数字化这一工具与供应链这一零售核心的关系。智能门店、无人门店的尝试目前仍主要集中在增加引流和店内运营效率环节，长期竞争优势的建设仍然亟须智能技术在有人门店的规模化应用和供应链能力的支持。

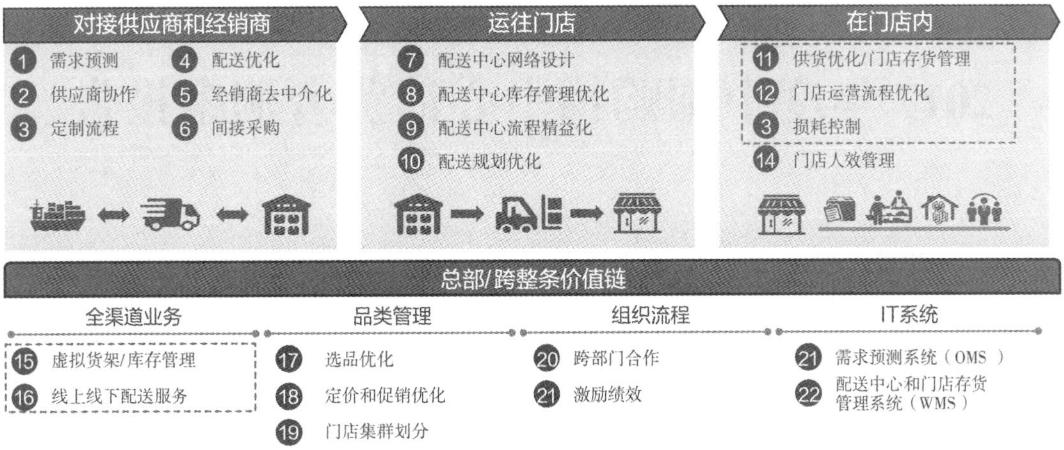

图 33 积极应对数字化转型

资料来源：2018 年 CCFA 便利店调研，BCG 分析。

便利店赢家需根据不同发展阶段要求，逐步实现全面能力提升。

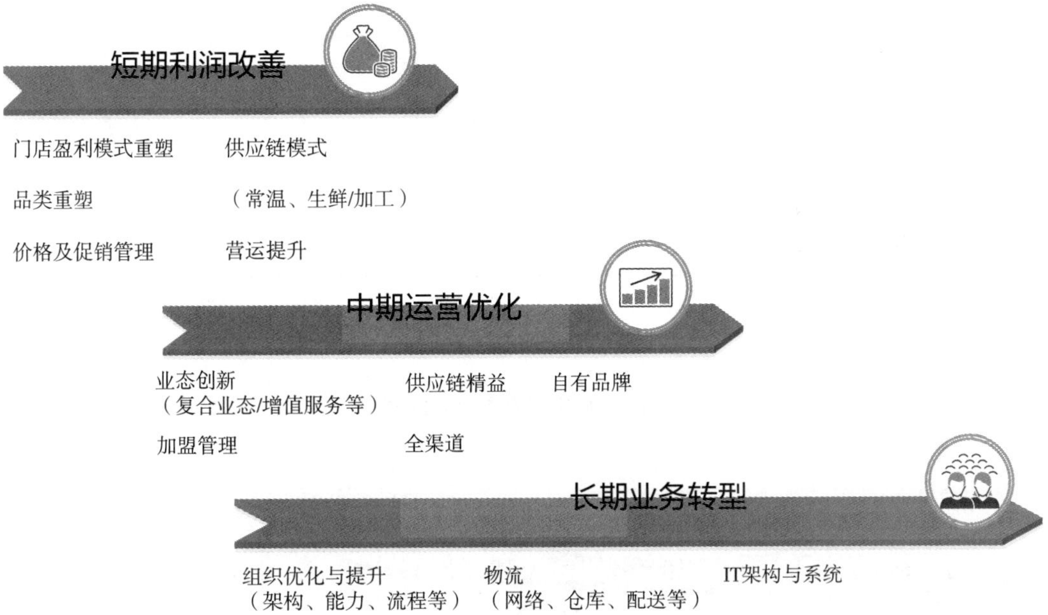

图 34 逐步实现全面能力提升

资料来源：2018 年 CCFA 便利店调研，BCG 分析。

2017 年度中国购物中心消费者洞察报告

一、前言

（一）新消费环境下中国消费者情况

1. 中国消费者信心指数继续增长

中国消费者信心指数从 2015 年到 2017 年连续三年增长，2017 年达到历史新高。持续激发城市经济活力，产业升级促进各线城市发展。

2. 以关注消费者的消费观念和消费行为变化为核心的“新消费”概念孕育而生

伴随资本与技术的双向驱动，中国开始步入新消费时代。新消费时代深根在当下中国经济社会的土壤中。

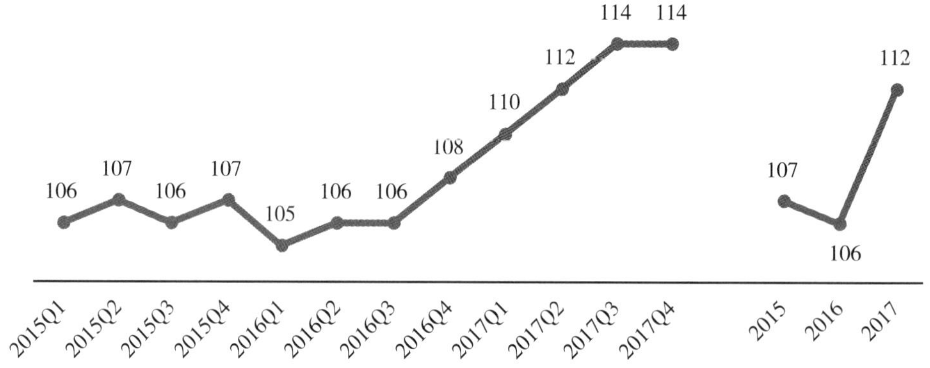

图 1 中国消费者信心指数

资料来源：尼尔森中国消费者信心调查。

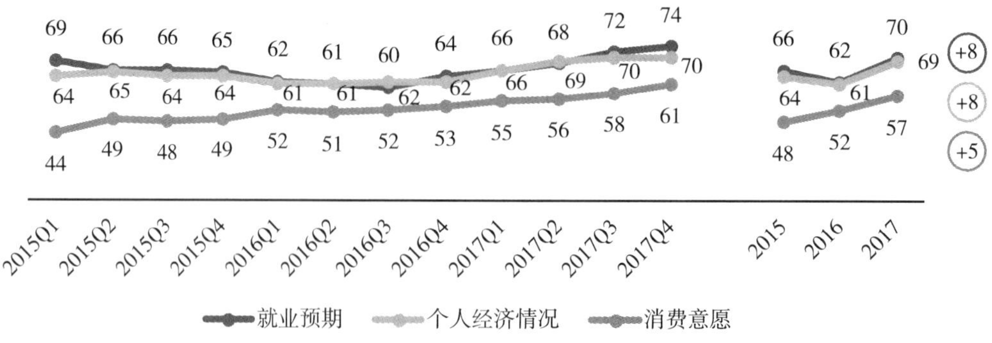

图 2 中国消费者信心指数构成要素

数据来源：尼尔森中国消费者信心调查。

第一，宏观经济的整体向好、人均可支配收入的稳步提升、中等收入群体扩大，个人的消费需求也将遵循马斯洛模型相应升级，从追求“怎么能买得到”到追求“怎么买得更好、更有品位”，消费面向更广范围（健康、快乐、休闲、社交、文化、娱乐等领域）、更深层次（从基本消费需求到精神意识消费需求，从使用、消耗到体验、感受）、更高品质（更加关注时尚、个性、性价比、价值），消费升级已然成为新消费时代的核心特征，也是推动新消费的主要力量。

第二，互联网环境发生颠覆性变革，线下与线上呈现融合协同式竞争，客流互通成为新趋势，社交平台、App小程序等移动互联新工具、新技术也在蓬勃发展，使用者的依赖性和参与度都在提高，社交消费的比例明显提升。

第三，三线及以下城市基础设施发展迅速，购物中心数量和质量均有所提升，伴随消费升级趋势的还有消费分化，三线及以下城市在整体消费市场中的潜力不容小觑，呈现环比三年持续增长，趋势较一、二线城市更为瞩目。

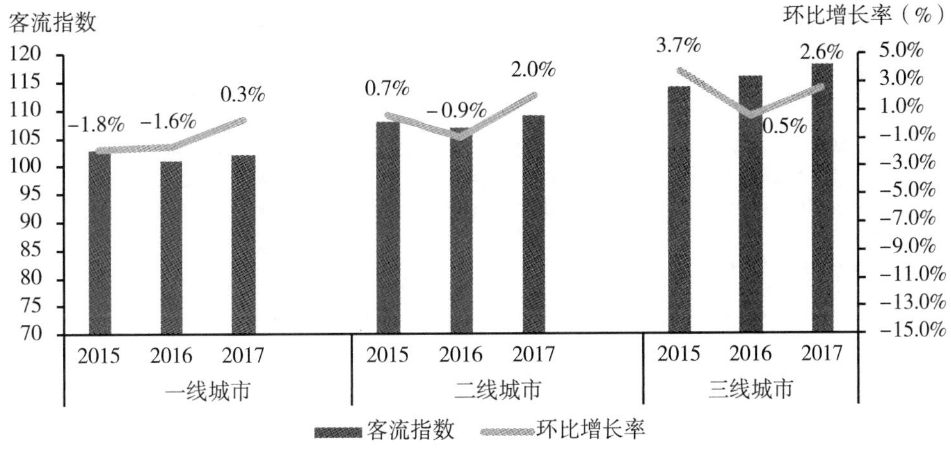

图3 2015—2017年各线城市购物中心客流指数及环比增长率

数据来源：汇纳科技。

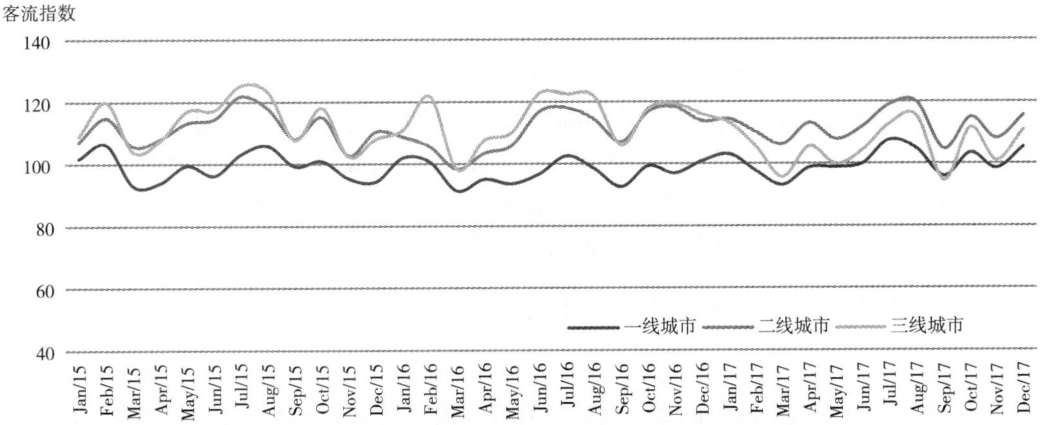

图4 2015—2017年各线城市购物中心客流量趋势

数据来源：汇纳科技。

第四，注重消费者体验，实现快慢生活无缝切换，助力消费者在购物中心中畅享多元场景。目前中国消费者普遍呈现快慢生活场景交错出现的现象，随着产业升级，城市高速发展，工作人群面临巨大的工作强度，因此在工作、餐食等不同场景下尽可能追求效率；而慢生活则体现在工作之余的休闲场景，如人气日益高涨的“随性”自由行、购物中心中十分常见的人气餐厅大排队等。看似矛盾的快慢场景切换实则显示出消费者理智的生活安排和需求，各类购物中心则更需紧紧把握类似场景和需求，实现消费者在购物中心中快慢场景的无缝切换以提升消费者黏性。同时也呈现出各种共享经济的现状，如共享住宿、共享健身仓等，这些都值得购物中心在其业态组合中因地制宜地灵活应用。

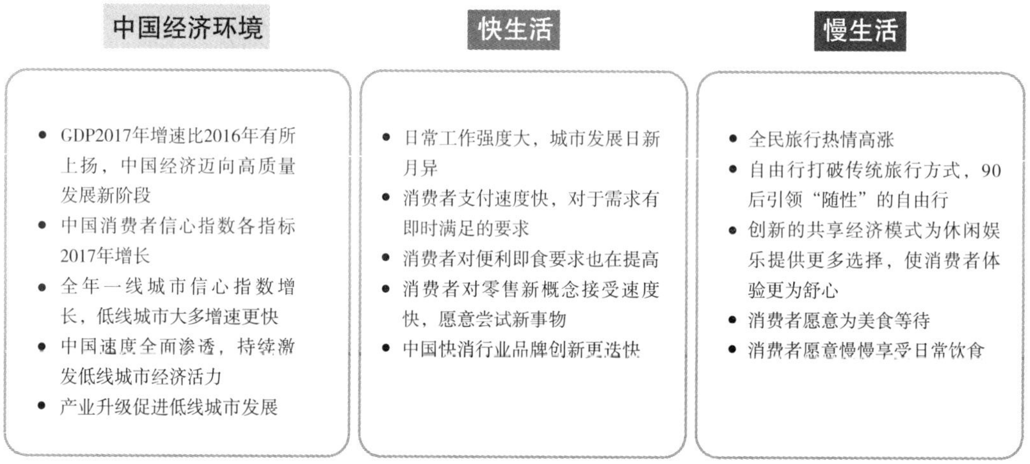

图 5 新消费环境下中国消费者情况

数据来源：尼尔森中国消费者信心调查。

综上所述，2018 年，中国零售业继续在新市场、新需求、新供给的驱动下，出现新一轮门店扩张的规模发展，技术零售也由数字化开始走向智能化。现代商业步入新消费时代，消费者不仅注重品质、体验，还更在意文化品位、情感触动的全方位满足，而经营者也在经历着从自营到共享，从交易到赋能的改变。

有鉴于此，商务部流通发展司委托中国连锁经营协会组织连锁型购物中心运营商开展调查，本次调查有 2005 个符合要求的购物中心普通消费者参加在线问卷的答复。在此基础上，中国连锁经营协会首度联合尼尔森、汇纳科技共同起草了《2017 年度中国购物中心消费者洞察报告》，以作为中国购物中心市场发展的补充性和佐证性指标，为各地政府和各市场参与主体在制定未来发展规划时提供参考性意见。

（二）中国购物中心消费者指数介绍

1. 定义

随着我国经济发展由高速度进入高质量阶段，消费已成为经济增长的主引擎，消费结构不断升级，各地购物中心建设也在加快并呈现阶段性过剩的态势。2015 年以来，中国连锁经营协会组织编制《中国购物中心发展指数报告》，对购物中心的发展现状和未来趋势进行分析，该《报告》在2016年由商务部首次发布。

由于购物中心的竞争加剧，基于区域、城市、业态和发展阶段的差异，各类购物中心的经营开始逐渐回归以消费者为核心，深入了解消费者行为已经成为很多购物中心从开发到营运的立足点和重要突破口。

中国购物中心消费者指数从消费者视角了解购物中心，通过量化指标衡量出当前中国购物中心消费者指数，并为今后进行数据追踪奠定基础。同时，通过洞察消费者行为态度、消费习惯和特征，为购物中心未来发展提供消费者端数据支持。

2. 样本范围

中国购物中心消费者指数的样本主要来自第三方专业市场咨询公司的在线消费者样本库。截至2016年12月，我国城镇互联网普及率达72.6%，线上人群对整体人口的代表性已较好。我们从中甄选了2005个购物中心消费者的有效问卷，覆盖了中国大陆地区31个省、自治区、直辖市范围内的261个城市。

在区域分布上，分别为东北（9%）、华北（12%）、华东（29%）、华南（12%）、华中（16%）、西北（8%）和西南（14%）。在城市能级分布上，一线和二线城市消费者占比分别为25%和45%，其余30%的消费者分布在三线及以下城市。按购物中心类型分类，有都市型、地区型、社区型和奥特莱斯型购物中心。

3. 指数编制方法

中国购物中心消费者指数指标体系设计有三个层级的指标，其中一级指标为总体指数，二级指标分别为客群人气指数、消费意愿指数和受欢迎指数，每类二级指标下有具体的三级指标说明。消费者指数得分由下级指标的得分按不同权重计算得出，权重计算主要通过SEM（结构方程）模型中的验证性因素分析，按照各类下级指标对上一级指标的影响程度计算而得，并且将所有指标的得分按照0~100进行标准化处理。和购物中心发展指数报告的解读相同，我们将50作为基准线，数值越大，消费者指数水平越高。总体指数则由各单项指数按以下设定的权重综合计算得出。

总体指数＝客群人气指数×19.3%+消费意愿指数×66.8%+受欢迎指数×14%

表1　指数体系及相应指数情况说明

一级指标	权重	说明
总体指数	—	—
二级指标	权重	说明
客群人气指数	0.193	—
消费意愿指数	0.668	—
受欢迎指数	0.140	—
客群人气指数说明	权重	说明
光顾指数	0.147	有无光顾
黏性指数	0.853	每次逗留时间×每月光顾频次

续表

消费意愿指数说明	权重	说明
消费转化率指数	0.003	消费转化率
消费额指数	0.557	过去三个月内人均消费金额
潜力指数	0.440	会员比例及评价
受欢迎指数说明	权重	说明
满意度指数	0.380	消费者对于购物中心的整体满意度
吸引指数	0.375	消费者对于购物中心重复光顾的意愿度
推荐指数	0.244	消费者对购物中心的推荐意愿

二、2017 年中国购物中心消费者指数基本情况

（一）总体指数

1. 总体指数向好，消费意愿高企

数据统计显示，2017 年全国综合指数为 65.85，高于基础线 15.85，表明整体购物中心消费者指数情况中等偏上。在二级指标上分析，受欢迎指数的得分最高，达到 73.58，表明目前购物中心在消费者中受欢迎程度较高。不过，影响总体指标权重最大的消费意愿指数只有 62.74，低于客群人气指数和受欢迎指数。这说明在高企消费意愿的背景下，购物中心应紧密把握消费趋势，将消费意愿转化为实际的消费行动。

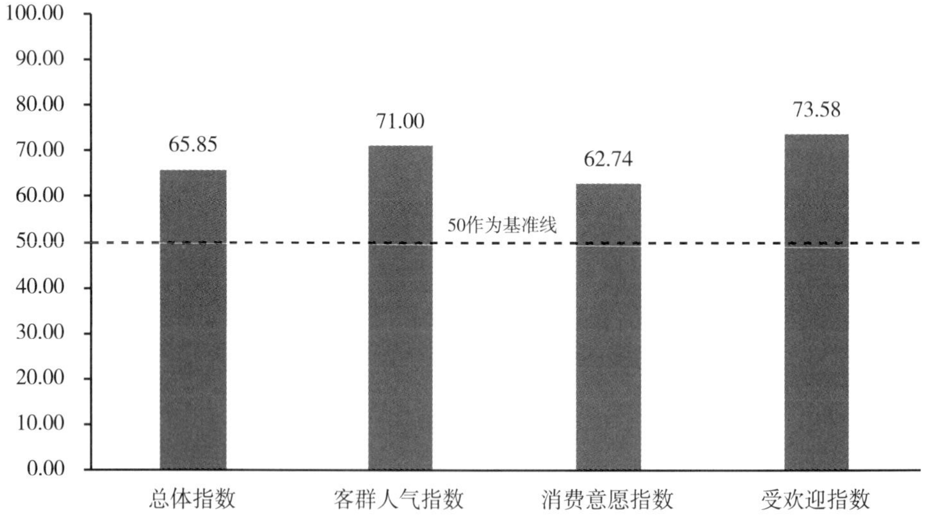

图 6　总体指数情况

资料来源：2017 年中国购物中心消费者调查。

2. 25~39 岁年龄消费者为核心人群；华东和华北地区总指数领先全国

从年龄上看，25~39 岁的人群明显高于其他年龄段的人群；从区域上看，华东和华北明显高于其他地方的水平；从家庭月收入水平来看，收入越高的家庭总体指数越高。按照购物中心类型来看，奥特莱斯、都市型购物中心的总体消费指数偏高。

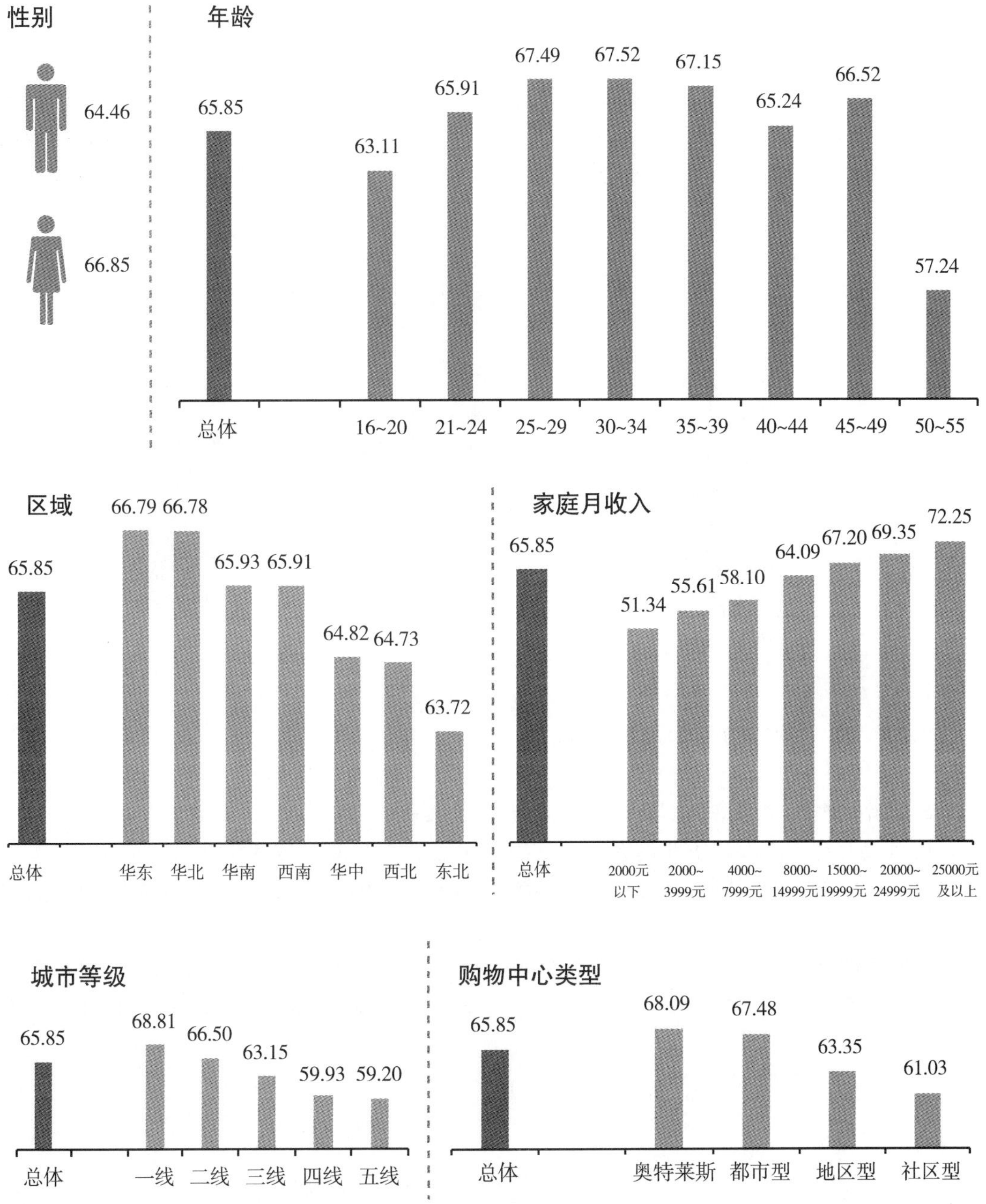

图 7　各项维度上的总体指数情况

资料来源：2017 年中国购物中心消费者调查。

（二）客群人气指数

1. 黏性指数明显低于光顾指数，未来的争夺是消费者忠诚度和黏性的争夺

客流和客群是购物中心经营的基础。它代表着购物中心的客群流量情况，因此消费者指数首先会分析购物中心对于目标消费人群的客群人气指数情况。在本次研究中，我们主要从消费者在购物中心的光顾频次和逗留时间来进行综合考量。在指标体系中，光顾频次为购物中心的光顾指数，逗留时间为购物中心的黏性指数。通过计算，全国购物中心的客群人气指数为 71。从客群人气指数的下级指标来看，黏性指数明显落后于光顾指数的情况，消费者逛购物中心或购物更追求速战速决。目前国内购物中心的忠诚客户或者超级消费者的发展水平仍处于初级阶段，未来购物中心消费者的争夺是消费者忠诚度和黏性客户的争夺。

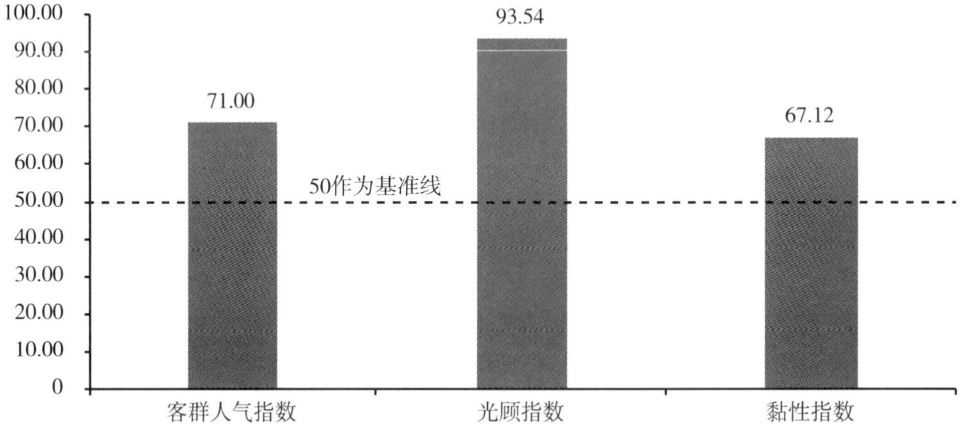

图 8　客群人气指数情况

资料来源：2017 年中国购物中心消费者调查。

2. 西南和华北人气领先，一、二线城市表现强劲

从地域上看，西南和华北的客流人气指数明显高于其他区域的消费者，分别是 73.02 和 71.96。人口总量、人群生活习惯、购物中心的建设情况都是影响客流人气指数的因素。

从城市能级来看，一、二线城市的客群人气指数明显高于三线及以下城市，且分别都高于全国的客群人气指数情况，说明三线及以下城市的购物中心在吸引人气方面还应该作进一步的探索。

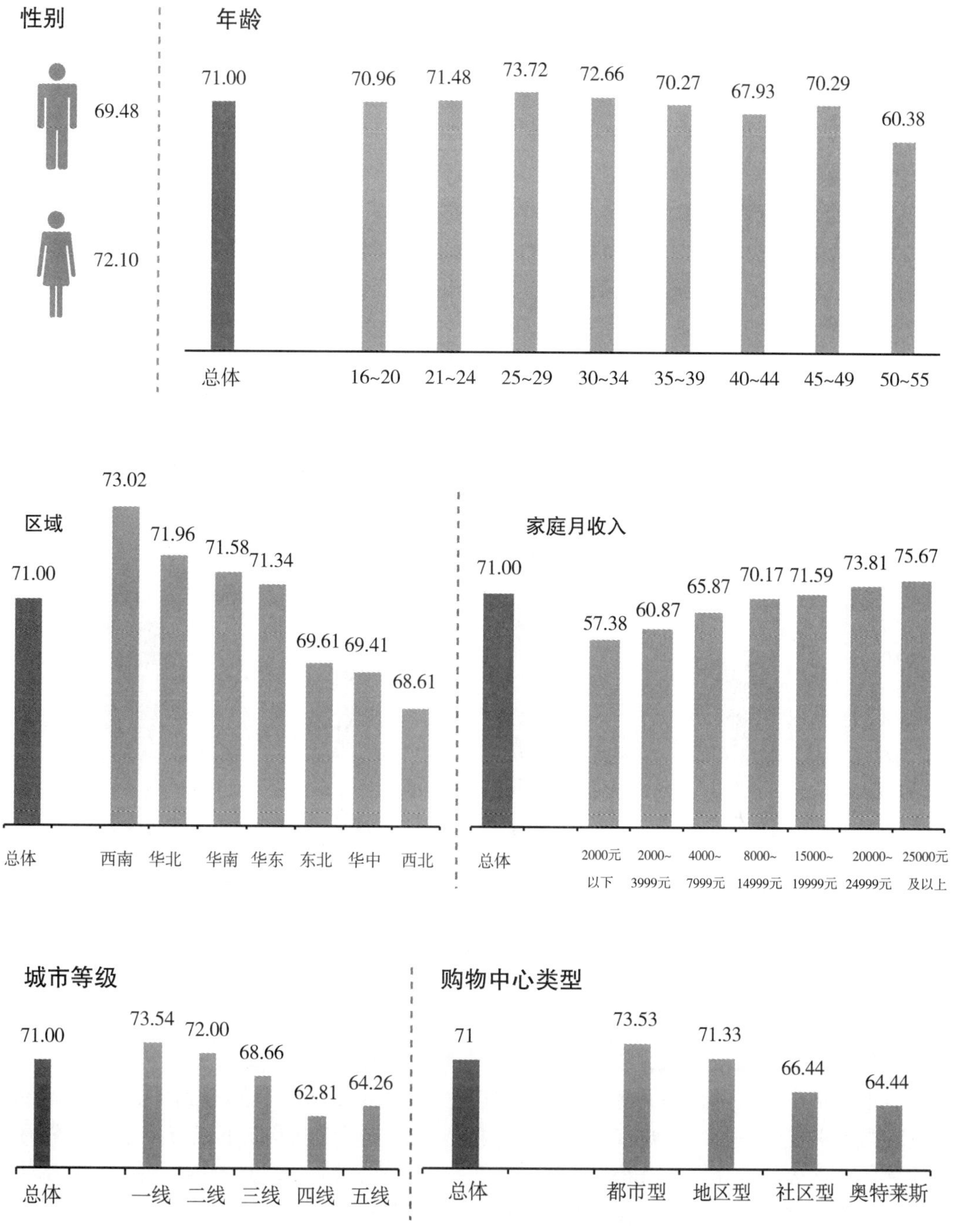

图 9 各项维度上的人气指数情况

数据来源：2017 年中国购物中心消费者调查。

（三）消费意愿指数

1. 消费额指数表现较弱，购物中心应持续保持品牌升级和业态创新

在分析客流人气指数后，是否能够产生消费是购物中心经营者更为核心的关注指标。消费意愿指数代表着购物中心对消费者的吸金能力。这种消费能力主要从消费者在购物中心的消费转化率、过去三个月内人均消费金额、购物中心会员比例及会员对购物中心的评价综合考量。在指标体系中，消费者在购物中心的消费转化率为消费转化率指数，过去三个月购物中心人均消费金额为消费额指数，会员比例及会员的评价为潜力指数。通过计算，全国购物中心的消费意愿指数为62.74，在二级指标中对总指数的影响最大，却表现最弱。特别在消费额指数方面只达到56.09，明显落后于消费转化率指数（95.67）和潜力指数（70.94）。这说明消费者在购物中心的消费转化高，但花费金额有限。购物中心需要通过业态创新、品牌迭代等营运和营销提升，激发消费者更强烈的消费意愿和行为。

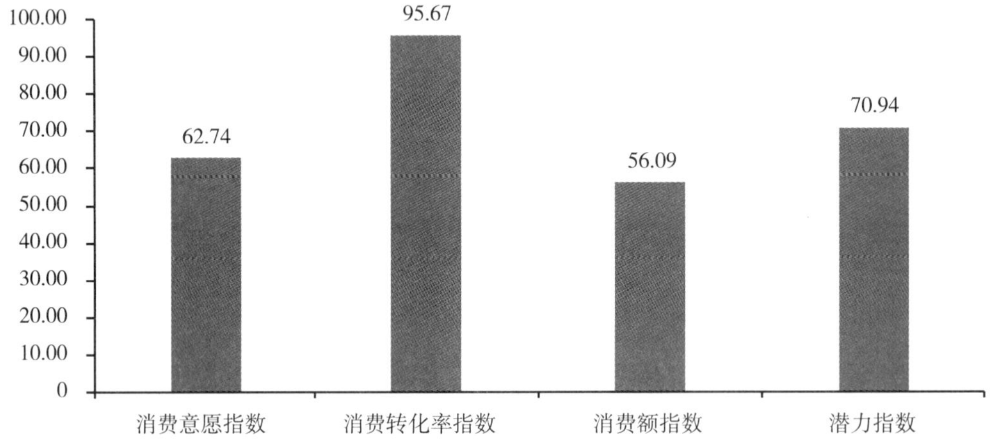

图 10 消费意愿指数情况

数据来源：2017 年中国购物中心消费者调查。

2. 华北和华东表现抢眼，中高收入群体贡献了主要消费力

华北和华东地区的消费意愿指数领跑其他大区的消费者，分别达到64.04和63.98；从城市能级来看，一、二级城市的消费意愿指数明显高于三线及以下城市，且高于全国消费意愿指数；从家庭月收入来看，15000元是一个重要分界，超过15000元的消费者明显在消费意愿指数上高于家庭月收入低于15000元的消费者。

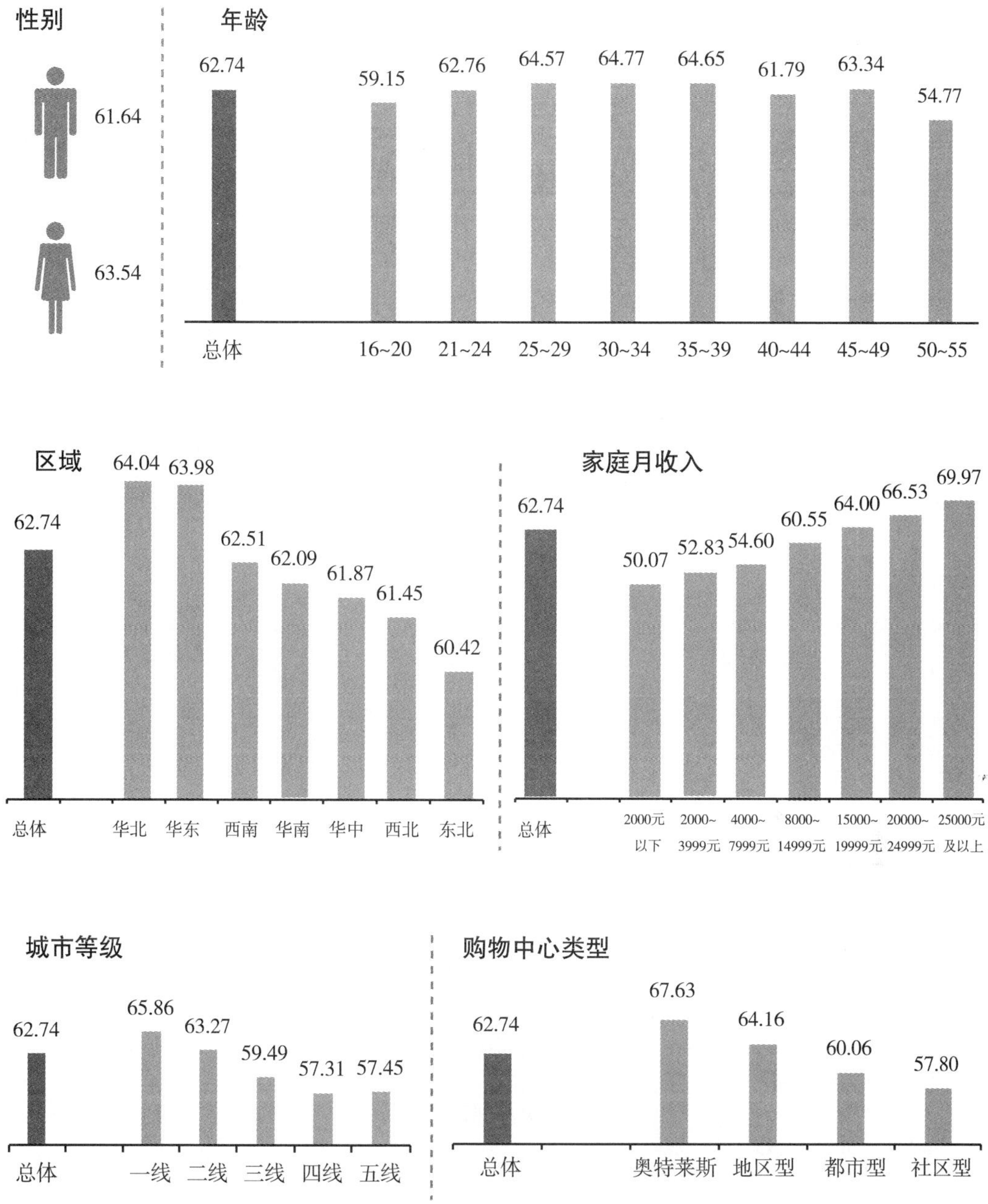

图 11　各项维度上的消费意愿指数情况

数据来源：2017 年中国购物中心消费者调查。

（四）购物中心受欢迎指数

1. 消费者未来消费兴趣高，中国理想购物中心值得期待

分析购物中心在消费者心目中是否受到欢迎也是非常值得关注的问题，它可以反映出

消费者对购物中心的忠诚度。根据研究，受欢迎指数是从消费者是否满意、是否继续光顾和推荐度这三个方面对购物中心进行的评价。

是否满意来自消费者对于购物中心的整体和各分项满意度评价，即满意度指数；是否继续光顾来自消费者重复光顾购物中心的意愿度，即吸引指数；推荐度来自消费者是否愿意将购物中心推荐给其他人的比例，即推荐指数。通过计算，全国购物中心的受欢迎指数为 73.58，情况良好。特别是在满意度指数和吸引指数上面获得了消费者比较高的评价。

此外，需要指出的是，现阶段中国很多购物中心在做满意度研究时，更多的只把满意度作为营运当中的考核指标。而事实上是，消费者每一次完成客户体验后都会对品牌印象产生影响，进而影响到下一次体验的客户期望。消费者对于购物中心的期望随着竞争加剧而变得更加不确定。购物中心需要持续监测消费者的期望变化从而提升客户体验，才能真正把握住消费者。

对于理想购物中心，消费者需求主要是体现在满足品牌丰富，在亲子、餐饮和休闲娱乐这些业态上的提升，以及交通便利性、休息区空间、卫生间卫生水平和设备完善等方面。此外，越来越多的消费者也会对健康环保这些新消费概念产生浓厚的兴趣。

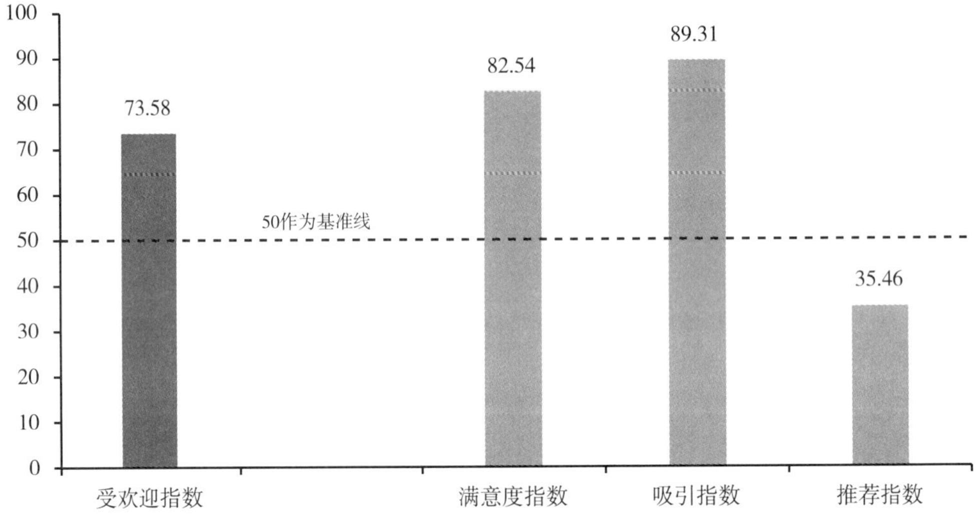

图 12 受欢迎指数情况

数据来源：2017 年中国购物中心消费者调查。

2. 华南和西北地区的受欢迎指数领跑其他大区；购物中心更受到中高收入家庭的欢迎

华南和西北地区的受欢迎指数领跑其他大区的消费者，分别达到 76.52 和 75.12；从购物中心类型来看，奥特莱斯和都市型购物中心的受欢迎指数明显高于其他类型，且高于全国受欢迎指数；从家庭月收入来看，相比于家庭月收入低于 15000 元的消费者，购物中心明显在家庭月收入超过 15000 元的消费者心中更受欢迎。

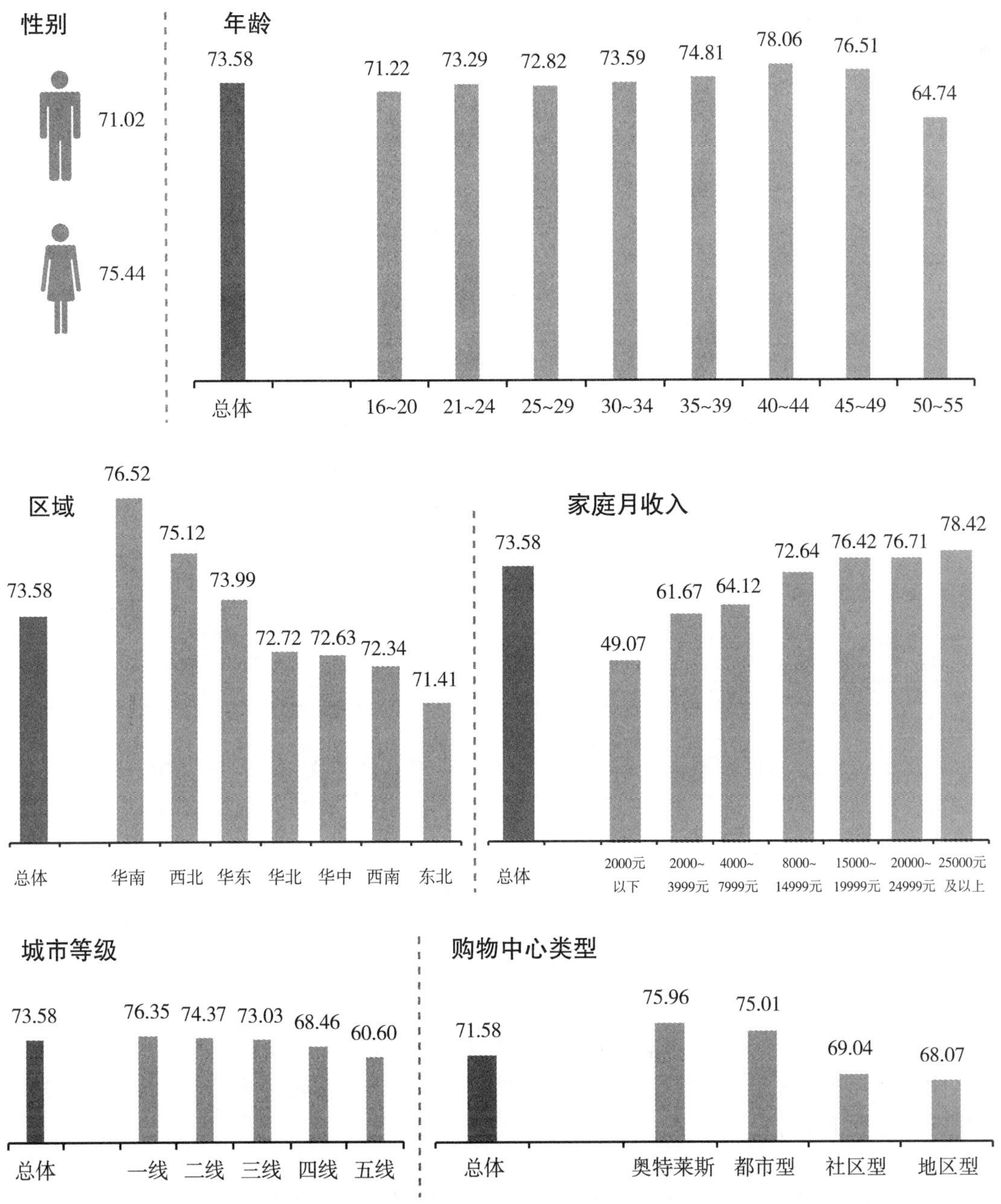

图 13 受欢迎指数

数据来源：2017 年中国购物中心消费者调查。

（五）城市总体指数情况

本次购物中心消费者指数模型评测得出的结果显示，2017 年 261 个中国主要城市中，前 12 名的总体指数情况如下：

第一梯队：上海、深圳、北京、成都；

第二梯队：武汉、广州、南京、杭州、郑州；

第三梯队：西安、重庆、沈阳。

表 2　　TOP12 城市消费者指数表现情况

城市＼指标	总体指数	客群人气指数	消费意愿指数	受欢迎指数
上海市	70.30	74.09	67.91	76.53
深圳市	68.83	71.05	64.56	86.19
北京市	68.03	73.24	65.49	72.97
成都市	68.02	74.93	64.23	76.60
武汉市	67.66	71.04	64.58	77.73
广州市	67.32	73.89	63.36	77.18
南京市	66.96	70.49	63.48	78.74
杭州市	66.83	72.51	63.88	73.06
郑州市	66.29	73.48	63.73	68.59
西安市	65.11	69.38	61.83	74.89
重庆市	64.90	72.87	63.05	62.72
沈阳市	64.86	70.38	61.65	72.57

总体而言，12 座城市的梯队划分与城市发展水平（涉及人口、人均 GDP 等指标）基本匹配，但值得注意的是，成都取代广州成功进入第一梯队，武汉也后来居上，总体指数得分领先广州。具体来看，作为特大城市之首的上海，其凭借雄厚的顾客消费实力和高水平的购物中心质量，在总体指数上的得分位列榜首，购物中心在全国具备绝对优势。深圳则在购物中心的受欢迎指数上位居全国第一，遥遥领先其他城市，其购物中心提供高质量的消费服务和一站式的消费体验，较高的推荐度和再光顾意愿将会在未来推动顾客消费意愿提升，牵引消费实力达到较高水平。成都购物中心近年来蓬勃发展，出现了一大批高质量、有特色的新兴购物中心，其作为西南重镇的经济地位得到展现，光顾指数和黏性指数共同驱动成都在客群指数居首位。相比特大城市，在生活节奏较缓的成都，逛商场成为休闲生活的重要组成部分。

三、多元数据结合的消费者深入洞察与趋势展望

2017 年以来，逐渐回暖的消费市场和前所未有的新消费浪潮带给了商业地产新的活力，也带给了商业地产人新的困惑，高企的消费者信心抵消不掉日益白热化的竞争，曾经的卖方市场现在完全过渡为买方市场，互联网和移动互联网经济催生出大批长尾需求有待迎合，代际变迁与新生代消费者成长红利所带来的多样个性又使消费需求越发多元，洞察“人心”日益重要。我们将结合上文研究数据，对购物中心目标消费群体进行深入洞察，并展望其未来趋势。

（一）目标消费群体描摹——从地区、代际和生命周期角度综合解读该群体画像

一、二线城市“银发经济”有待挖掘；三线及以下城市“他经济”不容忽视，年轻客群或成主流。

数据显示，占据人群结构6成比例的女性客群与家庭客群仍是各级城市中购物中心的主力人群。该特征最为鲜明的是一、二线城市，其中尤以有0~7岁孩子家庭客群为全国主力。而三线及以下城市中，爱逛购物中心的男女占比的差距开始缩小，四、五线城市出现男性消费者比例超出平均水平10个百分点的情况，在大力倡导“她”经济的时代，三线及以下城市的“他”经济不失为令人眼前一亮的发现。

将城市客群特征聚焦于年龄因素与家庭结构，三线及以下城市则普遍表现出年轻化和单身化的特征，结合宏观市场分析，该现象与我国近年来大力发展城市基础设施建设，促进城市间协同发展及城市产业升级具有密切关系，预计未来三线及以下城市购物中心将拥有越来越多的年轻群体。

一线城市购物中心消费则呈现明显的年长趋势，30岁以上群体占比高出总体水平7个百分点，随着未来10年至20年中国消费中坚力量逐步进入老龄化阶段，一、二线城市对于“银发经济”亦有关注的必要。

表3　　不同能级城市消费者男女比例（%）

性别	城市能级						
	总体	一线	二线	三线及以下	三线	四线	五线
男	40	38	37	46	43	53	53
女	60	62	63	54	57	47	47

表4　　不同能级城市消费者年龄比例（%）

年龄	城市能级						
	总体	一线	二线	三线及以下	三线	四线	五线
16~20岁	20	16	20	25	22	23	34
21~29岁	35	32	34	35	34	37	35
30~39岁	25	31	28	18	20	13	14
40~49岁	17	19	16	18	21	16	14
50岁以上	3	2	2	4	2	11	3

表 5　　不同能级城市消费者家庭结构比例（%）

家庭结构	城市能级						
	总体	一线	二线	三线及以下	三线	四线	五线
未婚	39	29	39	48	49	39	49
两口之家	8	9	9	6	7	7	5
三口之家（0~7 岁孩子的家庭）	21	28	22	12	12	11	13
三口之家（8~15 岁孩子的家庭）	11	13	10	10	12	12	4
三口之家（15 岁以上孩子的家庭）	13	14	13	14	13	19	14
复合家庭	8	8	7	10	8	11	15

一、二线城市客群收入呈现多样化特征，与城市多元化的商业可满足不同收入群体的需求有关，而下沉至三、四线城市则呈现出高端消费空心化特征——收入在 8000 元以下的消费群体占比比总体水平高 14 个百分点，且光顾客群多黏性不足。由此可见，趋于同质化的供应不能满足三线及以下城市消费者日益增长的多元消费需求，购物中心对其来说将承载除“买买买”更多的日常功能，切实触达其生活的痛点才是促进高消费群体回流三线及以下城市的必经途径。

表 6　　不同能级城市消费者收入比例（%）

家庭月收入	城市能级						
	总体	一线	二线	三线及以下	三线	四线	五线
2000 元以下	2	1	1	5	2	7	11
2000~3999 元	3	1	2	8	6	12	11
4000~7999 元	10	4	10	16	13	18	25
8000~14999 元	36	23	38	42	45	39	34
15000~19999 元	24	24	28	18	21	19	9
20000~24999 元	13	20	13	6	8	1	6
25000 元及以上	12	27	8	5	5	4	5

（二）探究消费者光顾购物中心的核心驱动力

1. 消费者买什么

华北消费力及消费意愿最为强劲，华南最爱休闲娱乐，华东注重自我关爱，东北重视形象及下一代教育。

由不同区域消费品类和消费金额表现差异可见，华南消费者在休闲娱乐品类上花费高于整体水平 21 元，为各地最高，日常休闲特性明显；华北消费者在多品类消费上都显现出强劲的消费力，且以总金额 2218.6 元遥遥领先；华东消费者在服饰鞋包、首饰饰品方面消费明显高于其他区域，呈现显著的自我关注度；东北消费者则将大部分金额投入服饰与下一代教育中，尤其儿童类消费，普遍高于整体金额的50%以上，在一定程度上显现出地区特性。

表7　　不同区域的人均消费金额

类别	整体	华东	华南	华北	华中	西南	西北	东北
每月人均消费金额								
总金额	1720	1854.5	1703.5	2218.6	1533.1	1834.2	1141.4	1321.2
最近一次人均消费金额								
超市类	291	325.28	299.25	344.64	238.31	220.83	322.10	268.32
服饰、鞋、包	474.18	502.92	361.64	674.37	450.39	380.58	379.05	539.74
化妆品类	293.00	356.13	282.38	374.10	259.57	218.26	216.21	226.98
数码电子	177.48	183.28	143.02	296.38	141.34	115.99	257.28	147.62
家居用品	63.63	77.97	57.47	93.78	39.08	38.91	62.43	70.28
首饰类	120.84	167.00	95.35	165.44	105.44	74.34	53.08	97.83
正餐类	168.78	188.28	141.16	178.20	145.44	156.52	207.90	157.78
甜品、小吃	76.10	80.67	71.26	67.52	75.27	72.97	87.42	75.81
休闲娱乐	84.98	85.53	105.81	76.49	98.39	57.04	75.87	89.60
服务配套类	151.53	135.55	103.52	317.62	123.60	106.64	187.08	131.04
儿童零售类	147.76	144.37	107.89	115.66	148.49	155.24	256.88	213.10
儿童娱乐类	68.05	55.11	67.68	33.55	61.02	98.81	60.31	151.50
儿童培训类	68.98	68.33	83.02	93.68	12.34	94.83	50.00	86.00
儿童配套服务	52.83	42.48	83.87	27.58	74.66	34.43	31.25	79.50

但就未来期望看，一、二线城市尝鲜心态突出，对于各业态期望度都显著高于三线及以下城市，而三线及以下城市消费升级有一定空间，精准把握需求是关键。

表8　　不同能级城市希望增加和消费的服务（%）

消费品类与服务	城市能级						
	总体	一线	二线	三线及以下	三线	四线	五线
零售类（如服饰鞋包、珠宝首饰、化妆品、家居家饰、数码体验店）	58	64	58	54	60	45	43
餐饮消费（如正餐、轻餐、饮料等）	60	62	61	55	60	54	41
休闲娱乐类（如电影、冰场、书店、电玩城、KTV）	67	68	69	63	65	59	59
超市购物（如生鲜食品、日用品、杂货）	49	53	48	47	51	45	40
生活服务类（如健身房、运动类服务、美容美发类）	44	49	45	40	39	43	38
亲子儿童类	18	25	17	13	12	18	13

2. 消费者怎么买——线上与线下渠道分工越发明确

新消费驱动下，线上与线下互通成为趋势，消费者越发清晰不同品类的高效购买渠道是什么，对于娱乐、教育、儿童用品等体验类产品与服务，消费者多会选择线下渠道；而对于数码家电、服饰鞋包等网络即可解决购买需求的品类，线上购买占比越来越高。精准把握消费者购买渠道趋势，对于购物中心合理布局业态规划意义匪浅。

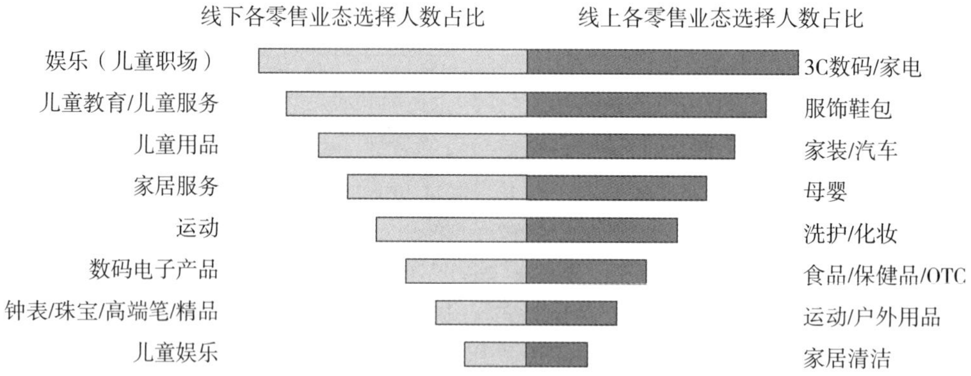

图 14　2017 年线下商场细分业态与线上零售业态 TOP8

数据来源：汇纳科技。

3. 消费者何时买—— 一线城市消费者到访购物中心频率显著较高

2017 年，全国消费者到访购物中心频率为每月 2 天，即平均每 1~2 周一次的水平，而一线城市购物消费者到访频次则普遍较高，频率在每周 2~3 次的消费者占比 48%。究其原因，商业的多样化选择在一定程度上带动了消费者的逛街热情。

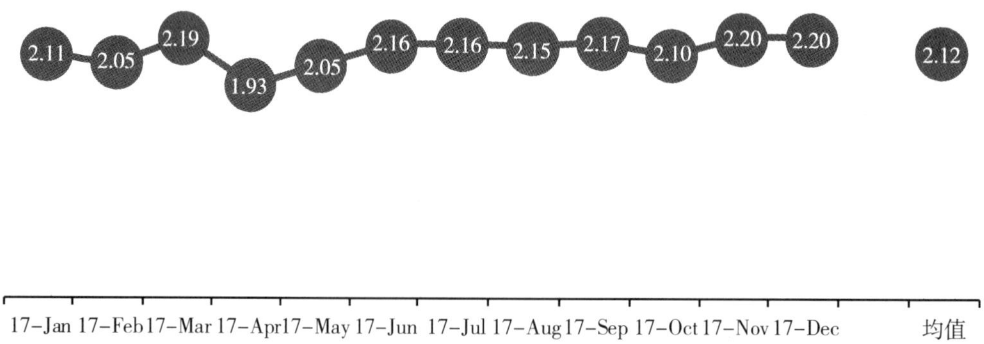

图 15　2017 年顾客平均到访购物中心天数（月）

数据来源：汇纳科技。

表 9　　不同能级城市的逛街频次对比（%）

逛街频次	城市能级						
	总体	一线	二线	三线及以下	三线	四线	五线
每天逛街	1	1	1	2	2	1	3
每周 2~3 次	38	48	36	33	36	24	32
每周 1 次	40	36	43	38	38	37	38
每月 1 次	13	9	12	17	16	27	14
每 2~3 个月 1 次	6	3	6	8	6	10	10
每半年及以上 1 次	2	2	2	2	2	1	4

4. 消费者喜欢什么活动

打折和美味是永恒主题，亲子活动则在社会中坚力量与华南地区更受喜爱，男性消费者对电竞游戏展现出特殊的喜爱。

选择打折促销活动作为自己喜欢活动的消费者整体占比最高，为 81%，其次为美食节，占比 63%，且这种高选择率差异同时出现在年龄层与地区的消费群体中。

年龄层差别中，30~44 岁群体对于亲子类活动更为偏爱，选择比例达到 39%；45~55 岁群体则关注讲座/沙龙活动。

区域差异中，华南消费者对于亲子类活动的偏好高于整体水平 4 个百分点。

表 10　　吸引不同年龄阶段的主题活动对比（%）

类别	整体	16~29 岁	30~44 岁	45~55 岁
折扣促销活动	81	77	82	93
产品发布会	30	30	30	30
动画卡通 IP 展	25	30	23	8
书画/摄影展	21	23	19	13
讲座/论坛/沙龙	19	18	20	22
运动类	25	28	25	14
电竞游戏	21	27	15	7
亲子互动类活动	23	14	39	16
美食节	63	65	62	57
满额抽奖	43	42	46	41

表 11　　吸引不同区域的主题活动对比（%）

类别	整体	华东	华南	华北	华中	西南	西北	东北
折扣促销活动	81	80	84	77	84	80	78	81
产品发布会	30	29	32	28	29	33	36	23
动画卡通 IP 展	25	29	27	23	24	25	19	23
书画/摄影展	21	21	21	25	22	25	12	13
讲座/论坛/沙龙	19	19	20	19	22	19	19	17
运动类	25	28	27	25	26	25	20	21
电竞游戏	21	24	22	16	19	24	12	21
亲子互动类活动	23	24	27	25	24	21	19	15
美食节	63	71	65	63	55	56	68	59
满额抽奖	43	46	47	40	43	36	49	39

表 12　　吸引不同性别的主题活动对比（%）

类别	整体	男性	女性
折扣促销活动	81	78	82
产品发布会	30	27	32
动画卡通 IP 展	25	22	27
书画/摄影展	21	19	22
讲座/论坛/沙龙	19	18	20
运动类	25	29	23
电竞游戏	21	31	13
亲子互动类活动	23	21	24
美食节	63	60	65
满额抽奖	43	41	44

5. 消费者如何获取信息——社群效应影响显著，公众号发布和“眼见为实”也是获客主要渠道

亲朋好友的告知是 5 成以上消费者获取信息最主要的渠道，即各年龄阶段都会呈现社群影响效应，该现象在熟人社会特性明显的三线及以下城市更为突出（高出整体水平 5 个百分点）。微信公众号则在一线城市更火（高出整体水平 4 个百分点）。公众号和外立面广告也是各类人群最为青睐的获取信息方式。

表 13 吸引不同年龄阶段的信息渠道对比（%）

类别	整体	16~29 岁	30~44 岁	45~55 岁
亲朋好友告知	54	54	53	59
手机短信	35	30	41	41
店铺员工告知	26	26	25	33
微信公众号	58	56	60	59
购物中心外立面广告	63	62	65	64
电视、电台广告	28	29	27	23
电梯、户外广告	23	24	22	18
出租车 LED 广告	11	11	12	9
地铁站/地铁/公交车广告	27	30	25	21
微博推送信息	21	23	20	13
App 推送信息	21	20	23	14

表 14 吸引不同区域的主题活动对比（%）

类别	整体	华东	华南	华北	华中	西南	西北	东北
亲朋好友告知	54	53	51	48	64	49	52	63
手机短信	35	35	41	36	32	37	28	34
店铺员工告知	26	25	23	25	34	27	23	25
微信公众号	58	62	62	57	59	56	40	57
购物中心外立面广告	63	63	65	58	65	62	70	60
电视、电台广告	28	31	24	28	28	26	28	24
电梯、户外广告	23	24	22	24	20	25	27	18
出租车 LED 广告	11	12	12	8	11	14	14	11
地铁站/地铁/公交车广告	27	29	34	29	23	30	21	21
微博推送信息	21	23	25	23	22	22	11	12
App 推送信息	21	24	25	23	18	17	17	16

表 15 不同能级城市消费者获取信息的渠道（%）

满意程度	城市能级						
	整体	一线	二线	三线及以下	三线	四线	五线
亲朋好友告知	54	48	54	59	60	64	55
手机短信	35	36	36	34	34	36	31
店铺员工告知	26	25	27	26	29	23	20
微信公众号	58	62	58	53	53	58	52

续表

满意程度	城市能级						
	整体	一线	二线	三线及以下	三线	四线	五线
购物中心外立面广告	63	62	63	64	66	60	59
电视、电台广告	28	32	25	29	31	23	26
电梯、户外广告	23	23	24	21	24	18	17
出租车 LED 广告	11	11	12	12	12	13	11
地铁站/地铁/公交车广告	27	36	27	21	25	13	15
微博推送信息	21	29	21	13	13	16	14
App 推送信息	21	26	19	20	19	18	23
宣传单	0	0	0	0	1	1	0

另外，目前多数购物中心主打的 App，在消费者获取信息渠道中排名并不靠前，整体选择比例仅 21%，相比最受欢迎的渠道低 30~40 个百分点。结合专业咨询公司研究结果，商场优惠信息、活动信息等是消费者下载商场官方 App 的主要考虑因素，建议购物中心有的放矢地优化 App 内容设计与推送，增强 App 这一期望主推渠道的用户使用率。

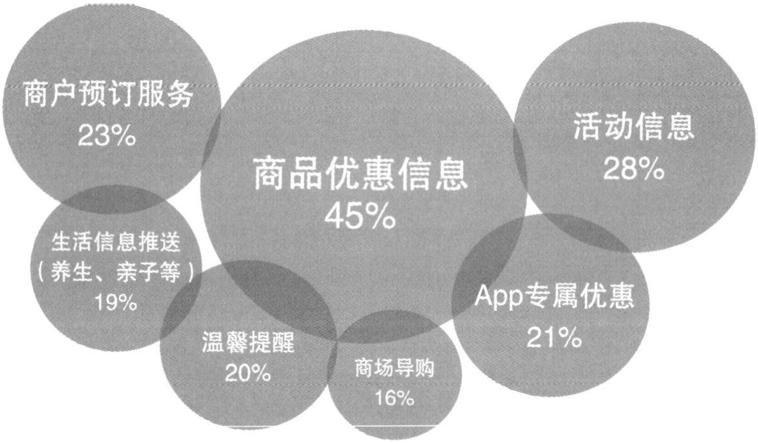

图 16 会考虑下载包含哪些内容的商场官方 App

（三）购物中心消费者黏性提升方式

1. 从多元化商业需求的满足入手，增强消费者满意度

三线及以下城市满意度欠佳，低于整体水平 6.8 个百分点，且显著低于一、二线城市，同质化严重、特色缺乏、无法满足消费者日益增长的对美好生活的需求是主要原因，同样的表现也出现在推荐指数上。

表 16　　不同能级城市对购物中心的整体满意程度（%）

类别	整体	一线	二线	三线及以下	三线	四线	五线
满意占比	80.8	85	83	74	80	63	62
不满意占比	4.6	4	3	7	5	12	12
一般占比	14.6	12	14	19	15	25	27

表 17　　不同区域消费者对购物中心的满意度评价（%）

类别	整体	华东	华南	华北	华中	西南	西北	东北
满意占比	80.8	82	85	79	79	81	81	76
不满意占比	4.6	4	2	7	6	5	4	6
一般占比	14.6	13	13	14	16	15	15	19

华南、华东、西南购物中心消费者满意度成为全国典范，分别高出整体水平 4.2 个百分点、1.2 个百分点和 0.2 个百分点，多元化的商业供应功不可没。此外，有相关调研数据显示，从 2017—2018 年拟开业购物中心区域分布亦可看出：华东、西南、华南新开购物中心依然排名全国前三位，预计未来消费者将拥有更为多元的购物及体验选择。

2. 不容忽视的中年群体——消费力强但满意度低，归属感打造尤为重要

调查得知，45~55 岁群体对于光顾的购物中心推荐指数低于整体水平 2.4 个百分点，为所有人群中最低，且在商场中的停留时间最短。在不同业态人均消费金额对比数据中，中年群体在超市类、服饰类、儿童类消费上皆体现出强劲的消费力，服饰类甚至高出整体水平近 60 元，但对于体验类业态却消费乏力，在各类人群中属于最低消费水平。综观目前商场业态供应，针对年轻群体的各类业态日益增加，但针对中年群体的体验业态却少之又少，无法找到更多驻足停留原因、缺乏归属感是该类人群难以在购物中心久留且无法形成黏性的主要原因。

表 18　　不同年龄阶段的人均消费金额对比（元）

类别	整体	16~29 岁	30~44 岁	45~55 岁
每月人均消费金额				
总金额	1720	1493	2287	1664
最近一次人均消费金额				
超市类	291	252.19	339.05	306.03
服饰、鞋、包	474.18	432.64	522.32	534.15
化妆品类	293.00	266.76	375.95	130.20
数码电子	177.48	165.21	235.83	26.55
家居用品	63.63	59.40	80.61	23.63
首饰类	120.84	110.48	150.81	67.16

续表

类别	整体	16~29 岁	30~44 岁	45~55 岁
正餐类	168.78	169.75	176.64	135.72
甜品、小吃	76.10	80.01	80.12	39.42
休闲娱乐	84.98	78.82	105.23	37.83
服务配套类	151.53	132.43	189.05	93.10
儿童零售类	147.76	168.63	138.73	146.00
儿童娱乐类	68.05	39.63	81.18	62.25
儿童培训类	68.98	61.84	74.81	42.90
儿童配套服务	52.83	41.44	57.34	57.80

考虑到该类群体强劲的消费力和巨大的需求空白空间，建议购物中心增强对该部分人群的吸引和推广力度，如在推广方面，根据数据结果，其较为喜爱讲座沙龙类推广活动，因此可根据该类人群偏好进行推广活动的适度调整，满足其痛点。

3. 第三空间的打造，有利于一线城市消费者进一步增强黏性及二线及以下城市进一步引领消费者

如表 19 所示，一线城市消费者在餐饮、娱乐等体验业态的消费大幅高于其他线级城市，且其在购物中心停留的时间普遍为 1~3 小时，高出整体水平 4 个百分点。结合定性经验，更多一线城市消费者已将购物中心视作承载其大部分生活场景的目的地，因此现有及增量购物中心如能从解决消费者生活方式的角度对于项目进行持续优化，打造消费者除工作、生活外的“第三空间”，将是增强消费者黏性的全局性思路。

同时鉴于二线及以下城市产业与消费不断升级，未来消费者需求将全面看齐一线城市，该“第三空间”打造的思路亦将有利于二线及以下城市购物中心承担引领城市、带动消费的城市功能。

表 19　　不同能级城市的人均消费金额对比（元）

类别	整体	一线	二线	三线及以下	三线	四线	五线
每月人均消费金额							
总金额	1720	2531	1689	1104	1147	1065	1003
最近一次人均消费金额							
超市类	291	383.93	93.19	205.05	198.75	188.21	228.18
服饰、鞋、包	474	599.18	506.24	282.14	286.50	220.74	339.17
化妆品类	293	453.69	260.80	182.02	173.74	105.74	266.58
数码电子	177	244.43	181.80	133.60	69.00	184.44	147.36
家居用品	64	98.04	61.92	38.12	20.42	18.70	75.25
首饰类	121	198.62	94.81	96.74	66.32	37.59	186.30

续表

类别	整体	一线	二线	三线及以下	三线	四线	五线
正餐类	169	210.19	159.79	150.04	136.59	125.09	188.45
甜品、小吃	76	90.07	77.30	64.57	57.54	63.25	72.92
休闲娱乐	85	103.67	74.98	106.48	61.39	97.50	160.55
服务配套类	152	153.61	179.18	90.40	86.50	78.75	105.96
儿童零售类	148	110.90	166.16	214.67	124.86	376.36	142.79
儿童娱乐类	68	66.19	75.08	65.32	44.29	101.82	49.86
儿童培训类	69	59.95	74.18	77.83	75.71	136.36	21.43
儿童配套服务	53	55.24	53.17	66.19	14.86	77.27	106.43

表 20　　　　不同能级城市的逗留时间对比（%）

逗留时间	城市能级						
	总体	一线	二线	三线及以下	三线	四线	五线
30 分钟以内	3	1	1	8	6	10	15
30 分钟～1 个小时（包括 1 小时）	20	18	17	27	21	35	36
1～2 个小时（包括 2 小时）	37	38	37	36	40	33	28
2～3 个小时（包括 3 小时）	28	31	30	23	26	19	14
3～4 个小时（包括 4 小时）	7	10	8	5	5	4	4
4～5 个小时（包括 5 小时）	3	2	5	1	1	—	2
5 个小时以上	1	0	1	0	1	—	1

（四）如何持续有效关注消费动向——购物中心营运新概念与新趋势设想

1. 运用大数据进行个性化精益运营

在万物互联的当下，大数据的优化运用不失为助力购物中心持续关注与获取消费者动向的有力工具。

如图 17 所示，基于 Wi-Fi 数据获取消费者 MAC 地址，得到消费者画像标签，再根据标签内的消费者偏好在消费者进店、购买、离店过程中对其进行精准触达，不失为经营管理消费者的有力方式。

再比如，根据消费者活动偏好数据可见，外立面广告是消费者获取信息的有效渠道之一，因此根据大数据分析，对不同时段消费者特征进行监测，在不同时段播放符合该时段消费者特征的广告亦不失为精益推广的强有力手段。

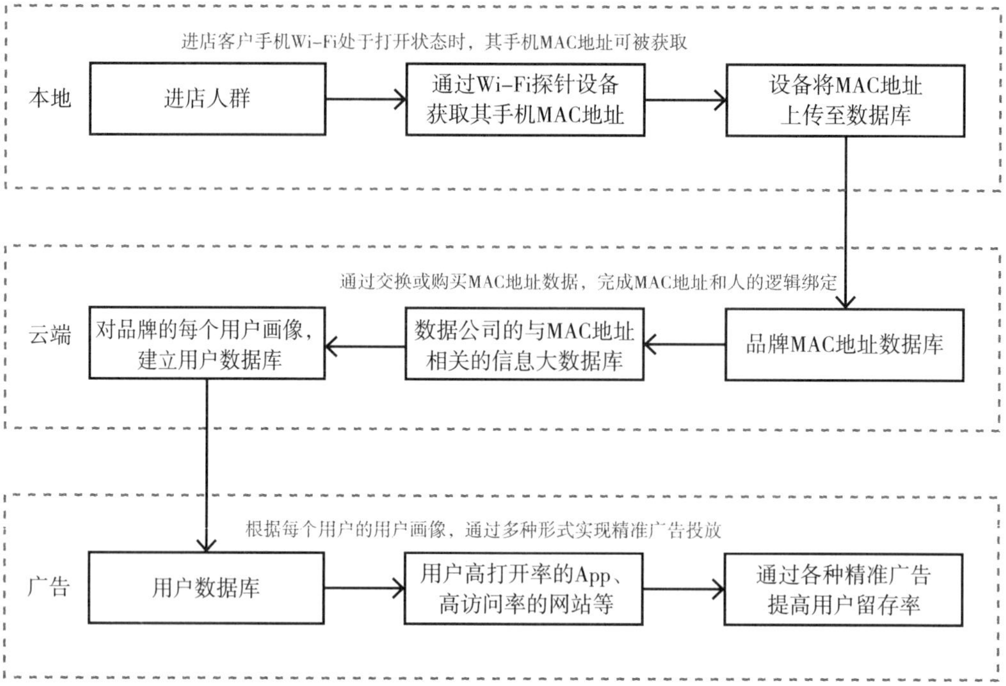

图 17　运用大数据进行个性化精益运营

数据来源：汇纳科技。

2. 满意度的持续监测与大数据研究形成良好的情感互补

传统满意度研究多为购物中心用以考核各职能部门的工具，但该工具更有助于购物中心实时了解消费者反馈，获取消费者对于购物中心的情感变化、对消费者进行持续的满意度监测在当今商业竞争白热化的时代，将有助于购物中心聆听到更多消费者的真实反馈与声音，了解人心所向，与大数据研究形成良好的情感互补。目前满意度研究已经成为购物中心业态调整、营销的重点参考信息。

3. 会员服务向超级会员的转变不失为把握关键客群的有效手段

根据经典二八法则定律，80%的销售额由20%的重要客群贡献，购物中心会员理论意义上应是这20%重要客群的主要组成部分。调研结果显示，当今消费者平均每人拥有三张会员卡，但有效使用和消费的会员卡却不足一张。该普遍现象使会员这一重要人群尚未完全发挥其在购物中心的最大销售贡献，因此购物中心在吸引会员之后，如何通过不断持续维护，达到会员忠诚度显著高于非会员群体，并自发形成该购物中心的宣传主力，成为“超级会员”是购物中心把握关键人群、突破销售天花板的有效手段。

2017年零售商供应商交易自律机制研究报告

一、前言

近年来，新科技、新技术、新模式、新理念的大量应用，传统意义上的行业结构和供销关系受到巨大冲击，中国零售业呈现出业态多元化、组合化和复杂化的特征，形成了传统业态与新兴业态并存、线上线下全渠道零售互补融合的格局。在繁复多变、错综复杂的商业形态和市场关系中，不变的是零售商与供应商的博弈与合作。

中国零供关系的发展经历了计划经济、改革开放和现在的市场化阶段，顺应不同经济体制、不同市场环境，具有鲜明的时代特点。随着改革开放的持续深化和与世界接轨步伐的快速迈进，中国社会经济得到空前发展，市场化程度越来越高，国民收入水平不断提升，消费能力大大增强。零售商作为流通渠道的终端，与消费零距离接触，先天具有获取市场信息、把控供需平衡点的优势；随着其经营规模日益扩大和组织化程度的提升，零售商逐渐占据渠道主导地位，在与供应商的博弈过程中拥有更大的话语权。当下的零供关系更加凸显了以满足市场需求为导向、以服务消费者为宗旨的市场化供需原则。然而，由于零供力量对比的改变，导致零供双方的利益不平衡，加之长期以来形成的或“有意”或“无意”的行规，不可避免地诱发了零供冲突。与过去时期不同的是，现阶段的零供冲突不如以往频繁，总体有所缓和；但零供矛盾依然非常尖锐，是横亘在零售商、供应商之间的一条敏感的导火线。化解零供矛盾、促进零售商与供应商和谐发展成为优化市场环境、降低商业成本、保障行业健康发展的当务之急。探索建立零售商供应商长效管理机制、营建更加符合时代发展趋势的零供关系成为全社会共同关注的话题。

本报告通过研究国内零供关系现状及变化规律，剖析零供交易中的敏感环节，挖掘零售商与供应商之间更深层次的矛盾关系，并借鉴先进国家和地区零供交易自律机制建设和解决经验，探索建立符合我国国情的零供交易自律体系；同时，对政府在行业指导、市场监督和制度保障等方面应该采取的促进措施提出政策建议。

二、零供关系现状及影响因素

我国零供关系发展历程与发达国家略有不同，具有明显的时代和体制特点。由于零供关系是生产和消费环节在市场中的反映，不可避免地既有合作互利、协调发展的一面，也有相互博弈、针锋相对的一面。零供关系的好坏决定了供应商商品的销售渠道是否通畅，从而直接影响供应商的利润；同时，零供关系也决定了零售商的供应链效率，影响零售商的盈利能力。

（一）零供关系现状

1. 零供关系发展阶段

我国的零供关系发展经历了三个主要阶段。

第一个阶段，计划经济时期。国家控制着商品的生产、供给和流通，建立了一二三零流通体系①，维持计划经济的运转秩序。在这一时期，零供关系处于国家经济体系的管控之下，批发商处于零供关系的主导地位，零供关系不存在明显矛盾。

第二个阶段，改革开放初期。我国经济处于计划经济向市场经济的转轨阶段，生产商开始直接自销一部分产品，从而具有了部分批发商的职能。同时，由于生产能力有限，商品匮乏，市场处于卖方市场，生产商占据了流通渠道的绝对优势地位，反映出供给能力不足与购买力不断提升之间的矛盾。

第三个阶段，随着 1998 年社会主义市场经济体制初步确立，我国全面转向买方市场。零售商由于贴近消费者，了解市场需求，从而为其赢得渠道主导地位占得先机；随着对外开放的深化，外资零售巨头纷纷进入中国市场，零售业市场化水平不断提高，组织化、规模化程度不断上升，而居民收入水平的不断提高和消费的快速增长使零售业迎来了突飞猛进的发展，从而零售商占据了渠道的主导地位。部分零售商利用自己的渠道优势，拉长供应商账期、向供应商收取名目繁多的费用，而供应商则以联合声讨抵制、停止供货、抬高进货价格等手段反击，使零供矛盾逐渐尖锐，零供冲突频频发生。在这一时期，零售商处于零供关系的强势主导地位，零供关系进一步恶化。

2006 年以来，商务部、国家发改委、公安部、税务总局、原工商总局五部委相继出台了《零售商供应商公平交易管理办法》、《零售商促销行为管理办法》、《清理整顿大型零售企业向供应商违规收费工作方案》和《关于进一步加强零售商供应商交易监管工作的通知》等文件，以规范零供经营行为，加强对零供交易的监督管理。2014 年，国务院办公厅发布了《关于促进内贸流通健康发展的若干意见》（国办发〔2014〕51 号），要求抓紧研究完善零售商、供应商公平交易行为规范及相关制度，强化日常监管，健全举报投诉办理和违法行为曝光机制，严肃查处违法违规行为。一系列部门规章和相关政策的出台，在规范零供交易行为、促进公平交易、缓和零供矛盾上发挥了积极作用，零供关系有所好转。

2. 零供关系现状

中国连锁经营协会和 Advantage 联合发布的《2017 年度中国零供商业关系研究报告》显示，大卖场/超市渠道零供互评满意度不对等，零售商对供应商的满意度一直高于供应商对零售商的满意度，但差距逐渐缩小并趋向一致；大卖场/超市渠道零供合作满意度高于全球平均水平，但低于电商渠道。具体如下：

---

① 一二三零流通体系是我国计划经济时期的商贸流通体系，这一体系由一级批发商、二级批发商、三级批发商和零售企业等环节组成。

（1）实体渠道零售商对供应商总体满意度保持较高水平

2017 年，我国大卖场/超市零售商对供应商总体满意度有所下降，但仍保持较高水平。满意度下降的主要原因：一是渠道的分化和市场调整，供应商对实体零售商的渠道投入有减少的趋势；二是零售环境依然严峻，零售商积极面对市场变化，调整策略，对供应商的要求变高。

（2）实体渠道供应商对零售商总体满意度呈上升趋势

我国供应商对大卖场/超市零售商的总体满意度近年来持续增长，尤其是对区域型零售商的满意度增长较快，但依然低于对全国型零售商的满意度。具体见图 2 和图 3。满意度的提升体现出实体零售商面对电商及线下对手的激烈竞争，不断提升运营水平，加强零供合作的努力成果。

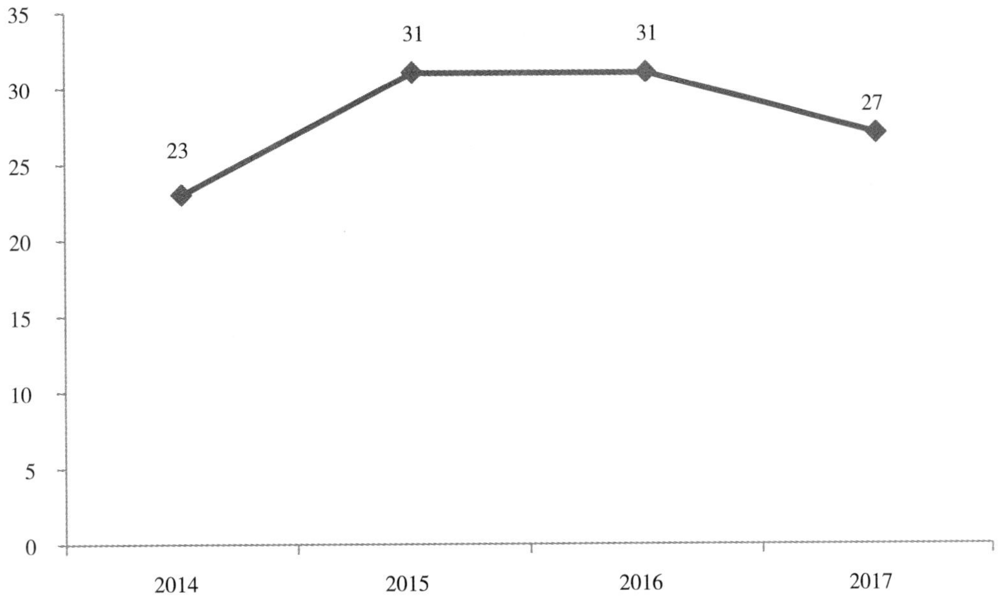

图 1　零售商对供应商总体满意度

（3）实体渠道零供双方满意度趋于一致

零售商与供应商对对方的满意度呈现不对等的特点，近年来供应商对零售商的满意度高于零售商对供应商的满意度，但随着零供关系的不断改善和零供合作的加强，双方满意度水平逐步趋同。满意度得分情况如图 4 所示。

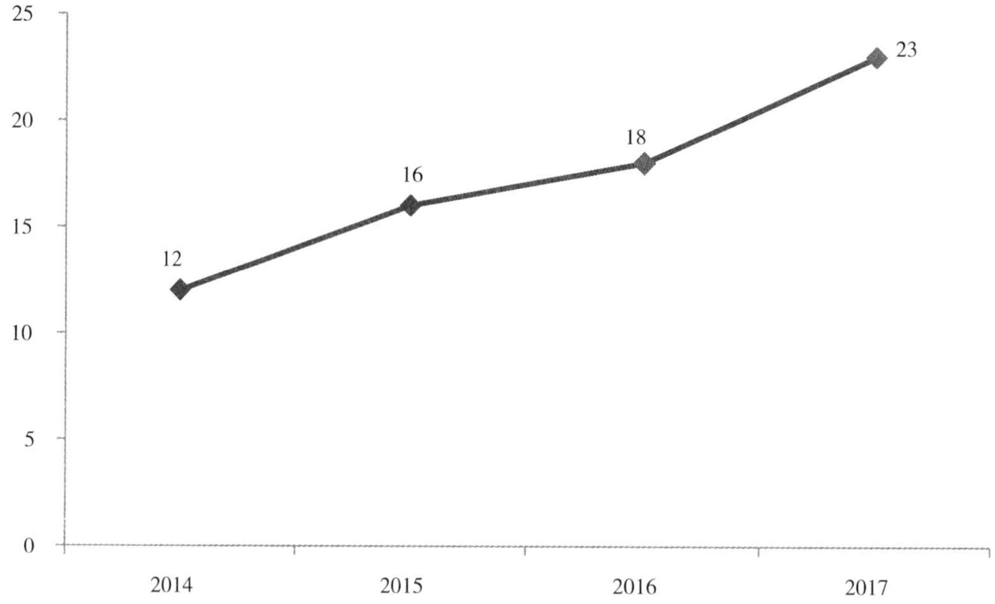

图 2　供应商对零售商总体满意度

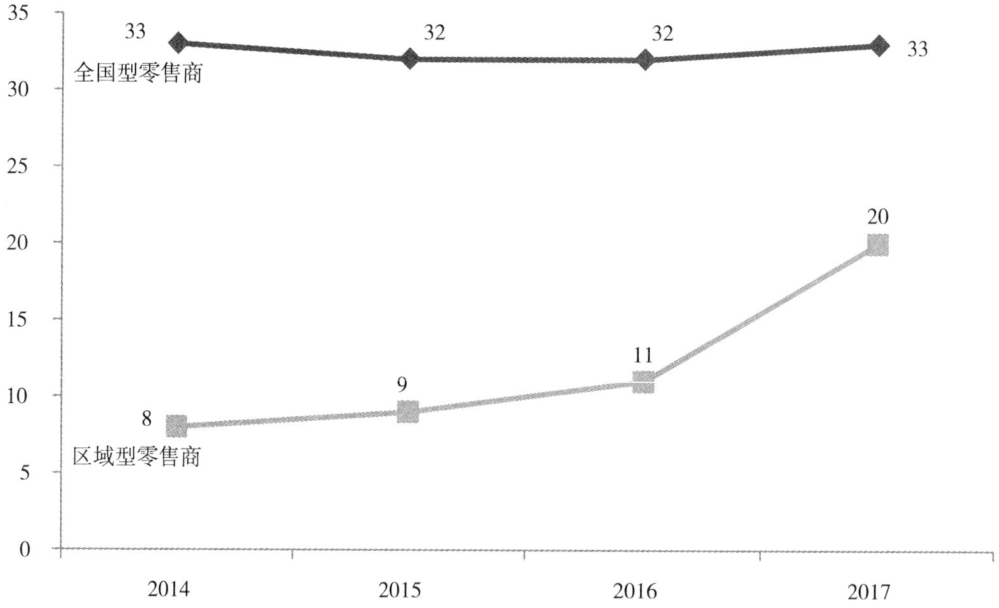

图 3　供应商对不同类型零售商总体满意度

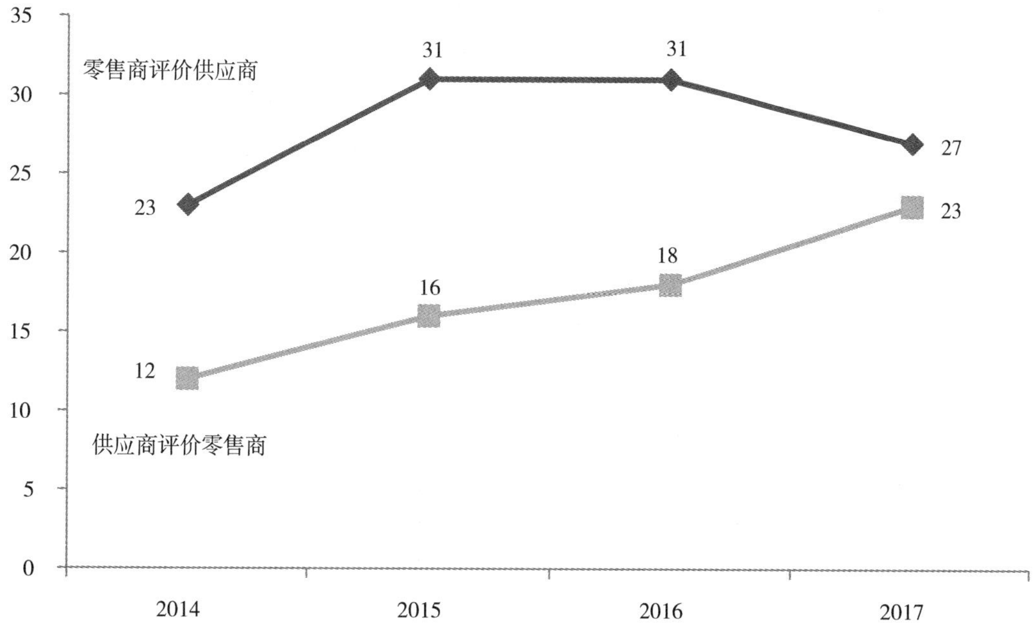

图 4　零售商供应商互评满意度

（4）电商渠道零供满意度高于实体渠道

电商对供应商的满意度高于大卖场/超市实体零售商对供应商的满意度。

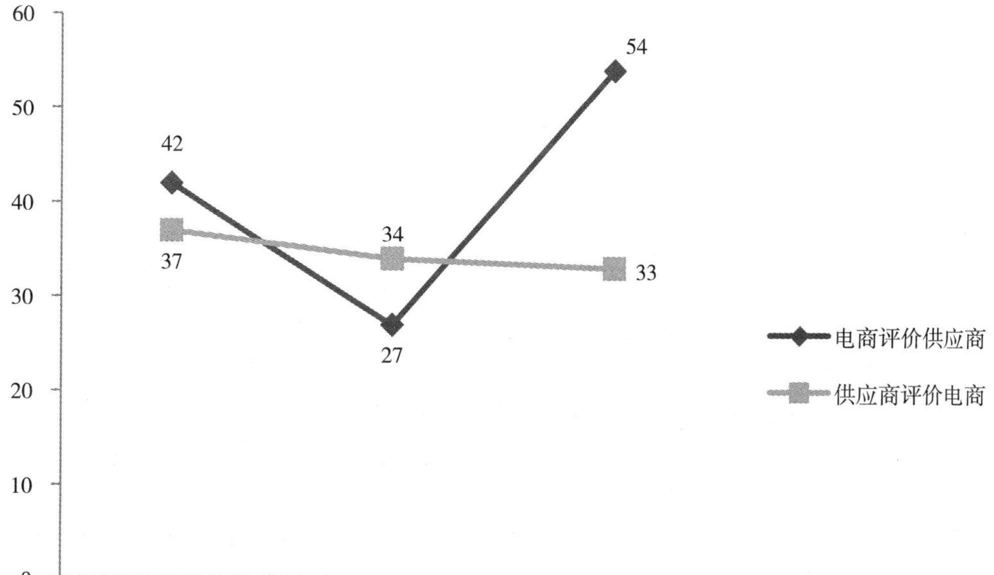

图 5　电商渠道零供满意度

从图 5 可以看到，供应商对电商的满意度保持平稳，但略有下降；而电商对供应商的满意度大幅上升。近年来，网络零售的迅猛发展使供应商不断提高对电商的重视程度，增加资源投入，着力发展电商渠道，受到电商的认可和好评；而随着电商渠道优势的增强，也逐渐出现了一些零供间的摩擦，但总体电商与供应商的关系仍然较为良好。

供应商对电商满意度较高，主要有以下几点原因：第一，电商近年来更加重视商品的正品质量，可信度比较高，能够保护供应商的品牌形象；第二，电商保护供应商权益的力度加大，对商品的审核到位，避免假冒商品；第三，电商掌握的用户交易数据能够帮助供应商了解商品的变化和排名，从而更好地开展营销；第四，电商回款效率很高，日常问题也可以很快处理。

3. 零供关系发展新变化

（1）双方有合作的意愿并付诸行动

需要特别关注的是，随着电子商务的飞速发展，供应商有了更多的渠道选择，而实体零售商之间的同质化竞争本已十分激烈，在电商的强劲冲击下，面临着转型升级的严峻挑战，零供关系发生了新的变化。零售商主动求变，改善零供关系，通过与供应商达成紧密协作，优化供应链，进一步提升运营效率、吸引客流；供应商也希望能够通过与零售商合作，优化渠道管理，从而更好地感知消费者需求，在市场营销、顾客关系管理等方面加强与零售商的协同。

2015 年“深圳湾共识”的达成，代表了零供关系由“争利型”的零供博弈向“创利型”的零供价值共享转变。

（2）电商发展突显零供矛盾新变化

电商的出现和蓬勃发展拓宽了供应商的销售渠道，倒逼实体零售商主动改善零供关系。但随着电商渠道优势的增强，在电商行业寡头垄断格局基本形成的背景下，电商与供应商之间的冲突也逐渐出现并有增加的趋势，使零供关系发生新的变化。

原来并不突出的排他性交易问题、强行要求供应商参与促销活动等问题成为线上零供的主要矛盾，而线下比较突出的货款问题反倒弱化了。

① 排他性交易

排他性交易是最受关注的电商零供冲突之一。排他性交易即“选边站队”，随着电商间的竞争日趋激烈，逐渐形成以阿里、京东、苏宁三大综合电商巨头与其他电商竞争的格局，对供应商的争夺成为各大电商平台的焦点。对于强势供应商，各大电商纷纷提供各类优惠条件吸引其入驻平台，而对于其他供应商，或是利用深度合作提供优惠，或是提出各种苛刻条件，以达到强迫供应商只能选择入驻一家电商平台的目的，从而争夺线上流量，打击竞争对手。垂直电商领域对品牌争夺更为激烈，排他性交易行为更为普遍，如酒水电商纷纷与酒水品牌签订独家合作协议等。

天猫早在 2015 年就推出了“天猫战略伙伴”项目，联合各个垂直行业中的线下知名品牌进行深度合作，给予它们更多的资源支持，而天猫成为它们唯一的电商合作平台，协议中明确含有涉及排他性的内容。如迪卡侬、Timberland 和 Lafuma 三大国际一线户外品牌与天猫签订了排他性合作协议，之后相继关闭了其在京东商城的旗舰店。

② 电商强行要求供应商参与促销活动

随着实体零售商转型升级的步伐加快，不断通过降低价格、提升服务、业态创新等手段吸引客流，电商平台相对于实体零售商的价格优势逐渐缩小；而电商平台间的竞争也进入深水区，频频爆发价格战；电商平台的促销活动越来越频繁，电商平台过度促销、过度压低价格的行为也导致了电商与供应商之间冲突频发。如男装品牌 JASONWOOD 因京东商城频繁的价格战令其不堪重负，宣布退出京东商城；中信出版社由于拒绝参与当当举办的促销活动，全部图书被下架；乐视电视发表声明抗议天猫和京东强行要求降价促销，华硕不满京东 618 大促价格过低，宣布暂停向京东供货等。

③ 退换货问题

退换货也困扰着电商与供应商。由于消费者在网上购物时无法亲自体验实物，在收货之后退换货的现象经常发生。为了保护网购消费者的权益，原国家工商总局公布《网络交易管理办法》规定，“网购消费者有权自收到商品之日起 7 日内退货，且网络商品经营者应在收到退货起 7 日内退回价款”，因此，几乎所有电商网站都向消费者提供无理由退换货服务。电商比实体零售商退换货更为频繁，由于物流、消费者试用等造成的商品损耗也更为严重。电商与供应商在退换货是否真实、退换货成本如何分担、退换货款支付结算等问题上更容易出现矛盾。

电商与供应商冲突还包括电商平台工作人员向供应商索要贿赂、电商平台拖欠供应商货款、拉长账期等。

（二）零供关系中的主要敏感点

在零供交易过程中，账期、返点、通道费、退换货和供应商缺货、断货及机会主义行为是贯穿交易始终的几个业务关键点，也是影响零供关系的敏感因素。

1. 账期

账期是零供关系中最为敏感的业务点，由于账期涉及零供双方的核心利益，影响企业的现金流，因此常常成为许多零供冲突的导火索。国美、苏宁依赖延长账期，通过占用供货商资金实现快速扩张开店的“类金融模式”在供应商中被广泛质疑和批评；而普尔斯马特超市破产案就是典型的零售商拖欠供应商货款、盲目扩张造成资金链断裂，无力支付银行贷款和供应商货款而造成的恶性社会事件。

随着供应链管理技术和在线支付技术的发展，以及电子商务的崛起对实体零售商的冲击，也使账期进一步缩短成为可能。

2. 返点

返点涉及零供之间的利润分配，也是零供交易中最为敏感的业务点之一。返点包括采购返点和销售返点。在国内，由于实体零售渠道的稀缺性，零售商往往设置很高的返点比例或保底抽成，而面对线下激烈的竞争和电子商务的冲击，零售商也不得不进一步降低销售价格以吸引消费者，导致供应商利润空间被严重压缩，甚至亏损，从而进一步导致零供双方关系紧张。曾经爆发的格力空调全部撤出国美电器，就是由于国美要求格力给予其高额的销售返点，同时要求在空调安装费上拿出 40%作为国美的利润，使格力难以承受而撤出。联华超市将卡夫旗下包括奥利奥、达能、太平等饼干食品全线下架，也是由于零供双方在返点问题上发生冲突所致。

3. 通道费

通道费是供应商为进入零售商卖场并维持合作，以及获得一定的卖场资源向零售商支付的包括进场费、占地费、促销费、节庆费等在内的一系列费用的总称。我国收取通道费的做法最早由连锁巨头家乐福引入，在国内零售业普遍存在，已经成为众多零售商的重要利润来源，大部分大型零售商若扣除通道费收入，其经营将处于微利甚至亏损状态。一些零售商借助渠道优势，将名目繁多的通道费强加给供应商，引发供应商的强烈不满，成为引发零供冲突的重要原因。上海炒货业协会与家乐福爆发的冲突、蒙牛与家乐福因中秋摊派月饼费造成的冲突事件等，都是由于零售商滥用市场地位向供应商乱收通道费造成的。

随着政府监管力度的加强和行业自律意识的提升，在实体零售商面临转型升级压力的背景下，零售商向供应商收取通道费趋向合理，盒马鲜生的侯毅甚至公开宣布取消通道费用，以换取更优的交易条件，成为改变零售规则的新尝试。

4. 退换货

不合理的退换货行为会导致零供矛盾的发生。比如，保质期逾期商品强行退货；为规避缺货风险多要货，而后又随意退货；空退，即在零售商系统内部显示退回了货物，但实际上供应商未收到货物或退回损坏较为严重的货物；低进高退，即零售商在促销活动中以促销价进货，后又以原价退回以赚取差价等，给供应商造成了很大损失。

另外，供应商也存在着阻碍零售商合理的退换货、拖延退换货、设置种种障碍阻挠退换货等行为，该类问题在汽车 4S 店等特许零售、特许代理业务中发生较为频繁，也给零售商造成商誉和经济损失。

5. 缺货、断货及机会主义行为

供应商由于缺货、断货而导致零售商蒙受损失的现象也时有发生。处于供应链上游的供应商基于订货量大小和其他因素，对产品进行歧视性定价，对于弱势的小规模零售商，供应商给出较高的进货价格，使零售商要么自己承担加价部分的损失，要么不得不大批量进货以降低进价；也有供应商利用自己的供应链优势，以缩减账期、终止供货来要挟零售商，这些都是潜在导致零供矛盾产生的敏感业务点。

同时，个别供应商利用信息不对称的情况，采取机会主义行为。有的在签订采购协议后，单方面违约提价、增加铺货量；有的在生产和供货中混入劣质商品，而零售商又在不知情的情况下将劣质商品销售给消费者，由此损害消费者合法权益，进而造成零售商的损失，导致零供冲突甚至是社会安全事件的发生。在售后服务中，也有供应商逃避责任，违反双方合同约定，不承担售后服务义务，导致零供合作关系破裂。

（三）影响零供关系的环境因素

以上敏感业务点虽然是零供合作的关注点，一旦交易达成，合同的执行将成为影响零供关系的决定因素，而这将受到技术、管理等客观因素的影响，也受到社会对契约尊重程度的影响。

1. 技术、管理水平的差异，导致不同程度的零供冲突

商品零售过程中，存在着大量的票据往来、订单管理与交付、促销变价、陈列变更、库存管理等活动，随着线上渠道与线下渠道的界限逐渐被打破，零售活动日趋复杂。零供双方一方面运用各种信息系统承担日常商品、会员、财务、库存等管理任务，另一方面又要使用人力解决系统无法覆盖的运营环节。在人机交互及人人互动的过程中，体现出一个企业的管理水平与经营效率的差异。经营中技术先进、管理高效的企业，各环节运营顺

畅，错误率低，效率高，各种问题和矛盾自然少；而管理水平低的企业，各业务环节、部门间衔接不畅，内部损耗相对较大，营运效率低，问题和矛盾也必然多。

同样的交易条件，在不同的技术水平和运营管理水平下，交易条款的执行、落地情况必然存在偏差，技术先进、管理水平高的企业，执行到位，零供间矛盾和冲突就少；相反，零供间矛盾冲突就多，彼此满意度也不高。这种因为客观技术差异、管理水平差异导致的零供矛盾，可以通过技术投入和企业不断自我提升获得缓解。

2. 对契约精神的不同认知，导致零供冲突程度不同

对契约精神的不同认知也是决定零供冲突程度的重要因素。

在零供合作中，存在着不同体量、不同市场地位、不同企业性质的大量交易者。通常强势一方或多或少地运用优势地位，迫使另一方接受相对不利的合同条款。无论条款如何，只要双方签订，就应该遵守相应的权利与义务。如果双方尊重契约，按照合同约定履行各自的义务,使交易顺利完成，可以极大地减少冲突；如果无视契约，利用自身的优势地位，强迫交易方接受约定外的条件，就会给对方造成损失，导致双方冲突的爆发。

3. 违反合同的成本低，导致零供冲突不能杜绝

在实际交易中，仅有少数违约者会面临司法诉讼，大部分违约行为在受损方自认倒霉的态度下不了了之。这种客观现实纵容了违反合同的行为，使机会主义者利用交易方的心理，最大化侵损对方利益而逃脱法律制裁。

违约行为，在道德上也不会受到严厉谴责，没有社会舆论的压力，使违约者不存在损失潜在利益的风险，这种社会环境也助长了不遵守契约、不讲究诚信的社会风气。

通过完善司法程序、简化司法流程、降低诉讼成本，一定程度上会有利于减少违约行为。但如果社会整体缺乏诚信的基础，民众不能形成对违约者人人摒弃的共识，受利益驱使而不遵守约定的行为就不会断绝。

三、国际经验

从国际范围来看，现代零售业起步较早的美国、英国、欧盟、澳大利亚、日本、韩国等发达国家，非常重视零售商与供应商的公平交易关系，不仅政府在立法上作出了积极的探索，行业组织等有关机构也积极推动，建立交易自律规范机制，动员社会各方力量共同维护零供公平交易。

各国在立法和监管层面上主要以反垄断、促进良性竞争为核心，规制零售商买方势力①，防止零售商恶性竞争及大型零售商对渠道的垄断；同时，也对零售商向供应商收取费用等行为进行规范，以维护公平交易的市场秩序。欧盟地区的规制政策通常称之为竞争法，美国各州的竞争政策则以反托拉斯法为主。

美国是最早出台相关法案的国家。在 1936 年前后，美国零售业迎来了快速扩张期，连锁超市向供应商提出种种苛刻条件，要求供应商加大折扣、缴纳高额进场费等，全美中

---

① 对于零售商买方势力，比较权威的定义是由国际经济合作与发展组织（OECD）提出的，即如果某零售商可以对与其有交易关联的至少一家供货商采取一些措施，而导致了该供货商的长期损失，而且就损失的比例而言，显著大于该行动对自己造成的损失，就可以确认该零售商拥有买方市场势力。

小制造商及经销商联合向联邦法院起诉，直接导致《罗宾逊波特曼法案》（the Robinson-Patman Act，以下简称《法案》）的颁布。《法案》规定，“对有可能垄断市场的强势商家，不许它向供应商收进场费，不许向供应商要求特殊折扣等不合理费用，必须一视同仁，对供应商不能采取大小有别的政策”。《法案》的实施是美国零售业发展史上重要的里程碑，它彻底改变了零售商依靠通道费盈利的现象。

欧洲各国政府也纷纷出台相应法规，维护市场秩序，促进零售商与供应商公平交易。法国于1992年修订的《法国商法典》和德国在2000年颁布的《反不道德支付法》中，均对货款支付账期作出相关规定；西班牙1999年出台了《商法典》，对零售商拖欠供应商货款进行了规范；法国2001年颁布了《新经济调整法》，限制零售商向供应商收取不合理的通道费；英国2002年发布了《超级市场执业准则》，对零售商与供应商的不公平交易行为作出规定。

日本是亚洲零售业最为发达的国家，早在1973年就出台了为防止零售企业的恶性竞争以及大型零售商借助渠道优势与供应商进行不平等交易的《关于调整大规模零售企业活动的法律》。该法律于1999年废止后，又出台了《大规模零售店铺立地法》，继续对零售企业的行为进行管理。2005年，日本出台了《大规模零售商与供应商交易中的不公平交易行为的指定》，进一步加强了对零售商与供应商之间的公平交易机制的管理和规范。

在韩国，主要依靠韩国公平交易委员会（Korea Fair Trade Commission）对零供不公平交易行为进行监管。该委员会是由国务总理领导的中央行政机构，属于准司法机关，不受任何司法行政机关和行业协会的干涉，具有独立的行使权，其主要职能是完善市场结构，负责制定与市场竞争有关的政策，并执行相关的竞争法规。作为在政府和行业之间独立的机构，在解决行业内不能解决但又不至于上升至违法犯罪层面的问题中发挥了重要的监管和规范作用。企业可以通过这个平台来维护自己的合法权益，政府也可以通过这个平台对行业实施监管。

在促进零供公平交易及零供交易自律方面，以下国家和地区的经验具有较强的借鉴意义。

（一）美国

美国是最早出台相关法案并设立专门机构来监督、规范交易行为，并执行相关法案的国家。

1. 联邦贸易委员会

联邦贸易委员会（Federal Trade Commission）成立于1914年9月26日，主要承担反垄断、反欺诈和防止不公平交易行为、保护消费者的职能。联邦贸易委员会有权根据收到的投诉进行调查，起诉违法的公司和人员，并制定监管规则；通过执行反托拉斯法，确保市场的开放和自由，审查企业合并及商业行为以确保市场的竞争性。

2. 相关法律及做法

美国在1936年前后迎来了零售业的快速扩张阶段，推动了《法案》的出台。《法案》的实施是美国零售业发展史上重要的里程碑，它彻底改变了零售商依靠通道费盈利的现象。

目前，联邦贸易委员会对零供交易的监管主要依据《广告津贴和其他商品支付与服务指引》(Guides for Advertising Allowances and Other Merchandising Payment and Services),该指引为联邦贸易委员会根据《法案》出台的企业行为指引。

2001 年 2 月，联邦贸易委员会发布了《关于零售业中的通道费及其他市场行为的研讨会报告》(Report on the Federal Trade Commission Workshop on Slotting Allowances and Other Marketing Practices in the Grocery Industry)。这一报告是联邦贸易委员会在 2000 年举办的一场研讨会的讨论汇总。在这一报告中，首先对通道费进行了定义，并指出通道费的特点，就通道费的潜在优点（搜寻可能成功的产品，转移产品失败的风险及实现相似效率的替代方式）和潜在的危害（排除小型制造商、降低产品多样化和创新性及提高消费者价格）进行了梳理，并对进场费、货架费以及歧视性进场费进行了界定。基于理论分析，该报告指出，零售商在零供交易中收取通道费等行为是由于零售商市场势力所致，这一市场势力产生于零售商由于占据渠道优势地位而形成的买方垄断势力（Monophony Power and Buyer Power)，同时零售商掌控的零售渠道也形成了守门人权力（Gatekeeper Power)。在研讨会上，与会专家也给出了零售商存在市场势力的证据以及衡量零售商市场势力的方式。在该报告的最后，给出了研讨会中参与人员针对零售商市场势力及由此造成的通道费等问题的对策建议，联邦贸易委员会应继续加强对通道费和其他零售商行为的理解，同时在此时（2000 年）应继续进行研究，而不应发布具体的行为准则。同时，与会人员还提出了其他几点建议：第一，应认真审查排他性交易合同，以确定是否会对竞争构成威胁；第二，应当特别关注可能引起反竞争的排他性效应的进场费和通道费；第三，价格歧视问题应在适当调查后重新审查等。这一报告是基于 2000 年的一场研讨会而发布的，因此主要是将与会人员的观点和研讨结果进行总结，并不具有法律效力或行为准则的规范作用。

2003 年 11 月，联邦贸易委员会正式向国会提交了题为《食品零售业的通道费：五种产品类别的案例研究》(Slotting Allowances in the Retail Grocery Industry: Selected Case Studies in Five Product Categories) 工作报告，提供关于在特定地理区域的五个产品种类——新鲜面包、热狗、冰激凌及速冻食品、意大利面、沙拉酱的供应商向特定零售商支付通道费的案例研究。基于详细的匿名案例，该报告发现，零售商对各种产品的供应商收取通道费的可能性和数额存在很大差异；进场费占据了部分种类第一年销售收入很大的一部分；大部分受访零售商表示通道费有助于降低新产品推广的成本；对于供应商直接运送到零售商店铺而不经过零售商仓库的产品，零售商收取通道费的频次和数额都比较低。该案例研究与 2001 年的报告相比，其作为正式报告，通过规范的定性分析和定量分析阐释了零售商通道费的相关信息，但并未就如何进一步规范通道费的收取行为以促进零供公平交易发展提出政策建议。近年来，美国联邦贸易委员会并未就零供交易出台新的法案或规定，这也与美国出台《罗宾逊波特曼法案》年代较早，对零供不公平交易行为管制较早，联邦贸易委员会监管力度较大、监管经验丰富、处理高效有关。

在零供交易的行业自律机制方面，美国尚未有全国性的零供交易自律组织。但无论是在全国还是在地区一级，都有大量民间性质的零售商与供应商协会组织。这些组织绝大多数是非营利或非政府型，极少数是以公司形式经营。这些行业组织十分注意依法制定和实施行业规划、行业规则和行业标准，对行业进行自我监督、约束和管理，有不少建议甚至为政府立法所采纳，或者被法院审判所直接采用，从而在客观上也起着补充和完善法制的作用。美国行业组织在市场监管方面的职能主要有：依照法律制定行业规则和行业标准，以对企业进行自我监督、约束和管理；作为协会会员利益的代表，凝聚协会会员乃至本行业大多数成员的意愿和意志，通过各种合法途径和方法开展游说，参与政策的制定和修改，影响立法过程；对内协调本利益集团内各成员之间的关系，对外协调与政府及其他利益集团之间的关系，以整体的力量来获取有利于自己生存和发展的条件。

（二）英国

1.《零售商供应商行为准则》和零售商准则裁定处

2008 年，英国竞争委员会（Competition Commission）对国内零售市场进行调研发现，零售市场总体上竞争程度较为良好，但仍存在一些零售商将过高的风险和经营中难以预测的成本转嫁给供应商的情况，影响了供应商的投资意愿、供应商品的质量和技术创新，进而导致潜在的消费者损害。2009 年，委员会出台了《零售商供应商行为准则（Groceries Supply Code of Practice，GSCOP）》（具体内容见附件 1），并着手筹备一个新的监督、执行机构。

2013 年 6 月 25 日，零售商准则裁定处（Groceries Code Adjudicator，GCA）正式成立。这一机构是处理零供关系的独立仲裁机构，负责执行《零售商供应商行为准则》，监督零售商与供应商之间的关系，确保大型超市依法公正地对待供应商，同时负责调查纠纷投诉和仲裁。

零售商准则裁定处在发挥协调零供关系、仲裁零供冲突、监督准则实施方面发挥了重要作用。自零售商准则裁定处成立以来，零供冲突数量显著下降。遇到零供冲突的供应商数量从 2014 年的 79%，下降到 2015 年的 70%，在 2016 年进一步下降到 62%。

2. 英国零售联合会

英国零售联合会（British Retail Consortium，BRC）成立于 1992 年 1 月，协会会员涵盖了从小型零售商到大型连锁店和百货公司等所有零售业态，其会员销售额占英国零售贸易总额的 70%。英国零售联合会旨在促进英国零售行业的发展，代表英国零售业与政府进行沟通协调，在促进英国零售行业自律、保护行业竞争性方面进行了广泛而深入的研究，发起一系列倡议及行业自律指导，并组织了一系列活动，与政府一道不断完善监管和执法，共同营造良好的经商环境。

2014 年 9 月，BRC 发布了《政府主导下的自律监管准则：鼓励投资和创造工作岗位的框架》（Government-sponsored Voluntary Regulation：a Framework to Encourage Investment and Job Creation），以检验政府主导下自律监管的必要性和在减轻政府监管负担、提高政府监管效率方面的有效性。这一准则已在苏格兰地区全面通过，同时在英国和欧盟也部分通过。

《政府主导下的自律监管准则：鼓励投资和创造工作岗位的框架》由 BRC 委托 Chris Hodges 教授和 Chris Decker 博士起草制定，主要从宏观层面，基于零售商与消费者关系，对政府选择直接监管或是主导行业自律监管的方式提出了一个评价标准。在过去几年中，零售商已经达成一致的规定包括自律协议、集体和个体的承诺、行为守则、认证协定和其他标准制定协议等。在政府的大力推行下，这些规定成为政府的政策监管工具，以实现广泛的公共政策目标。

英国零售商协会积极推动政府主导下零售行业自律监管，体现出英国在零售行业监管方式上由政府主导，向依托行业协会、行业内零售商之间协定和承诺等行业自律的政策转变。

（三）欧盟

欧盟并没有出台针对零供双方不公平交易行为的立法，尽管《欧盟竞争法》（European Competition Law）有针对滥用支配地位和反竞争行为的规定，但零供交易中的大多数不公平交易行为不在此法范围内。

1. 欧盟委员会

欧盟委员会（European Commission）是欧洲联盟的常设执行机构，也是欧盟唯一有权起草法令的机构。欧盟委员会一方面通过出台报告、提供咨询的方式鼓励欧盟各国在国家层面上出台有效的法规，打击零供不公平交易行为，并强调提高执法的有效性，强化监管框架；另一方面，欧盟委员会也大力提倡行业自律，鼓励欧盟及各国家层面的零售行业协会等组织出台自律性质的倡议，通过行业自律和行业协会居间协调等方式促进零供公平交易的发展（欧盟采取的具体措施见附件 2）。

2. 供应链倡议

2013 年 9 月，7 大欧盟级别的零售商、制造商和批发商协会联合提出了“供应链倡议”（Supply Chain Initiative），倡导全欧盟内的零售商、批发商、供应商共同执行这些公平交易原则。2014 年，100 个组织代表着 764 家零售商、批发商、供应商共同签署了这一倡议。“供应链倡议”受到欧盟决策层面的高度重视，作为欧洲最有影响力、最广泛的零供交易自律倡议，已成为欧盟委员会促进欧盟零供公平交易自律的重要平台，并正努力向国家层面的零供公平交易自律平台推进。欧盟委员会在未来将进一步提高欧盟零售商和供应商对供应链倡议的认识，特别是提高中小企业的认识，并确保供应链倡议治理结构的公正性，允许不公平交易的受害者匿名投诉，并将建立独立机构行使调查和制裁的权力（“供应链倡议”的具体内容见附件 2）。

（四）澳大利亚

1.《食品与零售行为准则》

基于英国的经验，澳大利亚政府制定了一项与英国的《零售商供应商行为准则》（Groceries Supply Code of Practice，GSCOP）类似的准则来规范零售商与供应商的交易行为，即 2015 年 3 月，澳大利亚联邦政府正式向议会递交的《食品与零售行为准则》（the Food and Grocery Code of Conduct）。该准则是 2010 年《澳大利亚竞争与消费者法案》（Competition and Consumer Act 2010）规定下的自律性准则之一，不像英国的 GSCOP 是强制性的。

该自律性准则的主要目的是帮助规范零供交易中的商业行为标准，在整个零供交易环节中建立并维持信任与合作；确保零供交易的透明度和明确性，并尽量减少因各方商定的商业条款不明确而引发的冲突；提供有效的公正和公平的零供冲突解决程序，解决零售商或批发商与供应商之间发生的冲突；促进和支持零售商、批发商和供应商之间的业务往来。

《食品与零售行为准则》规定了零供双方在交易中各自明确的义务，它并不对零供交易过程施加强制性的规定，而是提出了一套既定的行为要求准则框架，以规范零供交易行为。同时，准则的另一个重要组成部分是零供冲突解决条款，包括投诉机制、居间协调及仲裁机制、法律途径或通过澳大利亚竞争与消费者委员会（ACCC）解决。

《食品与零售行为准则》适用于所有加入这一自律框架的零售商、批发商和供应商。这些公司只需向负责监督实施并执行准则的 ACCC 发出书面通知，表示同意遵守准则即可加入，目前已有多家澳大利亚大型零售商加入该准则。从《食品与零售行为准则》出台三年来，澳大利亚的零供关系得到明显改善，不公平交易行为造成的零供冲突和投诉数量逐年下降。

目前，澳大利亚财政部正进行《食品与零售行为准则》的审查，并就修订该准则向公众、企业征询意见。主要修订内容包括加强准则合规人员的职权，允许准则合规人员独立就零供冲突作出有约束力的裁定并要求给予赔偿，每年向 ACCC 提交年度合规报告等；细化准则内关于零供不公平交易行为的界定，提升其可应用性，并制定准则指导文件以帮助理解（《食品与零售行为准则》的具体内容见附件 3）。

2. 澳大利亚竞争与消费者委员会

和英国类似，澳大利亚设置竞争与消费者委员会（Australian Competition & Consumer Commission，ACCC），负责执行《食品与零售行为准则》（the Food and Grocery Code of Conduct），监督《食品与零售行为准则》遵守情况，并可采取执法行动，处理违反准则的公司。ACCC 是一个独立的联邦法定机构，旨在促进市场竞争和公平贸易，使消费者、企业和社会受益。

当 ACCC 收到关于违反准则的投诉时，会对投诉进行初步评估。作为评估的一部分，ACCC 可能会与投诉人进行初步的秘密讨论。如果投诉被评估为实质性的，ACCC 执法官员将进一步展开调查，了解双方更多的信息和证据。ACCC 将根据合规与执行政策来决定采取何种行动回应投诉。尽管 ACCC 没有对违反准则的行为进行罚款的规定，但可以采取其他措施，包括提请法院判决违规方赔偿被侵害方的损失等，而严重违反该准则的行为也可能触犯澳大利亚消费者法，将可能导致高达 110 万美元的处罚。ACCC 每年还会对加入该准则的零售商和批发商进行审计，以确保它们遵守准则。但 ACCC 不能就准则提供法律意见或提供零供纠纷解决服务。

（五）日本

1. 日本公平贸易委员会

日本公平贸易委员会（Japan Fair Trade Commission，JFTC）成立于 1949 年，为执行反垄断法而设立，主要职责是制定、实施和执行相关零供交易法律法规，维护日本的市场竞争；监督市场、经济和商业活动，打击市场垄断和不公平交易行为，促进经济的健康发展。委员会由主席和四名成员组成，独立履行职责，不受其他人的指挥和监督，是日本内阁办公室的附属机构。在 JFTC 收到关于不公平交易行为的投诉时，JFTC 有权发起行政调查，就不公平交易的事实向交易双方取证并根据调查结果进行处理，包括调解、仲裁、罚款等；当不公平交易行为涉及违法犯罪的刑事层面，JFTC 有权发起强制侦查，并向法院提起诉讼。

2003 年至 2004 年，日本公平贸易委员会进行了一项大型零售商①与供应商②之间交易的调查，以了解日本大型零售商与供应商之间的交易现状，采取措施打击大型零售商与供应商之间不公平交易的问题，以确保公平交易。在调查中，日本公平贸易委员会发现，零供不公平交易问题中最为突出的是：

- 退货。大型零售商常常在供应商交付货物后无理由退货，退货原因常常是由于店铺和布局改变不需要某种产品，或是退回陈列或储存时损坏的商品。

- 要求支付通道费。如大型零售商要求供应商支付货架费、陈列费、工作费以及保底收益费等。

- 在交付货物后要求降价。大型零售商常常在进货后降低商品销售价格，并要求供应商降低进价等。

- 另外，要求支付促销活动费用、要求承担店面装修费和新店开业费、被无理要求购买某种产品或服务等也是零供交易中较为突出的问题。

基于这一调查，2005 年 5 月，日本公平贸易委员会出台了《大规模零售商与供应商交易中的不公平交易行为的指定》（具体内容见附件 4），将大型零售商与供应商贸易的具体不公平交易行为进行界定，并将根据相关法律法规对这些行为进行处理。

2.《对不公平交易行为的指定》

《对不公平交易行为的指定》于 1982 年出台，并于 2009 年修订，至今仍是日本主要的界定不公平交易行为的法律依据。《对不公平交易行为的指定》规定的有关零供间不公平交易行为主要包括无正当理由拒绝交易行为、对交易条款的歧视性待遇、搭售行为、排他性交易条款等，从总体上对不公平交易行为进行了界定。但《对不公平交易行为的指定》却并非是仅仅针对零供间交易行为，它针对的是市场上所有经济实体间（零售商与供应商、竞争企业之间、企业与消费者之间）的交易行为，故涉及零供不公平交易的内容较少，且并未涉及具体的交易行为。

四、我国自律机制建设基础

（一）头部企业达成合作共识，初步奠定自律基础

我国各类行业组织、企业在零供交易自律方面一直积极探索，但尚未形成体系化的自律机制。

2015 年 1 月 9 日，在中国连锁经营协会会长郭戈平、华润万家有限公司首席执行官洪杰的共同提议下，华润万家、步步高、家乐福、大润发、永辉、可口可乐、中粮食品、伊利、宝洁、立白、脱普等 11 家企业在深圳共同达成国内零供合作的首个行业纲领性文件“深圳湾共识”，倡导零供双方建立以消费者为中心的共同价值观和行动计划。

“深圳湾共识”的主要内容包括：

---

① 在调查中，日本公平贸易委员会将大型零售商界定为：百货公司、大型综合超市、家装店、专业大型零售商、便利店、折扣店、药店、目录商店、其他大型零售商等。

② 供应商涵盖：服装与纺织品、食品饮料、酒水、日化用品、家居用品、家用电器等。

• 共同建立以消费者为中心的价值观和评价标准，建立符合各自特点的管理模式，研究消费者需求，分享数据，增强店面体验，为消费者提供更好的商品和服务。

• 建立有利于提高供应链效率的零售商供应商公平交易条款，透明市场竞争机制，维护双方合法权益。

• 建立零售商供应商从业人员道德规范和诚信监督体系，共同抵制腐败的商业行为，净化营商生态环境。

“深圳湾共识”促进零供关系由价格博弈向价值共享转变，鼓励零供双方探索新型合作模式，共同构建良好市场环境。“深圳湾共识”体现了国内领军零售企业与品牌商在零供合作上的意愿，对未来进一步建立零供交易自律机制、构建和谐零供关系奠定了坚实的基础。这一举措标志着中国零售业零供关系迈入零供合作、互利共赢的新发展阶段，在中国零售业发展史上具有里程碑式的意义。

（二）供应商普遍赞成建立零供交易自律机制

大部分情况下，供应商在零供交易中处于相对弱势地位，而大部分零供冲突也是由于供应商对零售商在交易中的一些不当行为不满所致。因此，国外发达国家监管机构或自律组织均是从供应商角度制定零供交易行为规范、监管零供不公平交易行为。

因此，中国连锁经营协会对 41 家供应商（涵盖饮料、酒类、粮油、调味品、休闲食品、干果、茶叶、生鲜日用品等品类，其中 16 家为大型供应商、17 家为中型供应商、8 家为小型供应商）开展了零供交易问卷调查。调查显示，一半的受访供应商在零供冲突中承担了全部或大部分损失，而难以寻求调解途径；而近 70%的受访供应商表示未曾寻求司法途径解决零供冲突，主要原因是担心影响未来合作，同时司法途径时间成本和经济成本过高；近 80%的受访供应商认为有必要成立零供交易自律组织，且有 73%的受访供应商愿意为此支付一定的费用；75%的受访供应商认为应由行业协会或企业联盟牵头成立零供交易自律组织。

以上调查显示，在零供冲突发生时，供应商常常由于司法成本过高、缺乏第三方协调、担心影响未来长期合作等原因而蒙受损失，在零供冲突发生时仍然缺乏行之有效的解决方式。因此，供应商有强烈意愿希望行业协会或企业联盟能够建立零供交易自律机制，并成立零供交易自律组织，以负责维护零供公平交易秩序，调解零供冲突。

（三）政府对建立行业自律机制持肯定态度

近年来，商务部、国家发改委、国家市场监督管理总局等有关部门已出台多项法律法规及管理办法，就加强零供交易监管、促进公平交易、规范零售商与供应商行为等建立了较为有效的监管体系，为零售商与供应商的发展创造了良好的外部环境。但监管体系重在监管、执法、打击零供交易中的违法违规行为，而在零供交易中发生的大部分矛盾和冲突并未上升到司法层面，需要通过政府干预或双方自行协商，往往难以达成预期效果，无法解决根本问题。因此，建立新型零供交易自律机制，将有助于高效解决零供矛盾、改善零供关系。

建立新型的、更为合理的零供关系是零售商、供应商自身发展的需求。在新的经济形势下，传统的零供合作模式已不能满足多样化、个性化的市场需求，各自为战的经营模式也阻碍了企业自身的发展。零供双方亟待通过更深层次的合作，建立一种互助、双赢的协作机制，以实现互惠共赢，共同发展，满足消费者需求。

推动行业自律，建立高效的零供公平交易自律管理机制是政府简政放权、降低执法成本的要求。随着我国市场经济改革的进一步深化，建设与政府部门紧密配合，形成司法监管、政策指引、自律管理的多层次、全方位零供公平交易管理格局是进一步深化经济体制改革，完善市场机制，更好发挥市场在资源配置中的决定性作用，清除市场壁垒，形成竞争有序市场体系的必然要求。

因此，有必要借鉴国外成熟的管理经验，以现有法律法规和管理办法作为依据和指导，建立中国特色的零供交易自律机制。这不仅是新经济时代的要求和行业发展的必然趋势，也是优化零供关系的有效手段。

（四）现行法律法规是自律机制建设的依据

我国现行的、与零供关系管理相关的法律法规包括《中华人民共和国价格法》、《中华人民共和国反垄断法》、《中华人民共和国反不正当竞争法》、《零售商供应商公平交易管理办法》和《零售商促销行为管理办法》等。随着经济社会的发展，特别是互联网的迅猛发展和共享经济等新商业模式的兴起，零供交易行为也发生了新的变化。2017 年 11 月 4 日，新修订的《中华人民共和国反不正当竞争法》中增加了对互联网领域不正当竞争行为的规制、对商业贿赂行为的界定等相关内容，对进场费等的界定更加科学，真正做到有法可依。

政府部门出台的相关法律法规及部门规章组成的零供交易监管体系是零供交易自律体系建设的法律和政策依据，零供交易自律体系作为行业内自律管理的行为指导，是零供交易监管体系的有益补充。监管体系重在监管、执法，打击零供交易中的违法违规行为；而自律体系受监管体系的指导，重在鼓励、引导，促进零供交易行为的更加规范。

五、零供交易自律机制体系建设思路

（一）体系愿景及目标

1. 愿景

零售商与供应商双方紧密协作，建立起以消费者为中心的共同价值观，致力于维护零供公平交易，提升零供合作效率，打造健康的营商生态环境。

2. 目标

- 建立以消费者为中心的价值观和评价标准，共同致力于为消费者提供更好的商品和服务。
- 秉持平等自律的原则，建立公平交易自律规范，维护零供双方合法权益。
- 建立零售商供应商从业人员道德规范和诚信监督体系，共同抵制腐败的商业行为，净化营商生态环境。
- 提供公平、有效的零供冲突解决程序，接受投诉，调解、仲裁零售商与供应商之间的纠纷，促进零供关系和谐发展。

（二）零供交易自律规范

零供双方应严格遵守相关法律法规规定，接受执法部门和社会舆论的监督，积极响应行业倡议，提高自律意识，维护零供关系和谐发展。零供交易自律规范的主要内容有：

• 零供双方在订立协议时，应采取书面形式，除非不可行或协议双方都认可的其他形式。协议中的条款必须是在双方知情且无异议的情况下制定，条款须明确界定双方权利和义务，且对一方违约的处理方式有详细规定。在任意一方需要变更协议时，应及时通知另一方，就可能造成的影响进行充分协商后，在另一方无异议的情况下才可更改，并对另一方可能造成的损失进行补偿。否则，不得单方面变更协议条款。

• 协议条款和适用条件必须遵守相关法律法规的规定，遵守公平互利原则，保护零供双方利益，协议中任意一方不得强加含有不公平待遇的条款和条件。

• 零供任意一方决定终止业务往来时，应遵守协议规定，按约定程序提前通知另一方，并支付可能发生的合理补偿。

• 一方违反协议条款时，另一方应按照协议及相关法律法规的规定，以合理透明的方式处理。

• 零供双方应彼此充分披露交易中必要或可能对另一方利益造成影响的重要信息，同时应注重信息的保密性，不得未经另一方允许将信息泄露给第三方。

• 零供双方应合理分配交易风险，不得将自身风险转嫁给另一方；同时，零供双方应就更好预测消费者需求、高效管理供应链、降低经营风险加强协作，实现双赢。

• 零售商收取进场费、货架费、销售抽成、销售保底等费用时，应符合相关法律法规的规定，不得强迫供应商支付不合理的费用。

• 零供双方在交易中应秉承互利共赢原则，不得以威胁中断业务往来、停止供货、强制下架商品等方式强迫另一方接受不正当交易条件。

• 供应商不得强制零售商订购过量货物，不得限制零售商合理订购货物的数量；同时，除非协议另有规定或由于商品质量等原因，零售商不得随意拒收供应商货物或任意退回多订的货物。如果一方需要提前或延期交付货物或需要退回或拒收货物，应提前通知另一方，并在双方确认的基础上操作。

• 零售商应在与供应商充分协商的基础上规定合理账期，不得强迫供应商接受不合理的账期。零售商必须按照协议规定账期按时向供应商支付货款，不得任意拖欠货款。

• 零售商或供应商在举办促销活动时，应为消费者提供更实惠的商品和更好的购物体验，加强合作，相互配合以达到互惠共赢。零售商或供应商不得强迫另一方为促销活动支付不合理的费用、提供资源支持等，零供双方应在充分协商的基础上组织促销活动，合理分担相关费用。

• 零供双方在交易中，应加强对业务人员的培训，加强协作，共同打击交易中的腐败行为，杜绝采购人员索要贿赂、吃拿卡要等行为。

• 零供双方应指定专门的合规人员负责处理、协调零供交易中发生的纠纷和冲突，处理与行业协会和监管部门的关系。确保零售商与供应商的行为符合法律法规的规定及公平交易规范，及时反馈交易中出现的问题、纠纷，纠正违反公平交易规定的行为。

（三）零供交易问题处理机构

1. 成立零供交易自律委员会

由政府、行业协会或其他第三方组织牵头成立零供交易自律委员会（以下简称自律委员会），依据零供交易自律规范，负责倡导零供自律交易，促进零供关系和谐发展，向所有承诺遵守零供交易自律规范的零售商或供应商发放会员资格证书。

2. 自律委员会组织架构

自律委员会由委员组成，委员应当具有广泛性和代表性，可以来自生产者、经营者、消费者、公共利益方等相关方。来自任意一方的委员人数不得超过委员总数的二分之一。教育科研机构、有关行政主管部门、检测及认证机构、社会团体等可以作为公共利益方代表。

自律委员会委员不少于25人，其中主任委员1名，副主任委员不超过5名。同一单位在本委员会任职的委员不得超过3名。主任委员和副主任委员不得来自同一单位。

3. 自律委员会具体职责

自律委员会仅对会员在自律规范框架下的行为进行调查与仲裁。

- 负责监督会员遵守自律规范的情况，指导零售商与供应商履行自律条款。
- 负责对零供交易自律规范提供解释性指导和建议，并定期修改完善。
- 定期组织零售商与供应商召开零供交易自律合规会议，就零供交易中存在的问题和建议进行讨论。
- 就零供双方提出的不涉及法律法规层面的纠纷，依据零供交易自律规范提供调解，提出仲裁意见。
- 接受零售商或供应商的投诉，在确保投诉人信息保密的前提下开展调查，对违反零供公平交易自律规范的零售商或供应商进行处理，方式包括说服教育、网站披露、暂停会员资格、注销会员资格等。
- 制定零供关系评价体系，由自律委员会或指定第三方机构负责建立针对零供交易中经常发生争议的业务行为做出评价指标，通过针对性问卷、实地调研、相关人员访谈等方式，评价零供关系状况。
- 根据工作需要，对零供问题不定期开展研究。通过研究成果，为自律委员会及自愿遵守自律规范的企业提供参考，为自律规范的修订提供依据。

4. 自律委员会主要工作

（1）定期组织合规会议

零供交易自律委员会每半年组织一次合规会议，以通报该期间零供交易自律工作情况，讨论发现的零供交易问题等。合规会上，应就本段时间内会员遵守零供交易自律规范的情况及在交易中发生的争议等问题进行简要汇报。

（2）召开年会

每年年末，零供交易自律委员会将就本年度零供交易自律工作进行总结及展望，发布零供关系报告，并就零售商与供应商普遍关心的零供交易中存在的问题展开讨论。同时，公布本年度零供交易自律规范优秀实践企业的表彰名单，邀请受表彰企业分享经验等。

（3）定期发布年度报告

自律委员会通过收集汇总来自各零售商与供应商会员的年度零供交易自律报告，总结零售商和供应商的零供交易自律行为特点、关心的问题以及敏感业务点。

根据该年度与零供交易自律合规官的会议、执行调解零供冲突、进行投诉调查等工作，统计汇总零供冲突发生的频次、投诉发生的频次等数据，并对会议相关问题、调解、投诉调查中发现的相关问题进行汇总，发布年度工作报告，就促进零供交易自律工作进行总结并提出改善零供交易自律规范的建议。

（4）奖励优秀会员

申请遵守零供交易自律规范的零售商与供应商，在被自律委员会授予会员证书伊始，都会获得一定的初始积分。对引发零供冲突或是因违反零供交易自律规范，经调查属实受到自律委员会处理的会员，将视情形给予扣除积分的惩罚。若会员当年度积分被全部扣除，则从扣除之日起至当年度年末暂停该会员资格。

在每年年末，自律委员会对会员积分进行排名，未扣分的会员将给予自律规范优秀实践商的表彰，并在网站等平台公布；对于扣分较多或被暂停资格的会员给予负面评级，在下一年度加强对此类会员零供交易自律的监督力度。对于连续三年被给予负面评级的会员，将列入负面清单，在自律委员会内部予以通报，注销其会员资格。

（5）调解及仲裁

接受零售商或供应商的投诉，在确保投诉人信息保密的前提下开展调查，对违反零供公平交易自律规范的零售商或供应商进行处理，方式包括说服教育、网站披露、暂停会员资格、注销会员资格等。

就零供双方提出的不涉及法律法规层面的纠纷，依据零供交易自律规范提供调解，提出仲裁意见。

（四）零供冲突处理机制

1. 总体原则

鼓励零售商供应商自愿遵守零供公平交易自律规范。在发生冲突时，首先通过双方协商解决，如无法达成一致，再依据国家相关规定及自律规范，通过自律委员会仲裁解决，尽量避免采取司法途径。

2. 零供冲突处理流程

（1）当零售商与供应商在交易中发生争议时，先由双方协商解决

零售商与供应商协调负责人就争议进行客观调查，并保持与另一方的密切沟通，协商解决方案。在此过程中，零供双方不必通知自律委员会，但双方应保留在争议解决过程中的邮件、书信、会议纪要等记录，以备争议无法协商一致时提供给自律委员会备查。

（2）如 20 个工作日内无法达成一致，零售商与供应商需向零供交易自律委员会申请调解

零售商与供应商的冲突处理流程如图 6 所示。

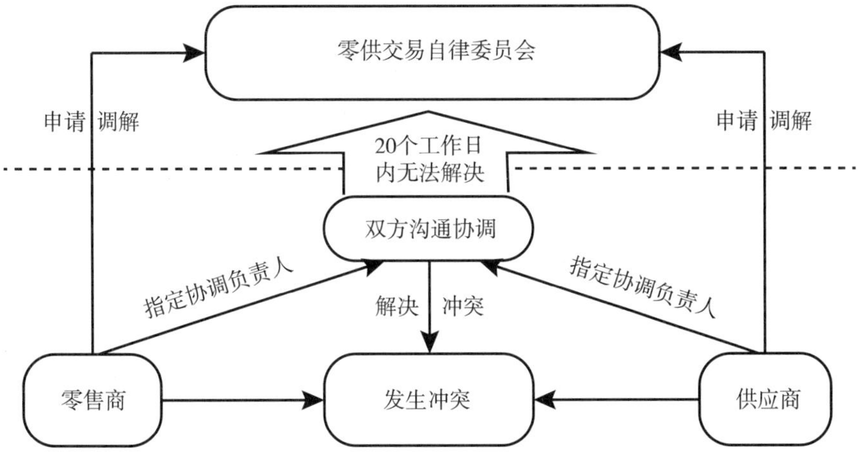

图 6　零售商与供应商冲突处理流程图

3. 发起投诉申请

零售商或供应商向自律委员会投诉，自律委员会对投诉人信息严格保密。投诉人需提供详细而明确的说明，包括但不限于：

- 投诉问题及对象。
- 在何种业务中利益受到了怎样的侵犯，具体违反了零供交易自律交易规范中的哪一项规定。
- 利益遭受损失的数额（具体数额或估计数额以及估算方法）。
- 与被投诉方进行沟通协调的举措，包括与被投诉方的业务往来记录、通话、邮件、会议纪要等记录。
- 其他有关投诉的信息。

4. 启动调查

自律委员会收到投诉时，首先会审查投诉人提交的投诉申请及相关信息，在确认投诉信息真实、合理，且属于零供交易自律规范框架范畴内的情况下将启动调查。

一旦调查开始，自律委员会有权要求被投诉的会员提供相关信息以协助调查，信息可由被调查的会员提供，也可由自律委员会认可的第三方提供。在调查过程中，自律委员会将给予被投诉方充分的机会提交相关信息以证明自己的行为合理合规。

调查过程中发生的费用。如被投诉方确有违反零供交易自律规范及相关法律法规的行为，则该费用由被投诉方承担；否则，费用由投诉方承担。

不属于零供交易自律规范框架范畴内的行为，自律委员会将建议投诉人向相关执法部门反馈。

5. 处理方式

自律委员会在经过调查取证后，如发现被投诉方的行为并未违反零供交易自律规范及相关法律法规要求，且经调查，认定投诉方的投诉存在虚假信息、夸大损失等情况，则委员会将要求投诉方承担全部的调查费用，并对投诉方予以批评教育。

自律委员会在经过调查取证后，如发现被投诉方行为确实违反了零供交易自律规范，将视行为严重程度采取以下措施：

如果违规程度较轻，且未造成严重损失，自律委员会将对被投诉方非公开地提出书面批评和建议，并监督其改进情况，以确保其行为遵守自律规范。如自律委员会在监督中发现被投诉方仍继续存在违反规范行为且未加以改正，则采取更为严厉的措施。

如果违规程度较为严重，且造成了较为严重的损失，或是被投诉方在收到自律委员会的建议后仍继续违反零供交易自律规范而未加以改正，自律委员会将在网站等平台公开其违规信息，暂停被投诉方作为自律委员会的会员资格。暂停会员资格的时长在 1 个月以上且不超过 6 个月。在这一期间，被投诉方须对自身违规行为进行整改，并接受自律委员会的监督。整改完成后，经自律委员会检查合格，将恢复其委员资格。如经自律委员会评估，认为被投诉方整改无效或仍然继续采取违规行为，则取消会员资格，并对外公示。在暂停会员资格期间，被投诉方将无法参与自律委员会举办的所有活动。

如果违规程度非常严重，且造成了严重损失，或是被投诉方在被暂停会员资格期间仍未就违规行为作出整改，继续违反行为规范的，自律委员会将注销被投诉方的会员资格。同时对被投诉方可能涉及违反相关法律法规的行为，自律委员会将建议投诉方向相关部门反馈，通过司法流程解决问题。

（五）自律体系接受政府部门的检查、指导与建议

零供交易自律规范作为行业性自律规范，不具有法律效力。为了保证自律规范的合法性与公正性，应在相关政府部门的指导下，依据相关法律法规、管理办法制定，并备案留存。

零供交易自律委员会作为行业第三方协调组织，不具备仲裁的法律效力和执法权力。其主要职能是鼓励零售商与供应商遵守零供交易自律规范，促进自律行为；居间协调零供冲突，减轻司法压力，降低企业诉讼成本。为了保证调解、仲裁的公平、公正与公开，自律委员会接受主管政府部门的检查，在政府主管部门的指导下开展工作，接受提出的改进建议。

因此，制定零供交易自律规范、发起成立零供交易自律委员会、倡导零售商供应商加入零供交易自律体系，离不开政府部门的指导、监督及制度保障。行业与政府部门应进一步加强沟通协调，确保零供交易自律体系能够充分涵盖零供交易中的各个环节，起到相关法律法规、管理办法的有益补充的作用。

附件 1：

英国《零售商供应商行为准则》

准则针对英国营业额超过 10 亿英镑的大型零售商制定，适用于大型零售商与供应商之间的交易。

1. 公平交易的原则

零售商必须始终公平合法地对待供应商。公平合法的交易将被理解为要求零售商诚实地与供应商建立交易关系，不得区分正式或非正式的安排，不得有任何胁迫行为，并且需要承认供应商对交易风险和成本的确定性的需求，特别是在生产、交货和付款方面。

2. 供应协议和供应条款的变更

除非协议中另有规定，零售商不得追溯更改任何供应协议，亦不得要求供应商同意任何供应协议的追溯变更。如有关供应协议清楚明确地规定在特定具体的情况变化（这种情况不在零售商的控制范围之内）下可以变更供应协议条款，并且有明确的规则处理相关的变更，零售商可调整具有追溯效力的供应条款。如果零售商有权单方面更改供应协议，则必须向供应商提供任何此类变更的合理通知。

3. 供应链程序的变化

零售商不得直接或间接要求供应商在供应协议期间对供应链程序的任何方面进行重大改变，除非该零售商以书面形式向供应商提供合理的变更通知，或是完全赔偿供应商因零售商未能发出合理通知而直接导致的任何损失。

4. 不得延迟付款

零售商必须按照相关的供应协议支付供应商货款，并应在供应商开具发票日后的合理期限内支付。

5. 不得强制供应商承担促销成本

除非零售商与供应商之间的相关供应协议中规定，否则零售商不得直接或间接要求供应商向该零售商支付以下费用：采购人员拜访新的或潜在的供应商费用、艺术品或包装设计费、消费者调查或市场调研费、开店费或商店装修费、零售商的工作人员促销费等。

6. 不得设置销售保底费

供应协议不得包含供应商向零售商付款以作为补偿销售量下降的条款。

7. 商品损耗费

零售商不得直接或间接地要求供应商付款支付在零售商处发生的该供应商商品的任何损失，除非这种损失是由协议中明确规定的供应商的疏忽或违约行为造成的，或是该费用在供应协议中已作出规定。

8. 进场费及商品储存费

零售商不得直接或间接地要求供应商支付任何款项作为存放或陈列供应商商品的条件，除非此类支付是与促销有关的；或者是零售商在过去 365 天内在其 1/4 或更多的商店中没有储存、展示或陈列过的新商品，并且这种进场费反映了该零售商对其展示或陈列此商品所承担风险的合理估计。

9. 赔偿需求预测错误带来的损失

零售商必须向供应商全额赔偿与商品相关的任何需求预测错误产生的费用和损失，除非零售商事先与供应商进行充分协商并谨慎地作出了这些预测，或供应协议中明确规定由零售商全额赔偿是不恰当的。同时，零售商必须确保其作出任何预测的基础都是基于与供应商之间充分的交流。

10. 不得捆绑第三方产品及收取服务费

零售商不得直接或间接地要求供应商从指定的第三方获取任何货物、服务或财产，从而通过这一安排从第三方获得利益，除非供应商可选择的其他提供这些货物、服务或财产的商家不符合该零售商为供应货物、服务或财产订立的合理、客观的质量标准；或者是比该零售商推荐的第三方提供的此类货物、服务或者具有同等质量和数量的财产的收费更高。

11. 除非与促销有关，否则不得收取货架费

零售商不得直接或间接要求供应商支付任何费用以购买更好的货架摆放位置或增加店内任何商品的货架空间分配，除非此类费用与促销有关。

12. 促销

零售商不得直接或间接要求供应商提供大部分促销费用。如果零售商直接或间接要求供应商为其生产的任何一种商品支付促销费用，则该零售商只有在已经以书面形式向该供应商发出合理通知之后才能进行。为避免出现冲突，零售商不得要求或强制供应商参与促销活动，因为这将导致供应协议的追溯变更。

13. 在为促销活动订货时必须谨慎

零售商必须谨慎订货，确保在以促销价从供应商处订购商品时，不超额订购。如果零售商未采取此类步骤，则必须向供应商补偿超额订购商品后以较高的非促销零售价销售的差价，应支付的补偿金额为促销价格与非促销价格之间的差额。零售商必须确保计算任何促销订单的数量的基础是透明的。

14. 不得因消费者投诉而向供应商收取不正当的费用

如果消费者的投诉可以由零售商通过提供退换货服务来解决，则该零售商不得直接或间接要求供应商为解决此类投诉付费，除非该付费额不超过该商品的零售价格，同时，该零售商有合理的理由相信消费者的投诉是合理的，并且是由于该供应商的过失、或违约、或违反供应协议所造成的。如果消费者投诉不能由零售商通过退换货在店内解决，零售商也不得直接或间接要求供应商为解决此类投诉支付费用，除非该费用与该投诉造成的零售商成本合理相关：零售商已经核实消费者投诉是合理的，并归因于该供应商的疏忽或违约；或是该零售商向供应商提交了一份关于投诉的完整报告，同时零售商已向供应商提供了足够的证据，证明消费者投诉是合理的，并且是由于供应商方面的疏忽或违约或违反供应协议所造成。零售商可与供应商核算解决消费者投诉所造成的成本及各自应承担的平均金额，平均金额不得超过零售商单独解决此类投诉的预期成本。

15. 关于下架的责任

只有由于商业问题，零售商才能与供应商终止合作。在与供应商终止合作之前，零售商必须向供应商发出合理的通知，说明零售商决定终止合作的原因，包括零售商决定的书

面理由。“合理通知”包括向供应商提供足够的时间作出决定。零售商应通知供应商有权要求由高级采购员进行复查；同时允许供应商向零售商准则合规人员进行咨询，以讨论零售商与供应商终止合作的决定是否合规。

16. 高级采购员

零售商的高级采购员在收到供应商的书面要求后，将有权审查零售商根据本准则作出的任何决定。零售商必须确保供应商在合理可行的情况下，及时了解该供应商高级采购员的身份和/或联系方式的任何变化。

附件 2：

欧盟在促进零供公平交易方面采取的措施

欧盟委员会、欧洲议会和欧盟理事会非常关注供应链公平交易问题，在 2013 年 1 月提出的欧洲零售业行动计划（The European Retail Action Plan，ERAP）中，将促进零供公平交易作为重要的行动之一，并由欧盟委员会牵头，成立了零售竞争力高级小组，就零售政策提供咨询意见；欧盟还发布了欧洲不公平交易行为绿皮书［Green Paper on Unfair Trading Practices（UTPs）in Europe］，指出欧洲零供交易中存在的主要问题。

欧洲独立中小型零售商协会（Independent Retail Europe，IRE）、欧洲商会（Euro Commerce，EC）、欧洲零售圆桌会议（The European Retail Round Table ，ERRT）、欧洲品牌商协会（European Brands Association，EBA）等多个零售行业组织在促进欧盟零供关系协调发展，推动欧盟层面立法进程等工作中发挥着重要作用。2011 年，由欧洲商会发起了涉及多家利益相关方的对话，探讨如何更好地杜绝食品供应链中的不公平交易行为。同年，由 11 个欧盟级别的协会在整个供应链体系中推行了一套良好的操作原则，以确保更为公平的零供关系。

1. 欧盟委员会

欧盟委员会主要是从促进欧盟各国对不公平交易行为立法、加强监管措施同促进欧盟零供自律结合起来，以解决不公平交易问题。近年来，欧盟委员会在促进零供公平交易工作中取得了重大进展。

2013 年 1 月，欧盟委员会出台了欧洲零售业行动计划旨在促进欧洲零售行业的竞争，同时提升零售业在经济、环境以及社会中发挥的作用。在这一计划中，欧盟委员会提出了 11 项具体行动，同时组建了零售业竞争高级别小组，负责对零售政策的制定提出建议。在 11 项关键行动中，其中一项即“委员会将出台绿皮书，详细地列出在食品及非食品供应链零供交易中，非公平交易行为及其特点，并将在欧盟范围内启动咨询，提出在欧盟层面解决这一问题的不同方案并进行影响评估，进而对促进欧盟零供公平交易提出指导意见和建议”。该行动的重点包括：支持自律性的供应链倡议；推广欧盟内零供公平交易实践准则的标准；促进欧盟各国有效的监管。

2013 年年初，欧盟委员会发布了欧洲不公平交易行为绿皮书，列出零供交易中存在的主要问题。在绿皮书中，欧盟委员会将不公平交易行为定义为：在零供交易中的某一方有强势市场地位的情况下，可能会单方面对弱势方施加条件，从而迫使业务关系有利于自身利益。特别是，强势方由于其拥有强大的议价能力，可能提出显著不公平的条款和条件，在这种情况下，弱势方由于担心无法签订合同，甚至被迫停业，可能无法拒绝这种单方面强加的不利条件。这种不平等的谈判地位可能是由于各方面的因素，例如，零供双方的相对规模/交易额，经济依赖性或已经发生的重大沉没成本（如前期高投资）的显著差异。

不公平交易行为包括以下几个类型。

* 模糊的合同条款：这是不公平交易最常见的形式，强势方可能利用模糊的合同条款对弱势方提出额外的义务。

* 缺乏书面合同：零供双方在交易中如果没有以书面形式达成协议，强势方有可能作出侵害弱势方的行为，如随意终止业务合作关系等。

* 篡改变更合同内容：强势方可能利用自身优势地位，肆意篡改、变更合同内容以侵害弱势方利益。

* 商业风险的不公平转移：如强势方要求弱势方为其促销活动提供资金支持，或支付新产品进场费、收取销售保底费、拉长账期、要求支付货架使用费等行为。

* 信息不对称：强势方可能利用信息不对称优势侵害弱势方利益。

* 不正当地终止商业关系：强势方突然无理由地终止商业关系，或在没有合理通知期限的情况下终止商业关系也是不公平交易的重要形式。

* 供应范围限制：强势方可能要求弱势方签订排他性合作协议，如供应商强迫零售商不得销售其他供应商产品，或零售商强迫供应商不得在指定地区或其他零售商处销售产品。

在不公平交易的监管方面，绿皮书指出：在欧盟各国，对于零供不公平交易的法律框架有着很大的差异，各国有关零供不公平交易的法律法规包括《竞争法》《反不正当交易法》《民商法》等，但这些法律所涵盖的不公平交易范围不同，存在碎片化、重复监管、监管空白等问题；而一些欧盟国家已经提出了处理不公平贸易的相关规定，但具体内容和处理方式也存在很大差异，各国对不公平交易规定适用的领域，由政府主导还是以自律为主等都有所不同。在欧盟层面，目前尚无关于不公平交易的具体的欧盟监管框架。以往处理不公平交易通常依据《欧盟竞争法》，但《欧盟竞争法》无法处理所有的不公平交易行为。而欧盟不同的部门也出台了相关领域的反不公平交易规定，但存在多头监管的问题。在不公平交易的执法上，也主要依赖于各国的执法机制，欧盟并没有针对不公平交易的执法机制。

2014 年 7 月，欧盟委员会发布了《就解决零供双方在食品供应链中的不公平交易行为与欧洲议会、欧盟理事会、欧洲经济社会委员会和地区委员会的沟通结果》（Communication from The Commission to The European Parliament, The Council, The European Economic and Social Committee and The Committee of The Regions Tackling Unfair Trading Practices in The Business-to-business Food Supply Chain），沟通的三大主题是：

* 共同加强对供应链倡议等零供交易自律举措的支持。

* 共同推行欧盟范围内零供交易良好实践原则的标准。

＊ 共同促进国家层面有效的零供交易监管。

在零供交易自律方面，欧盟委员会建议应继续加强零供交易自律举措，提高供应链倡议的参与范围。自律性行为准则是企业以公平和可持续的方式处理零供关系的重要基石，可以有效地引导企业公平交易，采取合理的谈判方式和建立有效的零供争端解决机制，从而减少或消除零供不公平交易行为。此外，自律性准则可以在零供关系中规定双方的争议解决程序，这往往有助于避免漫长而烦琐的法律诉讼。供应链倡议是解决零供不公平交易的非常重要的一步。在供应链倡议下建立国家层面的自律平台可以进一步加强其积极效应。

欧盟委员会建议有关各方：

＊ 鼓励零售商和供应商及相关组织签署自律准则，特别是积极参与供应链倡议以共同促进零供公平交易。

＊ 鼓励零售商和供应商积极向其业务伙伴推广供应链倡议，并告知其权利和义务，他们一旦加入供应链倡议，就应该主动告知每个贸易伙伴，并鼓励其贸易伙伴也这样做。

＊ 鼓励供应链倡议加强中小企业的参与度。

＊ 鼓励供应链倡议继续努力推动在每个欧盟成员国建立国家级零供交易自律平台。

＊ 鼓励零供交易自律组织、倡议等加强纠纷调解机制和仲裁制度的建设。

欧盟委员会将继续促进主要利益相关方群体之间交流信息和讨论，并密切参与零供交易自律组织的工作，以最大限度地扩大其影响，特别是对中小企业，将继续密切关注供应链倡议等相关零供公平交易自律组织、倡议的发展。

2016 年 1 月，欧盟委员会向欧洲议会和欧盟理事会递交了《食品供应链中零供双方不公平交易行为的报告》（Report From The Commission To The European Parliament and The Council on Unfair Business-to-business Trading Practices in The Food Supply Chain）。该报告的主题主要有两部分：对欧盟成员国处理不公平交易的现有监管和执法框架进行评估；对自律性质的供应链倡议进行评估，并确定具体的潜在改进领域。该报告的结论是，近年来打击零供不公平交易的行动已取得显著成效，许多欧盟成员国已采取了立法和执法措施，符合有效地反不公平交易框架的标准；目前已有 20 多个成员国提出立法或者打算在不久的将来出台相关法律法规。在报告中列出了一些具有进一步改进余地的特定领域。关于自律供应链倡议，报告充分肯定了供应链倡议的积极作用，同时也提出了一些可行的改进措施，以提高零供交易自律的有效性。

可以看到，欧盟委员会非常强调零供交易自律在促进零供交易中发挥的重要作用，特别是供应链倡议，作为欧洲影响力最强、最广泛的零供交易自律倡议，已成为欧盟委员会促进欧盟零供公平交易自律的重要平台，并正努力向国家层面的零供公平交易自律平台推进。欧盟委员会在未来将进一步提高欧盟零售商和供应商对供应链倡议的认识，特别是提高中小企业的认识，并确保供应链倡议治理结构的公正性，允许不公平交易的受害者匿名投诉，并将建立独立机构行使调查和制裁的权力。

2. 供应链倡议

供应链倡议（The Supply Chain Initiative，SCI）是 2013 年 9 月由 7 个欧盟级别的行业协会联合发起成立的，旨在提高供应链上零供交易关系的公平性。这 7 个协会包括欧洲食品饮料协会（Food Drink Europe）、欧洲品牌商协会、欧洲零售业圆桌会议、欧洲商会/欧洲联合会（Euro Coop）、欧洲独立零售商协会（Independent Retail Europe）以及农业交易商协会（CELCAA）。这些欧盟级别的协会代表了食品供应链中的各种利益相关方，包括食品饮料行业、品牌商品制造商、零售行业以及农业交易商。

供应链倡议旨在实施和执行 2011 年 11 月，由 11 个欧盟层面的行业协会（包括 AIM，CEJA，CELCAA，CLITRAVI，Copa Cogeca，ERRT，Euro Commerce，Euro Coop，Food Drink Europe，UEAPME 和 Independent Retail Europe）共同达成的《食品供应链纵向关系良好实践原则》（Principles of Good Practice in Vertical Relationships in The Food Supply Chain）。这些原则为开展尊重合同自由和保护行业竞争性的行为提供了一个框架。该原则中还列举了垂直交易关系中公平和不公平做法的例子。零售商和供应商在自愿的基础上认可良好的实践原则与一系列承诺，确保公平对待供应链中的所有合作伙伴。供应链倡议旨在确保参与该倡议的公司遵守对其他市场运营商的承诺，并从一系列争议解决方案中受益。治理小组负责供应链倡议的管理，而“议事规则”规定了该倡议监督零供公平交易、处理零供冲突等职能的程序。

《食品供应链纵向关系良好实践原则》要求签署该原则的各方应严格遵守包括竞争法在内的相关法律法规。该原则有三大总体原则。

第一，消费者。各方应始终考虑消费者的利益和零供关系中供应链的总体可持续性，各方应确保在整个供应链中分销商品效率最大化和资源分配最优化。

第二，合同自由。各方是独立的经济实体，必须彼此尊重制定自己的战略和管理方式的权利，包括独立决定是否签署任何协议的自由。

第三，公平交易。各方应以诚信和勤勉的态度负责任地处理彼此之间的交易。

具体原则包括：

* 书面协议：协议应以书面形式签订，除非不可行或零供双方出于便利性考虑接受口头协议。协议应该清晰透明，涵盖尽可能多的相关和可预见的要素，包括权利和终止业务程序。

* 可预见性：除非事先同意这种可能性及这种情况下的条件，否则零供任意一方不得单方面更改合同条款。这些协议应该列出任意一方与另一方在不可预见的情况下，商讨执行协议所需的变更程序。

* 合规：零供双方必须严格遵守签订的协议。

* 信息：在交换信息时，应严格遵守竞争法和其他适用法律，各方应充分注意，确保所提供的信息正确，不存在误导性。

* 保密：必须尊重信息的保密性，除非信息已经公开或者由接收方合法独立获得。接收方只能将机密信息用于传达的目的。

* 风险责任：供应链中的各方都应承担适当的经营风险。

* 合理要求：零供各方不得为了获得不正当的利益或转移不正当的成本而对另一方施加威胁。

《食品供应链纵向关系良好实践原则》还界定了不公平交易的行为，同时提出了公平交易的行为指导，对零供交易中书面/非书面协议、协议条款和条件、终止业务往来、违反合同的制裁、单方面行动、信息、经营风险分配、进场费、威胁中断业务、搭售、货物的交付和接收等方面都进行了详细的说明。

2013 年 1 月，7 家欧盟级别的行业协会就零供交易自律框架达成协议，以实施和执行《食品供应链纵向关系良好实践原则》。该协议规定了该自律框架的总体特征，包括其范围、业务要求、关于执行该倡议的规定以及帮助衡量零供交易自律有效性和影响的绩效指标。《实施和执行食品供应链纵向关系良好原则的框架》（Framework for The Implementation and Enforcement of The Principles of Good Practice in Vertical Relations in The Food Supply Chain）的主要内容有：

* 该自律框架实行注册制，包括中小企业在内的该框架内所有经济实体自愿承诺执行原则并接受解决争端的不同选择。

* 这是一个自愿的框架，其成功取决于整个供应链上的公司都愿意参与。这些公司承诺遵守食品供应链纵向关系良好做法实践原则，作为其商业交易的基础。

* 该自律框架在注册后包含强制性特征，并与利益相关方、绩效指标和公共监督相结合。希望注册该框架的公司在注册之前必须遵守某些要求。一旦注册，它们将被要求遵守该框架中关于实施和执行的程序。

* 该自律框架涵盖了所有的欧盟成员国，适用于食品和饮料产品。

* 在解决争端方面：当违反良好实践原则的争议发生时，适用框架中的规定。

2013 年 4 月，供应链倡议又出台了《议事规则》（Rules of Procedure），决定成立治理小组（Governance Group）负责管理该倡议，《议事规则》规定了其任务和程序规则。治理小组主要的职责包括：

* 就原则及相关事例提供指导，而不裁决商业纠纷，同时按照议事规则的规定对违反原则承诺的行为实施制裁。

* 在治理小组收到违反原则承诺的申诉后，对于轻微违规行为，不会公布公司名称；对于重大违反原则的行为，小组将行使两项重要的制裁：中止或取消注册资格。中止注册资格意味着违规公司不能从框架中受益，但仍然受到其义务的约束，有关中止注册资格的信息将在网站上发布。对于持续的、故意的和无法解释的违约行为，取消注册资格。首先遵循中止程序，治理小组最终可能会决定取消其在框架中的注册资格。这一决定将在网站和年度报告中公布。

* 治理小组在收到投诉时，将以合法合规的方式搜集相关信息，以核实投诉是否具有真实性；确保依据原则或范例的解释或指导；保证有关各方的任何敏感信息的机密性。

供应链倡议在监督注册公司遵守《食品供应链纵向关系良好实践原则》，按照《自律框架》执行该原则的同时，还承担着解决零供冲突、促进零供关系和谐发展的职能。在涉嫌违反良好实践的原则和违反自律框架中的承诺的情况下，供应链倡议提供了一个争议解决机制。供应链倡议涵盖三种类型的争议解决机制，包括双边冲突，即零供双方的冲突是由于两家公司之间涉嫌违反良好实践原则而发生的冲突；综合性冲突，即涉及多家公司受到严重违反原则行为的影响的冲突；违反自律承诺，即如果一家注册公司被指控不履行良好实践原则和执行自律框架中规定的义务，就会违反自律承诺。

在双边冲突发生时，公司可通过以下方式解决冲突。

* 商业追踪，投诉人可能决定将该问题提交到涉嫌违规的公司中的较高级别管理层。

* 合同规定，投诉人可以诉诸零供合同内规定的争议解决机制。

* 内部纠纷解决：投诉人可以诉诸公司的内部纠纷解决机构。

＊ 调解或仲裁：当事人可以通过双方协议，选择诉诸独立的第三方通过非约束性解决方案（调解）或有约束力的决定（仲裁）解决冲突；司法手段：投诉人可以按照各国的规章制度，选择一般的司法手段。争议解决机制的选择，除了调解和仲裁需要双方同意或法律另有规定外，由申诉经营者选择，供应链倡议不会干涉此类零供冲突的解决。

综合性冲突可由治理小组的一名成员发起。如果治理小组发现有严重违反良好实践原则的行为发生，且已影响到供应链倡议的其他成员，并且这些成员希望获得对现有原则的指导或解释，则可以启动综合性冲突治理手段。供应链倡议要求各行业协会在汇总投诉时需要确保用合法的方式搜集相关信息，以核实投诉是否具有真实性；保证提供及时准确的对有关原则或范例的解释或指导；始终保证当事人的匿名性以及任何敏感信息的机密性。汇总投诉后，将首先提交给代表投诉方（零售商或供应商）的联席主席或治理组成员，该人员将验证投诉的匿名性，并在必要时对其进行处理，以防止直接或间接识别出投诉方，并消除任何商业敏感信息。如果同一国家的零供之间存在冲突，由于零售商与供应商共享相同的语言和法律环境，所以国家层面是处理这类冲突的最合适的层面。

供应链倡议作为欧盟级的自律倡议，其治理小组将只审查跨国案件或没有国家层面处理零供冲突机制的案件，它将作出是否需要解释或指导的决定。治理小组一旦批准，指导或解释将传达给所有注册公司并在网站上公布。

2018 年 3 月，供应链倡议修订了治理和运营规则（Rules of Governance and Operations），允许一组公司或一个代表这些公司的组织直接向供应链计划任命的独立主席就跨国零供交易冲突提交调解申请，而不必通过各行业协会汇总投诉后再申请，这一修订将更好地解决欧盟内部各国供应商与零售商在非本国业务上发生的冲突，进一步加强了供应链倡议在欧盟层面解决跨国零供冲突的能力。

在注册公司违反自律承诺的行为发生时，治理小组会处理所有针对注册公司违反自律框架中规定的义务的投诉。

违反自律承诺的处理，如向治理小组的一名成员提出投诉，该小组可以迅速与有关部门的治理小组成员及时解决，或将其提交讨论，同时确保投诉人的身份保密。治理小组将逐步评估处理投诉的最佳方式。

供应链倡议作为一个促进零供公平交易的自律性框架，使得零供冲突可以通过调解或仲裁来解决。供应链倡议侧重于从自律组织的要求和公司层面促进零供公平交易，当有公司违反良好实践原则及自律框架时，供应链倡议有权终止该公司注册资格并公布违规公司信息。但是，供应链倡议无法提供任何除此之外其他类型的处罚。迄今为止，已有 380 家零售、批发和供应商集团、公司注册加入供应链倡议，涵盖了所有欧盟成员国的 1160 多家运营公司。2015 年 9 月，为进一步鼓励小微企业加入供应链倡议，治理小组决定进一步简化注册程序。自 2015 年 9 月起，小微企业只需要承诺遵守供应链倡议的原则和规定，将无须提交初步的自我评估报告，无须通过一个指定的联络点来提交投诉，也不必参加强制性年度培训即可加入供应链倡议。这一举措将有助于保护更多小微企业的权益，使其更好地从供应链倡议提出的一系列争端解决机制中受益。国家层面的供应链倡议在比利时、芬兰、德国和荷兰已经建立或正在筹备。

供应链倡议在促进零供公平交易方面的积极作用主要有以下几点。

＊ 供应链倡议推动了供应链中零供交易理念的变革，由传统的零供对抗向零供协作

转变。

∗ 由供应链倡议推动的争议解决方案通常比司法行动更迅速高效，成本更低廉。

∗ 供应链倡议作为欧盟层面的举措，有效解决了欧盟内部打击跨国零供不公平交易没有明确的原则、制度和监督执行机构的难题。

根据 2018 年 3 月发布的供应链倡议 5 周年报告，加入供应链倡议的企业满意度达 70%，90%的成员企业对全体或部分员工开展了零供公平交易的相关培训。报告显示，自 2016 年 9 月至 2018 年 3 月，共有 40 起违反良好行为准则的投诉，其中 32 起在供应链协议的调解下，在 4 个月内以协商方式解决了冲突，仅有两起投诉最终诉诸司法解决。

但供应链倡议仍然存在一些局限性，主要是在许多零售商和供应商眼中，供应链倡议作为自律性框架，缺乏有效打击零供不公平交易的手段；供应链倡议不允许由独立机构主动进行调查零供不公平交易行为；供应链倡议在解决零供冲突方面的方式仍然非常有限。

未来供应链倡议将在以下方面进一步得到完善：加大宣传力度，特别是提升中小企业的参与积极性；确保该治理结构的公正性；提名有权进行调查和实施制裁的独立机构；加强监督力度，寻求更有效的监管方式和零供冲突解决机制。

附件 3：

澳大利亚《食品与零售行为准则》

《食品与零售行为准则》作为一项自律性准则，管理零售商和批发商与供应商之间的交易，对有关零供协议、付款、终止业务关系、零供冲突解决和其他一系列事项作出规定，主要内容包括：

∗ 零售商和批发商必须向供应商提供其合规人员的联系方式。

∗ 零供协议必须是书面形式。零售商只有在与供应商达成书面协议后，才能与供应商进行交易，协议中必须规定零售商对商品交付的要求、零售商可能拒绝收货的情况、与商品有关的数量和质量要求、协议可能终止的情况、各方必须依法和诚实地交易。

∗ 协议变更：对零供协议追溯和单方面变更的实质限制。

∗ 货架分配：零售商不得强迫供应商支付货架费（促销除外）。

∗ 产品下架：除非按照零供协议的约定，并且仅限于真正的商业原因，否则不得将供应商产品下架。

∗ 货物损失：零售商不得要求供应商向零售商付款，作为货物损失的补偿。

∗ 进场费：限制零售商要求供应商支付进场费，作为存放或陈列供应商产品的条件（特殊情况除外）。

∗ 准则的合规检查：零售商必须指定专门的合规人员负责对准则实施的合规检查。合规人员必须是独立于零售商的其他人员。对于加入准则的公司，违反准则可能导致处罚。

∗ 零供冲突解决机制：致力于发挥零供冲突的居间协调及仲裁作用，解决零供冲突。

根据该准则，供应商可以选择符合其需求的冲突解决方案，包括向零售商或批发商的合规人员投诉；向零售商或批发商的高管投诉；直接投诉到调解或仲裁机构。如果供应商提出投诉或争议，他们必须提供或能够提供足够的细节，包括投诉的主题、指控违反了准则的哪些规定、他们正在寻求的补救措施等。

附件 4：

日本《大规模零售商与供应商交易中的不公平交易行为的指定》

2005 年 5 月，日本公平贸易委员会出台了《大规模零售商与供应商交易中的不公平交易行为的指定》，将大型零售商与供应商贸易的具体不公平交易行为进行界定，并根据相关法律法规对这些行为进行处理。根据这一规定，大型零售商与供应商交易中的不公平交易行为包括：

1. 不正当的退货

除由于供应商的原因，在收货之日起的合理时间内将货物退回给供应商；或是根据与供应商在购买货物时达成的协议，按照固定的退货条件将货物退回给供应商；或是在供应商事先同意的情况下将货物退回给供应商，条件是大型零售商承担因已交付的货物进行退货而导致的供应商损失；以及应供应商的要求将货物退回给供应商，条件是处置退回货物会给供应商带来直接利益外，其他零售商退货行为都属于不公平交易行为。

2. 不正当降价

大型零售商在向供应商采购商品时强制供应商降低交货价格，但在收到货物之日内的合理期间内由于供应商降价的情况除外。

3. 不正当的委托销售合同

大型零售商强制供应商接受过分要求的委托销售合同。

4. 强迫供应商降低进货价格至成本以下

大型零售商出于廉价销售的目的，设定特定商品的销售价格远低于正常进价，并迫使供应商以所述价格交付商品。

5. 拒绝接收特别定购的商品

大型零售商在签订特别按照自身标准设计、生产的定购合同后，由于非供应商拒绝接收商品的行为属于不公平交易行为，除非供应商同意零售商拒绝接收定购商品并且承担由此造成的损失。

6. 强迫购买

大型零售商强迫供应商购买零售商指定的任何商品或服务，除非有正当理由。

7. 不正当地将工作分配给供应商的员工

除非经供应商事先同意或大型零售商事先与供应商达成协议，并为供应商派遣的员工支付一般所需的费用；大型零售商强迫供应商派遣员工协助零售商的日常业务等，或者大型零售商强迫供应商支付零售商雇用的雇员费用以代替强制供应商派遣雇员的行为都是不公平交易行为。

8. 收取不正当费用

大型零售商强制供应商提供经济利益，包括支付费用和购买服务等。

9. 因供应商拒绝不合理要求而遭受不利待遇

大型零售商给予供应商不利待遇，包括延迟付款、减少交易量、停止与供应商的交易，理由是供应商拒绝任何不正当要求。

10. 因供应商向公平交易委员会投诉而受到不利待遇

大型零售商给予供应商不利待遇，包括货物延迟付款、交易量减少、停止与供应商交易，理由是供应商投诉，或试图向公平交易委员会投诉大型零售商不公平交易行为。

参考文献：

［1］国务院办公厅．国务院办公厅关于促进内贸流通健康发展的若干意见［Z］．国办发［2014］51 号，2014-11-16.

［2］商务部市场秩序司．关于进一步加强零售商供应商交易监管工作的通知［Z］．2015-1-26.

［3］商务部，发改委，公安部，税务总局，工商总局．零售商供应商公平交易管理办法（2006 年第 17 号）［Z］．2006-10-12.

［4］商务部，发改委，公安部，税务总局，工商总局．零售商促销行为管理办法（2006 年第 18 号）［Z］．2006-9-12.

［5］SB/T 10467-2008，零售商供应商公平交易行为规范［S］．

［6］中华人民共和国商务部．网络零售第三方平台交易规则制定程序规定（试行）［Z］．商务部令 2014 年第 7 号，2015-4-1.

［7］国家工商总局市场规范管理司．网络商品和服务集中促销活动管理暂行规定［Z］．国家工商行政管理总局令第 77 号，2015-9-2.

［8］埃德万祺公司．中国零供商业关系研究 2017 年度报告［R］．北京：中国连锁经营协会，2017.

［9］李朔．大型零售商滥用相对优势地位行为规制研究［D］．北京交通大学，2016.

［10］刘向东，黄雨婷．非对称渠道力量下的双边道德风险问题［J］．中国流通经济，2015，29（07）：10-16.

［11］孙汝攀．零售商买方势力、零供关系质量与零售企业绩效关系研究［D］．吉林大学，2015.

［12］市场形势倒逼：账期缩短 费用缩减［N］．国际商报，2015-04-22（A08）．

［13］李健生，赵星宇．竞合视角下的零供关系发展解读［J］．商业经济研究，2015（05）：32-33.

［14］上海商情信息中心．新常态下零供关系走向积极合作［N］．国际商报，2015-02-16（A08）．

［15］王维莉．我国零供关系现状分析［J］．商业研究，2014（08）：9-13.

［16］池丽华，周勇．我国零供关系述评［J］．华东经济管理，2013，27（12）：

156-161.

［17］杨洪．零售商占优的零供矛盾研究及解决对策［D］．西南交通大学，2012.

［18］黄国雄．纵谈零供矛盾的深层原因和现实问题［J］．商场现代化，2011（Z2）：6-8.

［19］董丽丽．从家乐福现象看我国零供关系［J］．北京工商大学学报（社会科学版），2011，26（05）：46-49.

［20］薛景梅．促进产业和谐发展的零供关系构建研究［J］．商业经济与管理，2011（03）：11-16.

［21］马进军．我国零售商与供应商冲突的现状、成因及对策［J］．国际商务研究，2009，30（02）：69-77.

［22］赵明明．现阶段我国零供关系研究［D］．首都经济贸易大学，2008.

［23］刘向东，沈健．我国通道费的经济学分析与规制政策评述［J］．商业经济与管理，2008（02）：16-23.

［24］李骏阳．通道费与协调工商关系的机制研究［J］．财贸经济，2007（01）：98-103.

［25］牛全保．中国工商关系的演变历程与特点［J］．商业经济与管理，2006（04）：3-7.

［26］British Retail Consortium. RAISING THE BAR ON BETTER REGULATION［EB/OL］. https：//brc. org. uk/making-a-difference/competitiveness/raising-the-bar-on-better-regulation.

［27］British Retail Consortium. Government-sponsored voluntary regulation：A framework to encourage investment and job creation［R］. London：British Retail Consortium，2014.

［28］Department for Business，Energy& Industrial Strategy. Groceries Supply Code of Practice［Z］. 2009-8-4.

［29］Groceries Code Adjudicator. Statutory guidance on how the Groceries Code Adjudicator will carry out investigation and enforcement functions［Z］.

［30］Department for Business，Innovation & Skills. New Groceries Adjudicator to protect suppliers from unfair treatment by supermarkets［EB/OL］. https：//www. gov. uk/government/news/new - groceries - adjudicator - to - protect - suppliers - from - unfair - treatment - by - supermarkets#content.

［31］Groceries Code Adjudicator. GCA achieving significant progress for suppliers［EB/OL］. https：//www. gov. uk/government/news/gca-achieving-significant-progress-for-suppliers#content.

［32］Groceries Code Adjudicator. GCA arbitration policy［Z］. 2016-3.

［33］Groceries Code Adjudicator. GCA compliance and monitoring policy［Z］. 2016-6.

［34］Groceries Code Adjudicator. GCA policy：Interpretative guidance，best practice statements and retailer voluntary commitments［Z］. 2016-3.

［35］European Commission. Implementation of the European Retail Action Plan［R］. European Commission，2013.

[36] European Commission. Report from the commission to the European Parliament and the council on unfair business-to-business trading practices in the food supply chain [R]. Brussels: European Commission, 2016.

[37] European Commission. Communication from the commission to the European Parliament, the council, the European Economic and Social Committee and the Committee of the Regions: Tackling unfair trading practices in the business-to-business food supply chain [R]. Strasbourg: European Commission, 2014.

[38] European Commission. Green paper on unfair trading practices in the business-to-business food and non-food supply chain in Europe [R]. Brussels: European Commission, 2013.

[39] Dr. Andrea Renda et al. Study on the legal framework covering business-to-business unfair trading practices in the retail supply chain [R]. Brussels: European Commission, 2014.

[40] Amy Cowper. The Australian Food and Grocery Code of Conduct: changing the way food and grocery suppliers do business with retailers [EB/OL]. https://www.twobirds.com/en/news/articles/2016/global/food-law-digest-jan/the-australian-food-and-grocery-code-of-conduct#site-language.

[41] Australian Government. Competition and Consumer (Industry Codes—Food and Grocery) Regulation 2015 [Z]. 2015-2-26.

[42] Fair Trade Commission. Results of Survey on Trading Between Large Scale Retailers and Suppliers. [R]. Tokyo: Fair Trade Commission, 2005.

[43] Fair Trade Commission. Designation of Unfair Trade Practices [Z]. 1982-6-18.

[44] Fair Trade Commission. Designation of Specific Unfair Trade Practices by Large-Scale Retailers Relating to Trade with Suppliers [Z]. 2005-5-13.

[45] Federal Trade Commission. Slotting Allowances in the Retail Grocery Industry: Selected Case Studies in Five Product Categories [R]. Washington D. C.: Federal Trade Commission, 2003.

[46] Federal Trade Commission. Price Discrimination: Robinson-Patman Violations [EB/OL]. https://www.ftc.gov/tips-advice/competition-guidance/guide-antitrust-laws/price-discrimination-robinson-patman.

2017 年中国零售企业数字化成熟度评估报告

在技术和消费升级的驱动下，数字化转型已经成了中国零售商的共识。我们看到过去很多零售商都建立了自己的展业、客户、门店、营销、采购、供应链和服务端到端的数字化系统，然而这一切还远远不够，领先的零售商不仅已经实现内部系统的协同，而且开始打造贯通上下游和合作伙伴的数字化合作平台，并可以为消费者提供与众不同的数字化商品和服务。当下被数字化转型热潮裹挟前进的中国零售商，亟须了解自己处在怎样的竞争态势中，以及未来需要从哪个方向发力。为此，中国连锁经营协会联合德勤咨询开展本次数字化成熟度调研，以期通过德勤的数字化成熟度模型，评估中国零售企业的数字化成熟度，并预测未来的发展目标，为零售企业数字化转型提供参考。

一、数字化成熟度模型说明

数字化成熟度模型从数字化程度①、数字化转型管理②和数字化转型驱动力③三大维度共计十项指标评估企业的数字化发展现状和目标。

表 1　　三大维度十项指标及其发展目标

	能力指标	目　标
数字化程度	核心流程数字化	通过数字化技术对展业、客户、门店、陈列、价格、营销、商品、采购、服务和后台财务、人资、风险等流程进行改造升级，实现信息集成，提升作业效率
	数字化客户和一致精准体验	在跨触点的个体客户行为和需求单一视图基础上，融合全渠道各个触点的优势，在客户端到端的营销、体验、购物、评价等体验环节，通过社交和物联网驱动等手段，主动识别单个客户需求，设计、创造和传达公司品牌、产品和服务等方面的一致体验

① 数字化程度：评估企业端到端业务和管理流程、人员和系统的数字化程度。

② 数字化转型管理：保障数字转型推进效果最大化和保持长效性。

③ 数字化转型驱动力：保障转型推进的基础能力和外部资源环境。

续表

	能力指标	目　　标
数字化程度	全渠道触点和内容	按照生活场景创造、联盟、融合和优化客户全渠道触点，包括网页、机器、自有设备（BYOD）、移动端、数字化门店、数字化产品和服务、联盟服务等，从内容全生命周期管理角度内部开发授权和管理实体、移动、视频、产品和服务等触点的数字内容资产
	数字化商品和服务	在对商品和服务进行数字化管理的基础上，赋予现有商品和服务数字化特性，并联合开发创新数字化产品和服务，在全渠道触点各个环节构成与消费者的持续性链接，通过数字化技术对商品选择、上架、结构优化等进行展现、实时分析和持续性实时改进优化
	数字化供应链	基于数字化平台，构建数字化供应链网络，通过数字化技术记录、分析商品采购到交付的端到端数据信息，持续性优化联合设计、新品测试、库存优化、物流透明、质量追溯，改进内部、外部仓储和物流网络，优化、创新供应结构和生态关系，保持快速高效供应
数字化转型管理	数字化转型战略	探讨业务和技术的融合对商业模式创新的影响，明确数字化技术对创新商业模式和运营模式的驱动，明确目标、投入、计划、组织、变革管理和绩效指标，商业模式迭代与数字化技术演进同步，通过提前布局和迭代方式对效果进行循环监控，最终形成规模
	领导力和变革管理	跨公司内不同层面、不同部门识别和挖掘数字化转型驱动者，从公司层面形成统一数字化领导力组织，推动公司内部现在和未来进行转型活动
数字化转型驱动力	数字化平台运营	通过物联网等数字技术从触点、交互活动等方面采集、整合内部和外部数据，通过挖掘和标签等工具进行各类分析，支持和持续优化交互、体验、商品和供应等数字化过程，并通过云等新兴技术路线进行部署，并推进合适的信息安全措施
	人员数字化基因培育	建立能对变化自适应、快速交互、数据驱动的组织，培养迭代式学习能力，建立内部和外部人员能力与技能生态系统，能够按照需求通过不同的方式快速定位和获得转型所需技能与知识
	生态系统构建	构建内部员工创新生态系统，对外构建完整、合适的外部资本、技术和技能等生态关系，支持业务模式的创新和运营的改善，具备完善事业共建、利益共享的外部多边合作关系，持续的创新动力来源于生态环境洞察和反馈

二、数字化成熟度能力评分说明

针对每一项能力指标给出被调研企业 1~5 分的评价：

1 分——导入阶段："百人一面，铜墙铁壁"，通过熟悉而传统的客户、实体渠道、流程、指标、商业模式和 POS \ ERP \ 电商技术进行运作。业务和技术融合性不高，对公司战略和愿景的承接差，客户体验差。

2 分——起步阶段：开始以虚拟项目组形式进行数字化流程、接触点和人员的客户体验的改善及增强，驱动公司内的数字化能力打造。但尚未建立明确的数字化转型目标、路径和时间表。

3 分——实践阶段："千人百面，若即若离"，数字化触点有限、洞察粗浅、与实体之间两线作战、体验实时互动差。有组织地在局部采纳新技术、合作伙伴和外部资源推动数字化产品、服务创新和客户体验的产生，并将实验结果在公司内部进行推广。

4 分——优化阶段：开始关注消费者个体需求，保持局部实时在线。通过数字技术持续改造和决策端到端供应链、商品供给、商品结构和客户交付物流。在企业层面制定数字化转型战略，搭建在企业级的容纳和融合数字技术的新基础设施上的客户体验、流程和系统支持转型。

5 分——智慧阶段："千人千面，永远在线"，围绕生活场景的全渠道数字化触点传达一致精准的个体体验。构建体系化生态城市的市场和行业领域，形成创新商业模式，持续创新动力来源于生态环境洞察和反馈。数字技术与商业的融合成为常态，进入自我良性优化循环阶段。商业模式迭代与数字化技术演进同步，通过提前布局和迭代方式对效果进行循环监控，最终形成规模。

三、调研样本说明

调研样本主要选取了中国连锁经营协会的 34 家中国零售企业，覆盖商超、百货、便利店和专业店四种零售业态。其中专业店与百货各占 32%，商超占 26%，便利店占 9%。

（一）中国零售企业数字化成熟度水平

调研结果显示，中国零售企业数字化建设整体尚处于起步与实践阶段，成熟度模型评估平均得分为 2.9 分，距离"千人千面，永远在线"的智慧阶段尚有很大差距。

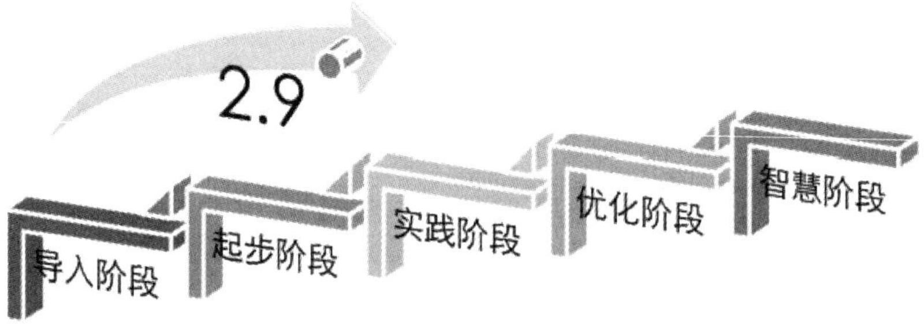

图 1　零售企业数字化发展阶段及成熟度模型评估平均得分

从十项能力指标的平均表现来看，各个能力发展得较为均衡，各项指标平均分均在 2~3分。

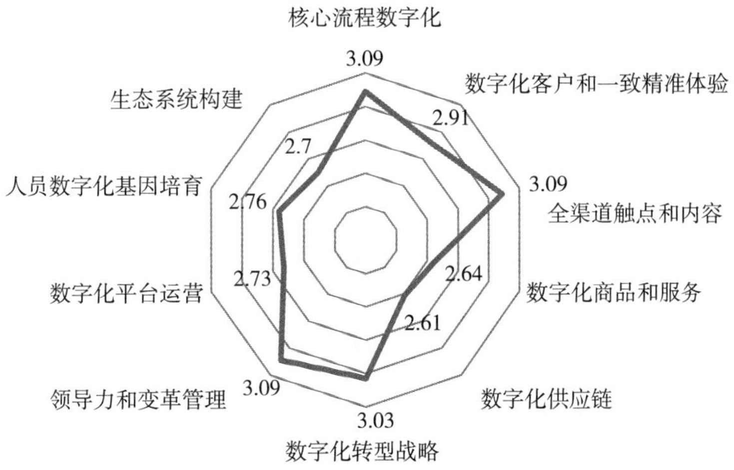

图 2　参与调研零售企业十项能力平均得分

但具体到不同企业则差异显著：

在核心流程数字化和全渠道触点两个指标上，分别有 36%和 33%的企业达到了优化/智慧水平，高于其他能力指标。这表明，中国零售商数字化转型的主要发力点在内部的前台、中台、后台 IT 系统建设，以及提升线上线下的销售能力。

而在数字化供应链建设、生态系统构建、商品和服务的数字化可标识可追踪等需要更多与外部协同的方面普遍还处在早期阶段。其中，数字化供应链明显落后于其他能力的建设，仅 9%的零售企业数字化供应链能力达到了优化/智慧阶段。

除此之外，人员能力不足的问题也非常突出，48%的企业在人员数字化基因培育方面仍处于导入阶段，企业普遍在这方面的投入和关注不足，并且缺乏行之有效的数字化人才培育体系。

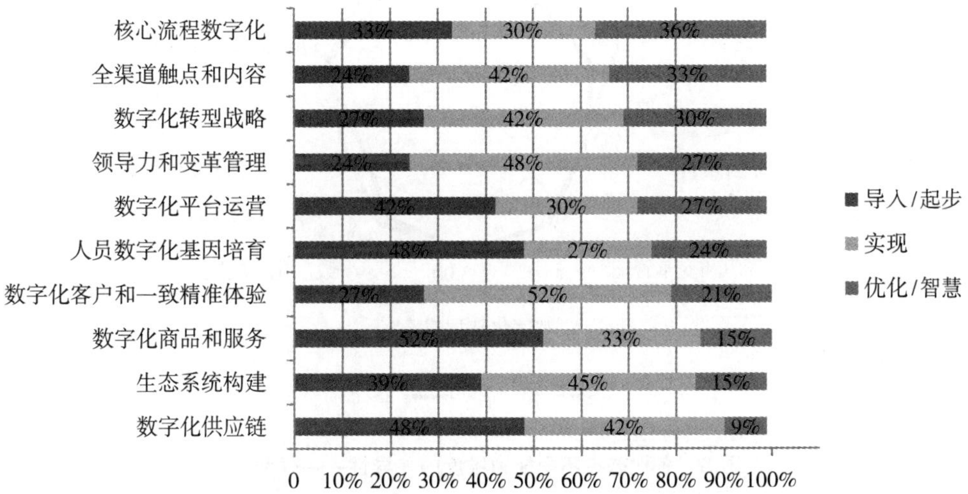

图 3　参与调研零售企业各项能力对应阶段占比

(二) 不同零售业态的数字化成熟度表现

从零售企业的不同业态来看，各业态数字化成熟度平均水平差异不大，便利店相对领先，专业店相对落后。

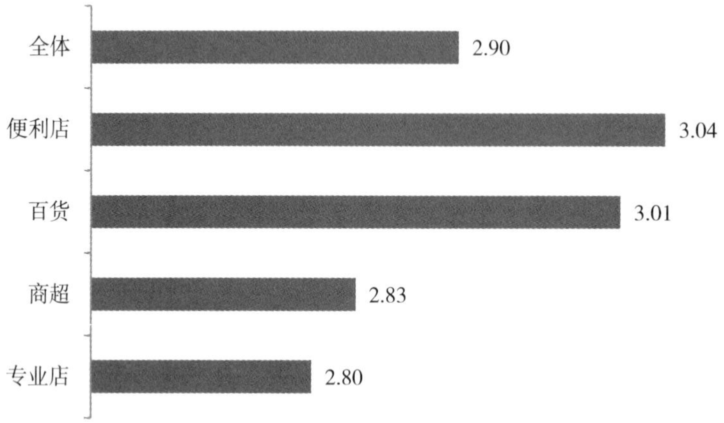

图 4　数字化成熟度评估平均得分

便利店：便利店业态各项数字化能力基本都超过平均水平，其中人员数字化基因培育和核心流程数字化两项指标高出平均水平约 19%。

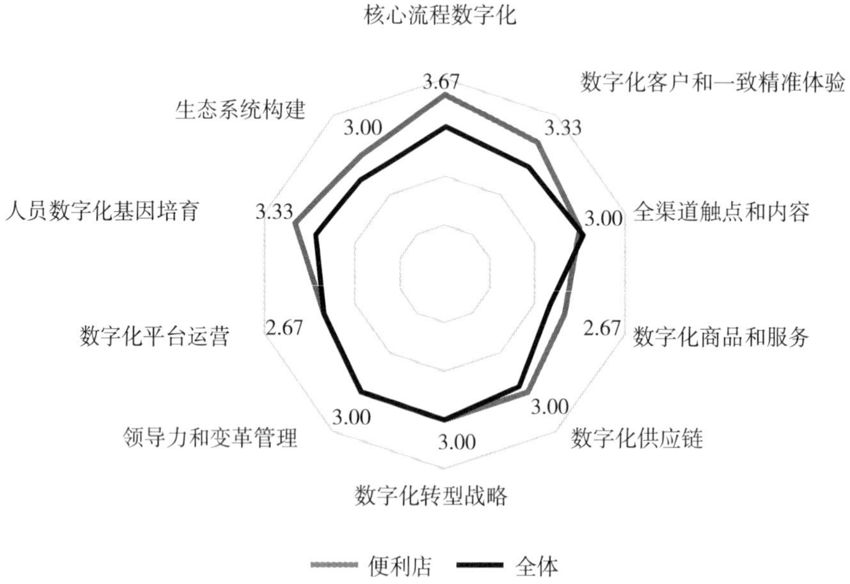

图 5　各业态在不同能力维度的差异性——便利店

百货：百货整体和平均水平较为接近，其中领导力和变革管理能力较为突出。

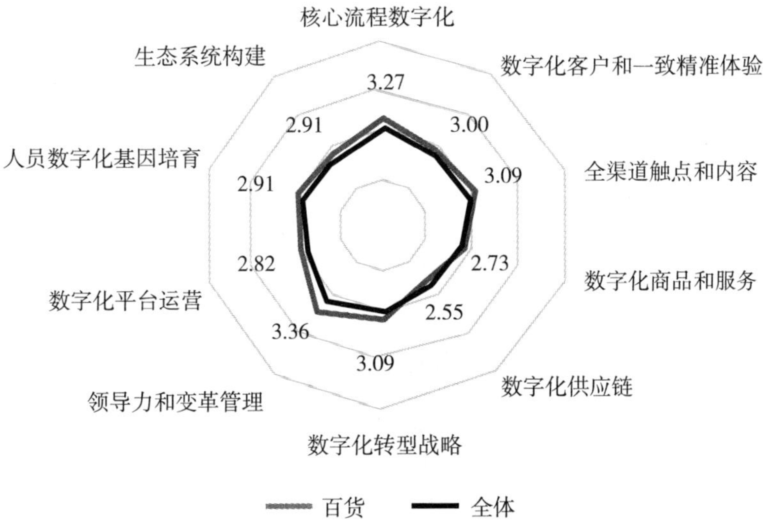

图 6　各业态在不同能力维度的差异性——百货

商超：商超在数字化商品和服务、全渠道触点和内容两项能力指标上超过其他零售业态，这与商超近年来加强对商品的管理，并积极试点线上业务、打通线上线下渠道的举措有关；同时，商超的人员数字化能力成为其短板。

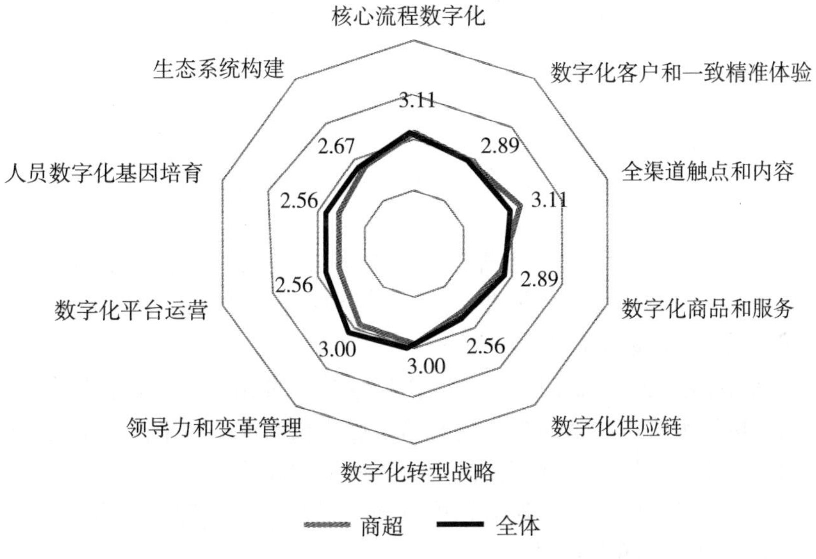

图 7　各业态在不同能力维度的差异性——商超

专业店：专业店各项数字化能力的表现普遍落后于其他零售业态，即便是在核心流程数字化这一基础能力项上的表现也明显落后。

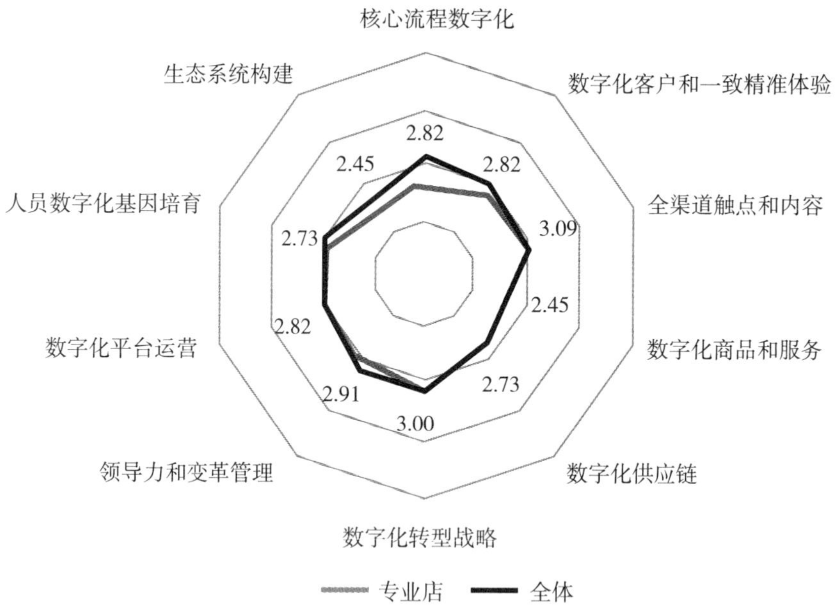

图 8 各业态在不同能力维度的差异性——专业店

(三) 中国零售企业数字化转型实践

零售企业的数字化转型实践主要体现在 5 项端到端业务和管理流程、人员和系统的数字化能力建设工作中，分别为：

1. 核心流程数字化

核心流程数字化是中国零售企业最成熟的数字化能力维度，目前企业普遍已经建立了自己的展业、客户、门店、陈列、价格、营销、商品、采购、供应链和服务端到端数字化系统。

- 某服装专业店连锁：“我们已经做到了业务流、物流和财务流集成。我们有 8000 多家自有门店、十个品牌，零售数据非常多，去年专门针对 SAP 系统做了优化，主要解决数据太多导致系统跑不动的问题。”
- 某服装专业店连锁：“我们有一个叫作超级导购的 App，面向导购员，由总部给出一些相关知识的培训和收购商情简报；还有给门店店长提供的用来做日常运营管理的微报表，可以看到门店业绩分析的数据和商品中一些所谓的爆款。”
- 某商超连锁：“价格、采购等信息可以通过系统自动分配到门店，并传到供应商、配送中心，自动更新到总部库存。”

2. 数字化客户和一致精准体验

数字化客户和一致精准体验是指使用数字化手段获取客户信息并开展客户深度洞察，并据此在各个触点主动链接消费者，改善客户体验。零售商在面临日趋多变的客户需求和激烈的竞争情况下，纷纷上线忠诚度计划、建设 CRM 系统，以期通过客户洞察和精准营销提升客户黏性。

- 某服装专业店连锁：“去年下半年上线了 CRM 系统，部署在云端，现在有了数百万会员；我们还在做试衣间，里面有带触摸屏的东西，触点很丰富，拿了衣服进去以后，它就能感应到这件衣服，屏幕就可以展示这件衣服穿在模特身上的效果图以及关联搭配的效果图，而且可以点击图上的衣服进行搭配。”

- 某区域连锁商超：“我们刚刚开始建设，现在有了400多万会员，可以分析会员购物习惯，根据分析可以配制特定商品优惠券、引导促销；还可以通过手机微信分析和推送卡券；另外我们还和银行、移动公司、万达形成异业联盟，它们的会员积分可以在我们这里使用。”

- 某便利店连锁：“对于我们来说，通过全渠道进行会员经营是一个很深的课题，不断地建立品牌、单店的忠实客户群并不断地进行扩展。目前已经建成了数字化的会员管理，可以把营销活动精细到个别客户群。”

3. 全渠道接触点和内容

从传统线下零售企业开展线上零售业务，到电商布局线下实体店，零售企业尝试按照生活场景化进行触点布局，融合和优化现有线上线下优势触点、创新产品数字化触点，实现全渠道接触点贯通。

- 某区域连锁商超：“我们开通了线上商城，有PC端和App，还在建立微信商城，但是商城在企业内部没有完全独立，仅作为渠道补充。另外还有进口商品馆，可以现场购物，也可以在店里扫商品然后下单付款，之后送货到家。”

4. 数字化商品和服务

数字化商品和服务是指通过数字化技术管理现有商品和服务，赋予现有商品的数字化标签和营销体验元素，助推商品与采购、销售、对外合作等各关键运营环节的深度融合。虽然零售商在这一能力的建设上还比较落后，但我们还是看到一些较为领先的实践。

- 某服装专业店连锁：“去年我们开始实施从工厂到门店的端到端RFID系统，每个衣服都会缝制一个芯片，可以做到全链路的单一物品的跟踪和数据的采集分析。”

5. 数字化供应链

数字化供应链是中国零售商相对而言最落后的一项能力。数字化供应链旨在网络的打造，保持和深化端到端的信息贯通和弹性，促成消费者和生态合作伙伴深度参与，保持供应链“永远在线”。部分零售企业的实践已经走在了前面。

- 某服装专业店连锁：“基于我们商品的RFID系统，现在的盘点效率也非常高，我们员工有手持PDA，绕着门店走一圈就能把库存信息在20分钟内收集到，不用再人工开箱清点库存。”

- 某区域连锁商超：“我们的预约送货可以精确到小时；门店销量数据、库存数据可以完整展示给供应商，同宝洁实现了信息流的无缝对接；我们还负责承建威海市冷链综合服务平台，实现滴滴打车模式的车找货、货找车、货找库、库找货、智能推送信息及撮合功能。”

（四）中国零售企业未来数字化建设目标

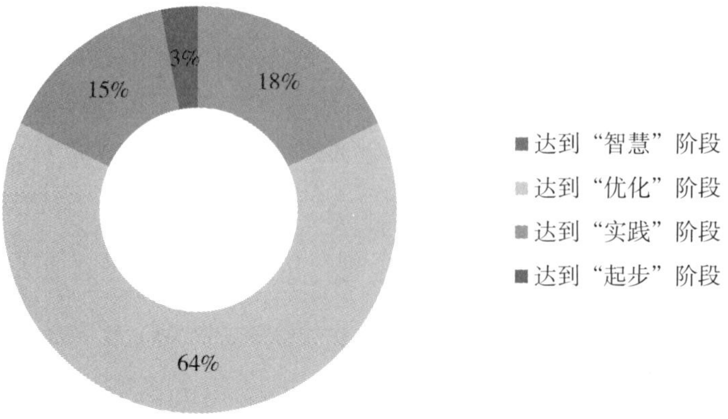

图 9　零售企业期望未来数字化所能达到的阶段

零售商对各自企业未来数字化建设目标普遍预期很高，18%的企业设定为达到第五阶段——“智慧阶段”，64%设定为达到第四阶段——“优化阶段”；相较当前所处的第二和第三阶段——“起步和实践”阶段尚有很大提升空间。

零售商对各项数字化能力目标的评估分反映了其发展方向和重点。调研结果显示，全渠道触点与核心流程数字化将成为重中之重，目标平均分分别达到了 4.48 和 4.45，其中更有 44%的零售商认为这两项应同时达到 5 分。

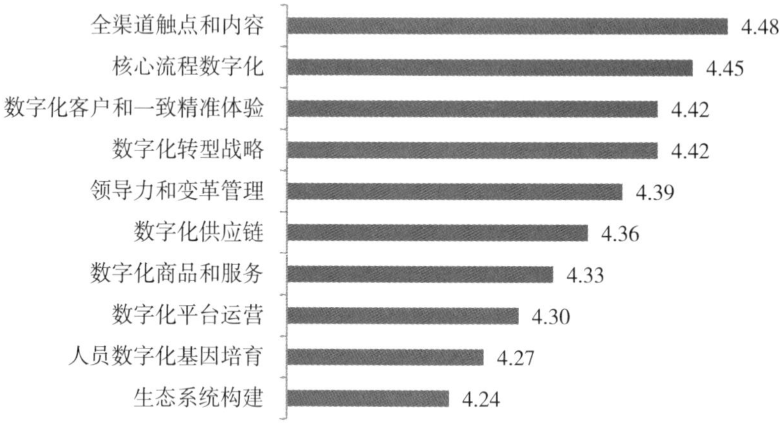

图 10　数字化转型目标平均分

（五）数字化对中国零售商业务模式的重构

零售创新者均了解，科技和数字化不再只是未来零售的辅助工具，而是基本要素。消费者的参与正在促使零售商以合适的数字化手段设计出新颖、便捷的体验，从而提高消费者的忠诚度。过去被视为遥不可及的事物，如今已成为竞争的筹码。

在我们的调研中了解到，零售商已然了解数字化的重要性并且迫切希望跟上数字化转型的浪潮，但是往往缺少战略层面的思考和系统的转型路径规划。同时，零售商沉淀了大量的销售数据，却不知如何形成洞察以辅助各项数字化能力的搭建。

我们认为，今天的消费者发生了很大的变化，科技进步和消费升级成为推动零售行业变革的两大主要力量。零售商必须要把握数字化转型契机，关注新消费习惯和新商业环境下催生的成长领域，从“销售平台”向“体验传播”升级。将来那些能够灵活运用大数据分析帮助企业决策和了解消费者、通过数字化供应链平台深度把控上下游资源、实现线上线下全渠道数字化贯通的零售企业才更有胜出的机会。

四、不同业态数字化发展趋势

(一) 超市业态数字化分析

据商务部报道，截至 2016 年年底我国超市业态销售额增长较快，增速为 6.7%。自 2016 年下半年以来，大型零售企业销售情况明显好转，实体零售出现结构性回暖迹象。

在此新常态背景下，传统超市零售企业必须借助模式创新、发展生鲜、推动数字化转型等方式，维持自身发展的竞争力。

1. 得生鲜者，得流量

生鲜商品具有聚客效应，且 60% 的消费者表示在购买生鲜时会交叉购买其他产品。而生鲜商品的标准化程度低、保质期短、消费少量多次、物流成本较高、商品损耗较高等特点，影响生鲜商品线上发展速度，多数消费者更倾向于线下购买。所以未来生鲜商品的线下经营可以有效应对电商带来的分流，成为商超的重要竞争优势之一。

2. 推动数字化转型，助力业绩提升

数字化本身并不具有价值，而充分借助数字化实现数字化商品和服务、数字化供应链、全渠道触点和内容才是传统商超的转型方向。

以北方一家以生鲜运营而闻名的超市为例，在数字化商品和服务层面，实现了商品的“数字化空间管理”实现门店的统一陈列，产品形象统一生动；在数字化供应链层面，更是在从采购到物流配送全程实现了数字化透明，实现供应商的信息追踪清晰可见。并建立了当地冷链综合服务平台，实现滴滴打车模式的车找货、货找车、货找库、库找货、智能推送信息及撮合功能；在全渠道触点和内容层面，实现手机 App 商城、微信商城及购物网站等。

3. 新物种创新，传统商超布局新零售

2016 年，以盒马鲜生为代表的新型零售物种迅速落地。而传统线下商超也迅速加入了新物种的开发研制中，据不完全统计，传统商超开发的新物种有天虹 sp@ce、步步高鲜食演义、百联 RISO、世纪联华・鲸选、永辉超级物种等。此类新物种具有互联网化的经营理念、线上线下的全渠道布局、零售与餐饮的跨界融合、供应链的整合，成为商超经营者又一发展方向。

数字化对传统超市业态的影响，不仅仅是建立全渠道销售，更是变革传统经营和管理模式，打造数字化平台和思维，实现运营效率和业绩的双提升。

（二）百货与购物中心业态数字化分析

近年来，百货店的困境继续扩大和加深、品牌同质化高、电商的竞争以及年轻一代消费者消费行为的变化，使得下滑成为行业大势所趋，日渐式微的趋势难以逆转。这一点，从万达关闭近半的百货店，王府井更名“去百货化”，大量的购物中心不再视百货店为标配可以得到印证。危局之下，活着就是胜利，求变才能求生，因此，自有品牌的重塑、业态的改造、体验的加强成为百货行业面对困境的共同战略选择，而数字化更是加速了这些变化的达成。

1. 供应链再整合

线上渠道增长倒逼实体百货供应链整合，与上游供应商加强合作完善成本控制，设立买手采购店精准定位细分人群。目前，已有不少百货公司认识到联营模式的局限性，积极拓展自采自营模式和自有品牌的开发。通过加强采购管理，借助已有的渠道优势铺开自有品牌，虽然具有较长的投资周期，但从长期来看增大了百货公司的盈利上升空间，而且增强了对经营的控制力，有利于传统百货的未来发展。比如王府井、百联与利丰共同搭建的上海百府利经营有限公司，计划 3 年内打造 6 个品牌；再如天虹已经与 30 多个品牌展开合作，同时天虹已经在旗下商场相继开出了 14 家女杂集合馆 Rain&Color、14 家家居集合馆 Rain&Home、2 家品牌服饰集合馆 Rain&Co 以及 1 家儿童集合馆 Rain&Kids。

2. 体验端再升级

百货店受到购物中心、电商的竞争以及年轻一代消费者消费行为的变化，生意发展困难。绝大部分百货店可供品牌的位置有限（包括重点品牌），品牌与消费者互动需要的硬件环境相对较差。但传统百货店拥有的客户资源（CRM）仍然是重要财富，管理得好并主动与品牌配合的，仍然在销售上有竞争力。

与百货相反，购物中心由于其电商难以替代的体验性，在业绩方面步步高升。同时把购物中心数字化也是阿里所谓“新零售”的终极目标。这不仅因为购物中心是业态的集合（餐饮、影院、娱乐、教育、百货、超市等），同时承载了未来更多的体验式场景；当未来最后一公里成本逐渐降低，消费者对商品的追求从“到店模式”逐步转向“到家模式”的时候，购物中心则承载了更多的“人货场”组合场景。

基于购物中心租赁的经营模式（自身完全不掌握供应链），购物中心数字化会更多地应用到对商户经营的监控分析与运营上，以及购物中心客户全生命周期体验的各个环节中。比如：

- 某著名国际商业地产公司，建立了数字化的作战室，通过对商户全方位的经营状况进行感知、洞察，及时发现问题，辅助商家经营，包括经营业绩、客诉、租约、舆情等方面，以及时进行租金调整、资源调整、商家调整、品牌调整、业态调整乃至战略调整。
- 香港的某家商业地产公司，建立了以客户为中心的全生命周期体验，其通过多种线上触点捕捉客户消费需求，协助商户实现精准服务，提供便捷、全面、优质的消费者客户体验。其功能包括智能泊车、链接 Wi-Fi、刷脸识别、商场定位、用餐购物、取车服务总体闭环的功能等。

（三）便利店业态数字化分析

超市、百货业态的销售额在过去3年出现了明显的增速下滑，其中百货业态的销售额甚至在2015年开始出现持续的负增长。但在大环境一片萧条的背景下，便利店行业销售增速在过去7年持续保持在9%的水平以上。而数字化对便利店业绩的提升也是全方位的。

1. 全渠道触点和数字化商品

在中国独特的数字化环境中，消费者对数字化体验的依赖度和需求越来越高，为了更好地触达并服务消费者，渠道、商品、服务的数字化体现和融合成为便利店企业数字化转型的重要方向。以某知名便利店企业为例，该企业以消费者为中心，构建了独特的OandO闭环，即线上线下闭环和大数据营销闭环，实现了全渠道触点和内容以及数字化商品和服务两个维度的数字化建设。线上线下闭环由线下的便利店和线上的会员超市构成，以全渠道的形式实现与消费者的无缝连接，线下便利店主要满足个人的临时性消费，线上会员超市可以覆盖家庭的计划性消费。在获取和处理消费者数据的过程中，该企业上线了顾客忠诚管理（CRM）、粉丝营（Fans）和顾客终身价值（CLV），通过记录和标记消费者的消费行为，实现了数据的整合和归类。消费数据在线上和线下渠道的交互形成了数据流动的闭环，为以大数据为基础而进行的精准营销提供了基础，也因此形成了大数据的营销闭环。该企业通过这样的闭环体系，针对消费者的到店频率和客单价两个方面，在不断地优化现有经营制度的同时不断推出新的亮点，来实现用户价值的最大化。

2. 数字化供应链

对于便利店企业来说，供应链管理是企业的核心内容之一，不仅关系到企业能够提供什么样的商品来针对性地满足消费者的需求，同时也关系到配送网络的建设、门店管理等日常经营的核心环节，因此利用数字化手段使得供应链的各个节点形成网状互联，对便利店供应链的管理具有深远的意义。以某知名外资便利店企业为例，该企业的物流配送模式便是建立在数字化网络和信息系统的支持之上。该企业没有构建自有的物流中心，而是通过与既存批发商的合作关系，针对不同类型的商品，进行分类多次小规模配送。通过共同配送（多个厂商的商品由1台配送车辆配送），把单店铺70次左右的配送车次减少到9次。该企业的实践表明，通过数字化手段打通供应链各个节点并将数据科学地运用到产品研发、物流、店铺管理等多个方面的重要性。为了能够在激烈竞争的市场环境下精准且持续地为消费者提供商品和服务，便利店企业都需要对数字化转型给予充分的重视。

（四）鞋服业态数字化分析

作为国民经济的基础消费产业，鞋服行业与人们的生产、生活息息相关，体现着国家经济和社会的发展水平。经过一段时间的快速发展，目前，服装行业也出现了产能过剩的问题，很多服装企业积压了较多的存货，面临较大的去库存压力，同时开始关闭业绩较差的店铺。总体来说，虽然服装行业增速下降，但依旧保持着行业规模增长的态势，目前尚未发生转折性的变化。

在国内市场需求增长放缓、互联网和数字化高度发展的今天，消费升级给传统生产方式带来挑战，鞋服行业呈现以下新趋势。

从消费者来说，中国经济增速换挡，进入改革攻坚、结构调整的新常态，消费观念日益成熟理性，消费结构升级步伐加快，消费者更注重衣着的性价比和个性化选择；同时，随着互联网及数字化的发展，国民消费行为与习惯发生很大转变，消费者对个性化体验和消费便捷性的要求逐步增高。相比 20 世纪六七十年代品牌导向、功能导向的“忠诚”消费行为，千禧一代的消费忠诚度降低，他们更注重个性化与数字化的消费体验。

从市场来说，竞争进入白热化，鞋服行业已然发展成为一个买方主导的市场。各大竞争者都在不遗余力地提升客户体验，期待为客户带来价值以占据市场有利位置。

从渠道来说，单一的线下（实体）渠道或单一的线上（电子商务）渠道已经无法满足消费者的需求，在消费呈现便捷化、个性化、体验化趋势的今天，全渠道发展成为一种新的趋势。通过打通实体渠道、电子商务及移动电子商务销售服务与方式，为顾客提供无差别的购买体验。

商家在运营模式上也呈现新态势，传统的鞋服行业是以加盟零售和第三方平台销售模式为主，而今各大玩家在大力发展线上平台的同时，竞相对门店进行转型，通过数字化及智能等高科技手段对门店进行改造，为客户打造全新的无缝体验平台。同时，坚持“以消费者”为中心的理念，健全会员体系，增加客户黏性。

消费个性化、体验化及数字化的新趋势，一方面为鞋服行业转型升级和增长动力的转换提供了机遇与空间，另一方面使得行业传统生产方式的转型任务显得紧迫而艰巨。

在这场传统行业转型的战役中，数字化无疑是打赢这场“战争”的重要利器，如何运用数字化手段助力企业转型、给客户创造价值已经成为热门课题。下面分享 2 个企业数字化转型的案例。

品牌 A ——RFID 的全供应链应用

品牌 A 自 2017 年春季产品起全面导入 RFID（射频识别）洗唛，在成衣工厂进行加工挂标。该环节通过 RFID 洗唛标签，规范了成衣工厂的生产流程，并采用 RFID 平板检测设备对成衣进行装箱检测，加强了出货前的品检流程，减少多装、少装及错装的情况。在物流中心，通过通道机快速读取产品信息，提高收货效率，杜绝串码、少货等情况发生，实现 100%数据全检，避免传统抽检造成的部分错误无法及时发现，事后不易追究责任的问题。在货品出仓前通过发货复核平板验证，保证发货的准确性的同时，大大提高了发货效率。RFID 技术帮助品牌 A 实现了从生产、出库、物流配送、入库到门店管理各个环节信息的快速收集，实现物流和信息流合二为一，使服装供应链反应更加敏捷，大大缩减供应链周期。这是数字化（物联网）在供应链优化上的一大应用。

品牌 B——共享设计平台

当前，中国虽然培养的设计人才众多，但由于产业化的环境及商业销售模式的限制，大部分创意设计人才并没有充分发挥自己的创造能力，成为闲置的资源；与此同时，产业链上下游各环节又有成千上万的中小企业需要创意设计服务来进行差异化、个性化的产品创新。因此，中国时尚产业非常需要有共享平台把创意设计人才聚合起来，与产业链各环节协同创新，融合发展，共享合作成果。2016 年开始，品牌 B 斥资 10 亿元，建设“时尚设计云创平台”生态圈。该平台打造的是时尚全产业链生态平台模式，平台集结了国内外优秀设计师，为其提供产业链、资金、培训教育等支持，并以设计师为中心，整合买手、面辅料供应商、成衣生产企业、消费者等产业链参与者，形成“自有设计师团队+设计师云创平台+线上线下零售批发渠道+时尚产业供应链管理+明星设计师孵化+设计师学院”的闭环运营模式。公司尚处于平台建设期，虽然短期内无法贡献业绩，但将随着整体生态圈逐步完善和放量，发展前景可期。

在任何行业的转型过程中，数字化只是手段，人才是思考的核心。如何立足于消费者，利用数字化手段打造符合消费者需求的商业模式是一条漫长而悠远的道路。

五、数字化解决方案

中国具有独特的数字化环境，数字化进程的不断深入已经对零售行业的多个方面产生了深远的影响。数据显示，移动网络数据使用量、第三方移动支付、物流在过去几年都出现了飞速的增长，网络零售在整体零售中的占比也已经达到了全球最高的水平，综合来看，目前中国零售市场中有57%的零售受到了数字化的影响。在这样的趋势下，零售企业的数字化能力将成为决定企业未来成功与否的决定性因素之一。基于行业的变化以及中国独特的数字化环境，德勤总结出在新的市场环境中取胜所需要关注的三个核心维度——数字化全渠道、数字化供应链网络以及零售分析。这三个维度通过强化消费者触点，用数字化手段整合和优化供应链，并结合系统性的零售分析方法来实现价值链的优化和协同。

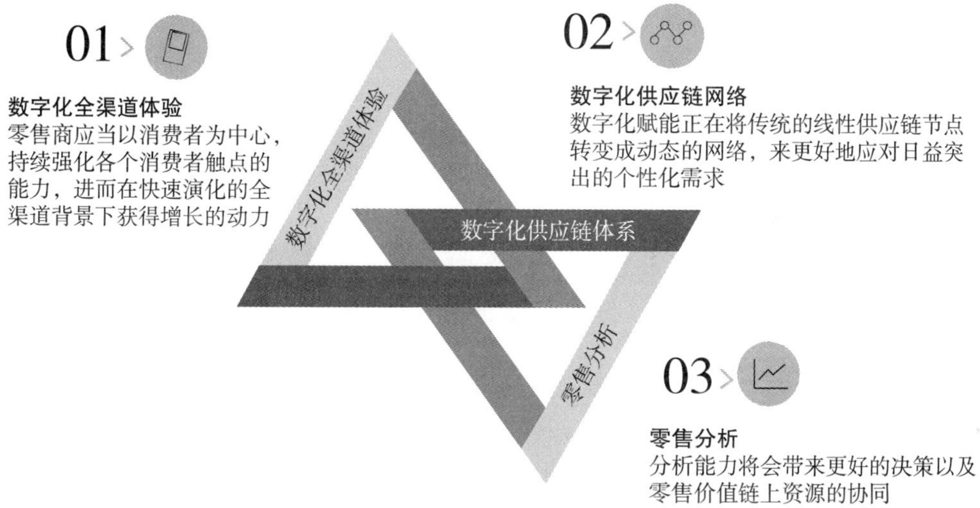

图 11　德勤零售转型三维度

资料来源：德勤中国数字化。

（一）数字化全渠道体验

在新的零售生态下，消费者成为整个生态体系的中心，零售商需要建立与消费者无缝、持续的连接，通过无处不在的消费场景和互动通路，持续为消费者提供优质的购物体验，并且在这个过程中，不断提升企业在零售核心问题方面的能力。

（二）数字化供应链网络

科技进步将驱动整个供应链系统的转型，传统的线性供应链将逐渐演变成动态的网状供应链体系，供应链的各个节点之间可以通过数字化核心实现互联互通，数据的无缝对接和流通将使得各个节点能够对数据作出及时的调整和反馈，从而使整个供应链体系对消费者需求有更加明确和清晰的了解，也使供应链的各个环节能够围绕消费者需求进行更加高效、精准、个性化的运营，在提升整体效率的同时更好地满足消费者需求。

（三）零售分析

零售数字化转型不仅需要硬件的串联，还需要结合成熟的理论和分析方法来对各个环节进行优化，从而提升零售企业整体的经营业绩，并且最大化客户价值。德勤根据客户服务经验得出了完整的方法论，从市场洞察、制造和采购配送以及销售和服务等主要方面进行深入分析。根据不同的环节特点和需求，可以进一步将大的模块细分到诸如门店优化、个性化、消费者洞察等多个小的关注点，通过针对性的问题解决和优化来提升零售企业的表现。

2017年中国可持续消费研究报告

一、研究背景

1. 宏观背景

可持续消费就是一个改变消费者行为的过程，而消费者信息是所有改变行动中的基础。联合国环境署《全球环境展望五》报告指出，对环境和资源影响的驱动力来自人口增长和经济发展两大因素。到2050年，全球人口将增长到97亿。中国、印度尼西亚、泰国和其他许多东亚和太平洋地区国家所取得的迅速的人类发展进程正令当今世界发生翻天覆地的变化，数亿人口成功摆脱贫困，《2013年人类发展报告》指出，到2030年将有32亿人口跻身中产阶层。在中国，自1978年改革开放30多年来，社会和经济持续快速发展。在过去的20年里，中国GDP平均增长超过10%，成为全球经济增长最快的国家之一，2016年国内生产总值（GDP）首次突破70万亿元人民币，约为11万亿美元，GDP总量占比为全球的14.84%，GDP总量为世界第二；2016年年末中国大陆总人口138271万人，人均GDP达到53817元人民币，约为8113美元。社会消费品零售总额快速增长，2016年全年社会消费品零售额达到332316亿元人民币。2016年最终消费对经济增长的贡献率为64.6%，消费在现代生活中占据越来越重要的地位。

然而，这样的消费模式是以资源消耗为代价的。在资源紧缺的同时，却存在着大量对资源的浪费。在食品领域，每年大约有1/3的食物被浪费掉，所产生的碳排放量多达33亿吨二氧化碳。全球由于食物浪费所导致的水资源浪费大约为250立方千米，相当于日内瓦湖的3倍。如果不改变目前这种消费模式，到2050年，我们要比2006年多需要60%的食物。人类对可再生资源的消耗速度已经是地球可再生速度的1.6倍，如果这一生态赤字继续扩大，到2030年人类需要2个地球、到2050年人类需要3个地球的资源，才能使自然界的承载力与人类的生态足迹相当，以满足人类的消费。

根据《联合国环境署亚太区域资源效率与绿色指标报告》，全球每年大约需要700亿吨的物质消耗，其中亚太地区的消耗约占53%。因此，亚太区域具有较大的物质利用效率提升潜力。中国占世界人口的20%，却只拥有全球约7%的可耕地和淡水资源。消费能力不断增强，也带来了对环境和资源的挑战。创造价值的经济活动尤其是生产活动的环境影响日益显著。

中国政府一直大力致力于污染治理和推动向绿色转型，特别是在过去的15年，中国已将环境和发展作为国家战略，建立科学发展观，提倡生态文明，实现美丽中国。然而，中国仍然面临严峻的环境和资源问题，法律体系仍需完善。环境末端治理的生产方式已经越来越不适应社会发展的需要。在过去的 20 年，各部门积极推动清洁生产和污染预防以改变生产领域的末端处理模式，已大幅减少生产领域的污染和资源使用强度。

在消费端推动消费模式向可持续转化，不仅减少了消费环节的物质流，可以更好地促进开展产品生命周期的全过程跟踪，从生产源头到产品设计，改变生产模式（见图 1），从源头提高资源和能源的使用效率，可以更加深入地开展可持续供应链计划。在资源效率上，首先社会要向可持续生活方式转型，从消费需求端来根本减少对资源的消耗。传统的消费模式仅关注产品的使用性能，而对于产品在生产、运输、使用和废弃诸多环节可能产生的环境和生态外部性影响未予以足够的考虑，由于受到经济成本的负面影响，并未采取有效的预防性措施，导致消费越多生产越多，环境破坏就越严重。

可持续消费提供了一个有效的综合解决方案——我们每一个人都可以通过每天在衣食住行作的选择中改变世界。可持续消费不同于传统的消费模式，它是在不断提升生活质量的同时，生产和消费系统实现持续性的环境消极影响的削减，即提供服务以及相关的产品以满足人类的基本需求，提高生活质量，同时使自然资源和有毒材料的使用量最少，使服务或产品的生命周期中所产生的废物和污染物最少，从而不危及后代的需求。

可持续消费不仅仅是一种消费模式的改变，更是生活方式的转变。作为可持续消费的关键，消费者对可持续消费的认识正在不断加深，但从意识到行动的变化却没有那样显著。因此，我们需要行动去填补这一鸿沟，将意识转化为行动。因此，对于消费者的信息的研究成为所有工作的基石。

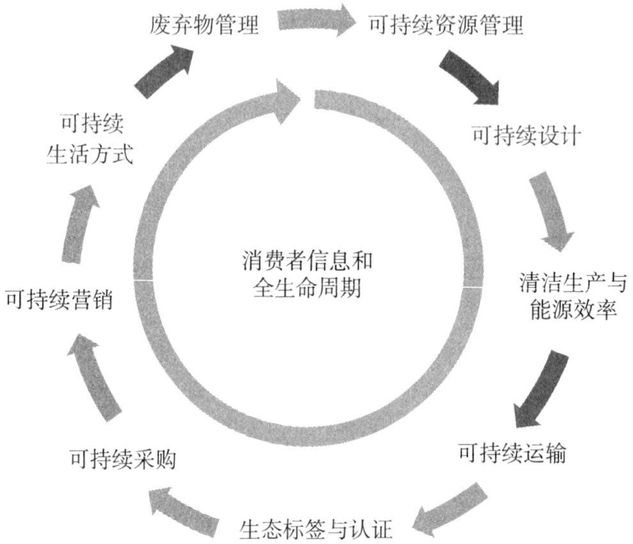

图 1　消费者信息和全生命周期

2. 消费者信息

可持续消费行为是一种具有社会意识和社会责任的特定类型消费，受到经济、社会心理和历史与社会技术等诸多驱动力因素的影响。从传统的消费模式向可持续消费转化是一个持续改善的过程，这一过程的改进不仅需要外部政策的支持，更需要个体消费者在提高可持续消费意识的基础上逐渐改善自身的消费行为。

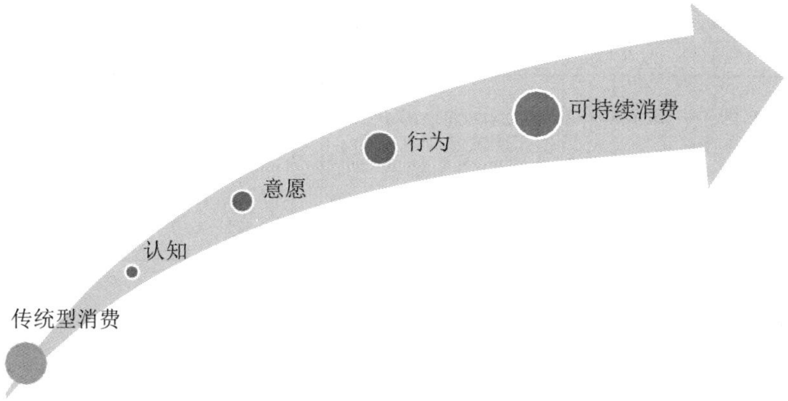

图 2　消费行为改进路径

消费者的信息来自对其可持续消费行为的研究。可持续消费是一种社会价值植入型的经济活动，强调个人社会责任承担的亲社会型消费方式，与传统的消费模式有很大差别。除了消费者的个人特质外，外在的社会规范、行为代价等因素与自身的可持续消费行为息息相关。消费是参与并获得一定社会地位的过程，社会环境对消费决策的影响不可忽视。消费者对环境的认知和个人的社会责任能够增强可持续消费的意愿，因而全面了解消费者的信息可以把握消费市场的可持续转变，对于研究和把握可持续消费发展现状有至关重要的作用。

针对可持续消费，虽然国际上来自不同政府组织、研究机构等的研究成果和报告不断发布，但总体来看，因信息搜集难度、方法可比性等因素，制约了对消费者信息的系统化研究。

关于中国消费者的可持续消费信息极其缺乏，迄今没有针对消费者的消费意识以及影响可持续消费因素比较全面完整的调查。缺乏消费者信息导致无法全面把握可持续消费的现状，更无从提出改进的建议。

二、中国可持续消费的现状

（一）可持续模式的转变得益于支持性政策条件

中国政府在推动可持续消费方面发布了一系列的相关政策。

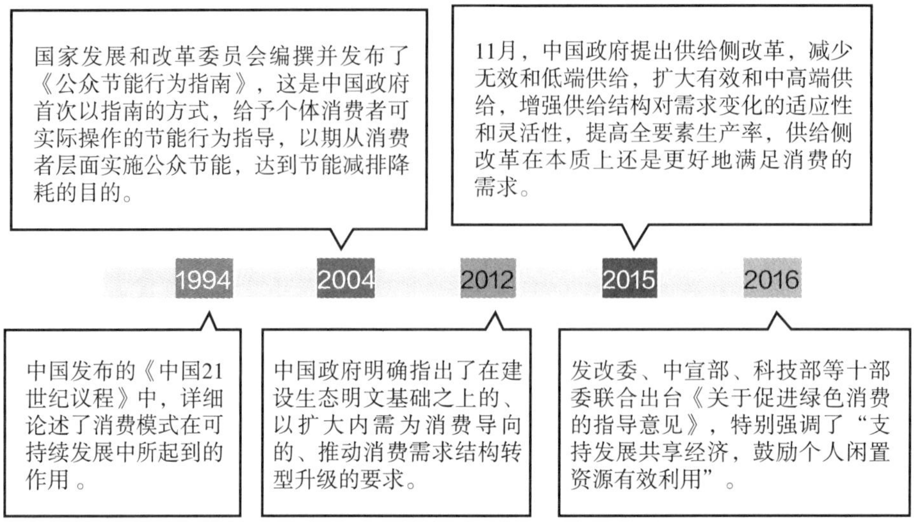

图 3　中国政府在推动可持续消费方面的举措

案例 1　新能源汽车的大力发展得益于支持性的政策条件

新能源电动汽车，可以降低汽车燃油消耗量，有效地缓解燃油供需矛盾；此外，还可以大大减少汽车的尾气排放，改善大气环境质量。

中国政府自“十二五”以来一直大力推进新能源汽车的发展，2015 和 2016 年中国新能源汽车产销量连续两年居世界第一，累计推广量超过 100 万辆。

本次调查中，超过 63.81% 的消费者也表现出对电动汽车的购买欲望。消费者选择电动汽车的主观意愿是减少环境污染。

国务院发布《节能与新能源汽车产业发展规划（2012—2020 年）》，特别提出要“营造有利于产业发展的良好环境”。国家和地方政府通过补贴汽车企业和购买电动汽车消费者，提高新能源汽车的市场竞争力。同时，也逐渐完善新能源汽车的市场配套机制。作为后续使用过程中的经济成本和配套设施的完善程度，在很大程度上影响着消费者的决定，2015 年新能源汽车的购买率仅为 0.6%，新能源汽车的满意度为 64.3%。

随着新能源汽车技术的日臻成熟、充电桩等配套设施的日趋完善，北京等多个城市先后出台了有利于新能源汽车消费的私家车限行政策，有助于缩小消费者对新能源汽车的购买意愿和实际的购买行为之间存在的巨大差异，也将有力地推动新能源汽车成为可持续消费的一个新亮点。

（二）中国消费者行为调查分析

中国连锁经营协会和中国人民大学环境学院于 2016 年 9 月至 10 月在全国 10 个典型城市进行个体消费者的大规模抽样调查，共发放问卷 10000 份，回收有效问卷 9370 份。在此基础上，探究中国可持续消费的现状、影响因素以及发展趋势。调查选择的 10 个城市，包括北京、大连、青岛、西安、成都、南京、上海、杭州、深圳、武汉。这些城市覆盖中国的大部分地理区域，其经济发展水平超过全国的平均水平，这 10 个城市的平均人均 GDP 为 96533 元，是 2015 年中国人均 GDP 的 1.96 倍。

1. 消费者的认知程度

中国超过七成的消费者已经具有了一定的可持续消费意识，他们是潜在的可持续消费践行者。

受访的消费者中，30.13%的消费者完全赞同个人的消费行为与环境有直接关联性，40.85%的消费者基本赞同，还有20.20%的消费者在一定程度上认为个人的消费行为与环境有关。不相信或不太相信的消费者比例之和仅为8.82%。

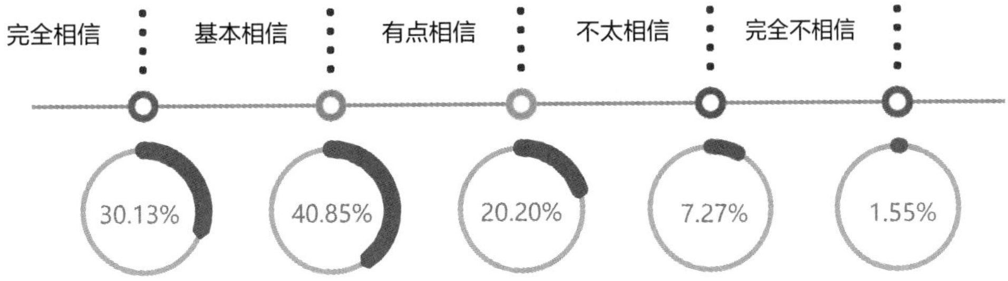

图4　消费者对可持续消费的认知程度

城市经济发展水平与可持续消费认知具有一定的相关性，经济的发展有助于可持续消费认知的提升。调查显示，这10个城市的可持续消费认知具有一定的差异性，其中深圳消费者的可持续消费认知程度超过其他城市，上海和杭州的可持续消费认知程度高于全国平均水平（T检验，在P=0.05置信期间水平），深圳、杭州和上海的人均GDP分别是全国平均水平的1.62倍、1.13倍和1.04倍。

消费者的认知程度与年龄呈现负相关，年轻消费者的可持续消费意识比年老消费者更强。目前，中国30~49岁的消费群体实际的可持续消费能力最强，这一年龄段消费人群在2011—2015年购买绿色产品的增长率为15%左右，高于平均的绿色购买增长率。本次调查显示，29岁以下的年轻一代也具有较强的可持续消费意识，但是受到其购买能力的限制，这些消费群体是5~10年后可持续消费的主体。随着时间的推移，年轻一代成为消费主力，中国的可持续消费意识会进一步增强。

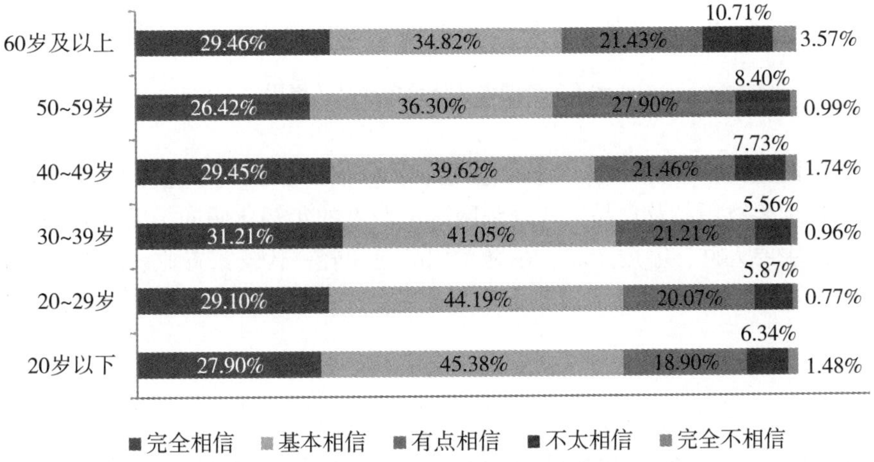

图5　消费者年龄与可持续消费意识

可持续消费意识的 Logistic 非线性回归结果与性别无关。但在实际的可持续消费行为方面，女性的可持续消费行为增长超过男性。阿里研究院数据显示，所有年龄段女性消费者购买绿色产品的增长趋势快于男性，其中 29～35 岁的年轻妈妈是绿色产品购买增长最快的人群。中国的女性消费者更多承担家庭的日常购买，她们购买的绿色产品多数与健康和食品安全密切相关，所以具有一定购买力的女性消费者是可持续消费的潜在力量。

2. 健康和安全是选择可持续产品的主要驱动力因素

产品可持续信息，通过披露产品在生产、使用和废弃阶段对环境产生影响的信息，可以促进消费者选择购买对环境有益的产品，这是可持续消费的核心内容之一。让消费者获取产品可持续信息，不仅可以提高环保意识、放心消费，还会同时产生有益健康、节约成本等多重效益。①

本研究显示消费者选择可持续产品的驱动力多种多样，其中食品的安全与健康占比最高，达 61.99%，以保护环境为目的占比 50.21%，认为绿色产品的质量可靠占比 49.16%，认为使用绿色产品可以降低使用成本占比 35.29%。

中国的可持续消费驱动力除保护环境外，还有安全健康和节约成本。在现阶段，中国消费者可持续采购的核心驱动力还是以自身经济和健康利益为主导。

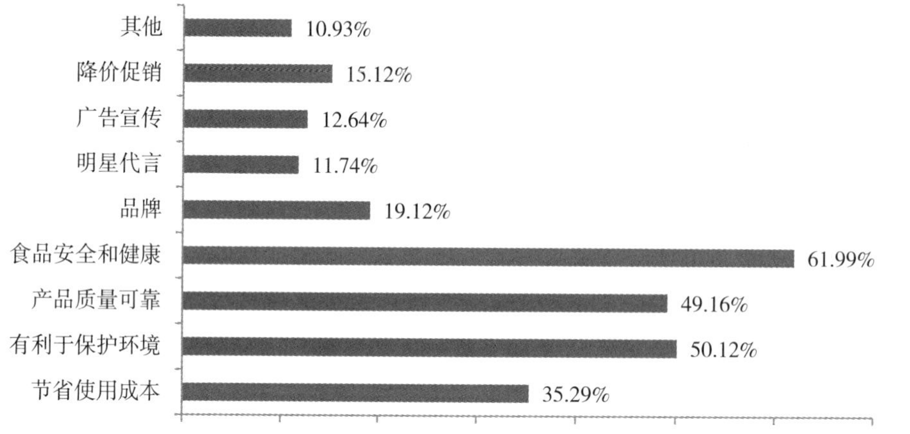

图 6　消费者选择绿色产品的原因

阿里巴巴网上销售平台 2015 年的数据显示：家居产品在其绿色产品销售总额的占比最高，其次是孕婴童用品及食品。考虑到网购消费者的年轻化倾向，尤其是 80 后、90 后是网上消费的主要人群，家用产品、孕婴童用品是年轻一代安家置业、结婚生子的重要阶段性消费品。从阿里巴巴关注度排名表中可以看出，搜索关注度与销售额呈现正相关性（见表 1）。

① Guidelines for Providing Product Sustainability Information: Draft for Global Stakeholder Consultation. 10YFP Consumer Information Programme for Sustainable Consumption and Production (CI-SCP). 19 August 2016.

Product Sustainability Information: State of Play and Way Forward. United Nations Environment Programme, 2015.

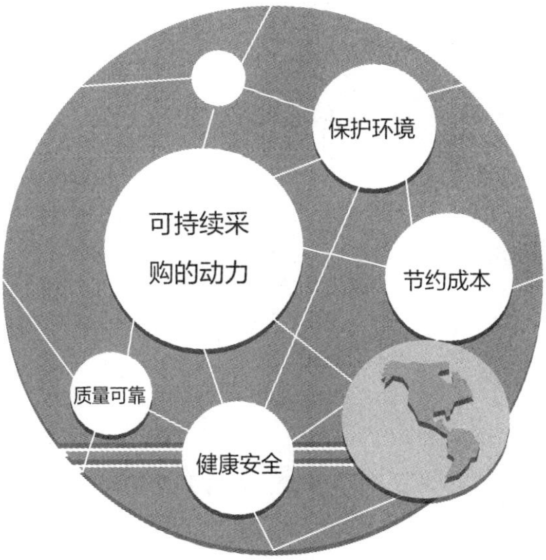

图 7　可持续消费驱动力

表 1　阿里研究院——网上销售平台绿色产品关注度

关注热点排名	类别名称	关注热度	代表关键词
1	家装用品（家具、建材等）	★★★★★	无毒、手工、无甲醛、E0 级、亚克力等
2	家居用品（床上用品、厨具、收纳等）	★★★	环保、无毒、食品级、无铅等
3	家电（大家电、生活电器等）	★★★	节能、节水、节电、环保、变频、空气净化灯
4	孕婴童用品（孕妇装、尿布、童装等）	★★★	防辐射、抑菌、天然、a 级、无氟等
5	食品（粮米油盐、零食、生鲜等）	★★	绿色、有机、原生态、无添加剂、无防腐剂、无色素等
6	服装（男装、女装等）	★★	全棉、纯棉、亚麻、莫代尔、手工等
7	个人护理（美容、精油、护理等）	★★	天然、环保、有机、负离子、无硅等

3. 实体店仍然是推动可持续消费的主渠道

消费者进行可持续购买的主要途径包括传统实体的商场和超市门店、专业配送、网上门店和海外代购等多种方式。超过七成的受访者去实体门店采购，传统的商场和超市门店仍然是可持续采购最重要的途径。

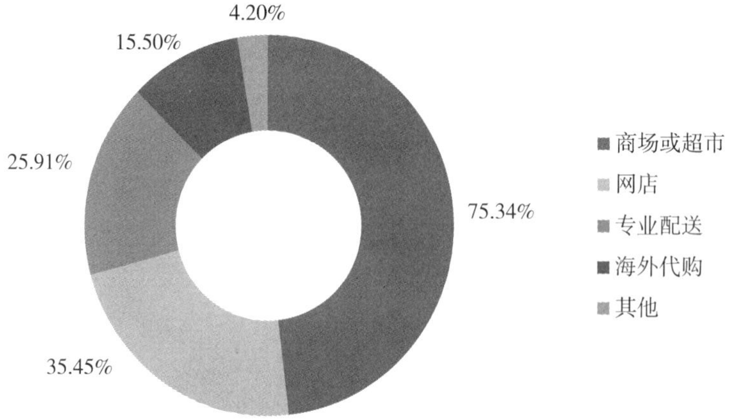

图 8　可持续消费购买渠道

4. 可持续消费的溢价支付意愿

2011—2015 年，中国人民大学环境学院与中国连锁经营协会在北京、上海、武汉、深圳连续五年抽样调查消费者购买绿色产品的支付溢价，结果显示：支付溢价在 5%以内的占比为 46. 1%，5%~10%的比例为 25. 1%，73. 3%的消费者愿意接受的绿色产品溢价水平低于 10%。

出于食品安全的考虑，约有 63. 04%的受访消费者更倾向于购买食品类的绿色产品；其次是家具、建材类的绿色产品，占到 55. 75%；而电子电器类、服装类、文具纸张和日用杂货类分别占 38. 94%、35. 24%、25. 15%和 29. 64%。与自身健康和安全越密切的绿色商品，消费者支付意愿就越强烈。

本次中国 10 个典型城市的调查，分别对食品类、电子电器类、家居家装类、服装类以及日用家居五大类商品的支付意愿进行调查，结果如下：

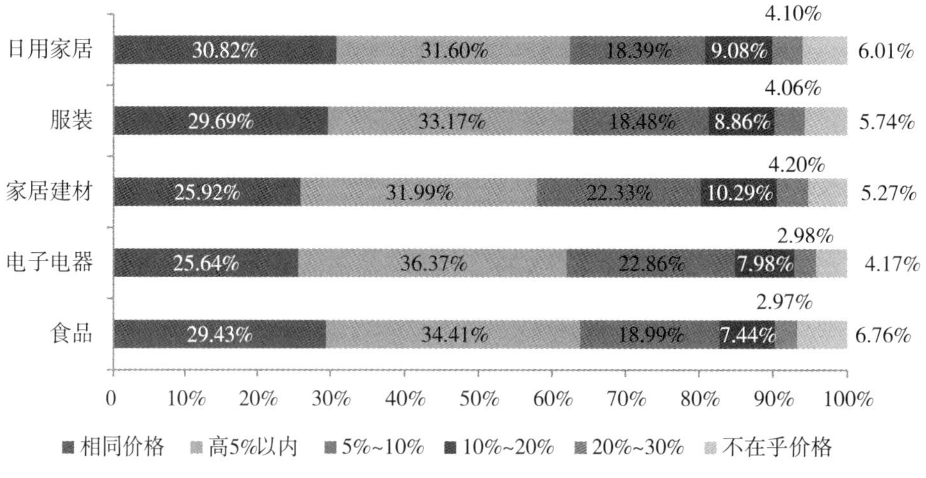

图 9　各类产品的可持续支付意愿

这五类商品的支付溢价呈现大体相同的趋势，其中近三成的消费者不愿意为环境额外支付费用，消费者愿意为环境额外支付的成本小于5%，两成左右的消费者愿意为环境额外支付成本在5%~10%。中国消费者可持续消费的溢价支付意愿小于10%的占比约为总消费人群的八成。此外，还有一成左右的消费者可以接受绿色产品的溢价在10%~20%之间，一成左右的消费者接受的溢价水平超过20%。

以食品类商品为例，尽管消费者关注食品安全和自身的健康，更愿意购买食品类的环境有益产品，但由于食品的消耗数量大和购买频繁，所以实际的支付意愿并不高于其他类商品。这10个城市各自的占比略有不同，不愿额外支付的比例最高的城市为南京。深圳10%以上溢价的消费者比例远远高于其他城市，一方面深圳的经济发展水平较高，人均GDP是全国的1.62倍，消费者承受溢价能力强；另一方面深圳是一个移民城市，城市人口年龄结构年轻化明显高于其他九个城市（见表2），年轻消费者的可持续消费意识比较强，所以体现深圳的额外支付意愿明显高于其他城市。

表2　　2015年深圳人口年龄结构

年　龄	0~14岁	15~64岁	65岁以上
深圳统计局（2016）	13.40%	83.23%	3.37%
全国统计年鉴（2016）	16.50%	73.00%	10.50%

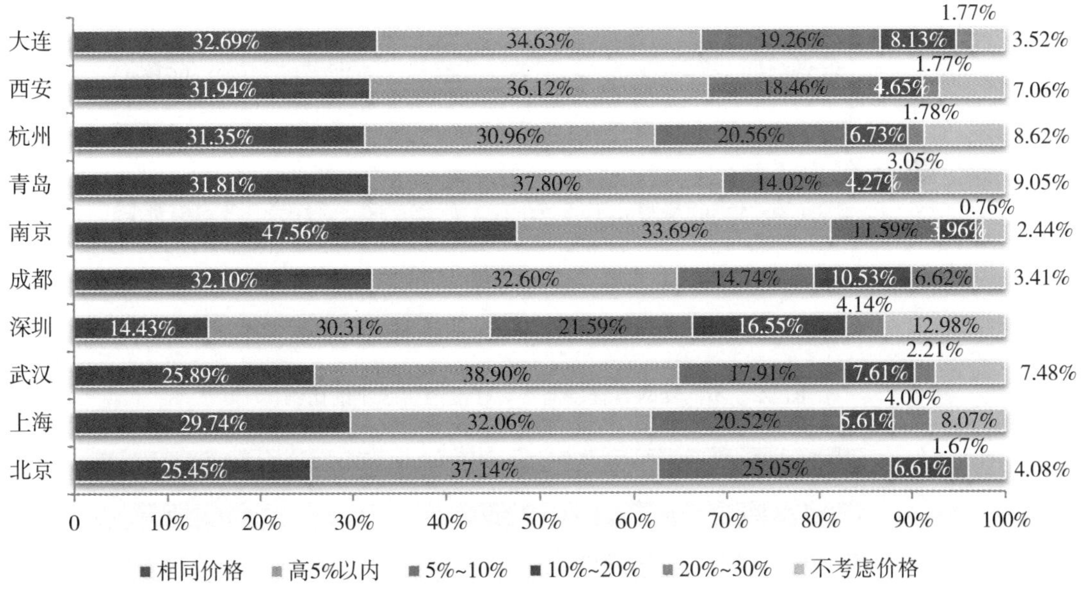

图10　食品类商品溢价支付意愿

整体调查显示，年轻的消费者接受可持续消费的溢价水平更高，50岁以上的消费者接受溢价的程度明显降低，其中40~49岁的消费人群的溢价支付意愿最强，这与他们的消费能力较强有关。

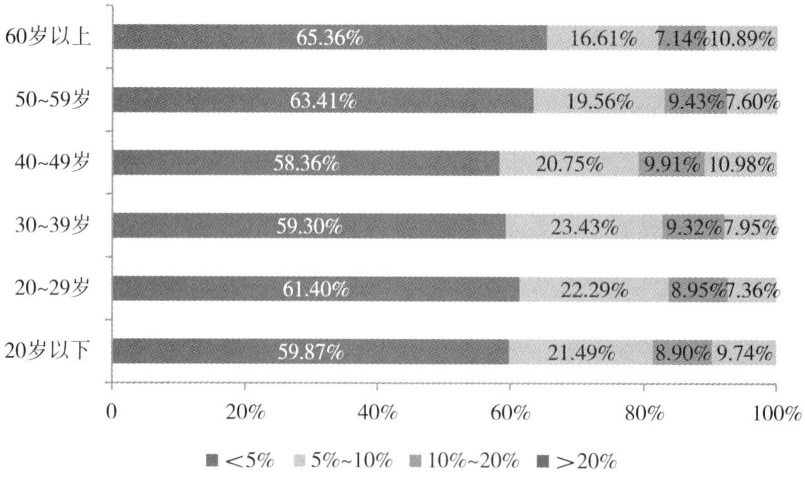

图 11　各年龄段接受可持续产品溢价水平的比例

可持续消费的溢价支付意愿还与受教育程度和收入水平呈现明显的正相关，受教育程度越高，接受产品溢价水平越高；收入水平越高，接受产品溢价水平越高。

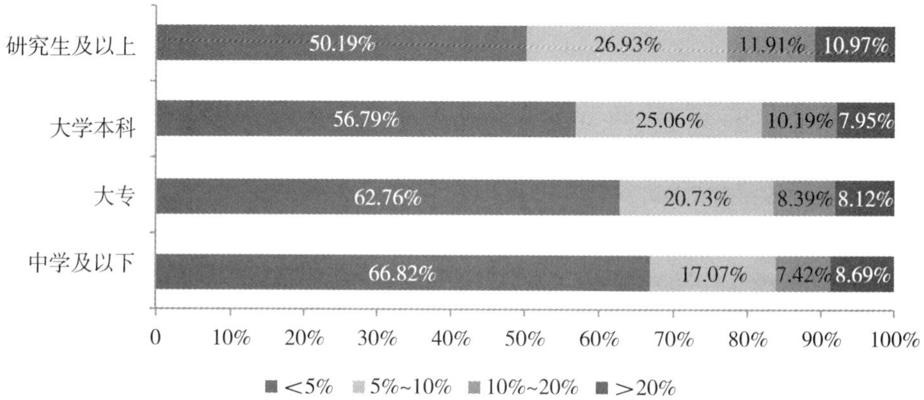

图 12　不同受教育程度消费者接受溢价水平的比例

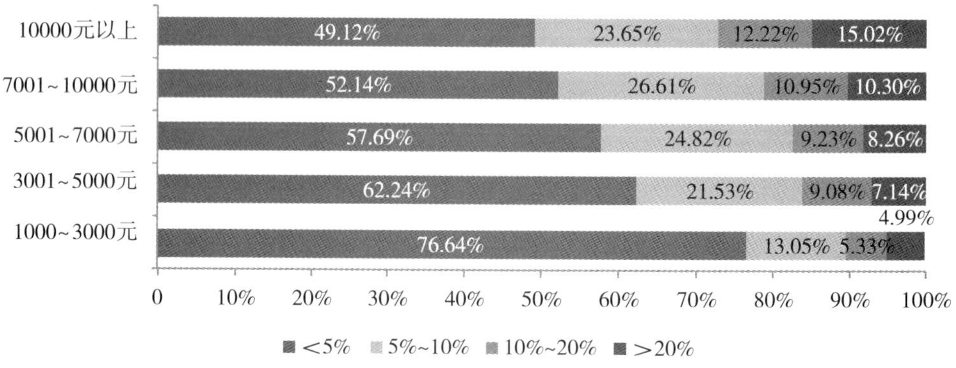

图 13　不同收入水平接受溢价程度的比例

有10%左右消费者的可持续支付溢价水平超过20%，这部分人群是可持续消费人群的中坚力量，推动中国的可持续消费首先从这部分人群开始。这部分消费者的年龄呈现正态分布的态势，以食品类的统计为例，其中40~49岁的消费者占比最高，其余的几大类商品的消费也呈现相同的分布。

溢价支付水平在20%以上的人群中，收入水平越高的消费者占比越大，说明目前中国可持续消费人群主要集中于收入水平较高的消费者。

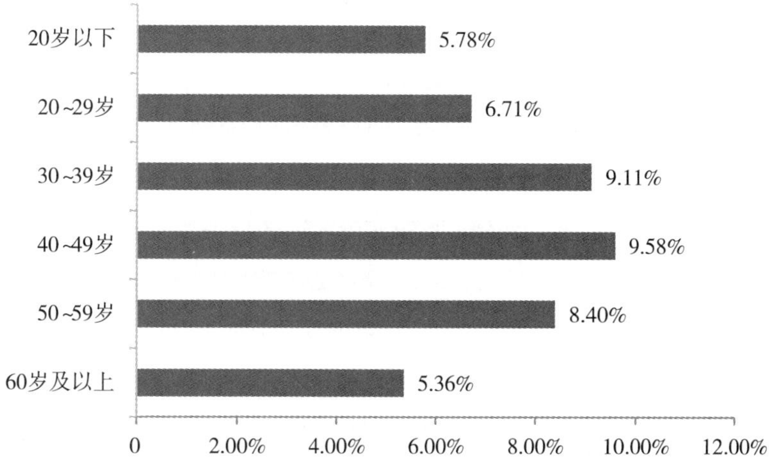

图14 支付溢价超过20%的消费者年龄构成

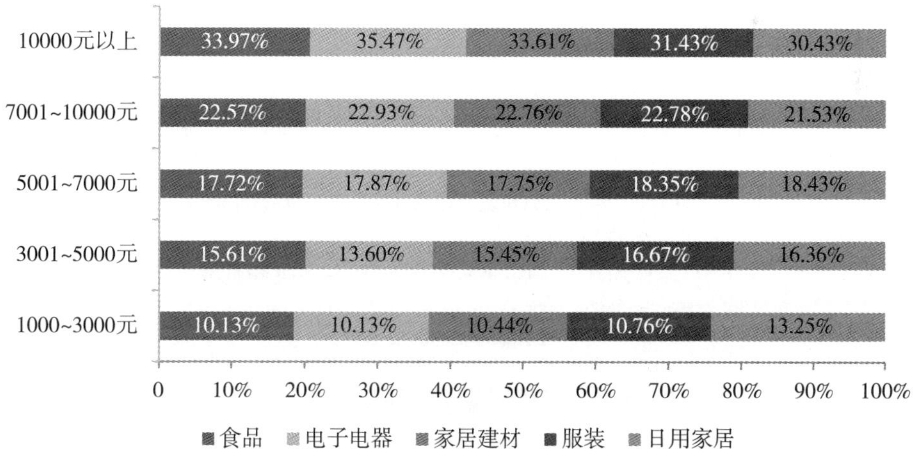

图15 支付溢价超过20%的消费者收入构成

5. 中国消费者的可持续生活习惯

中国消费者的可持续消费习惯已经开始逐步形成，其中占比最高的三项分别为：可回收的生活垃圾中（如饮料瓶、包装纸等）分类回收（63.88%）；在可能的条件下，尽量步行或公共交通，减少私家车的使用（59.66%）；适当控制空调温度，夏季空调温度不低于26℃，冬季空调设定温度不高于28℃（51.46%）。

尽管消费者选择生活垃圾分类的选择比例最高，但目前城市的生活垃圾分类比例较低，处理方式以填埋和焚烧为主，生活垃圾的资源化率依然很低。根据住建部的数据，1979—2015 年，中国城市生活垃圾年清运量由 2508 万吨升至 1. 91 亿吨，增加 6. 6 倍。缺乏有效分类和畅通的回收渠道是一个极其重要的原因。面对中国政府提出到 2020 年生活垃圾利用率达到 35%①的目标，如何打通逆向物流，尤其是在家庭和社区层面实现分类并减量化是目前一个亟待解决的关键问题。

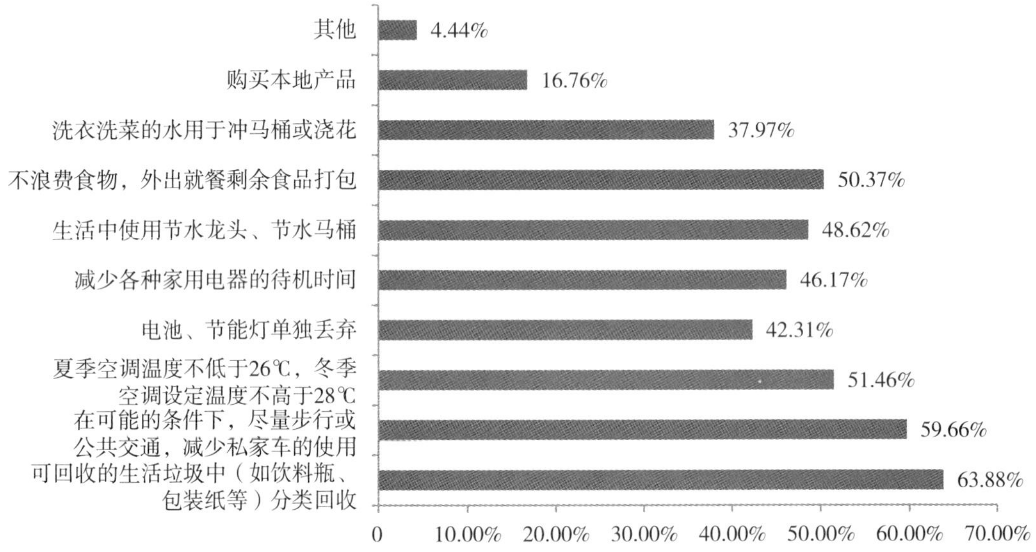

图 16　消费者可持续生活习惯

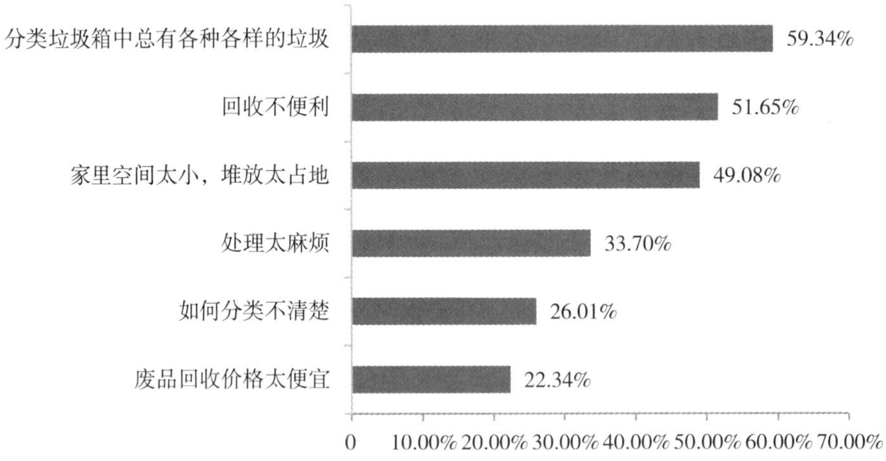

图 17　影响垃圾分类的因素

① http：//www. gov. cn/zhengce/content/2017-03/30/content_ 5182124. htm.

（三）可持续消费的市场状况分析

1. 绿色产品的实际溢价水平高于支付意愿

阿里网购大数据显示，可持续产品的平均溢价率的实际平均溢价率约为 33%，远高于消费者的支付意愿。

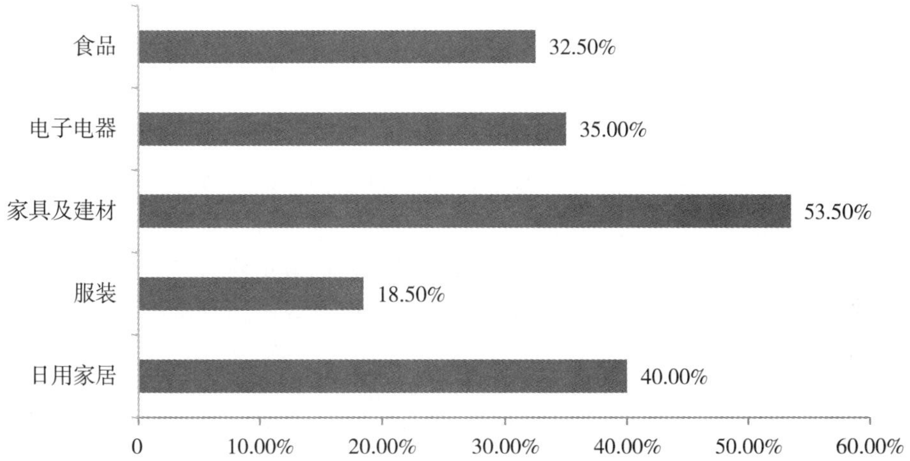

图 18 各类可持续产品的实际溢价率

四成左右的消费者由于可持续产品的价格过高，不选择可持续产品（见表 3）。

表 3 不选择可持续产品的原因之一：价格过高的比例

北京	上海	武汉	深圳	成都	南京	青岛	杭州	西安	大连
43.82%	39.67%	47.71%	42.34%	38.21%	41.27%	42.53%	40.23%	39.32%	41.79%

可持续产品价格偏高不仅削弱消费者的购买意愿，而且也会降低消费者再次购买行为发生的可能性。偶然性购买对环境有益的产品，或偶尔践行对环境有益的生活方式不能等同于可持续消费。可持续消费应是对消费者自身消费习惯和生活方式的一种持续改进。

2015 年，超过八成的消费者购买过节能家电、无公害或有机食品，六成以上的消费者购买过绿色家装建材。其中，节能家电的满意度为 59.7%，无公害或有机食品的满意度 54.6%，绿色家装建材的满意度为 51.4%。最主要的不满意原因包括价格高、品质差以及宣传名不副实，价格的高昂是其中最重要的一个因素。

2. 绿色品牌的缺失

城市中有一成的消费者为环境额外支付的意愿超过 20%，他们是目前可持续消费的中坚力量。这一消费群体具有一定的经济基础和较高的环境意识，他们追求生活的品质，在消费时注重商品的质量。但是目前约有 22.84%的消费者并不满意他们所购买的可持续产品的质量。市场监管的滞后和商家为营利制造“绿色”噱头，使得市场上的绿色商品良莠不齐。46.58%的消费者认为商家的宣传可信度不高，不相信它们是可持续产品。

消费者希望在消费选择可持续产品时，能够明确获得该产品对环境有益的具体信息（50.58%）、与普通产品的性价比信息（52.28%）以及该产品的社会影响信息（31.84%）等。消费者也同样希望这些信息公开、公正和容易获得。

绿色品牌是产品质量的最直观表述，品牌可以大大增强可持续消费的信心。而消费者在选择绿色产品时，仅有19.12%的消费者会因为绿色品牌进行可持续购买。中国市场的绿色品牌缺失也是目前阻碍可持续消费的重要原因之一。即使最容易被消费者接受的绿色食品，在各大城市的商场和超市的上架率也不超过10%。能够经得起市场考验的绿色品牌产品就更是少之又少。

3. 共享经济的发展空间

共享经济以提高物质的利用效率为目标、以增强服务功能为核心，通过分时、分地等多种形式实现资源的共享。在中国以共享单车、顺风车等出行方式变革为先锋的共享经济开始逐渐走入消费者的生活。作为可持续消费生活方式的最重要组成之一，以租代售的共享经济可以被广泛运用到多种耐用消费品的使用中，共享经济还有非常大的发展空间。

消费者愿意接受这种方式的比例为41.44%，有条件接受的消费者占比为35.93%，仅有19.39%的消费者不接受这种方式。此外，3.24%的消费者考虑健康和卫生等多种因素，有选择的接受。现阶段已有超过八成的消费者可以接受以租代售的共享模式，有改变自身的生活方式的意愿。

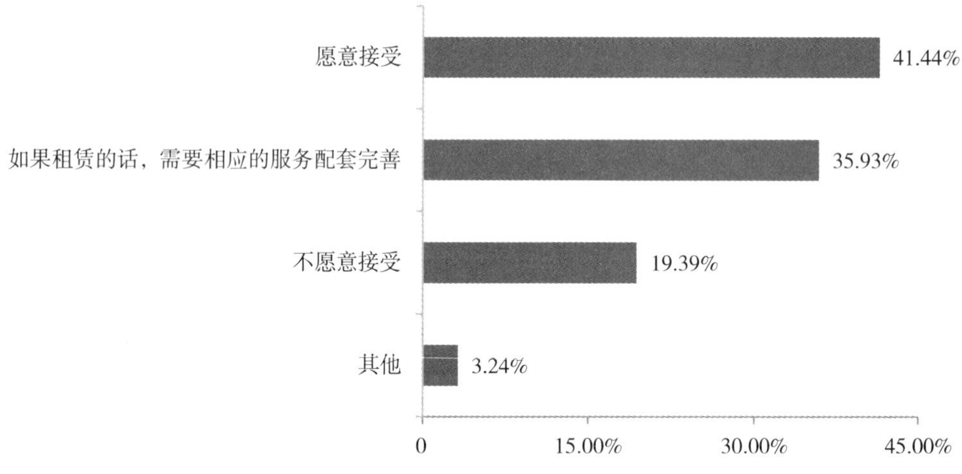

图19 消费者对于共享经济模式的接受意愿

以租代售的模式不仅减少消费者的经济成本付出而且最大限度降低时间成本，从而有效推动市场模式的改变。然而，目前的共享经济模式也存在着一些问题。以在北京、上海流行的摩拜单车、ofo小黄车为例，租赁单车的随意停放不仅大大增加运营企业的经营成本、增加消费者使用的时间成本，而且随意停放影响了正常的交通出行。

有35.93%的消费者认为目前的配套服务还不够完善，政府不仅需要补贴、税收等多种激励手段有效降低服务的交易成本，同时还需要规范市场的运行环境，进而有效推进可持续生活方式的变革。

三、培育中国可持续消费的外部环境——市场的力量

（一）为消费者创造更为便利、多样化的购物途径

消费过程是一个复杂的心理行为决定过程，其中能够方便选择自己心仪的商品是一个非常重要的决定要素。便捷的购买路径不仅大大节约时间成本，也突出了商品的竞争优势。购买可持续产品，除了最主要的实体商场和超市门店这一主要途径外，专业配送、网上门店和海外代购等方式也受到消费者的追捧。相比传统门店，专业配送、网店更容易突出商品的环境特征，便于消费者的可持续消费。

有效规范专业配送更为便利选购绿色产品，以正谷有机农业为例，公司提倡“环境保护、公平贸易、动物福利”的理念，在北京、上海、天津、杭州、广州和深圳几个城市实行当日预订、次日配送的模式销售，该模式面向特定的消费人群，更利于有可持续消费意识的消费者便捷采购。此外，网购具有明显的节约时间和信息传递快捷的优势。阿里研究院数据显示：在中国的不同城市，可持续消费人群的数量在过去几年中明显增长，网上采购的消费者，一、二线与三、四线城市之间的人群增长率没有显著的差异性；但不同城市实体店的可持续产品销售却具有明显的差异性。这与网购人群的年轻化，以及网购相较于实体门店更便于选择绿色产品有关。

（二）便利的实体门店选购模式

由于绿色产品的种类相对较少，消费者在购买过程中存在一定的选择困难。消费者希望在选择绿色产品时，销售者能够采取更为便于绿色产品选购的销售方式，其中有超过五成的消费者希望在商店设立绿色产品专柜或绿色产品专卖店。

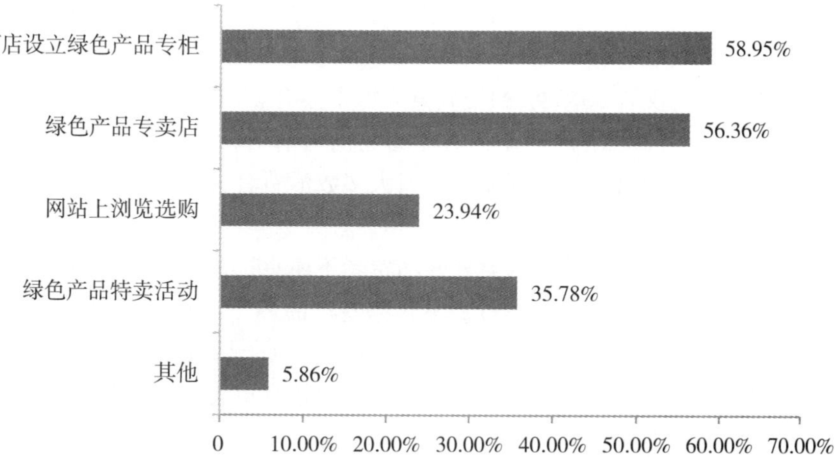

图 20　消费者对绿色产品销售方式的期望

（三）认证让消费者明明白白

产品的环境标识是第三方认证，可以有效减少市场信息的扭曲，帮助消费者理性选购绿色产品，产品环境标识成为各国提升消费者可持续购买和消费的有效手段之一。中国自第一个产品环境标识——中国环境标识推出以来，大力推进环境标识的认证与认可工作，目前在中国市场上出现众多的环境认证标识。

本次调查发现，消费者对可持续产品标识认知程度较低。约52%的消费者希望通过环境标识能够获得该产品与普通产品的性价比较信息，说明对产品价格的关注度更高，另外是希望获得对环境有益的具体信息（50.58%）。

认知率最高的环境标识为能效标识（74.57%），另外是绿色食品（68.75%），而中国环境标志的认知率不足五成，仅为46.81%。FSC（森林管理委员会）、MSC（海洋管理委员会）和RSPO（可持续棕榈油圆桌倡议组织）的认知率总体低于10%。

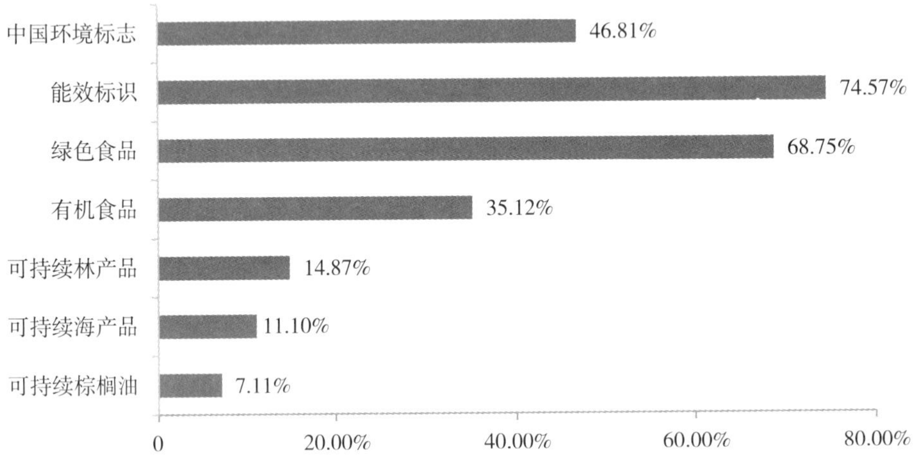

图21　环境标识的认知度

在日常的消费中，仅有33.38%的受调查人群中会有意识选择高能效的产品，44.10%的人群有意识选择有机（绿色）产品，这样的比例与消费者认知比例对比可以看出，即使消费者对于可持续消费概念认知程度高，但大多数消费者在日常生活中并不会有意识选择绿色产品。

可持续采购良莠不齐，除价格因素外，消费者不愿意选择可持续产品的最主要的原因包括商家宣传的可信度不高（46.58%）、不知哪些产品属于可持续产品（34.86%）以及众多消费者（22.84%）认为产品质量不过硬。规范绿色产品市场、教育消费者正确识别绿色产品、扩大第三方产品认证的范围等可以更好地培育可持续消费的市场环境，有利于可持续生产和消费的良性循环。

在中国的认证标识系统还不够完善，信息不足，也阻碍了消费者选择认证产品。

消费者能够认识产品认证标识，才能促进更多的消费者选择购买认证产品。需要对标识的大力推广，让消费者更易识别，才可以改变这一状况。环境认证的宣传十分必要。以

MSC认证的可持续海产品为例，MSC认证的目的是保护海洋资源、维护海洋生态平衡及特定种群的数量。在中国，起初消费者在选择海产品时，认为与自身关系不大，所以MSC认证标识的接受程度并不高；而后，MSC标准制定方从认证产品源头的可追溯性以及普及可持续海产品知识等角度进行市场推广，让关注食品安全的高端消费者逐渐接受。近几年，MSC标识的认知度有了一定提升，尤其是上海、深圳等经济发达地区消费者的接受程度更高。尽管MSC产品有一定的溢价率，但仍有忠诚顾客持续选购。

四、从可持续生产到消费——供应链改进

（一）生产企业的力量

生产企业既是可持续生产的实践者，又是可持续消费的源头，面对消费者对可持续产品不断增长的需求，生产更好满足消费者需求的可持续产品，必将带动可持续消费市场的健康发展。

生产企业从源头的改进，可以在很大程度上实现预防性的可持续消费管理。此次调查显示：约有31.84%的消费者在选择可持续产品时，不仅关注产品环境影响，同时关注该产品的社会影响，年轻一代消费者更注重于企业社会责任的体现，企业的可持续生产是企业社会责任和环境责任的最好体现之一。企业的可持续生产可能会在一定程度上增加企业的成本，生产企业的可持续战略能够提升企业的品牌价值。由于产品供应链的冗长和复杂，消费者在进行消费时，无法辨识自身消费的产品在各个阶段的环境影响，只有生产企业主动承担社会责任，实现对供应链的有效把控，才能充分保证消费者的可持续消费诉求和权益。

从中国企业包括在中国的跨国公司的最佳实践来看，可持续供应链管理是企业实现可持续生产的支撑与核心。领先企业的行动包括制定清晰的可持续发展战略目标，并与各利益相关方达成共识；加强对上游供应商的环境管理，推动原材料负责任采购；提高生产过程中的能源有效利用、减少污染物排放；保证供应链的透明和可追溯等。

（二）零售商的创新

中国零售业经过20多年的快速成长，已经深深植根于社会的日常生活，无论是大型超市、生鲜超市还是便利店，早已成为消费者购物的首选渠道，影响并改变着人们的消费习惯和生活方式。近年来，零售商积极响应国家绿色发展的号召，努力打造绿色购物环境，在致力于门店低能耗运行的同时，将保护环境、低碳发展融入企业的日常运营管理中。同时，作为终端消费者的窗口，零售商衔接着生产和消费两大领域，在推动可持续消费中起着至关重要的作用。

于2013年成立的中国零售业可持续发展圆桌（CSRR），由中国连锁经营协会（CCFA）和世界自然基金会（WWF）共同发起，并得到联合国环境署以及政府、NGO和认证机构的支持。聚焦零售业的可持续发展话题，汇聚了一批业内领军企业，包括华润万家、大润发、沃尔玛中国、家乐福中国、麦德龙、永旺中国、天虹商场、宜家中国、H&M、国美电器、京东、西贝餐饮、城市超市、迪卡侬、星巴克等知名连锁品牌，它们

在中国拥有超过 12000 家门店，预计年销售额近万亿元人民币（超千亿美元）。它们以“成为可持续生产与消费的推动者”为目标，积极参与圆桌的交流，凝聚共识，携手供应商及利益相关方的力量，探索推动重点商品的可持续供应链建设，整合线上线下资源积极参与公众教育，传播可持续消费理念。

自 2013 年起至今，零售圆桌依托强大的实体门店资源，连续 4 年在中国近百个城市举办“可持续消费宣传周”活动，并得到联合国环境署以及政府、NGO 和认证机构的支持。至 2016 年已有 900 家实体门店参与该活动，遍及北京、上海、广州、深圳、杭州、广州、苏州等多个主要城市，每年影响超过 3000 万消费者，以增强消费者可持续消费体验、带动公众参与为目标，通过不同主题的课堂和沙龙，向社会和消费者科普更多的可持续生活与消费知识。

近年来，中国消费者对食品安全、健康问题以及环保产品的关注与日俱增，这正是零售业向可持续管理和供应链转型的最佳时机。2016 年，中国零售业可持续发展圆桌发布了“中国零售业负责任采购倡议”，向社会发出更大的声音，走向中国零售业可持续发展新的目标：圆桌成员将遵照国家建设生态文明的战略规划，保护地球环境以及自然资源，通过实践负责任采购呼吁并推动中国乃至世界零售业向可持续的市场发展模式转变，加强绿色产品和服务供给，营造绿色商业环境，倡导绿色消费，促进零售业和社会的共同进步与可持续发展。

图 22 中国零售业可持续消费平台

零售商一方面看到可持续消费与生产转变的趋势，另一方面如何参与其中的确是一个很大的挑战。由于零售商在人员和管理上缺乏专业知识、咨询、工具和交流平台，因此由联合国环境署（UN Environment）和中国连锁经营协会联手，建立了中国零售业可持续消费平台。该平台以零售业为示范，为零售企业的可持续发展策略及管理提供指导和工具，指导零售企业应对在可持续发展战略实施上面临的专业知识、人员和资源等挑战。另外，平台推广可持续消费的理念和行动，引领社会向可持续消费和生产模式转变，借助市场的力量推动可持续消费的普及与实践，促进联合国“可持续消费和生产十年框架计划”在中国的落实。

现今，该平台建立合作伙伴关系，由政府组织、国际标准机构、第三方机构等相关方参与，为该平台提供智力和整合资源。同时开发了企业的可持续发展测评工具，旨在帮助被评估企业对自身的可持续发展水平进行系统认识，找出企业在可持续发展战略、可持续消费、可持续采购、可持续经营和利益相关方沟通五方面的认识和实践水平，明确提升空间与方向，确定合适的解决方案。

五、可持续消费的末端——分类、回收与资源化

（一）生活垃圾分类的源头问题亟待解决

目前，中国城市的生活垃圾分类比例较低，处理方式以填埋和焚烧为主，生活垃圾的资源化率依然很低。缺乏有效分类和畅通的回收渠道是一个极其重要的原因。

生活垃圾在家里分类较好的是快递包装箱或其他纸质包装箱（67.03%）、易拉罐或PE饮料瓶（61.90%）、报纸及各种纸张（54.21%），这几类垃圾可以社区定点回收或商家回收。相对而言，单独分类的废旧衣物（56.41%）和电池（53.11%）缺乏后续的回收途径。

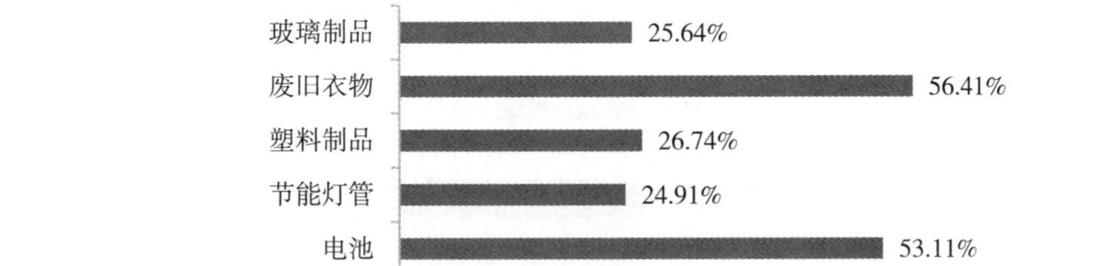

图23　生活垃圾分类比例

有机垃圾的分类率仅为30.04%，回收利用率就更低。消费者通常把厨余垃圾和其他可回收垃圾混在一起，使其在回收时难以被分拣，这也为后端的再处理增加了难度，甚至埋下了隐患。

可以回收利用的玻璃制品、塑料制品由于缺乏单独回收的途径，往往分类后也会被直接扔进市政垃圾箱，目前的分类率仅为两成多。

提高垃圾分类率需要消费者改变现有的消费习惯，从家庭源头实现垃圾的分类。消费者改变生活习惯会带来各种不便利，家里空间太小分类占地儿和回收不便利是影响消费者分类的最重要因素之一。北京的社区调查中有34.07%的消费者可以接受家中摆放多个垃圾箱，还有41.39%的消费者表示如果与现在垃圾桶比不是大很多可以接受。让消费者能够便捷、准确地在家庭中分类，解决垃圾的源头问题。

消费者之间的行为方式相互影响，近六成的消费者因为他人的不分类行为而减弱自身分类的动力。

（二）电子废弃物的逆向物流亟待打通

随着信息化不断推进，家用电器、数码产品普及度不断升高，更新换代速度不断加快，家庭电子废弃物的数量攀升，联合国大学的一项报告显示：2014年，中国电子废弃物的总量已达603.3万吨，占全球的14.4%左右。

超过半数以上的电子电器废弃物由流动的回收人员或社区的废品回收站实现回收，这一回收渠道不能完全保证废弃物进入正规的拆解回收企业，如果拆解不当会造成环境的二次污染。此外，这一回收渠道往往愿意回收经济价值较高的大件商品；各种小家电以及辅助设备的经济价值不高，回收率较低，它们很容易与其他垃圾混合，不仅降低了资源的使用效率，而且还会污染环境。社区调查显示，60.07%消费者认为各种废旧的插座、插销或充电宝的回收最困难，超过一半的消费者感觉废旧手机和各种废旧小家电回收困难。

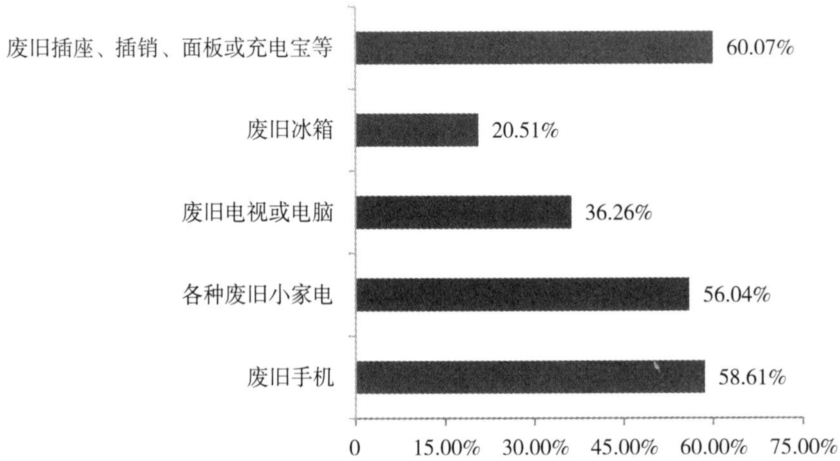

图24 难以回收的电子废弃物种类

（三）消费者期待生活垃圾回收途径多样化

生活垃圾和电子废弃物的回收呼唤多种回收途径，消费者希望通过社区定点回收（52.77%）、以旧换新（53.18%）、捐赠福利机构（43.12%）、商家回收（38.90%）等多种途径，针对不同类别的废弃物采用多种回收渠道。

以往回收更多依靠市政手段，生活垃圾和电子废弃物的激增与公共财政的支出不足矛盾日益显著。随着创新回收模式不断涌现，例如"互联网+社区回收"模式、两网融合模式、生产者责任延伸（EPR）回收模式等，为生活垃圾的回收、循环和再利用提供了平台。将企业成功地引入市场，简化消费者分类过程，使资源回收实现经济和社会效益的最大化。

案例 2　利乐中国的可持续发展之路

利乐公司采用产品生命周期评估方法，从原材料开采使用、产品设计到生产运作、物流运输，乃至消费后包装的回收再利用，一切都围绕着降低对环境的影响来运行，遵循可再生、减量化、可循环的三大原则，并将环保列为利乐公司发展战略之一。

- Renewing（可再生）

减少全价值链的环境足迹，采用可再生资源，这是可持续发展的关键所在。

100%

利乐包装的主要原材料纸板 100%来自管理良好的森林。

- Reducing（减量化）

开发可持续产品，提高原材料和能源的使用效率，降低碳排放，减轻对环境的影响。

2.2 万吨

2013—2015 年，利乐呼和浩特工厂全面采用绿电，每年减排 22290 多吨二氧化碳。

- Recycling（可循环）

提高消费后纸包装的回收利用率，这是环保的具体表现。

84 亿个

2015 年，中国大陆地区牛奶饮料纸包装的回收总量增至 16.7 万吨，比前一年增加了 10.6%，这意味着超过 184 亿个 250ml 标准利乐包装得到了有效的回收利用。

六、可持续消费的推进需要各利益相关方共同努力

（一）政府的主导作用

受调查的消费者认为最能推动可持续消费方面，政府应该起主导作用，占比为 60.58%；另外是报纸网络的作用，占比为 48.00%；社交媒体的作用占比为 34.86%。

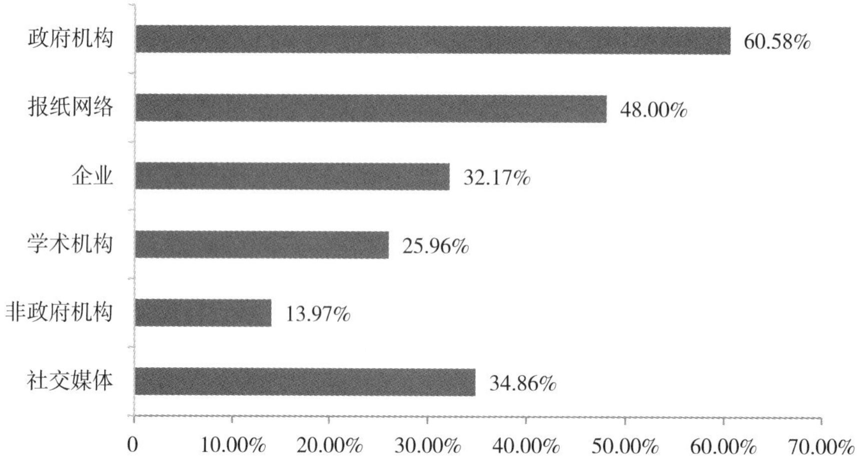

图 25 引导可持续消费机构的影响力

政府补贴提升可持续产品的市场竞争力，有利于降低绿色产业的学习曲线。而出台更多的强制性限制或禁止措施，淘汰落后的、对环境影响大的产品提高市场准入的门槛，从源头降低环境负面影响。自“十二五”以来，政府加快标准修订的步伐，不仅制定淘汰落后产品的标准，还出台了如“有机产品认证管理办法”“绿色商场”等指导性标准，为绿色产业的发展提供规范和指导。

57.51%的消费者认为政府应进一步加强公益宣传，提高消费者的可持续消费意识。37.07%的消费者希望政府建设示范社区，引领可持续消费。

案例 3 深圳打造高品质绿色公交服务体系

在深圳市的经济结构中，第三产业占比最高，增长速度最快；其中现代产业发展迅速。在支柱产业中，互联网产业、新能源、新技术以及节能环保产业发展迅速，为地区实现能源消费可持续发展提供经济基础和发展条件，也是政府制定节能减排和可持续消费政策的依据。

在推动“行”方面，2016 年深圳也加大了在公共交通领域的绿色投资。为了大力发展绿色低碳交通，截止到 2016 年，深圳在公共交通领域已累计投入纯电动公交车 4887 辆、纯电动出租车 3571 辆，深圳三家公交特许经营企业推广应用 10352 辆纯电动公交车，为市民提供更加低碳环保的公交服务。2017 年年底，将确保实现深圳公交车辆 100% 纯电动化，以此改变城市能源消费结构。①

同时，深圳在探索“互联网+公共交通”的创新应用，深圳三大公交特许经营企业之一的东部公交率先推出“互联网+新能源+传统公交”的 e 巴士预约公交服务，通过搭建一个互联网平台，让公交和乘客通过网络平台，实现车辆和用车需求的有效对接，为市民提供点对点接送、确保一人一座的高品质定制巴士服务，迅速获得市民青睐。这些举措让市民充分享受到科技发展带来的高品质绿色公交服务，从而改变着市民的出行习惯。

作为国家发改委选取的首批 7 个碳交易试点之一，深圳市于 2013 年 6 月 18 日率先启

① 数据来源：深圳市统计局。

动碳交易，低碳经济在整体社会经济发展中具有十分重要的引领作用。

为实现争取 2020 年甚至更早达到二氧化碳排放峰值的承诺，2015 年，深圳将公交系统纳入碳排放交易体系，制定了针对公交系统企业和运营单位的减排目标。

（二）环保 NGO 的力量

据中国发展简报（China Development Brief）统计，截止到 2017 年 5 月，中国环保 NGO 国内机构 476 个，境外在华机构 109 个，此外还有 50 个环保基金会。这些 NGO 是重要的环保力量。虽然 NGO 在中国的发展时间还不长，但近几年，非政府组织作为中国“第三部门”的地位逐渐确立。NGO 组织通过自身丰富多彩的活动，唤起公众关注环境、保护环境、实现可持续消费转化，不断扩大社会公众对于可持续消费与环境保护的认可，在社会认同、资源共享、合作互动、社区教育等方面的优势日益凸显。众多环保 NGO 根植于民间，贴近百姓的生活，NGO 所起的作用不仅越来越显著，而且在推动可持续消费的作用范围也越来越广泛，在引导消费者转变生活方式、宣传可持续消费知识等方面发挥着不可替代的作用。此外，许多国际 NGO 组织致力于整个供应链的可持续和绿色推进，它们沟通生产商、供应商以及利益相关方，通过制定标准、推进国际标准的中国化、企业能力建设以及推广资源型可持续认证等有效方式推动着整个产品供应链的可持续化进程。

相较于环保 NGO 运作成熟的发达国家而言，中国的环保 NGO 仍处于发展的初级阶段。如何更好地发挥环保 NGO 的力量，在推动可持续消费方面需要应对以下挑战：首先，在中国环保 NGO 数量增加的情况下，NGO 与政府之间普遍存在缺乏沟通和信任、双方缺乏共识等问题。其次，NGO 资金渠道的匮乏和资金上的紧缺在很大程度上制约着 NGO 发挥其独特的作用。最后，环保 NGO 专业能力弱，缺乏可持续消费所需的信息和专业知识。居委会和物业是最贴近消费者的组织机构，社区的生态建设直接影响和改变消费者的生活习惯。调查中近半数的消费者希望通过居委会和物业公司获得可持续消费的相关信息，还有 61.54%的消费者认为社区的宣传教育有助于提高生活垃圾分类和回收率。然而，基于社会的 NGO 数量少、专业能力弱，需要培育专业 NGO 或第三方服务机构。

案例 4　剑桥硕士与她的草根环保 NGO

倪欢女士是剑桥大学 2004 级发展学硕士，具有多年的国际机构工作经验，2016 年在上海注册成立“绿色光年”。一年来，“绿色光年”已经成为上海市的社区绿色环保教育基地。

她逐步开发出以下社区活动。

- 体验式的“社区+校园”和“社区+企业”的低碳环保设施参观：把社区周边有低碳环保元素的实体整合开发成集知识性、趣味性和参与性为一体的特色游览。
- 互动式的环保手工课：邀请脑洞大开的设计师循环利用回收材料制作成创意实用的生活用品，边学环保低碳知识，边做一份给自己和家人的环保小礼物。
- 参与式的自然教育和知识宣讲：专业志愿者团队“进社区、入校园”讲解与可持续发展相关的知识，并把孩子从周末补习班中“夺”出来，带到社区周边发现自然、了解生态。
- “科技大咖”进社区进校园的系列科普讲座：把深埋于大学实验室里的教授们“挖”出来，把人工智能、电动方程式赛车、新能源利用等科技背后的科学原理普及给公众和青少年。

“绿色光年”已与上海交通大学、华东师范大学、华东理工大学、上海电机学院等多个高校相关专业的学生社团合作，这些大学生已成为“绿色光年”的强大外援。

（三）社区教育的重要性

大多数消费者的行为方式会受到他人的影响：24.18%的消费者会坚持自己的原则，进行垃圾分类，他们是可持续消费的坚定支持者；近一半的消费者（45.05%）希望大家一起来分类。别人的行为方式会以不同的形式作用于自身，13.55%的消费者觉得别人分类自己不分类丢弃垃圾会降低自己的形象和身份；还有17.22%的人觉得别人不分类，自己分类的意义不大。

因此，社区教育在提高生活垃圾回收方面显得尤其重要，可以提高消费者行为的同一性，从而大大提高生活垃圾的分类回收率。

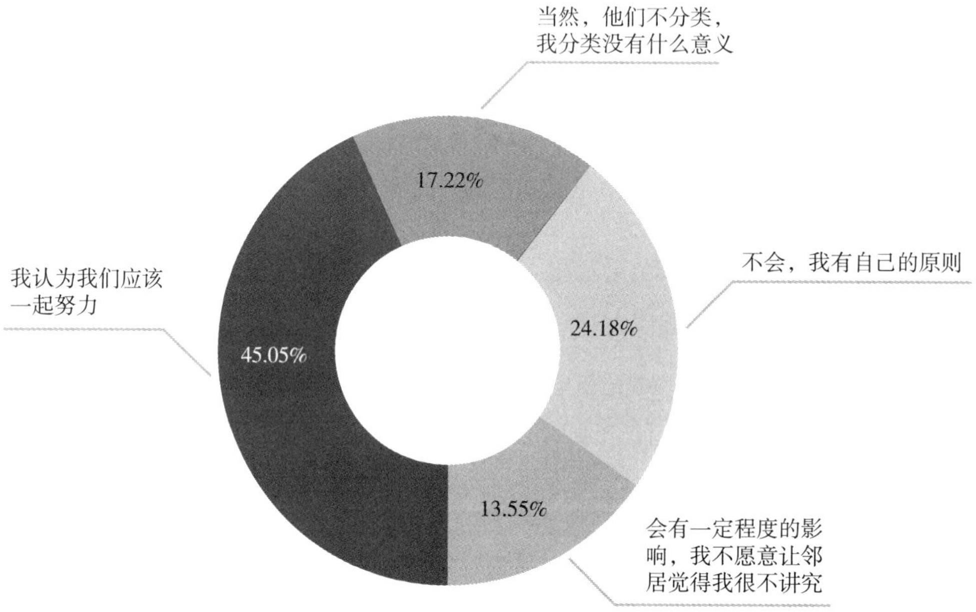

图 26　其他人的行为影响

案例 5　史家生态社区的建设

2015 年 6 月至 2016 年 6 月，在北京市朝阳门街道办资助下，万通基金会帮助史家社区居委会建设生态社区，希望通过社区适用的生态技术实践，促进社区厨余垃圾的在地化减量，带动可回收垃圾与闲置资源的回收以及循环再利用，逐步营造垃圾不过地以及垃圾在地化循环再利用。主要包括水资源优化利用、节水灌溉、水系生物净化、中水再利用、家庭节水实践、废旧资源管理、阳台种植、社区公共地种植、庭院种植、社区绿化种植、节能宣传、节能设备应用示范、家庭节能实践等。

七、政策建议

从全球来看，中国的可持续消费还处于一个相对初级的阶段：无论是消费者自身的意识还是消费的外在环境都刚刚开始形成。无论生产者、经营者还是消费者，在经济社会活动中逐利的本性与社会公共福利最大化均存在着一定的矛盾，可持续消费的转化不仅需要消费者的行为改变，也需要利益相关方承担社会责任共同推动，更需要政府部门的支持和引导。所以，推动中国的可持续消费意识提升，加快经济的绿色转型实施步伐，共享绿色发展成果，离不开中央政府的顶层设计，更离不开地方政府的落地政策与支持。

根据本次调查，在推动可持续消费方面，就“政府哪些推动措施是有效的”这一问题，60. 23%的受访者认为政府提供补贴是最有效的手段，57. 51%的受访者认为政府应加强公益宣传，48. 78%的受访者希望出台更多的强制性限制或禁止措施，淘汰落后的、对环境影响大的产品，37. 7%的受访者建议政府推动示范社区的建设。

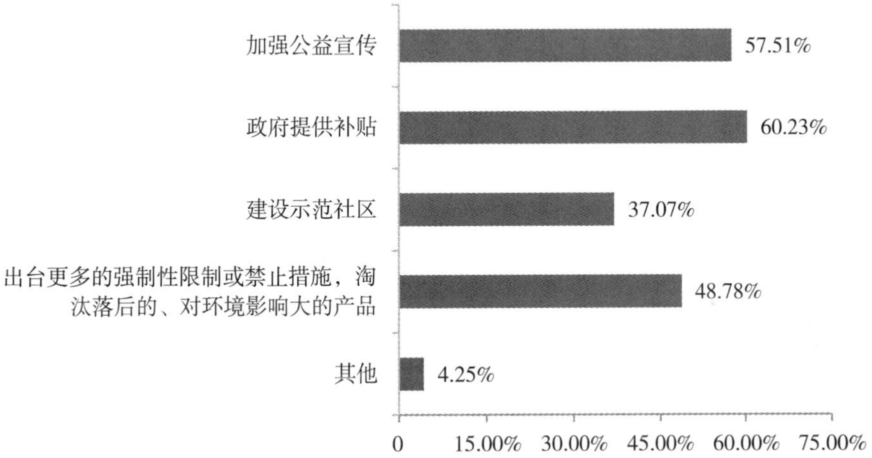

图 27 政府推动措施的有效性

从以上分析可以看出，中央政府的政策制定在可持续消费的推动过程中依然起着决定性作用。因此把可持续消费纳入现行政策与规划中是中国推进可持续消费的首要条件。由中央政府牵头，制定绿色可持续消费发展转型规划和指导，从宏观上为地方制定因地制宜的政策提供方向。

根据研究结论，本报告提出以下政策建议。

（一）中央政府

促进和实现战略层面的可持续消费实施，推动落实《中国落实联合国 2030 年可持续发展议程国别方案》中第 12 个目标的行动计划。如构建指标评估体系和发展框架，依据地方发展情况分解成阶段性量化目标，促进地方将国别方案转化为具体行动等。

推动相关法律和法规的实施，利用和改善现有定价制度、税收制度和财政激励机制，促进可持续消费方式改变，为可持续消费实践营造良好环境。如构建有利于可持续消费的投融资机制，完善公共交通等基础设施，鼓励绿色产业的发展，促进可持续产品认证、标识和评价体系的公众认知与规范发展。

鼓励相关研究机构和组织搭建可持续消费研究与实施平台，推动知识与经验共享。加大可持续消费宣传力度，鼓励社会力量和组织的参与推广。

（二）地方政府

加强地方政府的可持续发展能力建设，将其纳入地方公共管理的考核指标，推动可持续消费实践。

地方政府应积极参与和实施可持续公共采购，带动可持续产品和服务市场发展，同时增强全社会对可持续消费的认识与关注。

制定与本地经济发展相匹配的可持续发展目标。结合本地经济发展的特点，逐步完善阶段性推进指标，统筹兼顾可持续生产与消费。

鼓励社会组织、机构以及公众参与可持续消费推广，引导本地社区组织与 NGO 的深度合作，激励社会力量发挥作用，组织和参与举办公众教育活动，带动公众的参与意识。

2017年零售业节能环保绿皮书

自党的十八大以来，生态文明建设已经逐渐成为我国长期发展的战略国策，习近平同志提出的“绿水青山就是金山银山”不仅是中国发展未来的美好愿景，更是各行业发展产业调整的大方向。

零售业作为连接生产和消费两大领域的窗口行业，上游的供应商庞杂繁复，下游面对数量众多、消费行为方式各异的个体消费者，如何依据行业自身的特点、发挥行业优势实现零售行业的可持续发展已经迫切地摆在中国零售业的面前。

“十三五”以来零售业的节能环保步伐不断加大，在加大门店的能耗节能管理的同时，也不断挖掘新的环保节能点，企业主动承担社会责任的意识和行为持续地深化和推进。在企业自身的节能环保不断深化的同时，绿色供应链延伸影响着上游的供应商和下游的消费者，既扩大了环保节能的影响范围又提升了消费者的绿色消费意识，零售业的环保节能走向新的篇章。

一、政府不断营造企业环保节能的良好外部环境

政府是节能减排政策的制定者和引导者，商务部以及相关的主管部门着力于节能减排的国策有效落实到商业零售领域，2016年政策的制定和执行力度都在不断加大。

（一）促进绿色消费，创建绿色商场

首先，各级商务主管部门进一步提高了认识，强化绿色发展、循环发展的理念，认真落实国家发改委等十部委《关于促进绿色消费的指导意见》（发改环资［2016］353号），商务部下发《商务部办公厅关于做好2017年绿色流通有关工作的通知》，各地商委把倡导绿色消费作为重要的工作内容，要求各地组织企业认真落实流通领域的节能目标，合理引导经营和消费行为。

为加快绿色主题培养，大力培育科技型绿色流通示范企业，培育发展一批绿色商场，引导传统商业向绿色商业的转型，商务部组织制定出台了《绿色商场》标准(SB/T11135-2015)，并率先在百货业态创建绿色商场，取得可喜的成果。2017年3月，商务部办公厅公布了全国第一批25家绿色商场名单，它们成为走在行业前列的标杆企业。

（二）各地商委制定落实“十三五”规划，出台多项地方标准

各地商委根据本地商业发展的特点和需求，纷纷制定商业的“十三五”规划，注重顶层设计，不断完善节能工作机制。

北京市商委落实《北京市推进节能低碳和循环经济标准化工作实施方案（2015—2022 年）》要求，积极开展标准编制工作，基本建成了体现北京商业服务业特色、指标水平先进、系统构成完善的节能降耗标准体系，逐步形成了政府引导、市场驱动、社会参与的标准化共管共治格局。发挥标准约束和倒逼引领作用，探索实行能效标准准入与绿色采购目录引导联动机制。2016 年，北京市商委启动《商场超市碳排放管理规范》和《绿色商场超市评价要求》两项地方标准的编制工作，已完成征求意见稿。标准的出台可有效指导商场、超市合理使用能源，使能源管理从模糊的人为管理变为清晰的制度管理，通过加强用能管理、使用节能产品和节能技术等措施，达到降低能源消耗、提高能源使用效率的目的。

上海市商业一直走在全国的前列，上海市商委根据上海商业的发展实际状况，2016 年修订了《上海市大型商业建筑合理用能指南（修订版）》，限定各类商业建筑的用能上限，从而有效地实现能耗和碳排放的总量控制。为贯彻“用能指南”，上海市住建委和发改委联合将大型商场的分项计量纳入强制性监控范围，目前有 226 家商场纳入市级监控平台。还有更多企业纳入区级监控平台。零售企业的用能数据的获取，不仅有利于政府的监控，更有助于通过大数据对未来政策的制定提供科学依据。

（三）降低商业电价，减轻企业的成本

能耗成本是商业企业的三大主要成本构成之一，随着人力成本和房租成本的不断上涨，企业的成本负担逐渐加重。电力消耗占零售业能耗成本的九成以上，“工商同价”成为减轻企业负担的最重要途径之一。

受到 2016 年经济大环境的影响，零售企业的转型步伐加快，压缩成本成为影响企业盈利的主要内容。“工商同价”一直被零售企业呼吁，直到最近一两年才逐渐得到落实。

各地采取多种形式逐步降低商业电价：有些地方采用峰谷电价方法，但是受商业自身特点的制约，商业用电多在峰值时间段，尽管一些企业采用蓄冷蓄热方式利用峰谷电，但往往是“节钱不节电”，没有真正意义上的节能减排；上海、山东等地从“十二五”开始逐渐实现工商同价。

此外，根据发改委电力发展“十三五”规划的要求，广东、湖南等地进行供给侧改革，试点绿色电力自愿认购，减少电力供应的中间环节，切实为零售企业带来经济实惠。试点中出现的诸多问题也是政府下一步的工作着力点。

（四）管理部门的相互协作，减少温室气体的排放

蒙特利尔公约第一个履约三十年取得了令人瞩目的成果，在第二个三十年中中国需要减少 85%的 HFCs 的使用和排放，增加 25%的 HCFC 的替代使用。随着氟利昂 R_{22} 以及其全球变暖系数（GWP）替代品如 R_{134a} 等生产领域的限产和停产，零售企业的空调和冷冻冷藏的制冷剂也将逐步被替换成符合蒙特利尔公约要求的低 ODP 和 GWP 制冷剂。零售业

尤其是生鲜和冷冻冷藏食品占比较大的超市，将面临更为严峻的新环保要求。

2016 年，环保部国际合作中心与商务部、中国连锁经营协会共同推进 CO_2 环保制冷剂在中国的落地。艾默生和安徽红府超市打造“绿色低碳二氧化碳制冷技术示范店”，这是国内第一个跨临界 CO_2 的示范项目，2017 年 7 月顺利调试完毕，当年 9 月 8 日该绿色示范店正式开业。测算估计，采用此新型环保制冷剂技术，不仅可实现 15%左右的能效提升，同时可消除原系统制冷剂对大气臭氧层的破坏作用，降低温室效应指数，可减少约 9%的碳排放量，为国内超市行业推广使用绿色、高效制冷技术起到良好的示范效应。

（五）鼓励零售企业销售绿色产品，终端落实绿色消费

通过政策引领供给侧结构性改革，节能减排效果显著，受到了定点销售企业和广大消费者的好评。以北京市为例，2016 年全市 26 家定点销售企业共销售 12 类节能减排产品超过 210 万台，同比增长 47%，非节能产品销售同比下降 25%，充分反映供给侧结构调整的显著效果。

通过“节能产品推广示范店”创建活动，鼓励企业销售绿色节能环保产品，扩大一级、二级能效产品的市场占有率，引导消费者选购能效标识产品，目前已有苏宁、国美、大中等大型零售企业的 33 家门店获得节能产品示范店称号。

重庆市商委创新性将节能环保与精准扶贫相结合，2016 年在重庆市高速公路投资 1000 万元进行服务区改造，推动高速公路服务区功能从基本功能转变为延展功能。改造后的服务区不仅自身节能降耗，而且与商业功能的提升相结合，将“三峡区”的名优产品引入，不仅使贫困区百姓受益而且受到消费者的广泛赞誉，实现经济效益和社会效益的双赢。

二、零售业节能环保的举措与现状

（一）零售业节能减排的主要举措

提高能源效率不仅会减少碳排放而且会降低企业的成本，零售企业节能减排有着内在的驱动力。此外，中国经济发展的转型以及电商对传统零售业的冲击不断加大，在客观的外部环境上促进和加速了零售业的节能降耗。

近年来，零售业的转型在加速，如何平衡经济转型和宏观政策的要求是摆在每个零售企业面前的关键问题。许多零售企业尝试“线上和线下”的结合，但这种融合并非简单的一加一，融合的难度加大。传统的零售业态也发生着巨变，大型的超市和商场趋于饱和，同质化重复倾向严重，不仅容易引发恶性竞争，而且往往会引起周边交通的拥堵等社会问题。便利店和社区超市等小型业态的需求增大，方便消费者的商业布局亟待解决。即使是传统的零售业态，随着经济发展和生活习惯的改变，也在不断变化，超市中生鲜食品、冷冻冷藏食品的需求增大，客观上加大了能源的消耗使用。此外，传统百货向娱乐性、体验感更强的 Shopping Mall 转化，也不断提升了能耗水平。评价零售业的节能不能仅从能耗水平判断，技术进步带来的能耗提升在很大程度上会受到转型影响而大打折扣。

零售业节能在很大程度上依赖于技术的进步，设备的能效提升会大大减少能耗，近五

年由于 LED 技术的日趋成熟，众多零售企业纷纷对门店的照明更换 LED 灯。2016 年，LED 的替换已经大部分完成，LED 照明的寿命为 20000～30000 小时，其再次更新换代还需在以后的一段时间。2017 年，商务部零售企业节能环保问卷调查（以下简称节能调查）显示，目前 LED 灯的占有率已达 88.44%，T5/T8 的占比约为 42.86%，此外还有 12.24% 的企业使用了智能化控制系统。

2016 年，零售企业空调改造增多，在传统的合理控制室内温度的行为节能基础上（94.56%），越来越多的企业采用变频技术（55.10%）和使用智能化的控制调节加热、通风及空调系统等设备（36.05%），实现技术进步带动节能。

此外，49.66%的企业采用节能电梯，14.97%的企业采用太阳能热水器；在冷冻冷藏方面，52.11%的大型超市、超市和便利店采用一级或二级能效标识的陈列柜；57.75%的门店使用岛柜、立柜加盖加门（帘）实现节能。

高效设备的运营需要有效的能源管理来实现，缺乏能效管理的设备往往会逐渐降低能效，无谓的能源浪费不断增加。节能调查显示，61.90%的企业设备维护保养由各设备商负责，设备商很难保证日常运营的有效性，同时各设备的运行需要相互之间的系统协调，而各设备上的维护难以实现系统的整体协调。此外，38.10%的企业委托第三方全保，委托第三方全保可以弥补零售门店一线人员的节能技术不足，全保的形式差异性很大也影响实际的运营能效水平。

（二）零售业的能耗绩效与能耗强度分析

2017 年，商务部的节能调查共涉及全国 24 个省（直辖市）的 112 个零售企业总部，147 家门店，调查这些企业的总部和门店在 2016 年的环保节能举措与进展。其中，大型超市占比为 31.29%，超市占比为 7.48%，百货占比为 23.81%，购物中心占比为 11.56%，业态分布比较均衡、全面。

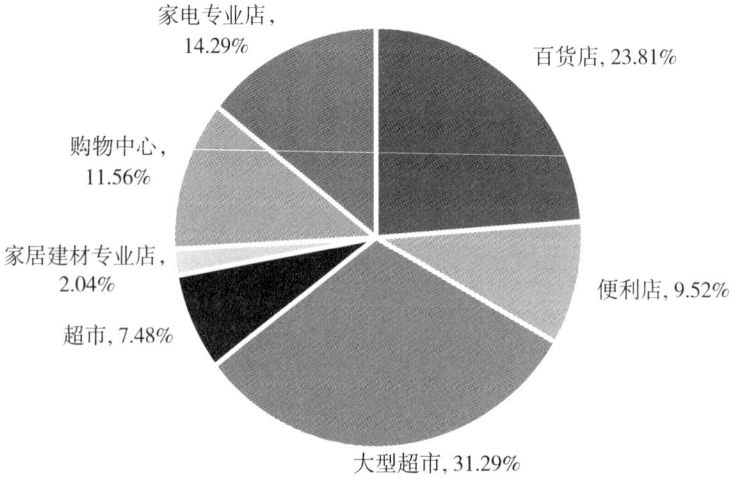

图 1　调查企业的业态分布

从地理分布上来看，南部的万元营业额的能耗和单位面积的能耗普遍高于中部和北部地区，图2的中位数表明，一半数量的抽样企业能耗高于该中位数，一半数量的抽样企业能耗低于该中位数，这与南方气候客观条件密切相关，南方的空调制冷时间较长，造成能耗水平偏高。能耗强度显示趋势为南部>中部>北部。

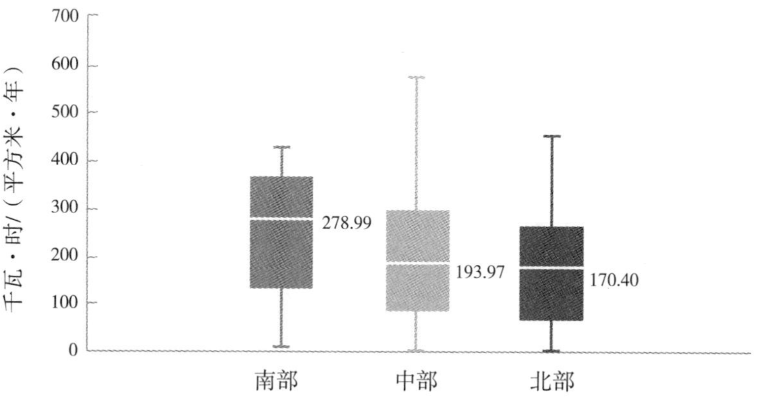

图2　不同地区的能耗中位图

考虑到每年抽样企业的差异性，2014年至2016年零售业的单位面积能耗强度没有显著的变化。

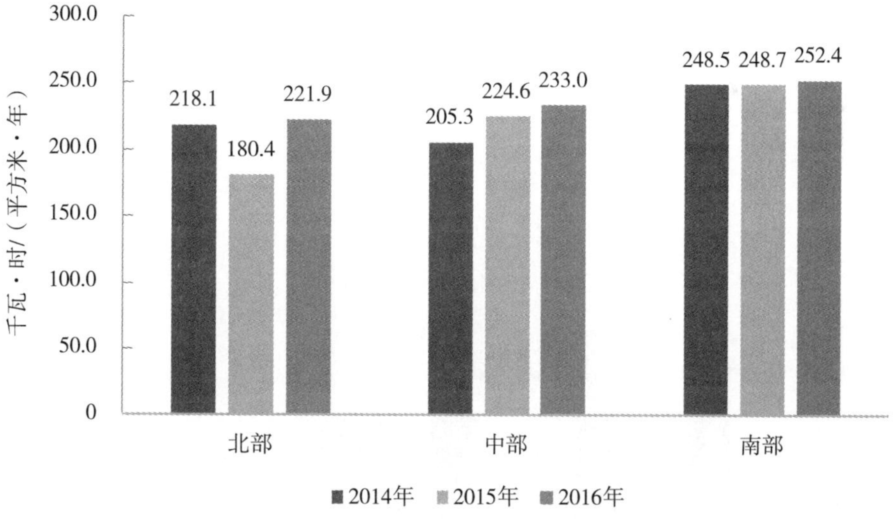

图3　不同地区的单位面积能耗强度

（三）不同业态的能耗和水耗强度

不同业态的能耗水平相差较大，无论是万元营业额的能耗还是单位面积的能耗，百货和购物中心高于大型超市、大型超市高于专业店的能耗水平。百货和购物中心的单位面积能耗持续上升，与近几年百货转型密切相关，但是从中可以看到其万元营业额的能耗有所下降，多功能、体验感更强的购物中心比传统的百货业单位能耗创造更大的商业价值。但是，购物中心的单位面积能耗一直呈现上升趋势。

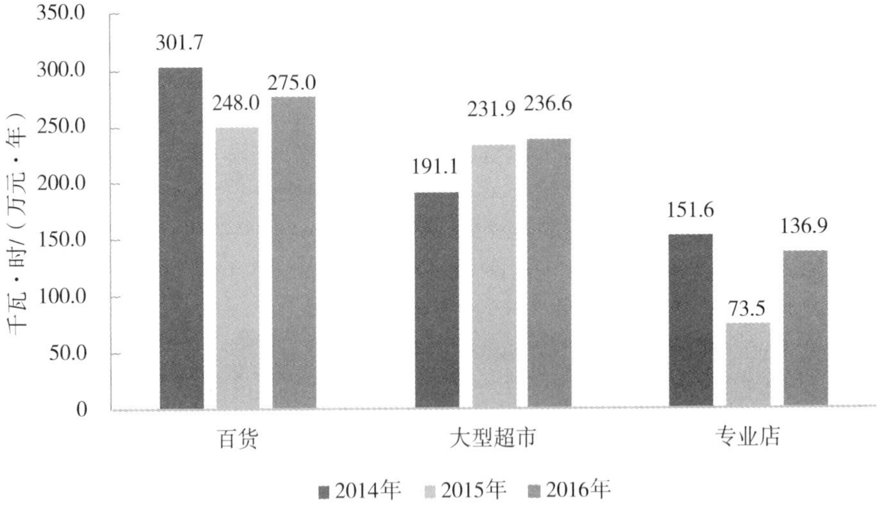

图 4　不同业态万元营业额的能耗

主要业态的单位面积能耗强度各有差异，除百货购物中心业态的单位面积能耗呈现上升趋势外，大型超市和专业店的单位面积能耗基本保持不变。单位面积的能耗强度显示：大型超市>百货购物中心>专业店，大型超市的能耗强度较高与超市经营生鲜、冷冻冷藏食品以及主食厨房的比重增大有很大相关性。大型超市的万元营业额能耗，从 2014 年的 191. 1 千瓦·时/（万元·年），上升至 2015 年的 231. 9 千瓦·时/（万元·年）和 2016 年的 236. 6 千瓦·时/（万元·年），尽管单位面积的能耗强度差距不大，但是单位能耗创造的商业价值有所下降。

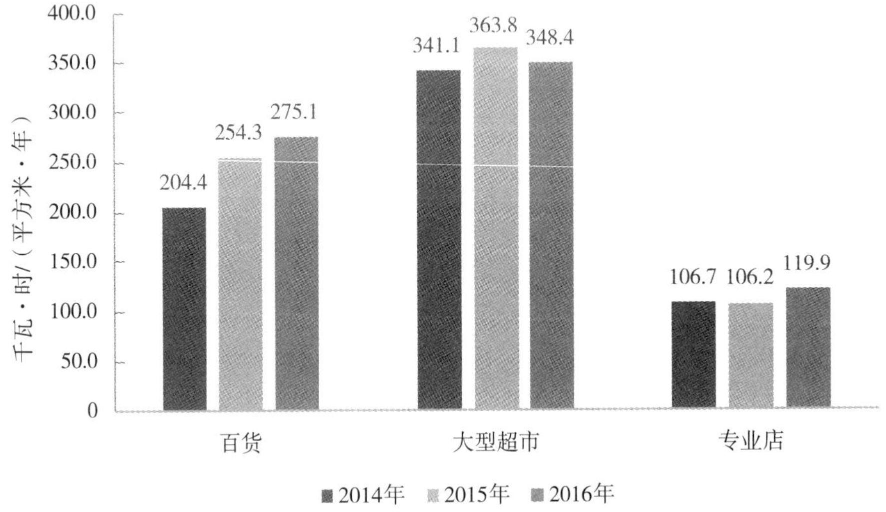

图 5　不同业态的单位面积能耗强度

万元营业额和单位面积的耗水强度分别如图 6 和图 7 所示，专业店业态的单位面积耗水量变化不大，但万元营业额的耗水量有所上升。百货业态无论是单位面积耗水量还是万元营业额耗水量均有所上升，与餐饮的引入以及比重加大密不可分。

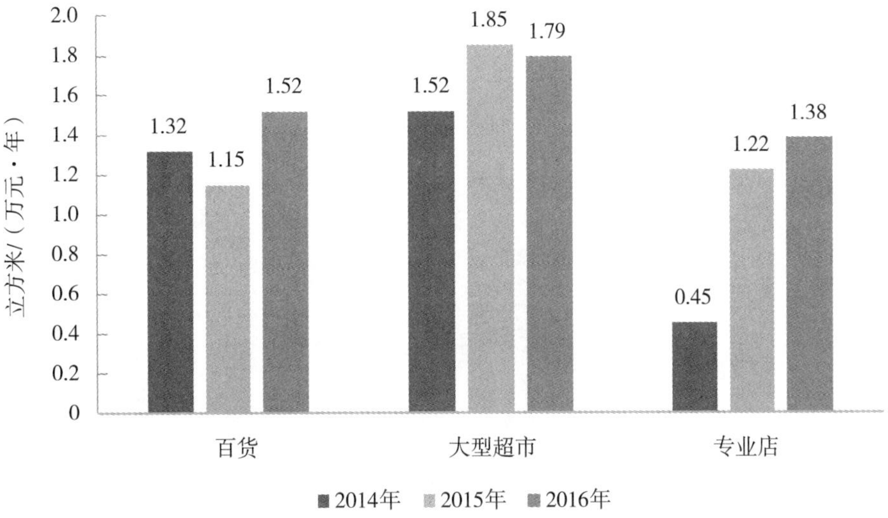

图 6 不同业态万元营业额耗水量

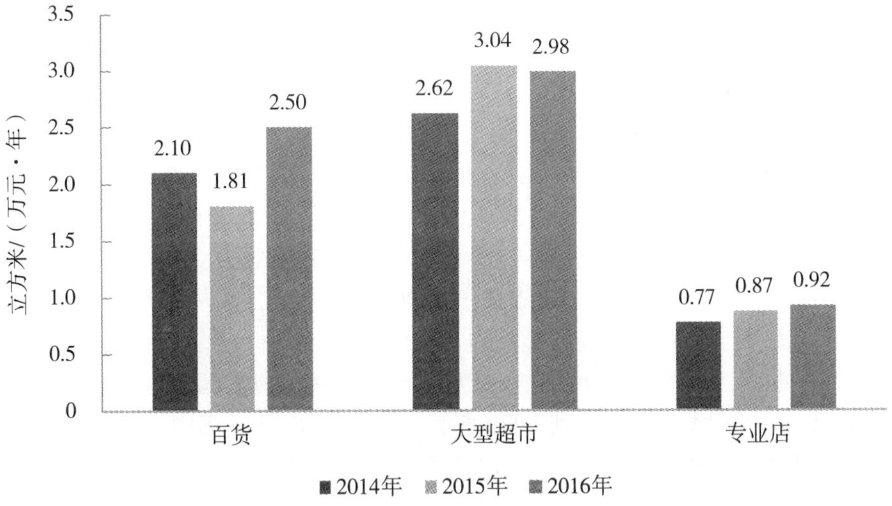

图 7 不同业态单位营业面积耗水量

（四）传统零售业和电商的环保措施

限塑令实施十年来，一次性塑料袋的使用量已经明显减少，塑料袋的替代品（如可降解塑料袋、环保袋等）还没有被广泛接受，因此一次性塑料袋在一定程度上成为刚性需求，各业态的万元营业额的塑料袋使用量，2014—2016 年百货、超市业态略有下降，大型超市基本持平，而便利店的塑料袋使用量明显增加。在禁塑条件不成熟的情况下，今后如何进一步减少塑料袋的使用量是许多零售企业思考的问题。沃尔玛在其山姆会员店内只提供可降解的塑料袋，环境影响大大减小，但由于其成本价格较高，无法大面积推广。星巴克在其上海部分门店将原来的纸包装袋更换为塑料包装袋，但由于设计合理，塑料袋使用量大大减少，减少环境影响效应明显。

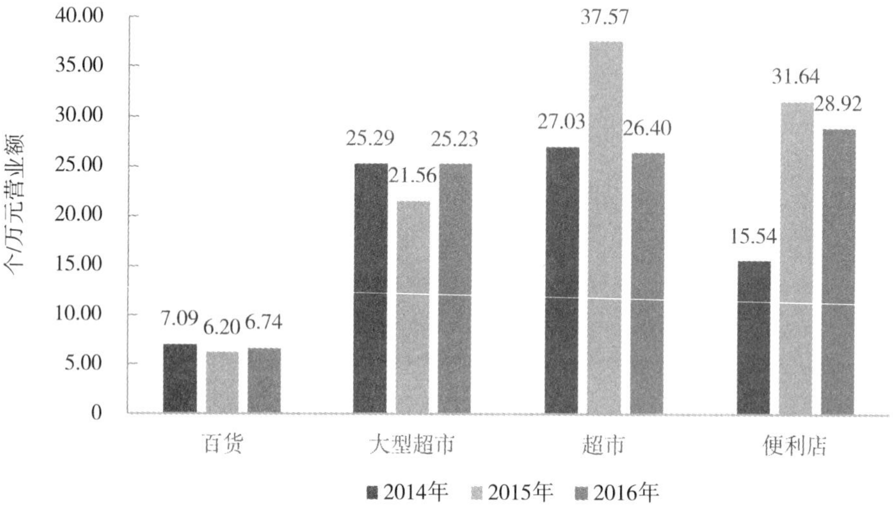

图 8　不同业态的万元营业额塑料袋使用量

以京东、阿里为代表的电商近年来发展迅猛，尽管相较于传统商业形式电商没有实体经营门店，其环境影响大大减轻，但是电商物流和包装中的环境影响越来越受到重视。以京东为例，在快递包装方面，使用拥有专利权的防撕袋，倡导用户循环使用包装；率先在生鲜配送环节中使用全降解包装袋，对环境无污染；生鲜冷链当中全部使用自主研发的保温周转箱，每年节省 EPS 泡沫箱至少 4000 万个；收窄胶带宽度，每年可减少 500 万平方米的胶带使用量，这一“瘦身”计划让京东在 2016 年减少了至少 1 亿米的胶带使用，可绕地球 2. 5 圈。利用自身对供应商的影响力，推动上游品牌商简约包装、用大纸箱代替过多小纸箱等，协同减少电商二次包装。2017 年 6 月，京东物流携手宝洁、雀巢等九大品牌商共同发起“青流计划”，预计到 2020 年，京东将减少供应链中一次性包装纸箱使用量 100 亿个，相当于 2015 年全年全国快递纸箱的使用数量。

除减量包装外，越来越多的企业注重节水以及废热、垃圾的分类回收。节能调查显示：70. 75%的企业在重点部位安装分表，38. 78%的企业安装节水阀，33. 33%的企业安装自动感应装置，此外还有 11. 56%的企业中水回用，其中中水回用占总用水量的比例分布在 10%～60%。还有门店采用无水小便斗、总阀门出水量调小、洗手盆水龙头改用花洒型等措施节水。

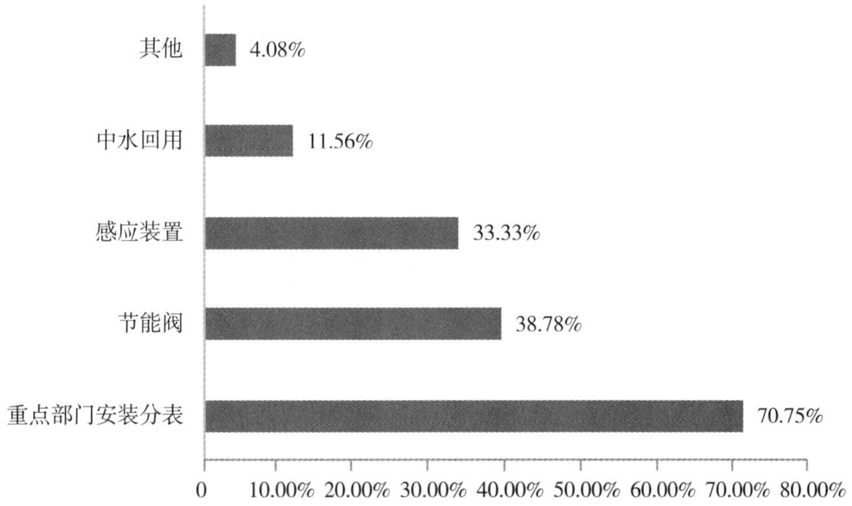

图 9　零售企业的节水措施

在制冷制热季，门店空调会产生大量的废热，2017 年的节能调查显示：79. 59%的门店会回收利用废热，废热主要应用于循环水及冷凝水等。2012 年企业废热的回用率仅为 12. 3%，废热的回用率有较大幅度的提高。

（五）废弃物的回收与利用

门店在运营过程中产生的废弃物主要包括包装等可回收废弃物、有害废弃物、餐厨有机废弃物以及其他废弃物。其中，可回收废弃物的回收比例最高，约为 90. 48%，有害废弃物的回收比例为 46. 94%，餐厨废弃物的回收比例为 26. 53%，其他废弃物的回收比例为 19. 05%。

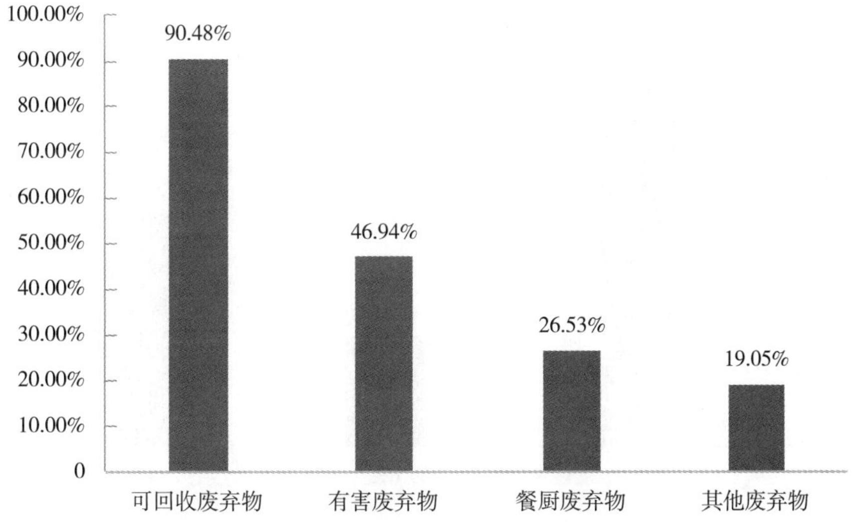

图 10　各类废弃物的回收率

其中，80.27%的企业能够在门店实行垃圾分类管理，51.70%的企业由当地环卫部门指定的第三方公司定期回收。在门店分类的垃圾进一步与市政和回收公司衔接，才能充分保证分类的有效性。

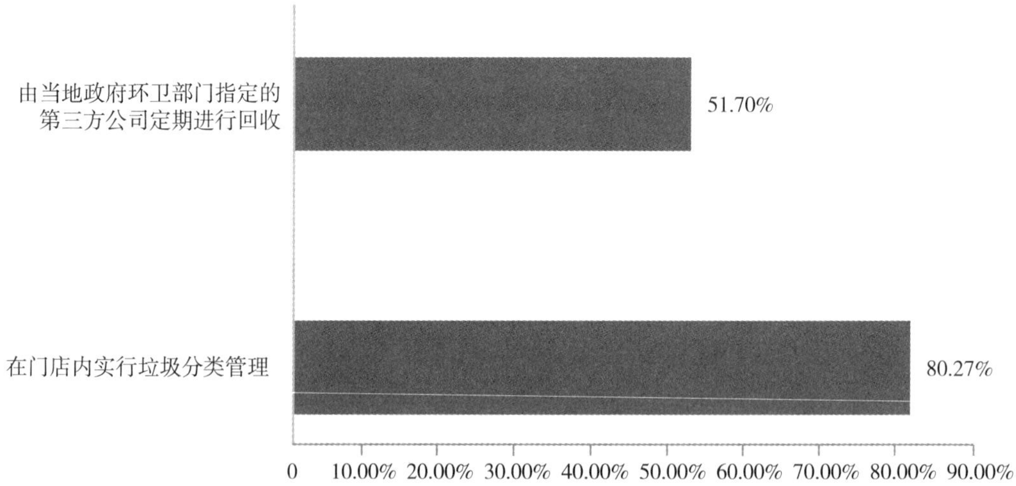

图 11 废弃物处理方式

（六）制冷剂的使用与泄漏管理

零售业是使用制冷剂的大户，无论是氟利昂 R_{22} 制冷剂，还是目前的普遍替代制冷剂 R_{134a}、R_{404a} 等，均不同程度对臭氧层破坏和全球变暖有影响。控制制冷剂的环境影响，一方面需要进一步开展环保制冷剂的替代，另一方面需要对所使用的制冷剂泄漏情况进行有效的管理。

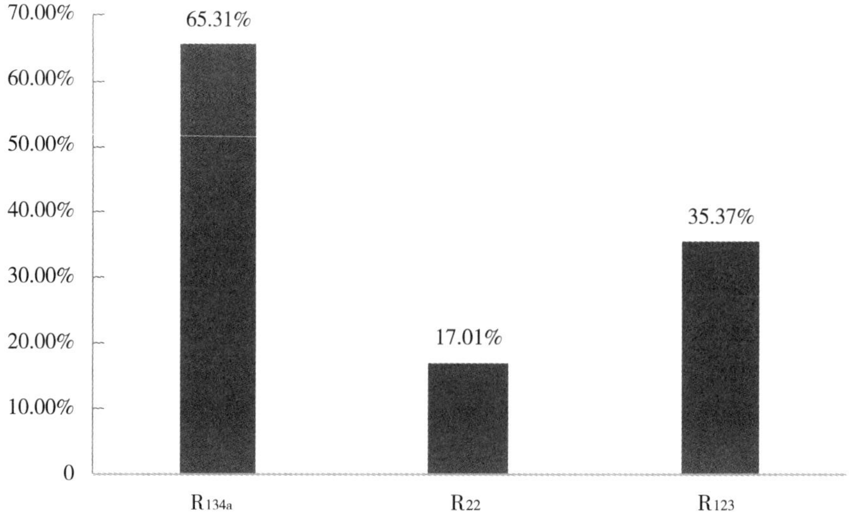

图 12 零售业空调制冷剂的使用状况

在零售业空调使用的制冷剂种类中，R_{134a}占比为65.31%，R_{22}占比为17.01%，R_{123}占比为35.37%。

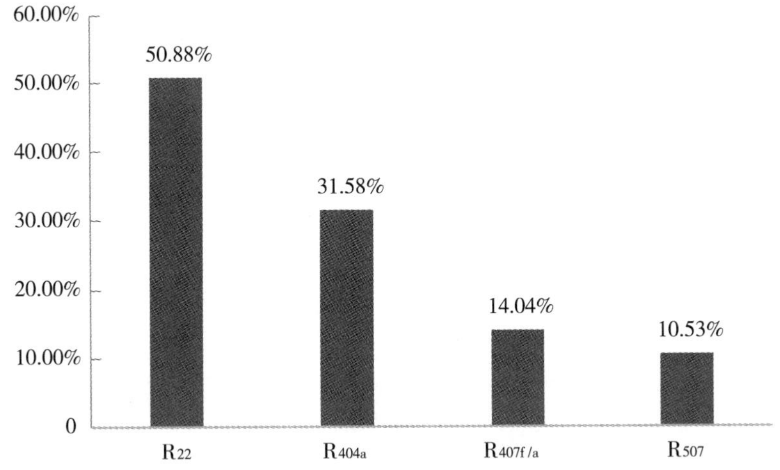

图13 冷冻冷藏制冷剂使用状况

冷冻冷藏的制冷剂以R_{22}为主，其占比为50.88%，R_{404a}占比为31.58%，$R_{407f/a}$占比为14.04%，R_{507}占比为10.53%。

制冷剂在使用过程中会产生一定量的泄漏，尤其是超市中冷冻冷藏系统的管路长，更容易发生泄漏。根据相关的企业统计：在管理良好前提下，每年制冷剂泄漏率在10%~15%；如果管理不到位，泄漏率将会大幅升高。目前，我国零售企业的制冷剂泄漏管理还是较大的空白，实地走访企业，多数企业将制冷剂维保交给服务商，由服务商每年负责制冷剂的添加。企业并没有对制冷剂泄漏进行有效日常管理，也不知道每年的泄漏量是多少。

Walmart中国在2013年以前由维保服务商包干负责添加制冷剂，没有统计记录；2013年以后，逐渐建立了完整的制冷剂管理体系。包括：

- 建立制冷剂管理标准，考核门店维修与维保服务商。
- 强化制冷剂添加登记制度，及时准确记录，要求操作人员、监督人员两级签字。
- 升级报警系统，低液位报警实现邮件/短信及时推送。
- 自动生成《报警周报》，专门以报表跟踪制冷剂低液位泄漏报警。
- 低液位报警，追踪泄漏，一查到底，直到解决。
- 年度计划，专项开展治理冷凝高压的改造，减少夏天高压爆管风险。
- 开展冷冻维保月活动，落实系统维保服务，减少事故发生，减少制冷剂泄漏。
- 制冷剂回收利用：系统改造与拆除时，制冷剂要尽量回收。

大润发则借助其EMS监控平台，对各门店的制冷剂采购量、使用量以及低液位报警实时监控，实施三级报警管理制度，有效监控制冷剂的泄漏。

（七）物流环节的节能与环保

物流中心的选址在很大程度上影响物流路径和物流距离，从而影响物流的成本和碳排放。2017 年节能调查显示，40. 18%的零售企业拥有自建物流中心，平均每家企业自建物流配送中心 2. 78 个，平均总库容为 71473. 59 立方米。2012—2016 年受调查的企业中，自建物流中心的比例呈现降低的趋势，见图 14。由于自建物流中心的用地和成本等因素制约，加之近几年零售业的利润不断削减，影响企业自建物流中心。

调查显示：28. 36%的企业表示在未来的一两年内计划自建物流中心，其余的 71. 64%的企业最近没有建物流中心的计划。

随着零售业节能环保的不断深化，企业越来越意识到物流管理不仅有利于改善环境而且利于成本控制。2017 年节能调查结果显示，66. 96%的企业在物流环节设定明确的节能环保目标，2012 年以来企业的物流环节的目标性有所提升，见图 15。

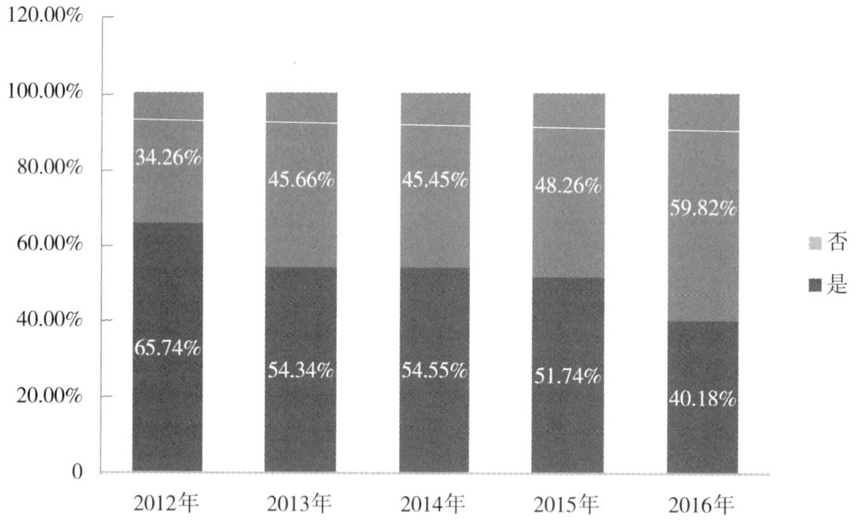

图 14 企业自建物流中心的比例

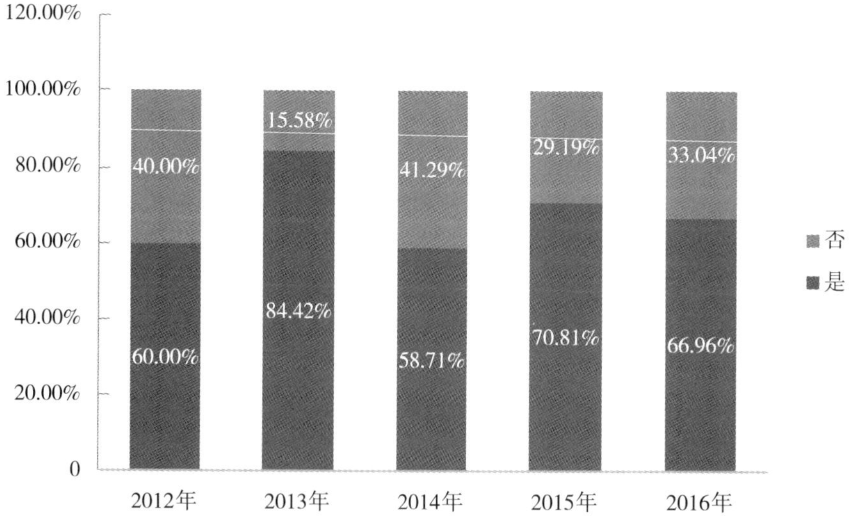

图 15 企业物流环节节能环保目标

企业在物流环节节能环保目标主要包括：81.33%的企业考虑减少运输环节的能耗，优化运输流程；64.00%的企业在物流配送中心基础设施建设中，考虑环境影响，采用节能设备及技术；74.67%的企业考虑物流包装箱及包装材料循环重复利用；30.67%的企业有物流环节能效核算的定量或半定量方法；此外，还有33.33%的企业明确近期和中远期的阶段性节能目标，并予以考核。

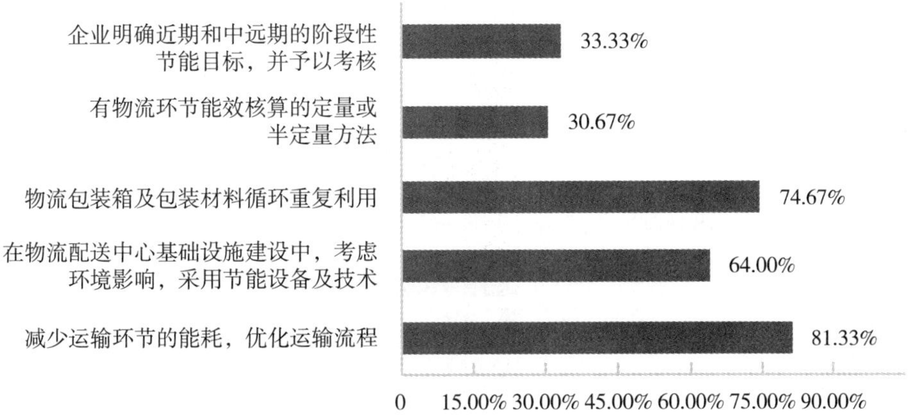

图16　零售企业物流环节的节能环保目标

（八）绿色供应链的建设与深化

零售商面向众多的生产供应商，零售商与供应商之间通过相互绿色合作扩大影响。2017年的节能调查显示：52.68%的企业会将供应商遵守环境法规作为重要参考因素；37.50%的企业会参考并培训供应商帮助供应商寻找提高其生产过程中能效的手段和方法；还有9.82%的企业会作为一般参考因素，企业基本认同以供应商是否遵守环境法规为合作与否的参考因素。

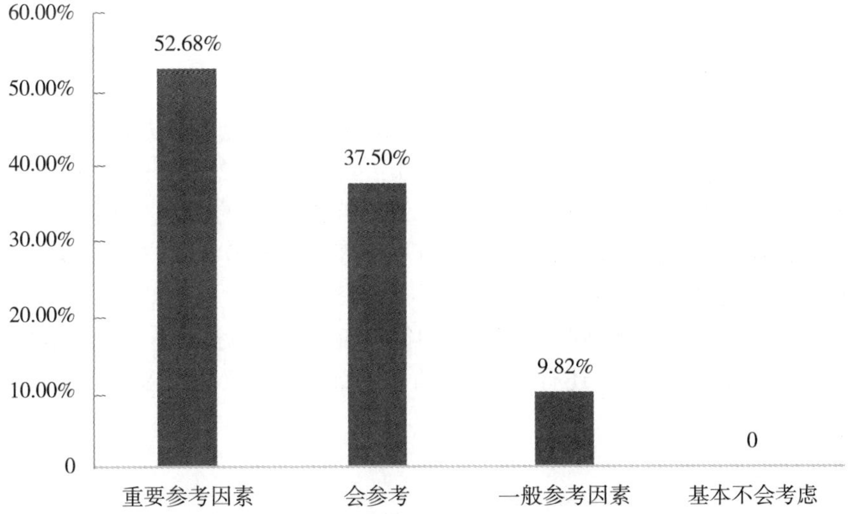

图17　零售企业是否考虑供应商的环境合规

此外，51.79%的企业有意愿与供应商合作推动商品包装减量，48.21%的企业没有与供应商建立此联系，但这些企业中还有一半的企业有未来一两年减少包装的计划。

提高本地商品的采购比例会减少商品运输过程中的碳排放，其中74.11%的企业关注采购本地商品，25.89%的企业没有关注提高本地产品的比例。本地产品主要集中于水果蔬菜和本地特产。

零售企业与供应商的绿色合作是多方面的，2017年节能调查中零售企业关注与供应商合作的重点，其中符合环境法规的高达4.77；其次是采购、废弃物回收、产品生产、物流等，分别为4.46、4.46、4.43以及4.42。满分5分，分值越高表明合作的愿望和可能性越大。相较于2015年，2016年零售企业与供应商绿色合作的评分均显著提升。

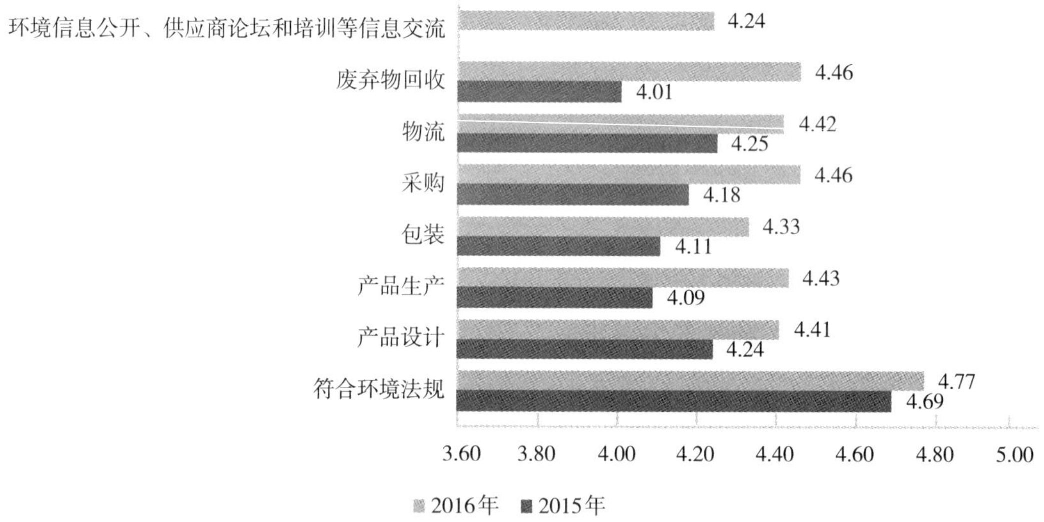

图18 零售商供应商绿色合作评分

（九）引导消费者的绿色消费

企业在推动绿色消费举措时，最常用的举措是定期或不定期举办环保节能宣传活动，向顾客发放环保消费宣传资料，占比为66.96%；其次，有52.68%的企业店内设有固定的环保宣传栏等区域；有20.54%的企业会设有店内独立的绿色节能环保产品专区；2.68%的企业有其他活动，如环保公益活动（徒步等）、商场及商户开展以旧换新活动、举办大型地球一小时及无车日宣传活动等。

此外，企业还面向消费者回收废弃物，如饮料瓶罐、旧电池等。回收饮料瓶罐的企业最多，占比为69.64%；此外，还有55.36%的企业回收旧电池，50.89%的企业回收纸张，25.00%的企业回收旧家电。

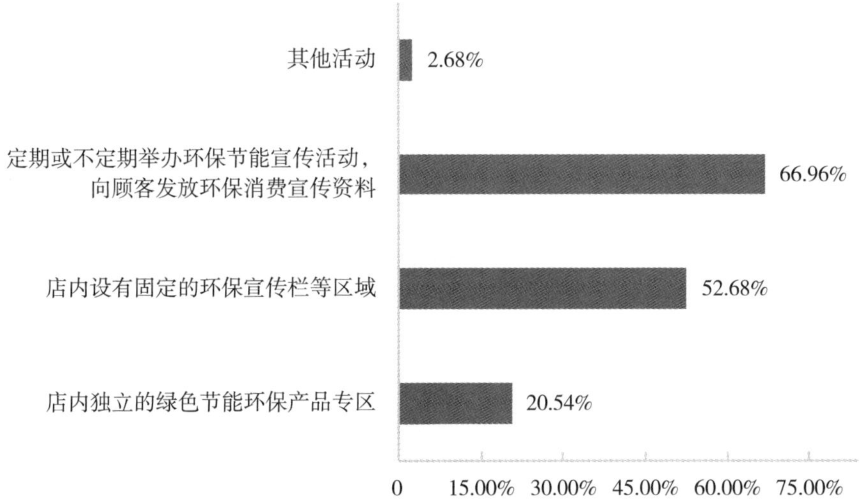

图 19 零售商引导消费者绿色消费的举措

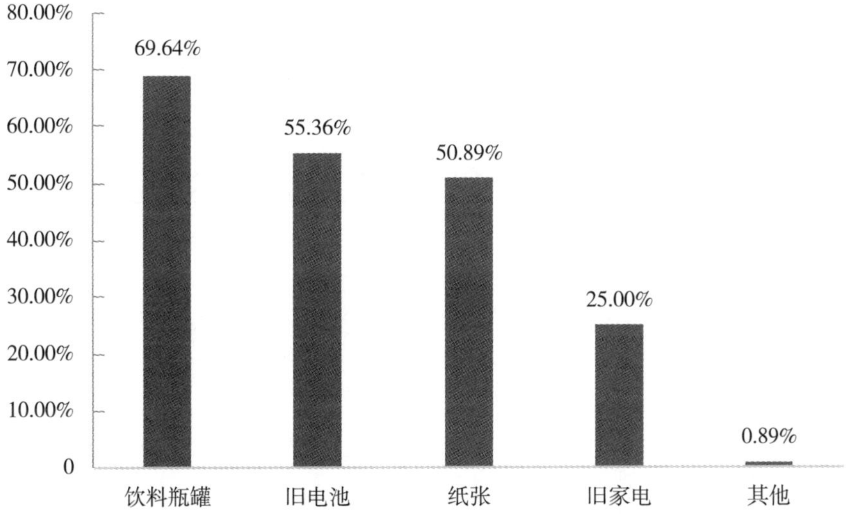

图 20 零售企业回收废弃物种类占比

三、零售业节能环保的主要趋势与困境分析

中国零售业的节能环保起步于 2008 年左右，经过十年的不断发展，节能环保由浅入深，不断深化和提升。面对零售业的不断转型变化以及竞争的压力，零售业的节能环保既是外部环境的大势所趋，同时也是提升自身品牌效应的内在需求。2017 年商务部节能调查显示了零售业节能环保关注点以及关注程度。

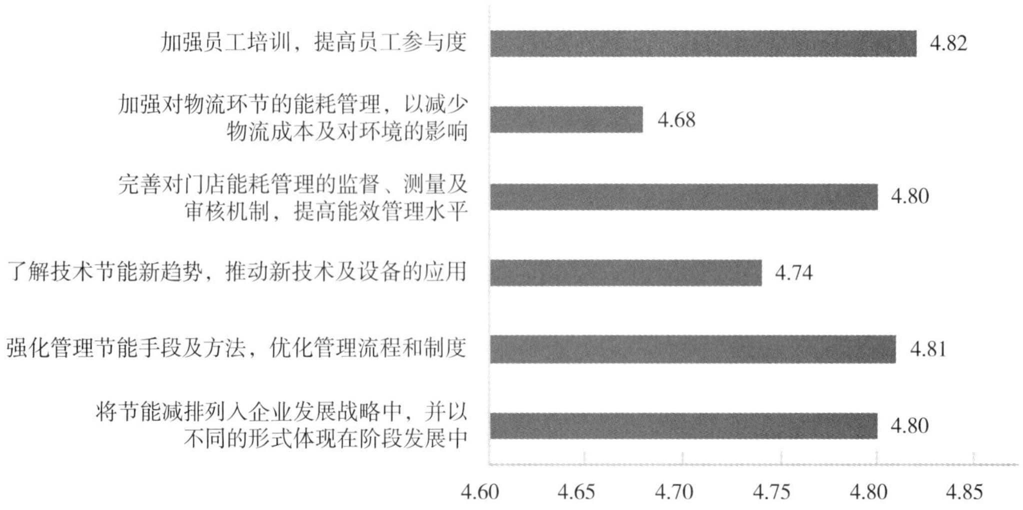

图 21　零售业节能环保的改进方向

比较 2013—2016 年企业的节能环保趋势评分，可以看到，各选项的分值均有不同程度的提升，表明这些发展点越来越被企业认同和接受，如何针对具体的发展状况，将这些发展趋势转化为企业可以实操的技术管理控制指标是值得我们深入研究的问题。

表 1　　2013—2016 年零售企业节能环保趋势与重点评分

年份	将节能减排列入企业发展战略中，并以不同形式体现在阶段发展中	强化管理节能手段及方法，优化管理流程和制度	了解技术节能新趋势，推动新技术及设备的应用	完善对门店能耗管理的监督、测量及审核机制，提高能效管理水平	加强对物流环节的能耗管理，以减少物流成本及对环境的影响	加强员工培训，提高员工参与度
2013	4. 57	4. 55	4. 42	4. 54	4. 37	4. 50
2014	4. 10	4. 17	4. 02	4. 14	3. 93	4. 08
2015	4. 62	4. 61	4. 46	4. 43	4. 48	4. 38
2016	4. 80	4. 81	4. 74	4. 80	4. 68	4. 82

（一）节能环保是系统性工程，一线员工的参与至关重要

节能伊始，零售企业往往从各个点上挖掘节能潜力，如近几年 LED 替换、电梯加装变频等措施的普遍实施，在一定程度上降低了企业的分项能耗和总体能耗。随着零售业节能的不断深化，节能环保日趋系统性：技术的匹配性保证设备高效运行、日常的节能管理减少能源浪费、完善的分项计量和数据分析不断发掘新的节能点。此外，随着环保型制冷剂的替代加快，二氧化碳和氨制冷剂系统的日常维护不仅需要较高的专业技术水准，而且需要更高的责任心。因此，一线员工的参与至关重要。

零售业的一线员工流动性大、人员学历普遍偏低，客观上加大了节能环保的难度。商

务部 2014—2017 年的节能调查显示：企业认为加强员工培训，对提高员工参与度的重视程度在不断提高。没有一线员工的有效参与，很难实现理想的节能环保目标。

（二）强化管理是设备技术能效的保证，但企业精细化管理水平较低

众多的零售企业意识到技术节能的重要性，高效的节能设备能明显提升能效、降低能源的成本，因此越来越多的企业加大节能环保的技术投入资金。“十二五”期间的节能投入金额显著增加，一方面源于国家政策的扶持与鼓励，另一方面源于企业自身的节能意愿的提升。

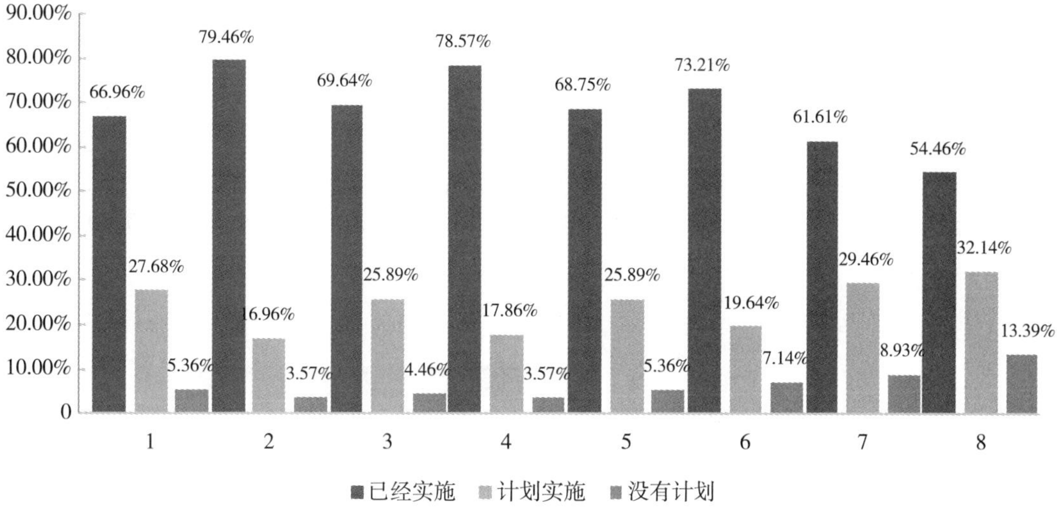

图 22　零售总部推动节能工作实施情况

注：

1. 按照《能源管理体系要求》等国家相关标准及政策法规的要求，总部制定企业年度或阶段性整体节能目标及实施计划，包括财务计划、能耗管理计划等。

2. 根据相关管理制度，总部统一推行节能改造，包括制定改造方案、选择当年改造的门店以及设备、供应商审核等。

3. 总部为每个门店制定下一年的能耗费用指标及相关考核办法，并将能耗管理责任落实到责任人。

4. 定期对门店能耗管理的开展情况进行考核和评价。

5. 关注行业节能技术的发展，定期收集整理适用的节能技术目录，并落实到门店新建项目和既有项目的节能改造过程中。

6. 负责每年定期对门店员工进行节能环保教育及岗位技能培训。

7. 按照《用能单位能源计量器具配备和管理通则》（GB17167），协助门店配备合理的能源计量器具，建立健全能源消费原始记录和统计台账，定期开展能耗数据分析。

8. 采用能源管理信息控制系统，总部可以即时对部分或全部门店的照明、冷冻及空调等主要用电设备的运转情况进行监控，防范耗能异常。

技术是实现企业节能的基础和核心驱动力，但技术不是企业节能的全部。实地调研中国零售企业过程中，零售企业的能源管理普遍薄弱或缺失。2017 年商务部节能环保调查中，“强化管理节能手段及方法，优化管理流程和制度”（4.81）和“完善对门店能耗管理的监督、测量及审核机制，提高能效管理水平”（4.80）分别是企业认为今后工作重点

的第二和第三高分值，而且这两项的得分在这几年也将不断提高。

相关的研究数据表明，在缺乏良好的管理时，设备的能效呈现下降趋势，即没有良好的管理保障，高效设备不能实现高效运行。门店的能源管理主要包括以下几个方面：一是建立健全能源管理制度，保证一线人员的行为节能规范；二是监控日常的能源使用，及时发现设备的异常运行，避免能源浪费；三是保证各分项能耗数据的连续性和可追溯性，在数据分析的基础上寻找可挖掘的节能点和节能空间。

大多数零售企业的总部均会在不同程度上对其门店进行能源管理（见图 22），并通过总用电量、单位面积能耗以及万元营业额能耗等重要指标进行考核（见图 23），其中 78. 57%的总部对门店的总用电量进行考核，58. 93%的总部考核门店万元营业额的综合能耗指标。

零售业的能源管理虽然具有许多的共性，但是各门店的具体状况各有差异，如经营定位、品种、面积以及客流等诸多差异，根据门店自身的特点如何进行差异化的精细管理是摆在所有零售企业面前的难题。零售门店的能耗数据不仅是门店能源消费的真实反映，更是门店精细化管理的基础和前提保障。分项计量近几年得到企业的更广泛认同，门店安装分项计量的比例从 2014 年的 47. 74%提高到 2016 年的 77. 68%，奠定了企业能源数据的基础平台。

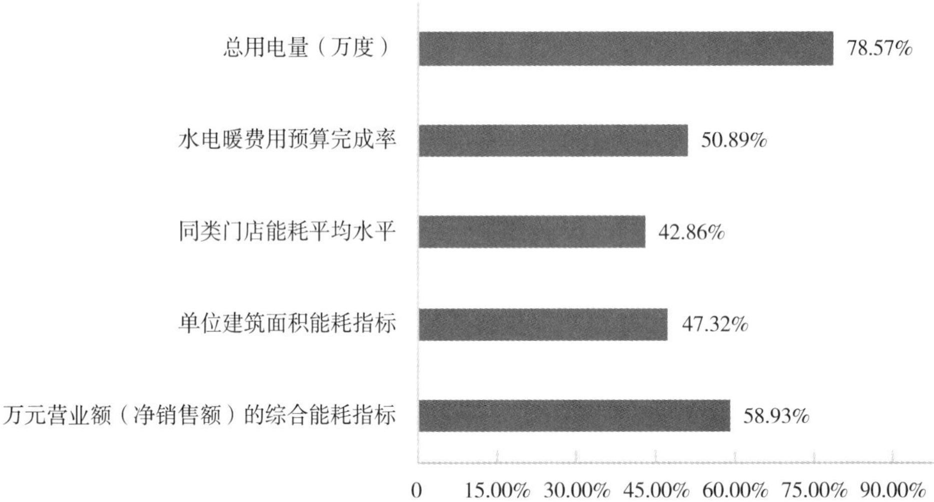

图 23　总部对其门店的考核指标

调查企业总部获取门店的数据表明，82. 14%的企业派专人每天定时人工抄表，并定期上报总部，只有 28. 57%的企业建立能源监测系统，自动收集所有或部分门店的数据。从调查结果可知，2014—2016 年，企业总部对门店的实际能耗数据重视程度不断加大，但是目前企业获取第一手数据的方法比较原始，而且数据的获取时间间隔也比较长，很难保证数据的可用性和客观性。

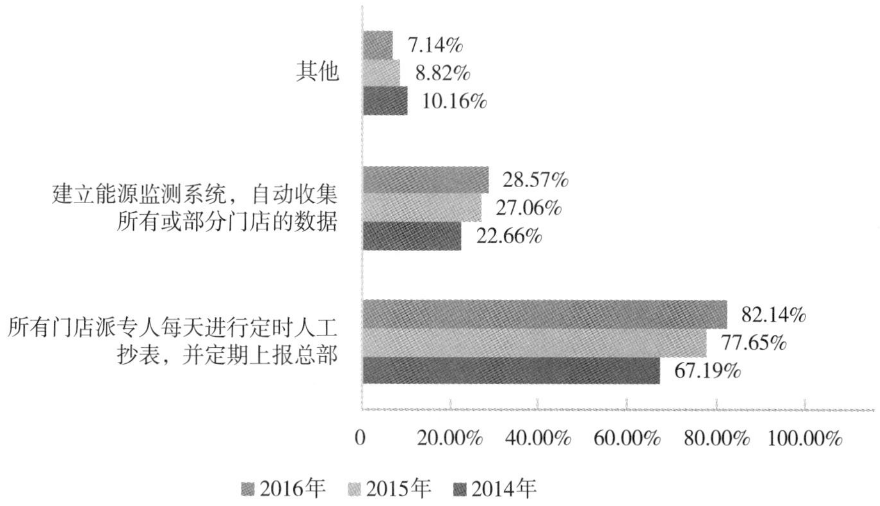

图 24 2014—2016 年总部获取能耗数据的方式比较

总部对门店的能源数据管理与约束，有利于提高门店的能源管理水平，但是各个门店的能源管理需要与其自身经营密切结合，门店层面的精细化管理还极其缺乏。

（三）能耗审核标准的缺失和节能服务公司的能力要求制约合同能源管理推广

随着节能环保的深入和系统化，其环保节能的投入金额不断加大。节能调查显示，2016 年每个门店技术升级的资金投入平均高达 95. 47 万元，能效改造不仅囊括传统的照明、空调和冷冻冷藏三大主要能耗点，同时如电梯节能、生鲜及主食加工区域和建筑节能也逐渐受到企业的关注。

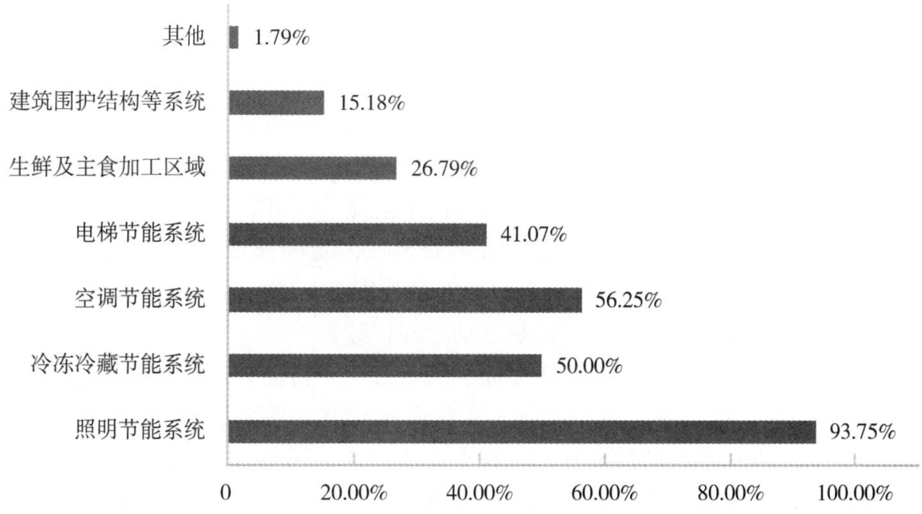

图 25 节能改造实施的区域与占比

一方面，系统升级复杂性加大企业资金流的压力；另一方面，外在大环境竞争压力的增大也促使企业更为谨慎。这些严重制约着零售企业节能环保的可持续发展。其中，54.46%的企业认为缺乏相关专业人才，对节能设备技术的应用把握度不足；44.64%的企业认为节能一次性投入的资金占流动资金比例过大，影响企业正常运营；还有41.96%的企业担心用于整体节能系统的资金前期直接投入过大，影响企业实施系统改造进程。由此可见，节能环保中的技术与资金是许多企业共同的瓶颈。

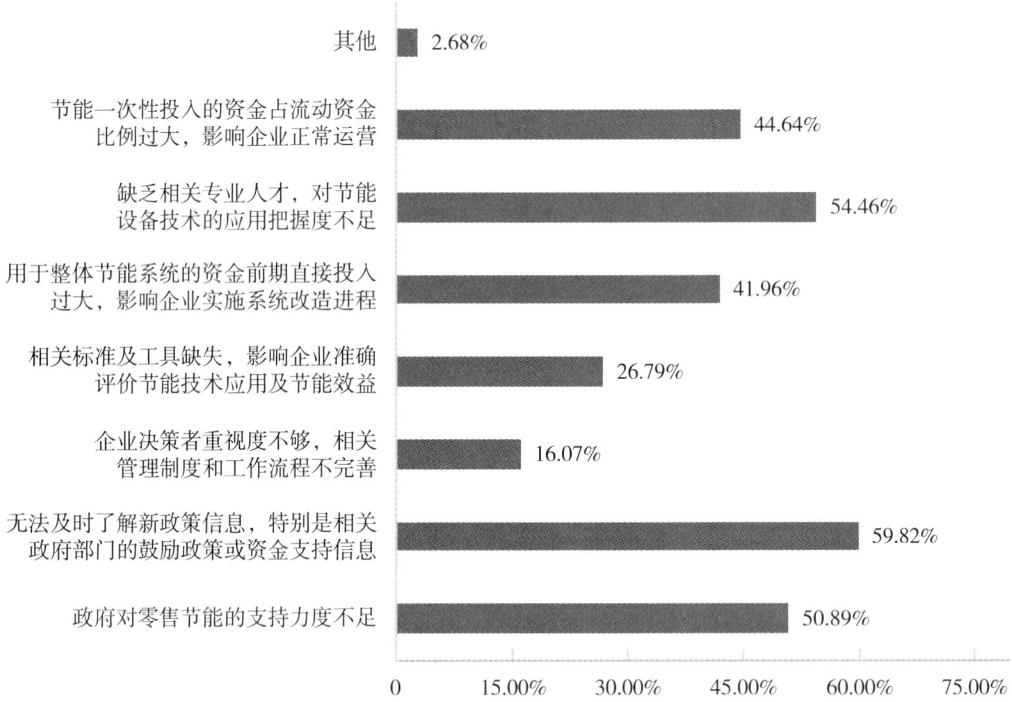

图 26　影响企业节能环保实施的主要障碍

未来国内外零售业节能的最主要趋势分别是智能化和服务外包。节能环保的服务外包不仅可以解决企业资金的短缺，而且在非常大的程度上弥补企业对新的技术把握程度不准确的缺欠。合同能源管理一直是政府大力倡导的节能服务模式，帮助企业节能的同时还减少了资金和技术的风险。2017年商务部节能调查显示，受调查企业中仅有29.46%的企业采用合同能源管理模式，而70.54%的企业全部自筹资金，这一比例并未较前几年有明显的上升，合同能源管理在零售业的推进缺乏动力和持续性。

影响合同能源管理推进的因素是多方面的。一方面，目前客观评价节能效益和衡量节能量的标准不完善（26.79%，见图26），导致企业与节能服务公司之间容易发生纠纷。2016年，受调查企业中60.72%的企业对节能效益自评，还有35.71%的企业没有事后的评定，引入第三方审核的企业仅占3.57%，见图27。企业在节能效益考评中最注重的一个指标就是实际节能量，如果能源测定标准的不一致会导致节能量差异巨大。

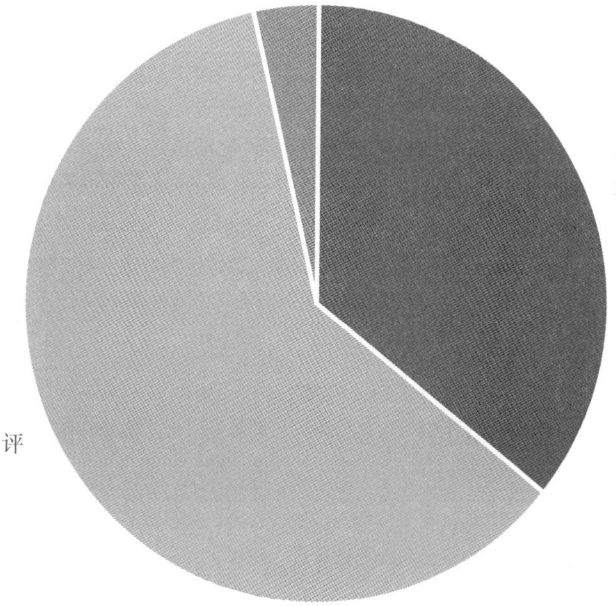

图 27　节能设备投入后的节能效益考评方式

另一个重要的原因是目前节能服务公司良莠不齐，一些设备商或供应商背景的节能服务公司在制定系统整体节能服务方案时，往往对于技术的把握度不够，导致无法达到预定的节能量或者后期的节能服务跟不上，企业没有从合同能源管理中真正受益，影响后续的项目实施。

推进合同能源管理的健康实施，补贴仅是其中的一种方式，规范节能服务市场、提高节能服务的市场准入门槛、完善节能量测量的标准与方法，都会有效推进合同能源管理在零售业的实施，从根本上克服零售企业的节能环保资金与技术的瓶颈。

（四）智能化监控系统深入挖掘节能环保新空间

智能化的监控系统在很大程度上弥补门店一线人员的不足，2016 年的调查中 EMS 能源监控系统的普及率已达 28. 57%，年均增长 13%以上，见图 24。智能化系统解决设备能耗居高不下、人工维护费时费力、运营成本逐年攀升、企业管理分散滞后等诸多问题，可以运用到门店的冷链、空调、照明和电表系统实现集约式控制管理，以及丰富的现场应用和远程监测服务，帮助零售企业降低运行费用、节约人工成本并提升管理水平。下面的案例是丹佛斯商超能源管理方案的具体内容，以及为客户带来的经济性收益概述，见表 2。

表 2　　　　商超能源系统解决方案

方案名称	方案描述	经济性收益
冷冻冷藏系统		
增加 EMS 集中控制系统	采用 EMS 系统，减少系统能源消耗，同时可以远程监控整个系统： ——实时计算蒸发器的负荷，用于调整压缩机的负荷输出 ——通过冷凝压力浮动和吸气压力浮动降低系统能耗 ——防露加热丝通过电子控制，根据实际露点温度，控制防露加热丝按需运行	节能达 18%+
脉冲电子膨胀阀方案	采用脉冲电子膨胀阀及自适应可变控制器，代替传统的热力膨胀阀方案，通过精确的自适应过热度控制，最大化地利用蒸发器换热面积	节能达 30%+
冷凝器采用变频控制	在冷冻系统的冷凝器风扇上采用变频器控制，改启停控制为变速控制，通过制冷系统冷凝高压侧的优化控制，达到提高冷冻系统整体能效和节能的效果	节能达 5%~7%
压缩机采用变频控制	在冷冻系统的压缩机组采用变频器控制，首台压缩机由启停控制改为变频控制，可更好地根据系统热负荷进行匹配，提高冷冻系统整体能效，降低压缩机启停次数	节能达 6%~9%
使用二氧化碳天然制冷剂	二氧化碳制冷剂取代传统氟利昂系统，降低全球变暖影响；应用跨临界气体喷射系统，提高能效，优化压缩机组，选取更小排量，并可大幅实现余热回收	全球变暖影响极低，与 R_{404a} 系统对比，节能 10%+
空调系统		
空调系统末端增加 EMS 集中控制系统	使用空调 EMS 系统后，卖场温度能够精确控制，降低能耗，同时能够远程监控整个系统的运行： ——AHU 时间表启停控制 ——AHU 风机变速调节，水阀调节 ——空气处理机新风控制 ——过滤网两侧风压监测（避免堵塞能耗）	整个空调系统末端节能达 25%+ 降低专业需求，不依赖经验丰富的专业空调工，减少人员
空调系统冷冻站增加集中控制 EMS 系统	在目前的采用集中控制的空调 EMS 基础上，进一步拓展可控制的设备： ——分组预置自动启停时间 ——冷水机组启停加载自动控制 ——减少冷水机组运行时间，水泵及冷水机组根据负荷运行 ——进出口水温调节	整个空调冷冻站节能达 15% 冷冻站可做到无人值守
在空调系统中采用变频控制方案	在空调系统的风机采用变频器后，风机在低负荷时能够低频运行，节能效果显著	相对于定速风机，节能率能达到 30%+
在水循环系统中采用变频控制方案	在空调系统的水泵中（冷冻水、冷凝水循环泵及水塔风机），使用空调专用变频器，调整水泵运行速度	相对于定速水泵，节能率达到 30%+

续表

方案名称	方案描述	经济性收益
主机采用磁悬浮无油压缩机	空调主机使用磁悬浮无油变频离心压缩机，大幅降低能耗，另外机体具有小型轻量化的特点，减少空调主机占用空间	节能高达50%，节省空间近70%
用电管理		
分项计量	采用分项计量方式监控门店各类耗电量	统计系统消耗能量，降低管理难度，减少人工
照明系统		
EMS集中控制	用EMS系统代替原有的手动控制来控制照明，同时使用照度控制来控制室外照明，合理减少照明时间	全年的节能率能够达到15%+
现场应用及数据服务		
冷冻/空调控制系统改造	对老店的冷冻控制或者空调系统进行改造，提高控制的精准度，同时减少能量的消耗	改造后系统节能可达到20%+
门店管理和咨询服务	监控中心报警管理，食品安全控制HACCP报警，管理食品安全	管理整个系统的报警，同时监控食品质量，提高间接的管理收益，潜在节能率达到13.5% 降低管理难度，减少人工，避免问题没被及时发现而引起的相关损失
门店冷冻空调数据挖掘及系统优化	分析门店的冷冻系统运行数据，找到门店运行工况恶劣的冷柜，定期给出冷冻系统的优化建议报告，保证系统的最低能耗；增加管理的数据化手段，提供管控方向和措施	冷冻系统的优化报告能够给出详细的冷柜冷库的优化建议，实施后能够减少能量消耗，预计节能率可以达到15%+

目前，随着物联网技术的不断发展成熟，智能系统已经不仅对能源进行监控，而且可以对门店的多系统实现远程在线监控，见图28。

沃尔玛中国是国内较早运用EMS能源管理系统的零售商之一，在其能源管理中不仅注重一线员工的日常节能，如关灯、调试空调温度、及时监视电表等；而且不断扩展EMS系统的功能，增加报警系统，包括温度、压力等，总部随时监控报警情况，统计各个门店报警的频次，分别对不同的门店进行调查分析，找出问题原因，进行再设计及改造，以降低能耗，提高能效。此外，还将EMS系统扩展至制冷剂泄漏的管理中，设置制冷剂低液位报警，并实现邮件和短信的及时推送；智能系统还自动生成《报警周报》，专门以报表跟踪制冷剂低液位泄漏报警，总部根据低液位报警，追踪泄漏，一查到底，直到解决。

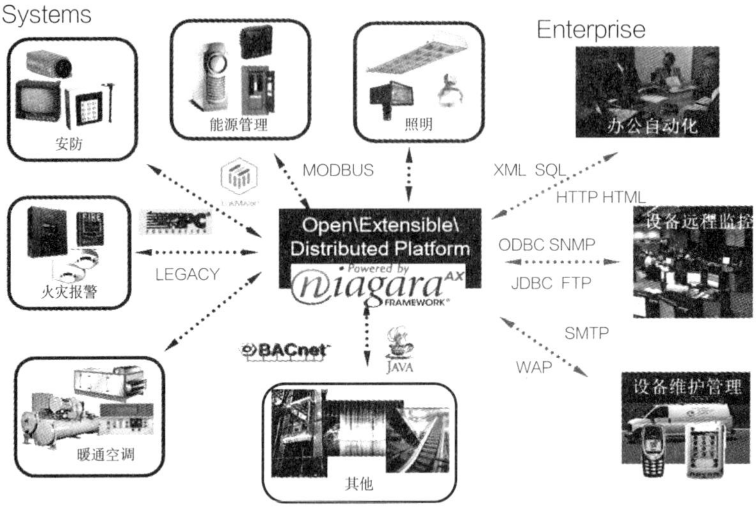

图 28 物联网多系统监控平台

(五) 绿色供应链建设及供应商合作与博弈

零售行业的特点决定了零售商面对众多的上游供应商，零售商的数量众多、规模较小，对供应商的话语权不足。目前在中国，零售商和其供应商既不是完全意义上的买方市场也不是完全意义上的卖方市场，双方的共同合作才能有效推进绿色供应链的建设。

2017 年商务部节能调查显示：零售商与供应商的绿色合作逐渐加强，除原来零售商最关注的绿色合规外，采购、产品设计、产品生产过程等环节越来越受到重视（见图 29）。近年来电商迅猛发展，尽管与传统零售模式相比，没有门店的环节大大减少了能耗和环境影响，但是电商供应链环节的环境影响与能源消耗强度不能忽视。电商更加注重供应链环节的影响。京东 2017 年最新发布的《绿色消费发展报告》中指出：绿色物流的重点涉及减少排放、减少过度包装、减少噪声污染以及逆向物流等一系列提高物流能效和减少环境影响的措施（见图 30）。

绿色规划。优化城市间及城市内的仓储网络规划，减少环节；发展同城物流，通过大数据技术实时规划最优路径，加快车辆集约化使用。

绿色仓储。通过绿色节能建筑材料、大量高效节能灯具以及仓储设备节能皮带的使用等，开展仓储设施设备绿色节能改造。

绿色运输。在干线线路上使用甩挂运输，结合京东大数据将物流成本降低了 36%。应用带板运输，提升入库效率。购置数百辆新能源车投入物流运营，一辆车一年将至少减少 5.84 吨二氧化碳的排放量，这是国内物流快递行业的货运车辆中首次出现的环保纯电动车，并且京东计划 5 年内将目前上万辆货车全部更换为绿色环保车辆。

绿色包装。在快递包装方面，使用拥有专利权的防撕袋，倡导用户循环使用包装；率先在生鲜配送环节使用全降解包装袋，对环境无污染；生鲜冷链当中全部使用自主研发的保温周转箱，每年可节省 EPS 泡沫箱至少 4000 万个；收窄胶带宽度，每年可减少 500 万平方米的胶带使用量，这一“瘦身”计划让京东在 2016 年减少了至少 1 亿米的胶带使用，可绕地球 2.5 圈。

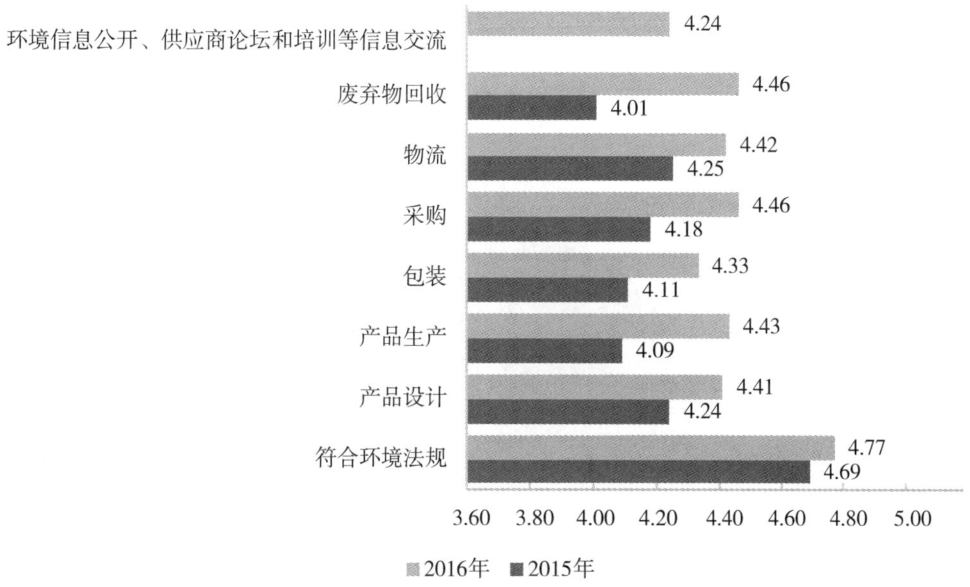

图 29　零售商与供应商绿色合作的重点

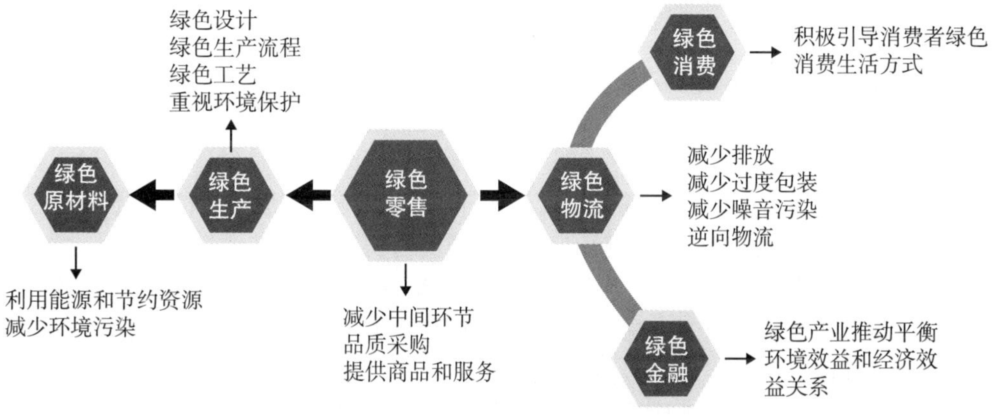

图 30　京东电商绿色供应链设计

青流计划。推动上游品牌商简约包装、用大纸箱代替过多小纸箱等，协同减少电商二次包装。2017 年 6 月，京东物流携手宝洁、雀巢等九大品牌商共同发起“青流计划”，预计到 2020 年，京东将减少供应链中一次性包装纸箱使用量 100 亿个，相当于 2015 年全年全国快递纸箱的使用数量。

减少纸张。从用户下单，到仓库生产，再到运输、分拣、站点配送，实现了全流程节点扫描无纸化交接，通过使用终端一体机，保证在整体正向物流和整个逆向物流中全部实现无纸化。在配送环节，用户已经可以实现电子签收。

（六）引导消费者绿色消费深化任重道远

零售商对消费者的绿色消费引导作用毋庸置疑，消费者对于零售商引领绿色消费的品牌认同度也在不断提升，非常关注和比较关注的消费者各占一半，此外还有 34.35%的消费者一般关注零售企业的绿色品牌形象。此次调查的比例较前几年有较大的提升，今后这一比例还会进一步提升，引导消费者绿色消费将是零售企业未来重要的价值点。

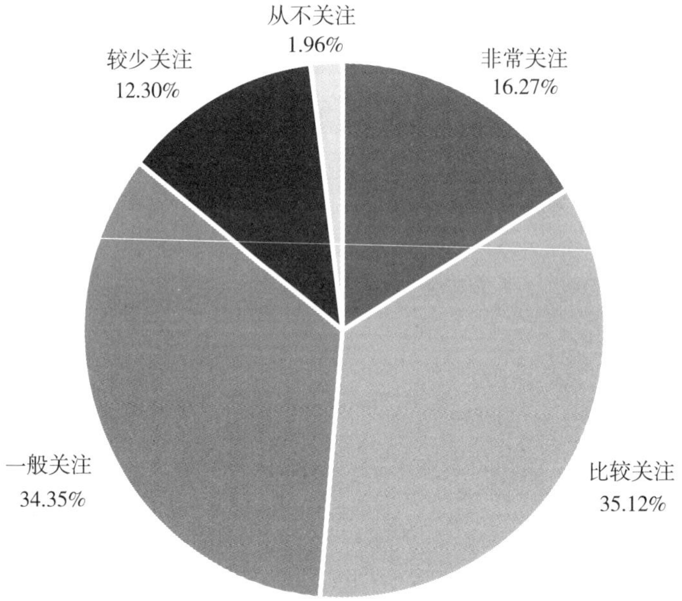

图 31　消费者是否关注企业的绿色品牌

限塑以来，塑料袋的使用量减少幅度逐渐下降，其实这与消费者的消费习惯密切相关。2017 年，中国人民大学环境学院和中国连锁经营协会联合在北京、上海、武汉、成都和深圳五个城市进行消费者的可持续消费调查，调查结果显示：六成多的消费者购物时并没有自行携带购物袋的习惯，除 7.08%的消费者从不携带购物袋外，其他的消费者均有不同程度的环保意识，不过是没有真正意义上改变过去的习惯。零售商直接面对消费者，无论是门店的宣传海报还是零售商自身挖掘潜力，都会增加消费者重复使用一次性购物袋或环保袋的概率，进一步降低塑料袋的使用量。

2017 年联合国环境署的《中国可持续消费研究报告》中显示：传统的零售门店依然是消费者采购绿色产品的最重要途径之一。尽管目前消费者愿意为绿色产品支付的溢价水平低于绿色产品的实际溢价水平，但是购买绿色产品逐渐成为中产阶级一种新的生活习惯。最新的京东绿色消费报告指出：绿色消费增长显著，2017 年上半年，京东平台的绿色消费金额同比增长 86%，高于平台整体市场增速 41 个百分点，对平台销售额的贡献率达 14%。

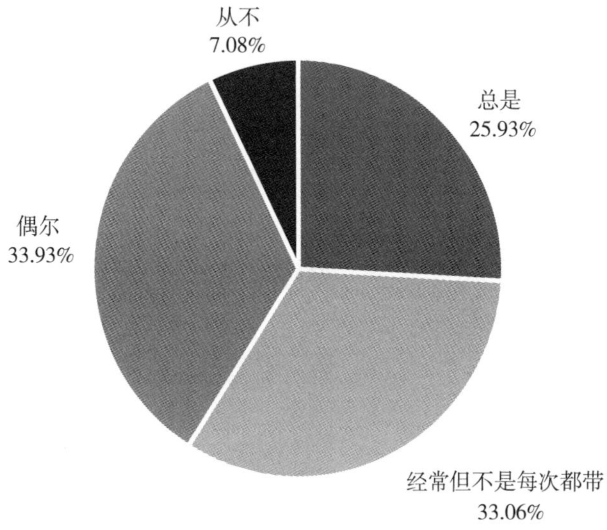

图 32　消费者购物时是否自行携带购物袋

在上述五个城市调查的消费者中，绿色产品满意度最低的是可信度不够（51.63%），首次超过了价格因素（49.33%）。这一结果表明，中产阶级对于绿色产品的需求与市场供给存在矛盾。此外，可供选择的绿色产品种类少（41.15%）、标识不清晰（31.96%）以及推广活动少（30.48%）都是制约消费者重复采购绿色产品的重要因素。

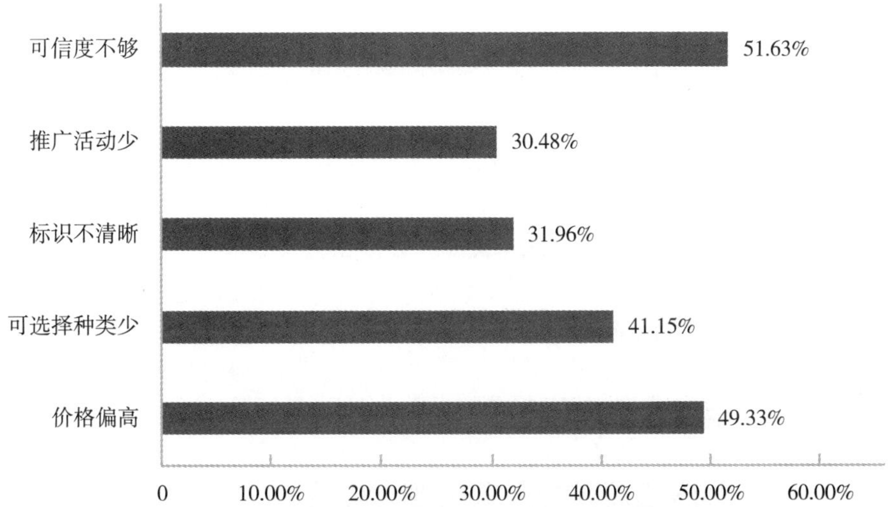

图 33　消费者购买绿色产品最不满意点

消费者希望零售商与供应商合作，增加消费者对绿色产品的认知，设立绿色产品专柜（3.46）减少消费者选择的时间成本，打折促销活动（3.43）让更多的消费者愿意接受绿色产品，产品包装上有相关的环境信息（3.14）增加消费的透明度，线上线下的多种形式宣传互动（2.05）等形式都是消费者对零售商提出的希望与要求。

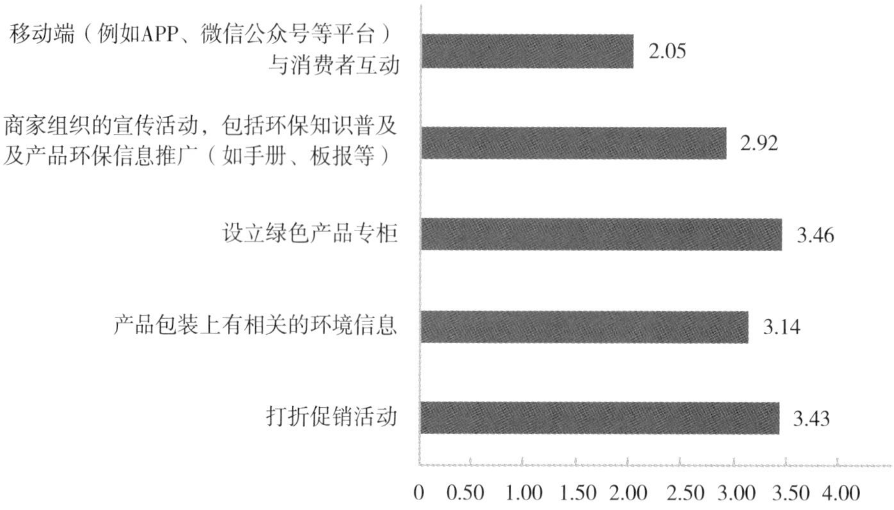

图 34 影响消费者选择绿色产品的措施

在调查中，消费者针对不同类别的商品选择购买绿色产品时，表现出不同的消费偏好，生鲜类绿色食品选择在实体门店购买的比例最高，占比为 84.50%；电器类、服装类和包装食品类选择在实体门店购买的比例不足五成。除生鲜类外，各类商品在线上线下随机购买的比例均达 20%左右。

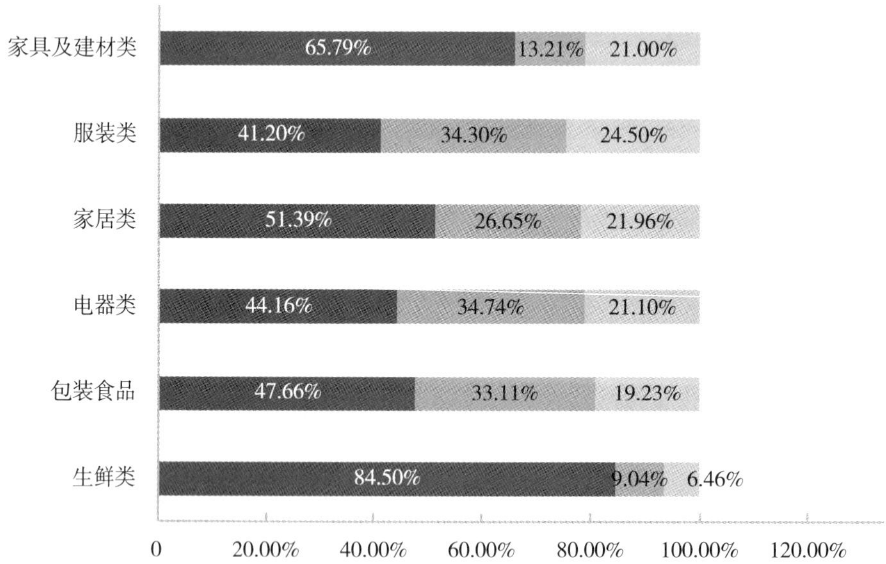

图 35 消费者选择绿色产品的渠道偏好

消费者购买绿色产品除关注安全、健康等因素外，购买的便利程度、商家的信誉都是影响消费者绿色消费的重要因素。

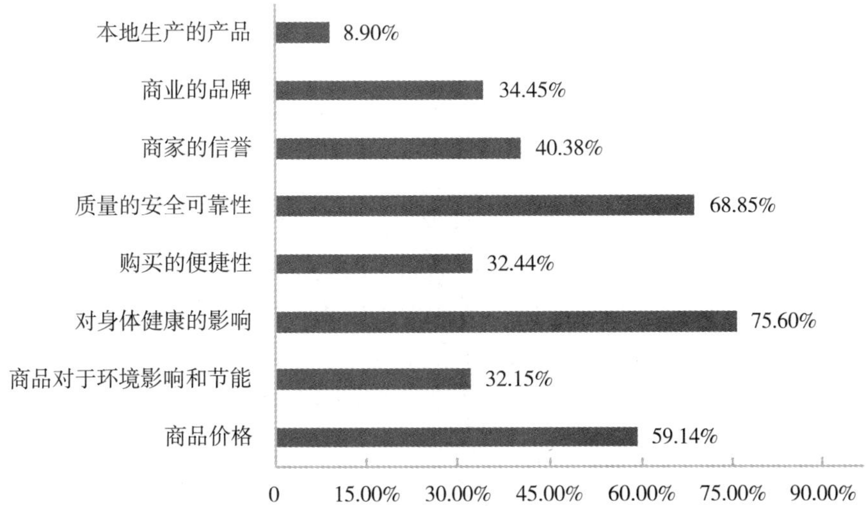

图 36 消费者购买绿色产品的参考因素

四、零售业节能环保的对策与政策建议

2017 年商务部的节能环保调查结果显示：零售企业的竞争压力不断增加，利润空间被进一步挤压，同时节能环保的复杂性和系统性增加，企业节能环保的资金矛盾凸显。调查企业认为，最有推动力的前三项分别是：定期或定向获得财政补贴资金或基金支持（4. 84）、执行国家法规（4. 83）以及享受政府税收减免或其他优惠政策（4. 81）。

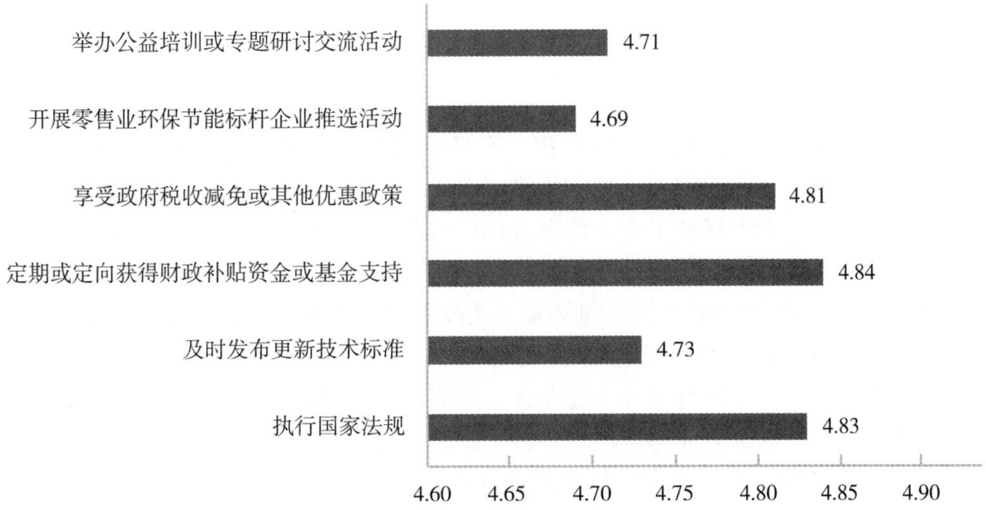

图 37 零售企业推动节能环保的政策需求

（一）政府宏观政策的建议

针对商务部的调查以及典型企业的走访，现提出以下几点政策建议。

1. 在节能环保方面坚持政府主导、市场推动的模式

无论是节能还是环保，其最终的目的都是环境效益，没有政府的主导作用，企业就会缺乏节能环保的动力。政府及时出台更新相关的法律法规，会有效规范企业的节能环保行为。

政府不要过多地介入行政管理，对于企业而言，技术应用会涉及很大的成本问题，企业之间的差异性非常大，过度的行政干预干扰市场的运作规律。

就第三方的合同能源管理推动而言，规范节能服务公司的市场环境、提高节能服务公司的市场准入门槛、设定节能监测的行业或国家标准，不仅避免节能服务产业的劣币逐良币的逆向选择，而且会大大促进零售企业采纳合同能源管理模式节能的积极性和主动性。

面对制冷剂更新替代的大环境背景，政府应发布正式的政策文件，并具有强制的时间点，形成一致性政策，如欧盟发布的 F-Gas 法规的要求。零售企业就会根据国家的要求结合自身的经营适时调整。

2. 进行职能管理的多部门协调，建立健全长期的稳定政策机制

零售企业需要面对众多的行业主管部门，多头管理和分段管理直接导致各部门管理要求的不一致，企业疲于应对。管理部门之间的相互协调逐渐向职能化管理转化，既降低管理的成本，避免重复建设，同时也增强企业执行政策的可操作性，这需要对法规进行完善，内容更细化，指导企业实施。

不仅不同部门之间需要协调，同一管理部门之间也需要有效沟通。国家政策和标准需要逐级传递和落实，企业的需求和呼声也需要逐级传递给政策的制定者，以便更好地调整政策方案。

近几年国家政策出台和调整的速度均较快，企业获取政策的渠道不够通畅，有些优惠补贴等政策得知消息较晚，申报时间非常短，甚至已经过期。保持政策的长期稳定性，不仅让企业能够在最短的时间内获得相关信息；更重要的是，让企业能够结合国家政策制定企业自身的长期发展战略，减少盲目性。

3. 进一步落实工商同价，切实降低企业的成本负担

工商同价不仅能切实降低企业的负担，而且有利于国家的供给侧改革深化。自 2014 年以来，各地发改委、商委等相关地方主管部门采取多种形式和方法手段降低商业电价。其中，山东省平价电大大降低了企业的电费；广东省、湖南省的电力市场改革，发电企业与零售企业直接对接，减少了市场中间环节的费用；北京市根据国家发展改革委《关于北京电网 2017—2019 年输配电价的通知》（发改价格〔2016〕2836 号），发布北京电网 2017—2019 年输配电价，明确规定工商同价。

但在工商同价的实际执行过程中还存在一些困难和问题，政府在实际执行中根据实际情况切实帮助零售企业降低能源费用是许多企业的共同呼声。

4. 补贴与示范相结合，充分发挥示范项目的引导作用

国家的补贴倾向新能源、新技术的领域，而且所有的补贴均有一定的时效性。补贴是国家通过公共财政手段降低新技术的市场风险，一方面扶持新技术产业的应用，另一方面

是在零售领域运用新技术的示范效应。

近几年国家的补贴力度加大，导致一些企业曲解补贴的意义，一旦提到节能减排就先想到国家的补贴。正如政府减少行政干预和介入一样，政府不应成为大基金后台和企业的银行。

公共财政补贴应与示范项目有机结合，接受补贴的企业不仅要降低新技术成本，更为重要的是充分发现新技术在项目应用中的优势以及可能存在的问题，便于政府有效调整和为今后的标准及技术规范制定打下基础。以跨临界 CO_2 制冷剂在商超应用为例，安徽红府超市是国内第一家安装和运行的企业，其实际的应用表明，环保制冷剂可以在一定程度上提高能效，而且也明确了设备的采购、安装成本以及实际运行成本。示范效应让更多企业在之后采纳技术时减少了风险。只有充分发挥补贴企业的示范效应，才能真正让公共财政的杠杆作用得以体现。

通过建立示范门店项目，促进行业间的案例学习交流，推动应用步伐，组织和加强专业知识的培训，都会不同程度提升企业采纳新技术的积极性。

5. 采用先进技术和管理手段，强化企业基础数据的收集与梳理

继北京、上海对重点用能企业实施在线监控之后，湖南省也针对 14 个市、州共计 141 家流通领域用能单位的能源与环境开展在线监测、可视化展示、辅助决策、预测预警、投融资等服务，为企业提供节能技改，帮助企业完成节能量指标和通过交易平台实现项目节能量交易。

政府对于重点用能单位采取在线监控不仅有利于国家节能减排政策的贯彻和执行，而且第一手的统计数据可以分析零售企业的用能需求和节能潜力，督促企业用数据说话，切实将节能环保可持续进行下去。

（二）行业和企业的节能环保对策

1. 密切关注零售业节能环保趋势，强化企业间的经验交流

无论国内还是国外，近年来节能环保进展迅速，新的节能点和环保空间被挖掘。国内的一些零售企业还在满足于 LED 灯的替换，随着国家环保政策的日趋严格，不能有效关注新趋势并及时调整的企业在未来的竞争中将会被淘汰。

行业协会以及 NGO 组织可以发挥自身优势，积极协调企业间的沟通与交流，帮助企业把握节能环保的系统化和智能化大方向，制订近期以及未来一段时间内可以实施的方案，降低企业的市场风险，帮助企业降低交易成本。

2. 注重过程管理，提升企业的精细化管理水平

重技术、轻管理状况普遍存在，先进的技术设备没有完善的管理保证根本无法实现理想状态。一些企业也有自身的管理流程，但是这些管理还仅是一般意义上的表面浅层次管理，真正的全过程精细化管理在我国零售企业还极其缺乏。

所谓的过程管理就是企业在运营的同时就自身的关键点进行有效控制，而且会随着过程的进行不断发现和解决问题。我国的零售业实际运营第一线门店精细化管理的能力严重缺乏，数据的收集和统计能力欠缺。

3. 充分利用先进的技术手段降低风险和成本

物联网技术的日臻成熟为零售业开辟更为广阔的节能环保空间，原有的能源管理系统

得以升级，覆盖企业运营的方方面面。

这些先进的技术可帮助企业监控运营状况，减少用户的二次投资，实时进行数据分析，构建历史大数据分析平台。主要包括：可视化设备运行，远程调整运行参数，优化设备运行数据；自动化读取设备报警信息，建立报警响应工作流，自动派发维护工单；设备运行动态调整，在满足生产需要和舒适度的需求下，保证设备最优化、最高效运行；自动生成系统运行报告以及不同区域门店运行排名、能耗数据排名、故障报警率排名等报告。

2018 年新形势下零售商业公平竞争环境研究报告

研究破题

本项研究主要有三个关键词：新形势、零售商业、公平竞争环境。因此，研究总体应分为五个板块，即何谓新形势，零售商业的内涵和范围是什么，公平竞争环境包括哪些，零售商业的公平竞争的新内涵是什么，如何形成匹配新形势、满足新需求、实现高质量、推动消费升级的商业公平竞争环境，开展反垄断、反不正当竞争的专项治理。基于这样的破题，完成课题的研究。

主要创新点

• 提出生产商—零售商、零售商—零售商、零售商—消费者之间基本分析框架，并构建基础分析矩阵。

• 确立以满足消费者利益作为核心目标，以维护市场公平作为基本条件，以企业利润最大化和资产价格增值作为基础驱动力的总体研究思路。

• 对新零售的概念和内涵进行进一步厘定，形成新零售的无人零售、无界零售和无储零售的三个基本理念和模式分支。

• 全面落实《电子商务法》，实施好《反不正当竞争法》。抓紧时间落实好《电子商务法》的相关精神、原则和内容，有效地监督电商企业履行法律责任和义务，有效地推进电商企业的依法合规经营，尊重行业发展规律，尊重消费者的个性化、多样化需求，尊重生产商和平台商家的基本利益诉求。尽快出台“电商法实施细则”，确保《电子商务法》得到全面有效的贯彻。

以反倾销和规范交叉补贴为核心，实施好《反不正当竞争法》。严厉查处以获取市场垄断地位为目标的长期的、大幅度的倾销活动，依法管理和限制大型电商企业的交叉补贴行为，以保护消费者权益和利益作为根本出发点，科学有效地应对和处置零售产业发展中的不正当竞争行为。

• 针对增值税征管体制，提出了解决留抵退税问题、跨区域征收问题和税率水平不统一问题三个方面的建议。即，一是将实体零售企业的留抵退税安排纳入改革进程，重点支持绿色生产、智能服务和带动就业的企业，以实际获得的增值税票据为基础，以三年均值为周期，确定退还比例；二是坚持在机构所在地缴纳增值税的原则不变，尽快由国家税务总局提出一个以实际增加值规模或是销售收入水平为基础的税额地区间分享办法，既确保地方利益，又降低企业经营负担；三是抓紧推进增值税税率改革，按照三档变两档的方向实施税率并轨，建议取消 10%的税率，将其合并到 6%的税率征收范围，并按照实际税负相平衡的原则，将制造业、租赁业的税率水平降为 12%。

• 针对企业所得税的制度，提出税率水平和税前扣除两个领域的改革建设。在税率水平上，建议对租用实体零售企业的柜台和店面的小微企业执行 10%的企业所得税税率，并实施租金（租金水平可以由政府指导）税前扣除政策。在税前扣除上，建议将实体零售企业的模式创新、业态创新和技术创新纳入国家创新体系保障和支持的范围，并允许符合要求的研发费用实施税前加计 75%的扣除比例；建议参照“一带一路”的企业海外投资政策，允许跨区域经营的分子公司进行直接并表核算，并将企业的执行情况纳入诚信体系进行管理。

• 针对消费税改革的方向，建议按照基本的改革方面实施分段征收。在继续坚持目前对进口环节和生产环节征收的基础上，以出厂后的物流费用、入场费用和销售费用等流通费用为基础，在零售环节征收流通阶段的消费税。为征管上的便利和总体税负的平衡，建议将消费税税率相应地降低，并由价内征收改为价外征收。同时，支持实体零售企业将代征的消费税税款在上缴周期内形成一定程度的资金池业务，以减少资金占用，降低财务费用。

• 针对融资难、融资贵的头号难题，提出以专项债券、国家担保和供应链融资为抓手完善融资服务的改革建议。主要包括：

一是建议以实体零售企业融资为对象，支持相关金融机构发行实体零售行业小微企业贷款专项债券。该类债券筹集的收入将专项用于对实体零售企业的小微企业提供信贷服务，并享有不参与核心资本充足率核算和免征贷款利息增值税的有关政策优惠。

二是建议在国家融资担保基金中，建立实体零售企业专项资金或是子基金。由融资担保基金在相关行业协会的协助下，在 2020 年前，每年至少新增 60 亿元[①]的融资担保本金以支持实体零售企业的小微企业发展，至少扶持 1 万家小微企业，新增贷款规模 150 亿元以上。

三是建议以供应链融资为抓手，拓宽企业融资渠道。支持商业银行在风险可控、商业可持续的前提下发放中长期贷款，促进企业固定资产投资和兼并重组；积极研究通过应收账款、存货、仓单等动产质押融资模式改进和完善小微企业金融服务，通过创业担保贷款积极扶持符合条件的小微企业。

• 针对中美贸易关系最新变化，从贸易争端的进程上提出中美贸易争端已经进入到第三阶段的重要结论。这一阶段，主要表现出全面性、综合性和长期性的特点。我们对此应高度重视，深入分析中美贸易争端的内在成因，找准双方可能存在的最大公约数，策略性的对抗和战略性的妥协并举，发挥零售业的先锋队和缓冲器的作用，构建更加有质量的中美贸易争端解决机制，形成我国改革开放的新局面，促进国际经济秩序的新格局。

一、我国零售业发展已经进入新的历史阶段

党的十九大报告明确指出，我国已经进入到中国特色社会主义发展建设的新时代，社会主要矛盾已转化为人民日益增长的美好生活需要和不平衡不充分的发展之间的矛盾。而

① 与商业流通企业中的零售企业增加值占 GDP 的比重在 10%左右的比例基本相当。

满足人民日益增长的美好生活需要，增加有效供给，在相当程度上需要良好的流通渠道、销售服务、物流管理和零售业态的支撑，这也要求零售业的发展开启新时代、创新新业态、构建新模式、完善新体系。

（一）经济发展理念和现代化经济体系的新时代

我国经济已由高速增长阶段转向高质量发展阶段，正处在转变发展方式、优化经济结构、转换增长动力的攻关期，建设现代化经济体系是跨越关口的迫切要求并具有了“新的两步走”设计的战略目标。现代化经济体系的重心是以升级版实体经济、科技创新、现代金融和高素质人力资源协同发展的产业体系。这样，坚持以供给侧结构性改革为主线打造现代化经济体系，以高质量发展中实现新的两步走目标作为战略性引导方向，就成为我国当前经济发展新阶段的总体特征。

1. 党的十九大提出高质量发展，质量第一和效率优先是核心

党的十九大报告明确指出，高质量发展，必须坚持质量第一、效益优先，以供给侧结构性改革为主线，推动经济发展质量变革、效率变革、动力变革，提高全要素生产率的基本目标要求。从高质量发展的关键支点出发，质量第一和效率优先是核心，并成为新时代经济发展和生产提升的典型特征。

质量第一要求我们将经济发展质量、产品质量、市场运行质量有效地统一在一起。通过经济发展质量的提高，将规模化、数量型的市场竞争转变为质量性、效率型的市场竞争，丰富市场产品供给，创造差异化竞争环境，推进垄断竞争市场格局的不断完善，从而针对社会不同的需求和阶层特征，提供匹配其需求的产品体系和商业模式。通过产品质量的提高，一方面减少市场不必要的共性信息的配置压力，提高市场运行效率；另一方面满足个性化、差异化的市场需求和竞争要求，支撑垄断竞争市场格局的不断提升。市场运行质量主要是能够以最准确、最高效的方法将产品的供给与市场的需求匹配起来。这既强调信息的高效性、准确性和高效性，也强调商品和服务的安全性、匹配性和布局的合理性。信息是手段，而获得满足需求的商品才是真正的目标，应以目标作为高质量发展的真正意义的着力点。

效率优先要求我们将生产效率、流通效率、市场组织效率和监管效率形成有机的整体。生产效率立足于在保障质量的前提下，以匹配需求为目标，将产品的功能、结构和规模经济进行更好的提升和组合，从而以良好的质量、较低的成本生产出与市场需求相匹配的产品。流通效率则是强调流通成本、时间耗费和精准投送的一体化。既要合理地设计运输规模、存货水平和承运方式，以降低流通成本；又要合理地搭配运输方式，完善存仓布局，规划运输半径，以减少不必要的时间耗费；还要创新物流体系，优化配送模式，提升网点功能，以更好地满足消费者需求，实现所想即所获、所看即所得的精准投送。市场组织效率则是市场流通模式、市场节点运营和售后服务管理的统一体。市场流通模式既强调集中式的大批量流通的效率，又强调分布式的多层次流通方式的有机组合；市场节点运营主要是将节点作为商品与服务的销售载体，还是商品与服务的供货载体，此外还应该将节点之间的层级关系和联动关系综合考虑在一起；售后服务管理主要是指售后服务的便利性、维权方式的可靠性和产品维权的有效性，一般而言，链条越短、周期越短、责任越直接，售后服务管理的效率越高。监管效率主要包括制度性交易成本、市场准入门槛、事中

事后监管的综合性措施等内容。落实放管服改革，扩大市场准入，开展综合执法，推行“一口通办”等是提升监管效率的重要方法和思路。

2. 坚持新发展理念，建设新商业流通体系和组织模式

新发展理念强调创新发展、协调发展、开放发展、绿色发展和共享发展的统一。新商业流通体系和组织模式的建设及运行也需基于新发展理念进行巩固和提升。

创新发展推动下的新商业流通体系。商业流通体系的发展与完善就是技术创新、形态创新和模式创新的相融合发展的过程。当前，商业流通体系的创新应着力做好四个“适应”：一是适应垄断竞争型市场格局的形成，打造差异化形象和多元化层级；二是适应体验式消费的发展，增强流通体系的体验元素，拉伸体验过程；三是适应信息技术的发展，更加重视消费引导能力，更加重视商品流通的“云服务”；四是适应以顾客为中心的服务能力提升，流通是满足需求的物的管理，而不是覆盖节点的物的管理。

协调发展下的新商业流通体系。电商和实体商业的发展呈现出既融合又对立竞争的情况，需要有效落实《电商法》的要求，实现电商和实体商业之间的公平竞争、有效融合、协调发力。从现在来看，线上与线下（O2O）相融合是一个看似公平的概念，但在实际操作和运行中，还存在实质上的不公平性。电商进入实体商业，采取的思路是“互联网+”，追求信息流量的增长，获得渠道的垄断性甚至是唯一性，其基础和逻辑其实是资本思维；实体商业进入电商，采取的思路是“+互联网”，追求销量的增长和租金的提升，并以连锁开店的方式尽可能地控制有效需求、保障经营效益，其基础和逻辑其实是生产思维。过分放任资本思维，会导致流通体系的生产能力和价值创造能力的不足，一旦无法形成渠道的垄断，则会导致全行业的经营困境；过分僵守生产思维，则会滑入对新技术革命的麻木、迟钝状态，导致社会租金变得居高不下、流通成本过高、服务能力和空间不足等问题。因此，要以协调发展的理念进一步完善 O2O 的内涵，将其从一种流通经营状态在真正意义上转变为一种流通市场体系和经营管理模式，从而限制垄断、维护竞争、可持续地保护消费者权益。

开放发展下的新商业流通体系。国际贸易体系一直是我国商业流通体系的重要构成板块。从符合开放发展的要求出发，要在市场建设、物流交通和交易磋商方面取得新的突破。在市场建设上主要是立足于完善市场采购型贸易业态的发展，将更多的规范管理的商贸市场纳入市场采购型贸易业态中，以规范换空间，以空间促规范。物流交通上主要立足于推进外贸综合服务形态的发展，随着“营改增”的完成，外贸企业从单一环节状态拓展到综合服务状态，打通内外贸，协作境内外。此外，将外贸运输中的单据性质、保险服务、术语管理等有效借鉴到国内的安排也属于这一领域。交易磋商上主要是发展跨境电子商务，进一步扩大跨境电子商务试验区的范围，完善跨境电子商务平台建设，提升跨境电子商务的法律法规，优化周边配套设施和相关体制机制。

绿色发展下的新商业流通体系。绿色发展即是以环境保护为前提和基础的发展方式，其目标是发展，其条件是环境。绿色发展下的新商业流通体系的重点是物流运输的绿色、销售模式的绿色、销售产品的绿色和用户体验的绿色。物流运输的绿色包括三个关键内容，即新能源运输的发展，运输组织形式的综合性，新型运输技术和模式的应用（如公路甩挂运输）；销售模式的绿色是指销售过程中的获客成本低、能耗成本低、管理成本低和周边成本水平低；销售产品的绿色就是流通体系提供的商品应是符合环保标准的产品，

追溯生产过程也应是符合环保要求的产品，并给予绿色产品以适当的优惠待遇；用户体验的绿色就是有效地降低用户的直接成本和间接成本，并将用户体验与绿色产品、环保意识和消费荣誉有效地融合在一起。

共享发展下的新商业流通体系。共享发展强调以消费者的福利和安全作为第一目标，当中间指标和要求与第一目标不匹配的时候，应以第一目标作为政策标准；强调流通体系的结构合理、布局优化和服务公平，要鼓励和支持多层次流通体系的建设与发展，基于质量、效率和价格匹配及满足不同层次的社会需求；强调与居民收入增长和个性化需求的增强相协调，居民收入增长带来的消费升级问题要求更好的质量保证，更加便利的渠道保证，更加丰富的产品保证，更加即时的效率保证，更加针对的个性化匹配。

3. 满足人民群众美好生活的需要，消费在经济发展中发挥基础性作用

人民群众的美好生活既是一个主观概念，又拥有极强的客观性。一般而言，美好生活的实现是指需求的满足程度，而更加丰富的产品、更加便利的渠道、更加丰富的体验、更富有竞争力的价格都是影响需求的满足程度的重要构成标准。因此，消费成为人民群众实现美好生活的重要平台和前提，是我们今后一段时期有效化解社会主要矛盾，形成更加平稳经济增长的重要基础。

消费在经济发展中发挥基础性作用，要求我们更加重视消费的稳定性、消费的可持续性、消费的带动能力、消费在真正意义上对居民需求的满足机制——这一满足包括现实需求的满足和潜在需求的激发和创造。这样，向市场准确传递最终需求或由中间载体准确地向市场传输最终需求信号，就成为极为关键的环节；更好的需求信息直接传递渠道及物流支持体系，更好的中间平台和载体的创新与发展，就成为支撑消费在经济发展中发挥基础性作用的重要前提。

（二）商业运营模式和渠道管理方式的新阶段

随着信息技术的发展和数据资源开发利用能力的进一步完善，以现代信息基础设施和数据技术手段为支撑的商业运营模式得到极大提升。税制改革和放管服改革的不断深化，也为商业模式的创新提供了良好的环境和更为广阔的渠道管理空间。从目前情况来看，依托新技术和新制度，商业运营模式和渠道管理方式已进入新的阶段。

1. 中国经济进入新常态，消费走向个性化和多样化

中央在 2013 年的经济工作会议中明确指出，随着我国经济发展进入新常态，消费将逐步走向个性化和多样化为主体的新阶段，而以大批量、共性需求为主体的模仿型、排浪式的消费将逐步减少，甚至呈现出负增长的态势。

面对个性化和多样化的消费态势，我国相应地启动了供给侧结构性改革予以应对，寻求以差异化、柔性和弹性的生产能力，更好地匹配和满足个性化、多样化、定制性需求。但实际上，供给与消费之间动态平衡和直接匹配的难度极大，仍需要中间机构和平台进行相对共性消费的组合，以构成生产所需的订单批量。这样，我国一方面应探索直接的消费信息传递和柔性生产体系的建立，并通过发展高效的点对点物流体系匹配和满足消费需求；另一方面则须借助中间平台和机构的力量，进行必要的需求整合和管理，以满足供给生产所需求的规模经济水平和产出效率水平。而从现实性上考量，我国目前必须更主要地依托中间平台和机构的力量，大力发展具有需求整合能力、创造能力和引导能力的零售企

业体系，将会是未来中国经济发展的关键着力点。也即，零售企业在未来的业务重心要从如何匹配消费者的需求变化和结构提升，变成社会的供给与需求的中间平台和市场，主动分析和把握市场信息，衔接和带动企业差异化生产。

2. 信息技术高速发展，“互联网+”走进社会生活的各个领域

信息技术的高速发展，给我国零售市场带来了三个方面的重要影响。一是作为供给方的渠道、价格和功能特性的信息，在消费中有效破除了信息不对称，从而使市场具备优质优价和差异化竞争的能力；二是消费者可以通过信息基础设施和技术形态从市场上快速寻找自己的目标产品，互联网已构成重要的消费渠道和市场形态；三是互联网思维和寡头垄断的方式已成为竞争市场的新特征，互联网思维主要包括流量优先、快速迭代和排他性竞争等特点，这些特点对于面对较大侵权指控风险和产品责任风险的传统商业形态的影响巨大。

从“互联网+”而不是“+互联网”的要求来看，政策层面也是倾向于在制度改革相对滞后的情况下，通过“互联网+”的新思维、新模式和新方法来突破一定程度的制度局限，从而在网点布局、特许准入、融资策略和新的利润增长点等方面带来新的突破。因此，无论是否拥抱线上、合作电商，互联网思维及其衍生业态是我们必须重视的新特征，要利用互联网思维改造和提升实体零售业，将实体零售业的租金管理、体验管理、流量管理和流动性管理提升到与商品经营和服务提供相衔接的水平，形成合力。此外，也需要推动实体零售企业既重视生产经营又重视资产经营，形成两路并进、互为支撑的经营格局。

3. 税制改革进入新阶段，从“营改增”走向增值税优化改革

根据国务院的部署，自 2016 年 5 月起实现“营改增”全覆盖，2018 年后我国增值税优化改革的序幕全面拉开，主要包括优化增值税税率结构、实现制造业和服务业的公平税负，建立增值税完整的抵扣流程和退税制度，优化按机构所在地纳税原则，增强以票抵税的便利性等问题。这些改革，与实体零售企业直接相关，并影响实体零售企业的布局方案、经营模式、组织业态和营销重点。

从当前的情况来看，实体零售企业应以按机构所在地纳税、增值税退税安排和小型网点的增值税税率作为重点，对标电商企业，既降低实际税负水平，获得公平竞争的环境，又创新经营模式，更好地服务和满足消费需求。

（三）中国经济发展环境的新变化和对外开放的新环境

自我国经济发展水平已经进入中等收入国家阶段以来，主要经济指标人均国民收入已表现出上中等收入国家特征。对外开放也进入新的阶段，“一带一路”的发展使中国面对更加宽广的世界舞台，中国商业流通企业将会有更加广阔的市场空间。

1. “一带一路”的有序推进和自由贸易区的建设发展

2017 年 5 月 14 日至 15 日，“一带一路”高峰论坛在北京召开，中国取得在贸易畅通方面的一系列重大成果，为我国商业流通企业的国际化拓展创造了良好环境，在自由贸易区的建设和离岸经贸合作园区的建设上取得了重大突破。

- 我国已经与巴基斯坦、越南、柬埔寨、老挝、菲律宾、印度尼西亚、乌兹别克斯坦、白俄罗斯、蒙古国、肯尼亚、埃塞俄比亚、斐济、孟加拉国、斯里兰卡、缅甸、马尔代夫、阿塞拜疆、格鲁吉亚、亚美尼亚、阿富汗、阿尔巴尼亚、伊拉克、巴勒斯坦、黎巴

嫩、波黑、黑山、叙利亚、塔吉克斯坦、尼泊尔、塞尔维亚等 30 个国家政府签署经贸合作协议。

- 我国与格鲁吉亚政府签署了中国—格鲁吉亚自贸协定文件。
- 我国与斯里兰卡签署了关于促进投资与经济合作框架协议。
- 我国与阿富汗政府签署了关于海关事务的合作与互助协定。
- 中国商务部与摩尔多瓦经济部签署了关于结束中国—摩尔多瓦自贸协定联合可研的谅解备忘录；与蒙古国对外关系部签署了关于启动中国—蒙古国自由贸易协定联合可行性研究谅解备忘录。
- 中国商务部与尼泊尔工业部签署了关于建设中尼跨境经济合作区的谅解备忘录，与缅甸商务部签署了关于建设中缅边境经济合作区的谅解备忘录。
- 中国商务部与斯里兰卡发展战略与国际贸易部签署了投资与经济技术合作发展中长期规划纲要；与蒙古国对外关系部签署了关于加强贸易投资和经济合作谅解备忘录；与吉尔吉斯斯坦经济部签署了关于促进中小企业发展的合作规划；与捷克工贸部、匈牙利外交与对外经济部签署了关于中小企业合作的谅解备忘录；与越南工业贸易部签署了关于电子商务合作的谅解备忘录。

上述自由贸易区建设或者贸易投资协定的签署，将为我国商贸流通企业的国际化布局，以及为我国零售企业更好衔接国际与国内市场创造良好的机遇。在国家金融、财税政策的支持下，统筹国内经营与国际化运营的成本和税负，更好实现企业的创新发展与升级发展。

2. 中等收入阶段特色进一步凸显，资产泡沫化的扰动持续强化

从我国居民收入水平来看，近年来总体保持稳定增长，中等收入阶段的特征不断强化，但居民可支配收入水平的差距仍有小幅拉大。2018 年上半年，全国居民人均可支配收入为 14063 元，同比名义增长 8.7%；居民人均可支配收入的中位数为 12186 元，增长 8.4%，中位数是平均数的 86.7%，较 2017 年同期提高 0.2 个百分点。从可支配收入的水平和结构情况来看，我国消费的大环境稳定，消费空间进一步扩大，消费拓展的潜力还十分可观。

受到家电、汽车市场饱和度在三、四线城市不断提高的影响，居民的耐用消费品消费有所放缓，但仍具有以创新概念和创新技术进一步推进的能力和条件。然而近年来随着房地产价格上涨，资产泡沫化因素将不少居民的消费能力迅速挤占，2018 年以来三、四线城市的房价上涨对消费的挤出效应明显。居民收入被房地产市场迅速汲取，可能导致消费挤出态势的长期化。国家应尽快出台房地产税和相关配套制度，以经济手段为主寻求房地产业健康发展的治本之策与长效机制，防止其对制造业等实体经济进一步挤压；同时，也应不断完善消费金融体系，为消费纾解“瓶颈”创造良好条件。

3. 中美贸易争端的形势日益复杂化并长期化，影响也不断深化

中美贸易争端从初始的 232 调查，扩大到以知识产权和公平贸易为基础的 301 调查，几乎涉及中美贸易的所有领域和大多数产品。中美贸易争端的影响日益扩大，会导致“贸易转移”效应发生，从而促使影响长期化。

这种贸易制裁和报复力度，不可避免地会对两国消费市场带来直接的冲击和影响，进而使相关企业的经营环境出现明显恶化，经营风险快速上升，部分市场的建构进程被迫调

整，部分市场的开拓目标将落空。应在认真研判中美贸易形势的基础上，主动谋划，有序发力，争取在中美贸易大环境中形成零售业突破发展的亮点，并积极促进中美贸易争端的缓解。

二、零售商业的发展情况与竞争特质

随着商品流通业的发展进入新时代，实体商业企业、电商企业和线上线下融合的新零售企业都取得了一定程度的发展，并表现出竞争中的新特征、新节点和新模式。

（一）实体零售企业的经营现状与创新发展

我国实体零售企业的发展环境曾有受到电商较大冲击的特征，2016 年后虽然总体平稳，然而销售收入的增速水平已有所下降，相对于仍在持续扩大的商业设施，单位面积的收入水平有所下滑。从趋势上来看，未来的竞争可能更趋白热化，实体零售企业的差异化经营、大幅度扩展体验式消费内容、综合提升消费服务水平和以渠道来引领需求引导供给，将会是实体零售企业创新发展的重要领域。

1. 商品零售增速明显放缓

2018 年上半年，社会消费品零售总额为 180018 亿元，同比增长 9.4%。其中，限额以上单位消费品零售额为 69938 亿元，增长 7.5%。限额以上单位消费品零售额占社会消费品零售总额的比重为 38.9%，较 2017 年同期下降 1.7 个百分点，大中型零售企业的经营压力有所加大。

从实体零售企业的情况来看，扣除电商带来的实物商品网上零售额的影响，零售总额的规模在 14.9 万亿元左右，较 2017 年同期仅增长 5.9%，总体处于中低速增长状态。

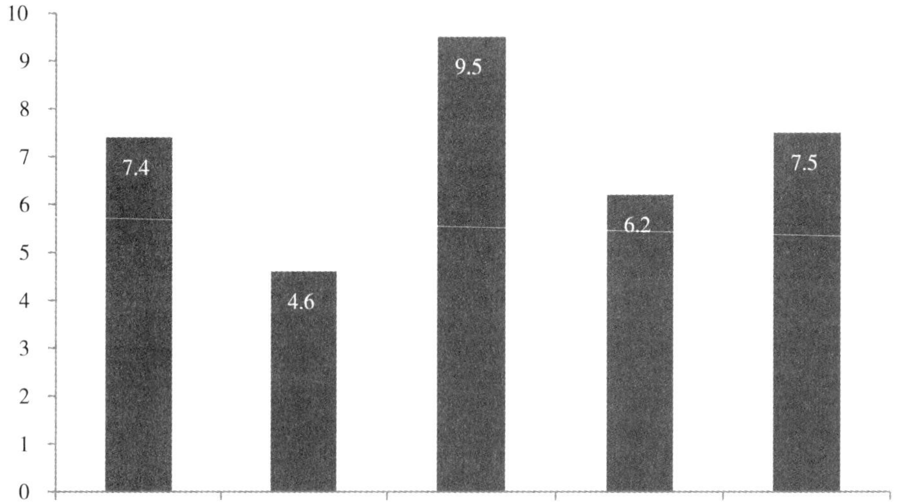

图 1　2018 年上半年我国实体零售业相关类型的增速（%）

从实体零售企业的构成模式来看，2018 年上半年，限额以上零售业单位中的超市、百货店、专业店和专卖店零售额同比分别增长 7.4%、4.6%、9.5%和 6.2%。专业店由于拥有一定程度的垄断性和产品的差异化水平，保持了相对较快增长。这些说明，基于差异化和专业性而形成的垄断竞争市场结构，对于零售企业而言仍总体属于差异化发展，对于消费者而言总体仍是有利的，垄断竞争市场结构应是我国未来零售市场最典型的市场组织形式。

从城市类别来看，我们如将京、沪作为一线城市，将杭州、南京、成都作为二线城市，将烟台、苏州、泉州作为三线城市，将廊坊、连云港、湖州作为四线城市，可得如图 2所示的实体零售企业的销售增速情况。从图 2 中可以明显看出，烟台、苏州作为上半年房地产价格上涨较快的地区，消费的增长空间受到较为明显的制约；而同为三线城市的泉州，由于受到厦门房价下降等因素的影响，房地产对实体经济挤出的压力变小，消费则出现了 15.2%的快速增长。

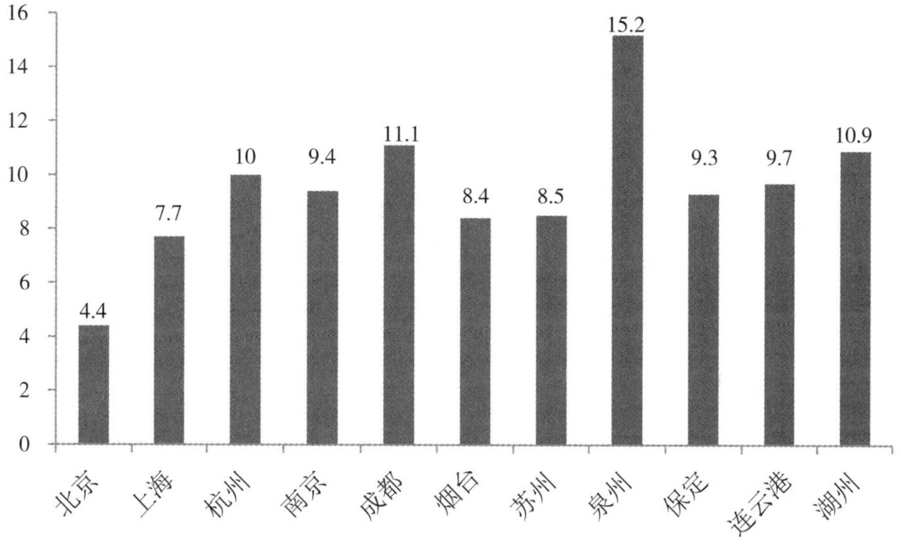

图 2 2018 年上半年部分城市的销售零售增长情况（%）

2. 体验式、服务型消费快速增长

从实体零售企业的运营来看，受到店铺租金、人员工资、覆盖范围和购物成本等的影响，由商品现场销售带来的收入增长缓慢，甚至单位面积的销售收入有明显降低的情况。面对这一压力，众多实体零售企业采取了增加体验式消费，发挥服务型优势和借鉴互联网理念等方法，形成了实体零售企业一定程度的创新和好转。

体验式消费主要是指以游乐、趣味、科普和代入场景的方式，增强消费者的体验性和参与感，从而适当“钝化”价格的敏感性，放弃对消费成本（如时间成本）的锱铢必较，增强消费者的消费“黏性”和带动周边消费拓展，从而将“购物”和消费在内涵上实现有效的分离：消费是一个过程、一种体验、一类满足需求的经济活动，购物只是其中的一个环节，除标准化产品外，差异化产品的消费则需要通过体验来激活和形成。

服务型消费主要是指使消费内容侧重于伴随服务质量的提高、服务数量的增长和服务内涵的拓展。从实体零售企业情况来看，大幅度增加服务类产品的销售面积是近两年来各大企业的共同选择，如餐饮区、电影院和游乐场等，从而形成服务消费新的动力源和增长点。在数量增加的同时，满足居民相对复杂的综合性服务消费也在实体商业企业快速发展，如售后服务、差异化产品营销、沟通型产品营销等。这种服务产品将产品消费与专业服务有机结合在一起，有利于使消费者的消费疑惑得到解决，使创新型产品的专业性渠道得以建立，使消费者权益维护与商品流通市场的发展协调统一。

借鉴互联网理念主要是借鉴流量思维、快速迭代运营特征，并提升资产运营理念等。自 2017 年以来，大量实体零售企业将关注的指标从单客的平均销售额变成带来的客流量的多少和停留的时间长短，客流量越多，停留的时间越长，本企业作为渠道的价值和排他性就越得以体现——只要获得的顾客数量多、时间长，就排除了他们在其他竞争者那里实现消费的可能性，渠道具有了更高的控制性、排他性价值，潜在价值得到一定程度的提升。而快速迭代则是强调在确保消费者安全和基本权益的情况下，对于产品的功能采用持续更新、改进的方法，立足于长期性、信任度和排他性，形成稳定的消费渠道和模式。

3. 案例：长春欧亚卖场的经营拓展

欧亚卖场拥有 50 万平方米的营业面积，20 万平方米的停车场，10 大休闲购物商场。卖场经营理念先进，服务功能齐全，采用现代化设施设备，具有大宗货物的吞吐功能，是辐射东三省及内蒙古等省区的商品集散地和运转中心。

欧亚卖场依托卖场巨大体量优势，塑造了纵贯每层的四条大街：渤海大街、黄海大街、东海大街、南海大街，构建了四大景观共享厅：太平洋厅、大西洋厅、印度洋厅、北冰洋厅，环绕四街，坐落着各大商城。一层：经典家电城、百货食品超市、特色风味美食城、高档化妆品城、金银珠宝城、精品灯饰城、精品橱柜城、品牌折扣广场以及办公用品城、学生用品城、医药超市、健身器材广场、韩国商品城、肯德基、美国加州牛肉面等，恭候顾客光临。二层：精品服饰商场内，横贯着千米精品服饰步行街，分布着淑女馆、太太馆、绅士馆、精品鞋馆、箱包馆、休闲运动城、童装、童鞋城、七匹狼大型生活馆、羽绒服城、羊绒羊毛制品馆、家居生活馆、办公家具城，国内外著名厂商如李宁、阿迪达斯、小弟、群豪、东樱布艺等均入驻卖场，特别是名品服饰折扣店，把工厂直销的概念引进卖场。儿童主题公园拥有宽阔的游戏空间和众多的游乐项目，是吉林省最大的室内儿童乐园，安吉鲁乐园也坐落其间。三层：20 万平方米的家具广场，是国内罕见的超大型家具家饰商品营销中心，被誉为永不落幕的家具博览会。负一层：10 万平方米的装潢材料卖场，规模宏大，品种齐全，设有陶瓷卫浴城、地板装饰门城，汇聚了圣象地板、德尔地板、美心室内门等众多名优商品，且多由一级代理商运作，是东北家装材料的营销基地。负二层 B 区为 2 万平方米的暖通五金城，负二层 A 区正规划建设生态餐饮、健身运动馆、洗浴休闲馆、医院等配套服务项目。

卖场配有 20 余辆免费观光购物代步车，为消费者提供导购和代步服务，并设有咖啡厅、茶吧、水吧、冷饮厅、美容中心、婚纱摄影、旱冰场、移动联通缴费厅、网通营业厅、旅游、休闲、度假、展会等多功能、全方位的现代新型消费乐园和综合服务中心。

欧亚卖场以国际商业超级购物中心作为发展方向，按照国际流行的 Shopping Mall 构建模式，打造中国人自己的 Eurasia Shopping Mall（欧亚摩尔），融入国际商业竞争大潮，参与世界经济大循环。

（二）电商企业的经营现状和创新发展

2018 年上半年，我国电子商务企业继续实现快速发展。全国网上零售额达 40810 亿元，同比增长 30.1%。其中，实物商品网上零售额为 31277 亿元，增长 29.8%，占社会消费品零售总额的比重为 17.4%；在实物商品网上零售额中，吃、穿、用类商品分别增长 42.3%、24.1%和 30.7%。网络购物和电子商务的发展，对拓展我国消费渠道、提升产品细分和差异化的能力、稳定消费的增长态势，都具有重要的作用。

1. 自营电商的发展：绕不开的 SKU 短板

我国自营电商企业较多，处于行业前端的主要是京东、苏宁和国美，前期发展很快，目前则遇到一些新的问题和一定的压力。当京东、苏宁易购、国美在线这类以自营模式起家的家电 3C 电商平台越做越大后发现：家电复购率低，需要引入复购率高的商品，扩大商品 SKU 势在必行。

但是，光靠自营不能迅速覆盖到非标准类产品，因此，京东商城、苏宁易购、国美在线都急需品牌商家、第三方商户的入驻。值得注意的是，到 2014 年，以自营电商起家的京东，第三方业务增长已超过自营业务。刘强东在 2014 年财报分析师会上表示，京东自营业务主要集中在标准化品类的产品，而第三方平台服务主要是提供非标准化品类。从市场容量和平均情况来看，非标准品类的数量以及市场销售额都远远大于标准化品类，长期来看，第三方平台的 GMV 比例已经超过了 50%。

巨头光环效应之下，更多电商选择了“自营+第三方入驻”的模式，如网易考拉海购和亚马逊即是如此。网易考拉海购目前有品牌授权直采、合作自营以及第三方卖家入驻三种模式。在部分商品的详情介绍页，网易考拉海购会附上品牌方的授权书，告知消费者商品来源。以网易考拉海购和澳洲保健品品牌 Blackmores（澳佳宝）的战略合作为例，它们从澳洲直采后者的产品放进其位于杭州、宁波等地的保税区仓储，避开经销商等中间环节，直接面向消费者销售。亚马逊同样力推进口商品直采模式，包括澳洲、法国的多个酒庄产品。

网易考拉海购认为，目前平台上仍是自营为主，第三方卖家占比极少，且入驻门槛较高，其目的之一便是为了控制商品源。采用自营不仅能够把控商品源、定价权，仓储、物流、售后等也都由企业一手掌控，但仓储物流体系应向第三方商户开放。

用发展的眼光来看，这种模式之下的商品源相对有保证，但是对于平台方而言，盈利空间就是进销差价，如毛利低、利润空间小，对于消费者来说则会是商品品类减少。往往出现的情况是，同一品牌的不同款式商品，需要在不同平台才可以分别找到。

2. 平台电商的发展：理不顺的平台服务难题

目前，平台电商领域的两个巨头，无疑是阿里系的天猫、淘宝以及京东的一部分业务。其中，阿里巴巴旗下的淘宝凭借平台模式，在过去十年间可以说是顺风顺水、迅速扩张。大平台有一站式购物的优势，所以大平台是以产品多、种类丰富作为竞争力，是不可替代的，而且始终是主流。

在这一类平台上，无论个人、企业均可以申请入驻，以个人卖家身份申请入驻淘宝，只需要完成支付宝实名验证，以及淘宝开店认证，所需要的有效证件只有身份证。新晋电商平台拼多多采用的虽然也是平台模式，个人入驻门槛稍高于淘宝，除了电话、身份证、姓名、邮箱等个人基本信息外，根据售卖商品的不同，需要提交 2000 元至 1 万元不等的保证金。

低门槛入驻的好处，在于促进了商品品类的齐全，淘宝因其商品、服务之多，甚至有“万能的淘宝”之称。但这类平台的问题也不少。一方面，商品来源平台方难以把控防伪问题，如个人入驻的商家，从商品、运营到销售、快递，都是由商家一手操办，一旦平台方监管不足，货品真假难辨；另一方面，平台方对于商品价格的把控力度有限，同一商品价格不同已经是很正常的事情。目前，平台模式的短板，就在于平台方对店铺的监管存在天花板，平台模式下的最大问题是第三方卖家商品品质难以保证。

3. 电商创新发展：追求新流量红利的零售变革

专门从事互联网研究的 MaryMeeker 在其发布的《互联网趋势报告》中认为，当前电商零售已经升级为从增量到存量之争，从数量到时间之争。这也正是当下国内电商普遍面临的问题——流量红利枯竭，国内几大电商从 2017 年就已经在强调零售变革。

对于零售变革，苏宁易购总裁侯恩龙指出，自营模式将成为未来电商主流，谁把自营做好谁就拥有电商的未来。靠流量卖广告的模式会遇到挑战。他认为，过去大家都说平台是电商基本的标配，其实现在大家发现，都在从平台向自营转变，因为这是一个消费者最关心的痛点。

而按照马云提出的“新零售”，未来电商是线上、线下与物流结合在一起形成的一种新模式。马云认为纯电商已死，大家正在讨论电商未来十年谁会胜出。十年前电商曾说苏宁没有互联网基因，但现在线上的企业也迫切需要苏宁式线下零售的基因。

刘强东也提到了自营和第三方开放式平台（POP 平台）的关系。2018 年 4 月，被问及“京东是否对自营平台有更多战略倾向”时，刘强东表示，自营平台和第三方平台，并没有规划份额，也没有任何利益倾向。因为自营店和 POP 店的净利润率是一样的，自营的毛利率肯定高，但有物流服务、仓储、员工支出，成本也高，所以净利润率二者是一样的。并且因为京东平台获取的商业利润是一样的，所以内部就能确保公平对待，最后让消费者来选择，还会鼓励两者之间的竞争，因为双方是彼此促进的模式。

4. 巨型电商平台企业已经成为综合资本运营的载体

现在中国零售业，乃至国民经济遇到的最大问题，是社会锻造了高盈利的金融业务收益，可据以反哺零售主营业务，并已经形成了绝对垄断的企业形态，与实实在在完全零售主营业务的不对等、不公平、非对称和非正常的竞争。当前，从这一视角观察，正常的企业生存生态已经被严重破坏，并成为国际金融资本入侵中国经济的重要渠道。

为什么华尔街想要控制中国的电商产业？电商产业有什么特殊的地方？这里面大有玄机。马克思的《资本论》分析过资本的分层，即产业资本、商业资本和金融资本，产业资本最为普通，商业资本要高一级，金融资本站在整个资本体系的顶端，垄断程度最高，利润最丰厚。而电商产业的特殊性在于，它表面上看起来是商业资本，但是在实质上借助于互联网，打通了产业资本、商业资本和金融资本，再加上互联网带来的电商寡头垄断性，使得电商资本有可能凌驾于传统的产业资本、商业资本和金融资本之上，成为一种马克思《资本论》里没有预见到的特殊资本。

这一问题的影响还将进一步拓展，如人们已高度却还难以较快取得明确共识的税收负担和税制公平方面的影响。本来税收在正常的市场环境下是敏感问题，但不一定是主要问题，但会由于联系到垄断、不当的区别对待和非正常对称竞争而演变成主要的矛盾问题。如能把优化调整社会经济生态环境，消除过度垄断与创新发展中的税制改革结合好，还社会经济正常的生态环境，税收矛盾问题不会像现在这样显得异常突出。

5. 典型案例分析：人人乐的电商合作实践

人人乐超市是我国重要的本土化大型连锁超市，并在华南、华中一带取得了较大市场份额与市场影响。但是，随着电商巨头于在线超市上的发力，受到高租金、高经营风险和高人工成本的影响，人人乐在发展速度上逐步放缓，并着手主动分析掌握顾客需求，以经营利润为导向优化网点布局，调整商品品类，升级顾客服务。

但是市场并没有留给人人乐太多的自我调整时间，电商巨头开始利用其在线上的巨大资源和资金实力，大规模向线下渗透，并支持线下企业开展带有部分“倾销”特征的市场竞争活动。作为实体零售业的人人乐被迫应战，但是由于电商的跨界补贴，使得这一竞争带有显著的不公平性和人人乐参与进去的自杀性——竞争的目的纯是为了抢占市场份额，形成垄断。

面对市场压力，人人乐超市也在不断地提升自己在线部分的商业能力，加大自营电商板块投入，实现线上实时在线服务。但受到使用习惯、优惠幅度和获客成本等压力，线上板块的总体运行情况并不乐观，仅仅起到了对线下服务的一种补充作用，无法实现零售模式的转型，也无法有效地覆盖线上活动的成本。

在此情况下，人人乐超市决定正式与电商巨头接触，争取开展有效的合作。考虑到合作方式需尝试，人人乐用不同城市的网点与阿里巴巴和京东合作，先后形成了一系列的合作样本。但在合作中，往往会发现理念不兼容问题，电商巨头以获取流量为方向，并不重视现场直接销售，而是重视长期的互动社交和黏性消费关系的营造和形成。这种经营模式长期持续下去，将导致实体零售企业好不容易建立起来的社会形象和经营模式坍塌，最终变得毫无特色，也无法维持好营造起来的线下购物体验，只能变成电商巨头的分销网点和仓储设施。合作了两年多的时间，人人乐最终决定除保留个别样本店外，其他的店铺停止与电商巨头合作，重新回归线下的经营、竞争模式。

（三）新零售的实践探索与模式构建

新零售的开端以阿里巴巴集团董事局主席马云先生对纯电商模式的反思和对线上线下结合（O2O）创新突破的追求为标志，以 O2O 模式为基本形态，将互联网思维、大数据理念、差异化竞争和定制化服务有效地结合在一起，将线上的信息便利和对称与线下的消费黏性和体验，有效融合在一起，而形成新的业态表现和零售模式。从实践情况来看，新零售总体上形成了无人零售、无界零售和无储零售三种基本形态。

1. 新零售的基本特征

从 O2O 出发，打通线上与线下，融合线上优势与线下能力，实现互为支撑、互相促进的有效模式。从发展的情况来看，新零售总体表现为如表 1 所示的基本特征。

表 1　　传统零售与新零售的区别

类别	传统零售	新零售
消费者体验	消费者是上帝（看不见摸不着感受不到），割裂，积分不能打通，参与感、互动性弱	便利，全生命周期个性化管家，无缝自由穿越，懂我，想我所想，想我所未想，比我更懂我，参与感、互动性强
品牌和销售	有营无销，有销无营，品销分离，消费者洞察与连接、代言人，媒体投放等割裂，衰减大	有营有销，有销有营，品销合一，消费者全域高效洞察与连接，漏斗衰减少，全链条更高效触达目标潜客和老客
商品企划	抽样、定性、经验	全域大数据（定性+定量）支持流行趋势，精准匹配性别、品类、价格带规划
供应链	推式，B2C，期货，以销定产	推拉结合，C2B2C+C2B2C，期货+周周新+周周翻单，快速柔性供应链，以销定产+产销平衡+以产促销
线上和线下	线上（电商）线下是割裂、对立关系	线上线下天地会，你中有我，我中有你，美美与共；线上线下全网全渠道全场景（国际化、农村地区等）
人货场	离线的孤岛、相对割裂，受时空限制	在线化、重构和高效精准连接，可识别、可触达、可洞察、可服务，超越时空限制，全生命周期会员、商品管理
物流	供应商仓——总仓——区域仓——门店——消费者间割裂，店比较少扮演物流角色，流转慢，流速低	多级混合正向逆向，货提前布局到需要的地方，店也是仓，就近发货，货通天下，货如轮转
上下内外伙伴	信息割裂、低效、不对称，内耗	授权范围内上下内外端到端透明、高效，合力对外
驱动力	个人经验，差别大，不稳定	经验+大数据，人工智能，组织智慧（隐性知识显性化，个人知识组织化），大数据驱动，精准匹配

2. 无人零售：技术型的新零售

作为阿里巴巴集团的新零售特征感知和体验的核心要素，无人零售由于其鲜明的特性和耳目一新的购物体验，成为新零售的第一种试水模式。从其实践情况来看，无人零售是将信息管理、数据应用和感知技术、支付技术等融合在一起而形成的零售形态。

无人零售作为无人值守服务中的一大类，主要指的是卖方无人情形下进行的零售行为，是基于智能技术实现的无导购员和收银员值守的新零售服务。

2017 年下半年，无人零售以其超前的购物体验成为新零售最受资本和消费者关注的形态之一。2017 年 7 月 1 日，F5 未来商店完成 3000 万元 A+轮融资；7 月 3 日，缤果盒子完成超 1 亿元 A 轮融资；7 月 8 日，阿里巴巴无人超市“淘咖啡”落地亮相 2017 年淘宝造物节。较传统零售而言，无人零售通过对市场的深度挖掘，寻找被大多数人忽略的消费场景。除去布局在商场、地铁站、机场、车站等人流量大的地点，也开始关注办公室、电梯间、移动车辆等封闭空间的近场需求。这正与以垂直化、人群化、场景化为典型特征的消费升级大趋势相呼应。总的来说，与传统的实体零售相比，以无人零售为代表的新零售不只是对线下门店在形态上的升级改造，更是对包括供应链、购买流程，直至最终消费场景在内的整个消费链条的全生命周期变革。从买什么、怎么买、在哪买三个层面整合线上线下，打造高效便捷的近场消费入口，实现线上数据和流量的变现。

无人零售成为热点，背后存在多重驱动力。最首要的是线上流量饱和和人力成本上升的零售业变化大背景。技术进步赋予无人零售新的可能性：包括人工智能、物联网技术的逐步商用，以及智能手机和移动支付的普及，都为无人零售的实际落地奠定了基础。而持续增长的消费品零售市场则为无人零售的进一步发展布局，白领人群作为消费主力军，乐于尝试新鲜事物，追求更佳的购物体验和生活品质，消费需求也随之升级。

传统零售和电商由于流量红利渐失，尽管总体市场仍在持续增长，但线上流量增长明显放缓、获客成本渐高，转型迫切。线下流量重回大众视野，成为初创品牌和资本巨头必争之地，办公室货架、自助贩售机、无人便利店等近场入口成为各家获取用户的必争之地。同时，国内人口面临严重老龄化，用工成本和土地铺租成本大幅上升，人口土地红利双双丧失。在此背景下，由于土地成本不会自然降低，传统零售业不得不考虑以无人或少人化的形式来缩减用工成本。

随着智能设备终端逐步普及，4G、5G、Wi-Fi 等技术不断突破，移动支付习惯的养成，支付宝、微信成为主流移动支付方式之一，我国正渐进迈入“无现金社会”，其所产生的用户基础，正是未来无人零售可持续发展的驱动力。

3. 无界零售：模式型的新零售

无界零售概念主要来自京东的创造，从对跨界的思考出发，找准跨界中的核心因子，并与现代互联网思维中的技术和模式进行有效的结合，形成多种模式和场景融合的新零售业态。

2016 年 11 月，刘强东对外宣布了京东未来 12 年的战略规划：全面技术化，大力发展人工智能和机器人自动化技术，将过去 12 年以传统方式构筑的优势全面升级。2017 年 7 月，刘强东再次发表署名长文《第四次零售革命意义将超互联网》，表示将打破行业壁垒，让零售渗透到互联网的各个角落。

无界零售的核心，从后端来讲，是供应链一体化，把供应链和产品、库存、货物全部升级成为一个系统，减少品牌商的操作难度；而从前端来讲，无界零售的核心是满足消费者随时随地的消费需求。在国内，通过大量高科技的应用来解决零售问题，可能还需要 5~10年的时间。但京东已经捷足先登，尽力以最短的时间打造一张包括品牌商、经销商、批发商、终端门店以及消费者在内的完整无界零售图景，携手行业同伴开启无界零售新征程。

近几年，随着物联网、人工智能、AR/VR 等新一代信息技术应用以及消费升级，消费和零售场景开始变得多元化、碎片化、即时化，不再局限于电商网站、实体商店等特定零售合作伙伴。在不久的将来，人们通过网络社交、媒体、影视作品、智能家居、无人商店，甚至平面广告、实物标签、照片等，都可以随时、随地、随心地触发并达成消费交易，零售将进入无处不在、无时不有的状态，这也就是京东提出来的“未来是无界零售”的概念。

从跨界到无界，是一个从量变到质变的过程。改变的不仅是零售的形态，还包括零售的业务逻辑、能力要素和价值实现方式，可以说，从形式到内容、从主体到对象、从业务到场景、从企业到个人，都将发生重大变化。无界零售将最大限度地打通线上线下，并融合最前沿的技术，将人们购物的多场景做充分整合，打造更高效、更愉悦的购物体验。

4. 无储零售：管理型的新零售

无储零售是尽可能降低零售商不必要的库存，或使采购的商品与市场的需求基本匹配，从而在设定的时间内基本完成市场出清。新零售思维下的无储零售与日本企业在 20 世纪提出的“看板管理”存在着本质的区别：第一，无储零售立足于对市场需求的匹配而不是生产能力的适应，目标更不确定，管理难度更大；第二，无储零售的核心是满足即时性的、差异化的、小批量的需求，而不是标准化的、大批量的销售；第三，无储零售的关键在于需要全渠道、全场景的有效支撑，也即无储是全过程的“无存储”，使产品直达消费者，而不是仅立足于某环节自身的“无存储”，将存货压力转嫁到产业链的上下游。

当下美国的批发零售业交易效率据测算是中国的 1.56 倍，未来无储零售竞争成败的关键，在于供应链的服务内容和效率。以供应链的观点，国内产业，无论是服装、鞋履还是箱包，从代工开始，国内拥有全世界最完整的生产供应链，但最薄弱的仍是上游的创意设计和下游的品牌营销。

目前，国内物流的痛点是差异化需求分散运补能力的问题。发货时间不定、发货地点分散、货品类型多样的商户现实，需要优质的供应链系统匹配，因此，以互联网商业为基础进化的“新零售”，以一个云处理系统，打通设计、生产、仓储、配送等供应链各环节，兼顾服务和效率，才能有效打造新零售所需的供应链。

当 Farfetch. com 以线上购物方式实现了买手店全球无界的购物形态，亚马逊开始开设线下实体店；线上和线下的消费形态趋势渐趋稳定，消费多样化的选择，形成了小批量、多批次、多样化的物流配送需求。等待消费者需求产生拉动供应链环节的传统模式，已经无法适应消费多样性的变化，运用互联网链接每个环节，以“信息”贯穿整个供应链，让信息分享驱动各个环节迅速反应市场需求的新“互联网+物流”的平台型物流，必将成为主流。

在以信息拉动的供应链里，及时掌握终端市场的状况，动态做商品企划，包括从商品开发、销售预测、自动补货、采购计划等，都能在一个数字平台系统中操作。

沃尔玛在传统模式中成功地依靠最具竞争力的价格取胜。进入无储零售时代，沃尔玛发射自己的私人卫星，可在一小时内，对全球 4000 多家门店完成库存、销售、订单等盘点，并确保从订单到商品进入商店的时间控制在 3 天内完成。

未来无储零售的供应链，将从传统的靠人、流程、硬件设施的串联，变为借助网络和数字技术，让供应链变得智能化，包括电子标签让每一件商品都通过网络，由后台统一管理，整个存、销、补的过程，都同步改变，小至立即调整价格的促销，也可键盘一触之下立即更改。在互联网时代，智能化的供应链，是无储零售成功的关键所在。

5. 典型案例分析：马云无人超市的“无人状态”

不是所有的新零售业态都能够获得市场的热烈追捧，马云推出的首批无人超市是较为典型的案例。随着互联网和支付宝的发展，很多人在去超市买东西的时候，都不会再带现金，而是使用手机扫码支付，这便是无人超市的重要起因。所谓的无人超市就是没有服务员和营业员，客户在进超市门的时候刷一下支付宝或者淘宝，然后就可以进去选购东西，等到离开的时候，系统会自动根据所买走物品的价格从客户账上扣钱。

但是，迄今无人超市并没有大发展起来。尽管马云曾经放下豪言说会在全国建设 10 万家无人超市，但是后来却受到了阻碍。一开始，很多人因为觉得新鲜，都跑去使用无人超市。但是，慢慢地使用无人超市的人越来越少，无人超市“无人”化了。究其原因，大致有以下几个关键点：

第一，东西没有正常超市多。无人超市里面的商品，种类没有正常超市齐全。一般情况下，人们去超市都是要买很多东西的，无人超市东西不齐全，导致购买需求不能一次性完成，自然影响购物体验。

第二，价格并不便宜。从成本视角来看，无人超市相较于一般超市，减少了许多人工成本，从而应形成较有竞争力的价格。但是受到投资折旧成本和内需收益率核算的影响，大规模应用现代信息技术的无人超市做不到有效降低价格。

第三，服务不到位。去正常超市会有服务员帮助挑选东西，如果有什么不懂的，也会得到协助，在一定程度上减少了麻烦，也让顾客更加了解商品。但是无人超市里面想要买什么都要自己去找，自己去查看商品说明，在便利性上还是有欠缺。

第四，使用人群有限制。想要使用无人超市，必须要有一部智能手机，还要有支付宝。这样便将一部分老年人群体、一部分农民工群体排除在潜在顾客之外了。

因此，无人超市要想真正成为有效的新零售业态，还需积极融合各个领域、各个渠道、各个模块、各种技术的有效因素，形成真正一体化的有效组合。不能将无人特征作为必须坚持的关键点，核心是能否满足消费需求，增加消费便利，以及能否控制流通成本。

三、新形势下“生产商—零售商”公平竞争环境分析

从生产商到零售商这一环节有三种基本情形：一是零售商就是顾客，生产商将产品销售给零售商后，即完成了产品的销售活动；二是零售商是平台，即将市场的有效需求进行分类、整理、归类，从而传递给生产商，并由生产商进行生产，形成两个相互关联的交易合同；三是零售商是代理，即零售商利用自己的渠道优势、信息优势和信用优势，将生产商的部分产品进行代理销售，并获得代理费收入。“生产商—零售商”之间的公平竞争环境，就是看生产商与零售商的公平交易关系，以及所产生的市场权力和利益的归属与分配。

（一）经营模式的公平竞争分析

从上述三种经营模式出发，我们对公平竞争的分析基于政策法规、市场环境和企业体量三个方面展开。根据前两部分的分析，我们认为最大程度地满足消费者的需求是零售产业的根本目标，而且进入新经济时代后匹配消费者需求的最有效的市场结构是垄断竞争型的市场结构——不一定非要求零售商一定是垄断竞争市场环境下的差异化中小企业，但一定要形成消费者可以按照垄断竞争市场结构进行选择的空间、自由和便利。我们对经营模式的公平竞争分析包括四个方面的内容：一是政策法规的公平性；二是市场环境的有效性；三是企业体量的规模特性；四是消费者权益的保障性。据此，我们将“生产商—零售商”的公平竞争分析框架确定为“PT（producer-trader）框架”。

1. PT 框架分析矩阵的构建

根据上述分析，我们以三种模式作为纵向量，以四个标准作为横向量，形成如表 2 所示的 PT 框架分析矩阵。

表 2 **PT 框架分析矩阵**

分析指标	平台模式	自营模式	代理模式
政策法规	一般不需要生产性企业出具增值税发票	要求生产性企业必须出具可抵扣的增值税发票	可要求生产性企业出具可抵扣的增值税发票
市场环境	多为寡头垄断型市场结构	多为垄断竞争型的市场结构	多为垄断竞争型的市场结构
企业规模	一般而言，平台体量巨大，生产性企业须服从于平台	不宜区分双方体量，市场影响力随双方话语权而变	不宜区分双方体量，电商企业可实际获得经营收入
消费者权益	一般不承担产品本身的侵权责任；应进行损害赔偿	须承担产品本身的侵权责任；应进行损害赔偿	不承担产品本身的侵权责任；视约定代行损害赔偿

2. 根据表 2 的分析体系形成分析内容

（1）平台模式下的公平竞争

从平台模式来看，主要的不公平性（歧视性优惠）主要体现在税收政策、对商品承担的责任和所具有的市场垄断力上。具体有：

第一，税负上，平台模式存在较大的税收筹划空间。一般的平台模式由两个合同构成：一是平台与生产企业之间的订单合同；二是生产企业与实际消费者之间的交货合同。平台企业的收入来源主要来自消费者而不是生产者，而消费者本身即是增值税的承担者，且无法纳入抵扣链条，所以存在生产性企业无须开立增值税销项发票的情况。为平台企业开展订单生产的企业，增值税税负较低。

第二，商品责任上，平台模式并不直接承担侵权责任，在收取生产性企业担保金的情况下，可代为进行损害赔偿，对消费者权益的保护水平较低。由于平台企业往往并不是实际购买方，也不是实际生产方，所以往往并不为产品的实际侵权承担责任。但是平台企业是与消费者之间的交易合同的签订方，一旦出现了消费者的利益损害，平台企业仍需根据合同承担赔偿责任。为防止这一风险的发生，平台企业往往提前收取生产性企业的部分担保金。

《电商法》明确表述："关系消费者生命健康的商品或者服务，电子商务平台经营者对平台内经营者的资质资格未尽到审核义务，或者对消费者未尽到安全保障义务，造成消费者损害的，依法承担补充责任。"这里面较"三审"稿变化最大的是将连带责任改为了补充责任。

第三，平台企业往往体量较大，又拥有较广泛的信息渠道和较富黏性的消费者群体，往往能够形成寡头型市场结构。这样形成了平台企业对生产企业较大的话语权，除了获得一般经营性收入以外，也可以获得一定程度的垄断收入。

（2）自营模式下的公平竞争

从自营模式来看，基本上保持了生产企业与零售企业之间的公平性，政策法规、市场环境也不存在明显的歧视，总体上是一种规范而平衡的市场结构。

但是，自营模式下的主体差异依然会导致不公平竞争的情况出现。例如，实体零售商应交纳的企业所得税、增值税，属于按机构所在地征收的税种，为保证税权不落空和地方的财政利益，地方政府往往强迫要求实体零售企业在属地建立具有独立法人性质的子公司，以确保企业所得税和增值税的索取。这一方面导致了企业内部无法盈亏并表，加重了企业所得税的税负；另一方面也导致了企业的进销税项之间无法实现有效的统筹，从而导致一部分企业有大量的留抵退税，而另一部分企业又面临着沉重的税负负担。但在电商层面，上述问题则可以有效地避免。未来应在按机构所在地征税的基础上，推出一系列配套措施，以确保实体零售企业的应有利益和市场公平竞争。

（3）代理模式下的公平竞争

代理模式强调零售商的中介地位，即代理生产性企业销售产品，不形成实际的购买关系，不承担市场经营风险，在实现销售额中按照一定比例和模式收取代理费。从代理模式的情况来看，只要生产企业与零售企业的市场规模大体对等，就一般不会发生制度上、机制上的不公平现象。

但在同为代理模式的电商和实体零售商之间，仍存在较大的事实上的不平等。实体零售企业一般只能根据商品的类型和销售的规模确定代理费收入；而电商则可以既获得代理费收入，又事实上获得经营性收入。比如，部分电商的经营人，可以预先与生产性企业确定相关的价格，并由电商企业代理产品的销售。在这种情况下，电商企业极有可能利用信息不对称，而形成经营性的价差收入，在获得代理费的同时，也获得了大量的经营性收入，同时，享受着代理人的法定权利，即并不对商品承担过大的产品责任风险和市场经营风险。

（二）电商与实体企业之间的公平性分析

在“PT 分析框架”的基础上，需进一步分析电商与实体零售企业之间的公平性。这样就在 PT 框架下进一步形成了电商与实体商业企业之间的补充分析框架。

1. 渠道公平竞争分析

从渠道属性来看，实体零售企业是流通渠道的经营模式，要综合考虑采购、物流、存货管理、网点设计和营销管理等内容。渠道要耗费大量的成本和费用，也借此创造着效率和效益，成为实体零售企业经营管理中的重点内容，也是实体零售企业彼此之间竞争的关键所在——竞争的关键不是更多，而是更少，越少越有优势。

但对于电商企业，除部分自营电商企业之外，渠道的概念往往演化成了信息渠道。也即电商企业可以通过信息管理和数据分析掌握生产者和消费者的大量信息，进行有针对性的撮合和匹配，从而完成渠道的使命，将生产者与消费者直接连接在一起，形成有效的市场出清，并实际上获得部分生产者剩余和消费者剩余。

这种渠道差异，一方面导致了实体零售企业与电商企业的成本和收益差异（电商成本更低，收益更高）；另一方面，也导致了由此而产生的相关费用的差异，如税收负担的差异、法律责任的差异等。分析竞争的公平性问题，在这一视角上应主要关注的是后一方面。

2. 平台公平竞争分析（二选一的垄断）

大型实体商业企业和大型电商企业往往既是重要的商品和服务销售渠道，也同时是重要的商品和服务销售服务平台。从平台的作用来看，大型实体商业企业作为平台模式，主要立足于集中采购、集中运输和统一管理所形成的规模效应和品牌效应，通过做好商品的价格、服务、管理和匹配来形成市场影响力，进而导致消费需求集中到平台上，为平台上的店铺和企业提供市场需求和顾客群体。而大型电商企业作为平台模式，主要立足于流量的获取（低成本的流量红利）、市场消费习惯的培养和高效有序的市场细分管理。与实体平台不同，电商平台并不在意市场需求的差异化，而是将其抽象成流量这一基础概念，并进行无差异化的获取和占有，然后再由平台的电商企业根据平台企业给予的信息和流量，进行细分和引导。这样，电商平台拥有的无差异流量就成为生产企业获得市场需求的第一道"门槛"，只有跨越了这道"门槛"，才能有效地接触到真正意义的市场需求，并进行细分、引导和拓展。

根据上述分析的原理，电商平台企业一旦获得了足够的流量规模和增长空间，也就在事实上成为生产者直接面向消费者的渠道和"屏障"。渠道是指电商平台可以为生产者直接面向消费者提供高效、有力的服务，并大大提升市场效率，使生产者剩余增加；屏障则是指电商平台成为生产者与消费者发生直接联系的重要通道，是否能够获得这一通道，并在这一通道上被重视和支持，成为生产企业创新经营模式和渠道管理的关键所在。

由于电商平台对生产企业经营和管理的核心而重大的影响，处于市场优势地位的电商平台往往会要求生产企业或者其销售部门在渠道的选择上"二选一"或是"多选一"。例如，京东在多个场合投诉阿里巴巴，作为 B2C 板块的天猫与京东是直接竞争的平台，但天猫利用其市场支配地位（2017 年天猫在 B2C 市场的占有率约为 55%，而京东约为 35%），要求相关的品牌商和生产商在渠道上"二选一"。这种垄断行为，显著损害了消费者的利益，也大大影响了生产商和品牌商的利益，并阻碍了市场模式和渠道管理的创新。据京东反映，2017 年的"双 11"购物节，天猫方面即给品牌商和厂商以平台"二选一"的方式限制竞争，阿里巴巴集团迅速否定了这一说法，并给予京东相应的回击。

3. 物流公平竞争分析

从物流体系上来看，电商与实体零售企业之间也存在着成本和法律责任的不平等问题。实体零售企业多以集中式物流为主，其性质在法律上多属于 CIF 模式，也即实体零售企业通过多重节点的物流设计与管理，尽可能形成集中性物流，以摊薄物流成本和运输费用，维护竞争效率；而相关运输和物流责任的划分，则基本趋同于国际贸易术语中的 CIF 模式——在生产企业将"货交承运人"之后，就只承担运输费用，而不承担运输风险了，风险移交给了实体零售企业。

对于电商企业，除部分自营电商企业之外，往往自身并不实际备货和管理存货，所以需要的物流并不是具有明显规模效率的集中式物流，而是从生产者直达消费者的分布式物流，其运输费用较高，但通过渠道费用的控制和减少，可以对此进行有效的弥补。从法律性质来看，受到消费者权益保护等法律的影响，生产企业无法做到"货交承运人"后的风险免责，事实上要承担运输过程中的风险，并保证到达消费者手中的产品的安全性和及时性。这样，电商企业的运输条款就不是实体零售企业的 CIF 条款，而成为费用和风险都承担的 DDP 条款了。

据此，电商企业事实上可以获得生产企业给予的运费补贴和风险责任分担，从而使其在竞争中有效弥补小批量、分布式物流体系的不足，对实体零售企业形成了竞争中的优势，但也易被人看作新的不公平因素。

4. 采购方式的公平竞争分析

在产品采购方式中，由于实体零售企业与电商企业采购和经营方式的不同，在竞争环境上形成了以下三个方面的差异。

第一，实体零售企业以集中式采购为主，电商企业以分布式采购为主。集中式采购事实上形成了实体零售企业对产品品质的确认和对消费者的担保，尽管可以形成较低的采购成本，但是在分销成本上仍然面临着较大压力。分布式采购则以匹配和满足消费者需求为方向，让商品供给尽可能抵近消费者，提升效率、降低分销成本，但是却面临着相对较高的采购成本，需要通过现代信息技术支持有效物流运输，降低不必要的物流运输成本，以抵销采购成本的高企。从上述的模式差异来看，分布式物流对消费者的满足度更好、效率性更高，但保障性和服务性相对不足，在电商企业并不承担对消费者完整义务的情况下，这容易形成电商企业对实体零售企业的不公平竞争压力。

第二，实体零售企业以他方竞价采购为主，电商除了他方竞价之外，更主要表现为自竞价。在实体零售企业采购商品的过程中，形成的采购竞价主要是在准入环节，通过供应商、生产企业之间的竞价和质量竞争，最终选取一家或几家企业的商品作为实体零售企业的采购商品，并向消费者推销和提供。但在电商企业采购产品的过程中，并不在采购环节形成严格竞价准入的安排，即使是自营电商，也可以通过 POP 模式进行包含和扩展。电商企业普遍坚持“宽准入”和“严销售”的安排，在销售环节上，将商品选择的权利交给消费者，最终消费者的选择就是商品间的竞争结果，从而形成自竞价的特点。通过这一差异化安排，在实体零售企业和电商企业之间会出现：受到规模、空间和市场范围的限制，实体零售企业对市场的供给做减法，承担较大的市场风险；而电商企业则存在利用信息技术进行全面拓展的空间和市场范围，可以保持对市场的供给做加法（理论上没有问题，但实际上信息量越大，越可能会导致较高的信息导流成本），并不承担市场风险，且可以获得市场中的“黑马”带来的意想不到的利润和收益。

第三，实体零售企业在商品销售中往往立足于适度排他性，而电商企业更着力于更广产品线覆盖的竞争性销售。如前所述，实体零售企业的商品竞价是在准入环节实施的，是同质、同类产品之间的竞争性采购，从而形成了商品的适度排他性，也导致了实体零售企业的产品种类数量不可能太多，这对于信息时代的消费者的消费体验来讲，存在不足和风险。而电商企业则在准入环节极少设限，大量的商品进入电商企业或平台上销售，大幅度提升了电商的产品种类，有效保障了消费者的各种商品需求，并可以满足消费者偏好的精准或模糊搜索的要求——“只要想要我就有”，电商的这种产品线的丰富程度，大幅度提升了消费者的购物体验，从而使实体零售企业处于竞争中的不利地位。

从上述分析来看，第一条涉及对消费者承担义务的完整性问题，进而涉及竞争中的公平性问题，第二条、第三条则属于较纯粹的电商或非电商不同模式选择下的竞争力客观比较问题，并不宜归为不公平竞争。所以，可得出采购方式分析后的基本结论：关键在于，如果在消费侵权和产品责任上，不进一步强化电商企业的责任，电商企业就可能会利用自身的信息化优势和规模优势，形成对实体零售企业的打压和挤出。保持法律上的公平、有序来保障消费者的权益和满足需求，是避免市场扭曲，实现公平竞争的重要前提。

（三）商业贿赂中的公平审查问题

现行商业贿赂的特点是贿赂的客观存在和不合理的利益获取。对于实体零售企业而言，在采购环节接受厂商的贿赂，并实现对目标企业的商品采购，从而使生产企业获得利益，责任链条是清晰的，追责和惩治也不存在法律上的难题和困难。但是对于电商企业来说，由于其直接管理对象是信息而不是产品，而生产者提供的是产品而不是信息，消费者的需求也是产品而不是信息，这样就会在某些商业贿赂的审查上存在困难。部分大型电商的信息管理员，在接受了部分"馈赠"以后，通过对信息流量进行引流的安排，即可让店铺经营方迅速获利，但这种商品排序、竞争性商品比较的安排，又属于相对隐蔽或是自由裁量的范围，这种隐蔽性和直观的非针对性使得电商企业的商业贿赂行为难以受到公平审查，从而可能导致电商主导下的市场行为扭曲，给实体零售企业经营带来非公平竞争的不利影响。

四、新形势下零售商间公平竞争环境分析

在完成了"生产商—零售商"分析框架的基础上，还需对零售商间的相关政策法规、市场结构、竞争环境、准入管理和事中事后监管等方面的问题进行分析和梳理，形成新形势下零售商公平竞争环境分析的基本认识框架和要点。

（一）零售商间公平竞争环境分析

与"PT 框架"相类似，我们首先构建零售商间公平竞争分析框架，即"TT（trader-trader）框架"。

首先确定"TT 框架"的竞争环境影响因素。根据调研中的相关建议和理论上的体系架构，我们确定了五个影响因素，即政策法规因素、市场结构因素、竞争环境因素、准入管理因素和事中事后监管因素等。零售商间的竞争，包括实体零售企业与电商企业之间的竞争，实体零售企业与电商企业之间的跨界竞争两个层面和四个问题（实体零售企业、电商企业、电商企业进实体、实体零售企业进电商）。根据上述内容，可形成如表 3 所示的"TT 分析矩阵"。

表 3　　TT 分析矩阵的基本框架

项目	实体零售企业	电商企业	电商进实体	实体进电商
政策法规	增值税分区域征缴；企业所得税征收	部分线上企业的增值税、所得税不缴纳	可将信息产业与零售产业税种进行结合	可将信息产业与零售产业税种进行结合
市场结构	垄断竞争市场：差异化，难以长期倾销	寡头垄断市场：规模化，可长期倾销	带动实体市场垄断，可进行交叉补贴	可借助电商拓展市场，可降低获客成本
竞争环境	存在价格战的压力，但也有避免的空间	一般以价格战的方式获得足够的流量	以价格战来线下竞争，以差异化获取利润	差异化线上转型有压力，可能被迫价格战
准入管理	存在烦琐的准入手续，且需获得跨区许可	准入手续相对简便，跨区经营相对便利	准入手续可以借壳，跨区经营依赖实体	准入手续相对便利，跨区经营相对便利
事中事后监管	管理较为严格，涉及内容较为全面	管理相对宽松，涉及内容相对狭窄	管理相对严格，涉及内容较为全面	管理相对严格，涉及内容较为全面

这个分析框架将被纳入以下内容的研究之中，并形成一系列的重要结论。

（二）分支机构和网点建设中的公平竞争问题

零售企业的发展必然涉及多个网点的问题，需以良好的覆盖较广、内容全面、贴近消费的网点，为居民提供高效率、高精准度和有针对性的供给以满足需求。而分支机构和网点建设不可避免地与城市规划、市场准入要求和跨地域经营的手续管理等问题密切相关，从而形成以下公平竞争的问题。

1. 市场准入："一地一照"和"简政不减权"是实体零售企业的制度供给"短板"

这里的市场准入既包括先照后证下的企业准入，也包括特许权经营的业务准入。从实践中来看，政府部门对于实体零售企业的准入具有典型的"简政不减权"的特征，也即目前已主要开展的是程序上的整合和审批上的"一口办理"，但政府部门的实际权力并没有明显减少，只是企业在办理准入时的程序简化了、时间节省了。这样也就导致了实体零售企业在准入手续上仍然相对麻烦，潜在的权力困扰仍然存在。而在出现跨地域经营的时候，"一地一照"则成为困扰实体零售企业的主要问题。在实践中，无论是营业执照还是相关的特许权许可，往往都需要重新办理，形成了一定程度的制度性交易成本，并导致跨区域经营的政策风险。从目前情况来看，实体零售企业的制度性成本（含时间成本）已出现了一定程度下降的好转，如获得新牌照的周期从原来的 90 天左右降为 28 天左右，办理手续也出现了较为明显的简化，许多地方实现了"一口受理，一网通办"，但仍有一定程度的时间耗费和不确定性。

电商准入则分为两个基本层面：一是电商平台企业的准入；二是平台上的电商企业的准入。从手续来看，平台上的电商企业的准入基本上由平台企业来提供服务和管理，除部分受到国家法律明确限制的商品和服务（如药品、烟草等）之外，基本上不存在准入障碍；而电商平台企业则相对复杂，因为涉及互联网服务、互联网内容、第三方支付和物流支撑体系等内容，电商平台企业的准入手续相对烦琐，但并不存在明确的准入壁垒。从跨区域的准入手续办理来看，无论是平台电商企业还是在平台上经营的电商企业，均不存在明显的跨区域准入壁垒，借助互联网渠道，电商企业可以实现全国范围内较为自由的经营。

综合分析，尽管实体零售企业的准入壁垒已经被较大幅度地削减，但总体限制水平仍高于电商，特别是跨区域布局和开设新的经营网点等方面，存在准入手续的烦琐和无效叠加的情况，从而导致实体零售企业的制度性交易成本偏高，准入的时间程序耗费偏大。

2. 经营管理：监管部门明显表现出严实体、轻电商的特点

事中、事后监管是放管服改革的重点，也是维护市场秩序、保障消费者和经营者权益的重要基础。从目前情况来看，监管部门明显表现出对实体零售企业严格监管的特征，而对于电商企业要求则相对宽松。

以餐饮业为例，如果是实体性的小饭店或是食杂店，监管部门会实施日常监管、现场抽查、综合执法等管理方法；而对于加盟线上平台的"家庭厨房"，则基本是听之任之，由平台接单、厨房制作、快递派送，无论是制作人员的健康情况，还是制作环境的卫生情况、制作过程的操作情况，几乎得不到有效的监管。这种监管上的短板虽然便利了创业人员，但对消费者权益和市场的公平竞争仍然会带来一些负面影响。

此外，在监管的责任落实上，实体零售业和电商企业也存在较大的不同。例如，在质量管理的问题上，当出现了商品质量问题和侵权责任的时候，实体零售企业一般都是责任的承担方或连带方，但电商企业，特别是部分平台企业，则往往以提供的是信息服务为由得以免责。比较典型的是在某大型超市出现食物过期和在杭州无人零售店出现食物过期的时候，对无人店的要求是整改，而对大型超市的要求则是罚款、下架和相关柜台停业等处罚要求。再如，在知识产权保护的问题上，专业打假人往往以实体零售店为目标进行买假索赔，而且基本可以达到诉求；但对于电商企业，哪怕是平台电商企业，想进行买假索赔的可能性也不大。这些监管政策上的差异尽管有利于保障实体零售企业的商品质量和市场信誉，但也会客观上增加实体零售企业的经营压力，并导致运营中较高的风险度，甚至由此被“挤出”市场。

（三）促销中的公平竞争问题

商品促销既是有效拓展市场、吸引客源和提升企业影响力的重要举措，也是零售企业间竞争的重要手段。这里主要分析促销中的两个不公平竞争的问题：一是价格战；二是虚假标价。

1. 促销价格战：实体零售的手段与电商的目标

从理论上就其本质而言，促销的含义应是将优质的产品以富有诱惑力（吸引力）的价格销售给顾客，从而产生良好的商品品质认可和功能体验，并形成有效的消费“黏性”。但在习惯上，许多人将促销误认为是商家降低价格以降低存货的含义，并将价格竞争视作促销的核心特征，甚至不惜以一定时段的亏损价“烧钱”，而力求把竞争对手挤出市场（倾销）。这样，在实体零售企业和电商企业之间，关于促销活动的不同理解和过度的“价格战”，有可能导致市场竞争的异化，甚至导致劣胜优汰这种市场中的逆向选择。

实体零售企业往往以“降价促销”作为重要的手段，通过降价带动消费者的购买欲，通过促销产生良好的体验感，从而为促销阶段后的商品销售和市场运营创造良好条件。一般来说，做降价促销的关键是以降价吸引客户后可得的商品质量、功能特性和外观特点等带来的“用户体验”，而不是降低价格本身。

但电商企业则不同，促销的关键是市场占有率，使该类商品以最快的速度覆盖市场，从而避免其他同类产品对市场的分割，以取得市场竞争优势。在策略上仍是以大流量形成市场优势，以市场优势来排除竞争，以期利用可形成的垄断地位和渠道获得未来市场利益与目标。为此，电商一旦启动价格战，往往具有长期性、显著性和排他性的特点，其目标已不仅是满足消费者需求以产生消费黏性，而是聚焦于如何排除竞争对手，形成市场的垄断性。

这样，当实体零售业的降价促销遭遇电商的价格战之后，一般而言大概率是实体零售业在该类产品的市场份额被挤占。在价格战所形成的垄断结果的影响下，其后产品的差异化特征会被忽略，个性化需求会被漠视，最终会导致产品同质和消费降级的风险。

2. 虚假标价：严格的价格监管和放任的价格促销

实体零售企业面临严格的明示价格和价签监管，所以在促销中，对于价格调整的幅度和本次促销的优惠程度，均需与活动之前的价签标示情况相一致，不得任意标明优惠幅度和促销力度。但对于电商企业，则往往没有这种要求，特别是平台电商企业，并不记录平台商家的原始价格，而是任由平台商家进行标定，并将这一可核算的优惠幅度和促销力度进行传播，以获得消费者关注和需求。即使是自营电商层面，由于属地监管部门不可能对如此庞大的商品逐一核定价格，也会导致优惠幅度和促销力度表达的一定随意性。

这样，每当到了电商的促销时点，如每年的 11 月 11 日，消费者就会被电商铺天盖地的优惠政策措施所“淹没”，而失去严格管理的虚假标价和优惠幅度，则往往在实体零售企业与电商企业之间表现出人为的明显差异，而导致实体零售企业处于不利地位，从而导致其市场被挤占或是转移。

3. “网红经济”：不受广告法约束的消费引导力

网红经济是以一位年轻貌美的时尚达人为形象代表，以红人的品位和眼光为主导，进行选款和视觉推广，在社交媒体上聚集人气，依托庞大的粉丝群体进行定向营销，从而将粉丝转化为购买力的一个过程。

网红经济总体上分为四个阶段。第一阶段是文字网红，如在天涯、猫扑、榕树下火起来的安妮宝贝、痞子蔡、南派三叔等，他们的文字带来了巨大的关注度，形成了注意力经济的雏形，但有效的商业回报并未形成。第二阶段是图片展示阶段，凤姐、芙蓉姐姐、奶茶妹妹大行其道，逐步形成了社群经济的雏形，并开展向粉丝展示其生活方式和偏好取向，有效的商业模式开始形成。第三阶段是多媒体展示阶段，主要以段子手、电商模特、知名 ID 为主的短视频配合图文来影响社群，形成持续性的关注度，如薛之谦、张大奕、罗振宇等。这一阶段开始着力于流量变现，并形成了类似实体红人一样的品牌效应和社会权威性，广告、电商和增值服务成为典型的商业模式。第四阶段主要是互动直播，如这两年最火的直播行业的相关代表人物。网红通过互动开始对粉丝进行遴选和细分，并支持细分行业的重要企业获得有效的差异化展示和顾客关注度，网红的影响开始具备更加泛化的市场特征，并开始影响细分行业和差异化产品。

网红经济对于现行零售产业的正常运行带来了明显的影响，并在电商企业和实体零售企业之间导致了重要竞争差异。从实质上来看，网红经济的直接目标并不是具体的商品和服务，而是流量、是关注、是黏性、是小众型引导，这种特点较难为商品种类偏少、流量规模偏小、地域覆盖范围较窄、活动传播空间较为有限的实体零售企业提供有效的销售支撑和消费引导。但是，对商品种类多、潜在流量大、不受地域和空间限制的电商企业则会发挥良好的支持作用，并成为重要的流量接入来源和销售引导力量。

从表面上来看，网红经济在引导作用力上的偏重无可厚非，作为一种商业手段及其在此基础上形成的商业模式，自然有其适应的渠道和场景，也有其不适应的渠道和场景。但值得我们关注的是，网红作为类似于明星促销和广告宣传相类似的商业手段，其本身并不被法律界定为广告或是促销手段，而是作为一种拥有独立内容、自我场景和自主性关注的存在，以其对“粉丝”的吸引力，带动社群关注力，从而在行为方式、消费偏好、审美情趣等方面产生对社会需求的引导力。而这一引导力将导致电商企业获得巨大的商业契机。例如，2014 年 5 月成为淘宝店主的董小飒，是直播平台的网络主播，每一次线上直播都能获得百万人次的围观。在粉丝的支持下，仅仅一年多的时间，董小飒的淘宝店已经是 3 个金皇冠的店铺，每个月的收入可以达到几十万元。但这种引导力却并不受到相关市场监管部门的直接管理，也并不受到《广告法》等相关商销法律法规的约束，从而使其引导的内容、品种、质量和模式，极易脱离正常的轨道，在形成电商高额收入的同时，扭曲零售市场的竞争机制，使实体零售企业处于不利的地位。

（四）倾销的问题

倾销本是一个严格的法律概念。一般而言，只要低于合理的成本价格销售就构成了倾销。但是考虑到季节性因素、节庆性因素、时点性因素和清仓性因素等情况，在排除了上述问题后的低于成本价格销售，才构成倾销。

1. 违法倾销的确定

违法倾销的构成有四个要件。第一，倾销存在，也即确实发生了倾销行为；第二，倾销导致了不公平竞争的严重后果；第三，倾销行为与严重后果间存在直接的因果关系；第四，不属于前述列明排除情况的范围。

目前，实体零售企业之间一般都会对季节性、时点性的倾销行为采取宽容合作的态度。但电商企业与实体零售企业之间的倾销竞争，则往往会产生严重的后果，表现为电商倾销的长期化、大幅度和损害性，并会导致实体零售企业让出市场或是让出企业股权。

2. 交叉补贴的管理

长期倾销最关键的问题是倾销的亏损由谁来承担——这种承担究竟是一种越来越大的负重，还是越来越大的转型发展机遇？从实践来看，电商或电商支持的实体经济企业，承担损失的来源主要是信息资源或是金融资源领域的交叉补贴，这种补贴可以将倾销的模式长期化，直至达到预期的垄断目标。持续期较长的交叉补贴可以支持电商企业从实体零售企业手里获得市场空间和零售渠道，从而占据拥有良好收益率的线下资源和资产，成为电商企业增长的新动力。这样，电商往往愿意运用持续性的交叉补贴方式，以谋求战略性目标的实现和收益来源的最终落地。

电商的交叉补贴来源一般为信息资源管理收益和金融业态的收入，包括大数据服务、云服务、增值数据服务、支付服务、小贷服务和信用消费服务等。从其结构来看，不公平竞争的特征可能比较突出，其运营结果的风险也会较大。但如涉及某些新业态、新商业模式探索期、试错期的情况，这一问题的认识分析就将复杂得多。可比喻式援引“滴滴打车”“烧钱”期的情况：在其以阶段性亏损吸引市场客户群的“低价+补贴”的运营期，社会上的用户方总体上是受益的和满意的，但“烧钱”的结果最后导致其市场上的“一家独大”，已不是寡头垄断而近乎一家独占之后，过度垄断的弊端也就随之而来，引出了再其后的近乎危机式的风险因素爆发局面。从这个意义上来说，分析评价存在明显“模糊性”的价格战，从其最终结果的判断上，却至少有一点是不模糊的，如果这种以交叉补贴等特殊手段支持的价格战，导致了一家独占式垄断局面，那么其非公平竞争的不当行为性质，便是足以得到认定的。

（五）税收制度的公平性问题

从电商企业和实体零售企业的税收制度公平情况来看，增值税的税制和征管问题，以及企业所得税的税制和征管问题，都将直接带来不同主体间的公平竞争问题。

由于增值税、企业所得税都是按机构所在地缴税，所以往往要求跨区域经营的实体零售企业在注册模式上成为独立法人属性的子公司，以确保地方增值税、企业所得税征税权和收入规模的稳定。但是，将区域分公司改为子公司以后，企业方无法在实体零售企业内部对子公司的经营亏损进行调度余缺、综合平衡，导致了相关企业税收负担增加的风险。而电商企业则不需要在各省实际开设子公司。

从电商和实体商业的税负关系上来看，电商企业的增值税税率一般为6%左右，视作信息服务企业；而实体零售企业的增值税税率一般为16%，视作商品流通企业。这样，行业划分下的竞争格局也就受到相关税制的影响而导致不公平情况的发生。此外，部分开放电商平台上的新注册企业，还呈现出免征特征。

企业所得税税率差异是电商企业与实体零售企业的重要“痛点”。从实体零售企业来看，由于模式创新目前并不作为有效的知识产权形态，所以绝大多数实体零售企业既无法获得高新技术企业的称号，也无法达到获得税收优惠政策的标准。而电商企业则可以将自己包装成高科技企业或是科技服务企业，从而获得创新型企业5%的企业所得税税率优惠政策。另外，对于应纳税所得额低于100万元的小微企业，企业所得税税率可以减按10%缴纳。由于在平台上经营的电商企业经营管理和涉税账务处理相对宽松，在实际获得10%税率的企业中，进入平台经营的电商企业占比较高。

增值税是针对增加值征收的税种，但由于对增加值规模核算的标准化程度相对较难达到，且容易导致执行中的不公平性等问题，实践中，增值税都是采取销项税减去进项税并以票扣税的征收办法。此外，我国的增值税税率存在3个档位，即6%、10%和16%，于是在核定进项税和销项税的过程中，无论企业的实际增加值情况如何，则可能出现长期或是一定时期内的销项税额低于进项税额的情况，形成政府对企业的增值税“退税”要求。这一现象往往在实体零售企业方面有非常突出的表现，在调研中，许多实体零售企业的反应也较为强烈。但在实践中，2018年7月，我国已经对18类行业执行了增值税的进项留抵退税安排（依据是财税〔2018〕70号文件），却并不包括实体零售企业。而另一方面，却在三个领域上包括了电商企业，即互联网及相关服务、软件和信息技术服务、科技推广和应用服务，形成了竞争中新的不公平，亟须予以纠正（18个可实施增值税留抵退税的领域所包括的行业见表4）。

表4　　2018年7月可实施留抵退税的首批行业名单

序　号	行业名称（按国民经济行业分类统计）
1	化学原料和化学制品制造业
2	医药制造业
3	化学纤维制造业
4	非金属矿物制品业
5	金属制品业
6	通用设备制造业
7	专用设备制造业
8	汽车制造业
9	铁路、船舶、航空航天和其他运输设备制造业
10	电气机械和器材制造业
11	计算机、通信和其他电子设备制造业

续表

序　号	行业名称（按国民经济行业分类统计）
12	仪器仪表制造业
13	互联网和相关服务
14	软件和信息技术服务业
15	研究和试验发展
16	专业技术服务业
17	科技推广和应用服务业
18	生态保护和环境治理业

五、新形势下“零售商—消费者”公平竞争环境分析

“零售商—消费者”之间的关系是零售企业最基础、最首要的问题。在新形势下，两者之间关系的核心在于：消费者需求呈现出个性化和多样化的特征，实现对消费者需求的动态平衡匹配成为零售商的核心竞争力的首要表现，在有效满足消费者需求的前提下去追求企业利润最大化，则是零售业社会价值的集中体现。

（一）新形势下的“零售商—消费者”公平竞争分析框架

“零售商—消费者”的关系是零售市场的基础关系。在体系上，主要受到以下四个方面因素的影响，即消费者满足度、经营成本、市场竞争和信用体系。而在对象上，则涉及以下四个方面的主体，即抵近消费者的经营网点、借助快递物流的传统电商、线上线下合作的新零售网点和无人零售终端。将上述两个领域进行组合，形成“零售商—消费者”的分析矩阵，即“TC（trader-consumer）矩阵”。

表 5　　TC 分析矩阵的主要内容

项　目	经营网点	传统电商	新零售网点	无人终端
消费者满足度	所见即所得，被动商品供给，便利性差	匹配度好，周期长，海量商品，便利性差	所见即所得，主动供给，针对性强，便利	所见即所得，主动供给，数量少，较便利
企业成本	制度成本高，税收成本高，经营成本高	制度成本低，税收成本低，经营成本低	制度成本中，税收成本中，经营成本中	制度成本低，税收成本低，经营成本低
市场竞争	区位优势和成本优势	信息优势和海量产品	信息优势和区位优势	成本优势和信息优势
信用体系	直接约束零售企业	约束平台电商和消费者	约束零售企业和消费者	约束生产商和消费者

（二）服务倾销问题

所谓服务倾销是指零售企业在经营过程中，对物流、广告宣传和资金服务等环节的成本不予考虑，而是由其他部门和企业予以承担，从而使本企业经营成本下降，对行业内的其他企业形成竞争优势的行为。从服务倾销的不公平性来看，主要发生在电商企业和实体零售企业之间，主要的业务领域是物流领域和资金服务领域，至于广告宣传中电商企业较好地利用了自媒体的传播渠道，则属于正常的市场竞争行为，不构成不公平竞争。

1. 物流领域的“服务倾销”问题

传统零售企业的竞争优势就是物流的集中度高，平均成本低，且管理能力强，从而使得传统零售企业可以在保障一定程度收益的情况下，为消费者提供价廉物美的服务。

电商企业主要依托减少消费者的无效购物时间和物理位移的成本来形成自身的竞争优势。通过信息渠道将商品送达消费者眼前，以便利选择；通过物流渠道将商品直达消费者手中，以便利获得。其中最大的成本压力便是物流成本的压力，时效性要求越来越高，覆盖的范围要求越来越宽，商品的种类也越来越广泛，物流的成本压力自然越来越大。这样，电商企业特别是其线上线下结合的新零售业态在短期内就会形成边际成本上升局面，从而使服务供给能力下降，企业服务边界形成。随后，电商新零售模式也将进入与实体零售企业一样的网店开办和店铺覆盖的领域之中。

但在电商企业有效剥离物流成本的情况下，上述的“拐点”则较难形成，即使形成，其有效覆盖的范围也远远大于实体零售企业的影响范围，从而继续保持对传统零售企业的竞争优势，如京东的7fresh、阿里巴巴的盒马鲜生等，都借助自备物流和第三方物流提供直达上门的服务。新零售门店并不承担物流成本，所有的物流成本由集团公司另行承担。这实质上属于集团公司内部线上线下结合创新发展尝试中的“交叉补贴”问题，尚应区别于严格定义的“服务倾销”。

2. 支付领域的服务倾销问题（支付“二选一”）

目前，大型实体零售企业和电商企业一般都拥有第三方支付牌照和消费金融牌照，因此，普遍在销售过程中采取预付费卡或是二维码支付的方法来替代现金或信用卡的使用。但相对于实体零售企业预付费卡业务，电商企业的二维码扫码支付技术更加便捷、更加高效也更加简捷。一方面，可以形成在合作金融机构中的“资金池”，获得金融市场的话语权和协作；另一方面，可以形成更加具有针对性、具体化的支付信息，从而与消费习惯、购买能力、流动性状态等形成信用的有效“闭环”。因此，支付问题对于实体零售企业往往是一个融资和代付问题，而对于电商企业则是创造有价值的信息资源，并形成综合金融服务生态的重大问题。“支付就是创造”是阿里巴巴等电商企业的核心理念。

这样，大型电商企业往往高度关注支付问题。阿里巴巴有支付宝，腾讯有财付通，京东有京东支付等，这些支付平台的运作，在增强社会便利的同时，也给电商企业带来了巨大的隐性财富和竞争优势。为获得这一信息红利及其背后的金融资源，电商企业往往都使出了浑身解数，从线上到线下，从自营、加盟到支付合作，尽力抢占有效的市场份额，并快速构建信息资源和“云服务”系统。

这种竞争格局导致了我国在支付市场上的两个核心问题。

一是现金支付的“挤出”和支付倾销问题。由于电商企业可以从支付中获得重要的利益，所以与现金支付和信用卡支付不同，电商企业的支付平台不仅不收取费用，甚至还给予实体商家以补贴，以获得实体商家和其他电商企业的支持。这种行为，显然构成了服务倾销，对现金支付、预付费卡支付“挤出”的同时，对银联等信用卡服务体系带来了巨大的冲击，导致支付体系的发展失衡和业务异化。

二是支付方式“二选一”和支付过度竞争问题。随着支付模式场景化的延伸，我们现在几乎在所有的领域都可以见到电商支付的影子，购物、停车、信用卡还款等，极为便利。但从现行支付体系的服务来看，主要依托二维码作为支付手段，支付方法和体验基本雷同，应用范围和场景深化就成为电商支付体系的重要拓展方向。为了有效地巩固自身的“领地”和“场景”，支付系统一旦进入，则需要想方设法地进行“排他”，以确保自己的垄断地位。目前，我国支付市场基本形成了“双寡头”的局面。2017 年，支付宝在支付市场上的占有率约为 43%，而财付通则为 17%①，二者在对零售上进行巨额的支付补贴的同时，往往要求相关的零售企业对支付方式进行“二选一”，从而损害消费者的权益，并降低实体零售企业的购物体验。

（三）经营管理上的法律公平性问题

经营管理上的法律公平性主要涉及职工待遇、薪酬、营业时间等三个方面的问题。

1. 职工薪酬问题

实体零售企业有严格的用工制度，用工的范围包括管理人员、服务人员、销售人员和安全人员，人数多、合同率高。而对于电商企业而言，一般只包括管理人员和服务人员两类，自己并不承担销售人员和安全人员的薪酬；即使是平台上的电商企业，也往往只有临时雇佣的销售人员和服务人员，尽管人数不少，但合同率较低。这样，职工薪酬上，实体零售企业要远远高于电商店铺，但提供的是富有职业发展前景和进步阶梯的就业岗位。

2. 职工待遇问题

由于实体零售企业就业人员的合同率高，所以职工的社会保险待遇、公积金待遇、教育培训待遇和职业稳定待遇等情况较好，相应也带来了企业运营的较重负担。而电商平台店铺和电商企业的就业人数总量偏低、合同率水平偏低，在职工待遇的支持方面总体支出较少，企业负担较轻。尽管电商平台店铺企业的职业发展前景不明朗，不利于人才的引进和发展，但可借助平台电商灵活吸收低端人力资源的特点和创新型服务克服上述短板，从而在一定时期内形成对实体零售企业的职工待遇相对优势。

3. 营业时间问题

实体零售企业受到经营成本、劳动法等因素的影响，一般只能提供有限的营业时间。而电商企业则可借助其 24 小时在线的信息门店，给消费者提供持续性、无时间选择限制条件的购物体验。目前，随着实体零售企业全面推进“+互联网”建设，解决 24 小时全程服务的能力基本具备，但仍存在时限性差、即时性需求满足能力不足等问题，对于生鲜类、个性化商品的服务能力明显欠缺。

4. 搭售问题

根据我国消费者权益保护法等法律法规的规定，严禁生产厂商或是零售商，以相关的

① 本处的算法是按照支付金额进行计算，而不是支付的笔数。

核心商品或紧俏商品作为依托，搭售其他消费者并不需要的周边产品或其他产品。但对于电商企业而言，则存在明显的搭售安排或搭售引导，甚至存在搭售强迫的情况。目前，电商领域的搭售问题，主要表现为以下三个方面：

一是大数据“杀熟”问题。同一商家、同一产品，不同的消费者却可能面对不同的价格。这种被网民们普遍诟病的“大数据杀熟”现象，被业界称为“基于大数据算法的消费者歧视”，本质上是电子商务经营者通过收集用户画像、支付能力、支付意愿，做到“一人一价”，甚至出现“会员价”高于正常价格的怪象。

二是诱导性搭售问题。如在携程等电商平台预订飞机票、火车票，页面上却凭空冒出酒店、贵宾休息室等额外服务，甚至有些平台还被默认打上了钩。一旦消费者不注意，则会被默认为购买搭售产品。

三是强迫性的搭售问题。如在去哪儿电商平台预订飞机票，许多供选择的机票价格的背后都是强制性搭售保险产品的，在损害消费者利益的同时，也导致了运输市场和保险市场的扭曲。

（四）营业成本问题

电商与实体零售企业之间的营业成本问题主要包括税负成本、财务成本和租金成本三个方面。

1. 税负成本问题

如前所述，企业所得税和增值税领域都存在实体零售企业税负高、税制设计不合理等问题。这里主要基于税制改革的要求和企业经营的特点做进一步的分析。

个人所得税代扣代缴机制，与企业职工的合同率、收入水平、员工数量和稳定就业情况紧密相关。因此，实体零售企业受到上述因素的影响，个人所得税的征缴工作较为规范。电商平台店铺企业的个人所得税的征缴水平则相对较差，即使是大型电商企业（含自营电商企业）由于从单位取得收入的职工人数相对较少，个人所得税概念下所对应的负担也相对较轻。随着个税改革的不断深化，个人收入的口径也不断扩展、不断完善，并为 2018 年由税务机关足额征收社保费用准备了条件。一旦按本轮个税修法后的新制度安排运行，将导致实体零售企业的经营负担加大。

消费税改革正处于扩大范围、优化税率、改革税制和完善征管的“四路并进”阶段。从未来的改革预期来看，部分消费税将从现在的生产环节征收转为零售环节征收，从而加重零售企业资金负担，并将流通成本水平作为税基纳入征收。从运行中来看，实体零售企业面临相对较高的流通成本，且拥有较为完备的市场监管，应税消费品无法逃税，并须承担高昂流通成本带来的税负压力，这将进一步影响实体零售企业与大型电商和电商店铺企业的竞争格局。

2. 财务成本问题

实体零售企业的财务成本总体水平并不高，但在与电商竞争的过程中，却往往表现出明显偏高的财务成本特点。从全社会层面来看，实体零售企业拥有一定程度的结算账期，可以暂时占用一部分生产企业的货款；并且，大型零售企业一般都拥有第三方支付牌照，可以通过预付费卡等形式，占用一部分消费者给予的资金收益，所以，总体财务成本本来并不算高。

电商企业在信息经营的过程中，形成了良好的现金流收入；并通过第三方支付系统的建设和服务提升，积累了大量的廉价社会资本；在获得金融牌照的基础上，可以对平台电商店铺企业开展直接的融资服务和信用融资等。这些都带来了相对较低的财务成本和相对便利的融资空间与条件。

3. 租金成本问题

区位优势是实体零售企业的关键优势，也是取得竞争优势中的重要基础，因此，对于关键区位的竞争，一般都会达到“白热化”的程度，从而抬升租金水平，增加经营成本。电商企业更加注重消费者的信息流量，而不是店铺的具体布局，信息引流成本将会一再升高，但店铺租金的影响较小。随着“营改增”改革全面完成，租金成本对于实际店铺租金的影响将更为显性化，而对于信息引流的影响则基本不变。实体零售企业的制度性成本所导致的这一比较劣势仍在增强。

（五）资产错位竞争问题

资产错位竞争问题的关键不是错位，而是在竞争中，因错位而导致其中一方的资产优势和资产积累消失。从运行的情况来看，电商的核心资产是信息，信息越发达，越削弱区位资产的价值；实体零售的核心资产是区位，而区位越好，则竞争中对信息的依赖则反而越强。这样就使得电商企业的资产处于优势的巩固期、积累期和提升期，而实体零售企业的资产则处于风险期、转移期和下降期。从而在竞争中，实体零售企业的经营压力不断加大，资产经营的难度不断增加，对大型电商的依赖性也在不断增强。不过，这总体上属于市场竞争中自然发生的新特征，而不是不公平竞争的问题。

（六）信用评价体系及约束作用问题

信用评价体系是约束生产企业、零售企业和消费者行为的重要基础性制度。但在电商与实体零售企业的竞争中，信用评价体系对电商企业的约束力相对较弱。从实体零售企业的信用评价管理来看，主要评价的对象是零售企业、组成店铺和顾客，往往在提取客观指标（如消费金融还款情况、商品的正品率情况、售后服务的承诺履行情况等）的基础上，通过零售企业、组成店铺和消费者的互评来形成信用管理的基础信息，并以此产生信用评级和信用约束。

对于电商企业而言则存在明显的约束不力情况。从实践中来看，电商的信用评价主要指向产品和生产商（商标权人），大型电商是信用评价的评价人和组织者，而不是被评价的对象，并不受信用评价体系的直接约束（会受到社会评价“口碑”的一定约束）。

这样，实体零售企业和大型电商企业之间在信用评价和信用约束上仍存在不公平竞争的因素。实体零售企业缺少信用管理的话语权，而大型电商企业往往就是信用评价的提供者和管理者。

（七）消费者个人信息安全与管理问题

从实践中来看，实体零售企业通过会员制制度和消费者的信用卡、预付费卡的刷卡记录等可以获得一部分消费者的信息。但在使用中，则表现出将其作为企业的核心资产构成，严格管理、严防泄密、精准使用的特点，一般不会导致信息泄露和隐私侵权。

但电商企业则不然，在购物端获得大量消费者个人信息之后，迅速将其纳入自备的大型数据库，并进行大数据分析，提炼有效的个人算法，形成具有良好精准度的“云”。以此为基础，为平台上的电商店铺企业、周边服务企业和相关社会需求企业进行数据服务和经营“赋能”。这种业态的兴起和业务的发展必然导致个人信息的安全管理受到一定程度的影响，甚至在运用中还会出现泄露的情况。随着欧美对个人信息安全的不断重视和相关隐私法律的不断健全，当前中国消费者个人信息被泄露和利用的情况将有望得到较好纠正。

六、完善公平竞争环境，实现高质量发展的政策建议

（一）全面落实《电商法》，实施好《反不正当竞争法》

抓紧时间落实好《电商法》的相关精神、原则和内容，有效监督电商企业履行法律责任和义务，有效推进电商企业的依法合规经营，尊重行业发展规律，尊重消费者的个性化、多样化需求，尊重生产商和平台商家的基本利益诉求。尽快出台“电商法实施细则”，确保《电商法》得到全面有效的贯彻。

在给出新业态、新模式的一定弹性试错和创新发展空间的前提下，以反倾销和规范交叉补贴为核心，实施好《反不正当竞争法》。防抑和查处以获取市场垄断地位为目标的长期、大幅度的倾销活动，依法管理和限制大型电商企业的交叉补贴行为，以保护消费者权益和利益作为根本出发点，结合创新发展的客观要求的“审慎包容”，科学有效地应对和处置零售产业发展中的不正当竞争行为。

（二）优化增值税征管体制，完善企业所得税制度，有序推进消费税改革

从增值税征管体制来看，目前主要存在留抵退税问题、跨区域征收问题和税率水平不统一问题三个方面。建议：一是将实体零售企业的留抵退税安排纳入改革进程，重点支持绿色生产、智能服务和带动就业的企业，以实际获得的增值税票据为基础，以三年均值为周期，确定退还比例；二是坚持机构所在地缴纳增值税的原则不变，尽快由国家税务总局提出一个以实际增加值规模或是销售收入水平为基础的税额地区间分享办法，既确保地方利益，又降低企业经营负担；三是抓紧推进增值税税率改革，按照三档变两档的方向实施税率并轨，建议取消 10%的税率，将其合并到 6%的税率征收范围，并按照实际税负相平衡的原则，将制造业、租赁业的税率水平降为 12%。

从企业所得税的制度建设重点来看，目前主要是税率水平和税前扣除两个大的制度改革领域。在税率水平上，建议对租用实体零售企业的柜台和店面的小微企业执行 10%的企业所得税税率，并实施租金（租金水平可以由政府指导）税前扣除政策。在税前扣除上，建议将实体零售企业的模式创新、业态创新和技术创新纳入国家创新体系保障和支持的范围，并允许符合要求的研发费用按已有政策比照实施税前加计 75%的扣除比例；建议参照“一带一路”的企业海外投资政策，允许跨区域经营的分子公司进行直接并表核算，并将企业的执行情况纳入诚信体系进行管理。

从消费税改革的方向来看，建议按照基本的改革方向实施分段征收的安排。在继续坚持目前对进口环节和生产环节征收的基础上，以出厂后的物流费用、入场费用和销售费用

等流通费用为基础，在零售环节征收流通阶段的消费税。为征管上的便利和总体税负的平衡，建议将消费税税率做相应的适当降低，并由价内征收改为价外征收。同时，支持实体零售企业将代征的消费税税款在上缴周期内形成一定程度的资金池业务，以减少资金占用，降低财务费用。

（三）完善行业发展顶层设计，优化战略性布局关键环节

一是加强零售业发展的顶层设计，以总量适宜、结构合理为目标，盘活存量与优化增量并重，淘汰落后与培育新动能并举，引导业态雷同、功能重叠、市场饱和度较高的业态有序退出城市核心商圈；积极培育世界级消费城市和国际化商圈，完善品牌消费环境，加快培育国产优质品牌；引导企业改变千店一面、千店同品现象，不断调整和优化商品品类，着力加强供给侧改革力度。

二是进一步推动社区零售发展，拓展便民增值服务，打造一刻钟便民生活服务圈。在场地租金攀升、企业利润下降的大环境下，门店越开越小俨然已成为我国实体零售不可阻挡的发展趋势，便利店、精品超市、社区型购物中心等社区商业将成为零售企业寻求转型升级的重要方向。随着我国社区零售整合化、全渠道发展进程逐步加快，投资成本低、成熟周期短的社区零售必将成为支撑行业发展的重要推手。从长期的发展来看，“小而美”的社区化零售业态将在一个重大发展方向上更适合新形势下消费市场的客观需求。

三是加强信息基础设施建设，完善智能高效供应链体系，支持消费升级。作为连接生产与消费的流通环节，传统零售企业对全供应链控制能力较弱，信息传导响应不及时，供需错配导致企业库存高企、周转率低、商品同质化等问题不断加剧。随着信息技术发展和数字化水平的提高，构建消费主导、响应及时、快时尚化的供应链，实现产端、渠道和客户一体化的效能提升，将成为我国零售行业转型升级的重要举措。新供应链将实现全链条数字化，包括客户、物流、支付、服务等数字一体化，从而实现库存最优乃至零库存；通过数据分析掌握消费需求，以需定产，柔性制造，深耕上游供应链，保障企业的差异化、高端化、定制化战略精准实施，最终实现零售升级。

（四）以专项债券、国家担保和供应链融资为抓手完善融资服务

一是以实体零售企业融资为对象，支持相关金融机构发行实体零售行业小微企业贷款专项债券。该类债券筹集的收入将专项用于对实体零售企业的小微企业提供信贷服务，并享有不参与核心资本充足率核算和免征贷款利息增值税的有关政策优惠。

二是在国家融资担保基金中，建立实体零售企业专项资金或子基金。由融资担保基金在相关行业协会的协助下，在 2020 年前，每年至少新增 60 亿元①的融资担保本金支持实体零售企业的小微企业发展，至少扶持 1 万家小微企业，新增贷款规模 150 亿元以上。

三是以供应链融资为抓手，拓宽企业融资渠道。支持商业银行在风险可控、商业可持续的前提下发放中长期贷款，促进企业固定资产投资和兼并重组；积极研究通过应收账款、存货、仓单等动产质押融资模式改进和完善小微企业金融服务，通过创业担保贷款积极扶持符合条件的小微企业。

---

① 与商业流通企业中的零售企业增加值占 GDP 的比重在 10%左右的比例基本相当。

（五）维护市场环境公平有序，深入推进放管服改革

一是维护市场环境的公平有序。加大执法力度，严厉打击制售假冒伪劣商品、侵犯知识产权、不正当竞争、垄断经营、商业欺诈等违法行为；指导和督促电子商务企业加强对网络经营者的资格审查与售后保障；加快建立全国统一征信平台，建立覆盖线上线下企业及相关主体信用信息采集、共享与使用机制，并通过国家企业信用信息公示系统对外公示，健全守信联合激励和失信联合惩戒机制。

二是提振企业内生动力，深入推进放管服改革。继续推进简政放权，缩短简化审批流程，清理或下调审批费用，降低企业制度性成本；全面落实工商用电同价政策，鼓励更多的实行峰谷电价地区开展商业用户选择执行行业平均电价或峰谷分时电价试点；落实银行卡刷卡手续费定价机制改革方案，持续优化银行卡受理环境，加大银商合作力度，完善综合服务措施，提升企业账户资金周转效率，构建以大数据为方向的综合金融服务体系。

附件：

《中华人民共和国电子商务法》的条文要义与要点

《中华人民共和国电子商务法》（以下简称《电商法》）已由中华人民共和国第十三届全国人民代表大会常务委员会第五次会议于 2018 年 8 月 31 日通过，于 2019 年 1 月 1 日起施行。这部关乎互联网电商行业格局的法律经历 3 次公开征求意见、4 次审议后落定。新法一共七章八十九条，主要对电子商务经营者、电子商务合同的订立与履行、电子商务争议解决与电子商务促进和法律责任这五大方面做了规定。

一、电商平台对假货和知识产权保障负责

网购遇假货一直是消费者的心头之痛。此外，由于很多店铺没有成立自己的公司，即使成立相应的公司，卖家也不会把运营企业的信息公示在自己的店铺页面，消费者面临的其实是一些“无法查明身份”的卖家。买到假货，是找电商平台理论？还是要平台内网店赔偿？二者谁应承担更大的责任？对此，《电商法》给出了明确的答案。

《电商法》规定：电子商务平台经营者知道或者应当知道平台内经营者销售的商品或者提供的服务不符合保障人身、财产安全的要求，或者有其他侵害消费者合法权益行为，未采取必要措施的，依法与该平台内经营者承担连带责任。未尽责任造成消费者损害的，除依法承担相应的责任外，还将被处以最低 5 万元、最高 200 万元人民币的罚款。

二、网络店铺应根据现行税法依法纳税

关于电商纳税问题，《电商法》第十一条规定，电子商务经营者应当依法履行纳税义务，并依法享受税收优惠。依照规定不需要办理市场主体登记的电子商务经营者在首次纳税义务发生后，应当依照税收征收管理法律、行政法规的规定申请办理税务登记，并如实申报纳税。

此外，第二十五条规定，有关主管部门依照法律、行政法规的规定要求电子商务经营者提供有关电子商务数据信息的，电子商务经营者应当提供。

第二十八条规定，电子商务平台经营者应当依照税收征收管理法律、行政法规的规定，向税务部门报送平台内经营者的身份信息和与纳税有关的信息，并应当提示依照本法第十条规定不需要办理市场主体登记的电子商务经营者依照本法第十一条第二款的规定办理税务登记。

三、"差评"作为重要市场信用信息应得到尊重和保护

经常网购的消费者似乎都有个习惯，购物前先看评价。但在很多平台上，只显示商品的好评，或者消费者没有评价但系统给出默认好评，偶尔也有消费者表示记录下购买商品的"不好"感受，却被卖家或者平台删掉。那么，今后，买家发出的差评，是否能随意删除？

《电商法》规定：电子商务平台经营者应当建立健全信用评价制度，公示信用评价规则，为消费者提供对平台内销售的商品或者提供的服务进行评价的途径。电子商务平台经营者不得删除消费者对其平台内销售的商品或者提供的服务的评价。

《电商法》规定，"未向消费者提供对平台内销售的商品或者提供的服务进行评价的途径，或者擅自删除消费者的评价的"，将被处以最高50万元人民币的罚款。

四、恶意增信的"刷好评"被严禁，以保障消费者知情权

删差评要受罚，引导好评也明令禁止。"亲，给个五星好评吧，返2元红包哦!"网购中，部分卖家在评论上做起文章，利用"小恩小惠"诱导消费者给好评，或者购买"水军"刷好评，这样的举动将被禁止。

《电商法》规定：电子商务经营者应当全面、真实、准确、及时地披露商品或者服务信息，保障消费者的知情权和选择权。电子商务经营者不得以虚构交易、编造用户评价等方式进行虚假或者引人误解的商业宣传，欺骗、误导消费者。

五、标明"广告"，避免竞价排名误导消费者

电商网站上经常会有商品综合排名，或者推荐购买商品排行。这些排名在很大程度上决定着消费者到底将哪一件商品放入购物车。然而，相关报道显示，当下电商平台收入的

很大一部分来自平台内商家广告投放。网购平台成为广告推广平台，损害的是消费者的利益，对电商市场的健康发展带来风险。

对此，《电商法》明确规定：电子商务平台经营者应当根据商品或者服务的价格、销量、信用等以多种方式向消费者显示商品或者服务的搜索结果；对于竞价排名的商品或者服务，应当显著标明“广告”。

六、个人隐私高于大数据服务的便利性

许多消费者反映，现在大型电商存在侵犯个人隐私并提供过度相关性需求引导的情况。比如：“我其实并不需要电商 App 自动推荐我想要的东西。”“有时候我只是和朋友在微信聊到了某样东西，当天打开淘宝立马看见它‘躺’在搜索栏里；有时候只是做了份 PPT，就会看到微博、浏览器、各电商 App 都在向我推荐文件里提到的产品。”

对此，《电商法》第十八条规定：电子商务经营者根据消费者的兴趣爱好、消费习惯等特征向其提供商品或者服务的搜索结果的，应当同时向该消费者提供不针对其个人特征的选项，尊重和平等保护消费者合法权益。违反上述规定者，由市场监督管理部门责令限期改正，没收违法所得，可以并处 5 万元以上 20 万元以下的罚款；情节严重的，并处 20 万元以上 50 万元以下的罚款。

七、落实到达生效原则，快递当面查验

我国国内运输和快递服务一般不包括运输险，需要由消费者另行投保，这显然将运输过程中的风险过度转嫁给了消费者。在未来的发展中，应全面落实到达生效的原则，快递送达收货人，并提醒当面验视后才算完成了快递运输服务的全过程。

《电商法》第五十二条规定，快递物流服务提供者为电子商务提供快递物流服务，应当遵守法律、行政法规，并应当符合承诺的服务规范和时限。快递物流服务提供者在交付商品时，应当提示收货人当面查验；交由他人代收的，应当经收货人同意。

2018 年连锁行业品类管理实施及人才培养调研报告

一、调研目的

品类管理自 1997 年由中国连锁经营协会（CCFA）引入中国，至 2012 年，经过 15 年的推广、普及和实践，被很多大型连锁零售企业确定为公司的重要发展战略，品类管理人才成为行业稀缺专业人才之一。2012 年，中国连锁经营协会面向高等院校推出 CCFA 注册品类管理师技能认证，在连续的 6 年中，28000 余名学员参加系统性的品类管理学习、实践和认证，为我国连锁行业提供了数以万计的品类管理人才储备。为促进新消费时代连锁行业转型升级，更好地缓解和适应连锁企业可持续发展对品类管理人才的需求，并促进教育提升工作，中国连锁经营协会品类管理课程研发小组分区域面向典型连锁企业、高等院校、在校期间接受过品类管理系统学习的毕业从业人员等进行了系统性专题调研，旨在全面掌握连锁企业品类管理实施状况，品类管理岗位设置及人才需求状况，以及品类管理从业人员应具备的知识、能力等要素条件；系统了解高等院校品类管理课程开设状况，教学实施及实践活动中存在的问题，为未来行业协会牵头组织品类管理相关课程的研发，指导品类管理校企合作，更多培养并有效提升学以致用的品类管理专业人才及其水平，提供客观与可资借鉴的依据。

二、调研方式、实施情况及内容

（一）调研方式

本次调研主要通过下列 4 种方式实施：文献搜索调研；实地访谈调研；问卷调研；电话访谈调研。

（二）调研实施与周期

本次调研由中国连锁经营协会组织，江苏经贸职业技术学院作为调研工作牵头实施单位，联合品类管理课程研发小组成员，进行组织落实和具体实施。调研自 2017 年 12 月初至 2018 年 5 月初，历时 5 个月。调研报告由牵头单位汇总编纂并由协会修改终审。

（三）样本分类及问卷回收

本次调研针对不同的调研对象，设计了 3 种调研问卷，实际收回问卷数量见表 1，问卷有效率达到 97%。

表 1　调研问卷回收情况表

问卷名称类型	实际回收	有效问卷
品类管理实施及人才需求调研问卷（连锁企业）	25	25
品类管理实施及人才需求调研问卷（高等院校）	51	51
品类管理实施及人才需求调研问卷（从业人员）	210	203
合　计	286	279

注：会议调研、实地调研对象为网络调研对象中抽取的典型企业。

（四）调研内容概述

本次调研主要针对连锁企业、毕业从业人员、学校以及相关行业专家等。

企业调研内容包括：企业对品类管理的认知程度、企业实施品类管理最为明显的效果、企业在实施品类管理过程中遇到的主要困难、企业品类管理岗位和部门设置、品类管理人员应具备的技能以及未来企业对品类管理人才的需求状况等内容。

从业人员调研内容包括：品类管理课程的学习对现在的工作是否有帮助、品类管理课程对自己最有价值的部分、在学校学习品类管理课程过程中面临的最大的问题以及品类管理经理应具备的技能等问题。

学校调研内容包括：是否开设品类管理课程、开设学期、开设课时数、前导课程、后续课程、开设过程中最大的问题、老师是否参加过协会的品类管理课程培训以及目前的品类管理教材或者课程最应该加强的模块等内容。

三、调研对象

本次调研对象包括连锁企业、高等院校和从业人员三大类。

（一）连锁企业

调研区域涉及全国东、中、西部 17 个省、自治区和直辖市的 25 家具有一定规模的连锁企业。考虑到实施品类管理的跨业态特征，在业态构成上既有单一业态经营的企业，也有多业态经营的企业，其中泛超市业态占比一半以上，其次是以联营租赁模式为主的百货购物中心业态，还有以自营模式为主的专卖店专业店业态。被调查企业所属业态相对全面，基本覆盖了常见业态类型，且各业态占比相对均衡。样本企业业态占比见图 1。

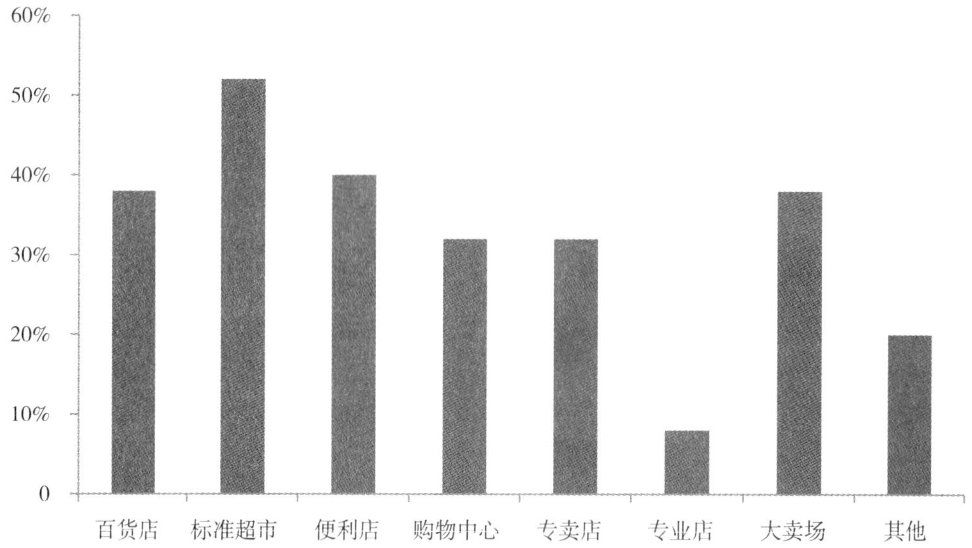

图 1　所调研公司的主要经营业态

考虑到品类管理实施的难度，所以在样本企业的选择上，我们更倾向于企业销售规模更高与用工规模更大的企业。样本企业上年度营销规模分类及其占比见图 2。其中，年销售百亿元以上的企业是调研主体，1 亿元以下的连锁企业没有选择。

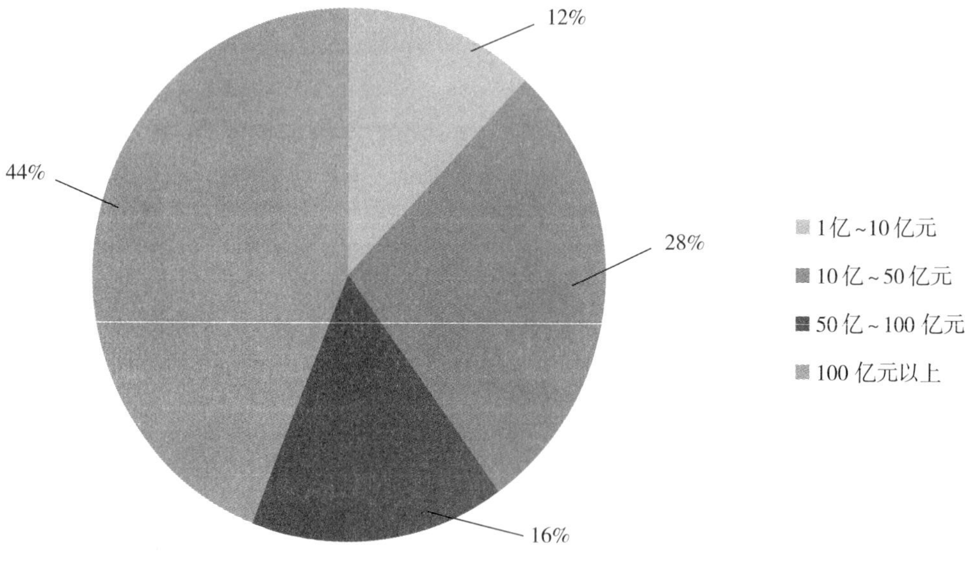

图 2　所调研企业的营业额分布

样本企业员工规模分类及其占比情况见图 3。其中，2000 人以上的企业是调研主体，100 人以下的企业没有选择。

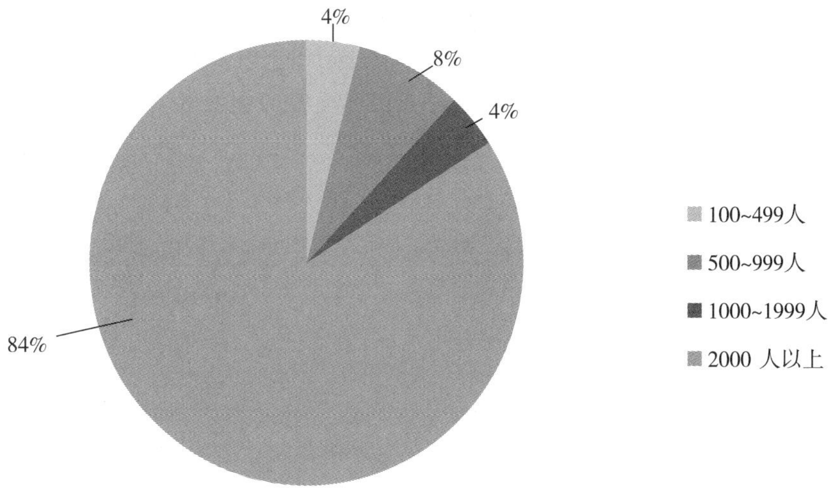

图 3 所调研企业的用工人数分布

（二）高等院校

调研了全国 51 所开设连锁经营管理专业（连锁经营管理方向）的高等院校，考虑到专业建设服务于所在区域行业的发展需求，不同区域连锁行业的发展程度差异较大，所以在样本分布上兼顾东西部差异，覆盖 19 个省、自治区、直辖市，在具体样本选择上，既包括全国仅有的两所国家示范骨干校建设期间明确将连锁经营管理专业作为重点建设专业的北京财贸职业学院和江苏经贸职业技术学院，也包括近年来在连锁经营管理专业领域积极探索的一批院校，如浙江商业职业技术学院、黑龙江职业技术学院等，还包括新近开设连锁经营管理专业的院校，如杭州万向职业技术学院等。

（三）从业人员

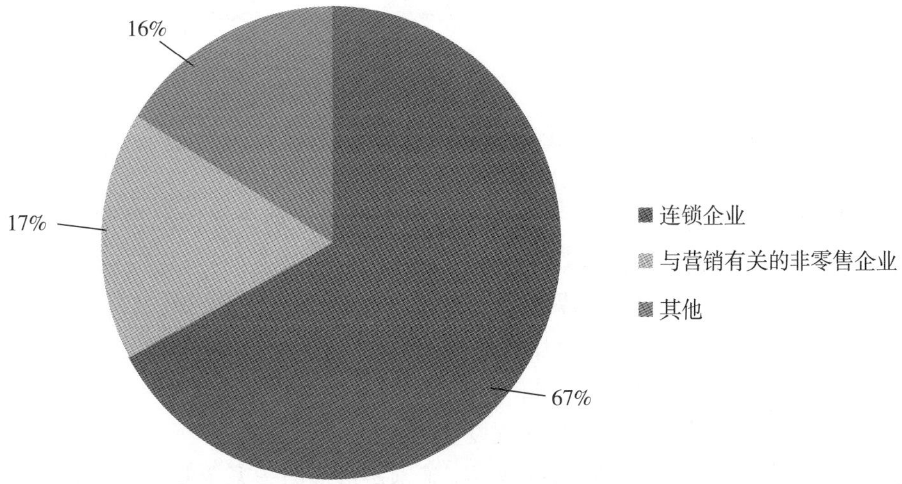

图 4 毕业从业人员行业分布

我们对在样本校学习过品类管理课程的毕业从业人员，采取随机发放问卷的形式进行跟踪调研，回收 210 份问卷，剔除无效问卷 7 份，最后确定有效问卷 203 份。在这 203 份问卷中，工作 3 年以内的为主体，占比为 85%；继续参加学习者（本科和研究生）为小众，不足 20%；而在本专业相关行业就业者占大多数，达 67%，具有一定的代表性。

四、调研结果

（一）企业调研结果分析

1. 企业对品类管理的认知程度分析

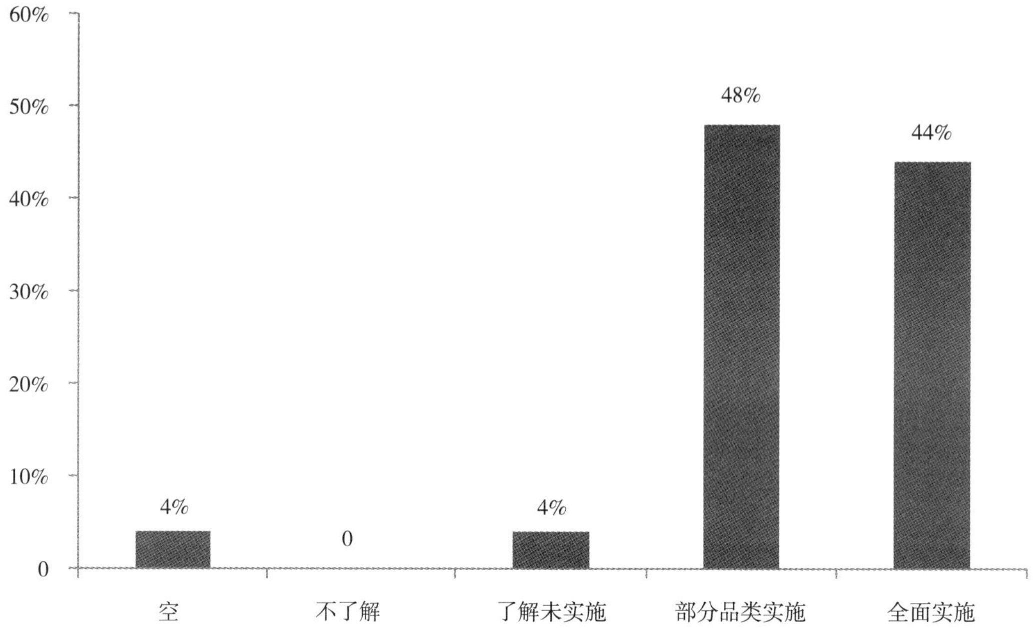

图 5　企业对品类管理的认知程度

本次接受调研的 25 家企业中，全面实施品类管理的和部分实施品类管理的企业达到 92%。而未开展或者未全面开展品类管理的主要原因为：缺乏统一认识，组织架构缺失，人才缺失，开展经验少。这说明还需要进一步加强对品类管理的认知，宣传实施品类管理给企业带来的诸多提升与变化，及时做好品类管理的人才储备，持续推动品类管理的全行业实施，带动行业整体提升和技术进步。

2. 营业额和企业对品类管理的认知程度交叉分析

通过交叉分析，我们得出：剔除对是否实施未做选择的一家企业，企业对品类管理的认知程度和企业营业额正相关，认知越深刻，公司上年度的营业额越高，或者说营业额越高的企业对品类管理的认知越深刻。所以，我们认为，连锁企业要想获取长久的发展，与该企业是否实施了品类管理有正相关关系，要想做大、做强，需要了解和认识品类管理并认真实施。

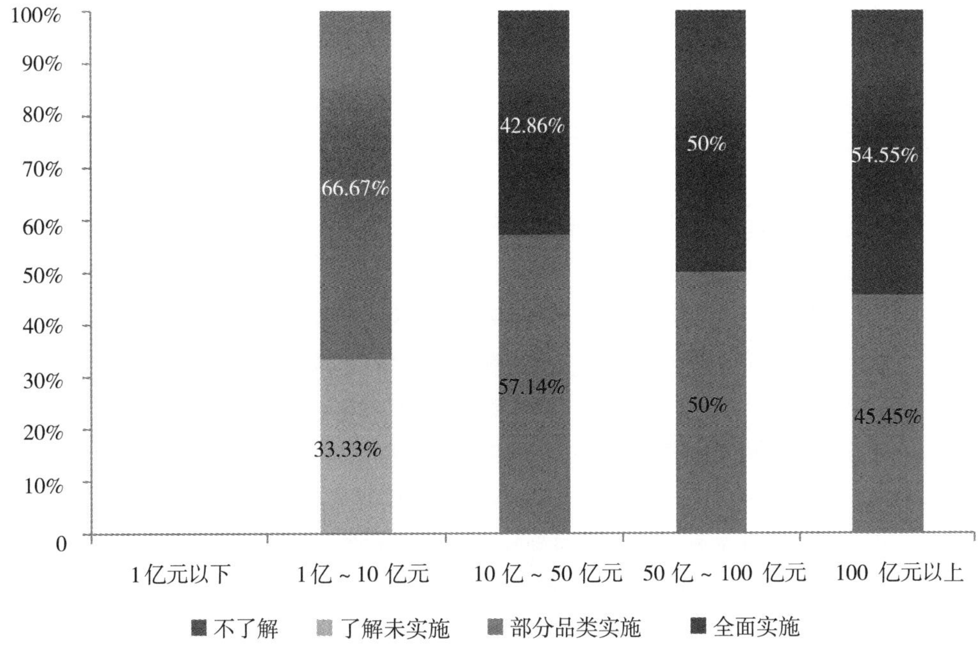

图6 营业额和企业对品类管理的认知程度交叉分析

3. 企业实施品类管理的效果分析

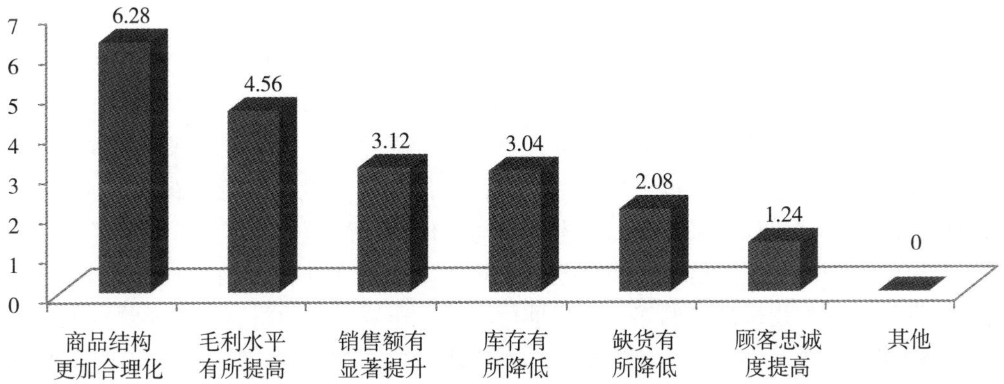

图7 企业实施品类管理效果分析

从企业实施品类管理的效果来看，效果明显。排名在第一位的是“商品结构更加合理化”，说明品类管理首先对企业商品结构优化具有最为明显的效果，但是也从另外一个方面反映，有的企业可能把品类管理主要作为商品结构管理的工具来使用，距离品类管理作为连锁企业系统性持续业绩提升的管理手段还有一定的差距；排在第二、第三位的分别是“毛利水平有所提高”“销售额有显著提升”，说明品类管理在业绩提升方面表现明显，对销售和利润的改善效果明显；在第四、第五位的分别是“库存有所降低”“缺货有所降低”；但是顾客忠诚度提高的平均综合得分为 1. 24，排名第六，说明有的企业认为品类管理是一个技术问题，品类管理主要解决的还是企业供应链效率问题，而未能认识到，品类管理需要整个企业经营管理系统转型到消费者研究和适应上来，这距离品类管理以顾客为中心，通过对顾客的有效识别和深度了解进而精准营销提高业绩的内涵还有定位认知上的差距。

4. 企业在实施品类管理过程中遇到的主要困难分析

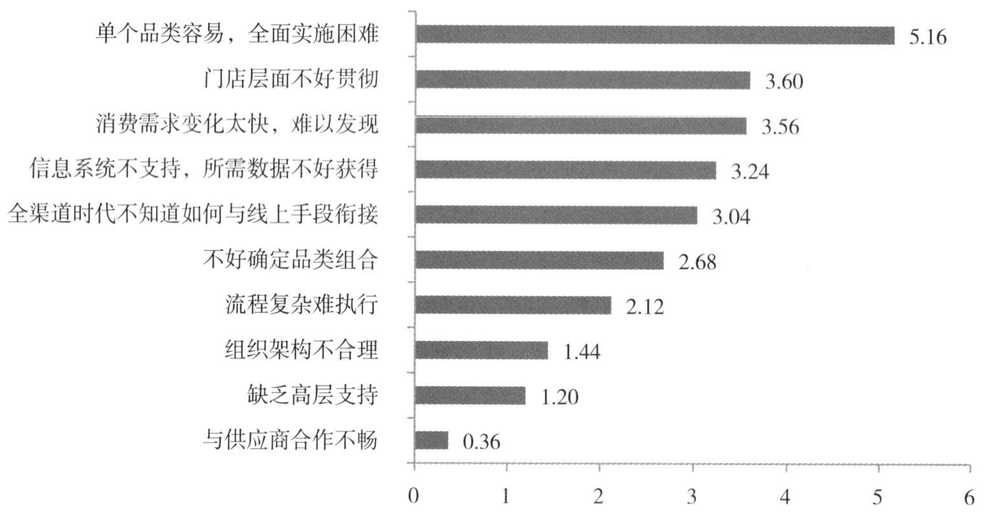

图 8　企业实施品类管理的主要困难

从企业在实施品类管理过程中遇到的主要困难来看，排在第一位的是“单个品类容易，全面实施困难”，说明企业目前由于各品类供应链成熟度以及企业内部管理水平的局限，全面实施品类管理依旧是最大的困难。排在第二位的是“门店层面不好贯彻”，说明有部分企业在品类管理实施的组织架构以及流程设计上可能没有考虑好跨部门协作问题，片面地认为品类管理仅仅是采购部门的事情，与其他管理部门关系不大，忽略了门店营运部门在品类管理中的作用，这也可能与把品类管理更多的当作商品结构管理的工具有关，这种结构设计与目前越来越多的连锁企业推行小单元作战，赋予门店更多经营自主权和分享红利的趋势相违背。排在第三位的是“消费需求变化太快，难以发现”，说明企业越来越看重消费需求导向，不再停留在找样板企业单纯模仿的阶段，但是由于消费需求变化太快，我们的品类经理在洞察消费需求上有难度，在技术层面未能找到消费者行为和购物特征与企业现有商品结构、服务体系对应的途径，从另外一个角度上也反映了，连锁企业的品类经理在是否运用好供应商尤其是品类旗舰的资讯资源上可能还有改善空间。排在第四位的是“信息系统不支持，所需数据不好获得”，这个和 11 年前比有了很大改观，2007 年中国连锁经营协会品类管理实施状况调查显示，企业在实施品类管理过程中遇到的最大的困难就是软件系统问题，说明相关软件公司进步很大。排在第五位的是“全渠道时代不知道如何与线上手段衔接”，目前线上线下越来越紧密融合，品类管理作为连锁企业业绩持续提升的工具，也需要与时俱进，必须在全渠道形势下，做好整个流程的改造工作。相对而言，“不好确定品类组合”“流程复杂难执行”“组织架构不合理”“缺乏高层支持”“与供应商合作不畅”等，遇到的困难相对要小得多。

5. 企业是否设有专门的品类管理经理（或主管）岗位

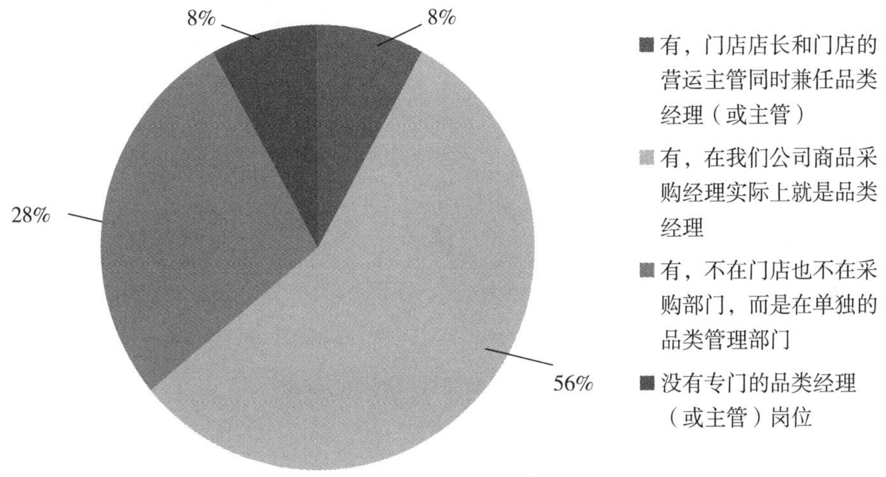

图 9　企业品类管理岗位设置

在本次调查中，92%的企业设有品类管理岗位，其中 28%的企业不仅设有品类管理岗位，还单独设立了品类管理部门，说明了这部分企业对品类管理的重视程度，独立设置部门更有助于从企业全局角度跨部门推动品类管理，避免了隶属于某一部门的本位主义干扰和局限性。

6. 企业专门推动实施品类管理的部门分析

本次调查显示，近 1/4 的连锁企业有专门的品类管理部，其中直接向主管业务的总经理（或副总经理）管理汇报的占一半，说明了品类管理部门的地位重要，另外还有企业在品类管理部门内部做了进一步细化，专门成立了空间管理部，这一举措在企业内部进行品类管理推广的第一阶段——货架空间管理阶段非常有价值，说明这样的企业对品类管理的重视程度和理解程度比较深入。品类管理部隶属于商品采购部门的占总体比例的一半以上，从组织结构设计来看，一半以上的企业更倾向于将其隶属于商品采购部门，这和 2007 年中国连锁经营协会品类管理调研报告显示的 61%略有下降，还有的隶属于门店营运部门和营销企划部门，说明我们的连锁企业更加务实，品类管理部门并不是必须隶属于哪一个部门，只要能够有效推动业绩提升，无论是隶属于营运、企划、商品等部门还是独立存在均有可能，这个取决于企业不同的发展阶段和运作模式。比如，永辉超市目前大力推广门店合伙人制，门店虚拟的小店合伙人都面临着销售、利润、库存、费用等全方位的综合考量，已经不是现场管理职能能够解决的，必须从品类管理的高度来提升门店合伙人（储备干部）的技能。

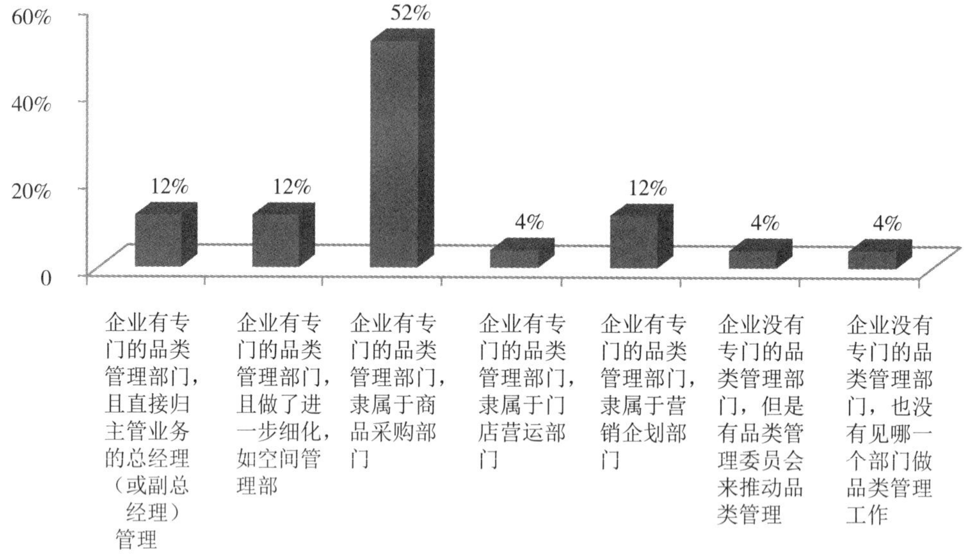

图 10　企业品类管理的部门设置

7. 品类管理经理应具备的技能分析

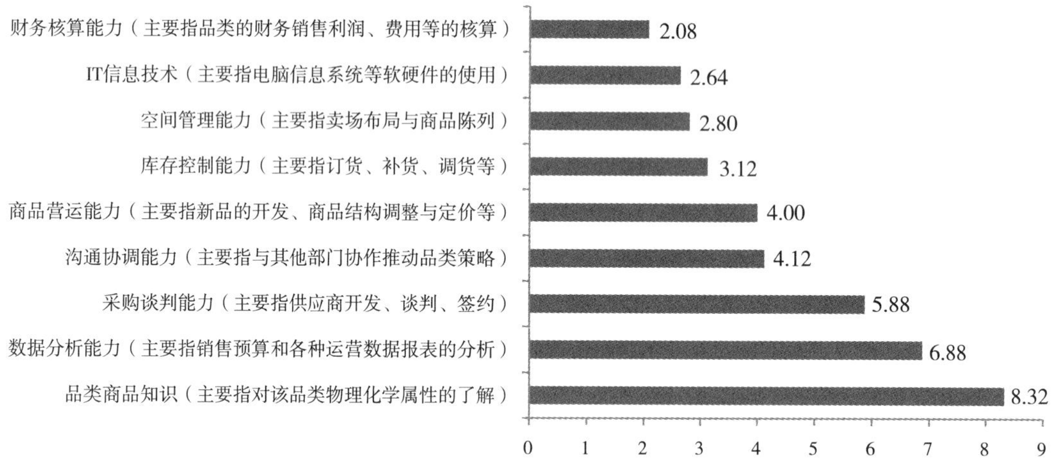

图 11　品类管理经理应具备的技能

本次调查显示，品类管理经理应具备的技能中，排在第一位的是“品类商品知识（主要指对该品类物理化学属性的理解）”，说明从企业实操的角度来说，从事某一品类管理工作的管理干部必须对所管理的品类非常了解，不是单纯地了解品类管理的运作流程和常规工具就能从事具体的品类管理工作，还需要进一步结合品类特性展开，这也从另外一个角度说明，跨品类管理或者全面实施品类管理的时候，对各品类之间各种内在关系的深入了解将是企业不得不面对的挑战。紧跟其后的是“数据分析能力（主要指销售预算和各种运营数据报表的分析）”这和品类管理从其产生的一刻起就要求基于数据进行决策的基因密不可分，从另外一个角度也说明了，随着大数据时代的到来，企业越来越重视数据分析能力，管理干部越来越关注自身如何运用大数据进行决策的能力，从依靠经验转变为越来越依靠数字，这也是线下企业进行数字化改造的必由之路。

8. 企业对品类管理人才的需求状况分析

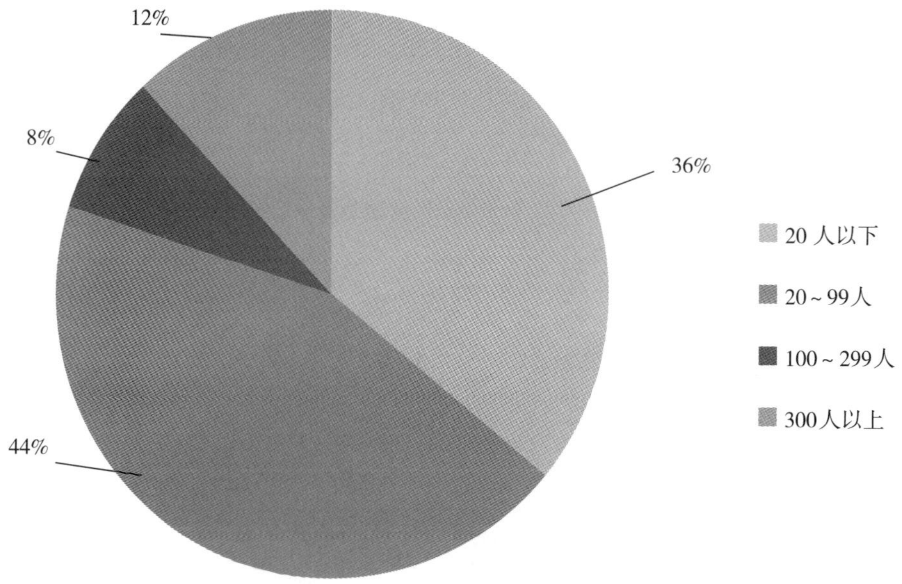

图 12　企业对品类管理人才的需求

本次调查显示，未来 3 年内，所有企业都对品类管理人才有需求。通过进一步交叉分析显示，对品类管理人才需求超过 100 人的企业更多的是上年度营业额超过 100 亿元的大型企业，但不是所有的大型企业都有超过 100 人以上的品类管理人才需求，这和企业不同的发展阶段以及现有的人才储备有很大的关系。

9. 企业对 CCFA 注册品类管理师的认可程度分析

问题一：中国连锁经营协会自 2012 年开始，在高等院校中推广 CCFA 注册品类管理师技能认证工作，目前，全国已有 150 余所高等院校的 2. 8 万余名学生取得了 CCFA 注册品类管理师（助理级）技能证书，贵公司是否需要此类人才？

本次调查显示，明确表示需要取得 CCFA 注册品类管理师技能证书的学生的企业占总体比例的 96%，说明企业基本认可行业协会的 CCFA 注册品类管理师技能证书，它印证了该学生系统性学习过品类管理知识，同时也通过了一定级别的能力考核，比没有通过能力考核的学生在品类管理方面具有比较优势。

问题二：公司对取得 CCFA 注册品类管理师技能证书的品类管理人才，从员工起薪、用工岗位、晋升通道等方面是否给予更多积极的用工和成长政策？

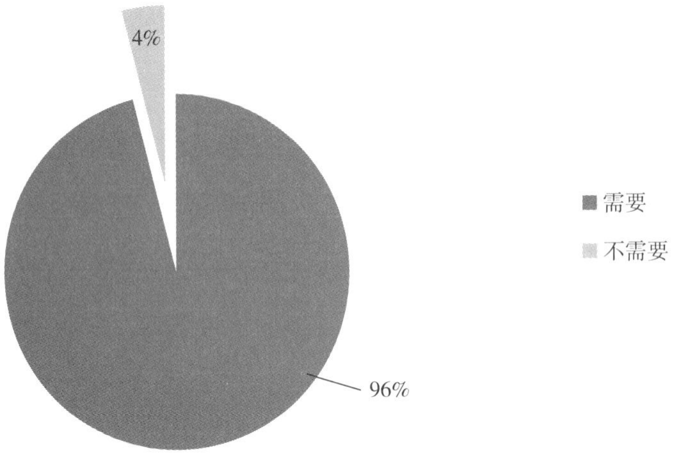

图 13 企业对取得 CCFA 注册品类管理师资格证书学生的需求

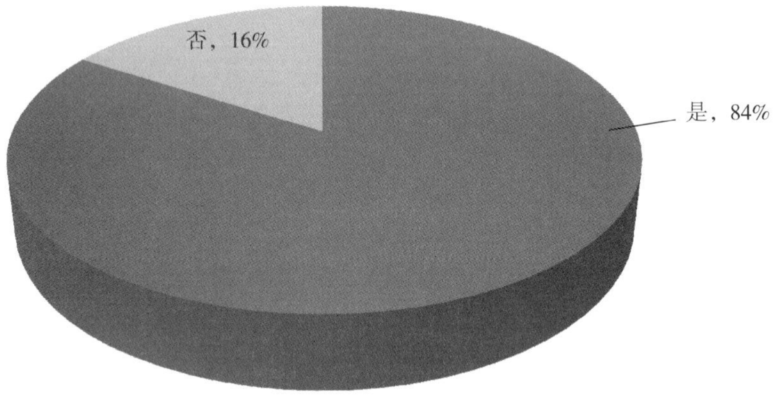

图 14 企业对取得 CCFA 注册品类管理师资格证书学生的区别对待

本次调查显示，有 84%的企业对取得 CCFA 注册品类管理师技能证书的毕业生，从员工起薪、用工岗位、晋升通道等方面将给予更多积极的用工和成长政策，说明企业对行业协会品类管理技能认证的认可不是停留在口头上，而是通过实际的用工政策有明显的体现。但这个比例也说明目前企业尚未完全认可，无论是院校还是中国连锁经营协会，在下一步的品类管理人才培养和技能认证方面还需要进一步加强。

10. 对院校开设品类管理课程培养品类管理人才的建议

主要集中在两个方面：

（1）学以致用。学校要解决的主要是让学生熟知品类管理业务流程和持续业绩提升的常用方法，但是对学生的学习效果而言要超出理论层面，希望学生具备独特见解及提出解决方案的规划能力。

（2）学用结合，以用为先导。聘请企业管理人员到高校讲授相关实践课程，学生要多加强流通各环节的实践学习，或开展师傅带徒弟式的传帮带活动，对一些非常专业的品类要增加商品知识的深入学习。

（二）院校调研结果分析

1. 学校是否开设品类管理课程的分布

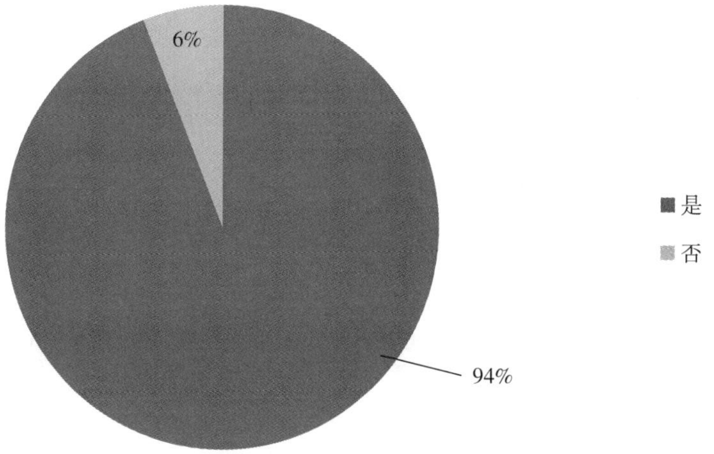

图 15　学校开设品类管理课程情况

本次调查显示，未开设品类管理专业的院校非商科类院校，且较少参加中国连锁经营协会相关品类管理活动。进一步沟通得知，因为和企业合作制定人才培养方案时，针对性强，没有顾及其他行业，所以，仅在其他课程中涉及了部分品类管理的内容，而没有开设专门的品类管理课程。另外一个原因就是品类管理师资缺乏，没有能力开设。

2. 学校开设品类管理课程学期的分布

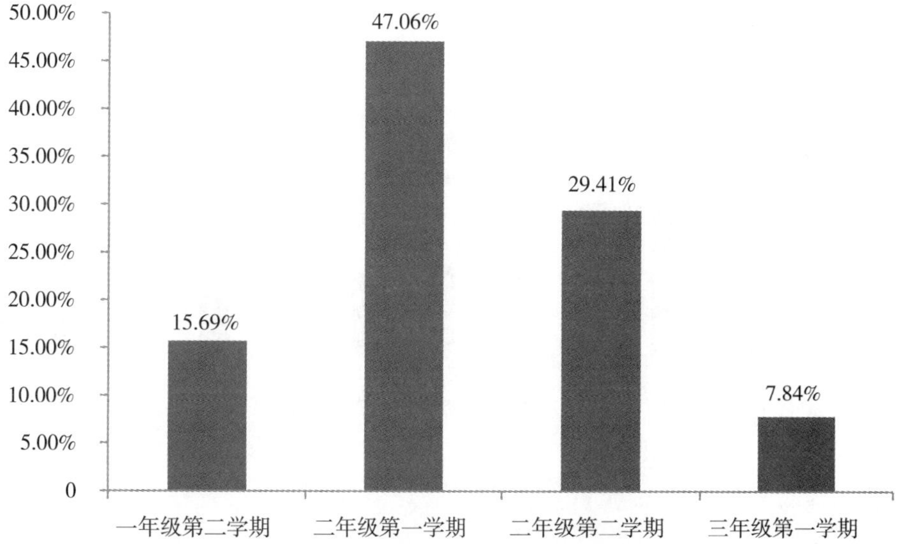

图 16　学校开设品类管理课程学期的分布

本次调查显示，学校开设品类管理课程在二年级第二学期之前的占比 60%以上，说明大多数院校并没有梳理清楚品类管理与其他课程之间的关系以及开设课程的时候对学生专业基础的要求，开始时间过早肯定会影响到品类管理人才培养的效果。

3. 学校开设品类管理课程课时数的分布

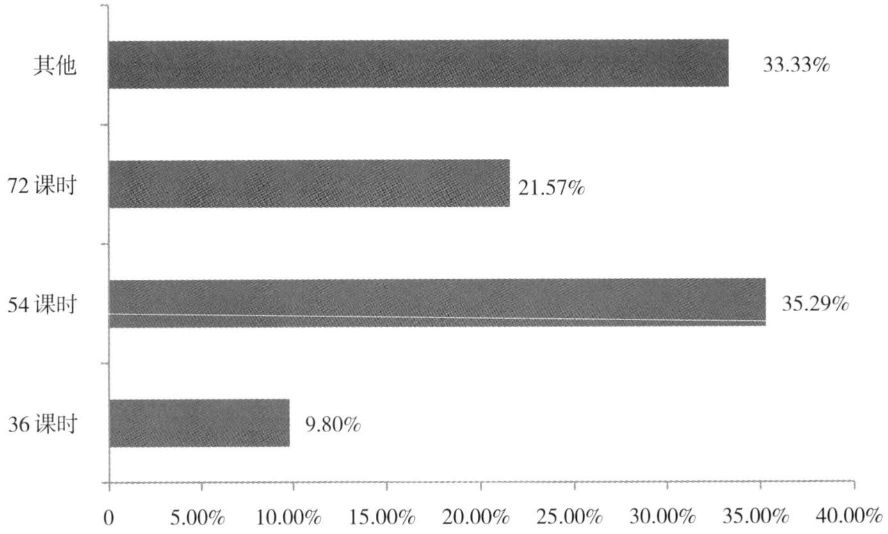

图 17 学校开设品类管理课程课时数的分布

本次调查显示，学校开设品类管理课程课时数为 54 课时以上的占比达 90%以上，说明各开设院校非常重视品类管理课程，属于专业核心课中较为重要的部分。

4. 学校开设品类管理课程的前导课程分析

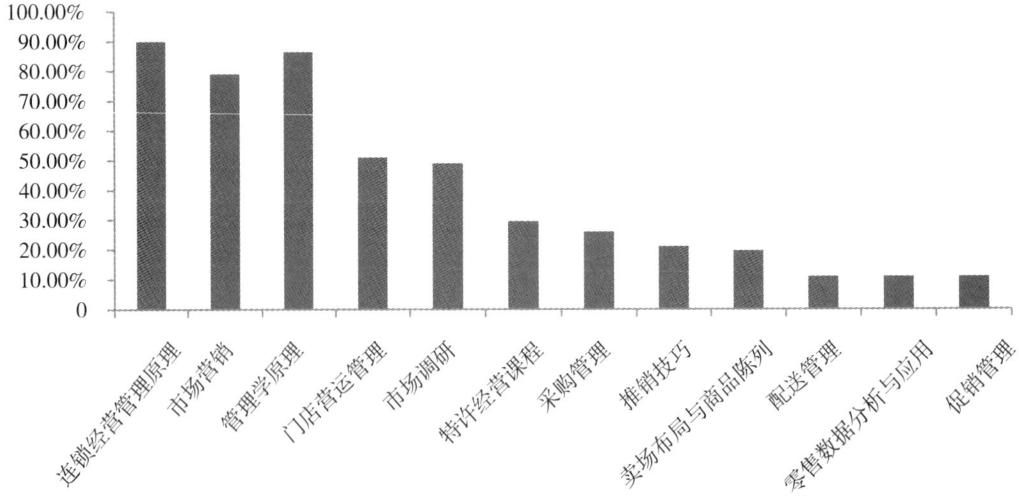

图 18 学校开设品类管理课程的前导课程

本次调查显示，在开设品类管理课程前，需要开设管理学原理、市场营销、连锁经营原理、门店营运管理等前导课程①，但是考虑到大二第二学期之前课程的安排空间以及专业课程的内在逻辑，建议前导课程还需要开设消费者行为分析、市场调研、推销技巧、卖场布局与商品陈列、采购管理等。

5. 学校开设品类管理课程的后续课程分析

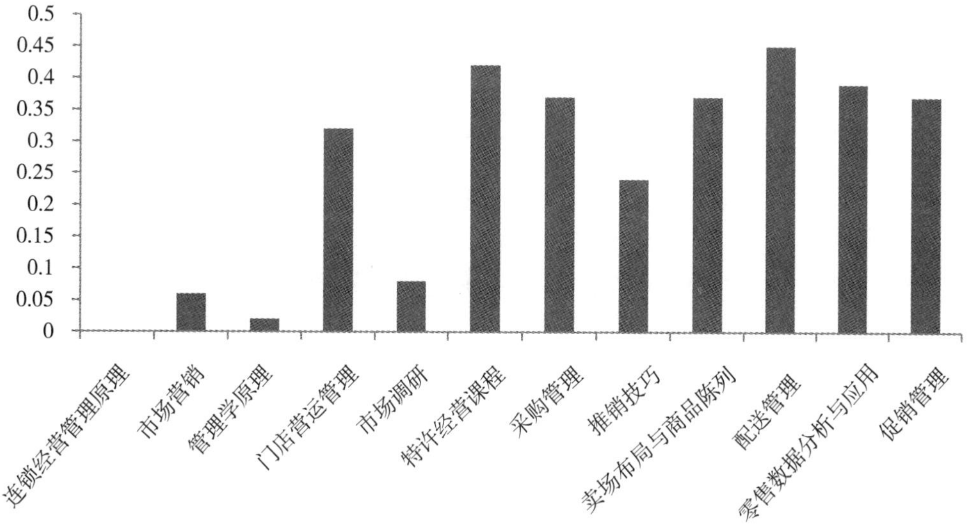

图 19　学校开设品类管理课程的后续课程

本次调查显示，在开设品类管理课程后，有部分院校将市场营销、管理学原理、市场调研作为品类管理的后续课程，这实在有点匪夷所思。结合品类专家访谈，品类管理的后续课程建议为零售数据分析与应用、促销管理、配送管理、特许经营课程等。

6. 学校开设品类管理课程时面临的问题分析

本次调查显示，学校在开设品类管理课程中最大的问题排在第一位的是“资源匮乏，尤其是在线资源和企业案例太少”，这个与实际情况有出入，目前连锁经营管理专业国家教学资源库有专门的品类管理课程在线教学资源，其中系统性的知识点全覆盖的免费在线视频学习资源近 1000 条，在每次中国连锁经营协会的活动上都会做简介，中国连锁经营协会的每次品类管理师资培训班都会推出全新的企业案例，选择该选项的院校多，说明大多数院校参加中国连锁经营协会组织的全国性的交流活动、培训过少，没有利用好中国连锁经营协会这一专业交流平台。

排在第二位的是“没有适合的实训软件，不方便训练教学”，这个确实是目前高校品类管理实训短板。截至目前，没有一家公司推出教学版的品类管理软件，这和品类管理专业性相对较强，主打教育实训软件的公司专业性不足，不太好开发，而主打连锁企业的企业版软件又与教育需求有很大的差异，不能照搬，所以目前该问题比较突出。

① 前导课程与后续课程的具体名称在各个学校可能有所不同，所以在该报告中采取了一种常用的名称，大家也可以将该报告中的课程名称理解成对应课程的主要课程内容。

排在第三位的是“品类管理师资匮乏，需要加强和更新品类知识”，这一项要求相关专业教师必须加强系统性的交流学习，而且要做好知识的更新换代，否则将会被时代所淘汰。紧随其后的“内容太多，看不完”“内容复杂，学生听不懂”其实也从另外一个角度说明了教师水平有待提高，对该门课程的驾驭能力不够，无法控制上课节奏，同时也由于开设学期太靠前学生专业基础没有打好，造成学生不好理解，教学进度无法正常推进。

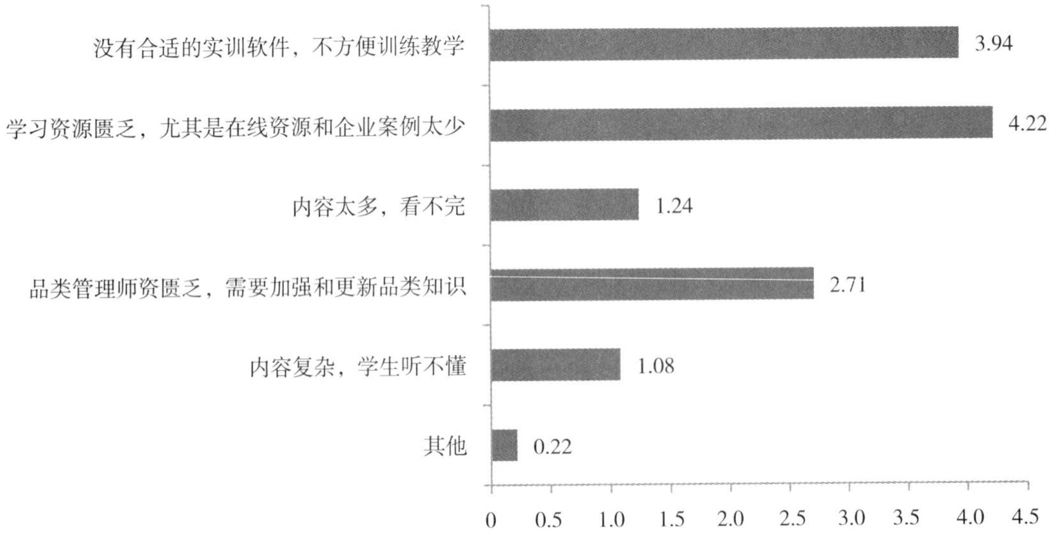

图 20　学校开设品类管理课程最大的问题

7. 学校老师参加中国连锁经营协会的品类管理课程培训情况分析

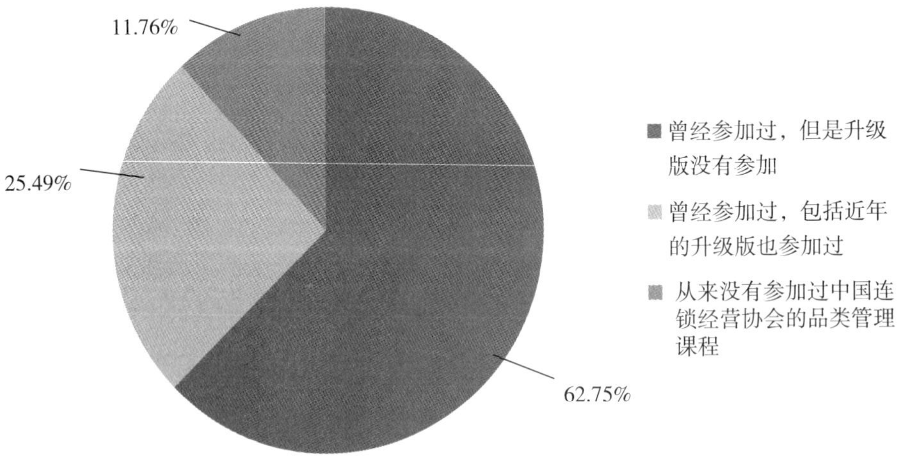

图 21　学校参加中国连锁经营协会的品类管理课程活动情况

本次调查显示，学校老师曾经参加过中国连锁经营协会的品类管理课程培训，包括近年的升级版课程也参加过的占总体的 25. 49%，说明仅 1/4 的院校与协会保持了同步，比例偏低；品类管理升级版培训班没有参加的占总体的 62.75%，说明有很大一批老师没有随着中国连锁经营协会品类知识的升级换代而及时跟进；至于从没参加过中国连锁经营协会的品类管理课程培训院校的占总体的 11.76%，这样的院校开设品类管理课程压力就更大了，教学质量也更加无法保证。

8. 品类管理教材或者课程最应该加强的模块分析

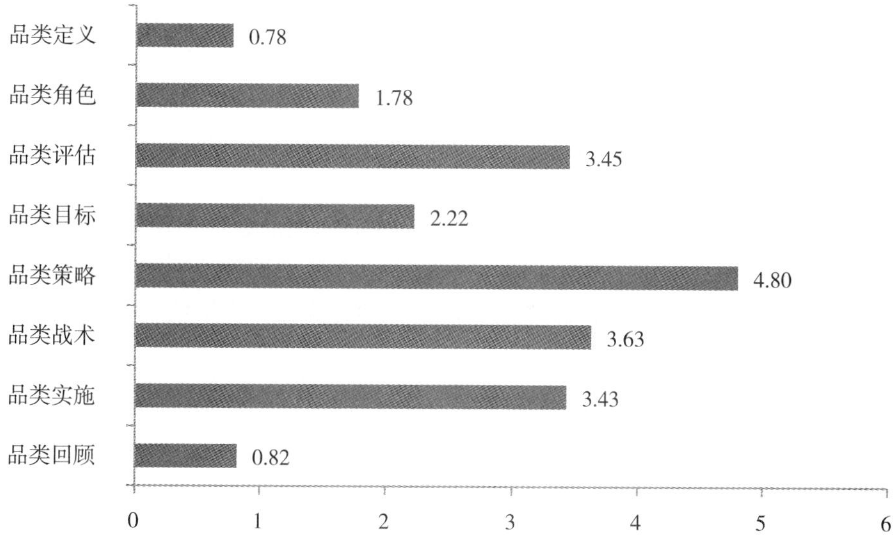

图 22　品类管理教材或者课程最应该加强的模块

本次调查显示，目前的品类管理教材或者课程最应该加强的模块排在第一位的是“品类策略”，这个非常符合企业的需求，也非常契合品类管理的根本目标，因为品类管理最根本的目标就是如何持续地帮助连锁企业做好业绩提升，品类策略的具体内容也是分别从营销策略和供应链策略两个方面为企业业绩提升提出解决方案，这是品类管理之所以能够被企业一直热衷的根本魅力所在，所以一定要加强。

排在第二位的是“品类战术”，从实际运营的角度来讲，确实是所有的策略最后都需要战术来实现，学生和老师也应该在战术层面有所加强。但是考虑到品类管理仅是连锁经营管理专业课程体系中的一门课程，所以建议在教学环节还是应该有所取舍，否则就真会出现“内容太多，看不完”的问题，也会陷入“只见树木不见森林”的误区，该问题还是需要通过其他战术性的专业课程来解决。

排在第三位的是“品类评估”，品类评估模块是最接近目前比较热门的数据分析甚至数据挖掘的模块，也是品类管理学习三部曲中，大家在第一步了解了品类管理的流程和基本策略之后，开始在数据化上做进一步加强，真正向精细化管理、数据化决策迈进的必由之路。但是考虑到教材以及课程的篇幅限制，针对该问题，建议院校老师积极选用和参加中国连锁经营协会推出的《零售数据分析》和《数字化营销》的教材和课程，这两门课程在一定程度上就是在加强品类管理学习三部曲的第二步——数据分析。

排在第四位的是“品类实施”，这个属于品类管理学习三部曲的第三步，也就是打好基础之后，最终一定要关注品类管理如何落地实施的问题，这一点非常符合企业务实的特点。

9. 对院校开设品类管理课程培养品类管理人才的建议

问题主要集中在如下三个方面：

（1）品类管理的业态问题：课程内容相对单一，主要业态集中在商超领域，学生兴趣不大。建议提供多业态的品类管理知识、细化不同业态的品类管理知识与能力的培养、将品类管理知识拓展到不同专业，如电商等领域。

（2）品类管理的实战问题：概念性知识过多、品类知识抽象，理论联系实践困难。品类管理的相关企业实践较少，成熟的案例较少，缺少成功的企业案例讲述，尤其是贯穿始终的案例几乎没有。品类管理是基于数据的管理方法，但教学中难以拿到实际的零售数据。建议加强企业实践的机会，同时建议中国连锁经营协会组织开发一本品类管理的经典案例集。

（3）品类管理与其他内容的分工协作问题：希望能更清楚地了解品类管理人才对应的工作岗位及工作技能，在企业中如何理解品类管理与其他部门的关系；在教学体系中如何与其他课程尤其是门店营运、商品采购、营销企划等课程做好错位。

（三）从业人员调研结果分析

1. 品类管理对从业人员帮助感受分析

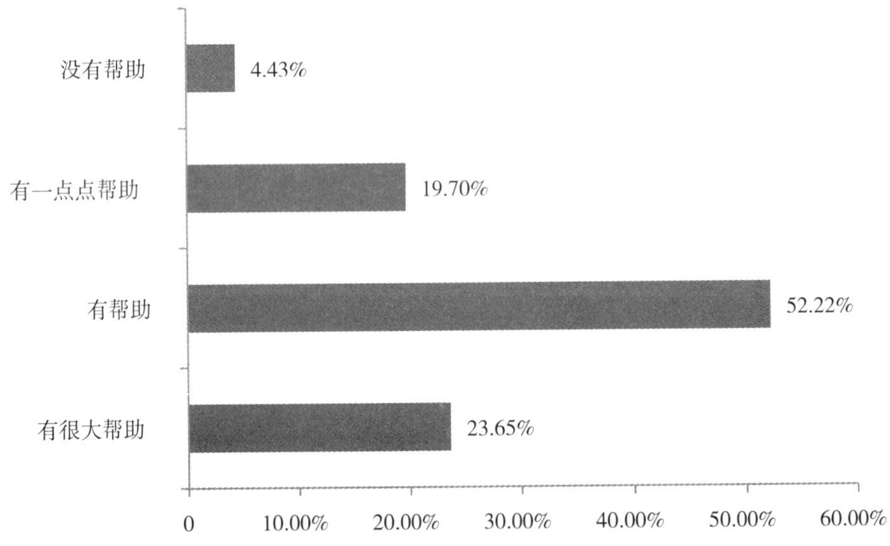

图 23　品类管理对从业人员帮助感受分布图

本次调查显示，感觉没有帮助的从业人员所从事的行业与连锁行业差异较大（物业公司、铁路局会计等）。总体而言，学有所用的占比为96%，其中76%的从业人员能学以致用。

2. 工作年限和品类管理帮助感受交叉分析

通过交叉分析，我们可以看出，工作年限与品类管理帮助感呈反向相关，工作年限在5年以上的从业人员认为有很大帮助的占比最高。随着工作经验的积累以及岗位级别的提升，开始从业务操作层向管理层转变，越来越需要独当一面，越来越能够从整体上系统性地从事业绩提升工作，开始意识到了品类管理对自身工作的重大帮助，想要通过进一步的品类管理学习来丰富自己，提升自己的能力，有的毕业生明确提出是否有更高级别的品类管理技能证书这一问题。

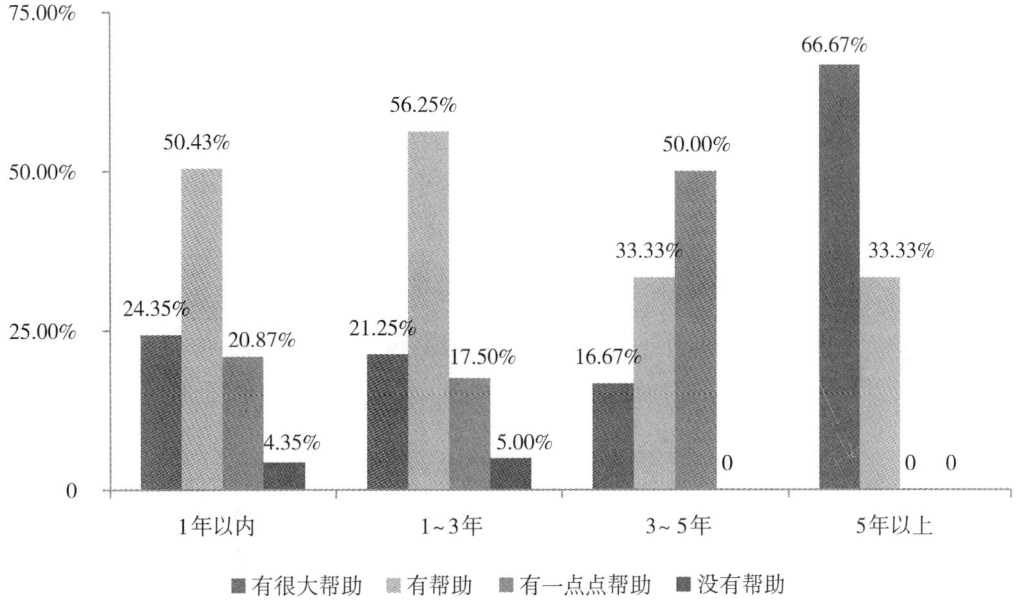

图 24 工作年限和帮助感受交叉分析图

3. 学历和品类管理帮助感受交叉分析

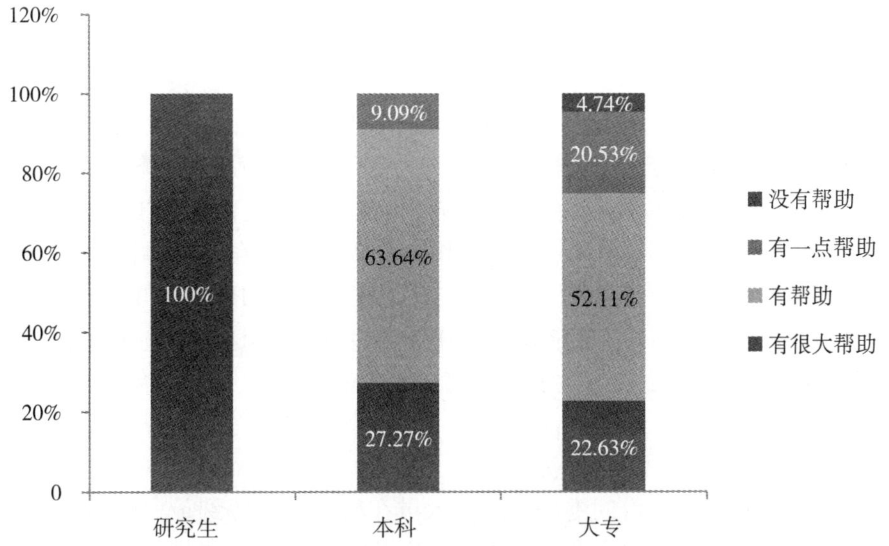

图 25 学历和帮助感受交叉分析图

通过交叉分析，我们可以看到，最高学历为研究生的100%认为学习品类管理是有很大帮助的，说明学历高的在职人员有一定的学习能力，也有提升自身能力的积极性。目前最高学历是本科和专科的在职人员中，大专学历的学生有人认为品类管理没有帮助，而本科学历的学生中没有一人选该项。因此，我们认为品类管理还是比较有深度的，学历层次高的人更容易理解品类管理，或者说专业基础好的学生更容易理解品类管理的精髓所在，门店营运不熟悉、采购管理未接触、营销企划没概念的时候突然要求学习品类管理会比较困难，这一点和后续院校调研中所显示的开课学期的建议会有关联。综合问题 2 和问题 3，我们可以得出，品类管理的实践属性与从业时长正相关，其重要性的感受与继续教育程度正相关。

4. 品类管理课程模块价值分析

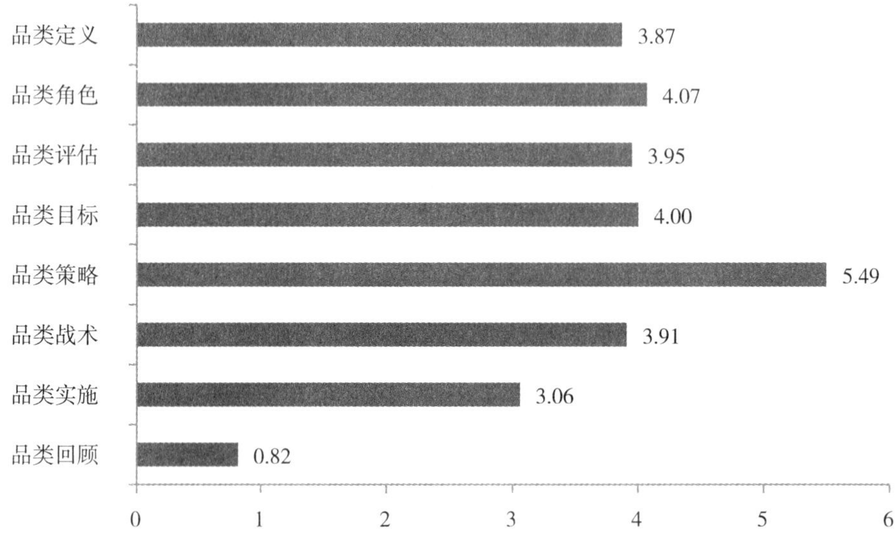

图 26　课程模块价值分析

在本次调查回收的 203 份问卷中，从业人员感到最有价值的部分是品类策略，主要是因为大多数从业人员面临着业绩考核，迫切需要完成业绩，而品类策略又与企业业绩提升有直接关系，所以品类策略在重要性上排在了第一位。另外，由于 CCFA 注册品类管理技能认证刚刚推广 6 年，调研对象从业年限最长的是 5 年，甚至大量的调研对象工作时间更短，目前大多处于基层操作或者基层管理层，所以其他模块的内容在具体工作中的应用相对较少，所以重要性相对靠后。但是随着工作年限的增加，岗位层级的提升，其他模块的重要性会逐步提升，尤其是目前排名靠后的品类实施和品类回顾，恰恰是公司战略层最关心的问题。

5. 从业人员在校学习时的问题分析

在本次调查回收的 203 份问卷中，从业人员在校学习时感到最大的问题是“没有合适的实训软件，不方便训练教学”，这个与学校老师的感受基本相同。排在第二位的是“学习资源匮乏，尤其是在线资源和企业案例太少”，这个和实际情况有所出入，在院校分析环节中已经有所分析。从业人员做这样的选择可能有两个原因：其一是毕业时间太早，在学习该课程时，该在线课程还未建好；其二是院校老师并没有积极主动地引导学生使用该在线课程平台。紧随其后的是“内容太多，看不完”“内容复杂，学生听不懂”，这个和学校开设的学期有关，前面我们已经分析过。连锁经营管理专业课程之间是有关联的，开设品类管理课程之前一定要打好专业基础，门店营运不熟悉、采购管理未接触、营销企划没概念的时候，要让他学习品类管理，肯定是太复杂听不懂，老师为了能够讲授清楚，不得不讲专业基础的其他内容，学生不得不补充学习其他内容，造成了“内容太多，看不完”。

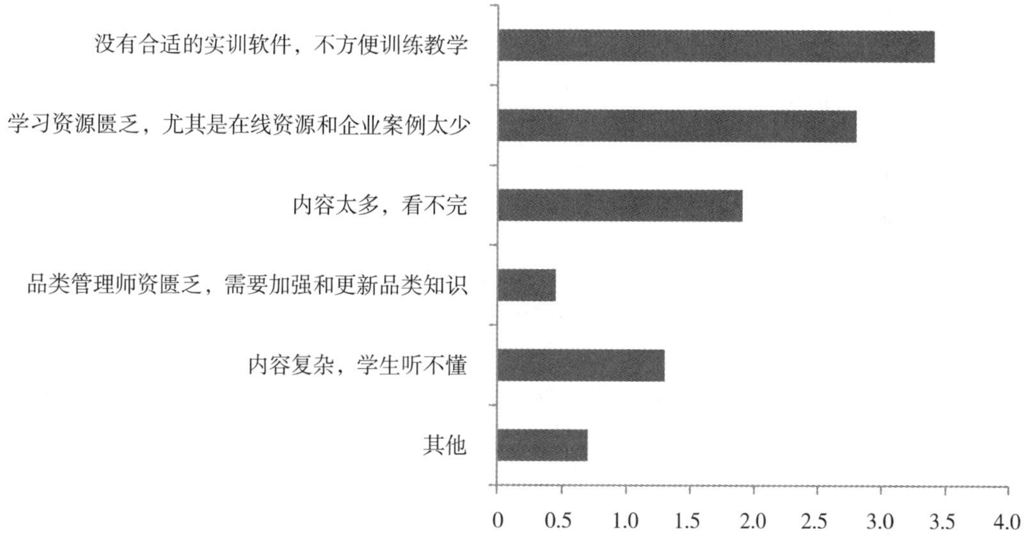

图 27 在校学习时的问题分析

6. 品类管理经理应具备的技能分析

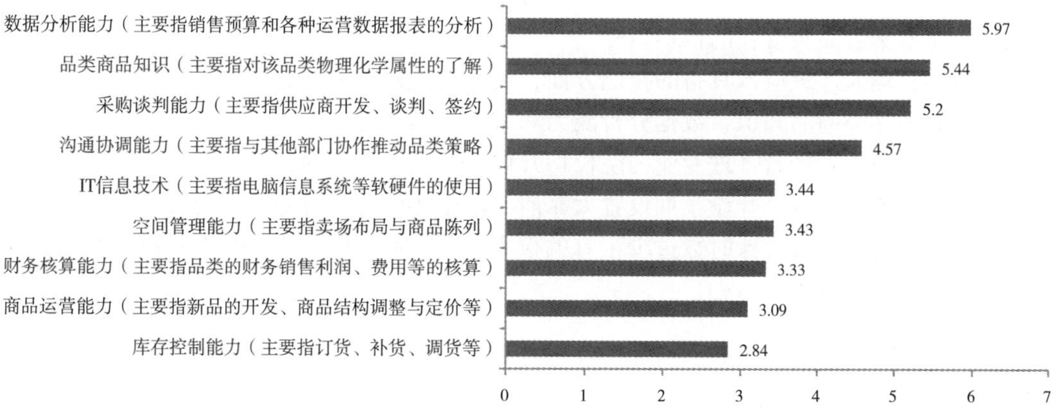

图 28 品类经理最应该具备的技能

在本次调查回收的问卷中，排在前三位的技能是数据分析能力、品类商品知识和采购谈判能力，这和企业调研基本一致。企业认为，品类商品知识排第一，数据分析能力排第二，采购谈判能力排第三，排在第四位的是沟通协调能力，这和品类管理跨部门协作的特征有很大的关系。

7. 对院校开设品类管理课程培养品类管理人才的建议

（1）加强实践，通过企业实践培养学生的责任感和执行力；

（2）增加软件实训课程；

（3）增加课程学习中的案例分析；

（4）增加企业专家的讲解；

（5）在学习中培养学生的数据分析能力及空间管理能力。

五、结论建议

（一）调研结论

品类管理在具有一定规模的连锁企业中普遍实施，实施深度与企业规模正相关，实施越全面的企业规模越大，实施之后在商品结构优化、销售业绩提升、毛利水平提高、库存控制方面效果明显。

从组织结构设计来看，接受调研的52%的连锁企业更倾向于将品类管理工作隶属于商品采购部门，这和2007年中国连锁经营协会品类管理调研报告显示的61%相比略有下降，说明企业更加务实，品类管理部门并不是必须隶属于哪一个部门，只要能够有效推动业绩提升，无论是隶属于营运、企划、商品等部门，还是独立存在均有可能。

企业未能实施（或者全面实施）品类管理的主要原因在于人才匮乏，未来三年，企业对品类管理人才有很大需求，大多数企业对取得CCFA注册品类管理师技能证书的学生能够在起薪、用工岗位、晋升通道等方面给予更多积极的用工和成长政策。

毕业从业人员认为品类管理对其现在的工作很有帮助，其中工作时间越长、学历越高的从业人员觉得品类管理知识对其现有工作帮助越大，他们认为最有价值的模块是品类策略模块，非常契合品类管理的根本目标。

在品类管理人才最应该具备的技能方面，无论是连锁企业还是从业人员均认为排在前三位的技能是品类商品知识、数据分析能力和采购谈判能力。

大多数开设连锁经营管理专业的院校均开设了品类管理课程，但是在具体落地上存在很多问题，主要体现在：开设学期设置太靠前，学生还没有打好专业基础就开始学习品类管理课程；部分学校开设课时数过少，有的仅有36课时，无法完成正常内容的教学；院校品类管理师资薄弱等。

（二）对策建议

1. 对连锁企业的建议

首先在理念层面，要深刻意识到品类管理不仅是一项技术，而且应该从整个企业经营管理体系业务流程再造的高度来理解品类管理。在技术层面，要积极拥抱大数据，引入新技术，加强品类管理的数字化改造，在品类管理的各个步骤均要详细梳理，全面优化。在品类管理人才培养方面，也希望企业有一个开放的心态，能够为各高等院校提供鲜活案例、为学生开放实训平台、为学校提供师资支持，争取校企双方共同培养合格的品类管理人才。

2. 对高等院校的建议

建议各高等院校能够加大品类管理师资的培养，积极参加中国连锁经营协会推出的各种交流活动，以便能够保证自身品类管理资讯的持续积累和更新。在具体课程开设的安排上要更加科学，最好开设在第四、第五学期，且不低于 54 课时，前导课程要打好基础，梳理清楚专业课程体系中品类管理课程的地位，做好专业课程之间的衔接配合。在具体教学过程中，教育要理论联系实际，密切联系企业。

3. 对行业协会的建议

建议中国连锁经营协会通过培训班、座谈会、访学旅等形式多组织校企之间的品类管理交流；组织相关专家加强对多业态品类管理课程的细化与开发，适应不同院校不同的专业方向定位；积极组织开发品类管理课程教学资源，如组织编写连锁企业品类管理实施案例集等。

2018 年中国零售数字化能力报告

一、破局篇

（一）中国零售数字化转型背景

根据毕马威 2018 年环球高管访谈，消费者的结构性变化以及创新型商业模式的涌现已经成为亚太区公司所面临的最大的挑战。在这两大挑战下，零售商需要重新思考自己的商业模式和定位，建立起以消费者为核心的商业运营体系，从而在这股变革狂流中保持自己的竞争力，屹立不倒。

（二）新的消费经济时代已经到来

虽然中国 GDP 增长已经逐渐放缓，人民的生活消费水平却依旧保持着高速发展。据预计，随着家庭可支配收入的稳步提升，中国的中产阶级家庭比例在未来十年将持续增长，到 2027 年这一数字将超过 65%，覆盖了近 3.25 亿家庭的数量[①]。而在收入上升的同时，有关机构预计中国消费者的储蓄率会产生 5%~10%的小幅下降[②]。这意味着消费能力的日益加强。

而这强大的消费能力的背后，是两股消费势力的崛起——新生代的消费者和内陆地区的低线城市。

放眼未来十年，“90 后”人群将逐渐完成“三十而立”的过程，成为社会各职能岗位的中坚力量，而第一批“00 后”人群也将开始迈入社会。这是一群在网络及社交媒体中成长的消费者——智能手机、网上购物、外卖、快车专车、手机游戏、视频软件构成了他们成长中的重要部分，并且使得他们习惯于快速、便捷选择丰富的日常消费。借助于共享经济及线上消费在中国势不可挡的发展，中国新生代消费者的消费习惯变革在全球范围内也是首当其冲的。

与此同时，内陆低线城市的消费行为也会向沿海发达城市逐渐靠拢。中国的城镇化人

---

① 《中国消费的未来》，世界经济论坛。

② 同上。

口比率预计到2027年将提升至70%[①]，三、四线城市不再是低消费水平的象征，反之，随着社交网络、旅游业等的兴起，低线城市消费者会越来越接近于一、二线消费者的消费习惯。而消费行为的升级转变，也不再是一、二线城市的专利。

（三）零售业正在被颠覆

中国凭借着近10万亿元的电商零售销售额，当之无愧地成为世界上最大的电商市场。而在榜上位居第二的美国，其体量仅有中国的约1/3。截至2018年，中国零售业预计25%的销售额都产生于电商渠道，而其中的84%来自移动端[②]。

电商平台是这场变革中的主力。阿里巴巴已经成了中国最大的零售商，在2017年的“双十一”，其旗下平台天猫就创造了单日交易额1682亿元的历史[③]。电商平台通过对支付、物流等关键环节的投入，使得消费者能够随时随地地进行购物，并且享受可能快至12小时内的送货上门。

大多数品牌商都选择了顺应这一平台化趋势。现在已有逾15万个品牌入驻了阿里巴巴的平台，其中也囊括了主流的中高端品牌[④]。事实上，越来越多的奢侈品品牌也逐渐不再在自有电商平台上孤注一掷，而是选择与第三方平台进行合作。巴宝莉、海蓝之谜、圣罗兰、玛莎拉蒂等都在过去3年间开设了天猫或者京东旗舰店。

（四）以消费者为中心——从口号变为现实

电商的崛起为品牌商带来了新的发展契机。但同时，通过提供普惠式的基础设施服务以及提升市场的透明性及公开性，电商平台也带来了更多的竞争与挑战。

顺应电商平台的潮流，越来越多的互联网品牌加入零售行业的竞争。平台的普惠式服务极大地降低了进入市场的壁垒，使得任意的新兴品牌都能够快速将产品展示给千万消费者。零售行业的竞争程度因此也变得前所未有的激烈。当中国消费者面临着越发丰富多样的品牌选择以及微乎其微的切换成本，其本身就较低的品牌忠诚度可能会进一步下滑。

另外，电商平台辅助于社交网络的兴起，使得其他消费者对于品牌产品的反馈及评价变得更加透明化。品牌在消费者中的口碑变得日益重要，因为它随时会影响消费者的下一次决策。

在这样的市场环境中，如何吸引客户？如何留住客户？答案并不新颖——一切以消费者为中心，围绕消费者的需求提供产品及服务——这是每个品牌商都熟知的品牌理念。但是在零售业正经历革新的当下，品牌商必须开始有所作为，将理念化作实际的行动，通过数字化的变革，真正地实现“以消费者为中心”。

---

① 《中国消费的未来》，世界经济论坛。

② 《无常态才是新常态（No Normal is the New Normal）》，2018年毕马威环球高管访谈。

③ 《你们是如何在双11花光1682亿?》，天下网商，http：//www. iwshang. com/Post/Default/Index/pid/253799. html。

④ 同②。

（五）中国零售数字化转型方向

零售数字化，不仅是单一的信息化升级或者开启电商渠道的销售。数字化是通过数据流的加速传递和价值深挖，使得价值链能够形成真正的闭环、消费者成为真正的中心。零售行业将从品牌商“零售”转变为消费者“零买”，消费者重新定义品牌商业务、技术和能力的构建。

（六）零售数字化现状

绝大多数的零售商都是在互联网出现之前便已经发展起了一定规模的业务。在它们既定的业务模式下，要做到与日新月异的新科技、新文化接轨，常常需要较长的适应期。即便很多的零售商都开始追赶着时代的步伐，加入了电商领域的开拓，但其在整个的组织架构及文化上却依旧停滞不前、难以调整。在毕马威调研中，有超过 40%的高管表示，投资回报率的不确定性以及预算问题是阻碍数字化转型的首要因素。

（七）零售数字化转型的目标状态：从跨渠道向“链接组织”跨越

目前，很多企业正在进行能力检核，部署一系列跨渠道行动，并称之全渠道策略。实际上，对于成熟的数字化组织来说，它不仅是渠道协同和整合上的投入，它们正在投资于一个链接组织（构建顾客和品牌的链接），构建具有 8 个基本数字化能力的完整体系结构，围绕着运营、驱动力、基础、组织和生态系统，逐步有序地获取商业价值。而成熟的数字化企业通过从跨渠道向“链接组织”跨越，可以逐步有序地提升客户体验以获取价值增长的机会。

（八）解构零售数字化的四部曲

1. 数字化销售与营销

消费者的旅程常常起始于购物需求的产生，到广告媒介等渠道的品牌认知，再到门店的挑选采购，最后形成品牌忠诚度。在以往，品牌商往往仅能通过传统的单向广告（如纸媒、电视广告等）或者门店内与消费者的互动来尽可能地参与到消费者的“旅程”中。而今数字渠道的兴起，极大幅度地增加了品牌商与客户的触点数量以及交互频率。品牌商可以通过多个电商平台、社交媒体等渠道，与客户进行有效的、甚至是一对一式的互动。在大数据等科技的帮助下，客户不再是一个模糊的群体，而是可以以个体为单位建立起精准的肖像，使得品牌商能够真正地了解每一个客户的需求。

2. 打造数字化供应链体系

在毕马威环球高管访谈中，有 60%的高管对于“绝大多数供应链将在 2020 年实现以需求及客户为导向”这一观点表示赞同。“以需求及客户为导向”意味着供应链能够达成全程的可视化，从而使得品牌商能够与终端消费者建立起最直接的联系，明白消费者为何购买、何时购买、如何购买、是否喜爱这些产品或服务，并且能够及时地对这些发现做出反应。

3. 掌握大数据

精准的数据分析是赋能供应链数字化的关键要素。事实上，全方位的客户数据信息收集及分析能够显著地帮助管理层作出快速有效的决策。许多零售品牌已经不再仅限于购买第三方数据获得消费者情报，而是开始自建情报系统收集并分析自有终端消费者的所有数据。需要注意的是，大数据本身并不具备太多意义，具有战略价值的是数据背后所反映的消费者特征及喜好，并且通过归纳分析可以对产品研发、市场营销、供应链等各个环节产生实质的改善型建议。

4. 在生态系统内合作加快创新

组织内的研发已经从根本上改变了，并购功能已成为新的研发功能。新的研发包括可以收购或合作的初创企业。组织正在利用生态系统进行协作，因为组织开发、维护和保护这些东西的成本和速度在当今环境中正在逐渐削弱。一种更快且机敏的做法是，通过在生态系统中工作来发布新产品、优化服务或交付机制，而不是自己构建。

二、重塑篇

（一）中国零售数字化能力总览

1. 领域一：数字化远景和领导力

能力 1：数字化远景和领导力

毕马威观点

目前，中国零售业正同时随着地理、人口和技术三个要素的变化发生变革。

这种变革也反映在毕马威 2018 年环球高管访谈中。31%的行业高管表示，颠覆传统商业模式的竞争对手是他们最重大的挑战之一。其他大的挑战包括跟上快速变化的技术（25%）和与在线平台业务的竞争（24%）。

许多高管在面对这些挑战时，知道他们需要做些什么来保持竞争力：我们在数字化转型上处于什么位置？我们创造了让我们与竞争对手不同的体验吗？我们通过高质量的数据分析来驱动精准营销了吗？我们建立了需求驱动的供应链体系吗？分析管理所有这些，需要远见、领导力和执行力。

（1）以客户为中心和敏捷的竞赛

地缘政治的不确定性、新技术、不断变化的客户行为和不断变化的人口统计，有助于持续的利润压力、更短的战略周期以及增加客户的期望。好消息是，零售企业正在提高接受数据和分析支持的数字和人工智能技术的速度。

两步走的转型会帮助企业提高利润率、客户集中度、敏捷性和效率。首先，用技术取代或增加一些人类活动；其次，通过互联网将技术转移到云中。这降低了成本，因为购买的大部分技术都与体积和租用量相匹配。它还降低了交换技术提供商的成本。技术、数据和分析的结合产生更敏捷的生产和个性化的客户体验。领先的公司已经开始执行这项任务，但大多数公司都在追赶。

（2）由于数字化和部门的融合，商业模式的多样性也在增长

这创造了更丰富的市场、命题、客户和渠道组合。越来越多的零售企业和品牌商意识到，试图控制渠道和市场的旧模式不再奏效。现在的口号是实验和敏捷性。结果之一是平台和生态系统的出现。这个原则很简单：邀请其他玩家帮助你创建一个生态核心，从而吸

引更多的想法、资源和客户进入你的轨道。这样的成就比单独行动更快、更好。在数字化时代，过去需要几十年才能建立的事情可以在几个月内发生。

（3）成败取决于领导者的勇气和能力

短期主义和不断交付成果的现实需求极大地助长了领导者不愿做真正需要做的事情。人们倾向于不努力寻找通往成功未来的途径，但是他们觉得不能把目前的处境置于危险之中，或者他们没有信心做出复杂的转变。紧缩、防御策略和增量变化大量地吸收了资源，为领导层提供了故事来解释这一切，但最终，许多采用这种方式的公司被竞争对手包围或者远远甩在后面，陷入了默默无闻、无关紧要或消失的境地。

（4）数字化的成败取决于最薄弱环节

成功的数字化变革需要领导力与组织的财务、业务和运营模式保持一致。可以说，对于领导者来说，在何处“击球”以及如何取胜方面比以往任何时候都有更多的选择，所以除了执行任务所需的能力和准备之外，协调一致是至关重要的。

2. 领域二：数字化运营

最近你为社会做了什么？

问题仍然是一样的，只是答案比 5 年前要复杂得多。“消费者想要什么？”这是一个在整个消费品行业都会引起共鸣的问题，无论是初创企业或成熟企业、制造商或零售商、发达国家或新兴国家市场、线上还是线下。

这个问题之所以如此重要，是因为消费者想要的东西几乎每个方面都已经改变或正在改变，并且在未来几年将发生更根本的变化。这意味着一切，包括产品、销售渠道、交付方法等，可能也必须重新发明。一系列新兴技术，特别是数字、数据分析和人工智能，可以帮助企业重新聚焦和重新定位。

基于对标杆领先企业数字化运营能力的洞察，毕马威认为零售数字化运营应包括以下四项能力：创新产品、价格和营销，顾客体验为先，无缝安全交易，敏捷供应链和运营。

能力 2：创新产品、价格和营销

调研结果

调研结果显示，在创新产品、价格和营销能力的建设上中国零售企业走在前端，大部分零售企业都具备较强的产品创新和营销意识。此项能力点的调查平均分为 3.19 分（总分为 5 分）。

具体来说，产品、定价和促销策略表现突出，几乎所有受访零售企业都具有清晰的全渠道/跨渠道策略，以确保产品、定价和促销行动之间的一致性。而在产品规划方面则相对滞后，因而零售企业在通过数据来指导产品决策、调整产品战略方面还需要长远的进步。同时，计划和投资策略的提升也是能力建设的方向之一。

在调研对象中，大型零售快消企业（如伊利集团）的能力建设较为成熟，而地方型、小型的零售快消企业的能力建设还有明显差距。

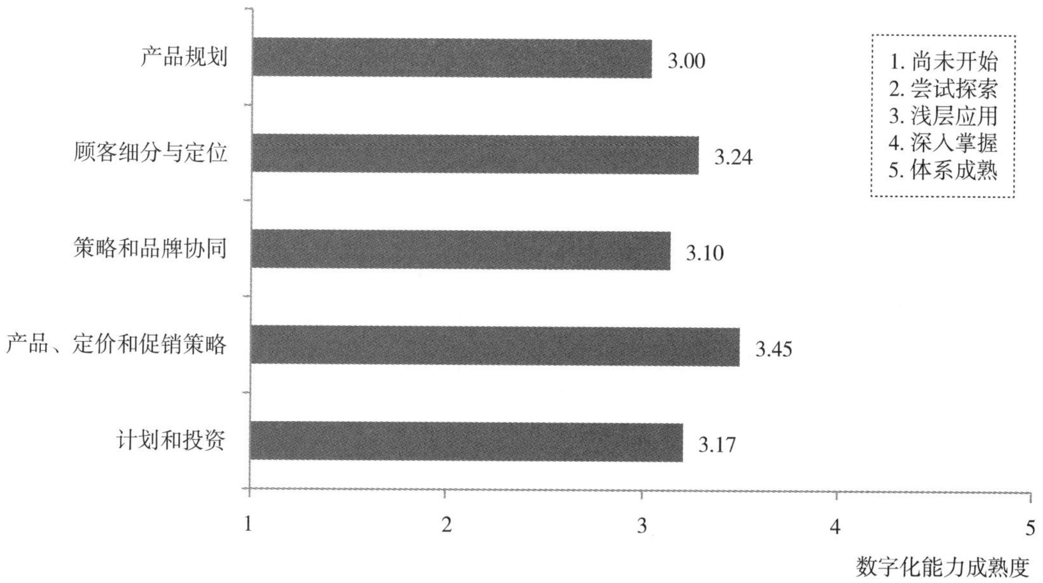

图 1 调研企业创新产品、价格和营销能力成熟度

毕马威观点

协同创新能够为最具盈利能力的顾客群提供相关的、创新的、有价值的且一致的产品、服务、体验、定价和优惠的能力，并综合考虑服务成本因素。

（1）大数据分析驱动持续产品创新

今天，无论是品牌所有者，制造商还是零售商，实际上都有更多的接触点和渠道来获取关于它们的客户的信息。如果公司能够捕捉到实时的消费者数据，它们就能创造出更接近消费者需求的产品，并对趋势做出更快的反应。例如，在时尚界，过去，你只有《时尚周刊》、一些研究趋势或历史销售数据，但现在你可以查看互联网上的关键词搜索，看看关键舆论领袖正在向他们的社交网络谈论些什么。

为了从客户数据中获取价值，你需要确定什么样的洞察力对企业最有用。正如毕马威数据及分析实践的合伙人鲁本·德·沃尔夫所说："你需要把注意力集中在你想达到的具体假设和目标上。如果数据不够好，你需要立即停止，因为你在浪费钱。"而以客户需求为中心的大数据深度分析，可以加速产品决策，不断修正产品组合，以调整现有不同品类和特定产品线，并且积极地引入新的产品甚至创造全新的产品和服务。

（2）会员体系全渠道梳理和协同创新，提升会员活跃度和黏性

越来越多颠覆式业务平台的出现，让新生代的品牌转换毫无障碍。有人认为这是新生代的特性，但是现实的情况是，和过去必须要去购物中心不同，现在只要有一部智能手机就能发现几乎所有市场上的产品和价格。如果智能手机在一个世纪以前就存在，人们也会用它来购物的。

基于顾客深度数据分析和全渠道策略，今天的零售商可以通过会员体系全渠道的梳理和协同创新，通过打通渠道甚至业态的协同创新来提升会员活跃度，进而增加会员黏性。

（3）数字化精准营销关联客户个性化需求

在中国，新生代越来越技术化和个性化。他们花很多时间在网上做他们的研究或者谈

论品牌。他们的要求很高，他们知道自己想要什么，他们已经研究了价格点，他们重视其他消费者在谈论什么。他们不太信任品牌，但他们确实相信他们的主要意见领袖所说的话。

和过去不同，以客户需求为中心的营销，需要以数字化精准营销为推手，来适应、关联和满足客户不断变化的个性化需求。

因为零售市场正经历空前的变化，零售商可能需要从小做起，行动迅速。正如毕马威数据和分析实践的合伙人鲁本·德·沃尔夫所说："如果你去董事会要求他们拿出几百万美元来做一个人工智能的大型数据项目，你可能得不到这笔钱。但是你可以采用更多的创新管理方法，为更小的工作创建一个业务案例，展示结果并构建它。你需要从小做起，证明价值。"

案例

(1) 天虹商业股份

作为国内最知名的连锁百货企业之一的天虹股份，目前已经形成百货、超市、购物中心、便利店等线下多业态。天虹所有的业态都共用一个会员体系，实现会员积分的通存通兑。

随着数字化运营和支付方式的变革，天虹实现了高度的会员数字化，在一些门店的会员数字化程度甚至达到90%以上。基于高度的会员数字化，天虹可以通过零售数字化系统技术工具，实行会员管理，了解会员行为特征，基于这些特征制定会员标签，绘制会员画像；由系统根据会员画像，定期推送个性化的精准营销任务。

另外，天虹对活跃会员进行差异化定义以适配不同业态。举例来说，便利店的活跃会员标准为一周至少消费一次，超市的活跃会员标准为一个月至少消费一次，百货的消费频率则会更低。根据每个业态的活跃度标准去触动更多的会员，达到活跃度指标。

(2) 来伊份

随着越来越多同质化产品的出现和新生代个性化的消费需求，来伊份非常重视如何在持续创新中迸发新的创造力，不断研发新的产品，以适应消费者需求的变化。同时，客户端和供应链端互为驱动，并以品牌为连接点。

在产品规划方面，来伊份依据产品组合进行产品全生命周期管理。新品的推出不再依靠管理层经验，而是通过大数据分析（自身销售数据，客户行为数据及市场数据等）对消费者的需求偏好进行分析，产品研发根据市场变化及时更新。例如，来伊份从前最畅销的品类分别为肉制品、蜜饯和炒货。通过消费者研究和大数据分析，发现烘焙糕点类的需求呈现急剧上升的趋势，因此，研发和引入了优质的烘焙糕点，抢占糕点市场。目前，烘焙糕点已经取代蜜饯，与肉制品、炒货并列最畅销品类前三名。

能力3：顾客体验为先

调研结果

调研结果显示，总体上中国零售企业较为关注顾客体验并实施了各种体验提升策略，取得良好成效。此项能力点的平均分为3.15分（总分为5分）。

具体而言，在体验策略方面表现突出。顾客体验正变得越来越重要显然已经成为很多企业的共识，越来越多的企业正应用数字化手段全渠道提升客户体验。而在机制治理和测量方面，在企业内部如何形成有效机制，持续推动以顾客为中心的跨品牌、跨业务职能和跨触点的全渠道体验转型，还需要长期的实践和整合。同时，在不同受访对象之间，体验交付能力参差不齐。

在调研对象中，大型零售快消企业（如伊利集团、星创视界等）的能力建设较为成熟，而地方型、小型的零售快消企业则仍需成长。

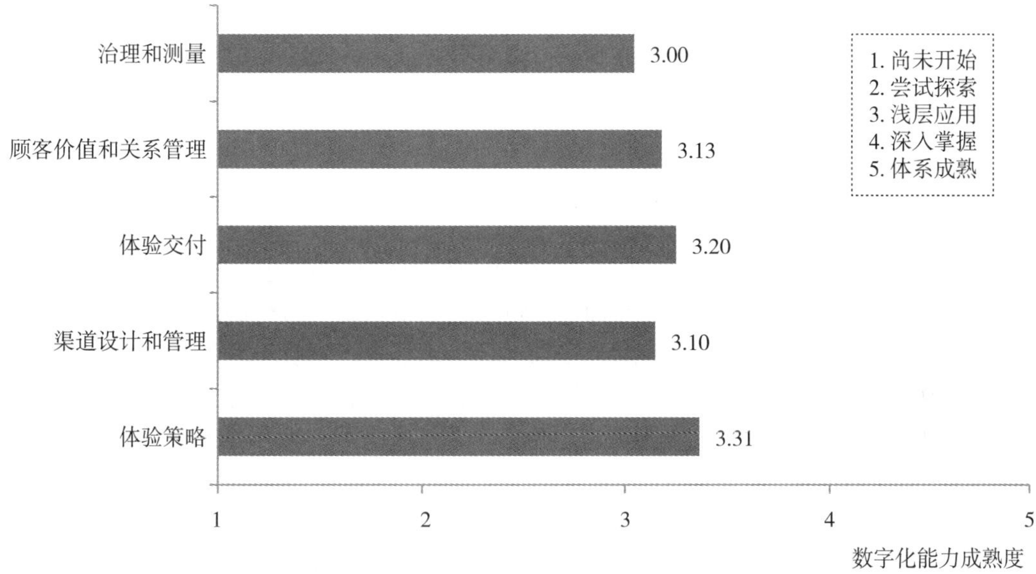

图 2　调研企业顾客体验为先能力成熟度

毕马威观点

在这个世界上，说服消费者支持你绝非易事。有意思的是，一些电商平台公司，如阿里巴巴和腾讯，正在展示道路，重塑中国消费者的行为和生活方式。全渠道体验能够设计和提供无缝和个性化的顾客体验，持续满足跨所有实体和数字触点的不断变化的顾客期望，从而提升参与度、满意度和忠诚度。

（1）以顾客需求为导向的良性循环

零售商需要从上到下、由外至内推进顾客体验设计，强调从整体上、以人为本地理解顾客的真实需求是什么，及通过何种交互渠道、如何与品牌互动？以顾客需求为导向的数字化改造将建立一个良性循环，在那里需要确立体验策略，持续提升渠道设计和管理，优化体验交付，吸引参与者，建立更多的价值，从而吸引更多的参与者。

（2）客户期望的无缝体验是终极目标

数字技术可以改变消费市场的零售商——只要这种转变专注于客户服务，而不是内部效率。做对这一点的零售商可以期望比竞争对手更快地增长利润和收入。

做到这一点，我们需要认识到，数字技术需要贯穿整个企业，在线销售产品本身并不是最终的游戏——数字化运营最终的目标是连接前台、后台和中间办公室，以便它们能够传递客户期望的无缝体验。

（3）企业需要开发正确的文化来传递巨大的客户体验

如果公司提供非常糟糕的员工体验，怎么能期望那些员工提供很好的客户体验呢？建立一种文化，让员工相信自己在为一个关心他们且授权他们照顾客户的组织工作，这与理解客户同样重要。文化从顶层开始。

（4）公司需要打破与客户联系的障碍

创造全渠道客户体验的企业会说："嘿，我真的需要按照客户的要求与客户联系。我需要将业务与后台连接起来，这样后台就不会妨碍我们定义的策略和策略的执行。我还需要认识到，我需要和那些真正支持我的人建立联系。"今天没有一家企业自己做每件事，他们和其他人合作，如渠道合作伙伴、供应商或任何人，所以他们必须与其他人建立联系。公司需要打破与客户联系的障碍，无论是公司内部还是外部、线上还是线下，通过不同的接触点和场景，交付超预期的客户体验和增值服务。

案例

（1）星巴克

星巴克作为全球咖啡行业的领先者，始终秉持以顾客体验为先的经营理念，将线下门店作为消费者体验的营销中心，围绕星巴克咖啡文化，打造全渠道顾客体验。

线上线下联动，用不同的接触点给顾客最好的体验。星巴克烘焙工坊将 AR 技术融入数字和店内购物旅程，为客户提供独一无二的消费体验。同时，星巴克在其天猫商城官方旗舰店开设上海烘焙工坊专区，采取天猫"店中店"的形式，为不能到烘焙工坊消费的顾客提供了线上购买渠道。线上线下融合的同时，实施差异化产品销售，每个渠道有其独特性，实现双向导流。

跨平台服务，多场景体验为顾客带来更多参与感和情感释放。星巴克在自有 App 基础上，在微信上线"用星说"社交礼品卡，携手阿里巴巴开展外送服务等，通过多渠道、跨平台的服务，与消费者建立起全时段的情感连接。星巴克认为，是粉丝们带动了星巴克的发展，所有渠道都要围绕顾客个性化需求而开展行动。零售业应当抓住数字时代带来的机遇，进行全渠道顾客体验转型以拥抱改变。

（2）星创视界

立足大健康生态，星创视界为顾客提供全渠道的无缝体验，并充分发挥线下场景优势，交付丰富的顾客体验和增值服务。例如，现如今顾客踏入一家宝岛眼镜的门店，不只是购买眼镜，还可以通过门店提供的眼底拍照服务进行疾病筛查，识别罹患糖尿病的可能性；由特殊设备进行通行检测，即可知晓自己的视觉疲劳程度及敏感性等。当然，除了以上医疗服务外，顾客还可享受门店"达人"专业的眼部知识及产品介绍，并通过微信访问"vision iBook"查看自己的历史验光、检测数据，配到真正适合自己的眼镜。

以上的一切都得益于星创从 2015 年即开始实施的"数字化、专业化"战略及对应的一系列举措。例如，引入眼底照相和其他眼部检测设备用以进行疾病筛查，并将检测数据上传至员工端的"Koom"系统和客户端的"vision iBook"以供查询，同时传输至后台，利用 AI 数据分析给出筛查报告和建议。其构建的数字化和专业化能力为一线员工向"达人"的转变进行赋能，并通过专业的服务和丰富的体验实现增值。

（3）大悦城

无论是后端的系统架构，还是前端的产品输出，大悦城数字化体系的一切都是为了提高顾客体验服务。大悦城提出了一个新的服务理念——XAAS＝体验即服务（experience as a service）。

例如，停车难一向是很多顾客在商业中心遇到的一大难题。大悦城的智慧停车系统已成为北京数字化停车的标杆。从停车导引系统、停车落位系统、反向寻车系统、汽车出场系统都进行数字化管理，顾客在大悦城停车会变得非常简单便捷。可以通过手机端看到每一层的车位空余程度，导引顾客停车、记住停车位、通过反向寻车系统找到车，同时还可以在手机端进行停车缴费，也可以在现场自助设备上缴费。即使错过了这些缴费方式，也可以在出口进行缴费。

会员也可以将车牌绑定到会员账户上，实现汽车出场通行无阻。缴纳停车费有多种方式：会员权益抵扣、停车券、积分兑换、在线支付。通过智慧停车系统，整个停车场的通行效率提高了34%。

此外，大悦城会根据消费者进停车场的时间推送相应的服务。比如在午餐、晚餐时间推送最新的餐饮信息，并可以帮助客户实现在手机端自动排队、下单和结算，大大节省了消费者排队吃饭的时间，将餐饮商户的翻台率提高了30%。

能力4：无缝安全交易

调研结果

调研结果表明，中国零售企业整体而言在无缝安全交易的技术实现上还需加强。此项能力点的调查平均分为3.21分（总分为5分）。

具体而言，在安全隐私、预防欺诈方面零售企业付出了相当大的努力并卓有成效。随着消费者越来越注重自身的数据安全，致力于为顾客提供跨渠道一致的交易体验，并以完善安全机制实现交易的安全性、合规性。而在增强交易分析方面则受限于数据归属、分析模型等原因，无法达到预期。很多中大型零售企业都有丰富的数据积累，但是如何对数据进行有效分析，并指导未来的产品规划、促销策略等，则是另一个更难的课题。

在调研对象中，只有10%的企业达到理想预期，且大型连锁企业能力相对成熟。相比于其他直接作用于业务的数字化能力，零售企业对无缝安全交易的重视程度有待提升。

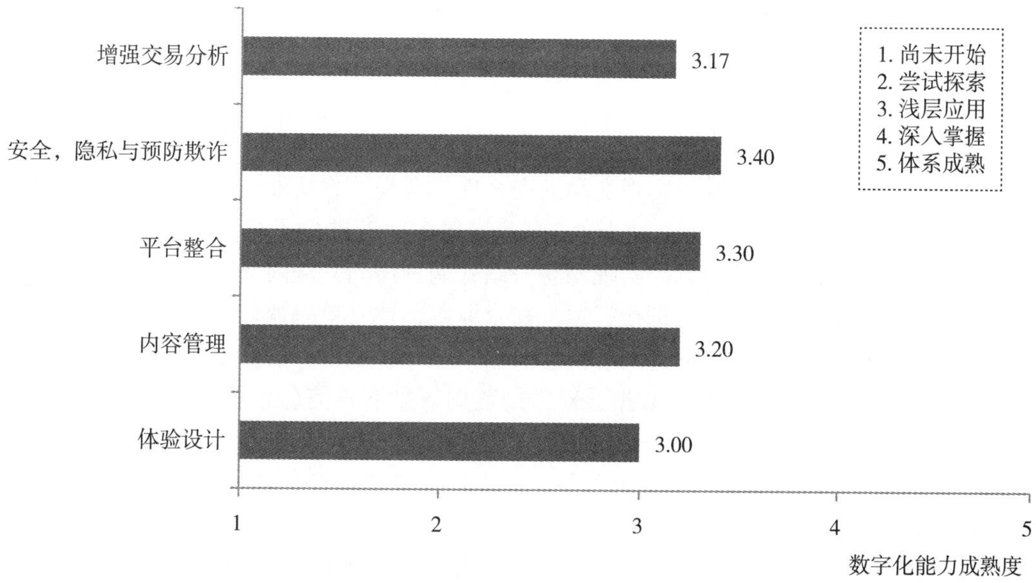

图3　调研企业无缝安全交易能力成熟度

毕马威观点

无缝安全能够持续提供便捷的营销触达、销售、现场和售后服务及安全购买交易体验，以满足所有跨渠道的顾客个性化偏好，同时确保支付技术的协同性。

无缝安全交易包括以下五项子能力：

（1）体验设计

通过数字化和传统渠道，在顾客与产品和服务交互时，我们能确保为顾客提供精致、丰富且以顾客为中心的体验。基于顾客视图和需求洞察，从兴趣、比较、订购、交付到关怀，端到端、全方位地满足顾客的期望。

（2）内容管理

我们拥有产品信息、商品标签、营销和服务内容管理系统，能够帮助我们按照不同触点的特点管理、配置和发布模块化内容，以便于在实体和数字化触点中为顾客量身定制协同化的交互内容和内容组合。

（3）平台整合

我们拥有能够有效整合和开放对接内外部系统的数据和技术平台，这些系统包括内部营销、供应链、洞察分析等系统以及跨实体和数字化渠道的系统平台、第三方平台、外部各类数据采集端口。

（4）安全、隐私与预防欺诈

我们遵照全球以及国家法律法规要求，应用行业最佳实践，在安全性、隐私和欺诈检测等方面全面维护顾客数据，并不断测试系统漏洞和交易漏洞。

（5）增强交易分析

我们通过应用丰富的跨渠道分析手段，推进顾客、订单、收益和利润、成本节约等方面指标的深度洞察，以成功地运营我们的业务。

在打造新零售全渠道体验进程中，在无缝安全交易方面致力于为顾客提供跨渠道一致的交易体验，将给零售商带来竞争优势、分析能力的提高以及更高的利润。

案例

（1）乐友

在打造新零售全渠道进程中，乐友在无缝安全交易方面致力于为顾客提供跨渠道一致的交易体验，并完善安全机制以实现交易的安全性、合规性。从外部来看，乐友对线下门店、线上移动端 App 和 H5 页面、线上 PC 端商城等各渠道进行了充分的整合，并在技术上解决了外部平台不一致的问题，实现顾客一站式购物体验。从内部来看，乐友对每笔交易管理的顾客、商品和库存信息进行打通，在企业内部建立单一视角。

在信息安全方面，乐友已通过国家信息安全二级保护认证，其安全体系建设包括：

- 数据安全：无缝管理核心数据并对常规数据（如客户信息）进行“脱敏”使用。
- 网络安全：架构上采用 VPN 访问等安全机制。
- 合规性：进行安全审计，线上产品上线之前都要通过安全确认。

（2）大悦城

大悦城率先以数字化能力优化支付体验，作为综合购物中心业态在移动支付迅速席卷消费市场的浪潮下脱颖而出。为打造无缝交易，90%的店铺内应用了大悦城自有 POS 系统，此 POS 系统整合了所有主流支付平台，以一致性、流畅性极大提升了消费者的支付体验和效率，并为大悦城创造了宝贵的交易数据资产；店内支付的模式明显降低“跑单率”，解决了长久以来困扰百货业态的痛点。同时，在交易安全方面，大悦城应用严格的数据安全策略，收银系统与第三方平台的对接需要进行数据清洗、脱敏和加密，降低安全风险。

能力5：敏捷供应链和运营

调研结果

调研结果表明，中国零售企业的敏捷供应链建设还不够完善，运营水平有待提升。此项能力点的调查平均分为3.11分（总分为5分）。

具体而言，库存管理、订单管理和需求交付是中国零售企业的相对强项，这也是大部分零售企业的传统优势，而在退货和逆向物流方面则普遍实现水平较低。跨渠道的退货能力要求能够追溯原始订单并匹配退货订单，并进行跨渠道的库存调整和退款操作，考虑的是企业订单交付网络设计能力。同时，各企业在需求交付方面能力差距明显。

在调研对象中，大型连锁企业（如伊利，乐友，华冠，来伊份等）普遍能力建设较为成熟，而地方型的零售快消企业相对偏弱。

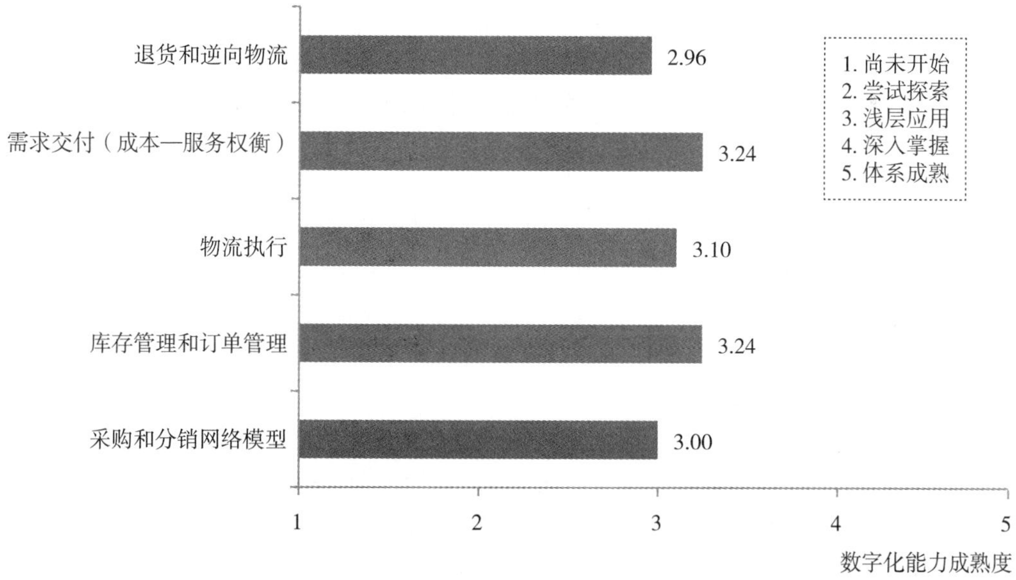

图4 调研企业敏捷供应链和运营能力成熟度

毕马威观点

根据毕马威2018年环球高管访谈，60%的被调查公司都同意，到2020年，大多数供应链将由需求驱动，以客户为中心。只有22%的受访者表示，他们现在拥有一条完全整合的供应链；但48%的受访者表示，到2020年，他们将拥有一条完整的供应链。

供应链的整体高效性是基于强化的数据分析驱动，顾客能够无论何时、何地都能方便和透明地获得高效和响应迅速的商品和运营服务。数字化的供应链体系将成为一个成功零售企业的基石。对于供应链的数字化，毕马威提出以下四大原则：

（1）加强与第三方的合作以建立起自己供应链的生态体系

数字化的供应链并非是可以依靠孤军奋战来实现的。相反，零售商需要通过与其他伙伴的紧密合作，才能在仓储、包装、分拣、物流、追踪等各个领域建立起数字化能力。

（2）效率优先，再尝试新技术

不同于互联网初创企业，大部分的零售商对反复试错成本的容忍度较低，因此，供应链的改造优化应当依旧以提升效率为主要目的。在升级供应链的过程中，首先集中精力提高其运营效率，其次再权衡在新科技领域的投资试水。

（3）为团队引入新鲜血液

吸引和留住人才对于企业使用、理解和利用新技术的能力非常重要。招募年轻的雇员可以为团队带来新的活力及思维方式，对于改革尤为重要。而公司也同时需要考虑如何才能够吸引及留用这些年轻雇员。

（4）不要止步于今，而要放眼未来

当管理层对供应链改革进行考量的时候，需要理解供应链在未来十年即将发生的变化以及数字化的大势所趋。虽然在短时间内供应链的改革与否可能对企业并不会产生显著的影响，但从长远来看，不顺势做出改变的企业更有可能处在不利的竞争位置。

成功的公司正在将它们的供应链提升到一个新的层次，包括开放和协作的平台模型，这些模型利用制造商、分销商、合作伙伴、供应商和消费者的生态系统来创造价值。创建真正以需求为导向的供应链目前仍然是大多数公司的愿望，而不是现实。

案例

（1）乐友

乐友始终关注供应链管理的优化，正如其技术副总裁吕先生所说，乐友是“一家供应链公司”。在商品整合方面，乐友在供应商关系管理、采购管理等方面都发展了比较成熟的模式。

- 采购管理：乐友的自有体系下 600 余家门店都采用系统自动补货、系统自动生成 PO 单，极大地提高了采购效率。
- 配送管理：对线下门店采用全国就近分仓配送模式，配送效率高；对线上订单采用“一键代发”，即供应商直接发货，优化库存，快速响应。
- 预测及协同：对不同品类商品开发不同的需求预测模型以指导订货及补货计划。例如，服装纺织类商品的敏捷供应链管理：将历史数据进行细化分析，结合库存数据一起确定供应计划，以优化订货效率、缩短到店周期。
- 库存管理：应用 RFID 技术，实现商品从出库到到店的全流程库存管理，进而实现全渠道实时库存可见，极大地优化了库存管理水平。

（2）华冠

供应链数字化建设是华冠的工作重点，包括线上及线下库存管理等。华冠建设了自己的“笼车单”系统来连接门店和供应链，并与自身 SRM 系统对接，实现账期自动转账。在物流管理中，为了应对商品保质期管理的调整，华冠目前正在积极试点效期管理方案。

俗话说“民以食为天，食以安为先”，食品安全既关系到广大人民群众的身体健康和生命安全，也关系到社会的经济发展与稳定，食安问题丝毫马虎不得。目前，超市预包装食品的效期管理问题一直是零售行业的一个痛点，没有一套行之有效的方法。传统的管理方式比较烦琐，需要人工定期检查商品效期，手工记录临期商品。但还是难免有过期商品成了“漏网之鱼”而销售出超市，从而造成食品安全问题。

华冠通过“彩虹码”技术管理商品效期，防止问题商品流出超市。“彩虹码”除了具备传统黑白条码的交易功能外，还包含生产日期、保质期天数、到期日期等信息。“彩虹码”管理商品效期分为五个步骤：建档、赋码、贴码、上架、扫描。

例如，将易过期的商品贴上“彩虹码”，收银员扫描“彩虹码”时，在收银屏幕上可以明确提示该商品是否过期，如过期则无法销售，有效地防止了过期商品流出超市。同时，对于恶意打假人夹带过期商品进入超市后又投诉也可以起到辨别真伪的作用。

（3）来伊份

来伊份的供应链管理采用“推拉结合”的模式，即利用前端客户及市场数据及分析预测结果指导供应计划，同时供应端变化将为前端营销提供预警，建立了“客户—企业连接”机制。

例如，作为休闲食品销售商，来伊份参考便利店模式，应用预测补货模型，依据门店销售系统、智能电子秤等回传的数据对所有门店实现自动补货，其准确度在70%~80%，有效提高了供应链效率。预测补货系统每天进行数据收集，以周为单位进行滚动供货预测。以此为基础，店长可根据实际情况进行订单微调及调货、补货操作。与此同时，采购平台对供应商开放以保证一致性。

3. 领域三：数字化驱动

能力6：增强数据分析

调研结果

调研结果表明，中国零售企业在以数据驱动发展的能力建设上还处在初级阶段。此项能力点的调查平均分为2.98分（总分为5分），低于数字化平均水平。

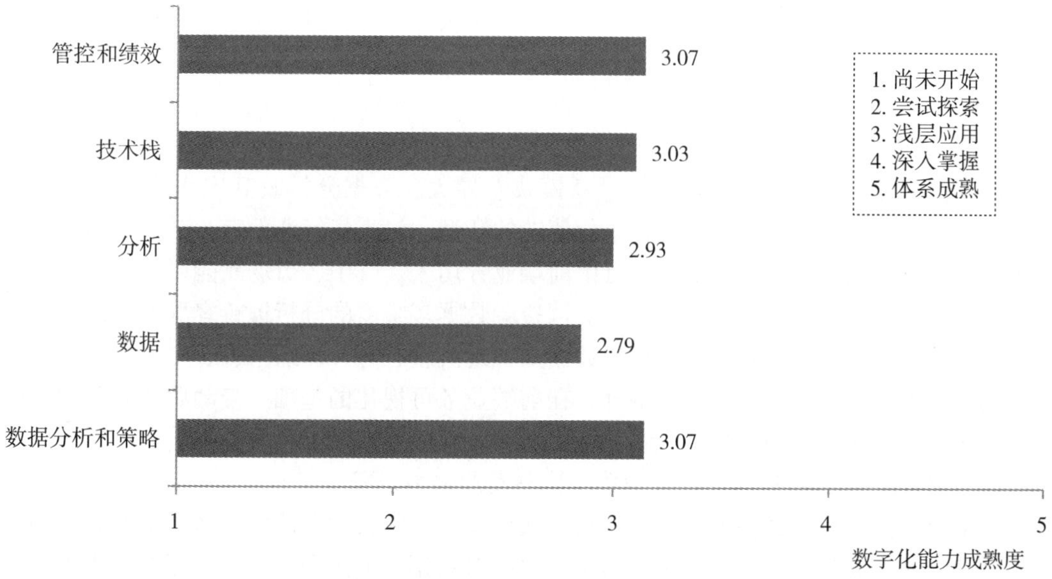

图5　调研企业增强数据分析能力成熟度

具体而言，在数据和分析策略、管控和绩效方面有相对优势，而对数据的获取和掌控则出现明显短板。数据是未来零售的核心资源之一，然而数据的积累不是一蹴而就的事情，需要管理层对数据的重要性的认知和配套的数据收集硬件。同时，各零售企业在数据分析能力建设上出现较大差距。很多中大型零售企业都有丰富的数据积累，但是如何对数据进行有效分析，并指导未来的产品规划、促销策略等，则是另一个更难的课题。

在调研对象中，对数据及其治理相对重视的大型连锁企业表现较突出，而其他企业如地方型、小型商超在数据获取、分析、治理上亟待加强。

毕马威观点

在数字经济下，数据越发成为企业发展的关键资产。而对中国零售企业而言，数字化驱动的进程方兴未艾，企业发展逐渐由“经验驱动”走向“数据驱动”。相较于其他行业，零售业在数据资产化及数据变现方面表现抢眼，其中较早进入电商/平台领域的零售企业表现出明显的数据资产完整性和分析能力优势，而长期植根于线下的零售商则面临数据资产累积不足的挑战。未来数字化驱动的零售企业具备以下特性：数据资产化；决策可视化；应用场景化；技术创新化。

（1）数据资产化：数据成为零售企业关键生产要素

全面、高质量的数据积累进而资产化是实现数字化转型的基础，企业对内部和外部数据的获取、分析和应用，以及基于数据洞察作出的决策成为企业创新价值的驱动力。这对零售企业提出了数字化产品和服务、数据资产化和经验数据化的能力要求。成熟的数字化企业可抓取、整合并存储大量、不同的内部和外部数据，并持续丰富这些量子级的数据，提供顾客、竞争对手及行业的 360 度全方位视图，使“人、货、场”可视化。同时，基于业务视角，从企业层面对数据储存进行持续性管控。

（2）决策可视化：明确数据和分析策略，以数据洞察驱动决策

零售企业的数字化驱动关键在于将数据和分析策略作为企业业务成长的基础。数据及其分析使企业对行业、竞争、产品、顾客以及合作伙伴有着及时、深刻的洞察，由经验决策转向量化决策，并驱动企业内部数字化转型的共同愿景，从而达到业务持续提升的管理闭环。

（3）应用场景化：数据分析由前端业务切入，逐步实现数字化运营

因零售行业中业态特征、业务体量及模式差异大，数据分析及其应用应基于业务模式，结合场景进行落地，进而带动整个价值链的转型。对零售行业而言，考虑数据积累度及投入产出可视性，数据收集和分析可由前端业务切入。其中，市场赋能可通过对消费者进行大数据分析以开拓新市场，并通过对消费者数据多维度的分析进行客群细分，实现精准营销；渠道赋能可通过对全渠道销售数据如渠道流量、客户活跃率、客户转化率进行分析得到客户深度洞察，并促进渠道融合。在前端业务可视化的基础上带动后端运营和供应链的优化，形成前后联动的运营机制。

（4）技术创新化：技术赋能成为数字化驱动的强力引擎

如果说数据是数字经济下的燃料，数据获取及分析的技术手段则扮演了动力系统的角色，帮助企业形成数据资产并变现。其中，包括对数据的清洗和处理以保证数据质量和一致性；基于大数据、AI 的优化算法应用及智能化决策；云计算等计算手段的应用；网络和信息安全手段的应用等。

目前，零售企业的数字化驱动模式建立仍面临诸多挑战。例如，非结构化数据的获取、处理和分析能力不够成熟；对于数据治理和管控目前多数零售企业仍处于起步阶段；数据驱动多集中在优化运营，对产品、服务、业务模式的创新有待加强。

案例

（1）天虹

为了更好地实现会员的精准营销和业务分析，天虹上线了“大数据+BI 数据分析”平台——数据魔方。通过数据魔方，利用分析模型对顾客的购买行为进行画像，以特定的顾客行为触发相对应的营销信息推送，实现精准营销；另外，数据魔方将整合后台的商品信息、会员信息、交易单据、库存数据等一系列数据，支持天虹自营及合作伙伴进行实时经营数据分析，帮助他们及时对经营决策作出调整的优化。

作为驱动零售变革的利器，大数据的重要性不言而喻。在天虹看来，零售行业从来不缺少数据，运用好自身的数据，形成专业分析并赋能企业经营决策才是实现企业数字化的重要途径。

（2）大悦城

一直以来，大悦城非常重视数据价值，并为此自主开发了一套数据分析系统。通过数据采集、分析、标签化，对消费者的行为、商户客流量进行分析，对客群进行细分定位，并最终通过数据赋能商户，提高销售额。

数据的获取涵盖了客户感知系统、客户识别系统、人脸识别技术等线下方式，以及 App、小程序、微信公众号等实现线上方式，进而在中台进行客户数据的整合和清洗，与其他 IT 系统打通，形成结构性数据。

通过对收集数据的进一步分析，大悦城真正实现了数据驱动决策。例如，在第一家大悦城开业之际，租金和品牌筛选等都是从高层经验出发。积累了消费者数据后，大悦城开始通过客观数据了解消费者喜好，决定引入品牌和品牌选址，最终实现数据驱动决策。

在交易方面，大悦城从部署于商铺的 POS 系统、会员积分系统等获得完整的交易数据。借助这些数据，大悦城创造了以预测销售为核心的商业分析，做到提前 60 天预测出商品销售水平，再根据预测结果指导最终运用什么运营方法来进行经营支持，赋能商家。

（3）星创视界

星创视界在打通线上、线下渠道的基础上，致力于打造自己的“数据银行”，由线上、线下触点及社交媒体等收集丰富的顾客数据，并借由先进的工具进行数据分析，实现消费者洞察。

例如，星创视界搭建了一套 SCRM（社会化客户关系管理）平台用以整合管理渠道的顾客和交易，而平台背后则是强大的分析引擎“NAB”—Need，Attitude，Behavior。它的分析模型从消费者行为学角度出发，综合考虑了顾客独特的生理需求、价值观和消费行为，进而将客群分为九大目标群体。这一算法对星创视界顾客画像的准确度达到 70%，而如果同时结合历史交易数据，这一数字将提升至 90%以上。这一智能、高效的分析工具对数据获取的要求极为简单易行，通过开发一份只有 7 个问题的问卷，在客户旅程的各个触点收集信息即可。同时，为应对市场及客群变化，每半年星创视界会对“NAB”算法进行更新调整，使之不断优化。

4. 领域四：数字化组织

能力 7：数字化组织

调研结果

调研结果表明，中国零售企业的数字化组织方兴未艾且初具成效。建设数字化组织能力点的调查平均分为 3.19 分（总分为 5 分）。

具体而言，领导力建设做得最好，而服务整合能力则普遍有待加强且各企业间差距较大。服务的整合需要为客户服务的不同触点的员工的价值观和服务观念的统一，团队之间需要建立必要的连接协同、信息共享机制，才能保证服务输出的统一。这属于一个相对进阶的能力要求。

在调研对象中，组织架构相对扁平的大型商超，如北京华冠、天津劝宝超市等零售企业能力相对成熟，而地方型、小型的零售快消企业则需加强。

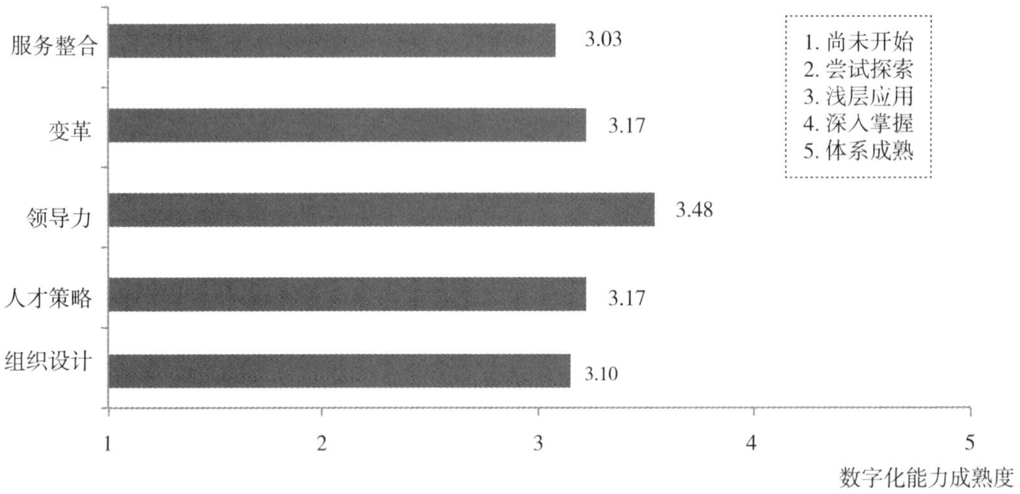

图 6　调研企业弹性组织能力成熟度

毕马威观点

（1）什么是数字化组织基因

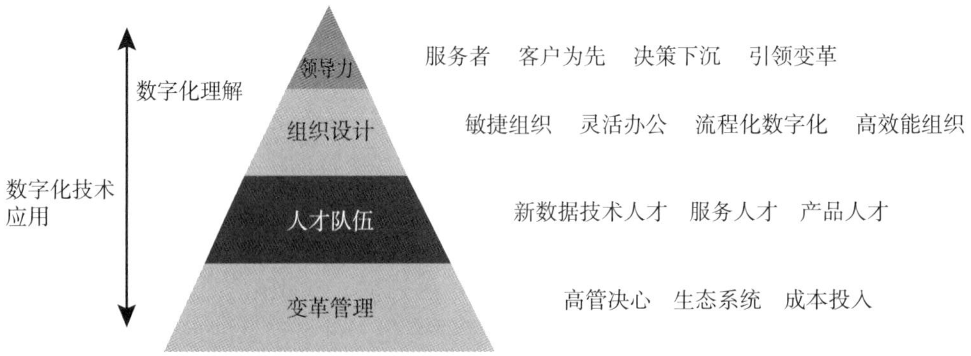

图 7　零售企业数字化组织基因模型

一方面，企业要实现数字化转型，应用和掌握数字化运营模式下的快速决策、快速反应、人机结合、人与 AI 结合的能力，对企业的组织模式、领导能力都提出更高的要求。企业需要更敏捷的组织应对数字化的变化，需要更灵活的合作模式来发挥新型人才——数字化人才和数字人才（数据分析和 AI 系统）的数字化学习力和创造力。

另一方面，用户端消费习惯的变化、数字化消费场景的变化、数字化运营模式的变化，都对企业的面向客户的人才组织提出更高的要求。企业需要建设数字化人才队伍，扩充数字化零售场景下所需的新型能力，并为人才队伍赋能，培训数字化模式下的工作模式和学习能力。同时，改变传统以岗位为基础的人才任用、评价系统，升级为基于角色单元、项目单元的人才任用和评价系统。

（2）领导者应充分理解数字化趋势和充分授权，倡导客户为先的文化

① 实现从管理者到服务者的角色转变

领导者的角色从管理者转变到服务者，其职责是去沟通哪些问题需要解决，而整个敏捷团队就要协力找出最好的解决方案。领导者应成为赋能型领导，能引领弹性管理文化，快速决策，接受决策下沉，放手让中基层管理更大规模的团队和业务。

② 接受新事物，倡导客户为先的文化

营运模式要联动线上线下，线上为线下服务，或补充线下。因此，在组织上，要求线上的人与线下的人能横向协作，线上线下思维都要有。全局思维的管理者应具备对于品牌、客户和服务的客户导向敏感度，这是作为业务领导者必要的要求之一。

③ 实现从领导层到员工的数字化转型

真正的文化转型并非自上而下、依靠某一位拥有数字技能的领导来推动。CIO 或 CTO 应在变革中承担主导角色，但如果要确保实现真正的变革，企业的每一位员工都需要掌握数字技能。领导层也必须与千禧一代通力协作，设立企业数字化未来的共同愿景。

④ 重视数字化能力提升的投入

复合型、新型人才需求，要求企业开通和推行横向人才流动机制，培育跨职能人才。同时，要求几乎所有职能的人都能够定期到一线消费场景中去训练。为了配合人才转型，企业应当制定持续开展的综合性培训课程，开发多种培训方案，如大规模在线开放课程、员工集训营或轮岗计划，而不只是提供一次性课堂培训，从而实现系统性的人才转化。

（3）围绕任务组建弹性复合型队伍，利用数字化鼓励创新和弹性工作方式

敏捷组织的核心是自主，敏捷团队会围绕特定的任务来组建，由交付这个任务需要的端到端的各环节组成，有其自己清晰的使命和目标，给予适当的授权，并建立团队之间必要的连接协同、信息共享机制。

敏捷组织有利于多方位充分利用人才体系，能够鼓励创新和数字化创意的评估、奖励和薪酬计划，在必要情况下提供灵活的工作安排与远程办公，有空余时间用于企业运营的持续改善，支持员工实时反馈。

赋能，首先是简化管理，扩大管理幅度，流程化、数字化，让管理一家店或其他零售终端的难度降低。其次是授权，决策的权力向面对客户的第一线授予。最后是提高管理能力，提高对数字化工具的应用，利用数字代替人决策、数字简化烦琐操作、数字推进流程等方式为管理者赋能。敏捷组织最终可以使组织的管理效能更高。

（4）基于角色单元任用人才，新型数字化人才需求增加

零售商比以前任何时候都更加需要发掘、保留和培养人才，为创建和维持数字化企业积蓄力量。全球范围内普遍缺少具备相应技能的人才，无法为经过数字化重塑的企业在新流程、运营和技术方面提供足够的支持，这已经成为一个公认的事实。客户是数字化重塑的企业关注的焦点。

在新零售模式下，企业数字化平台不应该只是记录和分析产品特质，如性能、质量等，而应该更关注其商品特质，注重与客户的互动场景，增加客户体验，以试图进行客户行为、消费场景的分析，促进“利用不同产品深挖客户钱包”的消费需求。

未来数字化零售企业对三类新人才的需求将大幅增加：

• 新数据技术人才。架构师、数据规划等人才，基于业务特点进行客户行为数据整理、抓取和分析，基于消费场景进行商品特点抓取和分析，如流量经理、数字场景模拟专家等。

• 服务人才。零售数字化的新业务模式下，通常是一些偏间接的事在影响客户的购买行为，如某视频中流量明星的穿戴可直接导致品牌服装的暴增。研究和营销服务可进行专业化分工，直接面向用户的营销、店员、客服等人员更加关注客户本身，专注于客户满意度，全方位接近和满足客户需求，如数字营销专业人员、社群经理等。

• 产品人才。产品人才面向客户，能将商品标签化，关注商品特征，关注交易的文化，实现从传统的更多关注产品本身功能特性转变为对产品设计理念的关注。

（5）高管决心和打造数字化生态系统是变革成败的关键因素

推动企业高管引领数字化变革进程。数字化不是仅停留在某个职能上，而是要在企业各个职能全面推动的深化变革，这一过程应由企业高管层引领变革，有意识地体现高管层对于变革的决心，带领企业接受挑战、面对变革困难。企业高管层的深度介入，推动数字转型直接关乎转型成效。

打造联动型数字化生态系统。零售企业数字化变革并不是孤岛，需要联动上游供应商一起变革，通过合作伙伴的系统做出改变，从而消除转型过程中的风险，实现对客户、供应商与零售企业自身的最大化转型受益。

依托数据技术驱动变革。加强 IT、数字化部门对前台、中台的推动作用，建立 IT、数字化部门向前端部门周期性的沟通、宣贯、培训机制。多数数字化领先企业对数字化推进部门的定位，不是局限于 IT 部门，而是集管理变革、模式转型等多职能为一体的跨职能合作。

打造敏捷组织，提供转型的保障体系。打造敏捷组织可以支持企业快速、动态、专注地开展数字转型，既能够确保企业满足当前的发展需求，又能抓住不断出现的新机遇。全面打造敏捷组织需要对组织各方面的深入调整，如组织文化、人员技能、角色与职责、绩效评估、激励机制和沟通渠道等，并进行优化调整。

注重转型过程中的持续监控。传统企业变革首先要克服短期的成本压力，进行数字化转型短期内可能会出现人工成本增加、客户界面不佳等情况，并影响短期销售业绩。但长远来看，数据沉淀、场景分析、数字化代替人工既是不可逆的趋势，也是效率提升的必经之路。因此，在转型过程中，实时、持续监控转型过程中的问题，并通过沟通问题、解决问题的方式排除转型困难，将成为数字化转型成败与否的又一重要举动。

案例

（1）乐语

乐语成立新技术专项小组，由 IT 新技术专家、新业务中心产品及运营人员、门店店长等组成，共同推动新技术产品在一线的运用。该项目历时 1 年，项目成员主要来自现有各部门骨干，在项目推进过程中根据需要，不断调整优化项目组架构，完成了方案设计、产品整合、门店落地等一系列工作，并在北京爱琴海店成功进行试点。

（2）家乐福

家乐福在中国拥有庞大的传统零售业务和服务人员，员工数字化能力参差不齐，数字化变革转型的组织变革挑战重重。然而家乐福实现了线上 App 月活会员 26800 单，移动支付覆盖率 75%，线上零售额占比持续增长。其数字化转型成果离不开以下组织变革的良好实践：

整合多个职能，联动数字化转型。将市场、会员管理、品牌管理、移动支付/消费金融等新旧职能进行融合，并由其业务领导推动数字化变革，联动销售端数据与供应端数据，整合数字化转型需求以驱动内部相关价值链的运作方式的转型，并促进最终销售成果的提升。

业务驱动、一线驱动创新。通过营销、CRM 等业务前端部门快速试点、铺开数字化转型，做到用 KPI 数字说话。一方面，用一线洞察驱动组织变革，从而推动数字化转型并保障领导层的支持，如为响应消费者购买行为偏好的变化，家乐福南区门店进行扫描自助购试点，且在一个月内渗透率达到 40%。另一方面，从运营角度去推动数字化以整合资源，如家乐福第一次参加“双 12”，由前端营销部门发起推动 IT 系统改革，在一个月内完成系统上线，最终实现家乐福 20 年以来的单日最高销售额。

把握时机，低成本变革。面对风险，变革的投入成为转型的重要因素之一。家乐福以轻转型方式降低了变革阻力，如家乐福通过与第三方支付平台的互惠合作快速推动消费者支付习惯，并与各 O2O 零售平台达成合作，在合作中保持独立性，以低于业内平均一半的成本实现渠道扩展和支付移动化。

新起炉灶、逐步迭代。为线上商城、App、移动支付、消费金融项目等零售前端的数字化建立独立的 IT 体系，并逐步取代迭代缓慢、适应性差的总部推广模式，IT 能力建设逐步匹配新零售业务需求。

5. 领域五：数字化基础

能力 8：数字化技术平台和架构

调研结果

调研结果表明，中国零售企业在技术平台的搭建和技术手段的应用上已基本达到与业务匹配的水平。此项能力点的调查平均分为 3. 13 分（总分为 5 分）。

具体而言，各零售企业在技术服务的整合方面给予较多关注，而在安全与风险方面则缺乏完善、可控的机制。同时，不同的零售企业在 IT 组织设计上差异较大，这对于融合线上线下渠道的零售企业尤其明显。

在调研对象中，较早起步搭建企业信息系统的零售企业能力相对成熟，技术基础建设更加完善、先进，而地方型、小型的零售快消企业则由于体量、资源限制等问题还未建立起强健的技术基础。

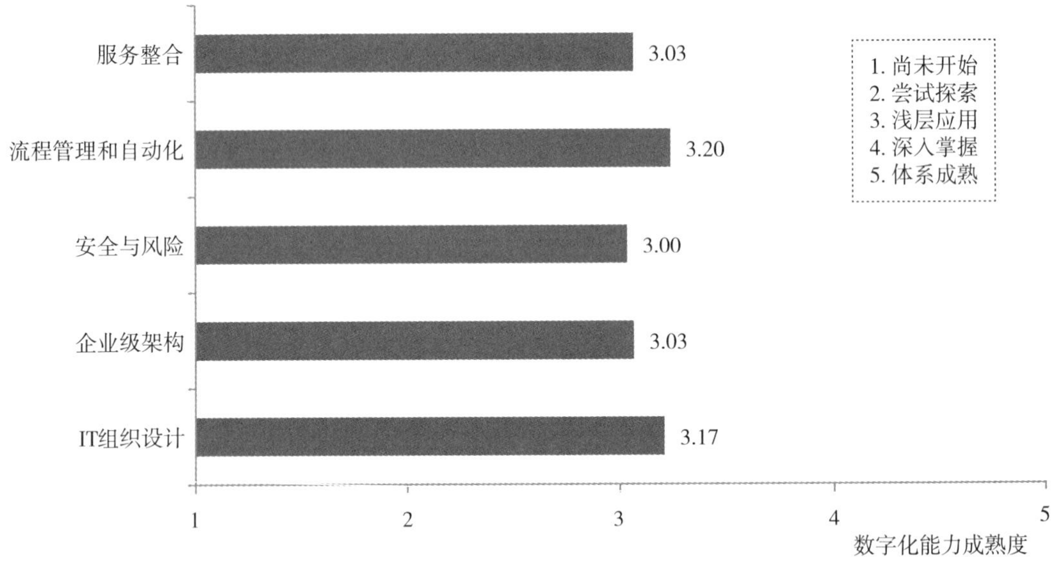

图 8　调研企业数字化技术架构和赋能能力成熟度

毕马威观点

零售企业传统的 IT 架构主要以流程的自动化为核心，面临很多客观困境：系统繁多；信息孤岛；维护费用颇高；收益低；风险高。显著的问题主要反映在以下几个层面，首先是需求的响应速度慢，许多零售企业的商业套件往往需要很长时间的实施，通过迭代过程才能完成新业务系统的上线，如 SAP、Oracle 等 ERP 系统，顺利上线往往少则半年，多则 1 年甚至更久，上线之后发现可能已经不再满足变化的业务需求了。其次是数据孤岛，商业套件所带来的天然问题就是数据孤岛，各个子系统往往都是孤立运营的，天然存在数据不互通的情况。最后是缺少弹性，很多零售企业往往有固定的 IT 资源投入，系统可以承载的用户量也是相对固定的，而随着业务的发展，传统的 IT 资源以及架构是无法完全满足创新业务需求的。

在数字化时代，有更多的消费场景、消费物种，交易、支付方式也发生了很大变化，对前端响应的能力和效率提出了很高的要求。数字化时代下的零售企业势必会实现从 IT 到 DT 的架构转变。从 IT 到 DT 的架构转变主要体现在后台触“云”，建立大中台，一切围绕数据。

（1）后台触“云”

后台触“云”，即基于云计算的底层基础设施。今天的改变与对未来的发展预测表明，有越来越多的零售企业开始主动拥抱“云”，用云计算提升自身的 IT 服务能力和运营效率。云计算要求基础设施具有良好的弹性、扩展性、自动化、数据移动、多租户、空间效率和对虚拟化的支持。应当高度贴合网络未来更高层次的发展趋势，随需而动的运维理念。

（2）建立大中台

大中台的核心理念就是共享服务，这一理念与微服务的设计理念是相通的，用它来把所有前端交易场景所需要的共用的资源、能力聚集起来，以微服务的方式向前端业务提供各自所需的服务。

（3）一切围绕数据

数字化时代，需要不断快速响应消费端的变化，进而进行业务模式的改变、创新乃至颠覆。业务的变化会影响、推动技术层面的革新，当然新技术的不断涌现，也会拉动业务层面不断进步，新技术架构平台的前端业务在不断地创新、转型和升级。要不断沉淀业务能力和数据，通过数据驱动上端业务的发展、转型和创新。所以，很多大型企业在新 IT 领域的需求变化是，从一切业务数据化到一切用数据来驱动业务的创新和发展，创造业务价值。

当然，零售企业数字化架构不是泛泛而谈的，需要从零售企业全局视角出发，站在整体的高度，以数字化的思维，全面分析零售企业的各项业务，建立零售企业的业务模型、组织模型、信息系统模型，并结合企业数字化现状，设计出数字化总计技术方案与演进路线图。在数字化时代，零售企业的业务架构与技术架构是相辅相成的，技术架构需要留有一定的张力来面对不断变化的业务形态。

案例

（1）星巴克

在星巴克中国的数字化技术架构建设中，开放式架构是支撑整个进程的关键理念。例如，将独立的星巴克 App、卡券系统等进行系统和数据整合，形成统一的支付平台，在此基础上进一步集成其他解决方案建设统一的商务平台，其中包含客户忠诚度管理以及外送服务等。

星巴克中国首席信息官 James Li 分享了他对数字化技术架构建设的关注点：采用开放式架构以应对变化，设计清晰的架构组件；在架构设计期间就充分考虑风险管控；加大对流程管理自动化的投入。例如，星巴克投入大量资源建设了自己的团队，包括自动化部署、检测等，应用全新技术以保证流程自动化。

在星巴克看来，企业的 IT 变革需要先建设团队能力，再以架构思维规划整个企业的系统建设。星巴克具有一支年轻精悍、开放创新的 IT 团队，并成立了专门的架构小组，规划企业级应用和技术架构，对技术解决方案进行把关。

（2）乐友

以线上为起点，乐友的数字化能力建设随着企业发展在持续增强。在 IT 组织方面，乐友做出了组织架构的创新变革，独立移动端产品开发团队作为移动 App 事业部，将移动端产品开发与线上业绩直接对接，从传统的成本中心转型为利润中心，而传统的 IT 部门负责供应链、ERP 和基础数据管理等。这样的切分最大限度地为电商渠道发展提供了能力和资源支撑。

在 IT 系统架构方面，乐友建设了完整的前、中、后台系统架构。其中，数据中台前端承接各渠道客户及交易数据，后端与供应商平台直接对接，实现价值链的贯通；同时开放与合作伙伴对接接口，为实现广泛、灵活的异业合作提供技术基础。

在流程自动化方面，面向一线员工通过 App“导购宝”实现对一线员工的赋能，可供员工看到实时销售业绩、会员 360 度信息、营销内容沟通等，并通过与社交平台对接实现高效客户互动。面向后端 IT 系统，乐友设计了统一的监控及预警机制，由几个人控制几百台设备，实现了系统监控一体化。

（3）华冠

传统的商场百货实行集中收银，流程复杂并且容易出现跑单的情况。华冠 2017 年年底开始在百货实现单位收银，提高了顾客支付的体验，在 2018 年春节期间提高了 20%的销售额。

流程自动化方面，2016 年华冠开始在门店引进“移动支付”，是全国首家实行自助化支付的商业超市，大大降低了设备成本和人工成本，提升了效率，数据有据可查，还不受人员和时间的限制。同时，面向一线员工做了“笼车单”电子化，采购流程效率明显提升。

系统架构方面，华冠建设了自己的数据中台，连接前端订单数据及后端供应链系统。

6. 领域六：数字化生态（David）

能力 9：数字化生态伙伴协同

调研结果

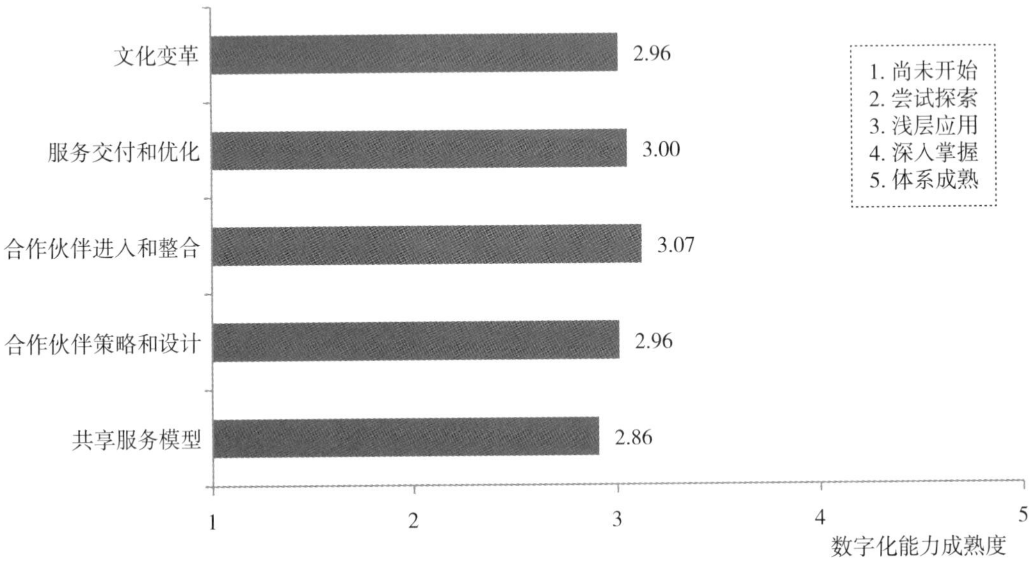

图 9　调研企业生态伙伴协同能力成熟度

调研结果表明，中国零售企业的数字化生态伙伴协同能力处于中位。此项能力点的调查平均分为 2.97 分（总分为 5 分）。

具体而言，在合作伙伴进入与整合上分数较高，大部分零售企业都能够顺应数字化改革潮流，不断拓展新型合作伙伴；而对于共享服务模型的建立则阻碍重重，零售企业都意识到扩大生态伙伴圈的重要性，然而如何根据自身企业特性和战略定位合适的共享服务模型，需要更多的思考和磨合。同时，能力建设差距较大的方面是合作伙伴策略和设计。

在调研对象中，大型百货/商超等处于丰富商业生态的业态（如天虹）优势明显，其他单一业态或小型企业则需努力拓宽生态伙伴合作。

毕马威观点

随着大数据、云计算、人工智能等新兴技术的发展，数字化创新深入到各行各业。同时，新零售作为互联网流量的线下变现，对传统零售业产生了巨大冲击。此外，越来越多的新兴品牌商搭上电商的便车，加入零售行业的竞争格局中。面对来自行业内外如此激烈的竞争态势，品牌商顺应数字化改革的潮流，携手更多的合作伙伴共建生态合作体系。未来的生态合作应当是打破功能、企业间的界限，构建以顾客为中心的数字化生态平台，扩大数字化价值网络。

（1）生态合作协同思维贯穿始终

零售行业正在摸索从合作伙伴到生态合作伙伴的模式转变，用“生态”的理念协同合作伙伴，降低成本，提高效率。从战略层面到商业模式、运营模式上，将生态合作思维贯穿整个创新和转型过程。在互联网背景下，生态合作伙伴协同不是一个“二选一”的站队选择，企业应当首先明确自身战略定位，使合作伙伴生态运营策略与业务战略保持高度一致，优化协同不同合作伙伴的进入与整合。

企业需不断完善自身的数字化建设，通过敏捷的运营模式，适应新业务的调整以及未来更大的发展目标。以包容开放的心态参与生态合作，共建服务共享模型，共同打造多赢的良性生态环境，从生态系统中赋能，将最优的产品服务带给客户。

（2）突破产业链固态合作模式，打造“共建、共治、共赢”的生态圈

对零售行业而言，数字化转型需扩大生态合作伙伴网络，不仅包括供应商、零售商、渠道商、物流商等传统产业链合作伙伴，同时应拓展互联网、知识服务商、技术服务商等新型合作伙伴，通过重构生态内所有合作伙伴的关系，有效利用第三方合作伙伴提高产品上市速度、降低成本或补充供应链能力差距。有机地发展与合作伙伴的合作关系，并不断深化和协同，以满足价值链解决方案的需求。实现内外部产品生命周期管理、供应链管理以及客户信息的无缝整合，整条价值链从产品创新到面向客户良好连通。

（3）打造开放式共享社区，赋能客户全方位洞察

企业寻求从被动“满足需求”到主动“创造需求”的转变。在如今的信息时代，消费者日常衣、食、住、行的每一个行为都会产生大量数据，如网约车的出行记录、外卖平台的点餐记录等，而这些海量信息掌握在整个生态的各个合作伙伴手中。企业需要摆脱单一供给，打造开放式共享社区，通过内外部合作伙伴网络，精准把握客户需求和偏好，形成全新客户洞察。借助数字化平台与合作伙伴协同沟通，耦合生态资源。

案例

（1）星巴克

对大多数零售企业而言，如今的中国显然不是企业自立渠道就能玩转的市场。想要打通线上体验，触达最大规模的消费者，需要更多借助和运用生态资源。

在生态伙伴合作方面，星巴克采取了“术业专攻”的泛合作策略：与微信联袂打造社交礼品体验“用星说”，将微信社交基因与星巴克长年致力于人际关系联结的精神内核完美结合；与阿里巴巴在即时服务、智慧门店体系、会员系统等方面开展合作，应用阿里多平台的技术资源，实现线上线下无缝衔接的顾客体验。

星巴克中国首席信息官 James Li 也分享了他对生态合作的看法：共享服务是社会发展趋势，企业应以开放心态运用生态资源提升自身能力，实现良性互补；企业需要建立明确的合作运营策略和目标，并合理运用不同平台特性，打造定制化的合作方式；长远来说，企业应当不断完备自身的技术和管理运营能力，培养自身的数字化建设能力。

在星巴克看来，生态伙伴合作不是站队，而是选择一个对于未来在顾客、门店等方面的运营需求能够达成共识的合作伙伴。明确目标、合理运用资源，不断强化自身能力，才能在颠覆性的市场中实现长足发展。

（3）乐语

在新零售生态下，乐语一直具备“合作共赢”的理念并为之行动，团队充满创新性和协同意识。例如，乐语打造“云中行动”数字化中台，与京东等线上平台合作，线下门店同时扮演线上渠道“前置仓”角色，通过数字化平台打通线上，实现渠道融合。通过积极开发 B 端合作伙伴，将同时利用互联网的渠道优势和线下门店强大的资源优势和供应链能力，以较低的边际成本实现业务拓展，并实现互利共赢的可持续发展局面。

三、展望篇

零售始终是宏观经济体不可或缺的一个重要组成部分。在新的经济环境和市场环境下，金融门槛越来越低，渠道日益下沉，云计算、大数据等新的技术不断为经济注入动力，产品升级，销售者需求更加细分促进整个零售业态走向数字化的改变将成为必然。展望未来，零售将继续依托互联网，通过云计算、大数据、人工智能等新技术对零售的整个业务价值链，包括商品的采购、生产、流程与销售过程进行升级改造，进而重塑零售业态结构和生态圈。

数字化零售将密切围绕“以用户为中心”，在新的业务模式烘托与新技术的持续驱动下，将线上线下进行更加深度的融合，逐步实现“全场景、全渠道、全品类、全时段、全客群、全数据”的新模式。新零售模式的以下显著特征值得关注：

（一）“千店千面，千人千面”

以产品为中心的运营模式将深度走向以消费者为中心。过去，实体门店更多的是商品流通中心。数字化时代实体门店更多的是消费者体验服务及实现与商家持续沟通交流的中心。商品交易流通可以通过线上平台实现，但是身临其境的感受、无微不至的服务、丰富情感的沟通、面对面信任感的建立提升却只能通过门店带给消费者。不同的门店将根据所在市场、地域和商圈呈现出多元化和个性化来迎合消费者，消费者也更多地被零售商家所了解，了解其消费能力、消费习惯和商品喜好。“千店千面，千人千面”将把零售推向一个新的台阶。

（二）供应链将被深度重构

传统的供应链是层级式的，低效复杂的。到了纯电商的供应链阶段，虽然是点对点的，但线上线下却是分离的。数字化零售将重构供应链，包括：一是智能分仓，针对不同区域安排商品的种类和数量；二是以店为仓，将门店作为仓库的载体，实现店仓结合。柔性供应链，无论是商品流、信息流还是现金流，都需要快速响应。

（三）互动和体验是核心

所有零售的创新，其实都应该提高实时互动的可能性、丰富度和效率。互动的加强，其实就是协同网络不断扩张的过程。数字化时代，互动和体验将是零售企业“获客”“留客”“跃客”的核心。

（四）数据创造零售新价值

零售数据是宝藏，对于零售企业更具有宝贵的价值。对于零售企业来说，要学会使用数据的杠杆创造商业价值，不断地改善服务质量和水平，为消费者提供个性化的服务和极致的购物体验；用数据优化提升整个业务价值链，并为业务带来新的增长点和利润点。

2018 年社区生鲜调研报告

社区生鲜是近年来颇受业界关注的零售业态。因其立足社区、贴近顾客，再加上生鲜品类复购率高、市场容量大，使得无论是资本层面，还是产业层面，都看好这一业态的前景。生鲜传奇、钱大妈、谊品生鲜，这几个“网红”品牌助长了社区生鲜的热度。另外，在线上线下一体化时代，类似每日优鲜、朴朴超市等“以仓为店”的前置仓模式加剧了业界关于社区生鲜模式的探讨与争议。

在企业实际经营层面，由于社区生鲜低毛利、低客单、高租金、高用工成本以及专业的生鲜人才储备不足等因素，社区生鲜普遍盈利状况不容乐观。因此，甚至有观点认为，社区生鲜模式是不成立的、跑不通的。

那么，中国社区生鲜经营现状到底是怎么样的？国外有哪些成功经验可以借鉴？业界主流声音对社区生鲜是怎么看的？

在这样的背景下，2018 年 9 月，中国连锁经营协会联合“第三只眼看零售”发起“社区生鲜调研”，共计调研 74 个社区品牌，涉及门店数 5368 家。我们将收集到的数据进行分析加工，再加上对生鲜企业和从业者的定向采访，最终形成这份完整的“2018 年社区生鲜调研报告”。

界定

由于当前业态跨界较多，几乎所有的超市业态都涉及生鲜品类，如果没有一个清晰的界定，很容易使得我们的调研样本和数据建模缺乏参考性。我们在这里将社区生鲜作出界定：面积 50 平方米以上、1000 平方米以下，生鲜销售占比 30%以上，服务社区的零售业态。

考虑到线上线下融合及“便利店+生鲜”模式的崛起，我们将立足社区的前置仓模式（如每日优鲜、朴朴超市）和“便利店+生鲜”业态（如超市发与罗森、全家与易果、好邻居与鲜生活结合的门店）也归为我们调研的社区生鲜业态之中。

数据

本报告的数据来自两个方面：一是国家主管部门发布的官方信息和权威市场调研机构公开发布的相关数据，报告引用的数据都会标注出处；二是来自本次调研获得的一手信息，经过审核、整理、确认之后的数据。

本次调研的数据来源有两个：一是中国连锁经营协会针对其会员单位进行访问得到的零售企业相关数据；二是通过“第三只眼看零售”媒体渠道收集问卷，从中整理出有效数据。两种渠道获得的问卷数各占一半。

申明

由于中国市场区域差异性和企业间差异较大，本次问卷得出的数据为样本企业平均值，因此，与个别企业实际经营数据呈现一定的差异性。

本报告仅为零售经营者提供参考。本报告所表述的意见不构成对任何人的投资建议。本报告的部分数据来自一些公开资料与调研问卷，我们对信息的准确性、完整性和可靠性做尽可能的追求但不做任何保证。

一、社区生鲜进化史

在接受调研的样本中，最早的社区生鲜品牌创建于 1992 年，但这一业态集中爆发还是在 2015 年、2016 年、2017 年这三年。2018 年新创建的社区生鲜品牌数量减少，这说明社区生鲜开始由狂热走向理智，从激进走向审慎。

生鲜品类是一个巨大的赛道，我国每年生鲜消费超过万亿元。易观数据显示，2017 年我国生鲜市场交易规模达 1.79 万亿元，同比增长 6.9%，预计到 2018 年生鲜市场交易规模将继续增长至 1.91 万亿元。

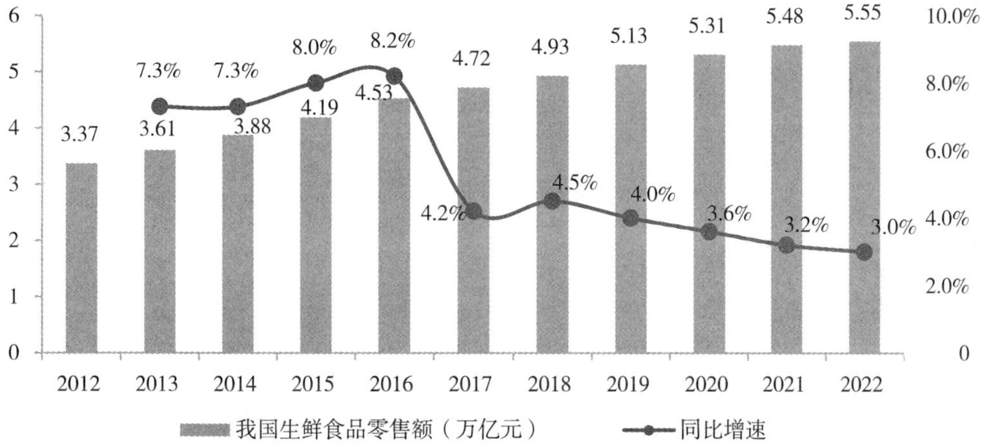

图 1　中国生鲜市场交易规模及同比增长

资料来源：Euromoniton，华创证券。

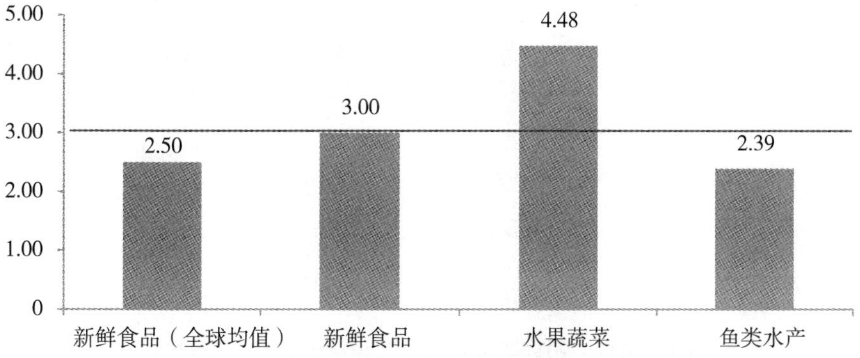

图 2　中国消费者购买生鲜的平均频次（次/周）

资料来源：尼尔森，华创证券。

需要指出的是，在生鲜下游流通环节，农贸市场依然占主导作用。根据中国产业信息网 2016 年的数据，73%的农产品是通过农贸市场流通到消费者的餐桌上，通过大型超市流通到终端消费者的占比为 22%，生鲜电商的份额占到了 3%。

来自 Euromonitor 的数据显示，2012—2017 年，农贸市场在农产品流通渠道的份额在下降，而其他渠道的占比在增长。

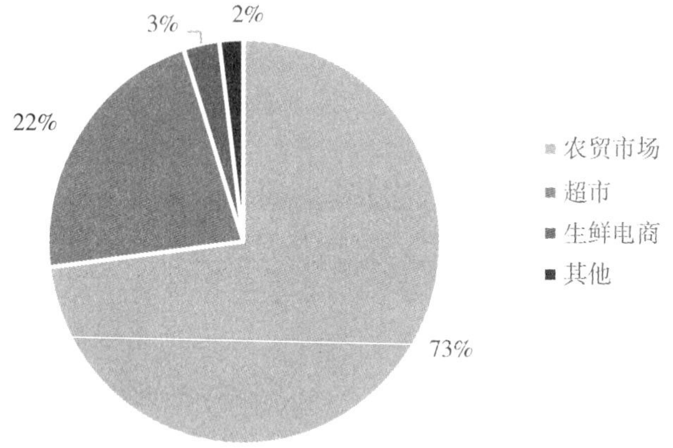

图 3　2016 年中国农产品流通各渠道占比（%）

资料来源：中国产业信息网。

综上所述，生鲜品类正在发生明显且漫长的渠道变迁，其走向是农贸市场作为传统的流通渠道份额进一步下跌，其市场份额被更为高效、先进的现代流通渠道替代，农贸市场的转型势在必行。

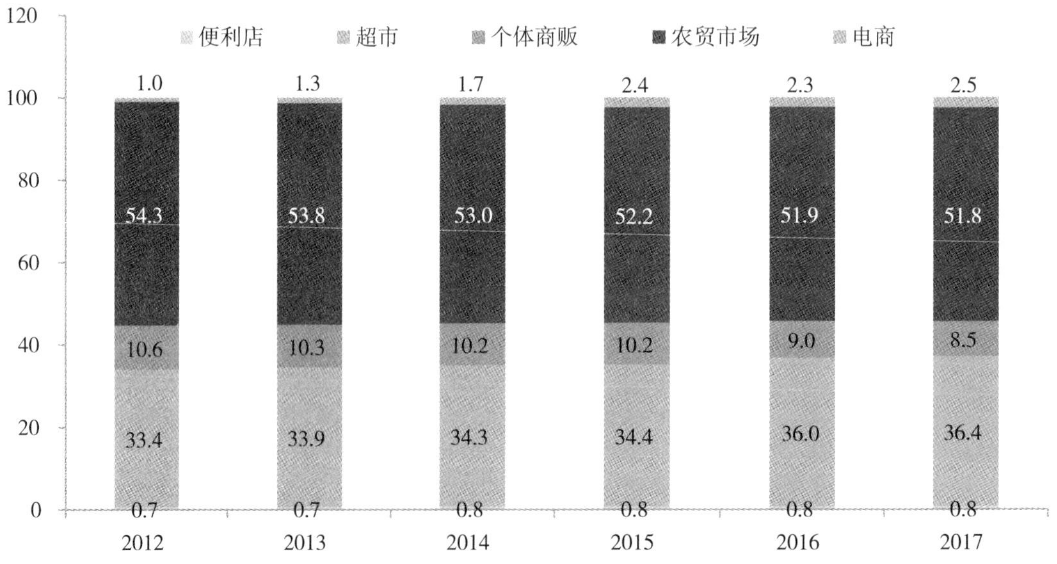

图 4　2012—2017 年中国生鲜终端零售渠道占比（%）

资料来源：尼尔森，华创证券。

在这个过程中孕育出社区生鲜的机会。在零售业界，社区生鲜此前并未被看成一种独立的业态而存在。不仅在国家商务部 2004 年出台的《零售业态分类新标准》中没有社区生鲜的提法，在很多传统零售从业者意识中，也没有将社区生鲜作为独立的业态来看待。

但是伴随着一些以生鲜为核心品类的专业化生鲜店的出现，业界开始探索这种新的商业形态，一些传统零售企业也单独成立相关部门来发力社区生鲜业态。比如，中百集团旗下的邻里生鲜、步步高通过项目孵化来运营的好爸爸生鲜等。另外，一些专注社区生鲜的创业项目也不断涌现，如三蛋生鲜、康品汇等。

社区生鲜从无到有，从不被关注到成为“风口”，我们认为它经历了四个阶段。第一个阶段是 2015 年之前，其特征是传统社区店向生鲜加强型超市转型；第二个阶段是 2016 年开始，社区生鲜进入了全品类的生鲜专业店时代，代表事件是生鲜传奇的创立；第三个阶段是新零售的风口刮到了社区生鲜领域，代表事件是京东旗下的启承资本投资钱大妈；最后一个阶段是“便利店+生鲜”的复合业态的兴起，代表案例有好邻居最新一代的“社区全渠道会员店”，以及超市发与罗森合作的“超—罗便利店”等。

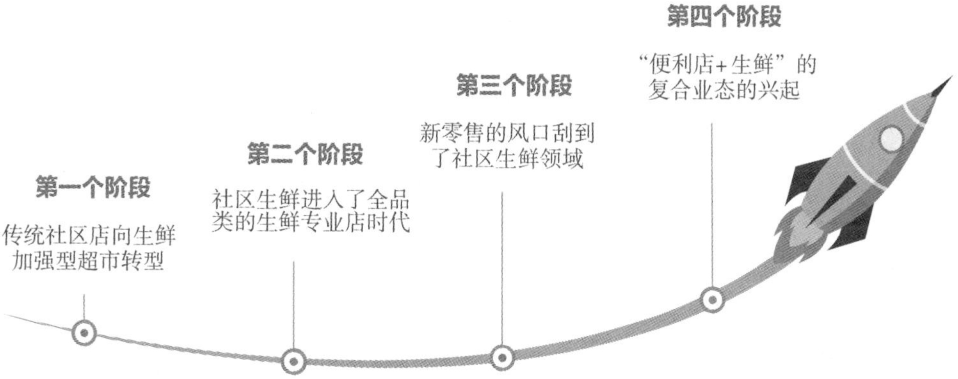

图 5　社区生鲜发展路径

我们针对 57 个社区生鲜品牌的创立时间进行追踪，得到的数据也印证了这一判断。2017 年是社区生鲜扩张最为猛烈的时候，2018 年社区生鲜的创立开始放缓，这与整个经济环境和资本市场有关系。

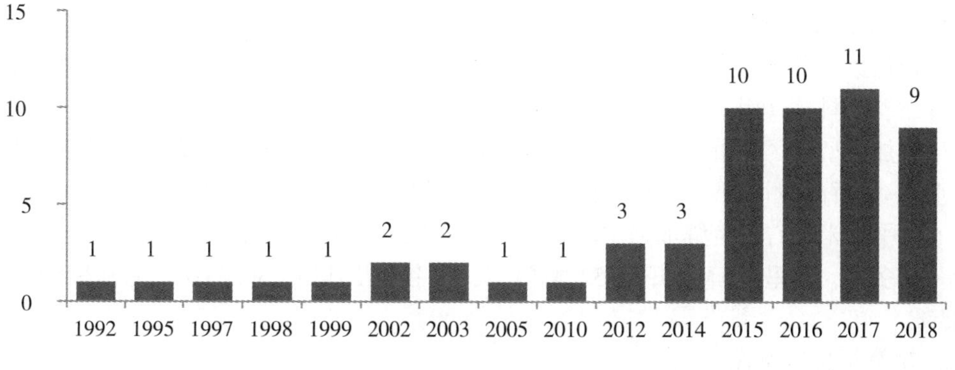

图 6　社区生鲜品牌创办情况（57 个样本）

二、社区生鲜“画像”

当前主流的社区生鲜业态分为四种模式，分别是生鲜加强型社区超市、生鲜折扣店模式、“便利店+生鲜”模式、加盟模式社区菜店。

我们针对 74 家样本企业的数据进行梳理、核实，将这些社区生鲜的核心指标进行加权平均，最终得出社区生鲜“画像”。

图 7　调研样本相关指标平均值

上述数字为各个调研样本相关指标的平均值，由于中国市场的差异性和企业经营模式的差异性，反映在具体企业上可能个别指标有较大差异。

假设它是一个社区生鲜模型，那么这些数据勾勒出它的基本状况：从门店数来看，它是一个拥有 24 家连锁店的社区生鲜品牌；单店面积为 314 平方米，日均销售额为 17000 元。该店的生鲜占比较高，达到了 53%，生鲜品类毛利率为 19. 6%，客单价为 23 元，生鲜损耗率为 8%。这家社区店品牌也开通了线上业务，但线上销售占比只有 9. 6%。从成本构成来看，人力成本和租金分别占到销售额的 8%和 5. 6%；与上年同期相比，人力成本和租金成本双双上涨，上涨幅度达到 9%和 4%。

我们针对调研样本进行分析，总结出当前社区生鲜的几种主要模式。

1. 生鲜加强型社区超市

面积从数百平方米到上千平方米，生鲜面积占比为 40%~50%，除了生鲜之外还经营包装食品、饮料、日用杂货等品类，SKU 数从数千到上万不等。

生鲜加强型社区超市是大多数实体零售企业正在经营的业态，也是较为成熟的生鲜社区店形态。中百集团旗下的邻里生鲜店属于具有代表性的案例。中百超市邻里生鲜定位为 300~500 平方米左右的生鲜加强型超市，其中生鲜经营面积占比与销售占比均达到 50%。运营一年多来，邻里生鲜共开出 52 家门店，销售同比增长 35. 43%，毛利额同比增长 36. 85%。

2. 生鲜折扣店模式

面积在 300 平方米左右，SKU 数为 1600 种左右的生鲜专营店，以基本款生鲜品类为主打，通过大规模采购，降低综合成本使得其商品在品质和价格上具有较大优势，通过抢占社区入口的选址策略来服务周边 500 米的家庭生鲜消费。

在国内，生鲜折扣店的代表为生鲜传奇，而在国际上，与生鲜传奇类似的业态是波兰的瓢虫超市。与传统生鲜超市不同的是，生鲜传奇非常强调门店的标准化，它们采用“五定原则”来对一家门店进行标准化复制。“五定”分别为：定位、定品、定数（SKU数）、定价（零售价）、定架（货架组数）。

3. “便利店+生鲜”模式

该模式的经营面积在 100~300 平方米，在便利店品类的基础上引入生鲜品类，部分业态还支持全渠道购物功能、自助结账功能，生鲜品类以包装好的净菜和精品水果为主。代表性的业态有超市发与罗森合作的“超—罗便利店”、全家与易果生鲜合作推出的创新门店、永辉生活、好邻居全渠道社区会员店等。在日本，罗森 100 也是一种“便利店+生鲜”的业态。

对于“便利店+生鲜”模式，业界争议较大。质疑一方的核心观点是，生鲜的消费场景是家庭消费，而便利店的消费场景为个人消费，特别是一些上班族白领消费，将两种业态生硬组合在一起，颇有“拼凑”的嫌疑。

4. 加盟模式社区菜店

该模式代表企业是钱大妈。钱大妈门店面积在数十平方米到上百平方米，经营 500 个左右的 SKU，集中在蔬菜、肉、烧腊、豆制品等几个大类，所有商品突出“新鲜”二字。

钱大妈模式的特征在于，它少量的 SKU 数以及定时清货机制使得加盟商在生鲜打理方面操作相对简单，从而降低了对生鲜高级人才的需求。其相关负责人表示，钱大妈加盟商中，至少有 80%的门店已实现盈利。

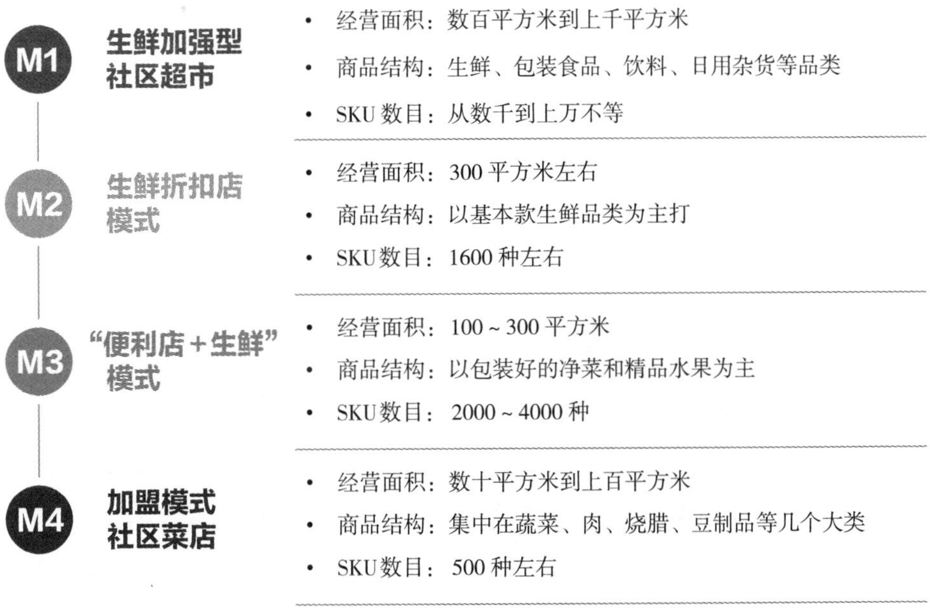

图 8　社区生鲜的主要模式

图 9　不同模式社区生鲜代表企业

三、社区生鲜当前阶段

调研样本中一半以上的社区生鲜品牌规模在 10~100 家，300 家门店以上的企业只占到 5%，这个业态处于“小荷才露尖尖角”的阶段。

社区生鲜还处于萌芽阶段，尚未出现真正意义上的“头部企业”。我们的调查数据显示：37%的社区生鲜品牌门店数是个位数；51%的社区生鲜品牌门店数在 10~100 家；而门店数在 100~300 家的社区生鲜品牌占比为 7%；门店数超过 300 家的企业只有 5%，这些门店数超过 300 家的品牌多为百果园、鲜丰水果等一些规模较大的水果连锁店。

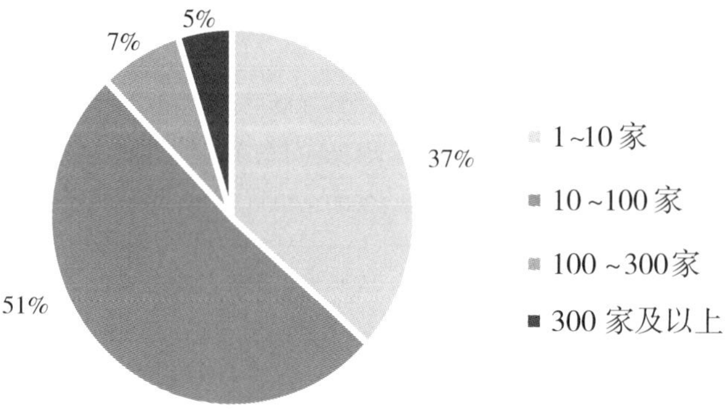

图 10　社区生鲜品牌门店规模状况

当前阶段，社区生鲜呈现以下三大特征：

1. 门店小型化

62%的社区生鲜店的门店面积在300平方米以内。业内人士对于社区生鲜店的面积有一个共识：300平方米是经营社区生鲜性价比最高的面积，面积小了无法容纳足够多的品项数，面积太大则利用率不足，300平方米的面积刚刚好。

2. 生鲜占比逐步提升

多数社区生鲜品牌的生鲜销售占比超过了40%，其中，29%的社区生鲜品牌生鲜销售占比超过了80%。这意味着，经营全品类生鲜、以生鲜品类为主的专业生鲜店越来越多。

3. 客单价低

由于社区生鲜品牌以解决消费者一日三餐为主要目的，它的经营面积与综合性卖场相比要小很多，这使得它的客单价相对较低。数据显示，接近一半的社区生鲜店客单价在20~30元，社区生鲜平均客单价为23元。

图11 社区生鲜门店面积状况

图12 社区生鲜门店生鲜销售占比状况

图13 社区生鲜门店客单价状况

四、盈利“U”形曲线

调查数据显示，38%的受访者表示自己的企业是整体盈利的，38%的企业是亏本的，还有24%的企业盈亏平衡。

大部分社区生鲜店无法实现整体盈利。本次调研发放的问卷中有很多受访者没有填写是否盈利的选项，由此判断，社区生鲜实际盈利状况比统计的数据还要差一点。我们对经营者的预期做了一个调研，认为自己的门店达成预期和没有达成预期的人数各占一半，但99%的受访者表示看好社区生鲜。

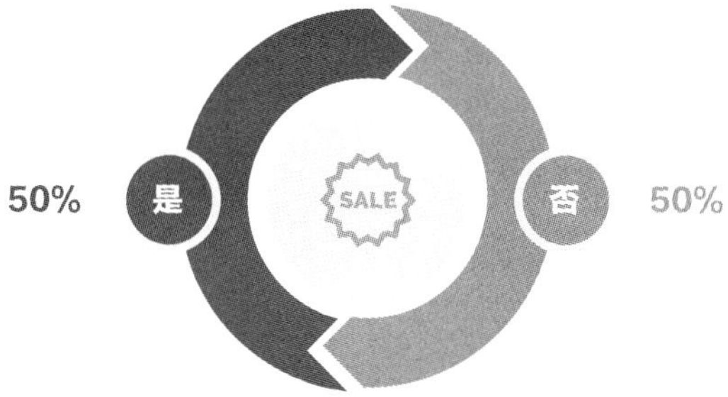

图 14　销售是否符合预期

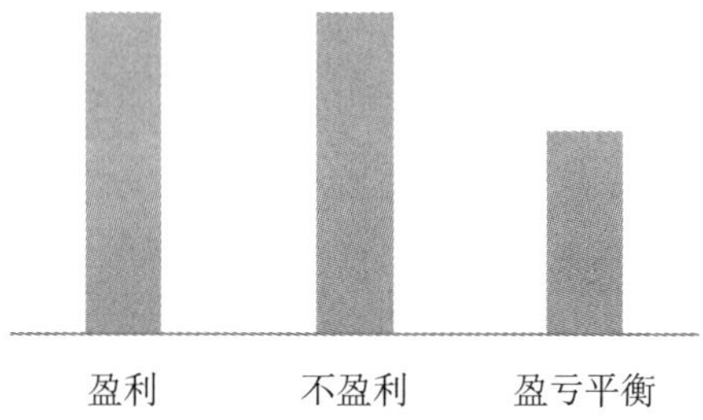

图 15　社区生鲜门店盈利情况

社区生鲜普遍盈利不佳，我们认为有以下三个原因：

1. 资本驱动，泡沫滋生

生鲜业态经营难度大，需要长期培育才能逐步实现盈利。而当前各个社区生鲜店品牌加速开店，资本在其中起到巨大的推动作用。引入资本之后，不少社区生鲜品牌开始跑马圈地，为了占领市场对门店进行大量投入，稀释利润，增加成本。

2. 入局者背景多元化

以往社区生鲜店的经营者多为实体零售企业，如首航超市旗下的 sofly 业态、中百集团旗下的邻里生鲜等，具有强大的传统零售企业根基。而一些社区生鲜店新入局者背景复杂，既有像康品汇那样原来做线上的企业，也有像地利生鲜、温氏生鲜这样从批发市场、农产品上游入局的社区生鲜业态。此外，一些“外行”高估了社区生鲜赚钱的一面，而低估了它的巨大投入和经营难度，最终导致亏损。

3. 商业模式的不确定性

社区生鲜的盈利路径像是一条“U”形曲线，经营一两家门店时因为管理压力相对较小，资源比较集中，基本可以盈利。当门店数量扩张至十家规模以上时，后台投入加大，进入整体亏损的阶段。只有门店数量达到一定规模，才有希望整体盈利。

五、到店 VS 到家

中商产业研究院发布的数据显示：2015 年我国社区 O2O 市场规模达 141 亿元，并在未来保持增长，2018 年市场规模达 783 亿元，到 2020 年将达到 2242 亿元。

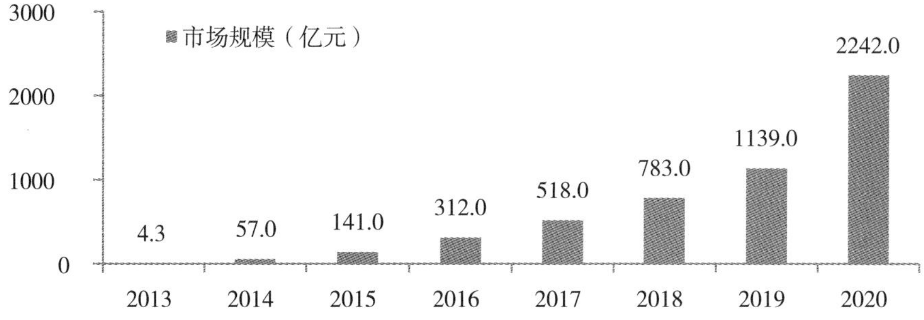

图 16　2013—2020 年我国社区 O2O 市场规模情况

资料来源：中商产业研究院。

在这样的背景下，社区生鲜也出现由以前纯粹的到店消费变为到家与到店相结合的消费形态。在本次调查中，57%的社区生鲜品牌开通了线上业务。开通线上业务的企业里面，有 48%的企业是通过第三方平台来实现的；31%的企业通过小程序来实现；还有 21%的企业自建平台开展线上业务。

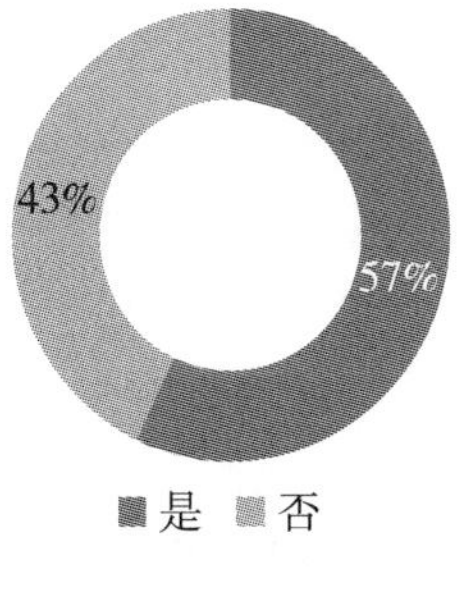

图 17　是否开通线上业务

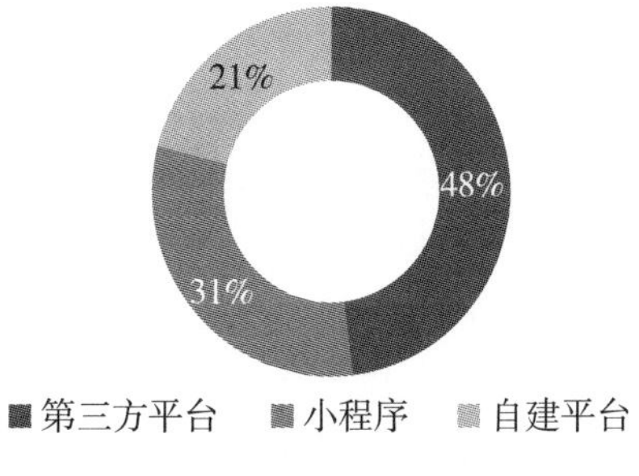

图 18 通过何种方式开展线上业务

总体而言，社区生鲜企业线上占比普遍不高。调查数据显示：一半的企业线上销售占比在 10%以内，而线上销售占比超过 20%的企业只有 11%。综合统计下来，调研样本企业的平均线上销售占比为 9.6%。

图 19　社区生鲜门店线上业务占比分布

目前，社区生鲜的到家—到店服务分为以下几个类型：

1. 传统 O2O 模式——网上下单，送货上门

这是大部分社区生鲜采取的模式，除了永辉生活等少数社区生鲜品牌采用“第三方平台+小程序+自主开发 App”来实现这一功能外，大部分社区生鲜品牌选择借助第三方平台来开展到家服务。业内常见的第三方平台（工具）有京东到家、美团、饿了么、有赞、多点 Dmall 等。

图 20　业内常见的第三方平台/工具

与全品类社区生鲜店相比，由于商品特性和标准化程度较高，一些水果专业连锁店在线销售要高于平均水平，其线上运营能力也较高。

以百果园为例，百果园上线“京东到家”平台的门店有 1800 多家，约占其总门店数的 50%。接入京东到家平台后，百果园共享了京东到家的 7000 多万注册用户、3000 多万月活跃用户和京东 App 上 4.5 亿活跃用户的首页入口所带来的充沛流量，从而带动线上销量的增长。

2. 网上下单，门店提货——社区拼团模式

在社区生鲜到家业务实施过程中，从门店到消费者手中的最后一公里往往造成了巨大的履约成本。企业物流模式不同，订单量不同，它的履单成本也不尽一致。以盒马鲜生为例，盒马鲜生某门店线上订单日均 4000 单，每单履单成本 9~10 元，当日均订单达到 8000 单左右时，成本可降至 7 元左右。而饿了么、美团等外卖平台的履单成本平均每单 8 元左右。

由于社区生鲜本身定位为“小区门口的菜市场”，消费者对到家服务的渴求远远不及一些大卖场或者纯电商平台。因此，社区生鲜延伸了一种网上下单、门店取货的 O2O 模式，特别是在拼团玩法比较流行的当前，这种到店提货还跟拼团结合在一起，通过“拼团”“秒杀”活动来带动门店客流和销售。

作为深耕生鲜领域的服务商，有赞创始人白鸦认为，社区团购接下来会非常火，但这件事要依赖很强的供应链能力、制造爆款的能力和维护群的能力。社区购不一定是寡头市场，笑到最后的可能是区域连锁商家。互联网公司烧完钱，培养居民在微信群中买东西、到网点自提的习惯，最后活下来的可能就是区域化的连锁企业、小区门口的水果店。

【案例】重庆果琳拼团为新店引流

重庆果琳成立于 2012 年 6 月，主营水果、坚果、零食、果制品与特色食品，在重庆有 30 多家直营门店，主要分布在社区及写字楼门口。

2016 年，果琳第一家仓储式门店开业。果琳利用有赞提供的线上拼团功能，在微信公众号里做了“1 万份蓝莓十人团 1 元购”活动，开业期间到店自提。水果店开业现场火

爆，所有人在购买蓝莓时也选购了其他水果。开业 3 天，果琳销售额超 60 万元。

图 21 果琳生活小程序截图

3. 前置仓模式——网上下单，从前置仓送货到家

所谓前置仓，就是以仓为店，将仓库建立在社区周边三公里的范围内，商品由骑手从仓库配送至消费者指定地点。与传统电商相比，前置仓模式由于距离消费者更近，它有更快的响应速度和更高的配送效率。

从商业模型分析，只要商品毛利额大于履单成本，便可以跑通模式。但目前的问题在于，多数前置仓依然处于靠促销吸引用户、培养消费者习惯阶段，这使其毛利率远远低于实体零售店，从而整体处于亏损状态。

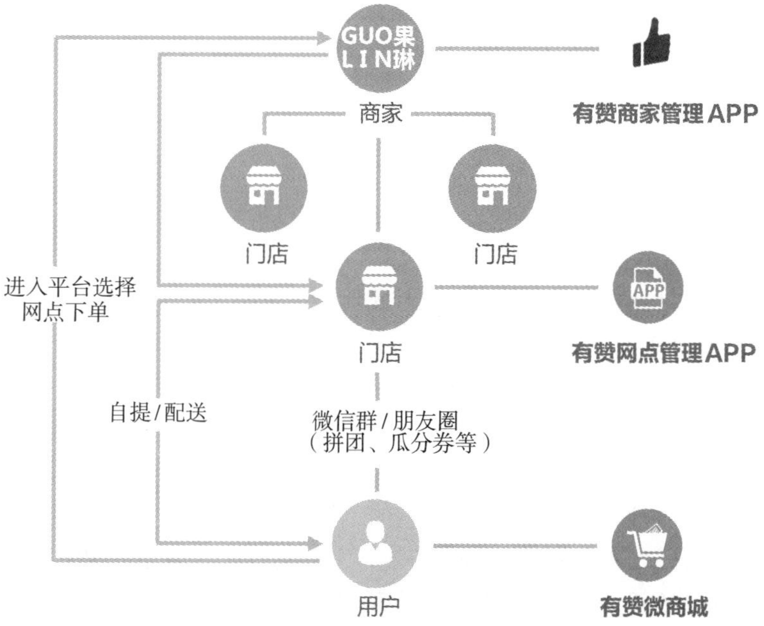

图 22 果琳拼团模式示意图

表 1　　国内几个前置仓案例代表

名称	前置仓面积	辐射半径	SKU 数	所在区域	承诺履单时间	融资情况
每日优鲜	100～150 平方米	3 公里	1000	全国	一小时	最新 4.5 亿美元
朴朴超市	400～500 平方米	3 公里	3000	福州	半小时	千万元级
永辉卫星仓	300～600 平方米	3 公里	数千种	福州	一小时	无
此外，沃尔玛、钱大妈、杭州联华等企业都在积极尝试前置仓模式						

4. 社区分销模式（S2B2B2C 模式）

所谓 S2B2B2C 模式，第一个 B 是指零售门店，第二个 B 是社区内的“合伙人”（社区中的近邻者、意见领袖）。

社区分销模式是社区团购模式的进化版。根据实体零售数字化转型服务商闪电购的分析，社区分销模式除兼具社区团购的优势，能够给企业带来更为实际的销售和毛利的快速增长之外，还有以下优势：

（1）人群定位更加精细化

社区内的人群一般分为三种——纯家庭式消费（每天在家做饭）、周末家庭式消费（周末在家做饭）和普通白领或单身消费（不做饭），针对不同的群体需求特点都有自己身边可信的“近邻者”（以邻居、朋友的身份）进行服务。

（2）充分借用市场资源

释放适当利益给到社区合伙人，可以调动门店全体员工的积极性，全员参与到为消费者服务的体系中来。

（3）完善社群的内部运营体系

倒逼企业形成一套支撑社群运营的内部体系，譬如商品的推送要与商品部门形成协同，顾客投诉要与运营部门实时配合，有关价值内容更需要与营销部门紧密协作。其作用主要有：解决了零售商与消费者之间的信任问题；解决了零售商与消费者之间的交互问题；解决了零售企业线上卖货难的问题。

六、升级方向

成本上涨过快，生鲜人才短缺，加强生鲜直采和半成品加工、门店精细化运营成为社区生鲜深度挖潜的机会点。

我们针对社区生鲜的租金水平进行了调研。数据显示，一线城市的日均租金可达每平方米 9.0 元；二线城市的这一数字为 3.3 元；而三、四线城市的日均租金为每平方米 2.0 元，租金差异较大。

对社区生鲜企业来说，比租金更加沉重的负担是人力成本。调研数据显示，人力成本占到了销售额的 8%，与上年相比增加了 9%。为了应对人力成本不断增长带来的经营压力，有一半的社区生鲜门店采用了合伙人机制。

2018 年，国家出台了关于社会保险费交由税务部门统一征收的《国税地税征管体制改革方案》，这一政策或将继续推高零售企业的人工成本。

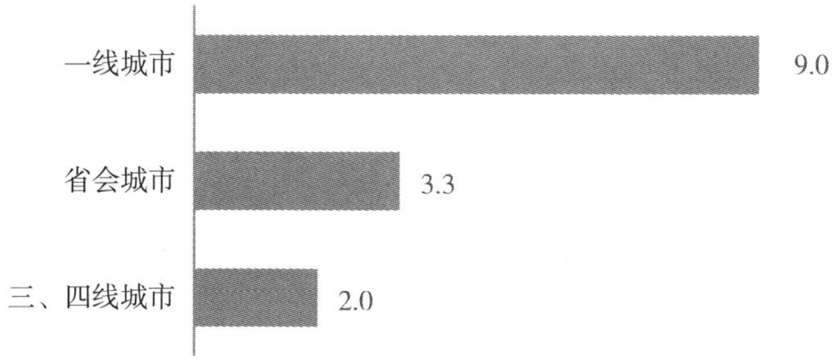

图 23　门店平均租金情况［元/（日·平方米）］

图 24　门店人员工资情况

我们针对社区生鲜的供应链情况进行了调查。数据显示，75%的社区生鲜品牌有自己的物流中心，但是生鲜的加工品、半成品销售只占到生鲜销售的 7.15%。这说明，中国的生鲜标准化还有很长的路要走，这是社区生鲜未来的发力点，其中也孕育着巨大的市场机会。

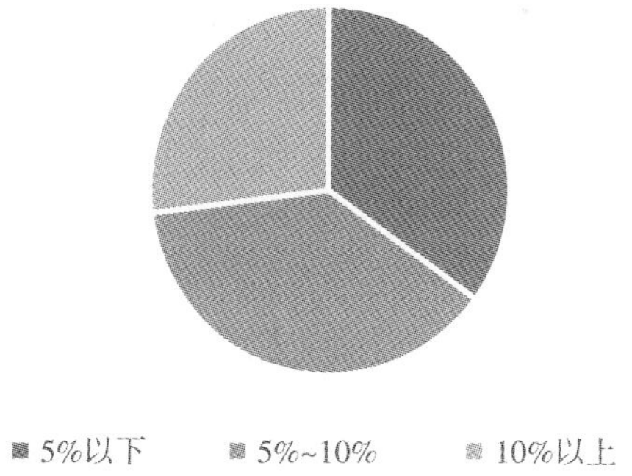

图 25　生鲜损耗率

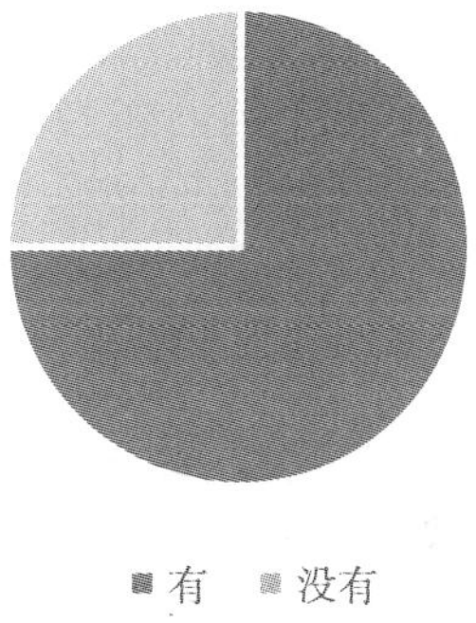

图 26　是否拥有自己的配送中心

从一些企业的动作来看，它们已经瞄准了生鲜加工品这条赛道。永辉推出生鲜 B2B 项目，彩食鲜 2017 年的收入已经突破十亿元；中百集团的中央大厨房将其生产的鲜食配送到了江西；由海底捞食材采购部门独立出来的蜀海供应链公司已经悄悄“拿下”很多零售企业客户，如 7-11、超级物种等国内便利店企业。

闪电购指出，生鲜标准化会给零售企业带来三个好处：改善门店的形象，提高消费者对于品牌的认知；减少门店购买时因商品挑选而产生的损耗，提升经营的毛利；倒逼供应链升级，提高供应链的效率，降低损耗和加价率。

生鲜标准化的本质是将非标类的商品数字化，这也是社区生鲜线上业务基础的搭建。

在本次调研中，我们一共统计了社区生鲜经营的六大难题，分别是：竞争过于激烈、资金短缺、盈利模式不清晰、网点获取难题、供应链瓶颈以及人才短缺。在上述难题中，最能引起业界共鸣，并且得票率最高的是人才瓶颈。

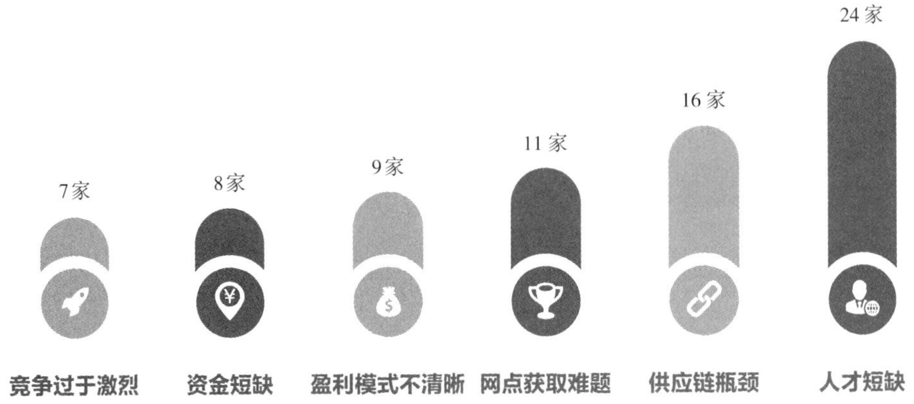

图 27　社区生鲜经营的六大难题

除了在供应链层面深耕之外，门店精细化运营也是社区生鲜挖掘潜力的一大方向，特别是借助新技术实施动态管理。

【案例】物美如何玩转“电子价签”

物美集团是我国最大、发展最早的现代流通企业之一。2018 年 5 月 10 日，中国连锁经营协会发布了《2017 年中国连锁百强》榜单，其中物美集团以 474.5 亿元的年销售额和 978 家门店位居第 11 位。据了解，物美 2018 年的销售额将超过 500 亿元，门店突破 1000 家，电子会员的占比达到 70%。

物美的数字化改造已经穿插于供应链、选品、运营、用户等各个环节，聚焦在全场景覆盖、全链条联通、线上线下一体化、打造数字化平台这四个方面。

物美社区生鲜店的增速很快，未来将重点布局，2019 年目标新增门店 260 家，其中有 160 家就是小业态和社区生鲜。在门店数字化这一方面，物美是全国首家大规模上线电子价签的零售企业，现已在全国范围内的 230 家多门店中上线超 400 万片电子价签。

• 信息同步：电子价签显示商品相关的多种信息，包括价格、产地、库存等信息，加载二维码以丰富更多体验场景。

——电子价签系统打通 ERP 系统，显示商品库存，店员每日定点检查商品库存，进行补货。

——价签显示最后一次信息更新时间，方便门店员工对促销商品进行检核。

• 限时促销：配合不定期、不定品、不定时段、可连续执行的促销活动形式，电子价签在活动前快速完成商品变价，大大节省了门店人工成本。操作方便，使得促销档期的连续性增强，参活商品数量增加，灵活性更强。

• 便捷购物：消费者使用 App 扫描价签上的二维码，可以进行自助购物；缺货商品使用 App 线上下单配送到家。扫码还可以获取商品位置指引及查看更多商品信息。

• 陈列管理：上线陈列系统结合价签对商品进行定位，加强总部对门店的陈列管理，同时更方便查找商品。

• 智慧营销：电子价签可作为多样化营销的入口，后台精准推送且策略即时可调，前端展示面大，消费者使用 App 扫码领券，使用方便快捷。

七、他山之石

中国零售企业的对外学习之路主要有两条路线：一是学欧美；二是学日本。学习欧美的门店设计、折扣店模式、“超市+餐饮化”模式；学习日本的精细化运营、生鲜经营以及小时工管理。

日本是中国零售业对标的最优对象。中国和日本面临相似的人口结构变化，如人口老龄化、家庭小型化、女性劳动参与率提高等。我们以日本为借鉴，希望对国内社区生鲜业态的发展有所启示。

综合超市在日本经济高速成长的20世纪60年代迅速发展，通过低价、多品类、一站式购物和连锁化运营等手法不断扩大规模，引领了“第一次流通革新”。然而，在1973年日本经济进入低成长期后，综合超市发展开始放缓，其根本问题是由于综合式的商品结构无法满足消费者，尤其是由于年轻人的高端化、多元化、专业化的消费需求所导致。相反，食品超市更好地应对了消费者的这一需求，20世纪70年代以后迅速发展。尤其在1991年，食品超市的销售总额首次超过综合超市。到2007年，食品超市的行业规模达到177063亿日元，而综合超市则缩小到了74467亿日元。

日本生鲜超市小型化、社区化的趋势最早或将追溯到成立于2001年、主营生鲜和加工食品的百元廉价店——“SHOP 99”。2008年罗森对其收购，2016年更名为“LAWSON STORE 100”。

2005年，永旺在横滨市开出“MY BASKET”门店，主营食品生鲜。此后，丸悦、稻毛屋、东急等食品超市纷纷跟进，推出200平方米以下的小型社区生鲜店。2017年11月，一直在郊区开店的八百幸也在东京首次开出都市小型店。

下面我们重点介绍一个日本社区生鲜店品牌——永旺MY BASKET。

在日本的小型生鲜超市中，已成规模并盈利的是永旺旗下的MY BASKET。截至2017年年底，MY BASKET已开出722家门店，其中东京有467家、神奈川县有219家、北海道有36家。按每店年均2亿日元的销售估算，MY BASKET的销售规模在1500亿日元左右。

MY BASKET的开店策略有以下几个特点：

1. 低成本物业

选址大多在车站附近、商店街、住宅区、公寓一楼等，特别是便利店、药妆店、蔬果店、音像店等退租后的空置物业，租金成本较低。

2. 小商圈策略

商圈半径300~500米，半径300米以内有1500~2000户家庭，门店之间距离600米以上即可开店。MY BASKET推算：如果500米商圈有2000户家庭，能占到其15%的份额，门店基本就可盈利。

3. 集中开店

比如东京都大田区有71.6万人口，面积约为59.5平方千米，MY BASKET在大田区已开有66家门店，这样算下来，平均1.1万人、0.9平方千米就有一家MY BASKET店。

低成本物业、小商圈、集中并快速开店，可以说是MY BASKET在低价较高的城市市场得以生存的前提。

MY BASKET 经营的品项数在 2000~3000 个。虽然只有标准食品超市的 1/4~1/5，但集中了高复购率和家庭消费占比大的商品。并且，通过母公司永旺的 POS 数据分析，精选每个品类的“NO. 1 的品牌畅销品”和永旺自有品牌“TOP VALU”的商品，基本可以满足消费者对生鲜的日常所需。

由于自有品牌的价格低，但毛利高，“TOP VALU”在品项数上的占比达 40%，销售额占比为 50%，门店整体销售占比也在 30%左右。

八、访谈者语录

首都经济贸易大学教授陈立平：社区生鲜超市未来五大趋势

未来五年，随着我国老龄少子化以及小家庭化的快速发展，消费者不仅追求生鲜食品购买的便利化，更关注食品的安全和健康。因此，生鲜超市的未来营销方向主要围绕以下五个方面进行转化：从目前的购物便利化向促进健康饮食的方向转化；从简单的销售商品向消费者提供健康的生活解决方案转化；从以价格竞争为中心向体验营销、情感营销转化；从目前向供应商“集货”向商品开发和构筑供应链转化；从向市场“集客”向建立顾客关系转化。

好邻居便利店总经理陶冶：社区生鲜应成为“生鲜型便利店”

生鲜的社区化，其实是生鲜的便利化。在电商的辅助下，生鲜社区店会迎来高速发展。但是这个生鲜社区店，不应该是个体小菜店的连锁化，这个模型非常难以规范化和规模发展；更不应该是大卖场生鲜区的小型化和精缩版，社区有限的客流很难支持，客群也不对；而应该是“生鲜型便利店”，提供面向年轻家庭的社区便利服务购物组合。

这个阶段，顾客的全面迁移和成熟还在进行中，市场并没有完全成熟。所以一方面可以开始布局启动，另一方面则要慎重控制速度，否则会陷入大额亏损的局面。从经营上来说，社区生鲜的特点是客流小，所以与大家习惯的基于大卖场的客流在运营上有很大的区别。

超市发董事长李燕川：没有新鲜，就没有生意

社区生鲜首先要解决定位问题。做社区是做老百姓的生意，要了解老百姓的生活需求，光说概念没用，符合商圈需求、性价比高的商品以及有温度的服务才是硬道理。

其次，要围绕自己定位构筑供应链。生鲜供应链本身就不容易做好，需要长期的积累和试错。做小店，生鲜产品的分装配送尤其困难。规模决定优势，起步阶段最难。前期在产品结构开发设计和门店生鲜储运上的投入必不可少。把生鲜两个字拆开，“生”意全靠“鲜”字，没有新鲜，就没有生意。

最后，社区生鲜要想做好，和社区顾客的沟通至关重要。顾客都是熟客，在社区内部更容易培养口碑传播。员工每天与顾客的迎来送往、嘘寒问暖、家常聊天、针对顾客的个性推荐商品，都是在培养和顾客间的黏性，让门店成为顾客生活的一部分。要培养这样的员工沟通方式，才能更了解顾客需求，调试商品和定价，持续发展，进入良性循环。

生鲜传奇董事长王卫：一旦跑出体量，整个业态将发生质变

社区生鲜店的确是一条大赛道，但是这条赛道也非常艰难。大部分生鲜店靠的是加盟制度、合伙人机制等，是在发挥“人”的作用；而生鲜传奇是靠标准化，发挥技术的作用。

痛点在于，社区生鲜企业目前规模都不够大，对供应链的整合能力不够强。虽然大家都在努力，但对生鲜的品质安全还没有太好的把控方法，这需要一定规模的体量和社会整体配套系统的成熟。

我个人对社区生鲜非常看好，未来几年一定会迎来高速发展，也会对大卖场、菜市场等业态形成非常大的冲击，这个市场将会重新洗牌。现在大家都在跑规模，一旦哪家企业先跑出体量，就会发生质的改变。

盒马鲜生市场运营总经理胡秋根：新零售可以通过数据化的手段优化

社区商业会成为未来几年城市消费需求升级的主力军之一，新零售更是以技术和数据为底层支撑，以现代物流为工具，重构商业三要素——人、货、场。以往社区商业覆盖范围小、客流量小导致的选品不丰富、周转较差等问题，可以通过数据化的手段得以优化。盒马的门店大多开在社区里，最快 30 分钟的配送可以覆盖周边 3 千米的范围。

启承资本创始人常斌：高度看好社区生鲜业态

启承资本的第一笔投资就是投给广东地区的社区生鲜龙头钱大妈。从格局上来看，由于各地饮食习惯、物业供给的不同，导致生鲜品类结构、店型的差异，找到适合各地区最优店型，集中高密度开店，即可成就一家地区性龙头。

模式上，社区生鲜连锁在快、好、省三个方面达到了一种平衡，且从空间上对用户进行了截流。以门店为支点，叠加预售、O2O 即时送等模式，又有效地扩展了边界，辐射范围由 1 千米扩展至 2~3 千米，满足用户多个消费场景。长期决胜点仍然在供应链，前端售卖方式的改变，无论是定时打折、B2C+B2B、线下+线上，最终都会倒逼供应链的升级重构，不仅是商品的重构，也是流通环节、供应链条参与者利益的重新划分。

永辉云创战略合伙人程浩：破局社区生鲜，一定是“两栖动物”

社区生鲜这个名字，正好表明了这个领域所必须解决的两个核心问题——“社区”和“生鲜”。

首先是“生鲜”，生鲜商品的供应链、物流配送、门店营运、控损等细节，本身就对进入这一领域的企业提出了较高的要求。

其次是“社区”。在资本蜂拥而至的背景下，好的社区物业资源争夺必将十分激烈，成本不断升高；同时，社区生鲜业态如何融入社区，乃至玩好社群，都给进入这一领域的玩家提出了极高的要求。

所以总结起来说，破局社区生鲜，既要有生鲜供应链的积累、高生鲜占比门店的营运能力，也要有用户思维、服务意识、品牌意识，经营社群的能力。能够做成这件事情的玩家，一定得是“两栖动物”。

2018 年零售企业可持续发展实践调研报告

一、报告背景

随着经济和社会进步，企业不仅对自身盈利负责，也在积极承担相应的社会责任，包括环境责任。近十几年来，更多中国企业加入实施企业社会责任的行列，实践范围与水平也日渐提升。特别是在党的十八届五中全会将“绿色”与“创新、协调、开放、共享”一起定位为“五位一体发展理念”后，绿色发展正成为企业加快投身环境责任实践，推动可持续发展战略实施的落脚点。

作为首个聚焦可持续发展议题的行业调研报告，基于对零售行业领先企业高层决策者及相关人员开展的可持续发展战略专题调查及其实践跟踪，包括中国零售行业可持续发展水平调研和可持续战略实践企业案例两部分，通过战略、行动、案例三个维度的分析，呈现零售企业可持续发展水平和趋势，汇总行业优秀实践案例，指导零售企业自上而下地提高可持续发展水平。

参与本次调查的 46 位企业高层均来自行业知名企业和品牌，其中包括中国可持续消费圆桌成员、中国连锁经营协会副会长单位以及部分连锁百强企业等，涵盖零售、餐饮、服务等多个行业、业态及业种。参与调查的 2017 年中国连锁百强企业的店铺总数约 2. 3 万个，年销售总额超过 8771 亿元人民币。

二、本报告的主要发现

（一）独具慧眼——企业高层的四个共识

通过对“可持续发展理念认同”“联合国可持续发展目标 SDG 的认知”“零售行业推动可持续发展的重要作用”“可持续发展给企业带来的价值”四个问题的调查，将展现零售企业高层对可持续发展理念的认知和理解，也是对过去五年来行业推动可持续发展战略实践的进展成果总结。

1. 共识一：零售企业愿意承担可持续发展责任

在本次调查中，可持续发展理念获得了企业高层的更高认同。这意味着，零售企业愿意对自身企业发展设定更高的要求，承担更多的责任，推动可持续商业模式。零售企业对可持续发展议题正从关注、思考转变为战略和行动。

2. 共识二：可持续发展目标 SDG 能为企业发展和增长带来战略性机遇

2015 年，联合国通过《2030 可持续发展议程》描述了实现健康地球人人享有和平、繁荣和尊严的美好蓝图。联合国可持续发展目标（SDGs）已经获得全球范围企业的认同，更有相当数量的企业将 SDGs 与自身可持续发展战略方向进行对标。普华永道的相关调查显示，2017 年，全球 71%的企业对如何参与到可持续发展目标进行了规划，全球 62%的企业在自身报告中提及 SDGs，37%的企业选择 SDGs 作为优先领域。①

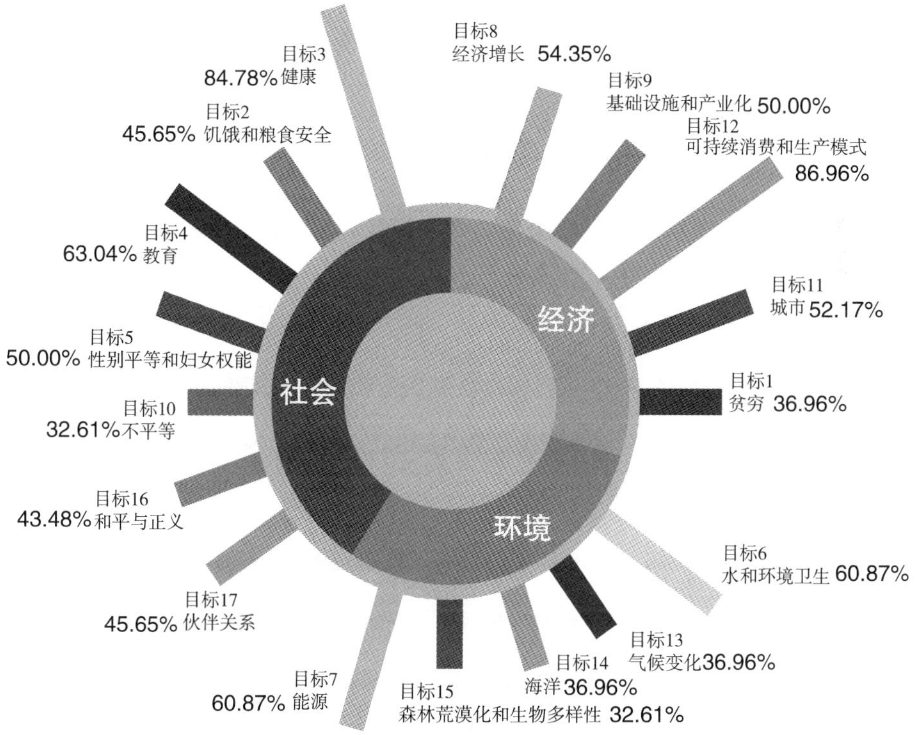

图 1　为企业、商业整体和世界经济增长带来吸引力的可持续发展目标

本次调查发现，零售企业正在识别可持续发展目标带来的战略性机遇。其中，目标 3 和目标 12 更为零售企业所关注。

伴随中国新消费时代的到来，消费者对健康、环境日益重视，如何满足消费者对美好生活的需求，服务消费升级是行业需要思考的战略问题。可以预见健康和负责任生产与消费将成为带动新消费的着力点。

调查发现，目标 4 促进优质教育也获得了企业的较高关注。在数字化发展背景下，零售企业的运营载体和模式都随之发生了巨大的变化，作为劳动密集型行业，员工的培训与能力建设工作对于零售企业实现成功的转型发展显得尤为重要。

① PwC，SDG Reporting Challenge 2017.

3. 共识三：零售行业能够在推动可持续发展中扮演积极角色

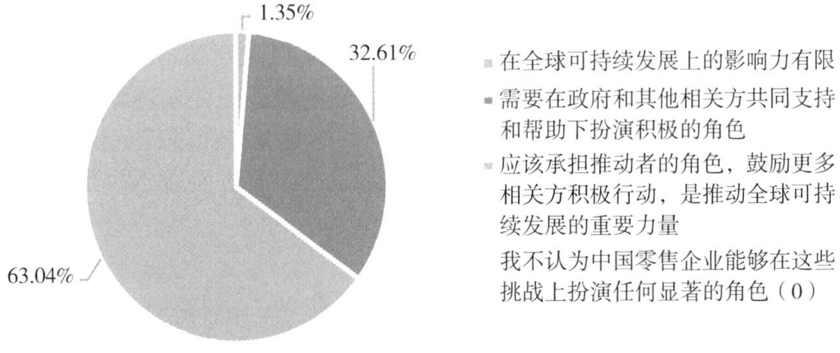

图 2 企业认为零售行业推动可持续发展的重要作用

随着中国在全球推动可持续发展的影响力和领导力日益增强，中国企业也越来越意识到自身所在行业对推动可持续发展的责任。

4. 共识四：可持续发展能为企业带来多方面的价值，特别是非商业价值

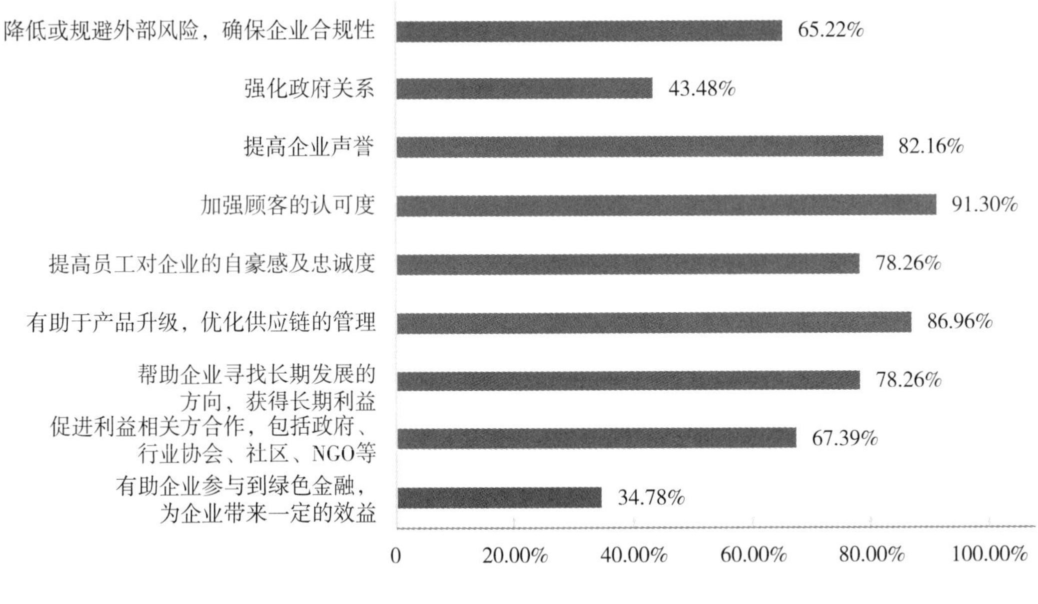

图 3 可持续发展为企业带来的机遇和价值

调查结果显示，可持续发展能为企业带来多方面的机遇和价值，从规避外部风险、顾客认可度、企业声誉到产品升级、优化供应链等，覆盖非商业价值。

可持续发展理念能够为企业带来非商业价值。超过 91%的企业高层认为可持续发展能够加强顾客对企业的认可，提高企业声誉，提高员工对企业的自豪感及忠诚度。

可持续发展理念能为企业带来商业价值。调查结果显示：企业认为可持续发展理念“有助于产品升级及优化供应链管理”“帮助企业寻找长期发展的方向，获得长期利益”。

重视产品升级和优化供应链管理，关注产品全生命周期对社会和环境造成的影响，能够帮助零售企业提高供应链管理水平、完善产品采购标准、确保产品质量，最终实现可持续价值链的建设。

2015 年全球投资专业协会（CFA Institute）调查显示：73%的投资者表明他们在投资分析和决策中会考虑到 ESG（环境、社会和治理指标）。而其考虑到 ESG 作为投资信息的首要原因并不是因为声誉，而是考虑到企业是否进行充分的风险管理。

（二）风云之志——可持续发展战略

本次调研显示，几乎 100%的企业将可持续发展理念融入整体战略中。提升企业高层管理者的认知和理解非常重要，管理者对企业践行可持续发展战略起到决定性作用，直接影响企业的实施步伐和力度。约有 72%的受调查企业高层认为，企业文化建设是融入可持续发展理念的最重要方式。企业文化体现了企业的社会价值和使命，具有可持续发展意识的企业高层团队对于其传达、实施以及目标的达成起到关键作用。

调查发现，近 98%的受调查企业正在通过不同的途径将可持续发展理念融入企业发展规划中。绿色供应链、可持续消费、员工福利与关怀是企业推动可持续发展战略的重点领域。

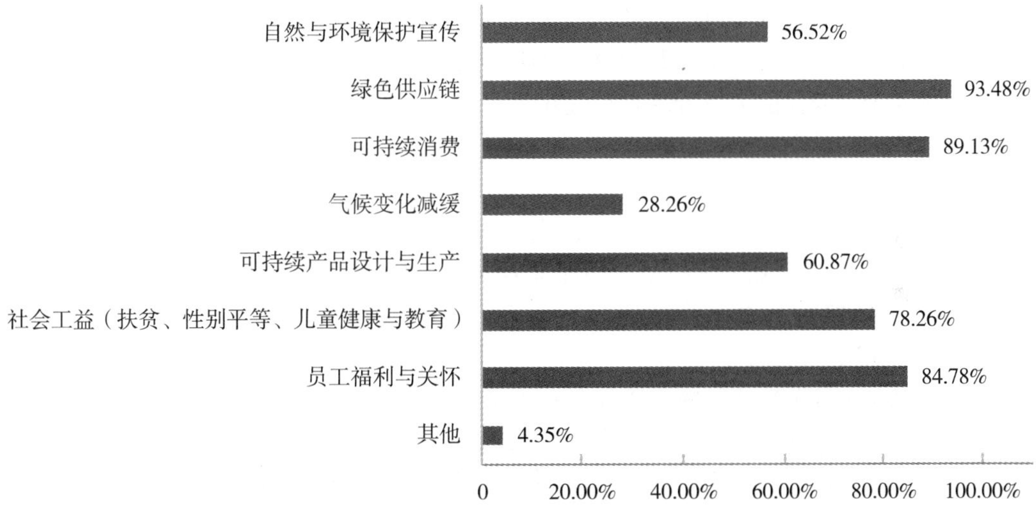

图 4 企业实施可持续发展战略的重点领域

说明：企业在推动可持续发展时，会实际结合业务发展情况和战略方向，选择不同议题作为重点领域。

1. 绿色供应链

本次调查中，有高达 93.5%的受调查企业高层选择“绿色供应链”，作为企业关注或推动可持续发展战略的重要领域。

把环境因素融入供应链管理和经营模式中，是零售企业推动绿色发展和提升可持续发展表现的重要途径。实施供应链的绿色管理有利于优化产品结构，提高产品质量和差异化竞争力，同时提高物流效率，降低能源成本。另外，通过对全链条热点环节的信息跟踪，不仅预防并降低供应链管理中的环境风险，更能够对商品采购的全过程实现可追溯、可跟踪的全面管理。

2. 可持续消费

中国作为世界第二大经济体，正在进入消费升级的新阶段，其消费者行为已成为影响世界发展的一股不容忽视的力量。随着消费者越来越成熟，普遍性的市场增长时代逐渐走向尽头，消费模式的转变正在强势影响消费市场变革和新情势发展。绿色可持续消费将会是推动中国经济增长的新动力。

中国超过七成的消费者已具备一定程度的可持续消费意识，他们是潜在的可持续消费践行者。中国可持续产品市场目前份额占比少，没有形成规模化。品牌效应的缺失制约着可持续消费的进一步发展。加强相关产品信息的推广和提高商业诚信度会进一步提升可持续消费的市场潜力。[①]

零售企业参与推动可持续消费，有利于绿色可持续产品的市场需求开发，同时也有助于引导和培养消费者负责任消费的良好习惯，挖掘新商机，助力信任消费和品质信心的不断提升。

3. 员工福利与关怀

员工福利与关怀也是企业推动可持续发展战略的重要途径。作为劳动密集型行业，企业的关怀、支持和福利都是提升员工投入度的重要因素。企业员工敬业度高，不仅有利于员工有效地发挥个人潜能，而且还有利于员工实现自我的人生价值、提高个人幸福感指数，并更好地传递给顾客、家人和同事，共创和谐社会。员工福利与关怀的方式多样，包括员工健康安全、职业能力提升培训、优化工作环境、子女教育、重大疾病关怀、家庭健康、工作生活平衡计划等。

4. 社会公益

目前，社会公益主要聚焦在扶贫、性别平等、儿童健康与教育等方面。本次调查显示，77. 78%的受调查企业认为社会公益是企业实施可持续发展战略的重要领域，是企业回报社会的主要途径。

5. 气候变化

气候变化是全球范围内的重要议题。习近平总书记指出，要实施积极应对气候变化国家战略，推动和引导建立公平合理、合作共赢的全球气候治理体系。在商业推动缓解气候变化方面，国际案例不断涌现，已经有 20 多个知名零售品牌参与到相关项目，如“科学碳目标”倡议项目，并做出了具体的 2020 年碳减排承诺。

本次调查显示，26. 7%的受调查企业高层选择将气候变化纳入可持续发展战略的重点领域。虽然比例不高，但说明企业已经开始关注气候变化与绿色运营的关系。自“十二五”以来，连锁企业积极响应国家节能减排的号召，打造绿色购物环境，在致力于门店低能耗运行的同时，将保护环境、低碳发展融入企业的日常运营管理中，如连锁门店全面推广 LED 照明、采用绿色冷链技术、探索太阳能光伏发电等新能源的引入等，所有这些举措和成果，正是中国零售企业应对气候变化挑战的最好响应和贡献。

然而，调查结果也显示出大部分零售企业还没有意识到自身实施的节能行动对减缓气候变化的贡献。

---

① 中国连锁经营协会，中国可持续消费研究报告——知行合一，2017。

（三）做出企业承诺，融入核心业务

在确立可持续发展战略后，企业通常会通过设定具体目标或行为准则，向公司内部、同行业，甚至向社会公开作出承诺。承诺代表着企业把想法转化为行动的决心，无论是行为准则（如不售卖野生动植物制品），还是定量目标（如计划减少的碳排放量），都体现着企业社会责任的担当。

此外，超过95%的受访者表示已将可持续发展理念整合到公司的核心业务中，表明企业的可持续发展理念不再只是战略规划、想法、边缘的事务，而是公司核心业务发展的既定方向。值得注意的是，中国可持续消费圆桌的成员企业100%将可持续发展理念整合到公司的核心业务中。

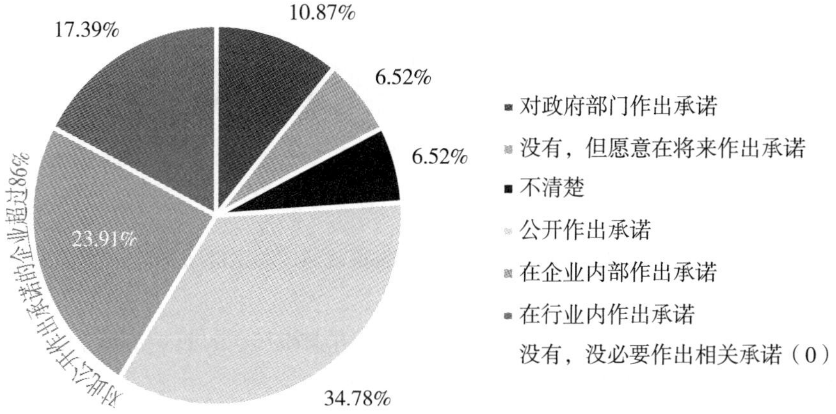

图5　企业对可持续发展作出承诺的表现情况

（四）多部门参与尤为必要

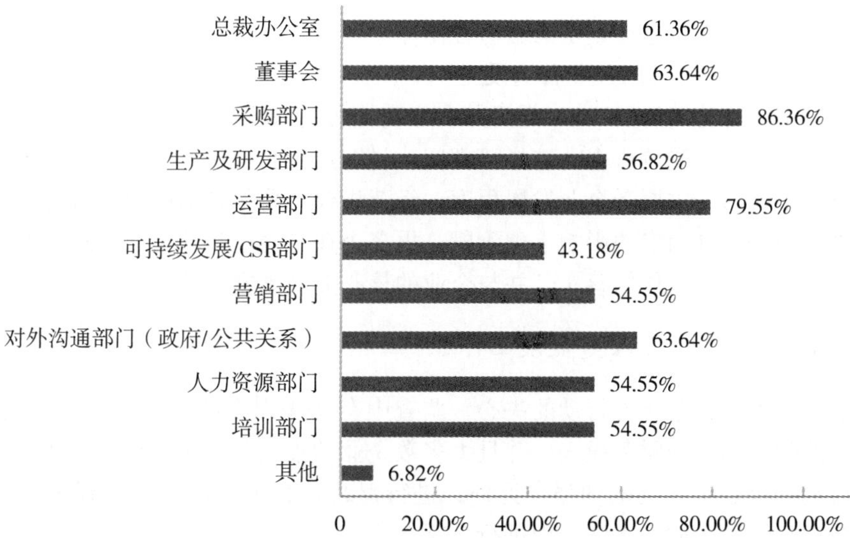

图6　参与可持续发展战略实施的部门

为落实可持续发展战略，从而达成目标、履行承诺，企业需要调动各部门积极合作。

1. 决策层的参与决定了可持续发展的执行力度

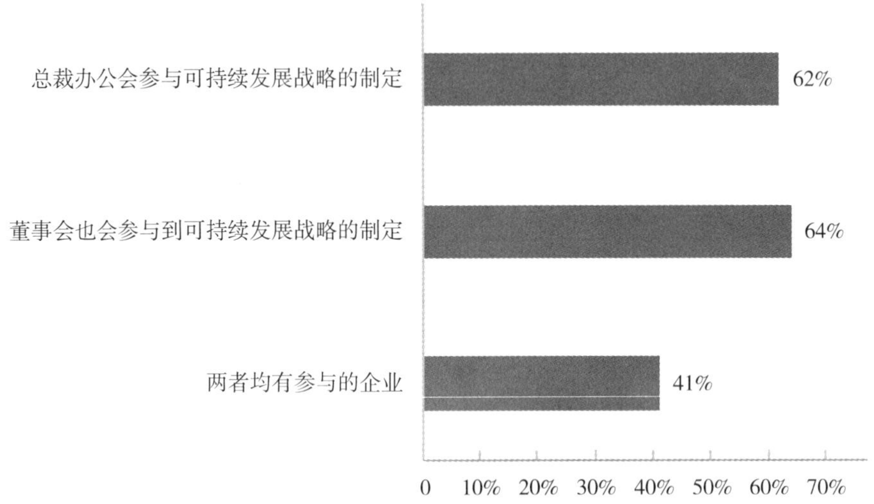

图 7　决策层参与可持续发展战略的制定情况

当企业的可持续战略确定后，需要决策层制定清晰的战略目标与执行框架，明确参与部门及其职责，确保落实具体行动前各部门达成一致。

2. 推动可持续消费落地，运营部门和采购部门缺一不可

从执行层面而言，在受调查企业中，采购部门、运营部门是最多落实可持续发展战略的部门。

采购部门与运营部门的充分合作促进战略有效落地，向上影响生产，提供产品保障；向下为消费者搭建可持续消费场景，提供体验和服务。因此，需要确保采购部门与运营部门达成一致目标和共识，进行紧密沟通与合作。

3. 可持续发展/CSR 部门并非普遍设立

一般情况下，可持续发展/CSR 部门是企业实施可持续发展战略的负责部门。本次调查显示，只有 43.1%的受调查企业选择该部门，说明连锁企业设立可持续发展部门或 CSR 部门的情况并不普遍，主要受企业发展程度、经营规模、公司结构以及对可持续发展战略的侧重领域选择等多种因素的影响。现阶段，更多企业是通过公共关系、总裁办公室、对外沟通等部门承担相关工作的落实，并与企业的核心业务紧密连接在一起。

（五）企业的财政投入更显决心

企业的财务投入也意味着行动的决心。调查中有 93%以上的企业对可持续发展/企业社会责任方面的行动给予财务投入，并且大多数企业的投入与往年相比都有所增长。这意味着企业行动的决心也在逐渐加强。另外，进行财政信息公开的企业不到 14%，可能由于企业支持项目性质不同，无法全面进行公开。

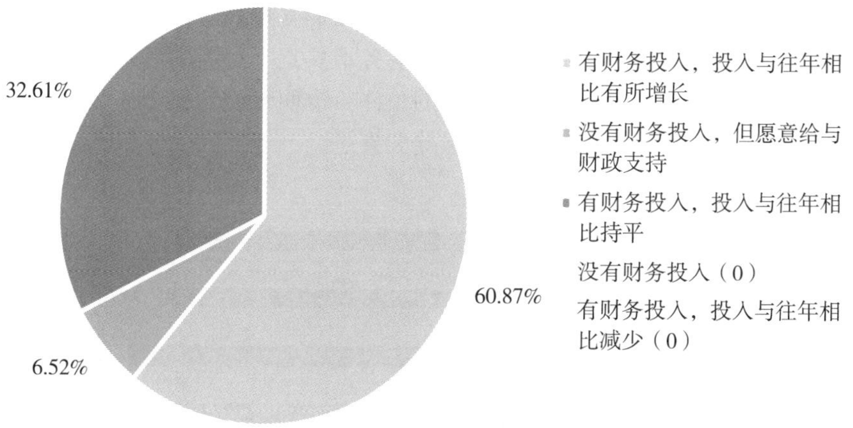

图 8　针对可持续发展的财政投入

（六）激励或监督措施为实施提供保障

要确保企业可持续发展战略落到实处，除确定战略目标、资金投入、行政管理等措施外，后期的激励和监督措施也必不可少。KPI（Key Performance Indicator），即企业关键绩效指标，是企业运用激励机制与监督机制的重要参考指标。企业根据不同部门的职责设立不同的可持续发展 KPI，将可持续发展战略具体化、明确化。

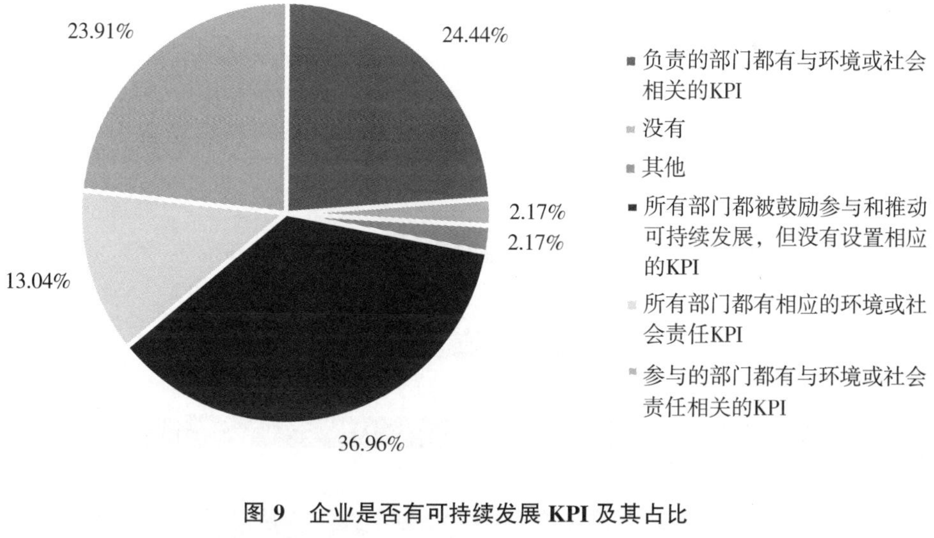

图 9　企业是否有可持续发展 KPI 及其占比

（七）政策引擎与能动

中国政府在可持续发展方面的政策鼓舞着企业积极行动，主要包括生态文明、循环经济、绿色包装、绿色消费、节能减排、食品安全和低碳发展等方面，在具体领域中帮助和指导企业实施可持续发展战略。

调查显示，受访企业对绿色消费和节能减排方面的支持政策最为关注，说明连锁企业在应对消费升级背景下的转型发展，挖掘新的业务增长点上有新的政策需求。此外，绿色包装与食品安全的相关政策也受到了高比例的关注，说明环境与安全作为企业日常经营中要面对的常态化课题，更需要政府持续的引导和支持。

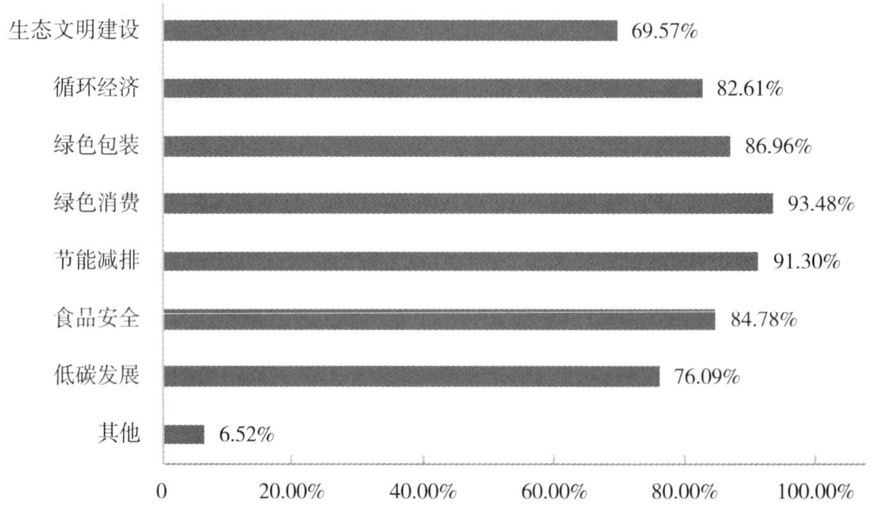

图 10　企业推动可持续发展的相关政策需求

三、时不我待——五个绿色行动

2017 年，中国连锁经营协会发布了《中国可持续消费操作指引》，为连锁企业面临的可持续发展挑战带来有效的解决方案，为零售企业日常开展可持续消费工作提供了实战建议。

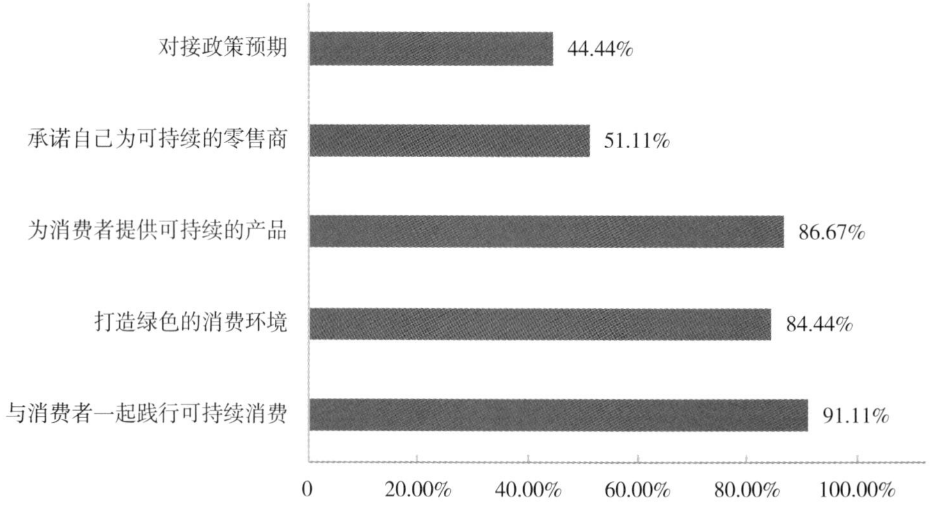

图 11　可持续消费行动状况

（一）凝聚共识、跨界合作

推动可持续发展需要行业引领，以及外部相关机构的支持与合作。中国连锁经营协会（CCFA）自2013年起聚焦零售业可持续发展问题，与联合国环境署、世界自然基金会等国际组织和机构探索跨界合作，携手行业的领军企业和相关机构，覆盖线上线下全渠道，通过自身可持续发展的战略与实践，提供负责任的产品与服务，推动中国消费者提升绿色消费认知与行为改变。

中国连锁经营协会于2013年建立了中国可持续消费圆桌（原名：中国零售业可持续发展圆桌），2015年建立了中国可持续消费平台。在此基础上，CCFA于2016年发起了“中国零售业负责任采购倡议”，引领连锁企业关注并实践负责任采购，以呼吁并推动中国乃至世界零售业向可持续的市场发展模式转变；同年发布“中国零售业推进环保型制冷剂应用倡议”。2018年，CCFA在生态环境部支持下发布了《超市绿色应用冷链技术实施手册》，为中国零售企业绿色冷链技术实施与管理提供具体实施指导。

本次调查显示，超过95%的企业认为行业倡议对企业有积极作用。

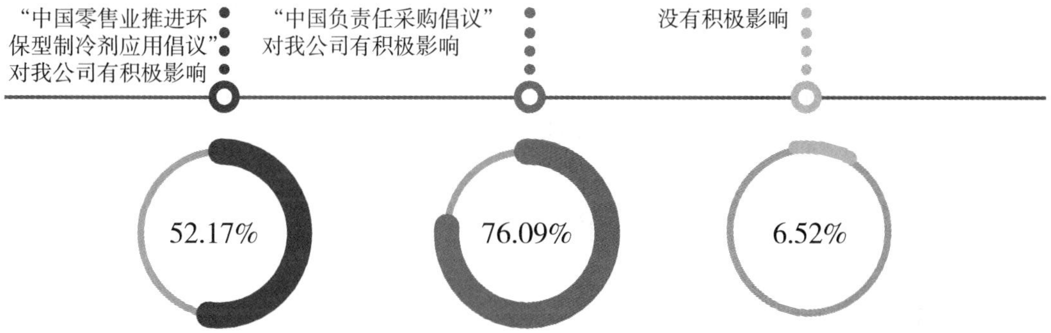

图12 行业倡议对企业的影响

（二）与消费者一起践行可持续消费

零售行业对可持续消费的认知普遍较高。2017年中国连锁经营协会对中国零售企业的调查结果显示，愿意推动可持续消费的比例为100%，其中83%的企业认为参与可持续消费是为了减少产品全周期中对环境和社会的负面影响。

本次调查显示，超过九成的受调查企业表示愿意与消费者一起践行可持续消费。主要调查情况如图13所示。

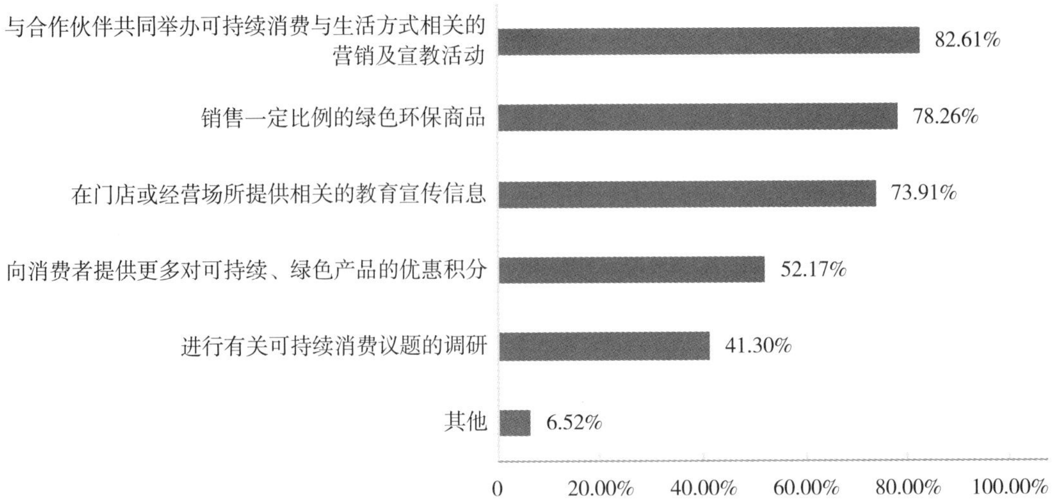

图 13　引导消费者进行合理、负责任、绿色的消费理念的途径

（三）打造绿色的消费环境

零售企业通过打造环境友好的、可持续的门店，在为消费者提供绿色消费环境的同时，可以将门店的节能环保实施成果和信息呈现并传递给消费者，提升绿色购物体验。

表 1　门店打造绿色消费环境的途径

行　　动	解决方案
能效管理	节能冷柜，LED 灯，合同能源管理，空调变频技术，智能化的控制调节加热，通风及空调系统，冷却水制冷，一级或二级能效标识的陈列柜，立柜加盖加门
包装减量	替换一次性塑料袋，使用可降解包装，优化运输环节
员工培训	培训员工关于绿色环保的理念，培训员工引导消费者绿色消费
废弃物回收	回收废弃物、有害物，减少食物浪费，回收旧衣计划，垃圾分类系统，厨余垃圾再利用
绿色宣传	举办宣传活动，在门店宣传推广，提供绿色生活小提示
节水与循环利用	安装节水阀，中水回收利用，装配感应设备
清洁绿色能源	购买绿色清洁能源，在门店安装太阳能板
新能源汽车设施	在门店停车场建设新能源汽车充电桩，提供绿色电动班车
绿色产品专区	设置绿色食品专区、环保建材专区，在菜单上标注有机绿色产品，采购带有可持续标识的产品

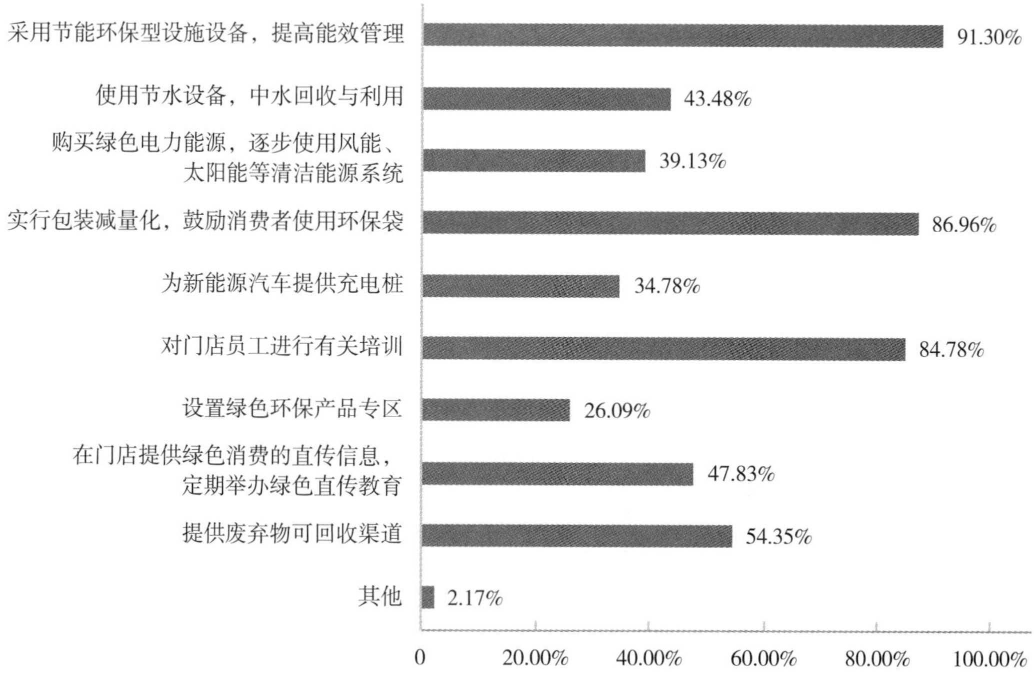

图 14 实践门店绿色运营的措施

选择采用节能环保型设施设备和技术，是门店打造绿色消费环境最常见的途径。一方面，通过提高能源效率不仅会减少碳排放，还会降低企业的运营成本；另一方面，能够积极响应政府、社会和行业组织提出的环保号召与倡议，持续关注和落实环境责任。

（四）实施绿色采购，为消费者提供可持续的产品

为消费者提供可持续产品是推动绿色消费的关键。本次调查显示，超过 95%的受调查企业在不同程度上采取绿色采购行动。其中，约有 69%的受调查企业选择“明确绿色供应商筛选、认定的条件和程序”，作为企业落实绿色采购的重点工作。

来自国内外零售企业的实践证明，绿色可持续标准与相关认证标识能够为企业实施绿色采购提供有效的工具，通过可靠性和市场认可度高的第三方认证，在采购和销售产品过程中规避风险，有效减少市场信息的扭曲，并帮助消费者清晰识别可持续产品及相关信息，提高信任度。

联合国环境署于 2017 年发布了“关于提供产品可持续信息的准则”指南，其中提供了明确的指导原则，帮助企业编写面向消费者产品可持续性信息的声明，确保内容有效且可靠。

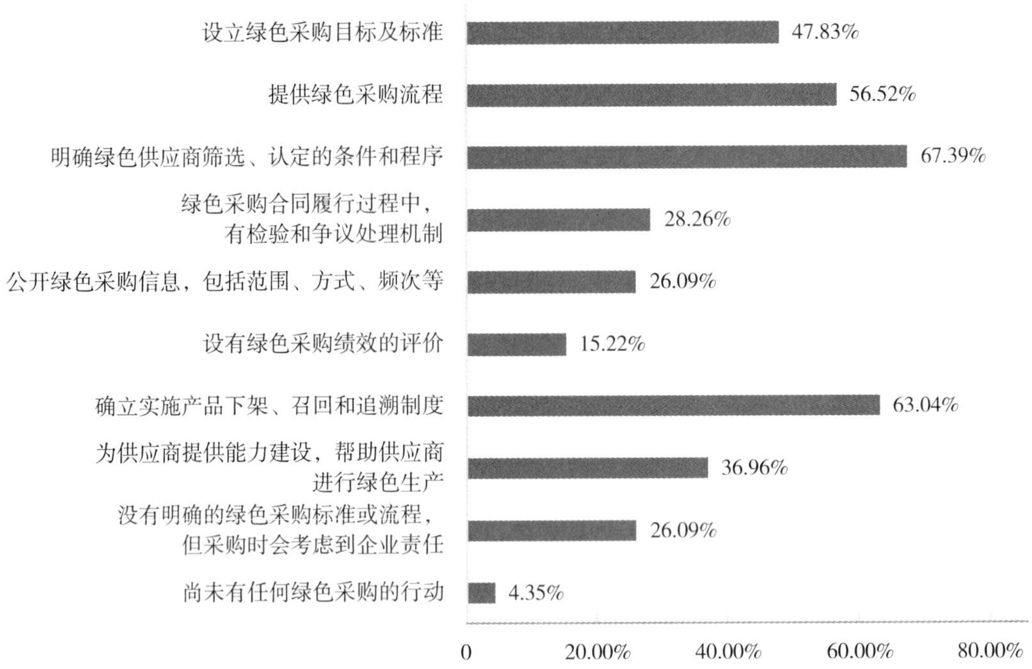

图 15　零售企业的绿色采购实施程度

（五）多渠道的公众沟通与信息公开

联合国 2030 可持续发展目标中明确要求，联合国成员鼓励公司披露可持续信息。调查发现，企业披露可持续信息的途径越来越多样化。

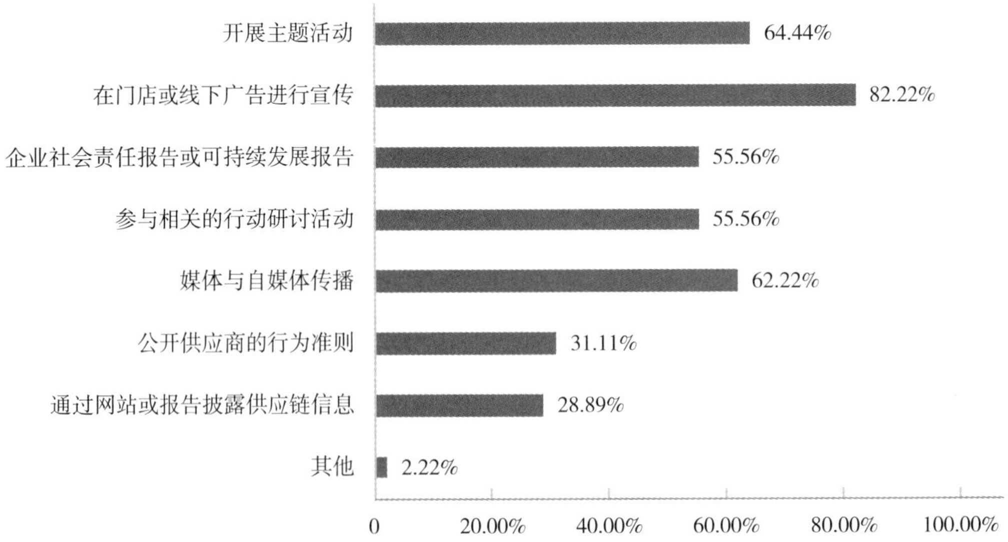

图 16　公众沟通与信息公开的渠道

1. 信息公开的方式

随着数字化发展，手机移动端变成了沟通的重要媒介。自媒体等线上平台也成了企业与公众沟通的重要渠道，能够多方面、多角度、多形式向外界进行宣传。

即使线上消费蓬勃发展，门店依然是与消费者沟通的重要途径。企业通过门店的工作人员、提示、宣传、装修等途径与顾客进行互动，实现消费体验，把可持续发展的理念传递出去。

2. 更多企业自愿进行信息公开

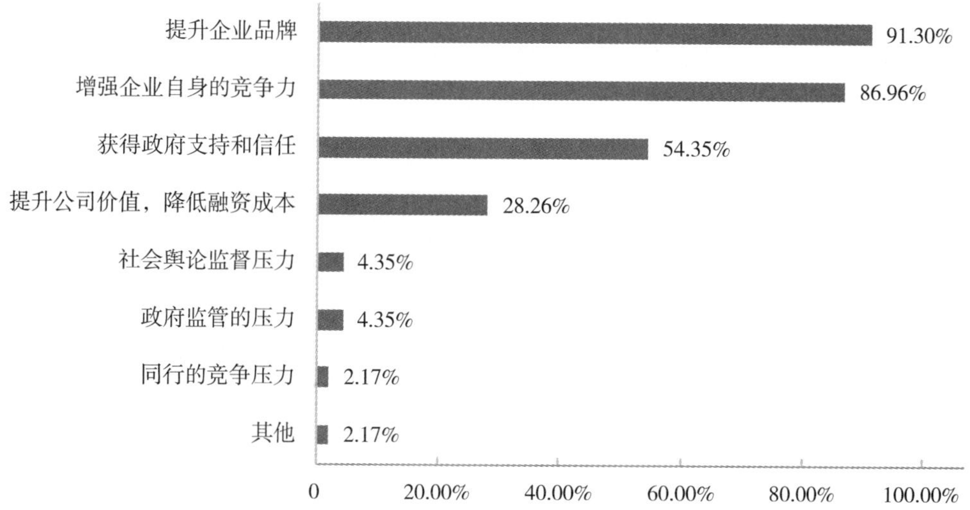

图 17 企业对社会责任信息披露的主要驱动力

3. 信息公开工具

在信息公开中，ESG 信息披露标准有助于提升信息的可比性和一致性。目前，全球存在多种有关信息披露的标准，如来自非政府组织制定的标准主要包括全球报告倡议组织（Global Reporting Initiative，简称 GRI）、碳披露标准委员会（CDSB）、国际综合报告委员会（IIRC）制定的信息披露标准。在 ESG 相关标准中，大量提供了比政府法律法规要求更加详尽的信息披露规则，包括企业信息披露报告所需要的披露形式、主题以及详细的绩效指标。据统计，在全球使用的最广泛的 ESG 信息披露标准是全球报告倡议组织推出的“GRI 指引”。

本次调查显示，55.6%的受调查企业已经编写了年度企业社会责任/可持续发展报告。企业在发布社会责任报告方面也不断积极和进步。根据 WTO 经济导刊统计，2016 年中国发布了 3039 份社会责任报告，其中有 1904 份是企业的 CSR 报告，再创新高。

企业参与社会责任信息披露的动力来自多个方面。企业更多的是主动积极地参与信息披露，动力包括提升企业品牌、增强企业自身价值、获得社会信任等。欧美等国家和地区的企业，以强制性披露规范为基础，自发自愿地进行环境信息披露，根据奥纬咨询的调查，超过 68%的全球前 50 的食品杂货商都发布了可持续发展报告。[①]

四、重点行动——“塑战速决”

塑料，在带来无数便利的同时也在改变我们的生活，对地球环境产生了污染，这已经成了一个全球共识。塑料垃圾对土壤、河流、海洋、生物和人类的可持续发展带来了重大威胁，塑料微粒作为一个新的环境问题，危害也逐渐凸显，越来越多地进入了公众视野。2018 年，联合国环境署将世界环境日主题定为“塑战速决”（Beat Plastic Pollution），并发起倡议，号召世界各国也都采取措施，积极应对塑料污染问题。

减少塑料污染的四个重要环节——可替代、可循环、可回收、可降解——均是世界性难题，覆盖了城市和乡村，包括了技术创新、产业化、市场选择、公众意识和有效行动等多个环节，涉及政策倡导、标准设定、市场机制等多个领域。

自中国政府 2008 年发布“限塑令”以来，历经十年，我国也形成了进一步消除塑料污染的全社会共识。为此，中国连锁经营协会、世界自然基金会与多家机构和企业于 2018 年 3 月联合发起减塑倡议，呼吁从自身做起，号召更多的企业和个人参与更积极有效的减塑行动。

针对塑料制品在规模企业中的使用情况，我们开展了规模企业塑料袋与塑料包装使用情况调查。

（一）企业在行动

1. 采购与品控部门是企业减塑的核心部门

调查显示，零售与餐饮企业的采购部门是负责塑料袋与塑料包装制品的核心部门，占到超过 70%的比例。此外，对于餐饮企业而言，出于食品安全的考虑，品控与食品质量部门也参与到塑料制品的采购中，受访企业达到 100%的比例。因此，对于企业减塑战略的传达与实施，除部门需要协同支持外，采购与品控两个部门的参与必不可少。

2. “限塑令”在企业加强环保意识、改善消费者消费体验方面体现了重要价值

100%的受访企业参考了 2008 年发布的《关于限制生产使用塑料购物袋的通知》，并且认为，“限塑令”在加强行业企业的环保责任意识、改善消费体验方面体现了重要价值。同时，对于提供食品加工等的零售企业，尤其是餐饮企业，可以通过政策标准合规降低食品安全风险。

在塑料袋的标准采用方面，《塑料购物袋的环境、安全和标识通用技术要求》（GB21660-2008）、《塑料购物袋》（GB/T21661-2008）和关于食品包装卫生的国家标准，如《食品包装用聚苯乙烯树脂卫生标准》（GB9692-88）为主要的企业参考标准。ISO、欧盟食品安全法案等国际标准在企业中甚少采用。

---

① http：//www. oliverwyman. com/content/dam/oliver-wyman/v2/ publications/2018/February/Sustainable-retail. pdf.

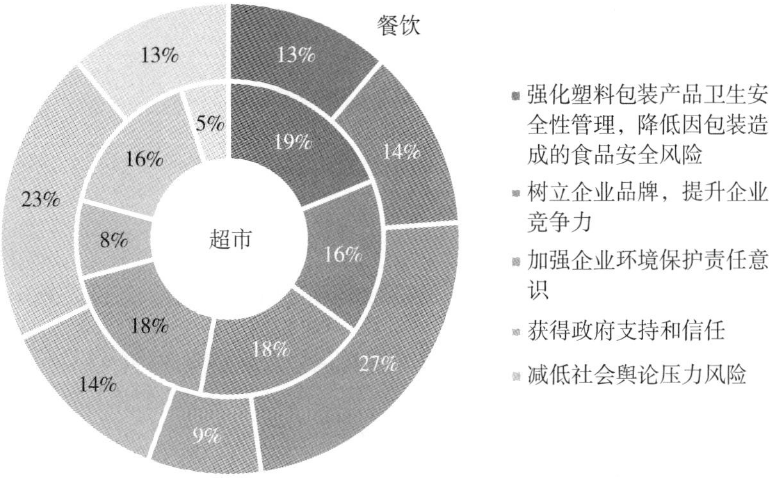

图 18　限塑令为行业企业带来什么样的价值

3. 店员培训、提供替代品及宣传教育是目前企业减塑的主要行动

在推动减少塑料制品使用方面，超市企业主要通过培训门店收银员，为顾客提供纸袋等替代品，以及开展公众宣传教育来提高塑料袋利用空间，减少塑料袋使用。

此外，在商超购物领域，全降解塑料袋也已广泛推广使用。大型商超，如永旺超市、华润万家等早在 2012 年就开始大力推广使用全生物降解购物袋。目前，包括沃尔玛、永辉等超市均逐步实现全降解材质（PBAT）购物袋替代普通 PE 袋。

表 2　部分超市使用全降解材质（PBAT）情况

超商	使用范围	材料种类
华润万家超市	OLE、BLT、V+精品超市全国所有门店	PBAT
永旺超市	北京地区、广东地区、青岛地区、香港地区等	PBAT
沃尔玛超市	山姆会员店全国所有门店	PBAT
永辉超市	超级物种所有门店	PBAT
京东	自营生鲜超市	PBAT
吉林省全部超市	如长春欧亚等	PBAT

餐饮企业减塑行动主要通过为门店顾客提供并鼓励顾客使用非一次性餐具，以及提供纸袋等可替代用品。

值得注意的是，随着外卖餐饮发展，对于塑料袋的使用需求大量增加。餐饮企业面对激烈的市场竞争，以及出于为顾客提供便利服务的意识，难以主动减少塑料袋及塑料包装制品的使用。

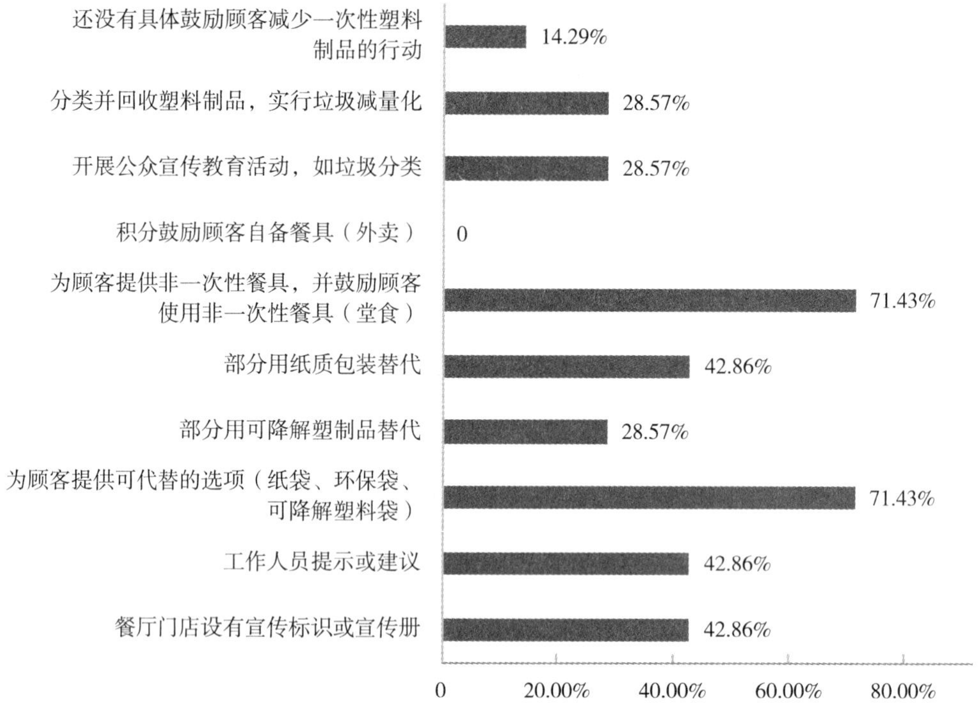

图 19　餐饮企业主要减塑措施

（二）洞察与需求

1. 塑料替代品及可降解产品的技术研发亟待突破

在推动实施“限塑令”过程中，企业不可避免地面临着许多问题，其中最大的困难就来自于缺乏合适的替代品。调查显示，超过 85%的企业表示缺乏替代品是推进减塑的主要困难之一。随之而来的是采用替代品面临成本增加的难题。因此，在塑料及塑料制品的生产端的技术革新与替代性新产品的推出，对于限塑行动在行业的推进起着极其重要的作用。

实用的可降解材质的塑料袋标准，可以为企业参考并采用可降解塑料袋提供帮助。国际上有 OK Compost HOME[①] 等认证标准。在国内，针对可降解材质的塑料袋标准正在完善和起草当中。在塑料袋生产源头的材料技术革新与标准配套，还有一定的提升空间。

2. 政策与财政支持为最强动力

政府政策的鼓励支持及适当的财政补贴也将为连锁行业的减塑行动带来极大助力。同时，对于公众及消费者的宣传教育也是行业企业认为推动减塑行动实施的重要有效举措。

① 了解更多信息请访问 http：//www. okcompost. be/en/home/.

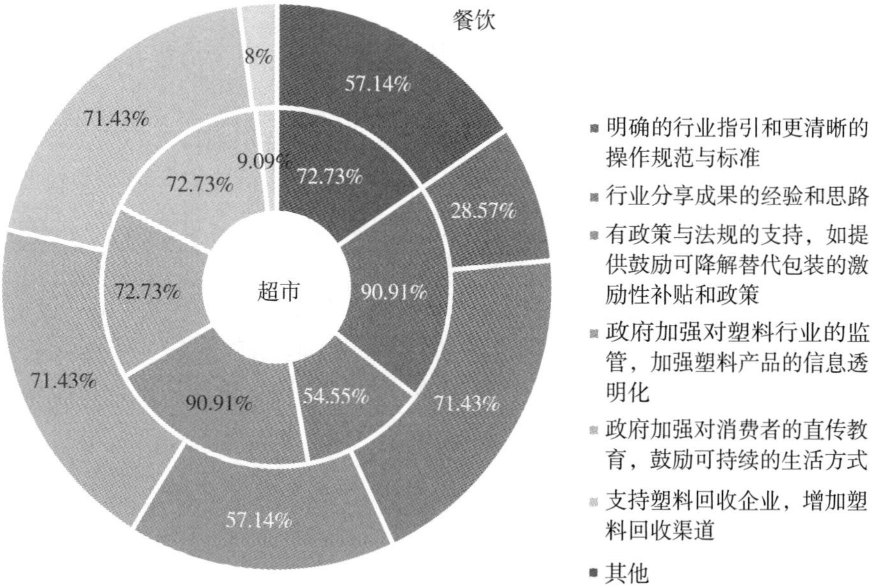

图 20　企业推动减塑行动需要哪些方面的支持

在政策层面，目前部分省市已经出台比“限塑令”更加严格的“禁塑令”，为推动减塑行动提供扶持。

表 3　部分省市“禁塑令”实施情况

实施时间	实施省份	实施内容
2018 年 6 月 1 日	河南省	部分地区。比如，南乐县《关于治理白色污染推广使用一次性可降解塑料制品的实施意见（试行）》，禁止使用由石油基原料生产的、在自然环境下不可降解的一次性塑料制品，主要包括塑料薄膜、塑料袋、塑料餐具等
2016 年 1 月 1 日	江苏省	《江苏省循环经济促进条例》指出，自本条例施行一年后，餐饮经营者应当提供可循环使用筷子；超市、商场、集贸市场等商品零售场所不得销售、无偿或者变相无偿提供不可降解的塑料购物袋
2015 年 1 月 1 日	吉林省	规定全省范围内禁止生产、销售不可降解塑料购物袋及塑料餐具
2010 年 12 月	云南省	推出《云南省禁止生产销售使用塑料购物袋规定（草案）》
2008 年 10 月 1 日	海南省	《海南经济特区限制生产运输销售储存使用一次性塑料制品规定》指出，禁止生产、运输、销售、储存、使用厚度在 0.030 毫米以下（含 0.030 毫米）的塑料购物袋和一次性塑料餐盒、碗、盘、碟、杯等餐具
2004 年	青海省	部分地区。比如，黄南藏族自治州河南蒙古族自治县、三江源生态保护区实施禁塑，保护生态环境。2004 年，禁止销售、提供、使用塑料袋被列入《河南蒙古族自治县自治条例》；2016 年，限制使用难以降解的一次性日用塑料品被纳入《河南蒙古族自治县生态环境保护条例》

3. 消费者宣传与意识培养必不可少

除政府鼓励措施和推出替代品及可降解技术革新之外，对于消费者教育以及公众宣传也是必不可少的减塑途径。

即使消费者对可持续消费的认识正在不断加深，但从意识到行动的变化却没有那样显著。通过唤醒公众的环保意识、普及环保知识和鼓励绿色生活方式，减少塑料及一次性制品在日常生活中的使用量，进而撬动市场，促使商家及生产源头进行改进，即通过减少塑料消费促进市场绿色化。

例如，随着外卖餐饮与线上零售的开拓和发展，线上平台也纷纷推出了包装“瘦身”以及环保呼吁措施，如京东推出“青流计划”，采用可降解塑料袋、实施包装回收计划等。一些线上外卖平台在客户端推出“不需要一次性餐具”选项，也是在减塑及公众环保宣传上的积极尝试。

第三部分

政策法规篇

关于加快发展冷链物流保障食品安全促进消费升级的意见

国办发〔2017〕29 号

各省、自治区、直辖市人民政府，国务院各部委、各直属机构：

随着我国经济社会发展和人民群众生活水平不断提高，冷链物流需求日趋旺盛，市场规模不断扩大，冷链物流行业实现了较快发展。但由于起步较晚、基础薄弱，冷链物流行业还存在标准体系不完善、基础设施相对落后、专业化水平不高、有效监管不足等问题。为推动冷链物流行业健康规范发展，保障生鲜农产品和食品消费安全，根据食品安全法、农产品质量安全法和《物流业发展中长期规划（2014—2020 年）》等，经国务院同意，提出以下意见。

一、总体要求

（一）指导思想

全面贯彻党的十八大和十八届三中、四中、五中、六中全会精神，深入贯彻习近平总书记系列重要讲话精神，认真落实党中央、国务院决策部署，紧紧围绕统筹推进“五位一体”总体布局和协调推进“四个全面”战略布局，牢固树立和贯彻落实创新、协调、绿色、开放、共享的发展理念，深入推进供给侧结构性改革，充分发挥市场在资源配置中的决定性作用，以体制机制创新为动力，以先进技术和管理手段应用为支撑，以规范有效监管为保障，着力构建符合我国国情的“全链条、网络化、严标准、可追溯、新模式、高效率”的现代化冷链物流体系，满足居民消费升级需要，促进农民增收，保障食品消费安全。

（二）基本原则

市场为主，政府引导。强化企业市场主体地位，激发市场活力和企业创新动力。发挥政府部门在规划、标准、政策等方面的引导、扶持和监管作用，为冷链物流行业发展创造良好环境。

问题导向，补齐短板。聚焦农产品产地“最先一公里”和城市配送“最后一公里”等突出问题，抓两头、带中间，因地制宜、分类指导，形成贯通一、二、三产业的冷链物流产业体系。

创新驱动，提高效率。大力推广现代冷链物流理念，深入推进大众创业、万众创新，鼓励企业利用现代信息手段，创新经营模式，发展供应链等新型产业组织形态，全面提高冷链物流行业运行效率和服务水平。

完善标准，规范发展。加快完善冷链物流标准和服务规范体系，制修订一批冷链物流强制性标准。加强守信联合激励和失信联合惩戒，推动企业优胜劣汰，促进行业健康有序发展。

（三）发展目标

到2020年，初步形成布局合理、覆盖广泛、衔接顺畅的冷链基础设施网络，基本建立“全程温控、标准健全、绿色安全、应用广泛”的冷链物流服务体系，培育一批具有核心竞争力、综合服务能力强的冷链物流企业，冷链物流信息化、标准化水平大幅提升，普遍实现冷链服务全程可视、可追溯，生鲜农产品和易腐食品冷链流通率、冷藏运输率显著提高，腐损率明显降低，食品质量安全得到有效保障。

二、健全冷链物流标准和服务规范体系

按照科学合理、便于操作的原则系统梳理和修订完善现行冷链物流各类标准，加强不同标准间以及与国际标准的衔接，科学确定冷藏温度带标准，形成覆盖全链条的冷链物流技术标准和温度控制要求。依据食品安全法、农产品质量安全法和标准化法，率先研究制定对鲜肉、水产品、乳及乳制品、冷冻食品等易腐食品温度控制的强制性标准并尽快实施。（国家卫生计生委、食品药品监管总局、农业部、国家标准委、国家发展改革委、商务部、国家邮政局负责）积极发挥行业协会和骨干龙头企业作用，大力发展团体标准，并将部分具有推广价值的标准上升为国家或行业标准。鼓励大型商贸流通、农产品加工等企业制定高于国家和行业标准的企业标准。（国家标准委、商务部、国家发展改革委、国家卫生计生委、工业和信息化部、国家邮政局负责）研究发布冷藏运输车辆温度监测装置技术标准和检验方法，在相关国家标准修订中明确冷藏运输车辆温度监测装置要求，为冷藏运输车辆的温度监测性能评测和检验提供依据。（工业和信息化部、交通运输部负责）针对重要管理环节研究建立冷链物流服务管理规范。建立冷链物流全程温度记录制度，相关记录保存时间要超过产品保质期六个月以上。（食品药品监管总局、国家卫生计生委、农业部负责）组织开展冷链物流企业标准化示范工程，加强冷链物流标准宣传和推广实施。（国家标准委、相关行业协会负责）

三、完善冷链物流基础设施网络

加强对冷链物流基础设施建设的统筹规划，逐步构建覆盖全国主要产地和消费地的冷链物流基础设施网络。鼓励农产品产地和部分田头市场建设规模适度的预冷、贮藏保鲜等初加工冷链设施，加强先进冷链设备应用，加快补齐农产品产地“最先一公里”短板。鼓励全国性、区域性农产品批发市场建设冷藏冷冻、流通加工冷链设施。在重要物流节点和大中型城市改造升级或适度新建一批冷链物流园区，推动冷链物流行业集聚发展。加强

面向城市消费的低温加工处理中心和冷链配送设施建设，发展城市“最后一公里”低温配送。健全冷链物流标准化设施设备和监控设施体系，鼓励适应市场需求的冷藏库、产地冷库、流通型冷库建设，推广应用多温层冷藏车等设施设备。鼓励大型食品生产经营企业和连锁经营企业建设完善停靠接卸冷链设施，鼓励商场超市等零售终端网点配备冷链设备，推广使用冷藏箱等便利化、标准化冷链运输单元。(国家发展改革委、财政部、商务部、交通运输部、农业部、食品药品监管总局、国家邮政局、国家标准委按职责分工负责)

四、鼓励冷链物流企业经营创新

大力推广先进的冷链物流理念与技术，加快培育一批技术先进、运作规范、核心竞争力强的专业化规模化冷链物流企业。鼓励有条件的冷链物流企业与农产品生产、加工、流通企业加强基础设施、生产能力、设计研发等方面的资源共享，优化冷链流通组织，推动冷链物流服务由基础服务向增值服务延伸。(国家发展改革委、交通运输部、农业部、商务部、国家邮政局负责) 鼓励连锁经营企业、大型批发企业和冷链物流企业利用自有设施提供社会化的冷链物流服务，开展冷链共同配送、“生鲜电商+冷链宅配”、“中央厨房+食材冷链配送”等经营模式创新，完善相关技术、标准和设施，提高城市冷链配送集约化、现代化水平。(国家发展改革委、商务部、食品药品监管总局、国家邮政局、国家标准委负责) 鼓励冷链物流平台企业充分发挥资源整合优势，与小微企业、农业合作社等深度合作，为小型市场主体创业创新创造条件。(国家发展改革委、商务部、供销合作总社负责) 充分发挥铁路长距离、大规模运输和航空快捷运输的优势，与公路冷链物流形成互补协同的发展格局。积极支持中欧班列开展国际冷链运输业务。(相关省级人民政府，国家铁路局、中国民航局、中国铁路总公司负责)

五、提升冷链物流信息化水平

鼓励企业加强卫星定位、物联网、移动互联等先进信息技术应用，按照规范化标准化要求配备车辆定位跟踪以及全程温度自动监测、记录和控制系统，积极使用仓储管理、运输管理、订单管理等信息化管理系统，按照冷链物流全程温控和高时效性要求，整合各作业环节。鼓励相关企业建立冷链物流数据信息收集、处理和发布系统，逐步实现冷链物流全过程的信息化、数据化、透明化、可视化，加强对冷链物流大数据的分析和利用。大力发展“互联网+”冷链物流，整合产品、冷库、冷藏运输车辆等资源，构建“产品+冷链设施+服务”信息平台，实现市场需求和冷链资源之间的高效匹配对接，提高冷链资源综合利用率。推动构建全国性、区域性冷链物流公共信息服务和质量安全追溯平台，并逐步与国家交通运输物流公共信息平台对接，促进区域间、政企间、企业间的数据交换和信息共享。(国家发展改革委、交通运输部、商务部、农业部、工业和信息化部负责)

六、加快冷链物流技术装备创新和应用

加强生鲜农产品、易腐食品物流品质劣变和腐损的生物学原理及其与物流环境之间耦合效应等基础性研究，夯实冷链物流发展的科技基础。鼓励企业向国际低能耗标准看齐，利用绿色、环境友好的自然工质，使用安全环保节能的制冷剂和制冷工艺，发展新型蓄冷材料，采用先进的节能和蓄能设备。（科技部、工业和信息化部负责）加大科技创新力度，加强对延缓产品品质劣变和减少腐损的核心技术工艺、绿色防腐技术与产品、新型保鲜减震包装材料、移动式等新型分级预冷装置、多温区陈列销售设备、大容量冷却冷冻机械、节能环保多温层冷链运输工具等的自主研发。（科技部负责）冷链物流企业要从正规厂商采购或租赁标准化、专业化的设施设备和运输工具。加速淘汰不规范、高能耗的冷库和冷藏运输车辆，取缔非法改装的冷藏运输车辆。鼓励第三方认证机构从运行状况、能效水平、绿色环保等方面对冷链物流设施设备开展认证。结合冷链物流行业发展趋势，积极推动冷链物流设施和技术装备标准化，提高冷藏运输车辆专业化、轻量化水平，推广标准冷藏集装箱，促进冷链物流各作业环节以及不同交通方式间的有序衔接。（交通运输部、商务部、工业和信息化部、中国民航局、国家铁路局、国家邮政局、中国铁路总公司按职责分工负责）

七、加大行业监管力度

有关部门要依据相关法律法规、强制性标准和操作规范，健全冷链物流监管体系，在生产和贮藏环节重点监督保质期、温度控制等，在销售终端重点监督冷藏、冷冻设施和贮存温度控制等，探索建立对运输环节制冷和温控记录设备合规合法使用的监管机制，将从源头至终端的冷链物流全链条纳入监管范围。加强对冷链各环节温控记录和产品品质的监督和不定期抽查。（食品药品监管总局、质检总局、交通运输部、农业部负责）研究将配备温度监测装置作为冷藏运输车辆出厂的强制性要求，在车辆进入营运市场、年度审验等环节加强监督管理。（工业和信息化部、交通运输部按职责分工负责）充分发挥行业协会、第三方征信机构和各类现有信息平台的作用，完善冷链物流企业服务评价和信用评价体系，并研究将全程温控情况等技术性指标纳入信用评价体系。各有关部门要根据监管职责建立冷链物流企业信用记录，并加强信用信息共享和应用，将企业信用信息归集至全国信用信息共享平台，通过“信用中国”网站和国家企业信用信息公示系统依法向社会及时公开。探索对严重违法失信企业开展联合惩戒。（国家发展改革委、交通运输部、商务部、民政部、食品药品监管总局、质检总局、工商总局、国家邮政局等按职责分工负责）

八、创新管理体制机制

国务院各有关部门要系统梳理冷链物流领域相关管理规定和政策法规，按照简政放权、放管结合、优化服务的要求，在确保行业有序发展、市场规范运行的基础上，进一步简化冷链物流企业设立和开展业务的行政审批事项办理程序，加快推行“五证合一、一

照一码”、“先照后证”和承诺制，加快实现不同区域、不同领域之间管理规定的协调统一，加快建设开放统一的全国性冷链物流市场。地方各级人民政府要加强组织领导，强化部门间信息互通和协同联动，统筹抓好涉及本区域的相关管理规定清理等工作。结合冷链产品特点，积极推进国际贸易“单一窗口”建设，优化查验流程，提高通关效率。利用信息化手段完善现有监管方式，发挥大数据在冷链物流监管体系建设运行中的作用，通过数据收集、分析和管理完善事中事后监管。（各省级人民政府，国家发展改革委、交通运输部、公安部、商务部、食品药品监管总局、国家卫生计生委、工商总局、海关总署、质检总局、国家邮政局、中国民航局、国家铁路局按职责分工负责）

九、完善政策支持体系

要加强调查研究和政策协调衔接，加大对冷链物流理念和重要性的宣传力度，提高公众对全程冷链生鲜农产品质量的认知度。（国家发展改革委、农业部、商务部、食品药品监管总局、国家卫生计生委负责）拓宽冷链物流企业的投融资渠道，引导金融机构对符合条件的冷链物流企业加大投融资支持，创新配套金融服务。（人民银行、银监会、证监会、保监会、国家开发银行负责）大中型城市要根据冷链物流等设施的用地需求，分级做好物流基础设施的布局规划，并与城市总体规划、土地利用总体规划做好衔接。永久性农产品产地预冷设施用地按建设用地管理，在用地安排上给予积极支持。（国土资源部、住房城乡建设部负责）针对制约冷链物流行业发展的突出短板，探索鼓励社会资本通过设立产业发展基金等多种方式参与投资建设。（国家发展改革委、商务部、农业部负责）冷链物流企业用水、用电、用气价格与工业同价。（国家发展改革委负责）加强城市配送冷藏运输车辆的标识管理。（交通运输部、商务部负责）指导完善和优化城市配送冷藏运输车辆的通行和停靠管理措施。（公安部、交通运输部、商务部负责）继续执行鲜活农产品“绿色通道”政策。（交通运输部、国家发展改革委负责）对技术先进、管理规范、运行高效的冷链物流园区优先考虑列入示范物流园区，发挥示范引领作用。（国家发展改革委、国土资源部、住房城乡建设部负责）加强冷链物流人才培养，支持高等学校设置冷链物流相关专业和课程，发展职业教育和继续教育，形成多层次的教育、培训体系。（教育部负责）

十、加强组织领导

各地区、各有关部门要充分认识冷链物流对保障食品质量安全、促进农民增收、推动相关产业发展、促进居民消费升级的重要作用，加强对冷链物流行业的指导、管理和服务，把推动冷链物流行业发展作为稳增长、促消费、惠民生的一项重要工作抓紧抓好。国家发展改革委要会同有关部门建立工作协调机制，及时研究解决冷链物流发展中的突出矛盾和重大问题，加强业务指导和督促检查，确保各项政策措施的贯彻落实。

国务院办公厅

2017 年 4 月 13 日

网络餐饮服务食品安全监督管理办法

国家食品药品监督管理总局

国家食品药品监督管理总局令第 36 号

《网络餐饮服务食品安全监督管理办法》已于 2017 年 9 月 5 日经国家食品药品监督管理总局局务会议审议通过，现予公布，自 2018 年 1 月 1 日起施行。

局长：毕井泉

2017 年 11 月 6 日

网络餐饮服务食品安全监督管理办法

第一条 为加强网络餐饮服务食品安全监督管理，规范网络餐饮服务经营行为，保证餐饮食品安全，保障公众身体健康，根据《中华人民共和国食品安全法》等法律法规，制定本办法。

第二条 在中华人民共和国境内，网络餐饮服务第三方平台提供者、通过第三方平台和自建网站提供餐饮服务的餐饮服务提供者（以下简称入网餐饮服务提供者），利用互联网提供餐饮服务及其监督管理，适用本办法。

第三条 国家食品药品监督管理总局负责指导全国网络餐饮服务食品安全监督管理工作，并组织开展网络餐饮服务食品安全监测。

县级以上地方食品药品监督管理部门负责本行政区域内网络餐饮服务食品安全监督管理工作。

第四条 入网餐饮服务提供者应当具有实体经营门店并依法取得食品经营许可证，并按照食品经营许可证载明的主体业态、经营项目从事经营活动，不得超范围经营。

第五条 网络餐饮服务第三方平台提供者应当在通信主管部门批准后 30 个工作日内，向所在地省级食品药品监督管理部门备案。自建网站餐饮服务提供者应当在通信主管部门备案后 30 个工作日内，向所在地县级食品药品监督管理部门备案。备案内容包括域名、IP 地址、电信业务经营许可证或者备案号、企业名称、地址、法定代表人或者负责人姓名等。

网络餐饮服务第三方平台提供者设立从事网络餐饮服务分支机构的，应当在设立后30个工作日内，向所在地县级食品药品监督管理部门备案。备案内容包括分支机构名称、地址、法定代表人或者负责人姓名等。

食品药品监督管理部门应当及时向社会公开相关备案信息。

第六条 网络餐饮服务第三方平台提供者应当建立并执行入网餐饮服务提供者审查登记、食品安全违法行为制止及报告、严重违法行为平台服务停止、食品安全事故处置等制度，并在网络平台上公开相关制度。

第七条 网络餐饮服务第三方平台提供者应当设置专门的食品安全管理机构，配备专职食品安全管理人员，每年对食品安全管理人员进行培训和考核。培训和考核记录保存期限不得少于两年。经考核不具备食品安全管理能力的，不得上岗。

第八条 网络餐饮服务第三方平台提供者应当对入网餐饮服务提供者的食品经营许可证进行审查，登记入网餐饮服务提供者的名称、地址、法定代表人或者负责人及联系方式等信息，保证入网餐饮服务提供者食品经营许可证载明的经营场所等许可信息真实。

网络餐饮服务第三方平台提供者应当与入网餐饮服务提供者签订食品安全协议，明确食品安全责任。

第九条 网络餐饮服务第三方平台提供者和入网餐饮服务提供者应当在餐饮服务经营活动主页面公示餐饮服务提供者的食品经营许可证。食品经营许可等信息发生变更的，应当及时更新。

第十条 网络餐饮服务第三方平台提供者和入网餐饮服务提供者应当在网上公示餐饮服务提供者的名称、地址、量化分级信息，公示的信息应当真实。

第十一条 入网餐饮服务提供者应当在网上公示菜品名称和主要原料名称，公示的信息应当真实。

第十二条 网络餐饮服务第三方平台提供者提供食品容器、餐具和包装材料的，所提供的食品容器、餐具和包装材料应当无毒、清洁。

鼓励网络餐饮服务第三方平台提供者提供可降解的食品容器、餐具和包装材料。

第十三条 网络餐饮服务第三方平台提供者和入网餐饮服务提供者应当加强对送餐人员的食品安全培训和管理。委托送餐单位送餐的，送餐单位应当加强对送餐人员的食品安全培训和管理。培训记录保存期限不得少于两年。

第十四条 送餐人员应当保持个人卫生，使用安全、无害的配送容器，保持容器清洁，并定期进行清洗消毒。送餐人员应当核对配送食品，保证配送过程食品不受污染。

第十五条 网络餐饮服务第三方平台提供者和自建网站餐饮服务提供者应当履行记录义务，如实记录网络订餐的订单信息，包括食品的名称、下单时间、送餐人员、送达时间以及收货地址，信息保存时间不得少于6个月。

第十六条 网络餐饮服务第三方平台提供者应当对入网餐饮服务提供者的经营行为进行抽查和监测。

网络餐饮服务第三方平台提供者发现入网餐饮服务提供者存在违法行为的，应当及时制止并立即报告入网餐饮服务提供者所在地县级食品药品监督管理部门；发现严重违法行为的，应当立即停止提供网络交易平台服务。

第十七条 网络餐饮服务第三方平台提供者应当建立投诉举报处理制度，公开投诉举报方式，对涉及消费者食品安全的投诉举报及时进行处理。

第十八条 入网餐饮服务提供者加工制作餐饮食品应当符合下列要求：

（一）制定并实施原料控制要求，选择资质合法、保证原料质量安全的供货商，或者从原料生产基地、超市采购原料，做好食品原料索证索票和进货查验记录，不得采购不符合食品安全标准的食品及原料；

（二）在加工过程中应当检查待加工的食品及原料，发现有腐败变质、油脂酸败、霉变生虫、污秽不洁、混有异物、掺假掺杂或者感官性状异常的，不得加工使用；

（三）定期维护食品贮存、加工、清洗消毒等设施、设备，定期清洗和校验保温、冷藏和冷冻等设施、设备，保证设施、设备运转正常；

（四）在自己的加工操作区内加工食品，不得将订单委托其他食品经营者加工制作；

（五）网络销售的餐饮食品应当与实体店销售的餐饮食品质量安全保持一致。

第十九条 入网餐饮服务提供者应当使用无毒、清洁的食品容器、餐具和包装材料，并对餐饮食品进行包装，避免送餐人员直接接触食品，确保送餐过程中食品不受污染。

第二十条 入网餐饮服务提供者配送有保鲜、保温、冷藏或者冷冻等特殊要求食品的，应当采取能保证食品安全的保存、配送措施。

第二十一条 国家食品药品监督管理总局组织监测发现网络餐饮服务第三方平台提供者和入网餐饮服务提供者存在违法行为的，通知有关省级食品药品监督管理部门依法组织查处。

第二十二条 县级以上地方食品药品监督管理部门接到网络餐饮服务第三方平台提供者报告入网餐饮服务提供者存在违法行为的，应当及时依法查处。

第二十三条 县级以上地方食品药品监督管理部门应当加强对网络餐饮服务食品安全的监督检查，发现网络餐饮服务第三方平台提供者和入网餐饮服务提供者存在违法行为的，依法进行查处。

第二十四条 县级以上地方食品药品监督管理部门对网络餐饮服务交易活动的技术监测记录资料，可以依法作为认定相关事实的依据。

第二十五条 县级以上地方食品药品监督管理部门对于消费者投诉举报反映的线索，应当及时进行核查，被投诉举报人涉嫌违法的，依法进行查处。

第二十六条 县级以上地方食品药品监督管理部门查处的入网餐饮服务提供者有严重违法行为的，应当通知网络餐饮服务第三方平台提供者，要求其立即停止对入网餐饮服务提供者提供网络交易平台服务。

第二十七条 违反本办法第四条规定，入网餐饮服务提供者不具备实体经营门店，未依法取得食品经营许可证的，由县级以上地方食品药品监督管理部门依照食品安全法第一百二十二条的规定处罚。

第二十八条 违反本办法第五条规定，网络餐饮服务第三方平台提供者以及分支机构或者自建网站餐饮服务提供者未履行相应备案义务的，由县级以上地方食品药品监督管理部门责令改正，给予警告；拒不改正的，处 5000 元以上 3 万元以下罚款。

第二十九条 违反本办法第六条规定，网络餐饮服务第三方平台提供者未按要求建立、执行并公开相关制度的，由县级以上地方食品药品监督管理部门责令改正，给予警告；拒不改正的，处 5000 元以上 3 万元以下罚款。

第三十条　违反本办法第七条规定，网络餐饮服务第三方平台提供者未设置专门的食品安全管理机构，配备专职食品安全管理人员，或者未按要求对食品安全管理人员进行培训、考核并保存记录的，由县级以上地方食品药品监督管理部门责令改正，给予警告；拒不改正的，处 5000 元以上 3 万元以下罚款。

第三十一条　违反本办法第八条第一款规定，网络餐饮服务第三方平台提供者未对入网餐饮服务提供者的食品经营许可证进行审查，未登记入网餐饮服务提供者的名称、地址、法定代表人或者负责人及联系方式等信息，或者入网餐饮服务提供者食品经营许可证载明的经营场所等许可信息不真实的，由县级以上地方食品药品监督管理部门依照食品安全法第一百三十一条的规定处罚。

违反本办法第八条第二款规定，网络餐饮服务第三方平台提供者未与入网餐饮服务提供者签订食品安全协议的，由县级以上地方食品药品监督管理部门责令改正，给予警告；拒不改正的，处 5000 元以上 3 万元以下罚款。

第三十二条　违反本办法第九条、第十条、第十一条规定，网络餐饮服务第三方平台提供者和入网餐饮服务提供者未按要求进行信息公示和更新的，由县级以上地方食品药品监督管理部门责令改正，给予警告；拒不改正的，处 5000 元以上 3 万元以下罚款。

第三十三条　违反本办法第十二条规定，网络餐饮服务第三方平台提供者提供的食品配送容器、餐具和包装材料不符合规定的，由县级以上地方食品药品监督管理部门按照食品安全法第一百三十二条的规定处罚。

第三十四条　违反本办法第十三条规定，网络餐饮服务第三方平台提供者和入网餐饮服务提供者未对送餐人员进行食品安全培训和管理，或者送餐单位未对送餐人员进行食品安全培训和管理，或者未按要求保存培训记录的，由县级以上地方食品药品监督管理部门责令改正，给予警告；拒不改正的，处 5000 元以上 3 万元以下罚款。

第三十五条　违反本办法第十四条规定，送餐人员未履行使用安全、无害的配送容器等义务的，由县级以上地方食品药品监督管理部门对送餐人员所在单位按照食品安全法第一百三十二条的规定处罚。

第三十六条　违反本办法第十五条规定，网络餐饮服务第三方平台提供者和自建网站餐饮服务提供者未按要求记录、保存网络订餐信息的，由县级以上地方食品药品监督管理部门责令改正，给予警告；拒不改正的，处 5000 元以上 3 万元以下罚款。

第三十七条　违反本办法第十六条第一款规定，网络餐饮服务第三方平台提供者未对入网餐饮服务提供者的经营行为进行抽查和监测的，由县级以上地方食品药品监督管理部门责令改正，给予警告；拒不改正的，处 5000 元以上 3 万元以下罚款。

违反本办法第十六条第二款规定，网络餐饮服务第三方平台提供者发现入网餐饮服务提供者存在违法行为，未及时制止并立即报告入网餐饮服务提供者所在地县级食品药品监督管理部门的，或者发现入网餐饮服务提供者存在严重违法行为，未立即停止提供网络交易平台服务的，由县级以上地方食品药品监督管理部门依照食品安全法第一百三十一条的规定处罚。

第三十八条　违反本办法第十七条规定，网络餐饮服务第三方平台提供者未按要求建立消费者投诉举报处理制度，公开投诉举报方式，或者未对涉及消费者食品安全的投诉举报及时进行处理的，由县级以上地方食品药品监督管理部门责令改正，给予警告；拒不改正的，处 5000 元以上 3 万元以下罚款。

第三十九条 违反本办法第十八条第（一）项规定，入网餐饮服务提供者未履行制定实施原料控制要求等义务的，由县级以上地方食品药品监督管理部门依照食品安全法第一百二十六条第一款的规定处罚。

违反本办法第十八条第（二）项规定，入网餐饮服务提供者使用腐败变质、油脂酸败、霉变生虫、污秽不洁、混有异物、掺假掺杂或者感官性状异常等原料加工食品的，由县级以上地方食品药品监督管理部门依照食品安全法第一百二十四条第一款的规定处罚。

违反本办法第十八条第（三）项规定，入网餐饮服务提供者未定期维护食品贮存、加工、清洗消毒等设施、设备，或者未定期清洗和校验保温、冷藏和冷冻等设施、设备的，由县级以上地方食品药品监督管理部门依照食品安全法第一百二十六条第一款的规定处罚。

违反本办法第十八条第（四）项、第（五）项规定，入网餐饮服务提供者将订单委托其他食品经营者加工制作，或者网络销售的餐饮食品未与实体店销售的餐饮食品质量安全保持一致的，由县级以上地方食品药品监督管理部门责令改正，给予警告；拒不改正的，处 5000 元以上 3 万元以下罚款。

第四十条 违反本办法第十九条规定，入网餐饮服务提供者未履行相应的包装义务的，由县级以上地方食品药品监督管理部门责令改正，给予警告；拒不改正的，处 5000 元以上 3 万元以下罚款。

第四十一条 违反本办法第二十条规定，入网餐饮服务提供者配送有保鲜、保温、冷藏或者冷冻等特殊要求食品，未采取能保证食品安全的保存、配送措施的，由县级以上地方食品药品监督管理部门依照食品安全法第一百三十二条的规定处罚。

第四十二条 县级以上地方食品药品监督管理部门应当自对网络餐饮服务第三方平台提供者和入网餐饮服务提供者违法行为作出处罚决定之日起 20 个工作日内在网上公开行政处罚决定书。

第四十三条 省、自治区、直辖市的地方性法规和政府规章对小餐饮网络经营作出规定的，按照其规定执行。

本办法对网络餐饮服务食品安全违法行为的查处未作规定的，按照《网络食品安全违法行为查处办法》执行。

第四十四条 网络餐饮服务第三方平台提供者和入网餐饮服务提供者违反食品安全法规定，构成犯罪的，依法追究刑事责任。

第四十五条 餐饮服务连锁公司总部建立网站为其门店提供网络交易服务的，参照本办法关于网络餐饮服务第三方平台提供者的规定执行。

第四十六条 本办法自 2018 年 1 月 1 日起施行。

关于废止《中华人民共和国营业税暂行条例》和修改《中华人民共和国增值税暂行条例》的决定

中华人民共和国国务院令

第 691 号

《国务院关于废止〈中华人民共和国营业税暂行条例〉和修改〈中华人民共和国增值税暂行条例〉的决定》已经 2017 年 10 月 30 日国务院第 191 次常务会议通过，现予公布，自公布之日起施行。

总理　李克强

2017 年 11 月 19 日

关于废止《中华人民共和国营业税暂行条例》和修改《中华人民共和国增值税暂行条例》的决定

国务院决定废止《中华人民共和国营业税暂行条例》，同时对《中华人民共和国增值税暂行条例》作如下修改：

一、将第一条修改为："在中华人民共和国境内销售货物或者加工、修理修配劳务（以下简称劳务），销售服务、无形资产、不动产以及进口货物的单位和个人，为增值税的纳税人，应当依照本条例缴纳增值税。"

二、将第二条第一款修改为："增值税税率：

"（一）纳税人销售货物、劳务、有形动产租赁服务或者进口货物，除本条第二项、第四项、第五项另有规定外，税率为 17%。

"（二）纳税人销售交通运输、邮政、基础电信、建筑、不动产租赁服务，销售不动产，转让土地使用权，销售或者进口下列货物，税率为 11%：

"1. 粮食等农产品、食用植物油、食用盐；

“2. 自来水、暖气、冷气、热水、煤气、石油液化气、天然气、二甲醚、沼气、居民用煤炭制品；

“3. 图书、报纸、杂志、音像制品、电子出版物；

“4. 饲料、化肥、农药、农机、农膜；

“5. 国务院规定的其他货物。

“（三）纳税人销售服务、无形资产，除本条第一项、第二项、第五项另有规定外，税率为6%。

“（四）纳税人出口货物，税率为零；但是，国务院另有规定的除外。

“（五）境内单位和个人跨境销售国务院规定范围内的服务、无形资产，税率为零。”

三、将第四条第一款中的“销售货物或者提供应税劳务（以下简称销售货物或者应税劳务）”修改为“销售货物、劳务、服务、无形资产、不动产（以下统称应税销售行为）”；将第五条、第六条第一款、第七条、第十一条第一款、第十九条第一款第一项中的“销售货物或者应税劳务”修改为“发生应税销售行为”。

四、将第八条第一款中的“购进货物或者接受应税劳务（以下简称购进货物或者应税劳务）”、第九条中的“购进货物或者应税劳务”修改为“购进货物、劳务、服务、无形资产、不动产”。

将第八条第二款第三项中的“按照农产品收购发票或者销售发票上注明的农产品买价和13%的扣除率计算的进项税额”修改为“按照农产品收购发票或者销售发票上注明的农产品买价和11%的扣除率计算的进项税额，国务院另有规定的除外”。

删去第八条第二款第四项，增加一项，作为第四项：“（四）自境外单位或者个人购进劳务、服务、无形资产或者境内的不动产，从税务机关或者扣缴义务人取得的代扣代缴税款的完税凭证上注明的增值税额”。

五、将第十条修改为：“下列项目的进项税额不得从销项税额中抵扣：

“（一）用于简易计税方法计税项目、免征增值税项目、集体福利或者个人消费的购进货物、劳务、服务、无形资产和不动产；

“（二）非正常损失的购进货物，以及相关的劳务和交通运输服务；

“（三）非正常损失的在产品、产成品所耗用的购进货物（不包括固定资产）、劳务和交通运输服务；

“（四）国务院规定的其他项目。”

六、将第十二条修改为：“小规模纳税人增值税征收率为3%，国务院另有规定的除外。”

七、将第二十一条第一款和第二款第二项中的“销售货物或者应税劳务”修改为“发生应税销售行为”；将第二款第一项修改为：“（一）应税销售行为的购买方为消费者个人的”；删去第二款第三项。

八、将第二十二条第一款第二项修改为：“（二）固定业户到外县（市）销售货物或者劳务，应当向其机构所在地的主管税务机关报告外出经营事项，并向其机构所在地的主管税务机关申报纳税；未报告的，应当向销售地或者劳务发生地的主管税务机关申报纳税；未向销售地或者劳务发生地的主管税务机关申报纳税的，由其机构所在地的主管税务机关补征税款”；将第一款第三项中的“销售货物或者应税劳务”修改为“销售货物或者劳务”。

九、在第二十五条第一款中的“具体办法由国务院财政、税务主管部门制定”之前增加“境内单位和个人跨境销售服务和无形资产适用退（免）税规定的，应当按期向主管税务机关申报办理退（免）税”。

十、增加一条，作为第二十七条：“纳税人缴纳增值税的有关事项，国务院或者国务院财政、税务主管部门经国务院同意另有规定的，依照其规定。”

此外，还对个别条文作了文字修改。

本决定自公布之日起施行。

《中华人民共和国增值税暂行条例》根据本决定作相应修改并对条文序号作相应调整，重新公布。

中华人民共和国增值税暂行条例

（1993年12月13日中华人民共和国国务院令第134号公布　2008年11月5日国务院第34次常务会议修订通过　根据2016年2月6日《国务院关于修改部分行政法规的决定》第一次修订　根据2017年11月19日《国务院关于废止〈中华人民共和国营业税暂行条例〉和修改〈中华人民共和国增值税暂行条例〉的决定》第二次修订）

第一条　在中华人民共和国境内销售货物或者加工、修理修配劳务（以下简称劳务），销售服务、无形资产、不动产以及进口货物的单位和个人，为增值税的纳税人，应当依照本条例缴纳增值税。

第二条　增值税税率：

（一）纳税人销售货物、劳务、有形动产租赁服务或者进口货物，除本条第二项、第四项、第五项另有规定外，税率为17%。

（二）纳税人销售交通运输、邮政、基础电信、建筑、不动产租赁服务，销售不动产，转让土地使用权，销售或者进口下列货物，税率为11%：

1. 粮食等农产品、食用植物油、食用盐；
2. 自来水、暖气、冷气、热水、煤气、石油液化气、天然气、二甲醚、沼气、居民用煤炭制品；
3. 图书、报纸、杂志、音像制品、电子出版物；
4. 饲料、化肥、农药、农机、农膜；
5. 国务院规定的其他货物。

（三）纳税人销售服务、无形资产，除本条第一项、第二项、第五项另有规定外，税率为6%。

（四）纳税人出口货物，税率为零；但是，国务院另有规定的除外。

（五）境内单位和个人跨境销售国务院规定范围内的服务、无形资产，税率为零。

税率的调整，由国务院决定。

第三条 纳税人兼营不同税率的项目，应当分别核算不同税率项目的销售额；未分别核算销售额的，从高适用税率。

第四条 除本条例第十一条规定外，纳税人销售货物、劳务、服务、无形资产、不动产（以下统称应税销售行为），应纳税额为当期销项税额抵扣当期进项税额后的余额。应纳税额计算公式：

应纳税额=当期销项税额-当期进项税额

当期销项税额小于当期进项税额不足抵扣时，其不足部分可以结转下期继续抵扣。

第五条 纳税人发生应税销售行为，按照销售额和本条例第二条规定的税率计算收取的增值税额，为销项税额。销项税额计算公式：

销项税额=销售额×税率

第六条 销售额为纳税人发生应税销售行为收取的全部价款和价外费用，但是不包括收取的销项税额。

销售额以人民币计算。纳税人以人民币以外的货币结算销售额的，应当折合成人民币计算。

第七条 纳税人发生应税销售行为的价格明显偏低并无正当理由的，由主管税务机关核定其销售额。

第八条 纳税人购进货物、劳务、服务、无形资产、不动产支付或者负担的增值税额，为进项税额。

下列进项税额准予从销项税额中抵扣：

（一）从销售方取得的增值税专用发票上注明的增值税额。

（二）从海关取得的海关进口增值税专用缴款书上注明的增值税额。

（三）购进农产品，除取得增值税专用发票或者海关进口增值税专用缴款书外，按照农产品收购发票或者销售发票上注明的农产品买价和 11%的扣除率计算的进项税额，国务院另有规定的除外。进项税额计算公式：

进项税额=买价×扣除率

（四）自境外单位或者个人购进劳务、服务、无形资产或者境内的不动产，从税务机关或者扣缴义务人取得的代扣代缴税款的完税凭证上注明的增值税额。

准予抵扣的项目和扣除率的调整，由国务院决定。

第九条 纳税人购进货物、劳务、服务、无形资产、不动产，取得的增值税扣税凭证不符合法律、行政法规或者国务院税务主管部门有关规定的，其进项税额不得从销项税额中抵扣。

第十条 下列项目的进项税额不得从销项税额中抵扣：

（一）用于简易计税方法计税项目、免征增值税项目、集体福利或者个人消费的购进货物、劳务、服务、无形资产和不动产；

（二）非正常损失的购进货物，以及相关的劳务和交通运输服务；

（三）非正常损失的在产品、产成品所耗用的购进货物（不包括固定资产）、劳务和交通运输服务；

（四）国务院规定的其他项目。

第十一条　小规模纳税人发生应税销售行为，实行按照销售额和征收率计算应纳税额的简易办法，并不得抵扣进项税额。应纳税额计算公式：

应纳税额＝销售额×征收率

小规模纳税人的标准由国务院财政、税务主管部门规定。

第十二条　小规模纳税人增值税征收率为3%，国务院另有规定的除外。

第十三条　小规模纳税人以外的纳税人应当向主管税务机关办理登记。具体登记办法由国务院税务主管部门制定。

小规模纳税人会计核算健全，能够提供准确税务资料的，可以向主管税务机关办理登记，不作为小规模纳税人，依照本条例有关规定计算应纳税额。

第十四条　纳税人进口货物，按照组成计税价格和本条例第二条规定的税率计算应纳税额。组成计税价格和应纳税额计算公式：

组成计税价格＝关税完税价格＋关税＋消费税

应纳税额＝组成计税价格×税率

第十五条　下列项目免征增值税：

（一）农业生产者销售的自产农产品；

（二）避孕药品和用具；

（三）古旧图书；

（四）直接用于科学研究、科学试验和教学的进口仪器、设备；

（五）外国政府、国际组织无偿援助的进口物资和设备；

（六）由残疾人的组织直接进口供残疾人专用的物品；

（七）销售的自己使用过的物品。

除前款规定外，增值税的免税、减税项目由国务院规定。任何地区、部门均不得规定免税、减税项目。

第十六条　纳税人兼营免税、减税项目的，应当分别核算免税、减税项目的销售额；未分别核算销售额的，不得免税、减税。

第十七条　纳税人销售额未达到国务院财政、税务主管部门规定的增值税起征点的，免征增值税；达到起征点的，依照本条例规定全额计算缴纳增值税。

第十八条　中华人民共和国境外的单位或者个人在境内销售劳务，在境内未设有经营机构的，以其境内代理人为扣缴义务人；在境内没有代理人的，以购买方为扣缴义务人。

第十九条　增值税纳税义务发生时间：

（一）发生应税销售行为，为收讫销售款项或者取得索取销售款项凭据的当天；先开具发票的，为开具发票的当天。

（二）进口货物，为报关进口的当天。

增值税扣缴义务发生时间为纳税人增值税纳税义务发生的当天。

第二十条　增值税由税务机关征收，进口货物的增值税由海关代征。

个人携带或者邮寄进境自用物品的增值税，连同关税一并计征。具体办法由国务院关税税则委员会会同有关部门制定。

第二十一条　纳税人发生应税销售行为，应当向索取增值税专用发票的购买方开具增值税专用发票，并在增值税专用发票上分别注明销售额和销项税额。

属于下列情形之一的，不得开具增值税专用发票：

（一）应税销售行为的购买方为消费者个人的；

（二）发生应税销售行为适用免税规定的。

第二十二条 增值税纳税地点：

（一）固定业户应当向其机构所在地的主管税务机关申报纳税。总机构和分支机构不在同一县（市）的，应当分别向各自所在地的主管税务机关申报纳税；经国务院财政、税务主管部门或者其授权的财政、税务机关批准，可以由总机构汇总向总机构所在地的主管税务机关申报纳税。

（二）固定业户到外县（市）销售货物或者劳务，应当向其机构所在地的主管税务机关报告外出经营事项，并向其机构所在地的主管税务机关申报纳税；未报告的，应当向销售地或者劳务发生地的主管税务机关申报纳税；未向销售地或者劳务发生地的主管税务机关申报纳税的，由其机构所在地的主管税务机关补征税款。

（三）非固定业户销售货物或者劳务，应当向销售地或者劳务发生地的主管税务机关申报纳税；未向销售地或者劳务发生地的主管税务机关申报纳税的，由其机构所在地或者居住地的主管税务机关补征税款。

（四）进口货物，应当向报关地海关申报纳税。

扣缴义务人应当向其机构所在地或者居住地的主管税务机关申报缴纳其扣缴的税款。

第二十三条 增值税的纳税期限分别为 1 日、3 日、5 日、10 日、15 日、1 个月或者 1 个季度。纳税人的具体纳税期限，由主管税务机关根据纳税人应纳税额的大小分别核定；不能按照固定期限纳税的，可以按次纳税。

纳税人以 1 个月或者 1 个季度为 1 个纳税期的，自期满之日起 15 日内申报纳税；以 1 日、3 日、5 日、10 日或者 15 日为 1 个纳税期的，自期满之日起 5 日内预缴税款，于次月 1 日起 15 日内申报纳税并结清上月应纳税款。

扣缴义务人解缴税款的期限，依照前两款规定执行。

第二十四条 纳税人进口货物，应当自海关填发海关进口增值税专用缴款书之日起 15 日内缴纳税款。

第二十五条 纳税人出口货物适用退（免）税规定的，应当向海关办理出口手续，凭出口报关单等有关凭证，在规定的出口退（免）税申报期内按月向主管税务机关申报办理该项出口货物的退（免）税；境内单位和个人跨境销售服务和无形资产适用退（免）税规定的，应当按期向主管税务机关申报办理退（免）税。具体办法由国务院财政、税务主管部门制定。

出口货物办理退税后发生退货或者退关的，纳税人应当依法补缴已退的税款。

第二十六条 增值税的征收管理，依照《中华人民共和国税收征收管理法》及本条例有关规定执行。

第二十七条 纳税人缴纳增值税的有关事项，国务院或者国务院财政、税务主管部门经国务院同意另有规定的，依照其规定。

第二十八条 本条例自 2009 年 1 月 1 日起施行。

增值税一般纳税人登记管理办法

国家税务总局令

第 43 号

《增值税一般纳税人登记管理办法》已经 2017 年 11 月 30 日国家税务总局 2017 年度第 2 次局务会议审议通过，现予公布，自 2018 年 2 月 1 日起施行。

附件：1. 增值税一般纳税人登记表

2. 选择按小规模纳税人纳税的情况说明

国家税务总局局长：王军

2017 年 12 月 29 日

增值税一般纳税人登记管理办法

第一条　为了做好增值税一般纳税人（以下简称“一般纳税人”）登记管理，根据《中华人民共和国增值税暂行条例》及其实施细则有关规定，制定本办法。

第二条　增值税纳税人（以下简称“纳税人”），年应税销售额超过财政部、国家税务总局规定的小规模纳税人标准（以下简称“规定标准”）的，除本办法第四条规定外，应当向主管税务机关办理一般纳税人登记。

本办法所称年应税销售额，是指纳税人在连续不超过 12 个月或四个季度的经营期内累计应征增值税销售额，包括纳税申报销售额、稽查查补销售额、纳税评估调整销售额。

销售服务、无形资产或者不动产（以下简称“应税行为”）有扣除项目的纳税人，其应税行为年应税销售额按未扣除之前的销售额计算。纳税人偶然发生的销售无形资产、转让不动产的销售额，不计入应税行为年应税销售额。

第三条　年应税销售额未超过规定标准的纳税人，会计核算健全，能够提供准确税务资料的，可以向主管税务机关办理一般纳税人登记。

本办法所称会计核算健全，是指能够按照国家统一的会计制度规定设置账簿，根据合法、有效凭证进行核算。

第四条　下列纳税人不办理一般纳税人登记：

（一）按照政策规定，选择按照小规模纳税人纳税的；

（二）年应税销售额超过规定标准的其他个人。

第五条 纳税人应当向其机构所在地主管税务机关办理一般纳税人登记手续。

第六条 纳税人办理一般纳税人登记的程序如下：

（一）纳税人向主管税务机关填报《增值税一般纳税人登记表》（附件 1），如实填写固定生产经营场所等信息，并提供税务登记证件；

（二）纳税人填报内容与税务登记信息一致的，主管税务机关当场登记；

（三）纳税人填报内容与税务登记信息不一致，或者不符合填列要求的，税务机关应当场告知纳税人需要补正的内容。

第七条 年应税销售额超过规定标准的纳税人符合本办法第四条第一项规定的，应当向主管税务机关提交书面说明（附件 2）。

第八条 纳税人在年应税销售额超过规定标准的月份（或季度）的所属申报期结束后 15 日内按照本办法第六条或者第七条的规定办理相关手续；未按规定时限办理的，主管税务机关应当在规定时限结束后 5 日内制作《税务事项通知书》，告知纳税人应当在 5 日内向主管税务机关办理相关手续；逾期仍不办理的，次月起按销售额依照增值税税率计算应纳税额，不得抵扣进项税额，直至纳税人办理相关手续为止。

第九条 纳税人自一般纳税人生效之日起，按照增值税一般计税方法计算应纳税额，并可以按照规定领用增值税专用发票，财政部、国家税务总局另有规定的除外。

本办法所称的生效之日，是指纳税人办理登记的当月 1 日或者次月 1 日，由纳税人在办理登记手续时自行选择。

第十条 纳税人登记为一般纳税人后，不得转为小规模纳税人，国家税务总局另有规定的除外。

第十一条 主管税务机关应当加强对税收风险的管理。对税收遵从度低的一般纳税人，主管税务机关可以实行纳税辅导期管理，具体办法由国家税务总局另行制定。

第十二条 本办法自 2018 年 2 月 1 日起施行，《增值税一般纳税人资格认定管理办法》（国家税务总局令第 22 号公布）同时废止。

附件 1

增值税一般纳税人登记表

<table>
<tr><td>纳税人名称</td><td colspan="2"></td><td>社会信用代码（纳税人识别号）</td><td colspan="2"></td></tr>
<tr><td>法定代表人（负责人、业主）</td><td></td><td>证件名称及号码</td><td></td><td>联系电话</td><td></td></tr>
<tr><td>财务负责人</td><td></td><td>证件名称及号码</td><td></td><td>联系电话</td><td></td></tr>
<tr><td>办税人员</td><td></td><td>证件名称及号码</td><td></td><td>联系电话</td><td></td></tr>
<tr><td>税务登记日期</td><td colspan="5"></td></tr>
<tr><td>生产经营地址</td><td colspan="5"></td></tr>
<tr><td>注册地址</td><td colspan="5"></td></tr>
<tr><td colspan="6">纳税人类别：企业□　非企业性单位□　个体工商户□　其他□</td></tr>
<tr><td colspan="6">主营业务类别：工业 □　商业 □　服务业 □　其他 □</td></tr>
<tr><td colspan="6">会计核算健全：是□</td></tr>
<tr><td colspan="6">一般纳税人生效之日：当月 1 日 □　次月 1 日 □</td></tr>
<tr><td colspan="6">纳税人（代理人）承诺：
会计核算健全，能够提供准确税务资料，上述各项内容真实、可靠、完整。如有虚假，愿意承担相关法律责任。

经办人：　法定代表人：　代理人：　（签章）
年　月　日</td></tr>
<tr><td colspan="6">以下由税务机关填写</td></tr>
<tr><td>税务机关受理情况</td><td colspan="5">受理人：　受理税务机关（章）
年　月　日</td></tr>
</table>

填表说明：

1. 本表由纳税人如实填写。
2. 表中“证件名称及号码”相关栏次，根据纳税人的法定代表人、财务负责人、办税人员的居民身份证、护照等有效身份证件及号码填写。
3. 表中“一般纳税人生效之日”由纳税人自行勾选。
4. 本表一式二份，主管税务机关和纳税人各留存一份。

附件 2

选择按小规模纳税人纳税的情况说明

<table>
<tr><td>纳税人名称</td><td></td><td>社会信用代码
（纳税人识别号）</td><td></td></tr>
<tr><td colspan="2" rowspan="2">连续不超过 12 个月或四个季度的经营期内
累计应税销售额</td><td colspan="2">货物劳务：　　年　月至　　年　月共　　　元。</td></tr>
<tr><td colspan="2">应税行为：　　年　月至　　年　月共　　　元。</td></tr>
<tr><td>情况
说明</td><td colspan="3"></td></tr>
<tr><td colspan="4">纳税人（代理人）承诺：
上述各项内容真实、可靠、完整。如有虚假，愿意承担相关法律责任。

经办人：　　　　法定代表人：　　　　代理人：　　　　（签章）
年　　月　　日</td></tr>
<tr><td colspan="4">以下由税务机关填写</td></tr>
<tr><td>税务
机关
受理
情况</td><td colspan="3">受理人：　　　　受理税务机关（章）
年　　月　　日</td></tr>
</table>

填表说明：

1. “情况说明”栏由纳税人填写符合财政部、国家税务总局规定可选择按小规模纳税人纳税的具体情形及理由。
2. 本表一式二份，主管税务机关和纳税人各留存一份。

中华人民共和国电子商务法

（2018年8月31日第十三届全国人民代表大会常务委员会第五次会议通过）

目 录

第一章 总 则

第一条 为了保障电子商务各方主体的合法权益，规范电子商务行为，维护市场秩序，促进电子商务持续健康发展，制定本法。

第二条 中华人民共和国境内的电子商务活动，适用本法。

本法所称电子商务，是指通过互联网等信息网络销售商品或者提供服务的经营活动。

法律、行政法规对销售商品或者提供服务有规定的，适用其规定。金融类产品和服务，利用信息网络提供新闻信息、音视频节目、出版以及文化产品等内容方面的服务，不适用本法。

第三条 国家鼓励发展电子商务新业态，创新商业模式，促进电子商务技术研发和推广应用，推进电子商务诚信体系建设，营造有利于电子商务创新发展的市场环境，充分发挥电子商务在推动高质量发展、满足人民日益增长的美好生活需要、构建开放型经济方面的重要作用。

第四条 国家平等对待线上线下商务活动，促进线上线下融合发展，各级人民政府和有关部门不得采取歧视性的政策措施，不得滥用行政权力排除、限制市场竞争。

第五条 电子商务经营者从事经营活动，应当遵循自愿、平等、公平、诚信的原则，遵守法律和商业道德，公平参与市场竞争，履行消费者权益保护、环境保护、知识产权保护、网络安全与个人信息保护等方面的义务，承担产品和服务质量责任，接受政府和社会的监督。

第六条 国务院有关部门按照职责分工负责电子商务发展促进、监督管理等工作。县级以上地方各级人民政府可以根据本行政区域的实际情况，确定本行政区域内电子商务的部门职责划分。

第七条 国家建立符合电子商务特点的协同管理体系，推动形成有关部门、电子商务行业组织、电子商务经营者、消费者等共同参与的电子商务市场治理体系。

第八条 电子商务行业组织按照本组织章程开展行业自律，建立健全行业规范，推动行业诚信建设，监督、引导本行业经营者公平参与市场竞争。

第二章 电子商务经营者

第一节 一般规定

第九条 本法所称电子商务经营者，是指通过互联网等信息网络从事销售商品或者提供服务的经营活动的自然人、法人和非法人组织，包括电子商务平台经营者、平台内经营者以及通过自建网站、其他网络服务销售商品或者提供服务的电子商务经营者。

本法所称电子商务平台经营者，是指在电子商务中为交易双方或者多方提供网络经营场所、交易撮合、信息发布等服务，供交易双方或者多方独立开展交易活动的法人或者非法人组织。

本法所称平台内经营者，是指通过电子商务平台销售商品或者提供服务的电子商务经营者。

第十条 电子商务经营者应当依法办理市场主体登记。但是，个人销售自产农副产品、家庭手工业产品，个人利用自己的技能从事依法无须取得许可的便民劳务活动和零星小额交易活动，以及依照法律、行政法规不需要进行登记的除外。

第十一条 电子商务经营者应当依法履行纳税义务，并依法享受税收优惠。

依照前条规定不需要办理市场主体登记的电子商务经营者在首次纳税义务发生后，应当依照税收征收管理法律、行政法规的规定申请办理税务登记，并如实申报纳税。

第十二条 电子商务经营者从事经营活动，依法需要取得相关行政许可的，应当依法取得行政许可。

第十三条 电子商务经营者销售的商品或者提供的服务应当符合保障人身、财产安全的要求和环境保护要求，不得销售或者提供法律、行政法规禁止交易的商品或者服务。

第十四条 电子商务经营者销售商品或者提供服务应当依法出具纸质发票或者电子发票等购货凭证或者服务单据。电子发票与纸质发票具有同等法律效力。

第十五条 电子商务经营者应当在其首页显著位置，持续公示营业执照信息、与其经营业务有关的行政许可信息、属于依照本法第十条规定的不需要办理市场主体登记情形等信息，或者上述信息的链接标识。

前款规定的信息发生变更的，电子商务经营者应当及时更新公示信息。

第十六条　电子商务经营者自行终止从事电子商务的，应当提前三十日在首页显著位置持续公示有关信息。

第十七条　电子商务经营者应当全面、真实、准确、及时地披露商品或者服务信息，保障消费者的知情权和选择权。电子商务经营者不得以虚构交易、编造用户评价等方式进行虚假或者引人误解的商业宣传，欺骗、误导消费者。

第十八条　电子商务经营者根据消费者的兴趣爱好、消费习惯等特征向其提供商品或者服务的搜索结果的，应当同时向该消费者提供不针对其个人特征的选项，尊重和平等保护消费者合法权益。

电子商务经营者向消费者发送广告的，应当遵守《中华人民共和国广告法》的有关规定。

第十九条　电子商务经营者搭售商品或者服务，应当以显著方式提请消费者注意，不得将搭售商品或者服务作为默认同意的选项。

第二十条　电子商务经营者应当按照承诺或者与消费者约定的方式、时限向消费者交付商品或者服务，并承担商品运输中的风险和责任。但是，消费者另行选择快递物流服务提供者的除外。

第二十一条　电子商务经营者按照约定向消费者收取押金的，应当明示押金退还的方式、程序，不得对押金退还设置不合理条件。消费者申请退还押金，符合押金退还条件的，电子商务经营者应当及时退还。

第二十二条　电子商务经营者因其技术优势、用户数量、对相关行业的控制能力以及其他经营者对该电子商务经营者在交易上的依赖程度等因素而具有市场支配地位的，不得滥用市场支配地位，排除、限制竞争。

第二十三条　电子商务经营者收集、使用其用户的个人信息，应当遵守法律、行政法规有关个人信息保护的规定。

第二十四条　电子商务经营者应当明示用户信息查询、更正、删除以及用户注销的方式、程序，不得对用户信息查询、更正、删除以及用户注销设置不合理条件。

电子商务经营者收到用户信息查询或者更正、删除的申请的，应当在核实身份后及时提供查询或者更正、删除用户信息。用户注销的，电子商务经营者应当立即删除该用户的信息；依照法律、行政法规的规定或者双方约定保存的，依照其规定。

第二十五条　有关主管部门依照法律、行政法规的规定要求电子商务经营者提供有关电子商务数据信息的，电子商务经营者应当提供。有关主管部门应当采取必要措施保护电子商务经营者提供的数据信息的安全，并对其中的个人信息、隐私和商业秘密严格保密，不得泄露、出售或者非法向他人提供。

第二十六条　电子商务经营者从事跨境电子商务，应当遵守进出口监督管理的法律、行政法规和国家有关规定。

第二节　电子商务平台经营者

第二十七条　电子商务平台经营者应当要求申请进入平台销售商品或者提供服务的经营者提交其身份、地址、联系方式、行政许可等真实信息，进行核验、登记，建立登记档案，并定期核验更新。

电子商务平台经营者为进入平台销售商品或者提供服务的非经营用户提供服务，应当遵守本节有关规定。

第二十八条 电子商务平台经营者应当按照规定向市场监督管理部门报送平台内经营者的身份信息，提示未办理市场主体登记的经营者依法办理登记，并配合市场监督管理部门，针对电子商务的特点，为应当办理市场主体登记的经营者办理登记提供便利。

电子商务平台经营者应当依照税收征收管理法律、行政法规的规定，向税务部门报送平台内经营者的身份信息和与纳税有关的信息，并应当提示依照本法第十条规定不需要办理市场主体登记的电子商务经营者依照本法第十一条第二款的规定办理税务登记。

第二十九条 电子商务平台经营者发现平台内的商品或者服务信息存在违反本法第十二条、第十三条规定情形的，应当依法采取必要的处置措施，并向有关主管部门报告。

第三十条 电子商务平台经营者应当采取技术措施和其他必要措施保证其网络安全、稳定运行，防范网络违法犯罪活动，有效应对网络安全事件，保障电子商务交易安全。

电子商务平台经营者应当制定网络安全事件应急预案，发生网络安全事件时，应当立即启动应急预案，采取相应的补救措施，并向有关主管部门报告。

第三十一条 电子商务平台经营者应当记录、保存平台上发布的商品和服务信息、交易信息，并确保信息的完整性、保密性、可用性。商品和服务信息、交易信息保存时间自交易完成之日起不少于三年；法律、行政法规另有规定的，依照其规定。

第三十二条 电子商务平台经营者应当遵循公开、公平、公正的原则，制定平台服务协议和交易规则，明确进入和退出平台、商品和服务质量保障、消费者权益保护、个人信息保护等方面的权利和义务。

第三十三条 电子商务平台经营者应当在其首页显著位置持续公示平台服务协议和交易规则信息或者上述信息的链接标识，并保证经营者和消费者能够便利、完整地阅览和下载。

第三十四条 电子商务平台经营者修改平台服务协议和交易规则，应当在其首页显著位置公开征求意见，采取合理措施确保有关各方能够及时充分表达意见。修改内容应当至少在实施前七日予以公示。

平台内经营者不接受修改内容，要求退出平台的，电子商务平台经营者不得阻止，并按照修改前的服务协议和交易规则承担相关责任。

第三十五条 电子商务平台经营者不得利用服务协议、交易规则以及技术等手段，对平台内经营者在平台内的交易、交易价格以及与其他经营者的交易等进行不合理限制或者附加不合理条件，或者向平台内经营者收取不合理费用。

第三十六条 电子商务平台经营者依据平台服务协议和交易规则对平台内经营者违反法律、法规的行为实施警示、暂停或者终止服务等措施的，应当及时公示。

第三十七条 电子商务平台经营者在其平台上开展自营业务的，应当以显著方式区分标记自营业务和平台内经营者开展的业务，不得误导消费者。

电子商务平台经营者对其标记为自营的业务依法承担商品销售者或者服务提供者的民事责任。

第三十八条 电子商务平台经营者知道或者应当知道平台内经营者销售的商品或者提供的服务不符合保障人身、财产安全的要求，或者有其他侵害消费者合法权益行为，未采取必要措施的，依法与该平台内经营者承担连带责任。

对关系消费者生命健康的商品或者服务，电子商务平台经营者对平台内经营者的资质资格未尽到审核义务，或者对消费者未尽到安全保障义务，造成消费者损害的，依法承担相应的责任。

第三十九条　电子商务平台经营者应当建立健全信用评价制度，公示信用评价规则，为消费者提供对平台内销售的商品或者提供的服务进行评价的途径。

电子商务平台经营者不得删除消费者对其平台内销售的商品或者提供的服务的评价。

第四十条　电子商务平台经营者应当根据商品或者服务的价格、销量、信用等以多种方式向消费者显示商品或者服务的搜索结果；对于竞价排名的商品或者服务，应当显著标明“广告”。

第四十一条　电子商务平台经营者应当建立知识产权保护规则，与知识产权权利人加强合作，依法保护知识产权。

第四十二条　知识产权权利人认为其知识产权受到侵害的，有权通知电子商务平台经营者采取删除、屏蔽、断开链接、终止交易和服务等必要措施。通知应当包括构成侵权的初步证据。

电子商务平台经营者接到通知后，应当及时采取必要措施，并将该通知转送平台内经营者；未及时采取必要措施的，对损害的扩大部分与平台内经营者承担连带责任。

因通知错误造成平台内经营者损害的，依法承担民事责任。恶意发出错误通知，造成平台内经营者损失的，加倍承担赔偿责任。

第四十三条　平台内经营者接到转送的通知后，可以向电子商务平台经营者提交不存在侵权行为的声明。声明应当包括不存在侵权行为的初步证据。

电子商务平台经营者接到声明后，应当将该声明转送发出通知的知识产权权利人，并告知其可以向有关主管部门投诉或者向人民法院起诉。电子商务平台经营者在转送声明到达知识产权权利人后十五日内，未收到权利人已经投诉或者起诉通知的，应当及时终止所采取的措施。

第四十四条　电子商务平台经营者应当及时公示收到的本法第四十二条、第四十三条规定的通知、声明及处理结果。

第四十五条　电子商务平台经营者知道或者应当知道平台内经营者侵犯知识产权的，应当采取删除、屏蔽、断开链接、终止交易和服务等必要措施；未采取必要措施的，与侵权人承担连带责任。

第四十六条　除本法第九条第二款规定的服务外，电子商务平台经营者可以按照平台服务协议和交易规则，为经营者之间的电子商务提供仓储、物流、支付结算、交收等服务。电子商务平台经营者为经营者之间的电子商务提供服务，应当遵守法律、行政法规和国家有关规定，不得采取集中竞价、做市商等集中交易方式进行交易，不得进行标准化合约交易。

第三章　电子商务合同的订立与履行

第四十七条　电子商务当事人订立和履行合同，适用本章和《中华人民共和国民法总则》《中华人民共和国合同法》《中华人民共和国电子签名法》等法律的规定。

第四十八条 电子商务当事人使用自动信息系统订立或者履行合同的行为对使用该系统的当事人具有法律效力。

在电子商务中推定当事人具有相应的民事行为能力。但是，有相反证据足以推翻的除外。

第四十九条 电子商务经营者发布的商品或者服务信息符合要约条件的，用户选择该商品或者服务并提交订单成功，合同成立。当事人另有约定的，从其约定。

电子商务经营者不得以格式条款等方式约定消费者支付价款后合同不成立；格式条款等含有该内容的，其内容无效。

第五十条 电子商务经营者应当清晰、全面、明确地告知用户订立合同的步骤、注意事项、下载方法等事项，并保证用户能够便利、完整地阅览和下载。

电子商务经营者应当保证用户在提交订单前可以更正输入错误。

第五十一条 合同标的为交付商品并采用快递物流方式交付的，收货人签收时间为交付时间。合同标的为提供服务的，生成的电子凭证或者实物凭证中载明的时间为交付时间；前述凭证没有载明时间或者载明时间与实际提供服务时间不一致的，实际提供服务的时间为交付时间。

合同标的为采用在线传输方式交付的，合同标的进入对方当事人指定的特定系统并且能够检索识别的时间为交付时间。

合同当事人对交付方式、交付时间另有约定的，从其约定。

第五十二条 电子商务当事人可以约定采用快递物流方式交付商品。

快递物流服务提供者为电子商务提供快递物流服务，应当遵守法律、行政法规，并应当符合承诺的服务规范和时限。快递物流服务提供者在交付商品时，应当提示收货人当面查验；交由他人代收的，应当经收货人同意。

快递物流服务提供者应当按照规定使用环保包装材料，实现包装材料的减量化和再利用。

快递物流服务提供者在提供快递物流服务的同时，可以接受电子商务经营者的委托提供代收货款服务。

第五十三条 电子商务当事人可以约定采用电子支付方式支付价款。

电子支付服务提供者为电子商务提供电子支付服务，应当遵守国家规定，告知用户电子支付服务的功能、使用方法、注意事项、相关风险和收费标准等事项，不得附加不合理交易条件。电子支付服务提供者应当确保电子支付指令的完整性、一致性、可跟踪稽核和不可篡改。

电子支付服务提供者应当向用户免费提供对账服务以及最近三年的交易记录。

第五十四条 电子支付服务提供者提供电子支付服务不符合国家有关支付安全管理要求，造成用户损失的，应当承担赔偿责任。

第五十五条 用户在发出支付指令前，应当核对支付指令所包含的金额、收款人等完整信息。

支付指令发生错误的，电子支付服务提供者应当及时查找原因，并采取相关措施予以纠正。造成用户损失的，电子支付服务提供者应当承担赔偿责任，但能够证明支付错误非自身原因造成的除外。

第五十六条　电子支付服务提供者完成电子支付后，应当及时准确地向用户提供符合约定方式的确认支付的信息。

第五十七条　用户应当妥善保管交易密码、电子签名数据等安全工具。用户发现安全工具遗失、被盗用或者未经授权的支付的，应当及时通知电子支付服务提供者。

未经授权的支付造成的损失，由电子支付服务提供者承担；电子支付服务提供者能够证明未经授权的支付是因用户的过错造成的，不承担责任。

电子支付服务提供者发现支付指令未经授权，或者收到用户支付指令未经授权的通知时，应当立即采取措施防止损失扩大。电子支付服务提供者未及时采取措施导致损失扩大的，对损失扩大部分承担责任。

第四章　电子商务争议解决

第五十八条　国家鼓励电子商务平台经营者建立有利于电子商务发展和消费者权益保护的商品、服务质量担保机制。

电子商务平台经营者与平台内经营者协议设立消费者权益保证金的，双方应当就消费者权益保证金的提取数额、管理、使用和退还办法等作出明确约定。

消费者要求电子商务平台经营者承担先行赔偿责任以及电子商务平台经营者赔偿后向平台内经营者的追偿，适用《中华人民共和国消费者权益保护法》的有关规定。

第五十九条　电子商务经营者应当建立便捷、有效的投诉、举报机制，公开投诉、举报方式等信息，及时受理并处理投诉、举报。

第六十条　电子商务争议可以通过协商和解，请求消费者组织、行业协会或者其他依法成立的调解组织调解，向有关部门投诉，提请仲裁，或者提起诉讼等方式解决。

第六十一条　消费者在电子商务平台购买商品或者接受服务，与平台内经营者发生争议时，电子商务平台经营者应当积极协助消费者维护合法权益。

第六十二条　在电子商务争议处理中，电子商务经营者应当提供原始合同和交易记录。因电子商务经营者丢失、伪造、篡改、销毁、隐匿或者拒绝提供前述资料，致使人民法院、仲裁机构或者有关机关无法查明事实的，电子商务经营者应当承担相应的法律责任。

第六十三条　电子商务平台经营者可以建立争议在线解决机制，制定并公示争议解决规则，根据自愿原则，公平、公正地解决当事人的争议。

第五章　电子商务促进

第六十四条　国务院和省、自治区、直辖市人民政府应当将电子商务发展纳入国民经济和社会发展规划，制定科学合理的产业政策，促进电子商务创新发展。

第六十五条　国务院和县级以上地方人民政府及其有关部门应当采取措施，支持、推动绿色包装、仓储、运输，促进电子商务绿色发展。

第六十六条　国家推动电子商务基础设施和物流网络建设，完善电子商务统计制度，加强电子商务标准体系建设。

第六十七条 国家推动电子商务在国民经济各个领域的应用，支持电子商务与各产业融合发展。

第六十八条 国家促进农业生产、加工、流通等环节的互联网技术应用，鼓励各类社会资源加强合作，促进农村电子商务发展，发挥电子商务在精准扶贫中的作用。

第六十九条 国家维护电子商务交易安全，保护电子商务用户信息，鼓励电子商务数据开发应用，保障电子商务数据依法有序自由流动。

国家采取措施推动建立公共数据共享机制，促进电子商务经营者依法利用公共数据。

第七十条 国家支持依法设立的信用评价机构开展电子商务信用评价，向社会提供电子商务信用评价服务。

第七十一条 国家促进跨境电子商务发展，建立健全适应跨境电子商务特点的海关、税收、进出境检验检疫、支付结算等管理制度，提高跨境电子商务各环节便利化水平，支持跨境电子商务平台经营者等为跨境电子商务提供仓储物流、报关、报检等服务。

国家支持小型微型企业从事跨境电子商务。

第七十二条 国家进出口管理部门应当推进跨境电子商务海关申报、纳税、检验检疫等环节的综合服务和监管体系建设，优化监管流程，推动实现信息共享、监管互认、执法互助，提高跨境电子商务服务和监管效率。跨境电子商务经营者可以凭电子单证向国家进出口管理部门办理有关手续。

第七十三条 国家推动建立与不同国家、地区之间跨境电子商务的交流合作，参与电子商务国际规则的制定，促进电子签名、电子身份等国际互认。

国家推动建立与不同国家、地区之间的跨境电子商务争议解决机制。

第六章　法律责任

第七十四条 电子商务经营者销售商品或者提供服务，不履行合同义务或者履行合同义务不符合约定，或者造成他人损害的，依法承担民事责任。

第七十五条 电子商务经营者违反本法第十二条、第十三条规定，未取得相关行政许可从事经营活动，或者销售、提供法律、行政法规禁止交易的商品、服务，或者不履行本法第二十五条规定的信息提供义务，电子商务平台经营者违反本法第四十六条规定，采取集中交易方式进行交易，或者进行标准化合约交易的，依照有关法律、行政法规的规定处罚。

第七十六条 电子商务经营者违反本法规定，有下列行为之一的，由市场监督管理部门责令限期改正，可以处一万元以下的罚款，对其中的电子商务平台经营者，依照本法第八十一条第一款的规定处罚：

（一）未在首页显著位置公示营业执照信息、行政许可信息、属于不需要办理市场主体登记情形等信息，或者上述信息的链接标识的；

（二）未在首页显著位置持续公示终止电子商务的有关信息的；

（三）未明示用户信息查询、更正、删除以及用户注销的方式、程序，或者对用户信息查询、更正、删除以及用户注销设置不合理条件的。

电子商务平台经营者对违反前款规定的平台内经营者未采取必要措施的，由市场监督管理部门责令限期改正，可以处二万元以上十万元以下的罚款。

第七十七条　电子商务经营者违反本法第十八条第一款规定提供搜索结果，或者违反本法第十九条规定搭售商品、服务的，由市场监督管理部门责令限期改正，没收违法所得，可以并处五万元以上二十万元以下的罚款；情节严重的，并处二十万元以上五十万元以下的罚款。

第七十八条　电子商务经营者违反本法第二十一条规定，未向消费者明示押金退还的方式、程序，对押金退还设置不合理条件，或者不及时退还押金的，由有关主管部门责令限期改正，可以处五万元以上二十万元以下的罚款；情节严重的，处二十万元以上五十万元以下的罚款。

第七十九条　电子商务经营者违反法律、行政法规有关个人信息保护的规定，或者不履行本法第三十条和有关法律、行政法规规定的网络安全保障义务的，依照《中华人民共和国网络安全法》等法律、行政法规的规定处罚。

第八十条　电子商务平台经营者有下列行为之一的，由有关主管部门责令限期改正；逾期不改正的，处二万元以上十万元以下的罚款；情节严重的，责令停业整顿，并处十万元以上五十万元以下的罚款：

（一）不履行本法第二十七条规定的核验、登记义务的；

（二）不按照本法第二十八条规定向市场监督管理部门、税务部门报送有关信息的；

（三）不按照本法第二十九条规定对违法情形采取必要的处置措施，或者未向有关主管部门报告的；

（四）不履行本法第三十一条规定的商品和服务信息、交易信息保存义务的。

法律、行政法规对前款规定的违法行为的处罚另有规定的，依照其规定。

第八十一条　电子商务平台经营者违反本法规定，有下列行为之一的，由市场监督管理部门责令限期改正，可以处二万元以上十万元以下的罚款；情节严重的，处十万元以上五十万元以下的罚款：

（一）未在首页显著位置持续公示平台服务协议、交易规则信息或者上述信息的链接标识的；

（二）修改交易规则未在首页显著位置公开征求意见，未按照规定的时间提前公示修改内容，或者阻止平台内经营者退出的；

（三）未以显著方式区分标记自营业务和平台内经营者开展的业务的；

（四）未为消费者提供对平台内销售的商品或者提供的服务进行评价的途径，或者擅自删除消费者的评价的。

电子商务平台经营者违反本法第四十条规定，对竞价排名的商品或者服务未显著标明“广告”的，依照《中华人民共和国广告法》的规定处罚。

第八十二条　电子商务平台经营者违反本法第三十五条规定，对平台内经营者在平台内的交易、交易价格或者与其他经营者的交易等进行不合理限制或者附加不合理条件，或者向平台内经营者收取不合理费用的，由市场监督管理部门责令限期改正，可以处五万元以上五十万元以下的罚款；情节严重的，处五十万元以上二百万元以下的罚款。

第八十三条　电子商务平台经营者违反本法第三十八条规定，对平台内经营者侵害消费者合法权益行为未采取必要措施，或者对平台内经营者未尽到资质资格审核义务，或者对消费者未尽到安全保障义务的，由市场监督管理部门责令限期改正，可以处五万元以上五十万元以下的罚款；情节严重的，责令停业整顿，并处五十万元以上二百万元以下的罚款。

第八十四条 电子商务平台经营者违反本法第四十二条、第四十五条规定，对平台内经营者实施侵犯知识产权行为未依法采取必要措施的，由有关知识产权行政部门责令限期改正；逾期不改正的，处五万元以上五十万元以下的罚款；情节严重的，处五十万元以上二百万元以下的罚款。

第八十五条 电子商务经营者违反本法规定，销售的商品或者提供的服务不符合保障人身、财产安全的要求，实施虚假或者引人误解的商业宣传等不正当竞争行为，滥用市场支配地位，或者实施侵犯知识产权、侵害消费者权益等行为的，依照有关法律的规定处罚。

第八十六条 电子商务经营者有本法规定的违法行为的，依照有关法律、行政法规的规定记入信用档案，并予以公示。

第八十七条 依法负有电子商务监督管理职责的部门的工作人员，玩忽职守、滥用职权、徇私舞弊，或者泄露、出售或者非法向他人提供在履行职责中所知悉的个人信息、隐私和商业秘密的，依法追究法律责任。

第八十八条 违反本法规定，构成违反治安管理行为的，依法给予治安管理处罚；构成犯罪的，依法追究刑事责任。

第七章　附　　则

第八十九条 本法自 2019 年 1 月 1 日起施行。

中共中央国务院
关于完善促进消费体制机制
进一步激发居民消费潜力的若干意见

中发〔2018〕32号

消费是最终需求，既是生产的最终目的和动力，也是人民对美好生活需要的直接体现。加快完善促进消费体制机制，增强消费对经济发展的基础性作用，有利于优化生产和消费等国民经济重大比例关系，构建符合我国长远战略利益的经济发展方式，促进经济平稳健康发展；有利于实现需求引领和供给侧结构性改革相互促进，带动经济转型升级，推动高质量发展，建设现代化经济体系；有利于保障和改善民生，实现经济社会发展互促共进，更好满足人民日益增长的美好生活需要。

近年来，我国在扩大消费规模、提高消费水平、改善消费结构等方面取得了显著成绩，但也要看到，当前制约消费扩大和升级的体制机制障碍仍然突出。重点领域消费市场还不能有效满足城乡居民多层次多样化消费需求，监管体制尚不适应消费新业态新模式的迅速发展，质量和标准体系仍滞后于消费提质扩容需要，信用体系和消费者权益保护机制还未能有效发挥作用，消费政策体系尚难以有效支撑居民消费能力提升和预期改善。为完善促进消费体制机制，进一步激发居民消费潜力，现提出以下意见。

一、总体要求

（一）指导思想

以习近平新时代中国特色社会主义思想为指导，全面贯彻党的十九大和十九届二中、三中全会精神，紧紧围绕统筹推进“五位一体”总体布局和协调推进“四个全面”战略布局，坚持新发展理念，紧扣我国社会主要矛盾变化，按照高质量发展的要求，坚持以供给侧结构性改革为主线，适应建设现代化经济体系，顺应居民消费提质转型升级新趋势，依靠改革创新破除体制机制障碍，实行鼓励和引导居民消费的政策，从供需两端发力，积极培育重点领域消费细分市场，全面营造良好消费环境，不断提升居民消费能力，引导形成合理消费预期，切实增强消费对经济发展的基础性作用，不断满足人民日益增长的美好生活需要。

（二）基本原则

——坚持消费引领，倡导消费者优先。顺应居民消费升级趋势，努力增加高品质产品和服务供给，切实满足基本消费，持续提升传统消费，大力培育新兴消费，不断激发潜在消费。增强消费者主体意识，尊重消费者自由选择权，加大消费者合法权益保护力度，实现消费者自由选择、自主消费，提升消费者获得感、幸福感、安全感。

——坚持市场主导，实现生产者平等。充分发挥市场在资源配置中的决定性作用，更好发挥政府作用。突出企业主体地位，引导企业以市场需求为导向推动技术创新、产品创新、模式创新，培育更加成熟的消费细分市场，激发企业培育品牌的内生动力。加快建设全国统一市场，营造有利于各类所有制企业公平提供消费产品和服务的市场环境。

——坚持审慎监管，推动新消费成长。深化“放管服”改革，实施包容审慎有效监管。加强消费产品和服务标准体系建设，强化信用在消费领域的激励约束作用。推动互联网与更多传统消费相互渗透融合，构建企业自治、行业自律、社会监督和政府监管相结合的消费共同治理机制，有力有序有效发展消费新业态新模式。

——坚持绿色发展，培育健康理性消费文化。提高全社会绿色消费意识，鼓励节约适度、绿色低碳、文明健康的现代生活方式和消费模式，力戒奢侈浪费型消费和不合理消费，推进可持续消费。大力推广绿色消费产品，推动实现绿色低碳循环发展，营造绿色消费良好社会氛围。

（三）总体目标

消费生产循环更加顺畅。以消费升级引领供给创新、以供给提升创造消费新增长点的循环动力持续增强，实现更高水平的供需平衡，居民消费率稳步提升。消费结构明显优化。居民消费结构持续优化升级，服务消费占比稳步提高，全国居民恩格尔系数逐步下降。消费环境更加安全放心。社会信用环境明显改善，市场监管进一步加强，消费者维权机制不断健全，重要消费产品和服务标准体系全面建立，消费产品和服务质量不断提升，消费者满意度显著提高。

二、构建更加成熟的消费细分市场，壮大消费新增长点

围绕居民吃穿用住行和服务消费升级方向，突破深层次体制机制障碍，适应居民分层次多样性消费需求，保证基本消费经济、实惠、安全，培育中高端消费市场，形成若干发展势头良好、带动力强的消费新增长点。

（一）促进实物消费不断提挡升级

吃穿用消费。加强引导、强化监督，确保市场主体提供安全放心的吃穿用消费品。优化流通设施空间布局，大力发展便利店、社区菜店等社区商业，促进社区生活服务集聚式发展，鼓励建设社区生活综合服务中心。推动闲置的传统商业综合体加快创新转型，通过改造提升推动形成一批高品位步行街，促进商圈建设与繁荣。合理配置居住小区的健身、文化、养老等服务设施。

住行消费。大力发展住房租赁市场特别是长期租赁。总结推广住房租赁试点经验，在人口净流入的大中城市加快培育和发展住房租赁市场。加快推进住房租赁立法，保护租赁利益相关方合法权益。加强城市供水、污水和垃圾处理以及北方地区供暖等设施建设和改

造，加大城市老旧小区加装电梯等适老化改造力度。促进汽车消费优化升级。严格汽车产品质量监管，健全质量责任追究机制。鼓励发展共享型、节约型、社会化的汽车流通体系，全面取消二手车限迁政策。实施好新能源汽车免征车辆购置税、购置补贴等财税优惠政策。积极发展汽车赛事等后市场。加强城市停车场和新能源汽车充电设施建设。

信息消费。加强核心技术研发，加快推动产品创新和产业化升级，提升产品质量和核心竞争力，鼓励和引导居民扩大相关产品消费。加快提升新型信息产品供给体系质量，积极拓展信息消费新产品、新业态、新模式。升级智能化、高端化、融合化信息产品，重点发展适应消费升级的中高端移动通信终端、可穿戴设备、超高清视频终端、智慧家庭产品等新型信息产品，以及虚拟现实、增强现实、智能汽车、服务机器人等前沿信息消费产品。创新发展满足人民群众生活需求的各类便民惠民生活类信息消费。推动基于网络平台的新型消费成长，优化线上线下协同互动的消费生态。

绿色消费。建立绿色产品多元化供给体系，丰富节能节水产品、资源再生产品、环境保护产品、绿色建材、新能源汽车等绿色消费品生产。鼓励创建绿色商场、绿色饭店、绿色电商等流通主体，开辟绿色产品销售专区。全面落实生产者责任延伸制度。鼓励有条件的地方探索开展绿色产品消费积分制度。推进绿色交通体系和绿色邮政发展，规范发展汽车、家电、电子产品回收利用行业。全面推进公共机构带头绿色消费，加强绿色消费宣传教育。

（二）推进服务消费持续提质扩容

文化旅游体育消费。稳妥把握和处理好文化消费商品属性与意识形态属性的关系，促进包容审慎监管与开放准入有效结合，努力提供更多优秀文化产品和优质文化服务。深化电影发行放映机制改革。加快发展数字出版等新兴数字内容产业，丰富数字内容供给。健全文物合法流通交易体制机制。完善国有文化文物单位文创产品开发试点成效评价和激励机制。总结推广引导城乡居民扩大文化消费试点工作经验和有效模式。推动非物质文化遗产传承发展、合理利用。健全文化、互联网等领域分类开放制度体系。开展全域旅游示范区创建工作。推动主题公园规范发展。加强对乡村旅游的政策指导，提升乡村旅游品质。支持邮轮、游艇、自驾车、旅居车、通用航空等消费大众化发展，加强相关公共配套基础设施建设。建立现代体育产业体系，推动体育与旅游、健康、养老等融合发展，积极培育潜在需求大的体育消费新业态。支持社会力量举办国际国内高水平体育赛事，积极创建地方、民间自主品牌体育赛事活动，大力发展体育职业联赛。推进体育行业协会改革，大幅削减相关审批事项，加强赛事审批取消后的服务管理。推动体育赛事电视转播市场化运作。

健康养老家政消费。在有效保障基本医疗和健康服务的前提下，支持社会力量提供多层次多样化的医疗健康服务。对社会力量举办的非营利性健康服务机构，在土地规划、市政配套、机构准入、人才引进、执业环境等方面与公办机构一视同仁。针对健康服务新业态新模式，及时制定新型机构准入标准和监管办法。大力发展中医药服务贸易。健全以居家为基础、以社区为依托、机构充分发展、医养相结合的多层次养老服务体系，为老年人提供治疗期住院、康复期护理、稳定期生活照料、安宁疗护一体化的健康养老服务。全面放开养老服务市场，进一步简化行政审批程序，推进养老服务机构申办“一站式”服务。

鼓励社会力量参与公办养老服务机构改革。完善政府对养老服务机构运营补贴方式方法，由“补砖头”、“补床头”向“补人头”转变。大力发展老年护理和长期照护服务。引导家政服务业专业化、规模化、网络化、规范化发展。推动建立家政服务信用体系，健全家政服务标准和服务规范，鼓励制定地方标准和企业标准。加大家政服务业岗位培训实施力度，推动开展家政服务人员水平评价工作，实施上岗前健康体检制度。加快健康美容、家庭管家等高端生活服务业发展。

教育培训托幼消费。全面贯彻党的教育方针，坚持正确办学方向，深化教育办学体制改革，推动教育向社会开放、向产业开放。大力支持社会力量举办满足多样化教育需求、有利于个体身心全面健康发展的教育培训机构，开发研学旅行、实践营地、特色课程等教育服务产品。抓紧修订民办教育促进法实施条例，完善民办教育分类登记管理制度。严格落实城镇小区配建幼儿园政策，引导社会力量按照规范要求举办普惠性幼儿园和托幼机构，鼓励各地因地制宜多渠道增加供给，全面实施幼儿园教师持证上岗。鼓励有条件的地区探索开展职业学校股份制改革试点，允许企业以资本、技术、管理等要素依法参与办学并享有相应权利。坚持社会效益和经济效益相统一，纠正以功利性为目的、助长超前教育和应试教育倾向的各类教育培训活动。支持外商投资设立非学制类职业教育培训机构。

（三）引导消费新模式加快孕育成长

地方各级政府要适应平台型消费、共享经济等快速发展需要，加强制度供给，研究制定专门管理规定，明确运营规则和权责边界，提升相关主体整合资源、对接供需、协同创新功能。制定完善适应平台模式、共享经济等创新发展的法律法规，明确相关企业在知识产权保护、质量管理、信息内容管理、协助申报纳税、社会保障、网络安全等方面的责任和义务。加强风险控制，构建政府主管部门、行业组织、企业和消费者等多元主体共同治理的消费生态体系。积极培育网络消费、定制消费、体验消费、智能消费、时尚消费等消费新热点，鼓励与消费者体验、个性化设计、柔性制造等相关的产业加快发展。

（四）推动农村居民消费梯次升级

逐步缩小城乡居民消费差距。加快农村吃穿用住行等一般消费提质扩容，鼓励和引导农村居民增加交通通信、文化娱乐、汽车等消费。推动电子商务向广大农村地区延伸覆盖，畅通城乡双向联动销售渠道，促进线下产业发展平台和线上电商交易平台结合，鼓励和支持消费新业态新模式向农村市场拓展。推动具备条件的乡镇将商贸物流与休闲农业、乡村旅游、产品加工等有机结合。加大农村地区水电路气、信息、无障碍以及北方地区供暖等设施建设和改造力度。健全农村现代流通网络体系，优化整合存量设施资源，有效降低农村流通成本。

三、健全质量标准和信用体系，营造安全放心消费环境

加快建立健全高层次、广覆盖、强约束的质量标准和消费后评价体系，强化消费领域企业和个人信用体系建设，提高消费者主体意识和维权能力，创建安全放心的消费环境。

（一）强化产品和服务标准体系建设

产品标准。大力实施标准化战略，建立政府主导制定标准与市场主体自主制定标准协同发展、协调配套的新型标准体系。在移动通信、互联网等领域建立符合我国发展需要的标准。鼓励企业制定实施高于国家标准或行业标准的企业标准，全面实施企业标准自我声明公开和监督制度，实施企业标准领跑者制度。大力开展高端品质认证，推动品牌建设，培育一批能够展示中国产品优质形象的品牌和企业。推动国内优势、特色技术标准成为国际标准。

优化质量标准满足消费结构升级需求。围绕消费需求旺盛、与群众日常生活息息相关的新型消费品领域，充分发挥市场机制与企业主体作用，构建新型消费品标准体系，以标准实施促进质量提升。结合消费细分市场发展趋势，开展个性定制消费品标准化工作。引领智能家居、智慧家庭等领域消费品标准制定，加大新技术新产品等创新成果的标准转化力度。完善绿色产品标准体系，创新领跑者指标和相关技术标准的衔接机制，加大绿色产品标识认证制度实施和采信力度。

服务标准。推动服务业标准制定修订，加快制定基础和通用标准，带动行业提升标准水平。鼓励行业协会商会等组织制定并公布本行业相关产品和服务标准清单，指导企业完善服务标准，鼓励行业内企业开展企业服务标准自我声明公开。推动建立优质服务标识管理制度，在重点服务业制定优质服务规范，推动建立服务质量自我评估和公开承诺制度。在旅游、中医药、养老、家政、餐饮等重点领域遴选一批服务质量标杆单位，推动建设相关行业服务标准。选择部分服务业探索开展服务标准准入制试点。

（二）健全消费后评价制度

建立产品和服务消费后评价体系，完善全过程产品和服务安全防范机制，建立健全消费环境监测评价体系。构建完善的跟踪反馈评估体系，加强监测结果反馈和改进跟踪机制建设。开展消费品质量状况分析评价，建立健全消费品质量安全风险监测评估制度，建设全国消费品质量监督信息化服务平台，建立一批消费品质量安全风险信息监测点，构建全国统一的消费品质量安全风险监测网络和风险快速预警系统。研究制定电子商务产品质量监督管理办法，加强线上线下一体化监管，完善风险监测、网上抽查、源头追溯、属地查处、信用管理的电子商务产品质量监督管理制度。完善服务业质量监督管理制度，健全服务质量治理体系和顾客满意度测评体系，推行质量首负责任承诺制度，强化服务质量问题协同处理机制，分领域设立服务后评价标准体系。引导平台型企业建立餐饮、家政、互联网医疗等重点领域的服务后评价机制，实行评价信息公开。建立健全社会第三方认证认可制度。

（三）加强消费领域信用体系建设

加强消费领域信用信息采集。依托全国信用信息共享平台，建立跨地区跨部门跨行业信用信息共享共用机制。建立科学合理的信用评价体系，强化“信用中国”网站信息公开和国家企业信用信息公示系统依法公示功能，将行政许可、行政处罚、产品抽检结果等信息向社会公开，为公众提供公共信用信息“一站式”查询服务和消费预警提示。运用多种方式和载体，开展消费投诉信息公示工作，督促经营者诚信经营。引导企业主动发布综合信用承诺或产品和服务质量等专项承诺，鼓励信用服务机构开展消费领域企业信用评价，充分发挥行业协会商会的行业诚信自律作用。

完善守信激励和失信惩戒机制。建立健全守信“红名单”制度，为守信企业提供行政审批“绿色通道”、降低监管频次等激励措施，为守信个人提供住房、交通出行等多场景消费服务便利优惠。建立健全失信“黑名单”制度，对失信主体实施市场禁入或服务受限等联合惩戒措施。通过“信用中国”网站和国家企业信用信息公示系统向社会公布守信“红名单”和失信“黑名单”信息。推进信用风险分级分类监管，对信用风险等级高的市场主体，适当提高产品抽检、责任巡查等监管频次。在关系百姓生命财产安全的食品、药品等领域，加大对销售假冒伪劣产品行为的打击力度，对侵害消费者权益的市场主体依法实施惩罚性赔偿。

（四）健全消费者维权机制

健全消费者权益保护工作部门协作机制。进一步完善全国 12315 互联网平台功能，畅通消费者诉求渠道，强化对消费者权益的行政保护，建立常态化的消费者满意度调查评估机制。建立健全消费者信息保护、数据交易和共享相关制度。打击假冒伪劣和虚假广告宣传，充分发挥消费者协会等组织维护消费者权益的积极作用。强化消费者权益损害法律责任，坚持依法解决服务纠纷，扩大适用举证责任倒置服务范围。健全公益诉讼制度，适当扩大公益诉讼主体范围。探索建立纠纷多元化解决机制，完善诉讼、仲裁与调解对接机制。适应互联网时代发展要求，加大网络消费者权益司法保护力度，加强网上跨境消费者争议解决机制建设。提高消费者主体意识和维权能力。聚焦信息消费、预付式消费、网络购物、群体消费等领域出现的问题，传播科学文明的商品和服务知识等信息，通过各种平台的宣传及消费维权知识的普及，提高消费者的主体意识和依法维权能力，营造重视消费者权益保护的良好氛围。加快个人信息安全立法，进一步加大消费者个人信息保护力度。

四、强化政策配套和宣传引导，改善居民消费能力和预期

（一）深化收入分配制度改革

完善有利于提高居民消费能力的收入分配制度，增加低收入群体收入，扩大中等收入群体。完善企业工资分配的宏观指导制度，依法推进工资集体协商，建立反映人力资源市场供求关系和企业经济效益的工资决定机制和正常增长机制。完善机关事业单位工资和津补贴制度，落实以增加知识价值为导向的分配政策，扩大高校和科研院所收入分配自主权，建立公务员和企业相当人员工资水平调查比较制度，推进实施重点群体增收激励计划，拓宽居民劳动收入和财产性收入渠道。推进实施企业职工基本养老保险基金中央调剂制度。建立健全覆盖城乡居民的基本医疗卫生制度。鼓励有条件的地方探索建立低收入群体基本生活现金救助、实物救助和救助服务相结合的社会救助方式，按照满足基本生活需求的标准核定救助标准，并根据价格水平动态调整。

（二）构建公平开放的市场环境

积极培育和壮大各类消费供给主体，消除所有制歧视，实行包容审慎有效的准入制度，全面实施公平竞争审查制度，加快建立全国统一、开放、竞争、有序的市场体系，打破地域分割和市场分割。全面实施准入前国民待遇加负面清单管理制度，加大生活性服务领域有效有序开放力度，逐步放宽放开对外资的限制。建设若干国际消费中心城市，推进海南国际旅游消费中心建设。

（三）完善财税金融土地配套政策

健全消费政策体系，进一步研究制定鼓励和引导居民消费的政策。推动消费税立法。推进个人所得税改革，合理提高个人所得税基本减除费用标准，适当增加专项附加扣除，逐步建立综合和分类相结合的个人所得税制度。落实好健康、养老、家政等生活性服务业的税收优惠政策。进一步提升金融对促进消费的支持作用，鼓励消费金融创新，规范发展消费信贷，把握好保持居民合理杠杆水平与消费信贷合理增长的关系。鼓励保险公司在风险可控的前提下，为消费信贷提供融资增信支持。加大文化、旅游、体育、健康、养老、家政等领域用地政策落实力度。

（四）深化事业单位分类改革

合理区分基本公共服务与非基本公共服务，基本公共服务主要由政府保障，非基本公共服务主要由市场提供。加快推进教育、卫生、文化、体育等领域事业单位分类改革，将生产经营类事业单位转为企业。建立健全符合不同事业单位特点的管理体制机制，分类推进事业单位人事制度改革。完善民办机构参与公办机构改制细则。

（五）优化消费领域基础设施建设投入机制

积极发挥财政资金引导作用，进一步吸引社会投资，加快推进中西部地区、农村地区现代流通、信息网络、服务消费等短板领域基础设施建设，提高投资质量和效益。通过政府和社会资本合作（PPP）模式、社会领域产业企业专项债券等方式，鼓励支持社会力量参与文化、旅游、体育、健康、养老、家政、教育等领域基础设施建设。

（六）加强消费统计监测

研究制定服务消费和消费新业态新模式的统计分类，完善相关统计监测，有效反映文化、旅游、体育、健康、养老、家政、教育培训、托幼等服务消费发展水平，形成涵盖商品消费、服务消费的消费领域统计指标体系，更加全面反映居民消费发展情况。建立消费领域运用大数据等新技术开展形势分析和政策辅助决策的机制。健全消费政策评估机制。

（七）健全消费宣传推介和信息引导机制

加强对促进消费工作的舆论宣传，突出以人民为中心的发展思想，有效引导社会预期。积极培育健康理性的消费理念，大力宣传倡导丰俭有度、雅俗兼容的消费文化。用好各级各类媒体，构筑良好的消费宣传推介机制，客观真实向消费者推介商品和旅游、文化等服务，促进供需有效对接。建立针对涉嫌虚假宣传的惩罚惩戒机制。

各地区各部门要充分认识完善促进消费体制机制的重要意义，切实强化组织领导，逐项抓好改革任务和政策落实。要加大统筹协调力度，由国家发展改革委牵头会同有关部门建立完善促进消费体制机制的部门协调机制，统筹促进消费工作，制定整体战略、重要政策和措施。加强促进消费工作的监督考核。要积极推进本意见贯彻落实，抓紧制定实施完善促进消费体制机制的实施方案（2018—2020 年）。有关部门要针对本行业本领域细分市场，完善促进消费的政策体系，形成释放消费潜力的政策合力。各地区要按照本意见和实施方案的要求，结合实际抓紧制定具体实施方案和细化政策措施，进一步激发居民消费潜力。

关于发布《企业所得税税前扣除凭证管理办法》的公告

国家税务总局公告2018年第28号

为加强企业所得税税前扣除凭证管理，规范税收执法，优化营商环境，国家税务总局制定了《企业所得税税前扣除凭证管理办法》，现予以发布。

特此公告。

国家税务总局

2018年6月6日

企业所得税税前扣除凭证管理办法

第一条　为规范企业所得税税前扣除凭证（以下简称“税前扣除凭证”）管理，根据《中华人民共和国企业所得税法》（以下简称“企业所得税法”）及其实施条例、《中华人民共和国税收征收管理法》及其实施细则、《中华人民共和国发票管理办法》及其实施细则等规定，制定本办法。

第二条　本办法所称税前扣除凭证，是指企业在计算企业所得税应纳税所得额时，证明与取得收入有关的、合理的支出实际发生，并据以税前扣除的各类凭证。

第三条　本办法所称企业是指企业所得税法及其实施条例规定的居民企业和非居民企业。

第四条　税前扣除凭证在管理中遵循真实性、合法性、关联性原则。真实性是指税前扣除凭证反映的经济业务真实，且支出已经实际发生；合法性是指税前扣除凭证的形式、来源符合国家法律、法规等相关规定；关联性是指税前扣除凭证与其反映的支出相关联且有证明力。

第五条　企业发生支出，应取得税前扣除凭证，作为计算企业所得税应纳税所得额时扣除相关支出的依据。

第六条　企业应在当年度企业所得税法规定的汇算清缴期结束前取得税前扣除凭证。

第七条　企业应将与税前扣除凭证相关的资料，包括合同协议、支出依据、付款凭证等留存备查，以证实税前扣除凭证的真实性。

第八条 税前扣除凭证按照来源分为内部凭证和外部凭证。

内部凭证是指企业自制用于成本、费用、损失和其他支出核算的会计原始凭证。内部凭证的填制和使用应当符合国家会计法律、法规等相关规定。

外部凭证是指企业发生经营活动和其他事项时，从其他单位、个人取得的用于证明其支出发生的凭证，包括但不限于发票（包括纸质发票和电子发票）、财政票据、完税凭证、收款凭证、分割单等。

第九条 企业在境内发生的支出项目属于增值税应税项目（以下简称“应税项目”）的，对方为已办理税务登记的增值税纳税人，其支出以发票（包括按照规定由税务机关代开的发票）作为税前扣除凭证；对方为依法无需办理税务登记的单位或者从事小额零星经营业务的个人，其支出以税务机关代开的发票或者收款凭证及内部凭证作为税前扣除凭证，收款凭证应载明收款单位名称、个人姓名及身份证号、支出项目、收款金额等相关信息。

小额零星经营业务的判断标准是个人从事应税项目经营业务的销售额不超过增值税相关政策规定的起征点。

税务总局对应税项目开具发票另有规定的，以规定的发票或者票据作为税前扣除凭证。

第十条 企业在境内发生的支出项目不属于应税项目的，对方为单位的，以对方开具的发票以外的其他外部凭证作为税前扣除凭证；对方为个人的，以内部凭证作为税前扣除凭证。

企业在境内发生的支出项目虽不属于应税项目，但按税务总局规定可以开具发票的，可以发票作为税前扣除凭证。

第十一条 企业从境外购进货物或者劳务发生的支出，以对方开具的发票或者具有发票性质的收款凭证、相关税费缴纳凭证作为税前扣除凭证。

第十二条 企业取得私自印制、伪造、变造、作废、开票方非法取得、虚开、填写不规范等不符合规定的发票（以下简称“不合规发票”），以及取得不符合国家法律、法规等相关规定的其他外部凭证（以下简称“不合规其他外部凭证”），不得作为税前扣除凭证。

第十三条 企业应当取得而未取得发票、其他外部凭证或者取得不合规发票、不合规其他外部凭证的，若支出真实且已实际发生，应当在当年度汇算清缴期结束前，要求对方补开、换开发票、其他外部凭证。补开、换开后的发票、其他外部凭证符合规定的，可以作为税前扣除凭证。

第十四条 企业在补开、换开发票、其他外部凭证过程中，因对方注销、撤销、依法被吊销营业执照、被税务机关认定为非正常户等特殊原因无法补开、换开发票、其他外部凭证的，可凭以下资料证实支出真实性后，其支出允许税前扣除：

（一）无法补开、换开发票、其他外部凭证原因的证明资料（包括工商注销、机构撤销、列入非正常经营户、破产公告等证明资料）；

（二）相关业务活动的合同或者协议；

（三）采用非现金方式支付的付款凭证；

（四）货物运输的证明资料；

（五）货物入库、出库内部凭证；

（六）企业会计核算记录以及其他资料。

前款第一项至第三项为必备资料。

第十五条　汇算清缴期结束后，税务机关发现企业应当取得而未取得发票、其他外部凭证或者取得不合规发票、不合规其他外部凭证并且告知企业的，企业应当自被告知之日起60日内补开、换开符合规定的发票、其他外部凭证。其中，因对方特殊原因无法补开、换开发票、其他外部凭证的，企业应当按照本办法第十四条的规定，自被告知之日起60日内提供可以证实其支出真实性的相关资料。

第十六条　企业在规定的期限未能补开、换开符合规定的发票、其他外部凭证，并且未能按照本办法第十四条的规定提供相关资料证实其支出真实性的，相应支出不得在发生年度税前扣除。

第十七条　除发生本办法第十五条规定的情形外，企业以前年度应当取得而未取得发票、其他外部凭证，且相应支出在该年度没有税前扣除的，在以后年度取得符合规定的发票、其他外部凭证或者按照本办法第十四条的规定提供可以证实其支出真实性的相关资料，相应支出可以追补至该支出发生年度税前扣除，但追补年限不得超过五年。

第十八条　企业与其他企业（包括关联企业）、个人在境内共同接受应纳增值税劳务（以下简称“应税劳务”）发生的支出，采取分摊方式的，应当按照独立交易原则进行分摊，企业以发票和分割单作为税前扣除凭证，共同接受应税劳务的其他企业以企业开具的分割单作为税前扣除凭证。

企业与其他企业、个人在境内共同接受非应税劳务发生的支出，采取分摊方式的，企业以发票外的其他外部凭证和分割单作为税前扣除凭证，共同接受非应税劳务的其他企业以企业开具的分割单作为税前扣除凭证。

第十九条　企业租用（包括企业作为单一承租方租用）办公、生产用房等资产发生的水、电、燃气、冷气、暖气、通讯线路、有线电视、网络等费用，出租方作为应税项目开具发票的，企业以发票作为税前扣除凭证；出租方采取分摊方式的，企业以出租方开具的其他外部凭证作为税前扣除凭证。

第二十条　本办法自2018年7月1日起施行。

关于印发完善促进消费体制机制实施方案（2018—2020 年）的通知

国办发〔2018〕93 号

各省、自治区、直辖市人民政府，国务院各部委、各直属机构：

《完善促进消费体制机制实施方案（2018—2020 年）》已经国务院同意，现印发给你们，请认真贯彻执行。

国务院办公厅
2018 年 9 月 24 日

完善促进消费体制机制实施方案（2018—2020 年）

消费是最终需求，促进消费对释放内需潜力、推动经济转型升级、保障和改善民生具有重要意义。为加快破解制约居民消费最直接、最突出、最迫切的体制机制障碍，增强消费对经济发展的基础性作用，根据《中共中央 国务院关于完善促进消费体制机制 进一步激发居民消费潜力的若干意见》，制定本实施方案。

一、进一步放宽服务消费领域市场准入

（一）旅游领域

制定出台海南建设国际旅游消费中心实施方案。及时总结 59 国外国人海南入境旅游免签政策实施效果，加强出入境安全措施建设，为进一步扩大免签范围创造条件。制定出台自驾车、旅居车营地建设相关规范。逐步放开中外合资旅行社从事旅游业务范围，加强与国际旅游组织的合作。制定出台邮轮旅游发展规划、游艇旅游发展指导意见。出台实施进一步促进乡村旅游提质升级的政策措施。推进生态航道建设，研究开发京杭运河具备条件航段的航运旅游功能，促进交通与旅游融合发展。理顺出租汽车、汽车租赁等个性化、

差异化出行价格机制。鼓励发展租赁式公寓、民宿客栈等旅游短租服务。落实带薪休假制度，鼓励错峰休假和弹性作息。（国家发展改革委、文化和旅游部、外交部、海关总署、公安部、农业农村部、商务部、人力资源社会保障部、交通运输部按职责分工负责）

（二）文化领域

在文化服务领域开展行政审批标准化试点。推进经营性文化事业单位转企改制、公益性文化事业单位改革和国有文化企业公司制股份制改造。制定实施深化电影院线制改革方案，推动“互联网+电影”业务创新，完善规范电影票网络销售及服务相关政策，促进点播影院业务规范发展。拓展数字影音、动漫游戏、网络文学等数字文化内容。完善游戏游艺设备分类，严格设备类型与内容准入。总结推广引导城乡居民扩大文化消费试点工作经验和有效模式。扩大文化文物单位文化创意产品开发试点范围。清晰界定文物的所有权、保管权和收藏权，完善文物合法流通交易体制机制。（中央宣传部、文化和旅游部、国家文物局、广电总局、国家发展改革委、财政部按职责分工负责）

（三）体育领域

加快制定赛事审批取消后的服务管理办法，建立体育、公安、卫生等多部门对商业性和群众性大型赛事活动联合“一站式”服务机制。修订彩票公益金资助开展全民健身赛事和活动有关办法，研究制定向社会力量购买全民健身赛事活动服务的办法。推进体育赛事制播分离，积极打造国家体育传播平台，引导有条件的地方电视台创办体育频道。打破大型国际体育赛事转播垄断，引入体育赛事转播竞争机制，按市场化原则建立体育赛事转播收益分配机制。积极培育冰雪运动、山地户外运动、水上运动、航空运动、汽车摩托车运动、电竞运动等体育消费新业态。支持海南打造国家体育旅游示范区，引入一批国际一流赛事。开展全民运动健身模范市（县）创建。（体育总局、财政部、国家发展改革委、广电总局按职责分工负责）

（四）健康领域

落实医疗卫生服务体系规划、医疗机构设置规划、大型医用设备配置规划，凡符合规划条件和准入资质的，不得以任何理由限制。合理放宽社会办医疗机构配置大型医用设备规划预留空间。实施社会办医疗机构跨部门联合审批。制定新型健康服务机构准入标准和监管办法。加快推动贫困县县医院远程医疗全覆盖，并推动向乡村延伸。适应“互联网+医疗健康”发展，健全互联网诊疗收费政策，逐步将符合条件的互联网诊疗服务纳入医保支付范围。（国家卫生健康委、国家发展改革委、人力资源社会保障部、财政部、国家医保局、商务部按职责分工负责）

（五）养老领域

取消养老机构设立许可。建立养老机构分类管理制度，加快推进公办养老机构转制为企业或开展公建民营，建立健全养老领域公建民营相关规范，着力解决托底保障职能与公建民营不协调问题。编制实施国家积极应对人口老龄化中长期规划，支持各类市场主体增加养老服务供给。推动医养结合，研究出台医养结合机构服务和管理指南，深入开展长期护理保险试点。开展养老机构服务标准体系建设和养老机构服务质量专项行动。推动社区养老服务设施全覆盖。（民政部、国家卫生健康委、人力资源社会保障部、国家医保局、银保监会、国家发展改革委、商务部、市场监管总局按职责分工负责）

（六）家政领域

健全家政服务标准和服务规范，研究制定家政电商等新兴业态的服务标准和规范，开展家政服务标准化试点示范建设。强化家政服务从业人员岗前培训，育婴员、养老护理员等职业实行在岗继续培训制度。实行上岗前健康体检制度，家政服务从业人员上岗前按所从事家政服务类别进行体检。探索建立家政服务保险制度，鼓励家政服务从业人员投保人身意外伤害保险，支持商业保险机构开发家政服务雇主责任保险、职业责任保险、意外险等保险产品。支持家政服务知名品牌建设，引导家政企业做大做强。建立健全大中型城市与中西部地区国家级贫困县之间的家政服务劳务对接机制。（国家发展改革委、商务部、人力资源社会保障部、银保监会、市场监管总局按职责分工负责）

（七）教育培训领域

抓紧修订民办教育促进法实施条例。开展产教融合建设试点工作，鼓励有条件的地区探索职业学校股份制改革试点。大力发展普惠性学前教育，鼓励地方政府通过购买服务、减免租金、派驻公办教师等方式引导和支持民办幼儿园提供普惠性服务。制定实施大力发展 3 岁以下婴幼儿照护服务的政策措施。实施好关于规范校外培训机构发展的意见。鼓励有条件的地区引进境外优质高等教育、职业教育资源，举办高水平中外合作办学机构和项目，探索建立本科以上层次中外合作办学项目部省联合审批机制。（教育部、商务部、国家发展改革委按职责分工负责）

二、完善促进实物消费结构升级的政策体系

（八）大力发展住房租赁市场

总结推广住房租赁试点经验，加快研究建立住房租赁市场建设评估指标体系。发挥国有租赁企业对市场的引领、规范、激活和调控作用，支持专业化、机构化住房租赁企业发展。加快建设政府主导的住房租赁管理服务平台。鼓励有条件的城市结合实际探索发展共有产权住房，多渠道解决群众住房问题。加快出台城镇住房保障条例、住房租赁条例和住房销售管理条例。建立健全房地产信息发布机制，加强舆论引导，稳定市场预期。（住房城乡建设部、国家发展改革委按职责分工负责）

（九）促进汽车消费优化升级

继续实施新能源汽车车辆购置税优惠政策，完善新能源汽车积分管理制度，落实好乘用车企业平均燃料消耗量与新能源汽车积分并行管理办法，研究建立碳配额交易制度。完善新能源汽车充电设施标准规范，大力推动“互联网+充电基础设施”，提高充电服务智能化水平。研究制定促进智能汽车创新发展的政策措施。实施汽车销售管理办法，打破品

牌授权单一模式，鼓励发展共享型、节约型、社会化的汽车流通体系。深入推进汽车平行进口试点。全面取消二手车限迁政策，便利二手车交易。修订报废汽车回收管理办法。积极发展汽车赛事、旅游、文化、改装等相关产业，深挖汽车后市场潜力。综合运用发行城市停车场建设专项债券、调整完善车辆购置税分配政策等措施，加大停车设施建设资金支持力度。（商务部、工业和信息化部、国家发展改革委、交通运输部、财政部、税务总局、自然资源部、住房城乡建设部、海关总署、生态环境部按职责分工负责）

（十）发展壮大绿色消费

加大相关标准标识认证制度实施力度，完善政府采购制度，创新领跑者指标和相关技术标准的衔接机制。统一常用电子产品的电池、充电器标准。研究建立绿色产品消费积分制度。推动绿色流通发展，倡导流通环节减量包装、使用可降解包装。创建一批绿色商场，在继续做好绿色购物中心创建基础上，逐步向超市、专业店等业态延伸，引导流通企业增设绿色产品专区，扩大绿色产品销售，积极发挥绿色商场在促进绿色循环消费方面的示范作用。（国家发展改革委、生态环境部、商务部、市场监管总局按职责分工负责）

（十一）进一步扩大和升级信息消费

加大网络提速降费力度。加快推进第五代移动通信（5G）技术商用。支持企业加大技术研发投入，突破核心技术，带动产品创新，提升智能手机、计算机等产品中高端供给体系质量。支持可穿戴设备、消费级无人机、智能服务机器人等产品创新和产业化升级。利用物联网、大数据、云计算、人工智能等技术推动各类应用电子产品智能化升级。创新发展生活类信息消费，重点发展面向社区生活的线上线下融合服务、面向文化娱乐的数字创意内容和服务、面向便捷出行的交通旅游服务。推进网络游戏转型升级，规范网络游戏研发出版运营。培育形成一批拥有较强实力的数字创新企业。建立健全公共数据资源开放共享体系。（中央网信办、中央宣传部、工业和信息化部、国家发展改革委、科技部、文化和旅游部、广电总局按职责分工负责）

（十二）推动传统商贸创新发展

高标准布局建设具有国际影响力的大型消费商圈，完善“互联网+”消费生态体系，鼓励建设“智慧商店”、“智慧商圈”。支持具备条件的城市重点培育一批具有国际国内领先水平的高品位步行街，促进线上线下互动、服务体验融合、商旅文体协同、购物体验结合。提升城市配送车辆通行管理水平。优化商贸物流设施空间布局，大力发展便利店、社区菜店等社区商业。建设培育特色商贸小镇。推进经济型酒店连锁经营，鼓励发展各类生态、文化主题酒店和特色化、中小型家庭旅馆。（商务部、国家发展改革委按职责分工负责）

三、加快推进重点领域产品和服务标准建设

（十三）深入实施“同线同标同质”工程

将内外销产品“同线同标同质”工程实施范围逐步由食品农产品领域向消费品等其他领域拓展。（市场监管总局负责）

（十四）加强消费产品和服务标准制定

积极开展质量提升行动，加强质量基础设施建设与应用，开展国家质量基础设施协同服务及应用。开展新业态、新消费以及服务消费质量监测专项行动，瞄准智能产品、重点服务消费等领域，综合采取风险监测、质量分析、标准领航等措施提升质量水平。修订提高生鲜乳、灭菌乳等国家标准，建立全过程质量追溯体系。积极开展体育、旅游、家政、养老等服务消费领域和以信息技术为支撑的消费新业态新模式的国家标准制订工作，选择部分服务业探索开展服务标准准入制试点。开展健康、教育、体育、金融、电商等领域服务认证。完善绿色产品标准体系，重点加快制修订能源、涉挥发性有机物等产品相关标准，抓好标准实施。有序推动强制性国家标准立项工作，整合精简现行强制性国家标准、行业标准和地方标准。（市场监管总局、工业和信息化部、国家发展改革委、商务部、国家卫生健康委、生态环境部按职责分工负责）

（十五）打造有影响力的中国品牌

选择部分重点行业和重点产品，推动制定国内领先、国际一流的企业标准和行业标准，创建一批有世界影响力的中国品牌。（市场监管总局、工业和信息化部、国家发展改革委、住房城乡建设部、商务部按职责分工负责）

四、建立健全消费领域信用体系

（十六）完善消费领域信用信息共享共用机制

依托全国信用信息共享平台，聚焦重点消费品和旅游、家政、养老、健康等服务消费，进一步归集市场监管、税务、海关等领域信用信息，建立健全企业信用档案和人员档案数据库。落实企业的信息共享共用主体责任，督促企业加大基本信息数据收集力度，实现产品生产信息和质量追溯信息互联互通，方便消费者集中查询。出台实施商务领域诚信体系建设指导意见。（国家发展改革委、商务部、人民银行、海关总署、税务总局、市场监管总局按职责分工负责）

（十七）加强信用信息公开

强化“信用中国”网站公开功能，逐步实现行政许可、行政处罚、产品抽检结果等

不涉及个人隐私、企业和国家秘密的信息向社会全部公开，为公众提供信用信息“一站式”查询和消费预警提示服务。建立重大信息公告和违法违规记录公示制度。（国家发展改革委、市场监管总局、商务部按职责分工负责）

（十八）健全守信激励和失信惩戒机制

加快建立守信“红名单”和失信“黑名单”及管理办法，实施守信联合激励和失信联合惩戒措施。在部分地区试点建立失信企业惩罚性赔偿制度，在总结评估的基础上逐步扩大试点范围。建立完善信用分级分类监管机制，根据企业信用风险等级合理配置和调度监管资源。（国家发展改革委、市场监管总局、商务部按职责分工负责）

（十九）推进消费者维权机制改革

开展放心消费创建工作。加强金融消费维权，强化监督管理和社会监督，约束引导银行业和保险业金融机构诚信服务、规范经营，不断提升金融消费满意度。加强电商消费维权，针对电商销售重要时间节点，加强与电商平台、消费者协会等的协作，实现维权、处罚等信息互联互通。严厉打击假冒伪劣和虚假广告宣传。推动加快个人信息保护法立法进程，完善消费者个人隐私、消费数据保护法律法规，强化零售商、服务提供商、电信运营商、互联网平台经营者的主体责任，加大对侵犯消费者隐私权行为的打击惩戒力度。（市场监管总局、人民银行、银保监会按职责分工负责）

（二十）加强重要产品质量追溯体系建设

统筹规划全国重要产品追溯体系建设，提高重要产品生产管理信息化、标准化、集约化水平，健全追溯大数据应用机制，逐步形成全国追溯数据统一共享交换机制，初步实现部门、地区和企业追溯体系互通共享。完善食品药品等重要消费品召回制度。扩大产品国家监督抽查覆盖面，增加抽查频次，加强联合监督执法。（商务部、市场监管总局、工业和信息化部、农业农村部按职责分工负责）

五、优化促进居民消费的配套保障

（二十一）完善有利于促进居民消费的财税支持措施

推动消费税立法。制定出台新个人所得税法相关配套制度和措施，明确专项附加扣除的具体范围、标准和操作办法。积极开展个人税收递延型商业养老保险试点工作。充分利用现有资金渠道对服务消费予以支持。（财政部、税务总局、银保监会、国家发展改革委、商务部按职责分工负责）

（二十二）进一步提升金融服务质效

在风险可控、商业可持续、保持居民合理杠杆水平的前提下，加快消费信贷管理模式和产品创新，加大对重点消费领域的支持力度，不断提升消费金融服务的质量和效率。引导商业保险机构加大产品创新力度，开发有针对性的保险产品。（人民银行、银保监会按

职责分工负责)

（二十三）深化收入分配制度改革

进一步深化城乡居民增收综合配套政策试点、专项激励计划和收入监测试点。加快建立全国统一规范的企业薪酬调查和信息发布制度。加强和改进对企业工资分配的宏观指导。推进国有企业工资决定机制改革。完善机关事业单位工资和津补贴制度。合理确定社会救助、抚恤优待等标准。探索开展支出型贫困家庭救助工作。（人力资源社会保障部、财政部、民政部、国家发展改革委按职责分工负责）

六、加强消费宣传推介和信息引导

（二十四）加强消费领域统计监测

研究制定服务消费和消费新业态新模式的统计分类，完善旅游、文化、体育、健康、养老、家政、教育培训、广播电视等重点领域服务消费统计监测，研究建立较为全面反映服务消费发展水平的统计指标体系。建立并推行绿色产品市场占有率统计报表制度。健全消费政策评估机制，委托第三方机构开展重大消费政策评估。（国家统计局、商务部、生态环境部、市场监管总局、国家发展改革委按职责分工负责）

（二十五）加强消费领域大数据应用

依托国家数据共享交换平台体系等基础设施资源，加快推动各部门、各地区消费领域大数据应用并实现互联互通。推动社会组织、电商企业等建设相关领域大数据库，支持专业化大数据服务企业发展。加强政府与社会合作，建立消费领域大数据分析常态化机制，提升大数据运用能力。（国家发展改革委、工业和信息化部按职责分工负责）

（二十六）认真做好消费宣传引导工作

在重大消费政策出台前后，通过组织召开专题发布会、专家解读等方式，正确引导社会预期。定期组织召开消费形势或相关消费领域专题信息发布会，及时发布消费发展信息、增强社会信心。加强和改进新闻媒体关于消费文化的宣传报道。组织编制年度居民消费发展报告。倡导绿色消费理念，纳入全国节能宣传周、全国科普活动周、全国低碳日、世界环境日等主题宣传教育活动，通过新闻媒体、网络媒体开展公益宣传，营造绿色消费良好社会氛围。（中央宣传部、市场监管总局、广电总局、生态环境部、国家发展改革委、人民银行按职责分工负责）

关于完善跨境电子商务零售进口监管有关工作的通知

商财发〔2018〕486号

为做好跨境电子商务零售进口（以下简称跨境电商零售进口）监管过渡期后政策衔接，促进跨境电商零售进口健康发展，经国务院同意，现将过渡期后有关监管安排通知如下：

一、本通知所称跨境电商零售进口，是指中国境内消费者通过跨境电商第三方平台经营者自境外购买商品，并通过“网购保税进口”（海关监管方式代码1210）或“直购进口”（海关监管方式代码9610）运递进境的消费行为。上述商品应符合以下条件：

（一）属于《跨境电子商务零售进口商品清单》内、限于个人自用并满足跨境电商零售进口税收政策规定的条件。

（二）通过与海关联网的电子商务交易平台交易，能够实现交易、支付、物流电子信息“三单”比对。

（三）未通过与海关联网的电子商务交易平台交易，但进出境快件运营人、邮政企业能够接受相关电商企业、支付企业的委托，承诺承担相应法律责任，向海关传输交易、支付等电子信息。

二、跨境电商零售进口主要包括以下参与主体：

（一）跨境电商零售进口经营者（以下简称跨境电商企业）：自境外向境内消费者销售跨境电商零售进口商品的境外注册企业，为商品的货权所有人。

（二）跨境电商第三方平台经营者（以下简称跨境电商平台）：在境内办理工商登记，为交易双方（消费者和跨境电商企业）提供网页空间、虚拟经营场所、交易规则、交易撮合、信息发布等服务，设立供交易双方独立开展交易活动的信息网络系统的经营者。

（三）境内服务商：在境内办理工商登记，接受跨境电商企业委托为其提供申报、支付、物流、仓储等服务，具有相应运营资质，直接向海关提供有关支付、物流和仓储信息，接受海关、市场监管等部门后续监管，承担相应责任的主体。

（四）消费者：跨境电商零售进口商品的境内购买人。

三、对跨境电商零售进口商品按个人自用进境物品监管，不执行有关商品首次进口许可批件、注册或备案要求。但对相关部门明令暂停进口的疫区商品，和对出现重大质量安全风险的商品启动风险应急处置时除外。

四、按照“政府部门、跨境电商企业、跨境电商平台、境内服务商、消费者各负其责”的原则，明确各方责任，实施有效监管。

（一）跨境电商企业

1. 承担商品质量安全的主体责任，并按规定履行相关义务。应委托一家在境内办理工商登记的企业，由其在海关办理注册登记，承担如实申报责任，依法接受相关部门监管，并承担民事连带责任。

2. 承担消费者权益保障责任，包括但不限于商品信息披露、提供商品退换货服务、建立不合格或缺陷商品召回制度、对商品质量侵害消费者权益的赔付责任等。当发现相关商品存在质量安全风险或发生质量安全问题时，应立即停止销售，召回已销售商品并妥善处理，防止其再次流入市场，并及时将召回和处理情况向海关等监管部门报告。

3. 履行对消费者的提醒告知义务，会同跨境电商平台在商品订购网页或其他醒目位置向消费者提供风险告知书，消费者确认同意后方可下单购买。告知书应至少包含以下内容：

（1）相关商品符合原产地有关质量、安全、卫生、环保、标识等标准或技术规范要求，但可能与我国标准存在差异。消费者自行承担相关风险。

（2）相关商品直接购自境外，可能无中文标签，消费者可通过网站查看商品中文电子标签。

（3）消费者购买的商品仅限个人自用，不得再次销售。

4. 建立商品质量安全风险防控机制，包括收发货质量管理、库内质量管控、供应商管理等。

5. 建立健全网购保税进口商品质量追溯体系，追溯信息应至少涵盖国外启运地至国内消费者的完整物流轨迹，鼓励向海外发货人、商品生产商等上游溯源。

6. 向海关实时传输施加电子签名的跨境电商零售进口交易电子数据，可自行或委托代理人向海关申报清单，并承担相应责任。

（二）跨境电商平台

1. 平台运营主体应在境内办理工商登记，并按相关规定在海关办理注册登记，接受相关部门监管，配合开展后续管理和执法工作。

2. 向海关实时传输施加电子签名的跨境电商零售进口交易电子数据，并对交易真实性、消费者身份真实性进行审核，承担相应责任。

3. 建立平台内交易规则、交易安全保障、消费者权益保护、不良信息处理等管理制度。对申请入驻平台的跨境电商企业进行主体身份真实性审核，在网站公示主体身份信息和消费者评价、投诉信息，并向监管部门提供平台入驻商家等信息。与申请入驻平台的跨境电商企业签署协议，就商品质量安全主体责任、消费者权益保障以及本通知其他相关要求等方面明确双方责任、权利和义务。

4. 对平台入驻企业既有跨境电商企业，也有国内电商企业的，应建立相互独立的区块或频道为跨境电商企业和国内电商企业提供平台服务，或以明显标识对跨境电商零售进口商品和非跨境商品予以区分，避免误导消费者。

5. 建立消费纠纷处理和消费维权自律制度，消费者在平台内购买商品，其合法权益受到损害时，平台须积极协助消费者维护自身合法权益，并履行先行赔付责任。

6. 建立商品质量安全风险防控机制，在网站醒目位置及时发布商品风险监测信息、监管部门发布的预警信息等。督促跨境电商企业加强质量安全风险防控，当商品发生质量安全问题时，敦促跨境电商企业做好商品召回、处理，并做好报告工作。对不采取主动召回处理措施的跨境电商企业，可采取暂停其跨境电商业务的处罚措施。

7. 建立防止跨境电商零售进口商品虚假交易及二次销售的风险控制体系，加强对短时间内同一购买人、同一支付账户、同一收货地址、同一收件电话反复大量订购，以及盗用他人身份进行订购等非正常交易行为的监控，采取相应措施予以控制。

8. 根据监管部门要求，对平台内在售商品进行有效管理，及时关闭平台内禁止以跨境电商零售进口形式入境商品的展示及交易页面，并将有关情况报送相关部门。

（三）境内服务商

1. 在境内办理工商登记，向海关提交相关资质证书并办理注册登记。其中：提供支付服务的银行机构应具备银保监会或原银监会颁发的《金融许可证》，非银行支付机构应具备人民银行颁发的《支付业务许可证》，支付业务范围应包括“互联网支付”；物流企业应取得国家邮政局颁发的《快递业务经营许可证》。

2. 支付、物流企业应如实向监管部门实时传输施加电子签名的跨境电商零售进口支付、物流电子信息，并对数据真实性承担相应责任。

3. 报关企业接受跨境电商企业委托向海关申报清单，承担如实申报责任。

4. 物流企业应向海关开放物流实时跟踪信息共享接口，严格按照交易环节所制发的物流信息开展跨境电商零售进口商品的国内派送业务。对于发现国内实际派送与通关环节所申报物流信息（包括收件人和地址）不一致的，应终止相关派送业务，并及时向海关报告。

（四）消费者

1. 为跨境电商零售进口商品税款的纳税义务人。跨境电商平台、物流企业或报关企业为税款代扣代缴义务人，向海关提供税款担保，并承担相应的补税义务及相关法律责任。

2. 购买前应当认真、详细阅读电商网站上的风险告知书内容，结合自身风险承担能力做出判断，同意告知书内容后方可下单购买。

3. 对于已购买的跨境电商零售进口商品，不得再次销售。

（五）政府部门

1. 海关对跨境电商零售进口商品实施质量安全风险监测，在商品销售前按照法律法规实施必要的检疫，并视情发布风险警示。建立跨境电商零售进口商品重大质量安全风险应急处理机制，市场监管部门加大跨境电商零售进口商品召回监管力度，督促跨境电商企业和跨境电商平台消除已销售商品安全隐患，依法实施召回，海关责令相关企业对不合格或存在质量安全问题的商品采取风险消减措施，对尚未销售的按货物实施监管，并依法追究相关经营主体责任。对食品类跨境电商零售进口商品优化完善监管措施，做好质量安全风险防控。

2. 原则上不允许网购保税进口商品在海关特殊监管区域外开展“网购保税+线下自提”模式。

3. 将跨境电商零售进口相关企业纳入海关信用管理，根据信用等级不同，实施差异化的通关管理措施。对认定为诚信企业的，依法实施通关便利；对认定为失信企业的，依法实施严格监管措施。将高级认证企业信息和失信企业信息共享至全国信用信息共享平台，通过“信用中国”网站和国家企业信用信息公示系统向社会公示，并依照有关规定实施联合激励与联合惩戒。

4. 涉嫌走私或违反海关监管规定的跨境电商企业、平台、境内服务商，应配合海关调查，开放交易生产数据（ERP 数据）或原始记录数据。

5. 海关对违反本通知规定参与制造或传输虚假“三单”信息、为二次销售提供便利、未尽责审核订购人身份信息真实性等，导致出现个人身份信息或年度购买额度被盗用、进行二次销售及其他违反海关监管规定情况的企业依法进行处罚。对涉嫌走私或违规的，由海关依法处理；构成犯罪的，依法追究刑事责任。对利用其他公民身份信息非法从事跨境电商零售进口业务的，海关按走私违规处理，并按违法利用公民信息的有关法律规定移交相关部门处理。对不涉嫌走私违规、首次发现的，进行约谈或暂停业务责令整改；再次发现的，一定时期内不允许其从事跨境电商零售进口业务，并交由其他行业主管部门按规定实施查处。

6. 对企业和个体工商户在国内市场销售的《跨境电子商务零售进口商品清单》范围内的、无合法进口证明或相关证明显示采购自跨境电商零售进口渠道的商品，市场监管部门依职责实施查处。

五、各试点城市人民政府（平潭综合实验区管委会）作为本地区跨境电商零售进口监管政策试点工作的责任主体，负责本地区试点工作的组织领导、实施推动、综合协调、监督管理及措施保障，确保本地区试点工作顺利推进。试点过程中的重大问题及情况请及时报商务部等有关部门。

六、本通知适用于北京、天津、上海、唐山、呼和浩特、沈阳、大连、长春、哈尔滨、南京、苏州、无锡、杭州、宁波、义乌、合肥、福州、厦门、南昌、青岛、威海、郑州、武汉、长沙、广州、深圳、珠海、东莞、南宁、海口、重庆、成都、贵阳、昆明、西安、兰州、平潭等 37 个城市（地区）的跨境电商零售进口业务，自 2019 年 1 月 1 日起执行。非试点城市的直购进口业务，参照本通知相关规定执行。

为帮助企业平稳过渡，对尚不满足通知监管要求的企业，允许其在 2019 年 3 月 31 日前继续按过渡期内监管安排执行。本通知适用范围以外且按规定享受跨境电商零售进口税收政策的，继续按《跨境电子商务零售进口商品清单（2018 版）》尾注中的监管要求执行。

商务部　发展改革委　财政部

海关总署　税务总局　市场监管总局

2018 年 11 月 28 日

市场监督管理行政处罚听证暂行办法

（2018 年 12 月 21 日国家市场监督管理总局令第 3 号公布）

第一章　总　则

第一条　为了规范市场监督管理行政处罚听证程序，保障市场监督管理部门依法实施行政处罚，保护自然人、法人和其他组织的合法权益，根据《中华人民共和国行政处罚法》的有关规定，制定本办法。

第二条　市场监督管理部门组织行政处罚听证，适用本办法。

第三条　市场监督管理部门组织行政处罚听证，应当遵循公开、公正、效率的原则，保障和便利当事人依法行使陈述权和申辩权。

第四条　市场监督管理部门行政处罚案件听证实行回避制度。听证主持人、听证员、记录员、翻译人员与当事人有直接利害关系的，应当回避。

听证员、记录员、翻译人员的回避，由听证主持人决定；听证主持人的回避，由市场监督管理部门负责人决定。

第二章　申请和受理

第五条　市场监督管理部门作出下列行政处罚决定之前，应当告知当事人有要求举行听证的权利：

（一）责令停产停业；

（二）吊销许可证或者执照；

（三）对自然人处以一万元以上、对法人或者其他组织处以十万元以上罚款；

（四）对自然人、法人或者其他组织作出没收违法所得和非法财物价值达到第三项所列数额的行政处罚。

各省、自治区、直辖市人大常委会或者人民政府对前款第三项、第四项所列罚没数额有具体规定的，可以从其规定。

第六条　向当事人告知听证权利时，应当书面告知当事人拟作出行政处罚的事实、理由和依据。

第七条　当事人要求听证的，可以在告知书送达回证上签署意见，也可以自收到告知书之日起三个工作日内提出。当事人以口头形式提出的，办案人员应当将情况记入笔录，并由当事人在笔录上签名或者盖章。

当事人自告知书送达之日起三个工作日内，未要求举行听证的，视为放弃此权利。

当事人在规定期限内要求举行听证的，市场监督管理部门应当依照本办法的规定组织听证。

第三章　听证组织机构、听证人员和听证参加人

第八条　听证由市场监督管理部门法制机构或者其他机构负责组织。

第九条　听证人员包括听证主持人、听证员和记录员。

第十条　听证参加人包括当事人及其代理人、第三人、办案人员、证人、翻译人员、鉴定人以及其他有关人员。

第十一条　听证主持人由市场监督管理部门负责人指定。必要时，可以设一至二名听证员，协助听证主持人进行听证。

记录员由听证主持人指定，具体承担听证准备和听证记录工作。

办案人员不得担任听证主持人、听证员和记录员。

第十二条　听证主持人在听证程序中行使下列职责：

（一）决定举行听证的时间、地点；

（二）审查听证参加人资格；

（三）主持听证；

（四）维持听证秩序；

（五）决定听证的中止或者终止，宣布听证结束；

（六）本办法赋予的其他职责。

听证主持人应当公开、公正地履行主持听证的职责，不得妨碍当事人、第三人行使陈述权、申辩权。

第十三条　要求举行听证的自然人、法人或者其他组织是听证的当事人。

第十四条　与听证案件有利害关系的其他自然人、法人或者其他组织，可以作为第三人申请参加听证，或者由听证主持人通知其参加听证。

第十五条　当事人、第三人可以委托一至二人代为参加听证。

委托他人代为参加听证的，应当向市场监督管理部门提交由委托人签名或者盖章的授权委托书以及委托代理人的身份证明文件。

授权委托书应当载明委托事项及权限。委托代理人代为撤回听证申请或者明确放弃听证权利的，必须有委托人的明确授权。

第十六条　办案人员应当参加听证。

第十七条　与听证案件有关的证人、鉴定人等经听证主持人同意，可以到场参加听证。

第四章　听证准备

第十八条　市场监督管理部门应当自收到当事人要求举行听证的申请之日起三个工作

日内，确定听证主持人。

第十九条　办案人员应当自确定听证主持人之日起三个工作日内，将案件材料移交听证主持人，由听证主持人审阅案件材料，准备听证提纲。

第二十条　听证主持人应当自接到办案人员移交的案件材料之日起五个工作日内确定听证的时间、地点，并应当于举行听证七日前将听证通知书送达当事人。

听证通知书中应当载明听证时间、听证地点及听证主持人、听证员、记录员、翻译人员的姓名，并告知当事人有申请回避的权利。

第三人参加听证的，听证主持人应当在举行听证前将听证的时间、地点通知第三人。

第二十一条　听证主持人应当于举行听证七日前将听证的时间、地点通知办案人员，并退回案件材料。

第二十二条　除涉及国家秘密、商业秘密或者个人隐私外，听证应当公开举行。

公开举行听证的，市场监督管理部门应当于举行听证三日前公告当事人的姓名或者名称、案由以及举行听证的时间、地点。

第五章　举行听证

第二十三条　听证开始前，记录员应当查明听证参加人是否到场，并向到场人员宣布以下听证纪律：

（一）服从听证主持人的指挥，未经听证主持人允许不得发言、提问；

（二）未经听证主持人允许不得录音、录像和摄影；

（三）听证参加人未经听证主持人允许不得退场；

（四）不得大声喧哗，不得鼓掌、哄闹或者进行其他妨碍听证秩序的活动。

第二十四条　听证主持人核对听证参加人，说明案由，宣布听证主持人、听证员、记录员、翻译人员名单，告知听证参加人在听证中的权利义务，询问当事人是否提出回避申请。

第二十五条　听证按下列程序进行：

（一）办案人员提出当事人违法的事实、证据、行政处罚建议及依据；

（二）当事人及其委托代理人进行陈述和申辩；

（三）第三人及其委托代理人进行陈述；

（四）质证和辩论；

（五）听证主持人按照第三人、办案人员、当事人的先后顺序征询各方最后意见。

当事人可以当场提出证明自己主张的证据，听证主持人应当接收。

第二十六条　有下列情形之一的，可以中止听证：

（一）当事人因不可抗力无法参加听证的；

（二）当事人死亡或者终止，需要确定相关权利义务承受人的；

（三）当事人临时提出回避申请，无法当场作出决定的；

（四）需要通知新的证人到场或者需要重新鉴定的；

（五）其他需要中止听证的情形。

中止听证的情形消失后，听证主持人应当恢复听证。

第二十七条 有下列情形之一的，可以终止听证：

（一）当事人撤回听证申请或者明确放弃听证权利的；

（二）当事人无正当理由拒不到场参加听证的；

（三）当事人未经听证主持人允许中途退场的；

（四）当事人死亡或者终止，并且无权利义务承受人的；

（五）其他需要终止听证的情形。

第二十八条 记录员应当如实记录，制作听证笔录。听证笔录应当载明听证时间、地点、案由，听证人员、听证参加人姓名，各方意见以及其他需要载明的事项。

听证会结束后，听证笔录应当经听证参加人核对无误后，由听证参加人当场签名或者盖章。当事人、第三人拒绝签名或者盖章的，应当在听证笔录中记明情况。

第二十九条 听证结束后，听证主持人应当在五个工作日内撰写听证报告，由听证主持人、听证员签名，连同听证笔录送办案机构，由其连同其他案件材料一并上报市场监督管理部门负责人。

第三十条 听证报告应当包括以下内容：

（一）听证案由；

（二）听证人员、听证参加人；

（三）听证的时间、地点；

（四）听证的基本情况；

（五）处理意见和建议；

（六）需要报告的其他事项。

第六章 附 则

第三十一条 本办法中的“以上”“内”均包括本数。

第三十二条 国务院药品监督管理部门和省级药品监督管理部门组织行政处罚听证，适用本办法。

法律、法规、规章授权的履行市场监督管理职能的组织组织行政处罚听证，适用本办法。

第三十三条 本办法中有关执法文书的送达适用《市场监督管理行政处罚程序暂行规定》第七十四条和第七十五条的规定。

第三十四条 市场监督管理部门应当保障听证经费，提供组织听证所必需的场地、设备以及其他便利条件。

市场监督管理部门举行听证，不得向当事人收取费用。

第三十五条 本办法自 2019 年 4 月 1 日施行。2005 年 12 月 30 日原国家食品药品监督管理局令第 23 号公布的《国家食品药品监督管理局听证规则（试行）》、2007 年 9 月 4 日原国家工商行政管理总局令第 29 号公布的《工商行政管理机关行政处罚案件听证规则》同时废止。

第四部分

附　录

附录一

2017 年中国零售大事件

一、“新物种”加速落地，“超市+餐饮”成新热点

1 月 1 日，永辉新业态——超级物种在大本营福州开业。这是永辉继红标店、绿标店、精标店、会员店之后的第五个业态，并首次将超市与餐饮业态进行融合。6 月 9 日，盒马鲜生北京首店开业。7 月，美团点评首家新零售业态——掌鱼生鲜正式在北京亮相。此外，大润发飞牛优鲜、百联 RISO、新华都海物会、世纪联华 · 鲸选等“新物种”加速落地，“商超+餐饮”成为新趋势。以超级物种、盒马鲜生为首的新零售竞争进一步加剧，“圈地”运动也进一步提速。

二、商务部印发通知，贯彻落实推动实体零售创新转型

3 月 16 日，商务部办公厅印发关于做好《国务院办公厅关于推动实体零售创新转型的意见》（以下简称《意见》）贯彻落实工作的通知，要求加大政策落实力度，促进企业改革创新，引导资源优化配置，推广先进适用技术，促进融合协同发展。商务部将会同相关部门专门印发贯彻落实《意见》重点工作的分工方案，并适时组织开展专项督查、召开现场经验交流会，指导推动各地的贯彻落实工作。

三、韩资企业在华业务惨淡，陆续撤出中国市场

2 月，韩国军方与乐天集团正式签署协议，该事件随即在中国市场发酵，多地乐天玛特超市及乐天百货顾客稀少，入驻商户撤离，生意清淡。事实上，乐天在华业务最近几年一直不理想，2016—2017 年持续亏损，乐天因此萌生退意。

5 月，韩国新世界集团旗下大型超市易买得（E-MART）宣布退出中国市场。9 月 11 日，泰国正大集团旗下卜蜂莲花与易买得签订了股权转让协议，卜蜂莲花对易买得进行 100%股权收购。本次交易中，卜蜂莲花将收购易买得 5 家门店。韩国易买得基本退出中国市场。

四、外资零售试水线上

2017 年年初，德国最大连锁超市阿尔迪（Aldi）正式宣布进入中国市场，但落地方

式不是开实体店，而是以“奥乐齐”为名入驻天猫，试水线上。阿尔迪官网显示，在中国市场率先推出的，包括酒类、早餐、零食、有机食品、佐料五大类商品，具体商品数量不详，主要通过其澳大利亚分公司采购进口商品。

5 月，山姆会员店全球购官方旗舰店正式入驻京东，以美国山姆门店热销的个人护理、母婴用品、膳食补充商品为主。此外，还有约 30 个山姆自有品牌 Member’s Mark 的商品，涵盖个人护理、膳食补充、零食饮料等品类。

7 月，Costco 天猫旗舰店正式开通，开业初期 SKU 近 300 个，陆续扩展生鲜、家电、家具、生活用品、红酒等优势品类，其受欢迎的自有品牌 Kirkland Signature 商品品种也逐步扩展。

五、互联网企业争相布局 B2B

4 月，京东集团 CEO 刘强东宣布，京东 5 年内将在全国开设超过 100 万家京东便利店，其中一半在农村市场。8 月 28 日，阿里巴巴零售通宣布其覆盖的零售小店数量突破 50 万家，成为快消 B2B 领域覆盖店数最多的平台之一。阿里巴巴零售通计划在未来一年内覆盖 100 万家零售小店，并推出零售通线下项目——天猫小店。再加上之前入局的掌合天下、中商惠民等创业公司的逐步兴起，2017 年已有超过 70 家快消 B2B 平台。

六、无人零售元年，各界玩家纷纷入局

6 月 6 日，欧尚中国首个缤果盒子无人便利店正式开始营业。7 月，阿里巴巴推出无人计划——淘咖啡，即其第一个应用场景是无人咖啡馆。

2017 年被称为“无人零售元年”。无人便利店、无人值守货架和自助贩售机等无人零售形态成为资本争相追逐的风口。以阿里巴巴、京东为代表的互联网巨头，缤果盒子、F5 未来商店等创业企业，以及居然之家、天虹和永辉超市等传统零售企业纷纷入局无人零售。

七、外卖格局生变，饿了么收购百度外卖

8 月 24 日，饿了么正式宣布收购百度外卖。此次收购总价为 8 亿美元，其中 5 亿美元用来收购百度外卖，另外 3 亿美元用来收购百度打包流量入口资源。饿了么表示，此次收购达成后，将实施双品牌战略，百度外卖的团队和人员不会发生改变。

八、区域零售合作加深，开启竞争新格局

10 月 19 日，在中国首届自有品牌大会上，蚂蚁超市商业联盟宣布成立。蚂蚁超市商业联盟由来自中国 6 个省份的 12 家商业连锁企业共同组织成立，旨在资源共享、知识共享、联合采购、抱团取暖，以应对复杂的零售业变革。联盟企业年销售额合计超过 220 亿元，连锁门店数超过 2000 家，业态覆盖生鲜超市、百货、水果连锁等，区域分布于华东、

华南以及中西部。

九、并购加速，传统商超扩大布局

2 月 24 日，步步高拟以 2.26 亿元收购梅西商业有限公司 94%股权，积极推进“大西南战略”。

5 月 2 日，联华超市附属公司联华华商与百联集团订立收购协议，联华华商拟购买义乌都市生活的全部股权，现金代价为 9.71 亿元。

6 月 9 日，供销大集通过股权转让、全面要约收购的方式收购顺客隆股权的交易全部完成。至此，供销大集共计持有顺客隆已发行股份的 81.43%。

12 月 13 日，家家悦拟以自有资金 3.4 亿元受让维客商业连锁 51%股权（含拟注入的两处物业）。两处物业注入并完成股权转让工商登记手续后，家家悦与维客集团按持股比例向维客商业连锁共同增资 1.55 亿元。

12 月 22 日，永辉超市发布公告称，公司董事会同意以 5.8 元/股作价受让红旗连锁实际控制人曹世如、股东曹曾俊所持有的红旗连锁股份共 16320 万股（占其总股本 12%），并授权签署股份购买协议，交易总价为 9.4656 亿元。

2018 年中国零售大事件

一、中国连锁经营协会首次提出第三代数字化特许经营概念

在 2018 年中国特许经营大会上，由中国连锁经营协会所作的大会主题报告首次提出“第三代特许经营”，对“第三代特许经营”的概念、基本特征、发展现状和趋势、主要影响进行了系统阐述。2018 年年底，在世界特许联合会开罗年会上，中国连锁经营协会向各国代表全面阐述了“第三代特许经营”的概念及其在中国的发展，在世界范围进行传播并得到普遍认同和积极反响。

按照国际通行的说法，现代特许经营起源于美国，胜家缝纫机和可口可乐通过产品和商标授权，建立分销网络，成为第一代特许经营的代表。

麦当劳借鉴工业化大生产的流水线方法，建立标准化的餐厅经营模式，再授权给加盟商，打造遍布全球的加盟连锁系统，成为以经营模式授权为主要特征的第二代特许经营的代表。

随着移动互联和数字化时代的到来，传统的生产方式和生活方式都在发生根本性变化。特许经营依托数字化和移动化生态系统，建立品牌与消费者的直接连接，重塑总部与加盟商的合作关系，打破了传统特许体系“总部—加盟商—消费者”单维度、多层级架构，逐步形成互通多维的平台型架构，特许经营运营管理系统更加高效，加盟关系更加紧密，系统创新和反应能力进一步提升，顾客体验进一步改善。以数字化为核心特征的第三代特许经营已经到来，数字化与品牌和模式一起，构成特许经营的核心资源。数字化和移动化塑造了第三代特许经营的新生态系统。

特许企业需要在观念和方法上转型创新，进行关系重构、体系重构和理念重构，共享流量、共建闭环，以顺应第三代特许经营发展的大潮。数字化将渗透到特许体系的每个神经末梢，成为决定一个特许体系是否更具竞争力和可持续发展能力的关键因素。

中国拥有全世界最多的特许体系、最具创新活力的数字化经济生态，中国也将有机会成为第三代特许经营的领跑者。

二、线上线下加速融合，阿里、腾讯入局实体零售

2018 年，互联网企业与线下零售企业继续加速融合，零售业出现“站队说”。

阿里系：

1 月 12 日，高鑫零售发布公告称，阿里巴巴入股并提要约收购高鑫零售（大润发 & 欧尚）全部完成，阿里巴巴与一致行动人最终共获得高鑫零售 71. 98%股份。

1月18日，新华都发布公告称，公司控股股东新华都集团以协议转让方式减持公司6845.64股股份（占公司总股本10%）。阿里巴巴成都及其一致行动人杭州瀚云合计持有公司无限售流通股6845.64股（占公司总股本10%），阿里巴巴成为公司第二大股东。

2月11日，北京居然之家投资控股集团有限公司与阿里巴巴集团共同宣布达成新零售战略合作：阿里巴巴以及关联投资方中信和泰康向居然之家投资54.53亿元，持有其15%的股份。

3月30日，西安国际医学发布公告称，将其子公司开元商业100%股权转让银泰百货。交易价格总计35亿元。阿里巴巴借道银泰布局西北零售市场。

4月17日，阿里巴巴宣布与五星控股集团达成战略合作，将斥资45亿元投资五星旗下汇通达公司，双方在供应链、渠道、仓储和物流、技术系统等维度展开合作，重点服务农村市场。

腾讯系：

1月2日，红旗连锁发布公告称，永辉超市拟再受让该公司9%股份。本次股份转让完成后，永辉超市将持有红旗连锁2.86亿股股份，占该公司总股本的21%，成为该公司第二大股东。

1月23日，法国零售商家乐福宣布，腾讯与永辉将对家乐福中国进行潜在投资，家乐福与腾讯已达成在华战略合作协议。

1月29日，大连万达集团官方发布消息称，腾讯控股作为主发起方，联合苏宁云商、融创中国和京东以340亿元入股万达商业，收购万达商业香港H股退市时引入的投资人持有的约14%股份。

2月2日，海澜之家发布公告称，公司控股股东的一致行动人荣基国际（香港）有限公司与腾讯普和签订了股份转让协议。经协商，荣基拟以10.48元/股的价格转让2.39亿股公司股份予腾讯普和，本次转让股份占公司当前总股本的5.31%。

2月23日，湖南步步高商业连锁股份有限公司发布公告称，公司向腾讯、京东分别转让6%和5%股份。按照步步高停牌前一个交易日的收盘价计算，腾讯、京东此次投资额分别约为8.87亿元、7.39亿元。

4月26日，都市丽人发布公告称，公司与京东、腾讯、唯品会控股及中瑞控股属下全资附属公司订立认购协议，认购方认购公司合计约1.21亿股，占现有已发行股本约5.67%及扩大后已发行股本约5.37%。

10月24日，永辉超市、百佳中国和腾讯签署投资协议，各方拟按协议约定设立一家中外合资经营企业，合资公司旗下所有店铺均使用“百佳永辉”品牌。

10月31日，腾讯&红星美凯龙战略合作发布会暨11·11启动仪式在深圳举行。双方宣布建立全面战略合作伙伴关系，以“智慧零售”为共同理念。

三、零售企业、资本加速布局生鲜赛道

1月11日，百果园宣布获得15亿元人民币以上的B轮融资，同时宣布正式开放特许加盟业务，全面输出百果园品牌标准与系统。

3月，永辉旗下新推出的永辉mini业态在北京开出首店。与永辉生活不同，mini店更

像是永辉超市的缩小版。

5 月 25 日，美团旗下全新升级的生鲜超市小象生鲜在北京方庄时代 life 广场正式开业。据介绍，作为一家集生鲜食品、餐饮、电商和即时配送于一体的线上线下一体化生鲜超市，小象生鲜以“越快越新鲜”为品牌口号，通过提供优质便利的服务，更好地服务消费升级家庭。

7 月 20 日，生鲜 B2B 电商平台宋小菜宣布完成 B2 轮融资，金额为 1.8 亿元人民币。在此之前，1 月 22 日，宋小菜刚刚完成了 2.3 亿元人民币 B1 轮融资。

9 月 6 日，生鲜电商每日优鲜宣布完成新一轮 4.5 亿美元融资。本轮融资由 Goldman Sachs Investment Partners（GSIP）、腾讯、时代资本、Davis Selected Advisers 领投。

10 月 10 日，生鲜传奇宣布完成 B 轮 3 亿元人民币融资，估值超过 30 亿元人民币。本轮融资由 IDG 资本领投，红杉资本、黑蚁资本跟投。本轮融资主要用于开店、跑模型，以及强化商品开发、运营能力等。此前，生鲜传奇已获得了红杉资本、弘章资本的 2 亿元人民币 A 轮融资。毫无疑问，社区生鲜成了行业追捧的新领域。

据不完全统计，2018 年，百果园、食范、鲜世纪、彩虹星球、天马便利、有好生鲜、壹号餐桌、三蛋生鲜、宋小菜、十荟团、呆萝卜、谊品生鲜、华和生鲜、天鲜配、每日优鲜、食得鲜、生鲜传奇、美菜网、每日一淘、食享会等生鲜平台，共完成融资近 120 亿元人民币。

四、融资与危机并存，便利店发展逐渐回归理性

3 月 9 日，西北连锁便利企业“西安每一天”宣布获得 2 亿元人民币 A 轮投资，领投方为春晓资本。

4 月，福建便利店龙头企业见福便利店获红杉资本投资。相关知情人表示，此番融资，资本给见福便利的估值大约为 12 亿元人民币。

6 月 1 日，TODAY 宣布完成 3 亿元人民币 B+轮融资，估值超 30 亿元人民币，泰合资本担任独家财务顾问。半年时间，TODAY 便利店融资金额超过 5 亿元人民币。

8 月 1 日，邻里家（北京）商贸有限公司的供应商收到告知函称，公司将于 8 月 1 日起停止总部各项业务，并陆续停止门店营业。随后 4 个月，邻家、131、全时等多个便利店品牌因资金问题深陷泥潭，它们或裁员或断货或关停，甚至“卖身”。这给被资本追捧的便利店行业敲响了警钟，便利店回报周期漫长，疯狂扩张快速开店最终会因无法持续输血、资金断裂导致业务停滞。

五、利好政策持续释放，助力实体零售发展

10 月，北京市商务委、市发改委、市财政局等七部门联合出台《关于进一步促进便利店发展的若干措施》（以下简称《措施》），简化连锁便利店登记注册审批流程。据悉，《措施》从“拓展发展空间，优化网点布局”“加大资金支持，降低经营成本”“深入推进‘放管服’，简化注册流程”“改革经营许可，创新监管模式”“规范执法检查，提高服务水平”“促进规范提升，培育品牌优势”等 6 个方面提出了 19 条创新举措，办好市

民家门口的便民店。《措施》提出，北京将用 3 年左右时间，使全市连锁便利店门店数量达到 6000 家以上，实现每个社区有 2 个连锁便利店的目标。

六、商超改造持续深入

6 月 11 日，阿里巴巴宣布，大润发完成全国 100 家门店数字化改造以后，整体效益提升 15%。

12 月 12 日，高鑫零售旗下法国欧尚超市业务将全部交给大润发运营。据悉，大润发将保留欧尚的品牌、法人实体、员工劳动关系和新业态，由大润发董事长黄明端统一领导。

12 月 4 日，永辉超市发布公告称，公司股东张轩松、张轩宁自 12 月 4 日起解除一致行动关系，后续双方将依照自身意愿独立行使股东及董事的权利和义务。此后，永辉超市将不再有控股股东及实际控制人。公司已与张轩宁签订股权转让协议，约定以 3.94 亿元的价格向其转让永辉云创 20%股权。本次转让完成后，张轩宁成为永辉云创第一大股东，持股 29.6%；永辉超市则退为第二大股东，持股 26.6%。

七、外资品牌或撤离中国，或寻求买家

4 月 3 日，迪亚天天发布公告称，就出售迪亚中国 100%股权事项与苏宁签订了有约束力的购买与出售协议。根据公开数据，上海共有 300 多家迪亚天天，门店会员超过 250 万。

10 月 24 日，据彭博社消息，零售批发超市巨头麦德龙正在与银行洽商为旗下中国业务寻求合作伙伴，出售股份。

12 月，梅西百货天猫旗舰店宣布即将关闭，该店于 12 月 3 日起停止接单。这意味着，梅西百货将从中国市场全面撤退。

12 月，英国快时尚 NEW LOOK 官方微博宣布，近期内关闭位于中国的店铺。这意味着 NEW LOOK 将正式退出中国市场。

乐天玛特全盘退出中国，原中国门店分别售予中国零售巨头物美、利群集团。而乐天百货 12 月也将关闭其在中国的全部门店。

八、后起电商陆续上市

7 月 26 日，成立 3 年的新电商平台拼多多正式登陆美国纳斯达克证券交易所，每股发行定价为 19 美元。正式上市后，拼多多总市值达 240 亿美元。

9 月 20 日，美团点评正式在港交所挂牌上市，IPO 定价为 69 港元。美团也成为继小米之后，又一家采取“同股不同权”方式上市的公司。

11 月 27 日，母婴电商宝宝树正式登陆港交所，成为国内母婴电商类企业第一股。宝宝树开盘报价 6.8 港元，当日收盘市值达 115.32 亿港元。

12 月 6 日，成立 8 年的蘑菇街正式登陆纽交所挂牌上市。蘑菇街开盘报价 12 美元，

较 14 美元的发行价下跌 14.3%，总市值为 13.32 亿美元。

九、电商平台上线拼团业务，资本押注社区团购

3 月，被认为狙击拼多多的“淘宝特价版”App 上线。该软件提供淘宝、天猫平台优选好货折扣。平台主要聚焦于小商品购买，支持用户拼团购买。

8 月，苏宁拼购正式上线，主打正品拼购，上线首日订单量超过 500 万。

10 月，美团点评宣布推出“美团拼团”业务，正式进军社交电商。

11 月，京东开始进军社区团购，友家铺子上线。友家铺子被定义为“京东直属社区团购平台”，与其他社区团购平台一致，都主攻二、三线城市市场。12 月，在最新架构调整中，京东商城宣布成立拼购业务部，负责拼购业务的发展、探索社交电商新模式。

除了巨头涌入，在 2018 年，社区团购也受到资本追捧。QuestMobile 数据显示，社区团购赛道自 2018 年下半年出现井喷式融资，短短半年内，社区团平台融资事件共 23 起，融资金额超过 40 亿元人民币。例如，你我您获 GGV 领投数千万元人民币 A 轮融资；食享会获险峰旗云基金领投、心元资本跟投的 1 亿元人民币 A 轮融资；呆萝卜获千万级美元天使轮融资；邻邻壹获红杉资本中国基金数千万元人民币种子轮融资；考拉精选获银河系创投 2000 万元人民币天使轮融资。此外，十荟团、谊品生鲜、兴盛优选、松鼠拼拼、虫妈邻里团、每日一淘、群接龙、美家优享等头部项目先后获得千万到亿元人民币级别的融资。

十、历时 5 年，《中华人民共和国电子商务法》终获通过

8 月 31 日，《中华人民共和国电子商务法》经第十三届全国人民代表大会常务委员会第五次会议审议并通过，并于 2019 年 1 月 1 日起施行，成为我国电商领域首部综合性法律。电商法立法从 2013 年年底启动，历时 5 年的立法过程受到社会各界高度关注。

附录二

2017年中国连锁业突出成就奖、成就奖

2017年11月2日，中国连锁经营协会颁发了第四届（2013—2017）中国连锁业突出成就奖、成就奖。

中国连锁业突出成就奖、成就奖评选每五年举办一次，是中国连锁经营协会最重要的评选活动。获奖者是近五年连锁行业瞩目并最具行业贡献的代表性人物，他们不仅在推进本企业和行业发展方面做出重要贡献，而且还积极参与和支持行业建设，为连锁事业整体发展创造有利环境做出突出贡献。

中国连锁业突出成就奖

车建新　红星美凯龙家居集团股份有限公司　董事长

16岁开始做木工，如今执掌中国最大的家居商业帝国。在车建新的领导下，红星美凯龙顺应市场变化，不断升级提升，已经成为中国经营面积最大、商场数目最多、地理覆盖面积最广的家居装饰及家具商场运营商。

高书林　天虹商场股份有限公司　董事长

高书林是业内公认的中国商业理论家和实践者。较早在行业内提出并实践线上线下融合，重新定义实体零售价值，重构实体零售体验的发展道路，带领天虹进行全渠道、多业态战略创新转型，成为行业领先的创新型全渠道零售商。

贾国龙　内蒙古西贝餐饮集团有限公司　董事长

贾国龙擅长变化，30年来西贝餐饮不断调整战略与定位，积极应对消费者和市场的变化；贾国龙热衷不变，30年来西贝餐饮始终聚焦餐饮行业，真心服务消费者。如今，西贝餐饮在贾国龙的带领下已经成为业界标杆。

曲德君　万达网络科技集团　总裁

曲德君加入万达15年来，致力于使万达商业从无到有逐步成长为全球商业管理面积及国内覆盖区域最广的商管集团，并于2016年组建万达网络科技集团，打造业内“实体+互联网”全生态智慧开放平台，为中国商业发展做出积极贡献。

孙　坚　北京首旅酒店（集团）股份有限公司　总经理

孙坚带领首旅如家积极探索产品多元化、渠道多元化、合作多元化等发展策略，引领中国酒店市场的创新与变革。他先后提出涟漪组织等多个管理理论并付诸实施，为酒店行业经营提供了宝贵的理论支持和经验总结。

徐伟宏　孩子王儿童用品股份有限公司　联合创始人兼 CEO

徐伟宏带领孩子王开创了国内母婴童行业以“商品+服务+社交”为内容的大店模式，成为行业领军品牌。孩子王以用户为核心资产，实现用户、员工、商品和服务的全面数字化，为用户提供了线上线下一体的精准体验，堪称新零售的典范。

袁亚非　三胞集团有限公司　创始人、董事长

如今，三胞集团已成为一家以信息化为特征、以现代服务业为核心，“新健康”和“新消费”协同发展的企业。袁亚非积极响应国家“一带一路”发展，始终关注海外先进的品牌、管理系统和商业模式，遵循“以实业为基础”的初心。

张国衡　东莞市糖酒集团美宜佳便利店有限公司　董事长兼总经理

美宜佳门店数量突破 10000 家，已成为当之无愧的中国便利店之王。张国衡带领美宜佳创造了一个消费者、加盟商、员工、供应商与总部合作共赢的发展模式，走出了一条具有中国特色的便利店发展之路，为行业的发展树立了榜样。

张轩松　永辉超市股份有限公司　董事长

面对新常态、新经济、新零售机遇与挑战，张轩松不忘初心、坚定信心，带领永辉人发扬创业创新精神，锐意推进企业变革和创新，有力推动永辉超市实现自我超越、华丽转身，再次树立了中国零售业转型升级、创新发展的新标杆。

张荣明　爱慕股份有限公司　董事长、总裁

张荣明，爱慕品牌创始人。经过 24 年的品牌营销实践和企业经营积累，他确立了“有爱，才有美好生活”的经营理念，带领爱慕秉承“创造美，传递爱”的企业使命，并努力将爱慕发展成为国际著名品牌和百年企业。

（以上名单按照姓氏音序排序）

中国连锁业成就奖

侯　毅　阿里巴巴集团　副总裁

　　　　盒马鲜生　创始人 &CEO

侯毅极富创新性，带领盒马鲜生用互联网思维重构传统零售，全球首创线上线下一体化商业模式，构建“3 公里 30 分钟新鲜送达”的城市服务网络。盒马鲜生被誉为新零售的典范，实现了线上线下 1+1>2 的化学反应。

金　明　苏宁控股集团　副总裁
　　　　苏宁置业集团　总裁

金明，就职苏宁集团24年。凭借其对“互联网+地产”理念的践行，在集团战略指引下，带领苏宁置业获得了品牌效应和销售实力的双丰收。2017年苏宁置业进行了品牌战略升级，明确其“智慧地产运营商”的品牌定位。

罗茂莲　信誉楼百货集团有限公司　总裁

罗茂莲与之带领下的信誉楼虽然处在三、四线城市，但以其自营百货的特点而享誉行业。同时，信誉楼企业在文化、机制、战略的建设方面也探索出了一条适用于本企业，并能够为行业所借鉴的可持续发展之路。

三宅示修　罗森（中国）投资有限公司　总裁

三宅示修带领罗森（中国），开创了区域合作的新模式，联手本土品牌，实现快速的跨区域扩张。他在努力经营罗森（中国）的同时，以开放包容的心态和无私分享的精神，推动便利店事业在中国的发展。

三枝富博　成都伊藤洋华堂有限公司　株式会社伊藤洋华堂　社长兼中国事业部掌管

在中国的20年间，三枝富博秉承工匠精神，倾其所能为中国的消费者感受幸福生活而打造每天都快乐的、充满新意的店铺。他积极培养中国本土零售人才，分享零售经验，创新经营模式，深化服务理念，为中国商业发展做出积极贡献。

史燕来　北京红黄蓝儿童教育科技发展有限公司　董事长

史燕来，中国学前教育的先锋。她于1998年创办中国首家亲子园，成功打造红黄蓝亲子园、红黄蓝幼儿园、竹兜育儿三大教育品牌。2017年9月，红黄蓝在美国纽约证券交易所挂牌上市，成为中国第一家独立上市的学前教育企业。

唐嘉年　家乐福集团　执行副总裁、大中华区总裁

唐嘉年，执掌家乐福中国区帅印五年，之前具有丰富的国际零售经验。他始终信奉“零售业的成功无捷径”，唯有“坚持”。在他的带领下，家乐福开始在中国的创新与转型，发展新的业态——EASY便利店，拓展网上商城，改造升级大卖场，打造社区型购物中心，搭建和完善物流体系。

王　刚　眉州东坡集团　董事长

王刚16岁入京学习烹饪，并开始自己的餐饮逐梦之路。如今他所创立的眉州东坡酒楼已经成为北京川菜代言品牌，并成功创立眉州东坡酒楼、眉州小吃、王家渡火锅等子品牌。他立足国内，放眼世界，走出国门开设连锁门店，传播中华餐饮文化。

王　卫　安徽生鲜传奇商贸有限公司　董事长

王卫2012年创办乐城，带领团队首创了超市环形动线设计、超市模块化设计，开创

了“乐园艺”“乐先生”“乐食汇”“乐大嘴零食公园”“生鲜传奇”等小业态，可谓中国零售业小业态的先锋人物。

翁宇杰　上海联华快客便利有限公司　党委书记、董事长

翁宇杰，近30年的零售老兵。他带领联华快客在上海这个便利店充分竞争的市场不断推陈出新、稳步前进，同时完成在全国多个主要城市的布局。他积极投身于中国便利店行业推动工作并取得卓越的成绩。

肖　英　北京华冠商业科技发展有限公司　副董事长、总经理

肖英，“北京榜样”获得者。她专注连锁发展20余年，带领华冠超市扎根北京区县市场并赢得较高的市场占有率。华冠基于社区超市优势，兼顾购物中心、便利店等业态的发展，做深做透区域市场。

邢　颖　中国全聚德（集团）股份有限公司　董事长

邢颖，从大学教授投身于餐饮管理30年间，注重发挥百年全聚德老字号品牌优势，在连锁经营、现代企业管理、文化营销等方面颇有建树，企业经济效益连年递增。他完成了从一名学者向经营管理者的嬗变，被亲切地称之为“餐饮业的儒商”。

徐恭藻　利群集团股份有限公司　董事局主席

青岛利群百货集团股份有限公司　董事长

徐恭藻，一个民族商业崛起的践行者。他纵横商海40余年，深谙零售之道，自始坚守“自主自营”的商业本质，带领利群独创供应链整合型商业连锁模式，成功实现旗下百货连锁主板上市，涉足酒店、金融、地产、医药、文化投资等领域。

余惠勇　深圳百果园实业发展有限公司　董事长

余惠勇，水果专营连锁业态的首创者。他带领百果园历经十余载，实现了水果业与零售业的创新与融合。他致力于水果全产业链的发展，努力实现“让天下人享受水果好生活”的使命。

郁瑞芬　上海来伊份股份有限公司　联合创始人暨总裁

被称为“零食女王”的郁瑞芬，20年间把一家小小炒货店发展成为在全国拥有近2300家门店，年销售额超30亿元的零食连锁领导品牌。2016年10月，郁瑞芬带领企业成功登陆A股主板，成为“主板零食第一股”。

周　政　中粮集团　副总裁

大悦城地产有限公司　董事长

周政所服务并带领的大悦城十年来战略布局不断完善，发展速度逐渐加快，一直保持销售和客流两位数增长，成为购物中心的行业标杆。大悦城坚持以新兴中产阶级为核心客群，通过打造充满变化和惊喜的生活场景，为消费者创造价值。

周成建　美特斯邦威集团　董事长

周成建专注服装行业数十载，坚持初心，不断探索，带领美特斯邦威全面贴合消费者与时俱进的需求，强化极致购物体验，为中国服装及零售行业作出了许多充满示范意义的创新。

朱　菁　永旺（中国）投资有限公司　董事长兼总裁

朱菁 1991 年加入日本永旺，2006 年回国工作。她所带领的永旺（中国）目前已经发展到拥有零售、商业开发、物管等 8 大事业领域 400 多个网点，覆盖全国重要省份 7 大区域的规模。她本人热心行业促进工作，积极参与各项行业活动。

朱丽筠　北京福奈特洗衣服务有限公司　总经理

朱丽筠，加入福奈特公司近 20 年，不忘初心，为了干净，始终如一。她与时俱进，带领福奈特全系统使用互联网工具，不断学习，优化管理，与顾客线上线下全方位互动，为顾客提供更贴心服务，将福奈特引领在行业发展前列。

（以上名单按照姓氏音序排序）

附录三

中国连锁经营协会简介

中国连锁经营协会成立于 1997 年，现有会员千余家，会员企业连锁店铺 38.8 万个。其中零售会员企业 2018 年销售额近 4 万亿元人民币，约占全国社会消费品零售总额的 10.5%。中国连锁经营协会本着“引导行业、服务会员、回报社会、提升自我”的理念，参与政策制定与协调，维护行业和会员权益，为会员提供系列化专业培训和行业发展信息与数据，搭建业内交流与合作平台，致力于推进连锁经营事业与发展。

中国连锁经营协会主要开展的工作：

政策协调。为企业与政府之间沟通搭建平台，通过政策建议、标准制定、信用体系建设等为行业发展创造良好环境。

企业合作。以中国全零售大会、中国国际零售创新大会、中国便利店大会、中国特许加盟大会、Chinashop 等活动为平台，推动行业合作交流与发展。

行业培训。整合行业企业优质培训资源，通过连锁企业大学联盟交流平台、从业人员认证培训体系以及实操技能大赛等，帮助企业提升管理人员业务水平，培养和选拔企业适用的各类专业人才。

资讯整合。通过中国连锁经营协会网站、微信公众号和《连锁》会刊、《便利店》季刊等传递各行业资讯，使企业及时把握行业发展脉搏。同时，保持与中央、地方媒体的紧密合作。

国际交流。作为世界特许联合会（World Franchise Council，WFC）和亚太特许联盟（Asia-Pacific Franchise Council，APFC）成员国，与世界 50 多个国家在零售连锁和特许经营等方面建立了紧密联系，积极推动国际化交流。

行业研究。通过行业统计和专项调查，适时发布多项行业发展指数和调研报告，为政府和企业提供涉及行业发展现状和趋势等方面的调研服务，为企业决策提供依据。

行业自律。以《中国连锁经营协会章程》《连锁超市行业道德规范》《商业特许经营管理条例》为准则，规范企业经营行为，促进行业健康发展。

网络平台

中国连锁经营协会官方网站 www. ccfa. org. cn

微信订阅号：CCFA 2013

微信服务号：CCFA 2014

小程序：

附录四

地方连锁协会名录

协会名称	电话	传真	地址	邮编
北京市连锁经营协会	010-62262236	010-62262236	北京市海淀区北三环西路明光北里 2 号	100088
天津市连锁经营协会	022-23023836	022-23023836	天津市河西区永安道越秀路德恩里 7 号楼 1 门 504	300204
山西省连锁经营协会	0351-3085385	0351-3085385	山西省太原市杏花岭区北大街 128 号安金丽园小区 1 号楼 2 单元 1803 室	030002
秦皇岛连锁经营协会	0335-3980067	0335-7070707	河北省秦皇岛市海港区红旗路 97 号	
黑龙江省连锁经营协会	0451-55533610	0451-55533610	黑龙江省哈尔滨市南岗区汉广街 41 号 310	150080
辽宁省连锁经营协会	024-31078878		辽宁省沈阳市和平区太原南街 16 号 2518 室	110005
沈阳市连锁经营协会	024-22722104	024-31871201	辽宁省沈阳市沈河区市府大路 260 号（沈阳市服务业委员会消费促进处）	110013
大连市连锁经营协会	0411-84600529	0411-84600509	辽宁省大连市沙河口区联合路联兴巷 21 号 301-302 室	116021
上海连锁商业协会	021-62717620	021-62717621	上海市静安区新闸路 945 号 3 楼 309A	200041
济南市连锁经营协会	0531-87082902	0531-87082929	山东省济南市经二路 571 号济南华联商厦 10 楼	250021
浙江省连锁经营协会	0571-85118056	0571-85211055	浙江省杭州市马塍路 3 号 5 楼 526 室	310007
绍兴市连锁经营行业协会	0575-88617766	0575-5250308	浙江省绍兴市延安东路 173 号	312000
温州市超市经济促进会	0577-88353730	0577-88353730	浙江省温州市鹿城区下吕浦锦园 1 幢 903 室	325000
金华市连锁经营协会	0579-82302508	0579-82302508	浙江省金华市胜利北街 530 号 1#211 室	321017
安徽商业联合会零售商业委员会	0551-62658284	0551-62658284	安徽省合肥市长江中路 136 号青云楼 6 楼	230001
安徽省连锁经营协会	0551-62621143	0551-62620755	安徽省合肥市庐江路 70 号二楼西	230001
合肥市连锁协会	0551-2687015	0551-2679680	安徽省合肥市长江中路 150 号合肥百货大楼	230001

续表

协会名称	电话	传真	地址	邮编
福建省连锁经营协会	0591-87278835	0591-88070518	福建省福州市中山路23号建发大厦1楼	350003
厦门市商业联合会连锁经营同业公会	0592-2281107	0592-2220084	福建省厦门市思明区厦禾路839号汇成商业中心1401室	361012
泉州市连锁经营协会	0595-22775444	0595-22777449	福建省泉州市鲤城区崇福路71号	362000
河南省商业行业协会	0371-65529655	0371-65529655	河南省郑州市文化路任寨北街2号	450012
湖南省连锁经营协会	0731-84131132	0731-84131132	湖南省长沙市五一大道98号省商务厅3号办公楼213室	410011
长沙市零售商业行业协会	0731-89988777	0731-89988777	湖南省长沙市岳麓区银杉路382号（千君醉柴房旁）	410013
武汉连锁经营协会	027-85778278	027-85550086	湖北省武汉市江汉区香江路11号	430015
广东省连锁经营协会	020-38483951	020-38483953	广东省广州市天河区龙口东路363号宝供大厦15楼	510630
广州连锁经营协会	020-86474182	020-86474182	广东省广州市环市西路68号广州市社会组织培育基地901室	510160
深圳市零售商业行业协会	0755-83593275	0755-82945078	广东省深圳市南山区东滨路南油文化广场三楼24#	518054
东莞市零售行业协会	0769-22303198	0769-22477265	广东省东莞市东城中路美新家居中心六楼F603	523129
珠海市商业连锁经营行业协会	0756-2639169	0756-8621979	广东省珠海市新香洲旺角百货B区58号铺	519070
柳州连锁经营协会	0772-3605353	0772-2836800	广西柳州市解放北路26号一楼	545001
重庆市连锁经营协会	023-63896999	023-63631119	重庆市中山四路83号附2号市委机关文印中心7楼	400015
四川省连锁商业协会	028-89688800	028-84365978	四川省成都市成华区玉双路7号F楼207室	610056
西安连锁经营协会	029-86786543	029-86786543	陕西省西安市经开凤城九路白桦林居沁园A305室	710007
成都零售商协会	028-86627873		四川省高新区盛和一路66号城南天府大厦写字楼6楼	
合肥市零售商业协会	0551-65771000	0551-63805826	安徽省合肥市长江西路689号金座A25楼	230001
昆明市零售商业连锁经营协会	0871-5716625	0871-5716625	云南省昆明市一二一大街298号云南师范大学明远楼一幢	650092
苏州市连锁经营商会	15862330800	0512-66386889	苏州市珠江南路378号4楼	215000

附录五

开设连锁经营专业高等院校名录

序号	院校名称	电话	地址	邮编
1	北京财贸职业学院	010-51675589	北京市通州区北关大街 88 号	101101
2	首钢工学院	010-59805931	北京市石景山区晋元庄路 6 号	100041
3	北京城市学院	010-62322636	北京市海淀区北四环中路 269 号	100083
4	北京开放大学	010-82192060	北京市海淀区皂君庙甲 4 号	100081
5	北京市商业学校	010-81761644	北京市昌平区北七家镇曹八西路 28 号	102209
6	北京市昌平职业学校	010-69732142	北京市昌平区沙河镇松兰堡	102206
7	北京商贸学校	010-60222670	北京市大兴区西红门路 14 号	100162
8	北京市求实职业学校	010-64591882	北京市朝阳区团结湖北三条 10 号	100621
9	北京电子科技职业学院	010-87220669	北京市亦庄经济开发区凉水河一街 9 号	100016
10	安徽商贸职业技术学院	0553-5971077	安徽省芜湖市弋江区文昌西路 24 号工商系	241002
11	安徽国际商务职业学院	0551-5664601	合肥市双凤工业园（凤麟大道与工业大道交口）	231131
12	安徽工商职业学院	0551-5658130	安徽省合肥市庐阳区北二环砀山路 233 号	230041
13	亳州职业技术学院	0558-5587007	亳州市药都路 1625 号	236800
14	徽商职业学院	0551-8580973	安徽省合肥市紫蓬山风景区徽商职业学院紫蓬校区	230022
15	安徽财贸职业技术学院	0551-63865013	合肥市翡翠路 900 号	230601
16	马鞍山职业技术学院	0555-2765031	安徽省马鞍山霍里山中路 328 号	243031
17	安徽省阜阳商业学校	0558-2210908	安徽省阜阳市颍州区沙河路 34 号	236000
18	安徽省桐城望溪高级职业技术学校	0556-6699574	安徽省桐城市区同安北路 171 号	231400
19	芜湖市职业教育中心	0553-3832626	安徽芜湖市康复路 1 号	241000
20	宣城市机械电子工程学校	0563-6050866	安徽省广德县 018 县道南	242200
21	安徽材料工程学校	0563-4183966	安徽省宁国市环城南路 314 号	242300
22	岳西县职业技术教育中心	0556-2186037	安徽省岳西县天堂镇天堂西路 123 号	246604
23	福建信息职业技术学院	0591-83505900	福州市仓山区螺洲镇杜园 118 号	350000
24	福建商业高等专科学校	0591-87863295	福建省福州市鼓楼区黄埔 19 号	350012
25	福建农业职业技术学院	0591-83114062	福州市仓山区上三路 190 号	350007
26	漳州职业技术学院	0596-2660579	福建省漳州市大学路 1 号	363000
27	福建船政交通职业学院	0591-83896320	福州市仓山区首山路 116 号	350007
28	福建省南平市农业学校	0599-5627861	福建省建阳市东桥东路 78 号	354200

续表

序号	院校名称	电话	地址	邮编
29	南平市武夷旅游商贸学校	0599-5622835	福建省建阳市曼头山路 29 号	354200
30	福建省福州财政金融职业中专学校	0591-83258700	福建省福州市台江区苍霞路 35 号	350009
31	厦门东海职业技术学院	0592-7269211	厦门市同安区五显镇五显中路 280 号	263000
32	福建经贸学校	0595-22792785	福建省泉州市丰泽区北峰拒洪社区马家坡	362000
33	福建省龙岩华侨职业中专学校	0595-22797569	福建省龙岩市新罗区龙川北路 9 号	350009
34	福建经济学校	0591-83125865	福州市鼓楼区梅亭路 17 号	350007
35	漳州科技职业学院	0596-3921815	福建省漳州市漳浦县盘陀镇天鹅山一号	363202
36	甘肃交通职业技术学院	0931-7666911	兰州市安宁区邱家湾 128 号	730070
37	兰州职业技术学院	0931-7658812	甘肃省兰州市城关区雁儿湾路 191 号	730070
38	广东岭南职业技术学院	020-22305130	广州天河区大观路 492 号（科学城入口）	510663
39	广州市商贸职业学校	020-34347127	广州市荔湾区珠江桥中东海北路 21 号	510163
40	广州工程技术职业学院	020-87610212	广州市越秀区环市东路 465 号	510075
41	广东农工商职业技术学院	020-82346283	广东省广州市天河区粤垦路 198 号	510507
42	北京师范大学珠海分校	0756-6126393	广东省珠海市香州区	519000
43	广东机电职业技术学院	020-61362193	广州市白云区同和蟾蜍石东路 2 号	510515
44	广州市旅游商务职业学校	020-84302391	广州市海珠区新滘西路 9 号	510280
45	广东交通职业技术学院	020-87025889	广东省广州市天源路 790 号	510650
46	深圳职业技术学院	0755-26019596	广东省深圳市南山区西丽留仙大道 7098 号	518055
47	广东省财经职业技术学校	0757-85525374	广东佛山市西海区大沥镇金贸大道 25 号	528231
48	广州番禺职业技术学院	020-84736666	广东省广州市番禺区市良路 1342 号	511483
49	广东科学技术职业学院	020-85297313	广州市天河区科华街 351 号	510640
50	东莞市纺织服装学校	0769-85501959	广东省东莞市虎门镇威远环岛大道西 91 号	523909
51	东莞市经济贸易学校	0769-26682720	东莞市莞城学院路 287 号	523106
52	广西职业技术学院	0771-4213851	南宁市江南区明阳工业园	530226
53	广西工商职业技术学院	0771-3182092	广西南宁市鹏飞路 15 号	530007
54	广西国际商务职业技术学院	0771-3276906	广西南宁市大学东路 168 号	530007
55	柳州职业技术学院	0772-3155106	广西柳州市社湾路 28 号	545006
56	广西经贸职业技术学院	0771-5713761	广西南宁市青山路 14 号	530021
57	南宁学院	0771-5900955	广西南宁市龙亭路 8 号	530000
58	南宁职业技术学院	0771-2029337	广西南宁市大学西路 169 号	530008
59	广西商业学校	0772-5331575	广西柳州市柳石路 412 号	545005
60	贵州商业高等专科学校	0851-8128050	贵州省贵阳市盐务街 55 号	550004
61	贵州省商业学校	0851-5975503	贵州省贵阳市南明区花果园沙坡路 124 号	550003

续表

序号	院校名称	电话	地址	邮编
62	贵州省财政学校	0851-86807901	贵州省贵阳市云岩区南垭路 1 号	550004
63	贵州电子科技职业学院	0851-83871812	贵阳市花溪区松涛苑小区	556000
64	海南省商业学校	0898-68621790	海南省海口市秀英区秀英大道 6 号	570311
65	海南经贸职业技术学院	0898-65730107	海南省海口市桂林洋高校区	571127
66	石家庄职业技术学院	0311-85333898	河北省石家庄市中山西路长兴街 12 号	500081
67	秦皇岛职业技术学院	0335-5926633	秦皇岛市北戴河区联峰北路 90 号	66100
68	石家庄信息工程职业学院	0311-85327378	河北省石家庄市裕华区信工路 18 号	500035
69	邢台现代职业学校	0319-7336727	河北省邢台市桥西区文苑北路 999 号	54099
70	河北商贸学校	0311-66570131	石家庄市开发区湘江道 58 号	50031
71	河南商业高等专科学校	0371-63515836	河南省郑州市文化路英才街 2 号	450045
72	漯河职业技术学院	0395-5983550	漯河市汇源区长江路中段	462000
73	河南经贸职业学院	0371-86661262	河南郑州龙子湖北路与博学路交叉口	450000
74	开封大学	0378-3655668	河南省开封市大梁路	475004
75	河南机电高等专科学校	0373-3392891	河南省新乡市红旗区平原路东段	453000
76	河南省工业学校	0371-63399090	河南省郑州市文化路 78 号	450002
77	河南化工职业学院	0377-64350216	河南省郑州市中原区郑上路 548 号	450000
78	河南工业职业技术学院	0377-63270168	河南省南阳市孔明路 666 号	473000
79	河南省轻工业学校	0371-65319717	河南省郑州市二七区嵩山路南段	450006
80	郑州信息科技职业学院	0371-69301010	河南省郑州市郑东新区龙子湖高校园区	450046
81	牡丹江大学	0453-6596446	牡丹江市爱民区西地明街 60 号	157011
82	黑龙江商业职业学院	0453-6575157	黑龙江省牡丹江市爱民区西圣林街 15 号	157011
83	哈尔滨职业技术学院	0451-86636834	黑龙江省哈尔滨市香坊区哈平路 217 号	150081
84	黑龙江职业学院	0451-87502072	黑龙江省哈尔滨市南岗区学府路 7 号	150080
85	大庆职业学院	0459-5874463	黑龙江省大庆市萨尔图区火炬北二路（职院 C 区）	163255
86	哈尔滨市第一职业高级中学	0451-88364903	黑龙江省哈尔滨市道外区南极街 76 号	150020
87	黑龙江生态工程职业学院	0451-82470086	哈尔滨市利民经济开发区学院路 77 号	150025
88	黑龙江农垦科技职业学院	0451-53980677	黑龙江省哈尔滨宾西经济开发区大学城 1 号	150431
89	武汉市供销商业学校	027-87284979	武汉市 武昌南湖周家湾特 1 号	430064
90	武汉软件工程职业学院	027-81655809	武汉市东湖新技术开发区光谷大道 117 号	430205
91	武汉商贸职业学院	027-81627276	湖北省武汉市东湖新技术开发区光谷二路 225 号	430205
92	武汉信息传播职业技术学院	027-81801004	湖北省武汉市江夏庙山经济开发区江夏大道 33 号	430223
93	武汉市第一商业学校	027-85792891	武汉市江岸区江汉北路 106 号	430022
94	武昌职业学院	027-81335020	武汉市江夏区五里界中洲大道特 1 号	430202
95	湖北轻工职业技术学院	027-87156382	湖北省武汉市洪山区石牌岭轻校路	430070
96	湖南科技职业学院	0731-85603802	长沙市雨花区井湾路 784 号	410004

续表

序号	院校名称	电话	地址	邮编
97	湖南商学院	0731-88688195	长沙市岳麓大道 569 号	410205
98	长沙职业技术学院	0731-82434621	湖南省长沙市岳麓区雷锋镇正兴路 157	410217
99	湖南商务职业技术学院	0731-88116092	湖南长沙市雷锋大道 335 号	410205
100	长沙商贸旅游职业技术学院	0731-89768695	长沙市韶山南路 578	410004
101	湖南网络工程职业学院	0731-82821936	长沙市青园路 168 号	410007
102	湖南现代物流职业技术学院	0731-84083169	湖南省长沙市远大二路泉塘	410131
103	吉林电子信息职业技术学院	0432-63426608	吉林省吉林市龙潭区汉阳街 65 号	132021
104	江苏经贸职业技术学院	025-52710763	南京市江宁区江宁大学城龙眠大道 180 号	211168
105	无锡商业职业技术学院	0510-83273632	江苏省无锡市钱胡公路 809 号	214153
106	无锡职业技术学院	0510-68753059	江苏无锡市中南路 258 号	214024
107	南京铁道职业技术学院	025-68533085	南京市浦口区珍珠南路 65 号	210031
108	南京城市职业学院	025-85395037	南京市江宁区武夷花园 71-203	211100
109	苏州农业职业技术学院	0512-65518086	江苏省苏州市姑苏区西园路 279 号	215008
110	南京旅游职业学院	025-68576873	南京市江宁区月华西路 1 号	211100
111	苏州经贸职业技术学院	0512-62910307	苏州虎丘区金猫路 9 号	215009
112	南京工业职业技术学院	025-85864009	南京市栖霞区仙林大学城高科荣域 5 栋 103	210023
113	常州纺织服装职业技术学院	0519-86336591	江苏省常州市武进区滆湖中路 5 号	213164
114	江西旅游商贸职业学院	0791-83771925	南昌经济开发区丁香路 1 号	330100
115	大连职业技术学院	0411-82140029	大连市甘井子区夏泊路 100 号	116035
116	辽宁商贸职业学院	024-88496645	辽宁沈阳市东陵区东大营街 11 号	110161
117	辽宁轻工职业学院	0411-87667331	大连市金州新区城南路 15 号	116100
118	鞍山师范学院高等职业技术学院	0412-8432011	辽宁省鞍山市千山西路 690 号	114016
119	内蒙古商贸职业学院	0471-5225590	内蒙古呼和浩特市赛罕区巴彦镇大学城	10070
120	山东女子学院	0531-86526882	济南市长清大学科技园大学路 2399 号	250300
121	山东商业职业技术学院	0531-86335457	山东省济南市历城区旅游路 4516 号	250103
122	青岛酒店管理学院	0532-86051595	山东青岛市李沧区九水东路 599 号	266100
123	山东经贸职业学院	0536-2600150	山东省潍坊市青年路 2798 号	261011
124	威海职业学院	0631-5700799	山东省威海初村北海科技新城	264210
125	济南职业学院	0531-88792021	济南市历下区舜耕路 12 号	250103
126	潍坊职业学院	0536-8527166	山东省潍坊市东风东街 243 号	261041
127	山东省潍坊商业学校	0536-8903782	潍坊市潍城区仓南街 69 号	261011
128	日照职业技术学院	0633-8172606	山东省日照市烟台北路 16 号	276826
129	山东商务职业学院	0535-5925013	山东省烟台市莱山区金海路 1001 号	264670

续表

序号	院校名称	电话	地址	邮编
130	临沂市兰山区职业中等专业学校	0539-3597006	山东省临沂市兰山区成才路 16 号	276000
131	山东电子职业技术学院	0531-83118771	山东省济南市章丘大学城文化路 888 号	250200
132	山东轻工职业学院	0533-681161	山东省淄博市周村区米山路 30 号	255300
133	山西省财政税务专科学校	0351-6580827	山西省太原市万柏林区千峰南路 25 号	300024
134	山西财贸职业技术学院	0351-7975099	山西省太原市武宿民航南路 26 号	030031
135	山西职业技术学院	0351-7015378	山西省太原市龙堡街 15 号	30032
136	山西青年职业学院	0351-8378417	山西省太原市小店区大昌南路 17 号	030032
137	山西金融职业学院	0351-3059126	山西省太原市迎新街南巷 10 号	30008
138	山西国际商务职业学院	0351-5691277	山西省太原市小店区龙堡街 14 号	300310
139	山西职业技术学院	0351-7978190	山西省太原市龙堡街 15 号	30032
140	杨凌职业技术学院	029-87073075	陕西省杨凌佑仁路 5 号	712100
141	陕西国防工业职业技术学院	029-81480091	陕西省西安市户县人民路 8 号	710300
142	陕西财经职业技术学院	029-33732188	陕西省咸阳市文林路 1 号	712000
143	陕西工业职业技术学院	029-33152154	陕西省咸阳市文汇西路 12 号	712000
144	上海商学院	021-67105449	上海市徐汇区中山西路 2271 号	200235
145	上海思博职业技术学院	021-68029255	上海市浦东新区惠南城南路 1408 号	201300
146	上海商贸旅游学校	021-63527646	上海市贵州路 189 号	200001
147	上海立达职业技术学院	021-57800842	上海松江区车亭公路 1788 号	201609
148	上海市商业学校	021-36030767	上海市闸北区共和新路 1458 号	200072
149	上海工会管理职业学院	021-57468110	上海市奉贤区南亭公路	201415
150	四川商务职业学院	028-61935332	四川成都市温江区和盛镇和盛大道 88 号	611131
151	成都工业学院	028-87747485	成都市金牛区抚琴西路	610031
152	成都纺织高等专科学校	028-87846429	成都市犀浦泰山南街 186 号	611731
153	四川信息职业技术学院	0839-3352503	四川省广元市利州区学府路 265 号	608040
154	成都职业技术学院	028-85321186	成都市高新区益州大道北段 15 号	610041
155	宜宾县柳加职业中学校	0831-6730166	四川省宜宾县柳加镇职中街 50 号	644605
156	四川省成都市财贸职业高级中学	028-87770327	成都市金牛区西安路枣子巷 26 号	610072
157	四川工商职业技术学院	028-87282243	四川省都江堰市天府大道聚青路口	611837
158	乐山职业技术学院	0833-2273213	四川省乐山市市中区青衣江路中段 1336 号	614000
159	天津滨海职业学院	022-25217659	天津市塘沽区庐山道 1101 号	300451
160	天津交通职业学院	022-87912745	天津市西青区西青道 269 号	300110
161	天津青年职业学院	022-23627638	天津市南开区水上公园西路 43 号	300191
162	天津市第一商业学校	022-84941344	天津市河东区津塘路 129 号	300180

续表

序号	院校名称	电话	地址	邮编
163	天津市劳动经济学校	022-87973324	天津市西青区杨柳青镇青沙路 6 号	300380
164	天津城市职业学院	022-26464201	天津市河北区真理道 27 号	300250
165	乌鲁木齐职业大学	0991-2608271	新疆乌鲁木齐市幸福路 273 号	830002
166	云南交通职业技术学院	0871-63350021	云南省昆明市呈贡大学城	650101
167	昆明冶金高等专科学校	0871-6050723	云南省昆明市学府路 388 号	650033
168	云南省邮电学校	0871-67354363	昆明市小板桥义路村	650214
169	浙江商业职业技术学院	0571-58108201	浙江杭州市滨江区滨文路 471 号	310053
170	浙江经贸职业技术学院	0571-86929741	杭州下沙高教园东区学林街 280 号	310018
171	湖州职业技术学院	0572-2363631	浙江省湖州市现代教育园区学府路 299 号	313000
172	温州科技职业学院	0577-88412868	温州市瓯海区六虹桥路 1000 号	325006
173	浙江工商职业技术学院	0574-87422633	宁波市机场路 1988 号	315012
174	浙江纺织服装职业技术学院	0574-86329137	浙江省宁波市江北区风华路 495 号	315211
175	杭州市开元商贸职业学校	0571-85378375	杭州下城区朝晖路 169 号开元商贸施家桥校区	310004
176	杭州科技职业技术学院	0571-88935118	杭州富阳市高科路 198 号	311402
177	临海市中等职业技术学校	0576-89115857	浙江省临海市大洋西路 305 号	317000
178	杭州万向职业技术学院	0571-87171816	杭州市西湖区花坞路 3 号	310023
179	杭州市萧山区第二中等职业学校	0571-83869663	浙江省杭州市萧山区蜀山街道潘水璐 588 号	311227
180	临安市中等职业技术学校	0571-63717384	浙江省杭州市临安市苕溪北路 1 号	311300
181	浙江东方职业技术学院	0577-86536790	浙江省温州市鹿城区学院路学院大厦 2506 室	325000
182	杭州市临平职业高级中学	0571-86221840	杭州余杭临平南苑街道政法街 141 号	311100
183	宁波大红鹰学院	0574-88052238	浙江省宁波市鄞州区学院路 899 号	315175
184	浙江工贸职业技术学院	0577-88321500	温州市府东路 717 号	325003
185	义乌工商职业技术学院	0579-85633555	浙江省义乌市学院路 2 号	322099
186	重庆城市管理职业学院	023-86968805	重庆市沙坪坝区虎溪重庆大学城	401331
187	重庆工商职业学院	023-42860125	重庆市合川区高校园区思源路 15 号	400052
188	重庆商务职业学院	023-61691053	重庆沙坪坝区大学城中路 81 号	400036
189	重庆工业职业技术学院	023-61879288	重庆市渝北区（空港）桃源大道 100 号	401120
190	重庆财经职业学院	023-49834496	重庆市永川区昌州大道西段 2 号	402160
191	重庆城市职业学院	023-49578000	重庆市永川区兴龙大道 1099 号	404100
192	重庆化工职业学院	023-67755806	重庆市江北区嘉陵四村 100 号	400020